中华传世藏书

【图文珍藏版】

中华名人百传

王书利⊙主编

线装书局

目　录

帝师谋士

中华传世藏书

中华名人百传

目录

五

中华传世藏书

中华名人百传

目录

七

中华名人百传

帝师谋士

王书利 ⊙ 主编

导　读

　　很多流芳千古的帝王背后,都受益于指导他们修身齐家治国平天下的老师,即"帝师"。他们尽自己平生所学,用高端教育教育太子,辅导皇上,彰显儒家的道德风范,打造一个个准君王或君王为有道之君,是古代教育的一个缩影,与此同时,他们的命运也形态各异,色彩纷呈。

　　本卷《帝师谋士》,除了介绍"帝师"之外,还隆重向大家介绍了"谋士"这个群体。纵观历史风云人物,英雄豪杰层出不穷,但是有所成就者却寥寥无几。所谓"谋定天下"就是指有智谋者才可得天下,有谋略者才能运筹帷幄,谈笑间,樯橹灰飞烟灭,决胜千里,立于不败之地。书中的"谋士"凭借锦囊妙计安天下,神机妙算化险夷。

　　从"帝师"的传奇经历,到鲜为人知的"谋士"秘闻,从英雄名士的历史踪影,到千奇百怪的人生故事,从政治权谋到扑朔迷离的历史迷局……这一切,都像磁石一样吸引着人们好奇的目光,并引发了人们一探其究竟的兴趣。书中内容生动有趣,雅俗共赏,既可休闲阅读,又可开阔眼界,同时也为您呈献了鲜为人知的秘闻轶事和历史玄机,其中不乏耐人寻味的史料和令人惊讶的谜团。

百家宗师

——姜尚

名人档案

姜尚：名望，吕氏，字子牙，师尚父，因其姜姓，故被称之为姜尚，又因其年寿高，又称太公，俗称姜太公。东海海滨人。

生卒时间：不详。

性格特点：身强力壮，聪明好学，尤好兵法。

历史功过：姜太公是齐国的缔造者，周文王倾商武王克殷的首席谋主、最高军事统帅与西周的开国元勋，齐文化的创始人。

名家评点：中国古代的一位影响久远的杰出的韬略家、军事家与政治家。历代典籍都公认他的历史地位，儒、道、法、兵、纵横诸家皆追他为本家人物，被尊为"百家宗师"。

生逢乱世

商朝末年，在营丘（今山东淄博东）这个地方，聚居着一个东夷部落。这个部族的首领姓姜，名尚，字子牙，俗称姜太公。姜尚年轻时，即身强力壮，聪明好学，尤好兵法。其时止值商朝末期。商王朝最后一个王叫商纣，他是一个极其残暴的君主，整日只知道饮酒作乐，大肆挥霍。为了满足其奢侈荒淫的生活，他命成千上万的工匠在陪都朝歌（今河南淇县）建造了一座长三里、高千尺的"鹿台"，寻欢作乐。为讨好美女姐己的欢心，他还在院内挖了个方池子，池中灌满美酒，称作"酒池"，池边的树林上挂上肉块，称作"肉林"。纣王见酒池肉林也未博姐己一笑，就让许多男女赤裸着在池中嬉戏。

商纣王日夜宴饮，荒淫无度，广大奴隶和平民却衣不蔽体，食不果腹。为了镇压那些敢于反抗的奴隶和平民，同时也为了制裁那些经常扫他兴的大臣，他除了沿用以前的黥、

剒、刖、宫、辟等五刑外，还新设了一些更为残酷的刑罚。他让工匠造了一空心铜柱，先让人把铜柱烧红，把"囚犯"衣服剥光，绑在铜柱上烫烙，称之为"炮烙"。

商纣王的倒行逆施，激起了广大奴隶和平民的屡次反抗，然而都因力量过于悬殊而被商纣王的军队残酷镇压下去了。另外，商纣王还对不服"王命"的东夷部族进行血腥讨伐，以姜尚为首的吕氏部族带领鱼氏、桑氏、林氏、郎氏、田氏、栾氏、杞梁氏、薄姑氏等东夷部族对纣王的攻伐进行了顽强抵抗。尽管姜尚足智多谋，勇猛非常，终因寡不敌众，被纣王的军队无情镇压下去了，吕氏根据地营丘也被纣王付之一炬，夷为平地。姜尚因武艺高强，力大无穷，在十万商军的重重包围中，侥幸杀出重围逃脱。辗转月余，最后流落到朝歌，以屠牛为业。

朝歌是商朝的陪都。在这里，姜尚遇到了一位旧相识，就是当年九姓会盟的林氏族长林虎。林虎那年与商军作战被俘，半路上逃掉了，后来逃到朝歌，隐匿在一位亲戚家中。这位亲戚在朝里做官，替他张罗，开了一家客店，接待南来北往之人，生意倒还兴隆。

林虎听姜子牙说这些年一直在外流浪，嗟呀不已。两个人回忆起当年九姓结盟时的盛况，再看着今日的遭际，真有恍若隔世之感。林虎说："既然现在到了我这里，贤侄就不必再操心生活上的事了，吃住我会安排好。"

姜子牙知道林虎是豪爽痛快之人，便说："叔父，在朝歌这地方能遇到您，我心里非常兴奋。我可以先住在您的店里，但要自己做点小生意，不能总是靠您养活。"林虎问："你准备做什么生意？"子牙说："复杂的事咱也干不了，不如卖面吧，从磨坊里买几袋面，担到街上去叫卖，只要能换口饭吃就可以了。"林虎见子牙决心已定，就说："行，面由我买，再买一副箩担，你挑到街上试一试，不行了再说。"

林虎替他把一切准备停当之后，次日一早，姜子牙就担上面粉，上街叫卖去了。他从东市挑到西市，又从北街转到南街，竟没有碰到一个买面的。等到日落，只好拖着沉重的步子回到林虎的店里来。林虎一见此情，安慰道："贤侄不必着急，万事开头难嘛，吃完饭好好歇息一夜，明日一定发市。"姜子牙自知晦气，无话可说，闷闷地吃了饭便蒙头睡去。

第二天早上，他又担上面粉走街串巷。结果又是整整一天，没卖掉一两。眼见得又近黄昏，他觉得实在倒霉，便将面担子停在一棵大树下，坐在扁担上歇息。

这时候，忽听得"泼喇喇"一阵声响，从东面飞奔来一辆战车，四匹惊马发疯似的狂奔，车上却无人驾驭。姜子牙见状不妙，急忙躲避，但已经来不及了。车马闪电般从他身边驰过，车轮从面担子上轧了过去，掀起的风浪把撒在地上的面粉刮得四处飞扬。姜子牙也被马车挂倒在路边，不能动弹。待他挣扎着爬起来时，车已不知去向，只剩下被碾烂的箩筐、砸断的扁担和满地的面粉了。姜子牙气极，大叫一声："苍天啊！你莫非要我死?!"便晕了过去。

半夜里，林虎和伙计打着灯笼四处寻找，才在大树下找着他，把他抬回店里。数日后方慢慢恢复。

这时，朝歌东市猪肉看涨，不少生意人去外地贩猪，运来倒卖，赚利不少。林虎听到

这个消息,告诉了子牙,并借给他银两做本钱。姜子牙大喜,去乡间买回20头生猪,昼夜不停地吆到朝歌。等他到达东市,东市的猪已经无人问津了。原来这几日猪瘟流行,市人听说猪有瘟病,便不买猪肉了,生猪也就没人要了。姜子牙的20头生猪果然也染上瘟病,两三天内全都死亡。

姜子牙屡经挫折,近乎疯狂。他病倒在床,不思饮食,只是望着天花板发呆。幸亏林虎特地派了一个伙计照料,又请大夫治疗,又亲自劝解安慰。如此过了一个多月,才渐渐康复。

一日,天气暖和,姜子牙觉得店里很闷,便出去散步。走到宰牛场,见门口贴了一张告示,说是屠场要招收一名屠夫,月薪纹银十两,愿者可于次日一试。

姜子牙回到店里并没有将此事告诉林虎。第二天一早,便悄悄来到宰牛场。屠场主人给来应试的六人每人一头牛,一把刀,要他们依次宰牛。前五名宰牛者,宰前都是先将牛的四蹄捆绑起来,然后绊倒在地,方才宰杀。姜子牙却直扑牛头,双手抓住牛角,使劲一扭,便将牛推倒,就在牛将要倒地之时,"嗖"地一刀戳进牛的心脏,不让牛有挣扎的机会。那动作连贯迅速,干净利索。屠场主人一见十分高兴,六人中只录取了他一个。原来姜子牙年轻时喜好打猎,常常徒手杀死虎豹熊等猛兽,用的就是刚才这套技术。宰牛对他正合适。屠宰场过去宰15头牛要两个壮汉用一天时间才能宰完,现在,姜子牙一人只用两个时辰便宰完。屠宰场主人便又给子牙每月另加纹银5两。从此,姜子牙的生活便有了着落。

自从镇压了国内"叛乱",平定了东夷部族,商纣王便得意忘形,自以为再没有人敢和他做对了,于是便下令修建鹿台。

那管建筑的大臣往日经常请姜子牙为他家宰牛,明白子牙的宰牛本领,所以他便召子牙为工匠们宰牛杀羊。

姜子牙为工匠们宰牛杀羊,一干就是七年。七年之后,鹿台修成,那鹿台有百丈之高,直插云霄,四面装饰尽为美玉黄金,辉煌闪烁。鹿台落成,纣王和大臣登台观览后,心中大喜,遂降下旨意,要给建造鹿台的有功之人,全部加爵晋级,以示褒奖。建筑大臣念起姜子牙宰牛杀羊有功,立即向纣王推荐,将子牙提升为大夫之职——专管一些宰牛、杀羊、屠猪之事。

姜子牙在商都朝歌宰牛屠羊、卖面贩猪,已有好多年了。这些年来,他饱览了商纣王的累累暴政,目睹了老百姓的斑斑血泪,深感腐败的商朝灭亡是迟早的事。他听说西岐有个周文王,正在励精图治,改革内政,省刑罚、薄赋税、廉洁爱民,礼贤下士,为政以德,受到周人的衷心拥护,使国势一天比一天强盛。心想,我要找机会投奔西岐,辅助文王,消灭商纣,为父母报仇,拯救天下百姓于水深火热之中。

有一天夜里,他与林虎闲聊,林虎告诉他,近来有一个"凤鸣于岐"的故事:

周文王经常亲自给种地的农民送饭,鼓励农民种好庄稼。他还亲自带领王室成员下地劳动,和老百姓一样过着勤劳俭朴的日子。他还教化西岐的人民孝敬父母,抚爱幼子,

提倡公正节操，救济鳏寡孤独，使西岐成为礼仪之邦。由此，周原一带欣欣向荣，引得周围小国的老百姓携儿带女，投奔西岐。于是，西岐周围的十几个小邦国纷纷前来，要与周国结盟，尊文王为盟主。在结盟的那一天，文王登上祭坛，正在祭天，忽然从岐山飞来一只神鸟，那鸟色彩斑斓，停在祭坛前面的高杆之上。大夫散宜生惊叫道："此乃凤凰也！"只听那鸟长鸣一声，声震九霄，远传百里。刹那间，从四面八方飞来千万只形状各异的鸟类，罩于坛顶之上，围着那只凤凰，旋转飞舞，似在朝拜。朝拜完，群鸟舞蹈歌唱，那歌声婉转悠扬，令人陶醉。如此半晌，那凤凰才带着群鸟向岐山飞去。于是，四方诸侯都向文王叩拜祝贺，说这是文王德感天庭，凤凰因此来朝。凤为百鸟之王，刚才正是百鸟朝凤的奇观。这正是文王将得天下，受八方来朝的征兆。

姜子牙听了林虎讲的这个传说，心下十分高兴。他想："纣王昏庸无道，文王贤明有德，两相对照，何等鲜明！扫灭商纣，获得天下者，一定是文王无疑。我要把商朝的内情弄清楚，将来投奔西岐时，也好帮助文王。"

林虎对姜子牙的心意早已洞察，但也不去点破。他又对子牙说："还有一件大事，不知你知道否？"子牙问："还有什么大事？"林虎说："纣王听到凤鸣西岐的传说以后，大发雷霆，说这是文王妖言惑众，图谋不轨。已经派人把文王抓来，就要杀死他。"

姜子牙一听，大惊失色，不禁连声说道："这却如何是好？这却如何是好？"

林虎见子牙已经忧形于色了，知道子牙心向西岐，便说道："贤侄稍安。听说西岐那边已经派文王的长子伯邑考和大夫散宜生等人来到朝歌，用大量金银财宝，贿赂商朝大臣。同时还给纣王送来了不少美女。纣王已经改变主意，不杀他了，现在已经把文王囚在羑里。"

子牙闻此方放下心来。又问道："伯邑考、散宜生等人能救出文王吗？"

"吉人自有天相。目前朝歌很多百姓和大臣都心向文王，他们正极力协助伯邑考和散宜生等人，救助文王。连我们做生意的人，都希望有朝一日，由文王来做天子，因此暗中纷纷捐献金银财宝，帮助伯邑考和散宜生救文王出狱。说实话，我林虎也捐了50两银子哩！"

姜子牙一把抓住林虎的手说："叔父真乃深明大义之人，我这里代文王向您施礼了！"

姜子牙在朝歌以宰牛为生，又做了官，日子慢慢好过了，于是开始给叔父林虎还账。林虎本来坚持不肯收下，但姜子牙非还不可，也就只好收下了。

一日，姜子牙回来得早，林虎陪他闲聊。林虎说："贤侄，你这几年生活安定了，大小也做了个官，也该娶妻生子，成家立业了，总不能一生就这样过下去吧！"姜子牙说："谢谢叔父美意，但我现在已经是快60岁的人了，还娶什么妻，生什么子？"林虎笑了笑说："如果贤侄有意娶亲，我倒认识一个姓马的人家，叫马才。他有个妹子叫马珠，今年四十六七岁。他家离此不远，我现在就去找他说说，看看情况怎样。"说罢便出门去了，姜子牙也没有阻拦。

晚上点灯时分，林虎笑吟吟地回家，一见面就给姜子牙说："侄儿，我向你恭喜！马家

兄妹很中意你,他们说如果你没有意见,就早点把这事办了,也不必讲究繁文缛节,不知你意下如何?"姜子牙心想,这样也好。一来好给姜家留下后代,承继香火,二来也不负林虎一片好心。于是就答应了。

林虎给他们择了黄道吉日,准备好酒宴。喜日一早,请下一顶花轿,几名鼓乐,吹吹打打,便将马珠迎娶过来。新房就在林虎店内。

人说"新媳妇有三日勤"。马珠过门之后,开始也还说得过去。谁料时间一长,真面目也就渐渐暴露出来。原来,那马珠是个好吃懒做的女人。整天在西家串门子,东家扯闲话,不理家务。晚上却不愿入睡,要子牙与她取乐。早上不起床做饭,日上三竿还在被窝里做着梦。那姜子牙每天一大早就要入朝做事,无奈只好带一个冷馒头而去。午间归来,马珠胡乱弄些饭菜,如同打发叫花子一般,应付了事。幸亏子牙惯于吃苦,也不与他争论,倒还相安无事。

如此凑凑合合,又过了一年,马珠为姜子牙生了一个女孩,取名邑姜。小邑姜生得聪明伶俐惹人喜爱。长到7岁时,更加天资聪颖,善解人意。子牙见她如此可爱,就把一颗心全都放在了女儿身上。闲暇时节,便教她些诗文书画,邑姜一学就会,日渐出息。她还常常握着父亲的那把青龙剑,指指画画,十分喜爱。姜子牙也就因势利导,指导她学习剑术。

一日,姜子牙从屠场回来,时辰尚早,便约马氏说话。马氏隔着房门嚷道:"有什么屁就放!老娘在这里听着!"姜子牙说:"你我夫妻一场,也算有缘,现在都上了年纪,且女儿邑姜伶俐,也算有了结果,还是和和睦睦地过日子为好,何必天天发火?"

马氏说:"自从嫁到你家,没吃过一顿好饭,也没穿过一件好衣,这种日子我再也过不下去了。我已想了很久,和你的缘分已尽。只有和你离婚,各走各的路。"

姜子牙见无法使马氏回心转意,遂找来林虎夫妇,林虎夫妇也好言相劝了半天,但马珠离意已决,哪里听得进去?

姜子牙只好写了休书,由林虎作证,通报马才将马珠领回。姜子牙念及马氏与他夫妻一场,且生下一个女儿,便将平生积蓄全部送给马氏,以备后用,女儿邑姜便跟父亲子牙一起过日子。

后来姜子牙遇到文王,一下子当上了文王的太师,荣耀非常。此时马珠后悔不迭,便亲自来到太师府,要和姜子牙复婚。姜子牙虽然尚未续弦,但对马氏在他最困难的时候与他离婚,怎么也不能原谅,他从厨下端来一盆冷水,"哗"的一声泼在地上,问马氏:"你能把泼在地上的水再收起来吗?"马氏见状,心知子牙对她已经死心,复婚已不可能,遂泪如雨下。回至家中,关起门来吊死了。姜子牙听到马氏自缢身亡的消息,想起她与自己夫妻一场,不禁流下了几滴眼泪。他命人将马氏的棺椁运回西周故地,举办了隆重的安葬仪式。

磻溪垂钓

姜子牙与马氏离婚之后,又过了几年,觉得在朝歌居住也没多大意思了,便和女儿邑姜商议,打算到岐周之地谋生。邑姜这时已十四五岁了,出落得如花似玉,而且文武双全。她早听说西岐有个周文王,仁德有道,礼贤下士。她也知道父亲虽年纪大了,却是老骥伏枥,志在千里。于是她同意了父亲的意见。

父女俩洒泪与林虎夫妇作别,离开朝歌,到达陕西西部一个名叫磻溪的地方。

这磻溪夹在秦岭山脉的两峰之间,又名凡谷,青山苍苍,白云缭绕,一条伐鱼河水,从两山间蜿蜒而出,淙淙而下,向北注入渭水。伐鱼河边有一个滋泉,泉水清冽,银波荡漾。此处山势雄峙,翠柏森森,山灵水秀,幽雅清静。父女俩一看这地方,大喜,就在河畔结草庐,筑石屋,收拾了一块安身之所。此后,姜子牙便垂钓磻溪度日。姜子牙在磻溪垂钓好些年,并没有引起人们的特别注意,大家都以为他是一个流浪到此的穷苦人家。

有一天,姜子牙正在溪边钓鱼,忽听有人唱着山歌自山上下来。他回头一看,原来是一位樵夫。那樵夫30出头,长得英武有力,将一副重约四五百斤的柴担放下,走至子牙身旁,坐下休息,并主动与子牙搭话。

樵夫说:"老丈,我这些年常见你在这里垂钓,却从来没有见你钓上一条鱼来!"

子牙一听,既惊且喜:"看来这位樵夫已经对我注意很久了。我居此地数年,很少有人主动和我打招呼,更没有人关注我的行踪。今天,这位樵夫不仅走到我身边,而且还说出了我的秘密,看来,我出头的日子不久了。"

那樵夫不等子牙答话,就要过他的钓竿,指着钓线上的那根直而无曲的钓钩说:"你这是钓钩吗?这明明是一根缝衣服的针嘛,我传你一法,将这针用火烧红,折成弯钩,穿上鱼饵,鱼一定能上钩。"

子牙被这位直爽的小伙子感染了,止不住哈哈大笑:"那我也干脆地告诉你吧!我宁在直中取,不在曲中求;不为银鳞设,只钓王与侯。"说罢,又口中念念有词:"短竿长钓守磻溪,这个机关哪个知?只钓当朝君与臣,何尝意在水中鱼!"

那樵夫也大笑起来:"你整天坐在这溪边,连只王八都钓不出来,岂能钓出什么王与侯?"

子牙见樵夫有趣,便询问其住址地名。

那樵夫答道:"我姓武,名吉,家住在渭河岸边的集贸村,家中只有一位八旬老母,全靠我打柴度日。"说话间,他抬起头看了看快落山的太阳,便告辞道:"老丈,天色不早了,明天再见,老母亲还等着我回去做晚饭呢!"便挑起柴担,朝山下走去。

第二天,那武吉又挑着一担柴,来到子牙身旁,放下柴担,一边用草帽揥着风一边说:"老丈,我昨夜细细琢磨了你昨天讲的那些话,我是一个粗人,但还是觉得你倒像一位道

行高深的人。你能卜卦算命吗?"

子牙笑道:"卜卦算命,乃雕虫小技也。你先说说有什么事,需要我给你算一卦?"

武吉指着那担柴说:"你算我今日进城卖柴生意怎样?"

子牙看了看他的脸说:"你面色正,运气红,今天卖柴出手顺,一担能挣两担银。"

武吉听了子牙的话,只当是老渔夫恭维他,并不放在心上。哪知他把柴担到西岐集市上以后,还未放下担子,就上来好几个买主争着要买他的柴。还没等他开价,又上来一位衣着华丽的人对他说:"柴担不要放下,请挑到我家,我付你双倍柴价。"武吉把柴挑到那人家中,那家办喜事急需柴火。不等武吉开口,那人便掏出了一个红包,对他说道:"今日家中大办喜事,正好缺柴,老弟雪中送炭,喜上加喜。这银两你收了,不要嫌少。"武吉接过一数,果然是昨天两担的柴钱,不禁暗暗称奇。

次日,武吉又担着柴来到姜子牙身边,他并不言昨日之事,开口便问:"老丈,你算我今日运气如何?"

子牙在他的脸上看了半天,手捋胡须说道:"你左眼青,右眼红,进城必然打死人。"

武吉听了不喜,但一想昨日之事,还是暗自嘀咕:我进城得处处小心,看你明天怎么说。于是便担着柴走了。

武吉一路谨慎,见坎绕坎,见人躲人,连一句多话都不敢说。他挑着柴担,来到西岐城门跟前,刚刚进得门洞,守城兵士便上前拦住他,命令他退出去,说:"周文王的车驾要立刻出城,路人要一律回避。"武吉力大身壮,担的柴又多又重,回转起来不大方便。他正准备转身,文王一行已经像一阵风一样从城内奔驰而来。

守城兵士见状,朝武吉大喊:"赶快闪开!"武吉连忙向左侧躲闪,不料动作过猛,肩后那捆柴撞在城洞墙上,柴担失去平衡,肩前头的那捆柴滑出担头,恰恰砸在那守城兵士的后脑上,顿时七窍出血而亡。

文王见樵夫脱担伤了门军,下令将樵夫抓住,等他回来时再行审问。说完,便驱车而去。

周兵抓住武吉,画地为牢,命令他老老实实在圈里待着,等文王明日审问。那时候,周人没有专门的牢房,在地上划一个圆圈,就算是牢房了,正所谓"划地为牢"。又因为文王会演八卦,因此谁也不敢从那圈子里逃跑。如果逃跑了,文王会算出逃到何处,再抓回去就要加倍惩罚。

武吉在圈了里站到半夜,心想:"自古道,杀人者偿命。我砸死了守门军士,一定要以命抵命。可我有80岁的老母,谁来养老送终?不如悄悄逃回,再作打算。"于是便跳出圈子,连夜逃回家中,向母亲说明原委。母亲说:"儿呀,既然那老翁算得这么准,那他肯定有解救你的办法,你速去在磻溪,求他救你性命。"

武吉不敢怠慢,连夜赶往磻溪,从草庐中叫醒姜子牙,哭诉了昨日发生的事情,并且后悔昨天未听老翁之言,闯下大祸,恳求老翁搭救。

姜子牙早就喜欢上这位老实耿直的小伙子了。见他跪在地上苦苦哀求,又念及他家里还有八旬老母，就笑着对他说："我救你可以，但有一个条件，我要收你为徒。"武吉赶忙跪下再拜，连声说愿意拜子牙为师。

子牙说："我授你一法：你回去在你家后院挖一个坑，扎一个草人放入坑内，用土埋了，就可以保你平安。"武吉牢记在心，拜谢了师傅，连夜赶回家中，依法炮制。

次日，兵士向文王报告，说昨日以柴砸死门军的那个犯人夜里越圈逃跑了。文王听罢，演起八卦，屈指一算，叹了口气说："这个樵夫也太愚蠢了。我知道他是误伤人命，本不想杀他抵命，谁料他却畏罪自杀了，可怜啊可怜。"从此，便了却了这桩公案。

武吉此后一边打柴养母度日，一边跟姜子牙学习兵法武艺。一晃三年过去。

这一年，姜子牙已经80多岁了。大约是姜子牙认为自己出头的日子到了，他吩咐武吉挑柴到西岐城里出卖。武吉担心被文王认出来，子牙说："认出来也不必害怕，你可跟他如实讲说，他不但不会伤害你性命，还要封你做将军呢！"

武吉遵从师父的吩咐，挑着柴担，唱着山歌，又在西岐城里叫喊卖柴了。当天正值当年守城门的另一名兵士值班，他一眼就认出了武吉，立即报告了上司。

兵士们把武吉抓住，去见文王。文王一见，大为惊奇，心想："当年我算定他自杀了，为何到现在他还活着？"

武吉便把姜子牙解救他的过程，向文王一一做了介绍。文王听后称赞道："这真是天外有天，人上有人！姜子牙能破我八卦，一定是一位十分了不起的人才。我姬昌求贤若渴，原来大贤近在咫尺，却没有发现。"于是，立即宣布武吉无罪，而且封他为武德将军。同时决定，三天之后，由武吉带路，亲自去磻溪访贤。

周文王是一个有远大志向的人，他深知治国之道，在于用人。因此，他经常出外察访，寻求贤才。当他得知磻溪隐居了一位大贤姜子牙的消息后，恨不得马上就去把他请来。他决定，明日以打猎为名，前去磻溪访贤。

次日一早，文王斋戒沐浴之后，带着儿子姬发、周公旦、大夫散宜生、大将军南宫适、武德将军武吉等一班文武大臣，率领大队人马，浩浩荡荡，去磻溪打猎。

正午时分，一干人等渡过渭河，来到离磻溪5里的地方。周文王怕这么多的兵马车辆涌至磻溪，惊扰了姜子牙钓鱼，便让队伍在此驻扎下来。他准备只带少数几个人前去会见姜子牙。

这时，太子姬发建议："父亲暂且勿动，先让孩儿前去探明消息，如果姜子牙确实在那里钓鱼，父亲再去不迟。"

文王一听也对，便郑重地对儿子说："姜子牙定是一个才智非凡的大贤，我们要完成兴周大业，非他莫属。你一定要谨慎从事，切勿莽撞。"

太子领命，只带了几名侍卫，直奔磻溪。进了凡谷，行至不远便望见那乱草丛间，一位老翁跪坐石上，专心垂钓。那钓鱼的钩线离水三尺，直钩无饵。

太子姬发觉得很可笑，便悄悄站在老翁身后观看。突然，一条小鱼跃出水面，直吞那只悬钩，那老翁伸手捉住小鱼，在那里仔细端详着。太子姬发不胜惊异，忙向前施礼道：

"老翁请见礼!"

姜子牙似乎没有听见,却自言自语地说道:"钓钓钓,大的不到小的到,老朽送你还泉沼。"说罢,将刚才钓到的那条小鱼随手丢入滋泉。只听"噗"的一声,那鱼摇头摆尾地去了。

太子姬发是聪明人,闻弦歌而知其意。他知道要请此老,非父王亲临不可。故而悄悄返回营寨,将情况禀明了文王。

文王一听,拍着自己的后脑勺连声说道:"是我一时糊涂,险些错过大贤,待我亲自前去就是了。"

于是,文王沐浴更衣之后,和太子姬发一同向凡谷走去。

文王进入凡谷,只见翠柏青青,紫烟淡淡,流水潺潺,鸟鸣嘤嘤,一派仙气,不禁叹道:"深山藏猛虎,仙境出圣贤,真个好所在!"

太子姬发带着文王来到老翁垂钓之处,只见跪石空空,不见刚才垂钓之人,太子姬发心想,莫非是那老翁有意不见,躲藏起来不成?便对文王说:"父亲在此等候,待孩儿四处去找。"

文王拦住他说:"不可鲁莽!隐居之人。最好清静,听武吉说,向南5里,有一所石洞静室,乃姜翁安歇之处,我们慢慢去寻。"

父子俩踏着山路,来到静石台下。文王此时已是气喘吁吁,汗流浃背,不能前行。太子姬发劝道:"父亲在此歇息片刻,待孩儿上去看看。"说着便登上台阶,来到静室门前。

姬发正欲敲门,门却开了。一位美丽少女,面若桃花,亭亭玉立地站在门口,启齿问道:"请问公子找谁?"那声音如同莺声燕语,婉转清脆。太子发觉她如此姣美动人,不觉怔住,半晌不能自语。

那女子正是姜子牙的女儿邑姜。她自幼随父流浪,从朝歌辗转来到磻溪,抛头露面惯了,并不像那些深阁闺秀,羞羞答答。见眼前这位英俊的公子这副模样,不觉好笑,又问道:"莫非你是找我父亲姜子牙?"

太子姬发此时才如梦方醒,自知失态,连忙答道:"我是文王的儿子姬发,我父亲和我特来拜访大贤姜子牙,不知他老人家往何处去了?"

邑姜笑着用手一指,只见台下溪流中,一位老翁驾着一叶方舟,唱着山歌,顺流而下。那老翁正是姜子牙。

太子姬发别过邑姜,和父亲一同返回滋泉,抬眼看时,姜子牙已跪坐在那块石头上,又在肃然垂钓了。

文王父子不敢惊动,蹑手蹑脚地走到姜子牙身后,悄悄地看着他钓鱼。见姜子牙依旧举直钩悬空垂钓。突然有一大一小两条金鱼,"嗖嗖"窜上钓钩,挂在那直钩上,活蹦乱跳。子牙自言自语地念道:"钓钓钓,大的小的一齐到,文武相与共,日头当头照。"说完,将两条金鱼从钩上取下放入鱼篓。

文王心知时机已到,轻声说道:"贤士甚喜钓鱼吗?姬昌特来向您问好!"

姜子牙忙向文王父子施礼,说道:"不知文王驾到,有失远迎,死罪死罪!"

文王连忙将子牙扶住,赔礼道:"方才姬昌没有亲来相请,还望贤士原谅。"当下叫过儿子姬发,拜见子牙。

文王抓住子牙的手说:"先王太公曾经预言,日后会有一位大贤从东方来,辅佐周室,周室自此而旺,莫非这位大贤就是你吗? 先王太公盼望你已经很久了,你就是太公望啊!"此后,姜子牙就称作"太公望"。

姜子牙见文王父子如此重贤爱才,心中十分感动。说道:"文王如此厚爱老朽,老朽岂能不动心! 不过我如今已经年过八旬,恐怕力不从心,难以担当文王的重托,还望文王三思。"

文王忙说:"有志不在年高。我看姜公鹤发童颜,体魄健壮,英气勃勃,定能匡扶周室,担当大任。姜公如果能应允我的请求,周室幸甚!"

子牙叹道:"文王如此不弃,老朽定当为你效犬马之劳,只是我在滋泉苦苦垂钓多年,两腿僵硬,行动不便,这当如何是好?"

文王忙答:"姜公不必为此事忧虑,只要你辅佐我兴国,我父子就是背也要背你下山。现在,我的车就离此不远,你就坐我的车走吧!"文王立刻命令太子将自己的车驾来,扶着姜子牙坐在车上。太子姬发还惦着邑姜,忙向父亲提醒:"石室中还有一人。"

姜子牙说:"哦,那就是小女。"

文王听说子牙还有个女儿,就命太子姬发驱车前往迎接。

文王为表敬意,让驭手将车驾上的马全部卸掉,要亲自为子牙拉车。姜子牙也不谦让,只说了一句:"那就太难为你了!"便眼看着文王把套绳套在自己身上,拉辇出山。下坡迅速,一会儿便至集贤庄。这时山势突起,变成上坡,文王使劲拉辇,用力过猛,只听"嘣"的一声响,将绳拉断,文王几乎摔倒。

这时,姜子牙呵呵大笑,说道:"你拉着我走了808步,我就该保你周室江山808年矣!"

文王一听拉多少步就能保江山多少年,心想我何不再拉着你继续走,保我周室江山永固? 于是便重接套绳,还要再拉。子牙道:"天有定数,不可违也。"

文王把姜子牙请到西岐,拜为太师,执掌周室军权。姜子牙忠心耿耿辅佐周室,终成伐纣灭商的重任,开创了周室800多年的基业。

文王夜访

文王请来姜子牙以后,如同久旱的禾苗遇到了春雨,干渴的鱼儿遇到了河水,又是高兴,又是心急。他立即封姜子牙为太师,把周的军权交给了他。并希望姜子牙能马上为他出谋献策,使周迅速强大起来,早日完成翦灭商朝,统一天下的宏图大业。因此,他经

常亲临太师府,主动与子牙商讨国家大事,虚心听取子牙的意见。文王抱负远大,他的目的是要得天下。姜子牙是一位满腹经纶、文韬武略兼备的贤才,他要报文王知遇之恩,忠心辅佐周室推翻商纣王的统治。因此他们志同道合,心心相印,畅所欲言,常常谈得十分投机,很快就成为推心置腹的好朋友了。

一日,周王于晚饭后在后院信步。这时正值秋高气爽,一轮明月,挂在中天,吐着银亮的光辉。文王抬头仰望满天繁星,心头涌起无限感慨。他在想,周人虽然经过多年休养生息,人民过着丰衣足食的日子,但周原与商朝相比,不仅地域很小,而且国力也很弱小。如果不能迅速发展壮大,就谈不上推翻商朝,统一天下。但是,怎样才能加快速度,使国力强大起来呢? 这是很久以来萦绕心头的一件大事。念及此处,他觉得心乱如麻,一时头绪难理,便仰天长叹了一声。

忽然,天上有一颗巨大的流星由西向东,划破夜空,呼啸而去,消失在茫茫夜空中。这使文王受到了极大的触动。是啊,人生如梦,转眼就是百年,我今年已是 70 多岁的人了,难保哪一天就会像这颗流星一样,溘然长逝。流星在陨落之前,还要发出最后的光芒,我也不能默默而逝,我要在这晚年里有所作为,即使不能亲眼看到扫灭商朝的那一天,也要为我的后人开创基业。

于是他不想散步了,他要立即去见太师,和太师推心置腹地深谈一次。临走,忽然想起,要把太子姬发带上,一同去太师府造访。

文王和太子夜间来访,这使姜太公大惊。待文王和太子姬发坐定之后,太公忙问:"文王深夜至此,不知有何吩咐?"

文王道:"我方才在宫院散步,见一流星溘然长逝,触发了心事,故而难以入睡,特来与太公闲聊解闷。"

太公一听,心下会意。说道:"老臣也有许多想法,欲向主公倾诉,这真是不谋而合。"遂命侍者献上茶茗水果,边饮边谈。

文王说:"商纣昏庸无道,理应天诛地灭。但商有 600 多年基业,有几十万军队。而我岐周只是一个小小的邦国,与商朝相比,有天壤之别。请问太师,如何才能改变这种状况,使我岐周迅速强盛起来呢?"

姜太公思忖一下,说道:"商面积虽广,且已传多代,它所积累的那些东西,终究要烟消云散;小声不响、暗中准备的周国,它的光辉必定会普照四方。圣人的德行,就在于独创地、潜移默化地收揽人心。圣人常虑之事,就在于建立收揽人心的方法。"

文王忙问:"采用何法,才能使天下归心呢?"

太公侃侃而谈:"天下是天下人的天下,非一人之天下。能与天下人同享天下利益的,就可以得天下;独占天下利益的,就会失掉天下。能和人民共同享受的,就是仁爱;谁有仁爱,天下就归顺于谁。免除人们的危难,解脱人们的困苦,消除人们的祸患,解救人们的险急,就是恩德;谁施恩德,天下就归顺于谁。天下人都厌恶死亡而乐于生存,欢迎恩德而追求利益,能使天下人都获得利益,就是王道;谁实行王道,天下就归顺于谁。"

文王高兴地说:"太师讲得太好了,我一定记着你的话。但我还想知道治国之本。想要使君主受到尊敬,人民得到安宁,我该怎么做呢?"

太公道:"唯有爱民。"

文王问:"如何才算是爱民呢?"

太公说:"促进黎民生产而不破坏他们;保护黎民而不任意伤害他们;给黎民实利而不掠夺他们;使黎民安居乐业而不使他们痛苦;使黎民喜悦而不使他们愤怒。"

文王连声称是。

太公接着说:"做君主的,要像龙头一样,高瞻远瞩,细察丝微,深思慎听,审时度势。仪表庄严肃穆,衷情隐而不露,使人觉得他像天那样高不可及,像海那样深不可测。他还要安健而气宁,柔和有结而胸有成竹。善于同臣民协商而不固执己见,对人谦虚而无私,处事公正而不偏。"

文王听罢,连连点头:"太对了!太对了!然商纣王暴虐至极,滥杀无辜,人民处于水深火热之中,请你助我灭亡,以拯救天下,你以为如何?"

太公说:"君主先要自修其德,礼贤下士,施惠于民,收揽人心。再察天道人道之变。当天道还没有征兆的时候,不可以倡导征讨;当人道还没有出现祸乱的时候,不可先策划兴师。必须看到既出现天灾,又发生了人祸时,才能策划征伐。目前商纣虽然暴虐昏庸,但还没有达到那种一触即发的程度。而我们这一面,力量也还没有达到一举就能灭商朝的力量,因此,万万不可操之过急,贸然行事。"

文王点头称是。又说:"请太师讲讲应当如何推行政令?"

姜太公将将胡须,说道:"政令的推行,要在不知不觉中潜移默化,如同时间在不知不觉中自然推移一样。君主必须反复探索无为而治的思想。比若天与地,它并不宣告自己的规律,而万物却都会按其规律生长;圣人也不必宣告自己无为而治的思想,而自然会显示其辉煌的成就。最好的政治为顺应人心来治理人民,宣扬政教以感化人民,人民就会被潜移默化而服从政令,天下就能安宁,此为圣人之德政。"

"好!好!"文王连声叫道,"那么君主又为什么会失去对国家的统治呢?"

"用人不当!"太公一针见血地说:"人君应当选拔具备有六条标准的人,抓住三件大事,才不至于失国。"

"六条标准是什么内容?"文王急忙问道。

"一曰仁、二曰义、三曰忠、四曰信、五曰勇、六曰智。"太公答道。

"如何才能选拔出符合这六条标准的人呢?"

"使他富裕,看他能否不逾礼法,不逾,是为仁;给他地位,看他能否不骄不傲,不骄,是为义;委以重任,看他能否坚定不移地去完成,能,是为忠;使他处理问题,看他是否欺上瞒下,不欺,是为信;让他身处险境,看他能否临危不惧,不惧,是为勇;使他处理突变,看他能否应付自如,能,是为智。"

文王又问:"除了用人以外,还要注意些什么呢?"

太公郑重地说:"勿将处理三件大事的权力交给他人。"

"哪三件大事?"文王又问。

"农、工、商。把农民组织起来,聚居一乡,互助合作,粮食自足;把工人组织起来,聚居一处,互相协作,用具自然会充足;把商人组织起来,聚居一乡,互通有无,财贸自然会充足。不要打乱这种区域经济,不要拆散其家族组织。这叫作'三宝'。"

"具备六条标准的人得以重用,三件大事得以完善,国君的事业就会昌盛,国家就会长治久安。"

"君主应尊崇什么人,抑制什么人,任用什么人,除去什么人,严禁什么事,制止什么事?"文王此时恨不得把他长期思考的问题一下都问完。

"作为君主,应当推崇德才兼备的人,抑制无德无才的人,任用忠信的人,除去奸诈虚伪的人,严禁暴乱行为,制止奢侈风气。"

"为何君主往往致力于选人,而实际却又收不到实效呢?"

"那是因为,君主认为,一般人所称赞的人就是贤人,一般人诋毁的人不是贤人。所以党羽多的就会被任用,党羽少的就会被排挤;奸邪势力就会结党营私,贤人就会被埋没;忠臣无罪而被置于死地,奸者因虚名而及高位。这样社会就会混乱,国家就要灭亡。"

"怎样才能保持清醒头脑,使国家长治久安呢?"

"商纣王只知其国家仍存,不知其已面临灭亡;只知纵情享乐,不知已面临祸殃。国家能否长存,在于能否居安思危;君主能否长乐,在于能否乐不忘忧。你已经考虑到关系国家存亡的许多根本问题,还能有什么事呢?"

文王闻此深感大悟。他已经对姜太公佩服得五体投地了。此时,他顾不得君臣之礼,对着自己的太师倒身下拜,连声道:"太师所言,太精辟了,太深刻了,太正确了!我一定朝夕不忘,用它作为治理天下的原则。"他又转过头对太子姬发说:"你要牢记太师的这些话,此为千古不易的真理啊!"

姜太公见文王父子都跪倒在他面前慌忙跪下,说:"主公和太子快快请起,折杀老臣了!"

文王起身说道:"听君一席话,胜读十年书!我想让姬发受教于尚父,请太师允诺。"

姜太公连说不敢。但经文王再三请求,也只得应允了。太子姬发对太公行父子之礼,太公受拜,说道:"臣本是一个流浪荒野的村夫,主公和太子对老夫如此厚爱,子牙当替周室效犬马之劳,鞠躬尽瘁,死而后已!"说着,竟流出了热泪。

文王激动地说:"我得太师,如虎之生翼,鱼之得水也!"

此时,东方已然泛白,一轮红日冉冉升起,晨曦从窗棂里照射进来,正好映在文王、太子和太公那激动而兴奋的脸上。

翦灭羽翼

密须国地处西岐西北六盘山。密须人以牧业为主,善骑射,常常越过北部山区,侵扰岐周,抢掠粮食,掳走壮精。他们来得快,跑得也快,很难对付,为周文王的心腹之患。

这年秋季,正值秋熟时节,边关来报,密须国的两个王子西吉和海原带领大批人马,破关入周,向西岐杀来。周文王连忙找来姜太公,商议破敌之策。姜太公说:"岐周西北边的劲敌是密须,东边的劲敌是崇国。这二害不除,关中就控制不了;关中控制不了,就不可能东征伐纣;无法伐纣,大王的翦商之志就难以实现。所以,我对攻伐密须和崇国早已有所考虑。他们不主动来犯,我们还得找他们作战。现在他们主动上门,乃天赐良机也。"于是姜太公在文王耳边如此这般地低语了一番,文王听后大喜:"尚父神机妙算,就依你的计策行事好了。"

姜尚知密须来犯意在夺周原之粮。他吩咐大将南宫适和武吉等,对西吉和海原的进攻不许硬拼,更不能将他们伤害了,要把粮食集中起来,由部队护卫,佯败引之入平垣之地,然后再设计活捉。南宫适和武吉领命而去。

这里,姜太公带领人马,在西吉和海原必经之山丫口上,提早挖下陷阱,加以伪装,让兵士在西边山林中埋伏下来,以等待密须国人马到来。

不一日,南宫适和武吉率领人马,护着粮食车队,退到山丫口前。西吉和海原人马紧追不舍。这时南宫适命令部队在山前扎住阵脚,挡住密须军队的路。等到粮车一辆辆都翻过山丫,又故意向山后败退而去。西吉和海原不知是计,策马追击而来。刚进得山丫口,只听得"哗啦啦"一声响,西吉和海原连人带马掉进陷坑。密须军队见状,顿时阵脚大乱。尚没明白是怎么回事,又见埋伏在两旁山林中的周军,呐喊着冲将下来,用挠钩勾出坑中的西吉和海原,将其生擒。余下密须士兵一看主将已被活捉,无心恋战。两千人马死的死,伤的伤,被捉的被捉,只有少数逃回国。

西吉和海原被押到中军帐中,来见姜太公。两人见了姜太公并不下跪,且破口大骂姜太公用诡计抓了他们,不是好汉。姜太公呵斥了他们一顿,命人押下去关进大牢,却将其余被俘者放掉,并宣称除非密须国王亲自请罪,否则一定要杀了两个王子。

密须国王听逃回的军士说两位王子被周人抓去,心急如焚,打算发倾国人马,杀向西岐,营救两位王子。军师立刻阻止说:"王子虽然被俘,周人不至于立即杀了他们。为今之计,只有大王带上良马千匹,牛羊千只,再加上金银珠宝,前往西岐说情,说不定周人看在大王面子上,会放还两位王子。我带上5000精锐,随后护卫大王,以防不测。"国王一听,军师言之有理,便命人速备良马牛羊和金银珠宝,第三天便直奔西岐而来。

探子早将情况报知了太公,太公喜计谋得逞。

不一日,密须国王到了西岐。文王和姜太公亲自出城迎接,盛情招待,席间,密须国

王对文王说:"两个犬子不知法度,我教子无方,闯下这般大祸,今日我亲自前来向文王请罪,请文王宽宏大量,放了犬子,密须愿自此与周人永结同盟。"文王还没有说话,席上一位武将"刷"的一声拔出利剑,厉声说道:"密须国数次犯我岐周,扰我边民,劫我粮草,连你密须国王也罪责难逃!今日两个草贼被擒,理当问斩,怎能轻易放掉!?"说话之武将乃武吉也。

众将见武吉说得有理,同声大喊道:"理当将两个草贼问斩!"说着人人拔剑在手,怒目圆睁,筵席上吼声雷动,寒光四射,一时间杀气腾腾。密须王见状,吓得头冒冷汗,两腿发软,目瞪口呆,只听凭文王发落。

文王说:"不是我不领大王的情,实在是贵国多年侵扰太甚,敝国人民愤怒已深,如不对贵公子严惩,只怕民愤难平也!"密须国王见文王态度如此,正要发作,忽见手下人悄悄来报,说军师带领的5000兵马,中了周人埋伏大败,已逃回本国去了。密须国王顿时大惊失色,连忙跪爬在文王面前乞求道:"小人该死,恳请大王谅情,我如失去两位公子,就断了密须的后裔。如蒙手下留情,密须国愿意成为岐周的附庸,全听大王遣使。"文王这才将他扶起,答应可以商量。此时姜太公见时机已到,遂让其拿纸笔写下,签字画押,作为证据。然后对密须国王说道:"不是敝国逼你,实在是贵国太子做事太过分了,既然大王已与岐周同盟,现在就是一家人,岂能加害贵公子?不过,要饶过他俩,还得请大王为岐周帮一个小忙。"国王忙问:"什么忙?请讲。"太公说:"崇国与贵国交好,你若能去说服崇国,让他们今后在周与商的关系上保持中立,不再敌视我们,我们就立刻放了两位公子。"密须国王说道:"崇国国君崇侯虎性情暴戾,且与殷纣关系甚为密切,纣王让他监视贵国,同时还授予他讨伐贵国的权力。我去游说,他不但不会应允,反而会将我视若仇敌,我怎敢前去?"姜太公说:"这没关系。我派3000精兵,扮作密须人马,将你所带之千匹良马,两千只牛羊和金银珠宝如数带往崇国,作为进见之礼。你去之后,言说与他结盟交好,然后再见机行事。"密须国王听到这里,已明白姜子牙要他去干什么了。但如今已成阶下之囚,且两位公子就在人家手中,如果不从命,父子性命都难保,便只好从命。

密须国王带着假扮的3000精兵,加上千匹良马,牛羊和珠宝金银,浩浩荡荡,向崇国而来。前锋早已报上崇国,说是密须国王亲自前来交好送礼。崇侯虎过去见过密须国王,知晓此人敦厚诚实,对他并不怀疑。对他带来的3000人马,也认为密须国远离崇国,中间还要经过周人统治区,何况又要护送1000匹马、两千只牛羊和那么多金银财宝,岂能不多带些人来。然而他不同意这3000人马进驻城内,只允许进1000人,其余两千在城外驻扎。密须国王只得同意照此安排。

武吉等也在其中。他听说崇侯虎只准1000人进城,便将另外两千人交给其他将领管理,自己带着1000最精锐的部队入城,伺机行事。

三天之后,哨探忽然向崇侯虎报告,说西岐大约有1万人马朝崇城开来。崇侯虎大惊,命兵士把好城门,加紧巡逻,防止周兵攻城。刚布置完毕,周兵已开至城下。姜太公亲自挂帅,但他却没有出面,只让大将军南宫适出马挑战,扬言要崇侯虎交出密须国王,说密须国抢走了西岐的粮草。崇侯虎哪里肯依？他大骂西岐不遵商朝法制，任意讨伐诸侯，要周军立刻撤回，否则，他将报告纣王，发王室大兵征伐西岐。

南宫适不理他，只让兵士叫骂。姜太公暗中和城外的两千人马联络，又派人混入城内，联络武吉，约定今夜三更时分，以火为号，里应外合，攻下崇城。

崇国守城士兵，白天和周兵骂了一天，已很疲劳，入夜以后，见周兵后退十里扎营歇息，偃旗息鼓，只有少数士兵值班望哨，便认为今夜周军不会有什么行动。及至后半夜，大家更是疲惫，便放松了警惕。

而此时，周军却悄悄潜入城下，1万兵马加上先来的两千，合为一起，围住四城门。眼看就到三更，全军齐声呐喊，声震云天。崇国军民大惊，崇侯虎忙派人加强四城门防守，守将们都说人手不够。崇侯虎连忙叫密须国王带1000人马去守城门。密须国王连连应承，心里却想，崇侯虎这一次可彻底完了。于是暗地里预备脱身之计。

那武吉听说崇侯虎要派自己的1000人马去守城，心中暗暗高兴。他立即将千人分作四处，东门、西门、南门、北门分别去250人，约定以城外起火为号，打开城门，接应周兵进城。

三更一刻，四个城门外的周兵一齐放火，火光冲天而起，照得城内外如同白昼。城内周兵趁乱杀死崇国守兵，打开城门。顿时，城外周兵从四个城门一拥而入，杀声震天。待崇侯虎知道时，满城已全部是周兵了。他连忙去找密须君，密须君却早已不知去向。他心知此事有异，然而已悔之晚矣，遂准备拔剑自刎。这时武吉已冲至面前，一把夺过宝剑，将崇侯虎生擒活捉。

姜子牙进了崇城，立命三军连夜扑灭大火，并出榜安民，要求周兵不许骚扰百姓，滥杀无辜。第二天一早，文王也带着太子姬发等王室人员及护卫，来到崇城。

文王进城后，下令将崇侯虎斩首示众，而且开仓放粮，救济百姓。崇国百姓无不欢迎文王。

文王、太子姬发和姜太公察看了崇城城池和周围环境，觉得这里钟灵毓秀、人杰地灵，比起西岐来又是一番天地。况且，此处距商都朝歌较近，消息灵通，对以后攻伐商纣大有裨益。于是，文王和姬发、姜太公等决定，将周之都城由西岐迁至崇城。因崇城临沣水，遂取名为丰都。从此，岐周全部控制了关中平原，声名大震。

文王托孤

周文王采纳了姜太公的"卑事殷纣，翦其羽翼"的计策，先是降服了泾水流域的密须国，消除了周的后顾之忧，又攻灭沣水流域的崇国，打通了向东发展的道路。这样，就全部控制了关中平原。在此基础上，姜太公亲自率师远征，攻打吕梁山区的黎国和河南的邘国，逐步蚕食商朝的疆土，不断扩展周围的疆域。

文王的大业逐步实现。他深知这功劳归于太师姜子牙。他知道自己年事已高,要实现灭商的宏愿是不太可能了。这项重任,只能靠自己的儿子姬发去完成了。但是,没有姜太公,姬发是难以挑起这副重担的。于是,他想,必须进一步密切太子和太师的关系,使姜子牙忠心耿耿地为周国服务——听说太师有一个女儿,名唤邑姜,才貌出众,文武兼备,至今未聘。若把她聘为太子之妻,太师不就成为太子的岳父了吗?如果太子成为太师的女婿,姜太公岂能不尽心尽力,保他的江山?念及此,他禁不住笑出声来。

正好这时文王的妻子——太后端着茶进来,问他为何发笑。文王便把刚才的想法告诉了太后,太后亦表同意。

当下,文王和太后立即唤来太子姬发,说了要为他聘太师之女为妻的事。太子姬发早就有意于邑姜了,只不过摸不清文王的心意,一直未敢提起。如今父王和母后主动提出这事,正中他的下怀,便喜不自禁地应允了。

第二天,文王亲自来到太师府,向姜太公提出要聘邑姜为太子妻之事。太公也很高兴地答应了。然而又说:"小女乃村俗之人,不识大礼,诚恐有辱天子之尊。完婚之后,如有不到之处,还望文王和太后多多见教。"

文王说道:"邑姜才貌双全,文武具备,我已早有所闻。如能与姬发联姻,实乃珠联璧合,天公作美也。"于是定下佳期。由大夫散宜生为媒,纳了聘礼,只待喜期一到,迎亲完婚了。

不几日,喜期即到,文王降旨,虽是皇家娶亲,仍须依照民间风俗办事,以示与民同乐。西岐百姓听到这一消息,交口相传,一时成为美谈。

是年四月,是周文王80寿辰和姜太公90寿辰。太子姬发等有意要隆重庆贺,为两位老人一起做寿,名曰:"双翁寿。"是日,丰都大摆筵席,鼓乐齐鸣。文王心情特别高兴,与姜太公频频举杯,开怀畅饮。酒过三巡之后,太子姬发、周公旦、召公奭及其夫人等一一上前给双翁拜寿敬酒。然后,太子姬发的弟弟叔鲜、叔度、叔武等亦向文王和太公祝寿敬酒。当文王接过叔鲜的酒时,忽然一股心事从胸中直冲头顶,霎时间天旋地转,头重脚轻,不能自持,翻身便倒,慌得太子姬发等连忙扶住,抱至卧榻,着御医诊治。御医诊过脉之后,出来向姜太公、太子姬发等众人说:"大王为气血两虚之症,脉细弱无力且结滞,当以活血化瘀、理气止疼之方治之。但因年事已高,心力衰竭,也须做好不测的准备,不可大意。"遂开药方让人拿去煎煮。

文王几日后苏醒。姜太公见文王苏醒,长出一口气道:"大王可醒过来了,醒过来了!啊!吓死老臣了!"

文王睁眼一看,姜太公、太子姬发及太后都在榻前,就要挣扎坐起。太子姬发忙阻止,说御医交代,不能乱动,必须绝对静卧。文王不听,定要坐起不可,太子姬发只好将父王扶起,给他背后垫上厚褥,让文王半坐半卧。

文王示意太后和太子姬发出去,他要与太公独谈。太后和太子姬发便悄悄退了出去。

文王抓住姜太公的手说:"太公啊,我恐怕将要去见父王季历去了。自从磻溪得遇太公,我周朝日益强盛。你辅佐我东征西讨,先后攻击崇国、黎国、邘国等,降伏密须,现在三分天下,其二归周。其二归周者,奇谋多出自太公也。现在,老天爷要我走了,我再不能与太公共事,完成灭商大业了,这件重担,就全靠你与太子去完成了。我现在最担心的,就是怕我死后,子孙们在继承问题上作乱。因此,我意欲和你商量周室继承大事,请你全力支持我!如果万一叔鲜等作乱,你就把他们除掉。若太子无能,你可自为天子。"说罢已气喘不止。

姜太公听罢,汗流浃背,跪在文王病榻之前,泣涕道:"大王毋庸担心,老臣当竭力辅佐太子姬发继承王位,绝对不敢拥兵自重,做出冒天下之大不韪的事来。只要我不死,我将肝脑涂地,辅佐周室,若有二心,天地不容!"说罢叩头出血。

文王喘着气说:"我深知太公是仁德的君子,才单独与你商讨身后大事,绝非疑你有二心。只是请你说说,怎样才能尽快顺利完成王位继承之事?"

姜太公说:"承继为大王家事,老臣是外人,不敢对此参言。"

文王泣涕道:"太公乃太子之岳父,又是师尚父,情同手足,何言外人?太公不言,我死不瞑目!"

姜太公说道:"非老臣不给大王出主意,只是王位承继乃国之大事,只能由大王自裁,外人参与,会遗后患。既然大王执意问计于老臣,老臣就冒昧进言,望大王秘而勿宣。"

文王面有悦色,道:"那是自然。"

太公道:"太子姬发忠厚仁德,勇武刚强,韬略过人,立为太子,乃大王之福,周室之瑞也。大王可立下遗诏,明令宣布,立太子姬发为储君。同时宣布废除'兄终弟继'之制,明示这是殷商乱国之因;明令周室日后要实行嫡长继承之制。姬发之后,也由姬发嫡长子继承王位。若是,则可避免后世在承继之事上节外生枝,产生祸乱。至于叔鲜、叔度、叔处等,可封于外地为诸侯,使之分散,而且不让他们直接参与朝政,这样就难以为患了。至于太子之弟旦和奭,乃正人君子,绝对可以信任,就让他们辅佐太子。如此安置,则万无一失也。"

文王大喜,说:"真乃肺腑之语,金石之言也。请你通知太子,明日设朝,宣王室所有成员和文武大臣进见,我有话说。"

按照文王旨意,次日文王举行最后一次会议,解决王位继承制度和诸子分封事宜。

文王靠在厚厚的衾枕上,太公坐在身旁,以下为太子姬发和大夫散宜生。散宜生担任记录。其他参会的依次有叔鲜、叔旦、叔度、叔武、叔处、叔振铎、叔康、太孙剑、伯禽、庶子奭、南宫适、闳夭等。

文王环视了其儿孙,然后缓缓地向太公说:"我以国事家事托尚父姜太师,尔等有违命者,由尚父议处。"诸子唯唯听命。

文王接着说:"太子姬发继承王位,尔等子孙,当齐心协力,共同协助,以成大业。以后王位承继制度,宜废除'兄终弟继'之制,而确立嫡长继承之法。殷商王位兄终弟继之

制,乃至乱之源,我周人万万不可效仿。嗣后子孙,谁敢违嫡长继承之法者,以叛逆论处,宗室共弃之。"闻此言,叔鲜、叔度、叔处等,都颓丧地垂下头来。

文王继续说:"周室的宗族子孙,宜分封建国,以屏藩王室。叔鲜可封于管,叔度封于蔡,叔武封于成,叔处封于霍,叔振铎封于曹,叔康封于卫。"说到这里,文王已觉心慌气短。他停了停,接着说道:"以上可算我的遗嘱,由大夫散宜生记录在案,由太公望执行我的遗嘱。如有违我命者,由太公处置。"

文王刚说完,便觉得头晕目眩,心悸气闷,无法自持,竟昏了过去。诸子见状一片慌乱。姜太公立刻命众人退下,请御医进上参汤。不多时,文王又醒过来,对太公说:"速传姬发进见!"

太子姬发连忙来见父王,只见父王此刻却面泛红光,异常兴奋,与方才判若两人。太子姬发心知这是回光返照,连忙跪于榻前,听候命令。

文王抚着太子之背,说:"我就要死了,周国的江山,就托付给你和太公。我死后,太公就是你的亚父。外事你要与尚父商议,内事要与你弟弟旦和奭商议。"

太子姬发泣答道:"孩儿记住了,孩儿记住了。"站在一旁的姜太公此时已是老泪纵横,泣不成声。

这时,文王觉得胸前一阵剧痛,眼前发黑。喘息了一阵后,笑微微地望着太公和姬发,仿佛在说:"现在我一切放心了!"便缓缓闭上了眼睛。

牧野决战

周文王死后,周武王(即太子姬发)便加紧了伐纣灭商的准备工作。一日,他与太公商议灭纣事宜。

姜太公对武王说:"灭商的事,老臣时时刻刻都在准备着。但是,目前的时机尚不成熟。我们派往朝歌的密探,几次送来情报,都说商朝贵族内部的矛盾虽然很大,仍未全面爆发。大王您也知道,商朝虽然十分腐败,但它毕竟是个大国,拥有几十万军队,若我们只靠武力去征伐,那付出的代价就太大了。因此,我们要等待商朝内部发生混乱,然后乘虚而入,这样就能够以弱胜强,用较少的代价获得巨大成功。"

武王听了太公对当前形势的分析后,说:"尚父说得极是。然众将士灭商心切,而且许多诸侯邦国也要求我们带头伐商灭纣。如果我们没有什么举动,一怕挫伤我军将士的锐气,二怕冷了诸侯们的心。因此,我想借今秋狩猎之际,采取一个大的行动。"

不等武王说毕,太公忙说:"老臣也有个主意,尚未与主公商量。现请主公先不要说出你的意见,我们把各自的想法写在手心里,看看是否相合。"武王说:"好!"于是各自用朱笔在手心里写出四个字,然后同时伸在对方面前,相互一看,竟然不谋而合。原来二人所写的字均为:"孟津观兵。"两人禁不住哈哈大笑。

姜太公说道:"主公的想法很是英明。采取孟津观兵的办法,一可以试探一下各诸侯邦国对我们的态度,做到心中有数;二可以看看纣王对我们这次行动做何反应,试探一下商纣的虚实;三可以利用这次观兵,对我军进行一次战前演练。此乃一举三得的好事。"

于是,武王决定,十月底在孟津观兵,并将此决定传布给四方诸侯。

是年,十月初,武王和太公亲率甲士3万,虎贲3000,战车千乘,离开镐京,出临潼,过渑池,声势浩大地向东进发,队伍首尾长达20多里。

几日后,三军到达洛邑,离孟津已很近了。姜太公亲自指挥3万大军和粮草辎重渡河。一路由大将军南宫适率领,充当左军;一路由将军闳夭率领,充当右军;太公和武王居于中军,大将武吉护驾。只见在宽阔的河面上,三路舟船,如三条巨龙,由南向北开进,很是壮观。

此次诸侯会盟,武王发出的请柬不到100个,但闻风前来会盟800多个诸侯率十数万士兵。各诸侯国对于商纣王的倒行逆施,早已忍无可忍。西周的崛起,像一把熊熊的火炬,点燃了各诸侯国的希望;又如同一块巨大的磁石,吸引着各诸侯国向他靠拢。因此,接到武王请柬的,无不欢喜雀跃;没有接到请柬的,也闻风而来,自愿参加会盟。然而中原地区的许多诸侯,虽然承认岐周强大,却认为岐周乃西方落后部族,对周仍心存顾虑。他们前来会盟,是想趁此机会查看周武王究竟如何。

武王和太公的大船马上就要靠岸了。太公放眼望去,只见各诸侯国的首领和兵士早在北岸列队迎候武王了。太公知道今日会盟对西周很重要,他也深知,中原的一些诸侯倚仗自己经济发达,有点瞧不起西岐。因此,他提议:"大船靠岸后,请武王乘马落落大方地接受各路诸侯的欢迎。要有盟主的风度,不要被人小瞧了。为了壮声势,老臣在马前为大王牵马,请周公在马后为大王执鞭,以让诸侯知晓,我国文武大臣对大王多么敬重,以此加威于各路诸侯。"武王哪里肯让太公为他牵马?可是周公等文武文臣都说太公言之有理,今日这等盛大场面,不能太随便,要搞得庄重严肃。武王只好同意。

武王乘着马,在各路诸侯国队伍组成的奕道中前行。他不断向各路诸侯国挥手致意,表示慰问,显得彬彬有礼而气度不凡。诸侯们观武王相貌堂堂,威风凛凛,一派帝王风采,钦羡之情油然而生。又见赫赫有名的姜太公为武王牵马,周公在后执鞭,尤其惊讶不已。他们心想,连太师都给武王牵马,可见武王虽然年轻,却深孚众望,必然是一个有韬略,有威望的天子。因此,武王所到之处,群情振奋,欢呼声四起。

武王接受了诸侯欢迎之后,和800诸侯国首领一起,进了孟津,这时已近黄昏。是夜,武王在孟津大摆宴席,款待800诸侯。武王的部队和诸侯国带来的10多万部队就驻扎在城外。议定于次日于孟津城西盟誓。

次日一早,各路诸侯带领兵马来到孟津城西大校场。场内场外布满了10多万兵马,场面甚是壮观。校场中心筑起一座高台,上设天地神位。高台两边设有800多名诸侯首领的座席。午牌时分,800多位诸侯从西门鱼贯而入,依次分坐两侧。此时,武王在18名甲士护卫下,走进校场,登上高台,祭拜了天地诸神。随后,姜太公全副甲胄,牵着白马,

周公全副甲胄,牵着乌牛,从高台后出来,在台前站定。这时全场肃然。

武王环顾左右片刻之后,举起右手,大声说道:"诸位友邦首领、全体将士们! 小子姬发遵从先王之遗命,率师东来,观兵孟津只为共商灭纣大计。今来会者800余诸侯,敌忾同仇,可见天命所归,人心所向。"语音刚落,会场立刻爆发出雷鸣般的欢呼声。过了半晌,欢呼声浪才慢慢平息下来。

武王接着说:"今商纣淫奢无度,暴虐残忍。穷兵黩武,使百姓处于水深火热之中。如果各位友邦首领认为商纣可伐,请与我一同盟誓!"

武王语音一落,台下又爆发出一阵欢呼呐喊声。

此时,姜太公和周公抽出利剑,宰了白马乌牛,命人抬放在桌上,武王走下高台,左手抓着牛耳,右手持刀,在牛耳上割了一刀。然后武王和800诸侯一同饮了血酒,指天盟誓:"吊民伐罪,躬行天讨,齐心灭纣,祸福与共!"

誓毕,800诸侯和岐周的文武官员群情激奋,请求趁热打铁,就此杀向朝歌,消灭商纣。武王要姜太公向众人解释。

姜太公说道:"商纣王昏庸无道,人神共怒,早该天诛地灭了。然而商纣有600年统治之基,它拥有几十万军队。尽管殷商已经很腐败,内中矛盾重重,但还没有到土崩瓦解的地步。因此,对待这样一个庞然大物,我们不可轻举妄动。况且,对我们今日孟津观兵这样如此宏大的举动,商朝必然有所警惕,定会加强防御。因此我们要等待有利时机,要战,就要有一举成功的把握。"

各路诸侯听了太公之言,认为有理,遂约定,加强互相联系,互通消息,一旦时机到来,愿听从武王差遣,同心协力,讨伐商纣。

孟津观兵之后,又过了两年,周武王觉得各方面时机均已成熟,可以发兵东征,消灭商纣了。于是,他请来太师、周公、召公、南宫适等朝中文武大臣,一起商讨。

姜太公首先说:"我过去对文王说过,君王先要修德,要礼贤下士,要施惠于民,使国家日益强盛;同时,要观察天道的吉凶。必须既看到出现了天灾,又发生了人祸时,才能够策划征讨。"

"现在,商纣王做酒池肉林,造炮烙蛊盆,剖忠臣比干之心,逼兄长微子出走,弄得朝野不安,民怨沸腾。他如今已经是众叛亲离了。国人甚至王公贵族都叛逃而去。最近,东夷和南方的邦国纷纷起来造反,纣王只好调集大军前去镇压,甚至把他的御林军'三百六十夫'也调往东南打仗去了。所以朝歌现在很空虚。目前的商朝,百姓疑虑,动乱不止,而纣王仍然荒淫无度,这是亡国的征兆。我观察他的田野,野草盖过了禾苗;我观察他的群臣,奸佞邪僻的压倒了公平正直的;我观察他的官吏,都是暴虐残忍,违法乱刑。不过,他们上下还仍执迷不悟,这是该亡国的时候了。因此,我十分赞成立刻发兵,讨伐商纣。"

周公、召公、南宫适等一班大臣,也极赞成姜太公的意见。

武王见大家意见一致,大喜,便命令太史占卜吉凶。

太史焚起香案，祝告了天地之后，便摇了一卦，抽出卦签。大家都着急地等待着卜卦的结果。

太史卜得师卦六五之爻，展开卜辞一看，那上边写着这样八个字："长子帅师，弟子舆尸。"意思是说，若武王帅师出征，将会出现以舆车装载将士尸首归来的现象。太史不禁大惊失色。

看了卜辞，武王脸色大变。周公、召公、南宫适等人也都面面相觑，不知如何是好。霎时，一股疑惧不安的气氛，代替了方才大家意见统一时出现的同仇敌忾的局面。

这种气氛持续了许久。周公见天意如此，已是不可违背了，便说道："不如暂缓出兵之事，稍后再议。"

武王早已性急，冲着周公怒问："我们准备了多年，等的就是此日。现在纣王倒行逆施，已弄得天怒人怨，人神共怒了，难道老天爷还会保佑他吗?!"

武王的话音刚落，天上轰隆隆一声巨响，顿时电闪雷鸣，狂风大作，下起倾盆大雨。暴雨中还夹着鸡蛋大的冰雹，打得房瓦破裂，树枝断落——这种现象发生在初冬，实属怪异!

文武大臣都被此天象吓坏了，连武王也吓得面如土色。难道老天果真震怒了吗? 难道纣王果真不可讨伐吗?

此时，只见姜太公面色坦然，从容地说道："风、雪、雨、雹，天道之常，不必惊骇。我国征伐殷纣，乃是替天行道，恭行天讨，吊民伐罪之义举，天公定会助我成功的。我有一个建议，另择一黄道吉日，请武王祭天，亲自占卜吉凶，那时再做定夺，不知各位认为如何?"

武王等人闻言心定，遂议另择吉期，由武王祭天亲占。

祭天此日，武王登上天坛，焚了香火，暗暗对天祝告："姬发举兵伐纣，恭行天讨，吊民伐罪，愿上苍助我成功!"祝罢，亲自卜了一卦。启开一看，乃是泰卦初九爻。卦辞言："拔茅茹，以其汇，征吉。"意思是说，如同拔草一样，出征大吉。武王心中大喜，当下将卜辞遍示群臣，群臣观后无不欢喜雀跃。

武王如释重负，当即传令:迅速做好出师准备，同时传示四方诸侯，于甲子日前会师孟津，讨伐商纣。

冬腊月，武王亲率兵车 300 乘，虎贲 3000 人，甲士 45000 人。命姜太公为前锋大将，浩浩荡荡向东出发。兵到孟津，蜀、庸、羌、卢、微、彭、濮等 800 诸侯约 10 万人已在此会合等候。武王亲作《泰誓》，激励自己的将士及 800 诸侯之兵，团结战斗，同德同心。

甲子日清晨，日夜兼程的 10 余万大军，突然出现在商都郊外 140 里的牧野。

武王在牧野再次举行誓师大会，念了《牧誓》，逐条列数了纣王的罪状，鼓励全军决一死战。当是时，10 万大军群情激奋，个个摩拳擦掌，跃跃欲试，人人争先恐后，要杀敌立功。

前锋大将姜太公率领 4 万多甲士，如下山之猛虎，出水之蛟龙，以迅雷不及掩耳之势，杀向仓促应战的商军阵中。纣王措手不及，连忙调兵遣将，可惜精锐部队已被他派往

东夷征战，城内空虚，不得不拼凑奴隶去抵挡。殷商毕竟是大国，七拼八凑，竟调集了17万军队，来迎战武王的大军。

但是，姜太公早已派人混入殷商军中，进行瓦解工作。那些假扮商军的周人，看到周军大兵压境，商军皆无心应战，就趁机高喊："武王已杀进朝歌了，纣王自杀了！"本来就不愿意为纣王卖命的奴隶军，闻此全部倒戈，转过头引导武王军队杀向殷都朝歌。商、周军队合为一股，势如破竹，呼啸呐喊之声震天，直杀得血流成河，尸横遍野。

纣王如丧家之犬，连夜逃回朝歌。他见大势已去，慌忙穿上宝玉衣，登上鹿台，自焚而死。那鹿台是商纣王搜刮民财耗时七载修建的百丈高台，大火一烧，就像一把巨大无比的火炬，照得满城如同白昼。

朝歌城内城外的商民，连夜集于郊外，焚香跪拜，迎武王进城。武王当众宣布了安民告示，命令大部分军队驻扎城外，自己和姜太公等只率3000虎贲进入朝歌城。武王和太公军队扑灭了大火，一同登上已经烧毁了的鹿台。姜太公见纣王虽被大火烧成干尸，依旧二目圆睁，死不甘心，便指着纣王大骂："无道昏君啊，无数生灵因你而遭涂炭，我要亲自砍下你的头颅，为天下百姓报仇，为我的父母和东夷九族报仇！"说完，挥剑用力一砍，将纣王的头颅砍了下来。武王命令军队将纣王的头悬在一根高杆上，亲自对着纣王的头射了三箭，以示商朝的统治从此结束。

受封齐国

牧野决战后第五天，周武王即举行开国大典，建都镐京，正式建立了周王朝，史称西周。

他请来姜太公、周公、南宫适等一班重臣，商议怎样处置刚刚失败而并不甘心的殷商遗民，怎样控制刚刚取得的广大疆土，以巩固新建立的政权。研究的结果是，分封诸侯，将有功之臣和周室的叔伯子侄、姻亲贵戚中有才干者封到全国各地，兴邦建国，让他们治理自己的封地，向周王定期贡赋，提供军队，夹辅王室。于是，周公的儿子禽封于鲁，康叔封于卫，叔虞封于晋，召公奭封于燕……形成"封建亲戚，以藩屏周"之势。

然而，在封纣王的儿子武庚时，姜太公和武王、周公等人的意见发生分歧。武王的弟弟周公主张封武庚于商都，实行所谓"以商治商"。姜太公建议把商朝的后人杀掉，斩草除根，以绝后患。但是武王却支持周公的意见，封武庚为商后，留居朝歌，管理殷商遗民。以防武庚作乱，他又派自己的三个弟弟管叔、蔡叔、霍叔对武庚进行监督，史称"三监"。姜太公见武王主意已定，也不好再说什么，只是在心里暗自担心。

武王特地征求太公意见，询问其意欲分封何地。

姜太公说："老臣故地在山东营丘（今山东临淄），那年纣王发兵东征，差不多将营丘夷为平地，杀死了我的父母亲族。我已经早有誓约，要在推翻商纣之后，重返家园，复我

邦国。因此,老臣恳请主公封我回山东故土。"

武王非常高兴,说:"师尚父所言,正合孤意。一则,尚父去营丘可以完成当年誓愿,恢复旧邦;二则东方九夷自古以来不断侵扰中华,师尚父若去山东建国,则可尽服东方诸夷,从此可保东方太平。"遂把渤海与泰山之间的薄姑氏故地封给太公,国号为齐,都营丘。姜太公谢恩回府,打点行装,预备赴任就国。

姜太公是西周的开国元勋,功劳卓越,又是武王的岳父。因此,武王特意为太公举行盛宴,欢送太公赴任。周王室成员和满朝文武大臣,全部出席,欢送宴会十分隆重热烈。酒至面红耳热之际,周武王突然拉住姜太公的手说:"师尚父为我周室兴起,东杀西闯,北战南征,功居第一。明日尚父即将赴任山东,此一去不知何年何月才能再见,寡人实在不舍你走啊!"说着,竟热泪盈眶。

当时,周武王已经60多岁,姜太公也已是100岁的高龄了。须发皆白,鹤发童颜。他见武王动了感情,也禁不住心头一酸,老泪夺眶而出,说道:"主公不必担忧,老臣虽然年迈,但早年学过养生益寿之道,还能再活它几十年。此去山东,老臣一定尽心尽力,治理齐国,成为主公的坚强后盾。"武王和周公、召公等闻言,无不为之感动流涕。

次日一早,武王和周公、召公、南宫适、武吉等文武官员一齐出动,直送姜太公于镐京以东20里的灞上,这才洒泪而别。谁知此为太公与武王之最后诀别。两年之后,武王就因病去世了。

周武王去世以后,依照嫡长继承之制,由武王的长子成王继承王位,当了天子。此时周王朝初建,各方面百废待兴,形势仍很严峻。武王的弟弟周公恐成王缺乏经验,误了国家大事,便不顾大臣们可能产生的猜忌和非议,自代成王摄政。

周公的这一举动,立刻在朝野内外引起了轩然大波。不少人认为周公有野心,意欲取代天子之位。这消息纷纷扬扬,四处传播,越传越玄,引起了大臣和各诸侯国的不安。

周公是武王的弟弟,监督武庚的管叔、蔡叔、霍叔同样是武王的弟弟。三叔见周公将他们远封在外地,自己却摄政称王,独揽朝中大权,心存不满。此事早被纣王的儿子武庚看在眼里,心想,要报灭国杀父之仇,此其时矣!

武庚并非等闲之辈,当年周武王封他为商后时,他曾感激涕零,表示要誓死忠于周室。周武王封他的三个弟弟来监视他,他明白周人对他很不放心。因此,他表面上装得非常忠诚老实,在"三监"面前毕恭毕敬。他每一个月都要向管、蔡、霍三叔请安问好,汇报情况,请求指示。还不时地给三叔送去金银珠宝和美女,贿赂其心。时间一久,三叔觉得此人还挺不错,对其戒心渐失。后来竟把他看作自己的知心朋友,连有些心里话也向他诉说。从几年的接触中,武庚知道三叔都对周公不满,尤其是管叔,非常恨周公。他说,当年武王分封诸侯时,周公自己不去鲁国,却让他的儿子伯禽代劳,其目的就是要留在朝中,伺机篡夺大权。他还说,周公把他和蔡、霍二叔远封于殷商故地,是由于周公怕他们弟兄三人妨碍自己的野心。他认为,武王死后,按照文王托孤时下的制度,王位理应归于武王的长子成王。何况成王并不年幼,完全有能力亲自处理朝中大事。周公却以成

王缺乏经验为借口,自己摄政称王,企图取代天子之位,这完全违背了文王的遗愿。周室亲族应当遵从文王遗训,共同诛灭周公,还政于成王。蔡、霍二叔也同意管叔的意见。

武庚把管叔的这些话迅速传给他的亲信,让他们迅速把这些话传播到东方各国。据传,姜太公听后,都对周公产生了怀疑。

管、蔡、霍三叔看到各诸侯国人心浮动,大家全部在咒骂周公,心中十分得意。而武庚此时乘机加紧联络殷商旧部,假言要协助三叔,以清君侧,终于发动了叛乱。管、蔡、霍三叔以为武庚是自己的知心朋友,是去帮助自己讨伐周公,因此,便与他相互勾结,为他撑腰打气。管叔亲自率军。这就大大助长了武庚叛乱的气焰。武庚又事先派人到东方各国进行了大量的阴谋活动,因此,响应武庚叛乱的诸侯竟多达17国。一时间,周室朝野震动,连周人所居住的西土也骚动不安,马上就有波及全国之势。

在有朝廷重臣参加的紧急会议上,周公力主武力平定叛乱,但王室内的一些贵族却犹疑不决,非常害怕。他们有的说东方夷人向来不安定,殷商时代,朝廷的统治就没有实际涉及那里,所以不如派人去安抚一下,维持现状算了。有的说西周方立,财力物力人力不充足,劳师远征恐怕会招致失败。还有一些人听信了谣言,怀疑周公是想借东征来扩充自己的实力,为自己篡夺大权进行准备。

周公明了,局面持续将不可收拾。于是,他立即给远在山东的姜太公写了一封秘信,命心腹火速送往齐国。他在信中深刻分析了目前的严峻形势,推心置腹地陈述了他为什么要摄政称王,衷心地希望姜太公顾全大局,帮助他力挽狂澜,全力维护文王、武王和太公等奋斗一生打下的万里江山。他在信中还授命姜太公:"东至海,西至河,南至穆陵,北至无隶,五侯九伯,均可征伐。"

姜太公看罢周公的秘信,被周公大义凛然、光明磊落、忠心报国的精神深深地感动了。他立即认识到自己以前对周公的怀疑是错误的。与此同时,他还接到女儿邑姜(武王之妻)的来信。邑姜对他说:周公称王摄政以来,治国兢兢业业,生怕失掉天下贤人。如有贤人前来投奔,即使正在沐浴,也要用手握着正在盥洗的头发立刻接见;即使正在吃饭,也要立刻放下筷子接见来访的贤士。甚至"一沐三握发,一饭三吐哺"。周公摄政,纯粹为西周江山而非天子之地。成王得了一次大病,几乎病死,周公写了一篇祷词,向上天祈祷,愿意以自己的死换取成王的生。这足以证明周公是衷心维护成王的。成王虽然并不年幼,但的确缺乏治国的经验。在当前非常严峻的形势下,周公如果不出来支撑这危难局面,周朝就会发生更大的灾难。因此,她劝父亲助周公平乱。

在这危急关头,姜太公当机立断,发倾国人马,迅速出兵平乱。他一方面派大将吕豹、吕虎领精兵1万,去平定徐、奄等邦国的叛乱;另一方面,他决定亲自率领两万精兵南下,协助周公平息武庚和东南17国的叛乱。他把自己的计划写信告知了周公,并且建议周公率领大军东征,趁这次机会,彻底征服东南叛邦,使西周江山永固。

周公收到姜太公的信后,神情振奋。他立即把太公的意见向王室成员做了传达,使那些动摇害怕的贵族增强了信心。周公采纳了太公的意见,亲率5万大军东征,并且以天子的身份作了《大诰》，鼓舞将士士气。他东征路过楚国时，亲自说服了楚人不要参与叛乱。周公和姜太公从两翼协同作战，使军威进一步大振。

姜太公虽年纪已大，但仍能驰骋疆场，与周公形成犄角之势，奋力剿灭东南一带的叛匪。经过整整三年时间的艰苦征战，终于彻底平复了这场声势浩大的叛乱。此次平叛先后扫灭东南方的叛国50个，战争规模远远大于武王伐纣。叛乱首犯武庚和管叔被周公诛杀，蔡叔、霍叔被流放，关东诸国彻底被征服。经过这次战争，西周才真正征服了关东，从而使周朝在全国的统治得以巩固。

叛乱平息后，姜太公又回到封地齐，继续他大规模的经济建设。首先，他制定了"大农、大工、大商"的政策，通商工之业，便渔盐之利。将农人组织起来，聚居一方，互相合作，垦荒种田，发展农业生产，使粮食渐渐得到充足；把工匠们组织起来，聚居一方，互相协作，打造各种用具什物，使人民得到满足；将商贩们组织起来，聚居一方，开设集市，互通有无，使财货得到繁荣。农业"什一而税"，减轻农人的负担，鼓励农业生产。

姜太公自己称这三项事业为治国的"三宝"。并且此"三宝"，只能由国君一人独掌，不能交给他人去管。因此，不到三年功夫，就使齐国得到大治。消息传到镐京，代成王摄政的周公听说姜太公在这么短的时间内，就把齐地治理得繁荣昌盛，井井有条，大喜。他无限感慨地说："太公真是老当益壮，盖世无双也！"

在经济得到发展之后，姜太公又重修城邑，教化国人学习周礼，并且广收四方贤才，把东夷九族中有才干有名望的人都搜纳过来，量才录用，让他们人尽其才，才尽其用。因此，齐国很快成为东方最强盛的大国。后来在周室衰微，春秋战国纷争时，姜太公的后人姜小白称霸群雄，九合诸侯，匡扶周室，长达40余载，他即有名的齐桓公。

传奇人物姜太公才华卓绝，业绩非凡，辅佐西周三代君主。几千年来受到人民的推崇和爱戴，不愧为中国历史上最早的颇负盛名的政治家和军事家，不愧为中国谋略家的开山鼻祖。

为六国相

——苏秦

名人档案

苏秦：字季子，东周洛阳轩里人据（今洛阳东郊太平庄一带，战国时期的韩国人，是与张仪齐名的纵横家。可谓"一怒而天下惧，安居而天下熄"。曾随鬼谷子学习纵横捭阖之术多年。

生卒时间：前340~前284年。

性格特点：他出身农家，素有大志。

历史功过：苏秦被人们认为是有名的辩士。在公元前3世纪初的历史舞台上，他有极其重要的地位。他一生为了燕国的强大而进行频繁的外交活动，同时又大大影响了齐、赵、魏等国的政治决策，为燕伐齐做了准备。

名家评点：他取法诸子百家的学说加以融会，游说诸侯国君，讲究机谋权变，被推为当时纵横家的代表人物。

初出茅庐

苏秦是东周洛阳（今河南省洛阳市）乘轩里人，出身于一个普通农民家庭。苏秦是五兄弟中最小的，故字季子，其兄苏代、苏厉、苏辟、苏鹄，均为一时著名的纵横之士。苏秦的准确生年，今已不可考。《史记·燕世家》载："（文公）二十八年（前334），苏秦始来见。"根据《帛书》，这一记述有误。《帛书二十二》说："齐宋攻魏，楚围翁（雍）是（氏），秦败屈丐。"又说"今者秦立于门"，显然为苏秦初出茅庐，游说陈轸的谈话。按"秦败屈丐"在前312年，假设青年苏秦首次出现在政治舞台上是20岁左右，则推算他大概生于前332年前后。

其时,正值战国中期,各国龙争虎斗,风云际会,很多纵横之士游说诸侯,以口舌博取功名富贵,成为白衣卿相,权倾人主,声震天下。苏秦对此非常艳羡,加之兄长对他的影响。从小便立志献身此道。他独自前往齐国,投身于一代纵横大师鬼谷先生门下,学习纵横之术。

学成之后,苏秦曾先后游说周、秦、赵等国,然而均不为所用,碰壁而归,感到十分羞惭。苏秦回家后,妻子及嫂嫂都看不起他,讥讽他不务正业,不事农商,认为以他的才能想混取功名是痴人说梦。苏秦听后,不但不灰心丧气,反而闭门不出,发愤攻读。他日夜研习《阴符》《揣情》《摩意》等篇,揣摩打动人主的方法。夜半读书昏昏欲睡,他"引锥自刺其股,血流至足"(《秦策一》)。此等刻苦攻读的精神历代为人们所传诵,锥刺股的苏秦与头悬梁的孙敬,都被编入《三字经》中,成为发愤读书的楷模。当然,苏秦刺股攻读的目的是为了求取功名富贵,然而他那种锐意进取、奋发向上的学习精神,至今仍是值得提倡的。

功夫不负苦心人,期年,他的学问大进,揣情摩意的功夫也提高了不少,苏秦再次踏上了游说列国的征途。是时,齐秦二强皆怀包宇天下,兼并六国之志;而弱国之间,彼此明争暗斗,不难被各个击破。苏秦力主合纵,即联合几个弱国共同对付强国,为此,他首先来到比较弱小的燕国。

千里归燕

处偏僻之地的燕国,在七雄中实力较弱。太史公曾说:"燕迫蛮貉,内措齐、晋,崎岖强国之间,最为弱小,几灭者数矣"(《史记·燕世家》)。风雨飘摇中的燕国,"东不如齐,西不如赵"(《燕策一》),其劲敌首先是其近邻齐、赵两国,而尤以齐国对其威胁最大。

公元前314年,燕王哙效仿古时禅让,将国君之位让于其相子之,引起内乱。齐国乘乱,与中山国联合进攻燕国,燕王哙与子之均死,燕国哀鸿遍野,生灵涂炭。英明的燕昭王(公子职)于一片废墟焦土中即位,他矢志要报仇雪耻,打垮齐国。

复仇必兴国;兴国必求贤。燕昭王在听了郭隗对他讲的"千金买马骨"的故事后,毅然决然,以郭隗为师,筑黄金台,置千金于台上,延揽四方贤士。"苏子闻之,由周归燕;邹衍闻之,从齐归燕;氏毅闻之,从赵归燕;屈景闻之,从楚归燕;四子毕至,果以弱燕并强齐。"(《说苑·君道》)此苏子就是苏秦,苏秦归燕在燕昭王师事郭隗三年之后,即前308年。

苏秦到燕国后,燕昭王对他十分重视,亲自到郊外去迎接,并盛宴款待,礼遇极高。苏秦也不负昭王厚望,他揣摩到燕昭王的心事,积极为昭王筹划谋齐之事。苏秦谋齐的总战略是,劝齐攻宋,孤立齐国消耗齐国的财力、物力,并让它放松对燕国的警惕,最后一举攻破。苏秦对昭王说:"凡天下之战国七,而燕处弱焉。独战则不能,有所附则无不

重";"王诚能母爱宠子、母弟以为质,宝珠玉帛以事其左右,彼且德燕而轻亡宋,则齐可亡也。"

为了报答燕昭王的知遇之恩,苏秦还主动地提出,愿为完成这一亡齐的总战略,亲自到齐国去做内应,他说:"王自治其外,臣自报其内,此乃亡之之势也。"然而,长期远离燕王,替燕国在齐做奸细,不但危险,而且易受谗言挑拨,令燕王对他起疑心。为此,苏秦曾意味深长地对燕昭王讲了一个因为忠信反遭恶报的故事。

故事说,有一人出外三年,妻子与别人私通。当听到她丈夫就要回来的消息时,与其私通者非常慌乱,问她如何对付?奸妇却心中有数,早已备好毒酒,准备鸩杀其夫。丈夫回来后,妻子命其妾上前送药酒给丈夫喝,企图嫁祸于人。其妾心想,将药酒送给主父,则害死主父,将主母告发,则主母必被休逐,两者都不妥当。所以,她假装摔了一跤,把毒药酒给泼了。其妻看奸计告吹,便挑拨丈夫,丈夫一怒之下,把其妾捆绑起来,狠狠鞭打了一顿。

苏秦用这一忠心为主的小妾反遭毒打的故事劝告燕王,希望昭王在他去齐国进行反间活动期间,勿听信其他人的挑拨离间,要坚定不移地相信他,不要使他遭到和那个小妾一样忠信反遭到恶报的下场。

燕昭王听从了苏秦的建议,说:"善!吾请拜子为上卿,奉子车百乘,子以此为寡人东游于齐。"上述文字皆引自《战国策·燕策一》,但编者均误把文中的苏秦换成了苏代,参考《帛书》,便真相大白了。

释帝攻宋

公元前300年,燕昭王派他的爱弟襄安君入齐为质,苏秦也随之赴齐,苏秦的任务是:"大者可以使齐毋谋燕,次可以恶齐赵之交。"此次苏秦入齐,虽不像易水送别那样悲壮,气氛也不似荆轲赴秦时那样萧瑟,但苏秦同样是怀着"一去兮不复还"的决心而去的,他再三向燕王表忠:"臣以死任事","臣以死之围,任齐燕之交"(《帛书四》)。

众所周知,燕国的两大邻国齐、赵都是强国。苏秦首次赴齐时,正值赵武灵王实行胡服骑射,大刀阔斧地进行改革之后,国力正蒸蒸日上。而此时齐闵王也在齐国即位,然而国柄却操在薛公孟尝君手中。孟尝君连年伐楚攻秦,却极力笼络国势日盛的赵国,并与赵国联合,于前296年攻灭中山国。客观形势对苏秦完成预定任务十分不利。苏秦至齐后,竭力与孟尝君搞好关系,因此,他曾劝阻孟尝君入秦为相,并曾向孟尝君献策,扣留楚太子以与其下东国做交换(《齐策三》)。苏秦这一次在齐国共停留了五年,虽然在一定程度上缓和了齐燕关系,取得了齐闵王的信任,但因为无法左右孟尝君,其"恶齐赵之交"的外交目的未能实现。

公元前289年末,苏秦第二次由燕使齐。与前次不同,燕昭王这次为苏秦装备了大批财宝,整整装了150辆车,入齐的队伍非常庞大。齐国非常隆重地迎接苏秦,齐相韩夤亲自在齐国都门外迎接,并为苏秦驾车。此时,客观形势也发生了较大的变化,赵国的奉阳君李兑围杀了赵武灵王而在赵国专政。齐国也由于孟尝君指使贵族田甲谋杀齐闵王未遂,孟尝君逃回了封地薛,齐闵王亲自主持国政。

苏秦至齐之时,恰好秦国魏冉前来,约与齐共称帝,秦称西帝,齐称东帝,然后联合攻赵。这一建议正中好大喜功的齐闵王的下怀,他很高兴地接受。但当齐闵王向刚刚到达齐国的苏秦征询意见时,苏秦却坚决反对,并提出了他早已谋划好的释帝攻宋的建议,苏秦说:"齐释帝,则天下爱齐而憎秦,伐赵不如伐宋之利。故臣愿王明释帝,以就天下,倍约摈秦,勿使争重,而王以其间举宋。"(《齐策四》)

苏秦这一建议表面上是为齐闵王着想,内心却是为燕国打算。燕在齐之北,宋在齐之南,齐大举攻宋,势必削弱其北部边防,有可能给燕国带来可乘之机。另外,楚、魏均与宋接壤,齐攻宋,楚、魏必来争地,秦国也不会置之不理,所以,齐一旦攻宋,定会陷入四面树敌的孤立境地。苏秦此计,一石数鸟,确实高明。

齐闵王果然中计。宋国地当要冲,物产丰饶,历来为周围各国所垂涎。齐宋近在咫尺,灭宋后便可尽有宋地,这时齐闵王来说,诱惑力是太大了。闵王听从了苏秦的建议,并马上免掉了韩夤的相位,拜苏秦为相。前288年,齐闵王与赵惠文王在阿相会,相约联合攻秦之事。齐国传布去帝号,齐闵王称帝前后不到二个月。这是一次重要的会议,标志着齐赵联盟的正式形成,也标志着苏秦攻秦去帝的计划开始实施。苏秦参与这次阿之会,是会内会外的中心人物。

齐军于会后着手攻宋,赵魏亦予以助兵,燕国更是派将军张魋率兵两万助齐攻宋。在强大的攻势面前,宋不得不割让其淮北地,暂时与齐议和。

齐灭宋的最大障碍在于秦国,齐第一次攻宋时,秦国曾派御史起贾到齐国进行阻止。因此,齐闵王在暂时与宋媾和后,便委派苏秦出访燕和三晋,组织五国合纵攻秦,以便齐乘机灭宋。苏秦这次出访,表面上是替齐闵王联合五国攻秦,而私底下却在策划五国反齐的联盟。

公元前288年末,苏秦从齐国回到燕国。齐闵王正在此时杀掉了助齐攻宋的燕将,燕昭王闻讯大怒,但经过苏秦与凡繇的劝说,昭王意识到小不忍则乱大谋。为了灭齐复仇的大计,昭王遣使赴齐请罪,并向齐王道歉,说自己"择人不谨"(《吕氏春秋·行论》)。此举在很大程度上蒙蔽了齐闵王,使得他继续躺在火山口上睡大觉。为了进一步促齐攻宋,燕昭王又派兵二万,加入五国联合攻秦的联军。

接着,苏秦便由燕国至魏(前287年初),以便组织五国攻秦。此时,孟尝君已入魏为相,他对齐闵王是非常痛恨的。所以,苏秦与孟尝君十分投合,表面上他作为齐使联络五国,准备攻秦,暗中他已与孟尝君约好,一有机会,便联合反齐。苏秦至魏时,五国攻秦的联军已经集结在魏的荥阳、成皋之间,并推赵国的奉阳君李兑为主帅。然而五国实际上貌合神离,加之苏秦身为齐使却在暗中联络反齐,因此,联军一直徘徊观望,根本没有认

真准备攻秦。

为了促使攻秦联军迅速行动,以利齐乘机攻宋,齐闵王预先许诺将宋之平陵、阴封给孟尝君、奉阳君。齐国于前287年上半年发动了第二次攻宋之役。这次攻宋,引起了燕和三晋的不满,感到被齐国出卖了,所以,攻秦联军濒于瓦解。而燕昭王则乘机于此时与魏之孟尝君、赵之韩徐为密谋攻齐。谋事不秘,传到齐闵王耳中,闵王命攻宋齐军于是年八月退兵,以防备燕国的进攻,齐的第二次攻宋便这样流产了。

公元前287年下半年,苏秦来到赵国。赵国对苏秦很重视,封苏秦为武安君。三晋之中,赵国的实力最强,韩、魏皆看赵国的眼色行事,要想联合反齐,赵国是一支举足轻重的力量。赵国当权的奉阳君李兑是主张联齐的,所以,苏秦在赵国的活动十分困难,不得不去联络地位仅次于奉阳君的韩徐为。韩徐为亦对齐怨恨,因此赞成攻齐。苏秦私下谋齐的活动为奉阳君所觉察,他派人拘留了苏秦。苏秦不得已,连续写信给燕王,因为昭王的干涉,苏秦才被赵国释放。

苏秦由赵国脱身后,随即回到了齐国。至齐后,他首先阻止了齐闵王将蒙邑封给奉阳君的行为,巧妙地挑拨了齐赵关系。加之,齐国私下里又频频对秦国暗送秋波,终于导致了齐赵两国的公开为敌。奉阳君于赵惠文王十三年(前286),派韩徐为率兵攻齐(《史记·赵世家》)。是年,齐闵王召回韩聂为相,齐秦联合,齐军第三次攻宋,时值宋国内乱,宋王偃逃到魏国,死于温。这一次齐闵王最终大功告成,灭掉了宋国,但苏秦暗中组织的五国攻齐联军也即将兵临城下了。

功成身亡

公元前285年,秦、赵、韩、魏、燕五国终于组织了反齐的联合阵线,当然,这在很大程度上要归功于苏秦的暗中活动,齐国的危机来临了。前284年,燕昭王亲自赴赵国会见赵惠文王,正式宣布与齐绝交。紧接着,五国联军便以迅雷不及掩耳之势,从齐国防守薄弱的北部边境一举攻入齐国。齐国倾尽全力抵抗,与五国联军在济西进行大会战,结果,齐全军覆没。济西会战后,秦、赵等四国即作壁上观,独燕军在乐毅统帅下长驱直入,攻破齐都临淄。齐闵王逃至莒城,被淖齿所杀,落了个身败名裂的下场。燕昭王卧薪尝胆28年,终于实现长期的愿望,报了积仇。

乐毅破齐的卓越战功,固然与燕昭王的英明领导、乐毅的军事才能有关,但怎么也不能低估苏秦为燕反间的作用。《孙子·用间》篇曾有"昔殷之兴也,伊挚在夏;周之兴也,吕牙在殷"的话,而不久前出土的西汉银雀出汉墓竹简中的《孙子》又增加了"燕之兴也,苏秦在齐"的一句,这无疑是对苏秦反间所起的巨大作用的肯定。

燕军大举攻齐后(前284),苏秦为燕反间的面目便彻底暴露,齐闵王勃然大怒,命令车裂苏秦而后快。苏秦死时,年50多岁,一代纵横家终于以身许燕。服虔在评论苏秦

时,说"苏秦于齐不出其信,于燕则出尾生之信",是"燕之尾生"(《史记·鲁仲连邹阳传·索隐》)。

苏秦由于是为燕在齐反间而死,为当时人所鄙视,其事迹也逐渐泯灭,司马迁对此深有感触,他在《史记·苏秦列传》中说:"苏秦被反间以死,天下共笑之,讳学其术。然世言苏秦多异,异时事有类之者皆附之苏秦。夫苏秦起闾阎,连六国从亲,此其智有过人者,吾故列其行事,次其时序,毋令独蒙恶声焉。"太史公欲为苏秦正名,其用心可谓良苦,然而由于史料缺佚,终难免复蹈"异时事有类之者皆附之苏秦"的旧辙。现在,《帛书》出土,苏秦的本来面目已大白于天下,太史公亦可含笑九泉了。

历史真面目总会显露,对苏秦也应重新定论。他虽未"为从约长,并相六国",但确曾为相于三国(燕、赵、齐),扬名于诸侯,所谓"千丈之城,拔之尊俎之间;百尺之冲,折之衽席之上"(《齐策五》)。李白曾有诗云:"洛阳苏季子,剑戟森词锋,六印虽未佩,轩车若飞龙。"其声势之显赫在战国中实在是罕有其匹的。

公元前 288 年,秦齐为西东二帝,两国均有席卷天下之心,也均具备相当的实力。由于苏秦纵横的成功,意外地出现了弱燕破强齐的结果,这个历史的偶然,在客观上,却为秦统一中国创造了必要的条件。齐国就此没落,齐、秦双峰并峙的局面被打破,秦国轻轻松松地一跃而成为头号强国。此后,强秦一统的趋势逐渐加强,历史又揭开了新的一页。

燕昭王破齐是战国中期划时代的重要事件,苏秦在这个历史的转折时刻,发挥了重大作用,他的历史地位是不容低估的。若说燕昭王是越王勾践式的人物,那么,苏秦就是昭王的范蠡、文种。唐代诗人陈子昂有诗云:"南登碣石馆,遥望黄金台,丘陵尽乔木,昭王安在哉?"当后人追思英明的燕昭王时,也不应该忘记以身许燕的苏秦。

两为秦相

——张仪

名人档案

张仪:魏国大梁(今河南开封市)人,卒于秦武王二年(前309年)。魏国贵族后裔,曾随鬼谷子学习纵横之术。

生卒时间:前366~前309。

历史功过:张仪凭借着高超的智谋和说辩之术,瓦解了苏秦生前所创的六国合纵。在他死后,虽然六国背离连横恢复合纵的情况,但是已无法持久。可以说,张仪的连横之术成了后来秦灭六国、统一天下的基本战略。今重庆地区因张仪筑江州城始有了真正意义的"城"。

名家评点:战国诸子中的纵横家,擅长外交,精于谋略,热衷权变,叱咤国际风云,对战国历史的进程有重要影响,在文化史上也占有一席之地。

只身入秦

公元前329年,张仪跨过黄河,独自一人由魏入秦。当时,奋发改革的秦孝公已死,其子秦惠文君于前337年即位。秦惠文君与商鞅曾有深仇大恨,因此一登基便杀掉实行变法的商鞅。此时,秦国的国势仍蒸蒸日上,秦惠文君野心勃勃,积极推行兼并政策,意欲统一中国。

张仪向秦惠文君推销连横之策,实行远交近攻,最终将六国各个击破。具体策略是先攻魏国,争夺对黄河中游的控制权;然后西并巴蜀,北收上郡,南取汉中,创造一大片巩固的根据地;接着东进,并吞六国而一统天下。这个计划与秦惠文君的想法不谋而合,他立即表示赞成,并封张仪为客卿。翌年,(前328),又任张仪为相。在张仪的鼓吹下,秦惠文君继魏、齐之后,于前325年正式称王,即秦惠文王。在秦国历史上,张仪是第一个相,秦惠文王是第一个王。

然后,秦国便按张仪的计划,与魏国展开了激烈争夺。魏国在战国初期率先实行改革,魏文侯重用李悝,实行法治,先后任用段干木、关起、西门豹、乐羊等贤士,迅速富强起来。魏惠王迁都大梁,重视兴修水利,发展经济,国势日隆。公元前344年,魏惠王在逢泽会盟,有12个诸侯国来到,魏惠王成了霸主。张仪实行远交近攻,秦、魏疆界相连,取得一次胜利,就可以从魏夺取一部分土地,所以秦魏连年争战。

攻魏相魏

早在公元前333年,在秦任大良造的公孙衍便逼迫魏国将阴晋(今陕西华阴市)献给秦国,秦改名为宁秦,从此建立了秦国东进的桥头堡。前330年,公孙衍率部众在雕阴(今陕西甘泉县南)将魏军击败,俘魏将龙贾,夺取了魏的河西地。前329年,秦军又掠夺了魏国河东的汾阴、皮氏及河南的焦、曲沃。张仪入秦为相后,便将公孙衍排挤走。公孙衍没有办法,只得回魏国为将。

张仪对魏国实行恩威并施、军事与外交并举的方针。他一方面希望不断地从魏国掠地,另一方面,又希望魏国带头向秦国屈服。前328年,张仪与公子华率军攻取了魏的蒲阳(今山西隰县)后,又假意还蒲阳于魏。魏惠王不知是计,反而将上郡15县(包括少梁,即今陕西韩城市)献给秦国。秦轻而易举,便得到了朝思暮想的战略要地上郡。前327年,秦国把地理位置不大重要的焦和曲沃还给了魏国,魏惠王非常感激。谁料前324年,张仪再次率军攻魏,取陕城,并在上郡筑塞守卫。

至此,秦据有河西、上郡,并占据了河东、河南部分土地。秦军在黄河西岸都有了牢固的后方,进可以攻,退可以守,取得了空前的胜利。此后,为了对付东方各国合纵攻秦,张仪曾代表秦国与齐、楚大臣在啮桑相会。公元前322年,魏国向秦屈服,任张仪为相,赶走了著名的政治家惠施。张仪要魏国公开背弃合纵,单独与秦连横,魏惠王不从。于是,秦国又出兵占领了交还魏国不久的河东曲沃(今山西闻喜东)以及平周(山西介休市西)两城。公元前319年,齐、楚、燕、赵、韩五国联合援魏,打败秦军,魏惠王在五国支持下,将张仪驱逐回秦,改任公孙衍为相。公孙衍主张合纵攻秦,于公元前318年,联合楚、赵、韩、燕集中五国的兵力击秦,推楚怀王为纵长。由于各国彼此心怀鬼胎,不能同心协力,五国之兵至函谷关败还。五国合纵虽然失败,然而却给秦国以强大的压力。公元前317年,在公孙衍的怂恿下,少数民族国义渠趁机进攻,在李帛大败秦军,秦东扩之欲受挫。在此之后,秦又把进攻的矛头指向了西南方的巴、蜀。

兼并巴蜀

公元前316年,处于秦西南方的两个小诸侯国巴国和蜀国相互不和,蜀王讨伐与巴国关系密切的苴侯,苴侯逃到巴国求救,结果,巴蜀两国均分别向秦国告急。怎样利用这一时机,以扩大秦国的利益,以便有利于秦统一全国的事业,秦惠文王迟疑不定,秦国的朝臣也意见不一。一派以将军司马错为首。主张乘巴蜀两国内乱,夺取巴蜀,这样既可以扩大秦国的疆域,又能够增加国家的财富,并进而威胁楚国。另一派以张仪为首。张仪本来是赞成"西并巴蜀"的,但此时他却认为,应该继续远交近攻,主攻韩而后挟天子以令诸侯。权衡利弊,秦惠文王最终决定,采纳司马错的意见,出兵夺取巴蜀。

秦惠文王派张仪、司马错、都尉墨等人带领大军通过金牛道进攻巴蜀。关于金牛道有个传说。金牛道本称石牛道,是入蜀的重要通道。临出兵前,大家都担心道路艰险,所谓蜀道之难难于上青天。秦惠文王设计向蜀王为称,秦国要将五头能便金的石牛送给蜀国,让他修整道路,准备迎接。贪婪的蜀王不知是计,便派了很多大力士修整道路,专候金牛到蜀。不料,便金的石牛未接到,却杀来了秦国的千军万马。蜀王匆忙整备军队,亲自率兵在葭萌关(今四川省剑阁东北)同秦军激战。结果,蜀兵全军覆没,蜀王也在战斗中被杀死。秦军乘胜进攻苴国和巴国,均取得了胜利,巴王被生擒。秦彻底征服了巴蜀,把它并入自己的版图。

秦兼并巴蜀后,建置郡县,以张若为蜀郡守,并从关中移民万家入蜀,张仪、张若、司马错还在当时的成都筑"大城""少城"两城,巴蜀的政治、经济发展很快,增强了秦国的经济实力。后来,张若还曾多次率蜀郡之兵支援过司马错、白起等对楚国的进攻,为秦统一中国做出了巨大贡献。需要加以说明的是,张仪一开始虽不赞成夺取巴蜀的建议,但在实际受命兼并巴蜀的过程中,他的作用还是应予重视的,他为秦国又立了一大功。

夺取汉中

西并巴蜀之后,秦军又寻军东面的胜利,向三晋展开进攻。公元前314年,秦大军再次进攻魏国,重新占领了焦和曲沃。接着,秦又攻韩于岸门,韩国难当,向秦国求和,遣韩太子入质于秦。公元前313年,秦军在蔺(今山西省离石区西)打败了赵军,将赵将赵庄生擒,赵也向秦国屈服。至此,三晋均投入了秦的怀抱,而楚、齐两个大国这时却结成了联盟,与秦及三晋对抗。

强大的齐楚联盟有效地遏制了秦的东向。张仪自告奋勇去离间齐、楚间的关系,他计划从楚国下手,趁机攻下楚的汉中郡,将巴蜀与秦的本土连成一片。张仪对楚国是怀有私怨的,他从未忘记自己受辱于楚相那件事。早在他登上秦国相位之初,他就曾给鞭打过他的楚相发过一纸檄文,公开表示:"当时我参加你的宴会,并没有偷过你的玉璧,你

却无故鞭打我。如今,你好生守护楚国的土地,我一定夺取楚国的城池,加以报复。"现在,机会终于来了,张仪开始着手实施自己的复仇计划。

公元前 313 年,秦惠文王假意免除了张仪的相位,让张仪入楚去见怀王。张仪到楚国后想方设法讨好怀王,并用重金收买了怀王的左右亲信。取得楚怀王的信任后,张仪便欺骗他说,秦国愿将过去强占去的商於(今河南淅县西南)之地六百里归还给楚国,条件是楚与齐绝交而与秦亲善。楚怀王利欲熏心,一点也未看出张仪的诡计,他得意扬扬地以为商於之地六百里已经到手了。所有的朝臣都向怀王祝贺,只有谋臣陈轸极力反对这件事。陈轸对楚怀王说,秦所以重视楚,是因为齐楚联盟的缘故,如果与齐断交,楚就会孤立,不但得罪了齐国,秦国也不会重视楚国了。他并不相信张仪所言。如果照张仪的主意办,势必得罪齐、秦,两国都会发兵来攻打楚国。

楚怀王利令智昏,根本听不进陈轸正确的意见,他绝对相信了张仪的骗局,派了一名将军赴秦去接受张仪答应交给楚国的土地。哪晓得张仪归秦之后,装作酒醉坠于车下,称病三月不出,楚国使者吃了闭门羹。楚怀王认为这是秦国嫌楚国与齐国断交的态度尚未坚决,于是便派了勇士到齐国去辱骂。齐湣王听了大怒,他折断盟符,宣布与楚绝交,与秦联合。等到齐楚彻底断交,齐秦交好已成定局,张仪才出来理事。他对楚国派来的使者说,他准备将他自己的封地拿出六里来交给楚国,而闭口不谈当初答应的商於之地六百里之事。楚使见事情不成,便回国向楚怀王报告。六里与六百里,岂非天地之别,楚怀王这才如梦方醒,自己上了张仪的当。

楚怀王大怒,下令与秦断交,立刻出兵攻打秦国。这时陈轸又出来劝阻,认为此时出兵必遭败绩。楚怀王固执己见,继续进兵。结果秦楚两军在丹阳(在今陕西、河南两省间的丹江以北)进行会战,楚军惨败,甲士 8 万多被杀,大将屈匄、副将逢侯丑等 70 余人被俘,汉中郡(今陕西南郑一带)被秦军占领。汉中郡失守后,楚怀王勃然大怒,调动全国兵力,深入到秦的蓝田(今陕西蓝田一带)与秦军主力决战。同时,又再度与齐、宋结盟,誓报一箭之仇。在蓝田,楚军再次被秦军击败,秦的盟国韩、魏还发兵进攻楚的后方,最后楚军不得不仓促退回,遭到完全失败。

蓝田战后的次年(前 311),秦国又想联合楚国对付韩国,便派使者去见楚怀王,声称愿将汉中郡的一半还给楚国,以期重修旧好。楚怀王正在气头上,他恨张仪欺骗了他,一定欲置之死地而后快,表示宁愿不要秦归还汉中地,只要得到张仪即可。张仪知道此事后,自告奋勇向秦惠文王要求使楚。秦惠文王担心张仪至楚后会遇到危险,张仪却说自己与怀王宠臣靳尚私交很深,靳尚又与怀王宠姬郑袖关系亲密,而怀王对郑袖言听计从,这些人都会为他出力,又有秦国做后盾,他觉得没有什么可怕的。张仪终于说服了秦惠文王,轻车简从昂然来到了楚国。

一到楚国,张仪就被监禁,怀王准备将他杀掉,以泄心中之愤。靳尚却对楚怀王说,如杀掉张仪,必然得罪秦王,秦楚怎么能建立联盟关系呢?楚若失去秦的支持,别的诸侯国都会轻视楚国。他建议放掉张仪,楚怀王犹豫不决。靳尚又去对怀王的宠姬郑袖说,

秦王甚信张仪，一定要将张仪赎回去，听说秦王要用上庸六县和 10 名美女来换取张仪。如果秦女来到楚国，以其倾国倾城的容貌，一定受宠于怀王，那么怀王就会遗弃郑袖。还是放了张仪，秦王也就不会送美女给楚王了。郑袖闻之觉得很有道理，就向怀王进言，放了张仪。

怀王并设酒宴招待，张仪在宴会上大谈秦楚友好，宴后便立即出发，逃回秦国。是时，出使齐国刚回来的三闾大夫屈原向怀王建议，杀掉张仪，以绝后患。怀王也有些后悔，便派人追杀张仪，然而老谋深算的张仪早已逃出了楚国。楚国既没有得到土地，又放掉了已到手的张仪，真是赔了夫人又折兵。张仪凭借自己的勇气为秦国保全了汉中郡。从此，楚的汉中郡就被秦国完全兼并，汉中将秦国本土与新征服不久的巴蜀连成了一片，秦国的羽翼更丰满了，实力更强大了。夺取汉中，使张仪的连横事业达到了极致，秦惠文王为了表彰张仪，赐给他五个封邑，并封张仪为武信君。在对待楚国问题上，张仪既报了私仇，又得了厚禄，实在是一举两得。

身死故国

公元前 311 年，一直信任张仪的秦惠文王死后，其子秦武王继位。一朝天子一朝臣，秦武王对张仪本无甚好感，身边的大臣也纷纷说张仪的坏话，其他各国也非常讨厌张仪的为人。齐国扬言必欲置张仪于死地而后快，张仪的地位岌岌可危，他在秦国已走向绝路。张仪见势头不妙，主动要求离秦去魏，秦武王顺水推舟，答应了张仪的要求。张仪在魏国任相一年后（前 309）死去，死时约 60 多岁。这个一生为秦国效力的谋士，最后却只能死于自己屡次加害的故国，真是一个莫大的讽刺。

对于张仪的一生，历来褒贬不一，其不顾信义、睚眦必报的人格为人所不齿，但其审时度势、运筹帷幄，卓绝的才智和过人的勇气还是值得称道的，他对秦最后统一中国所建树的功绩，也应该加以肯定。他在秦楚关系上，巧妙地利用了昏庸的楚怀王，翻手为云，覆手为雨，将楚怀王玩弄于股掌之间，强秦弱楚的作用是非常大的。

战国中期，七雄间的兼并斗争日趋激烈，所谓"争地以战，杀人盈野；争城以战，杀人盈城"。是时，称霸于战国初期的魏国已是江河日下，但势均力敌的秦、楚、齐三国均跃跃欲试，企图—统天下，依山靠海的齐国因为苏秦反间的成功，也由于齐湣王的昏庸，惨败于乐毅率领的五国联军手下，虽然后来田单火牛阵退了燕军，但实力却大损，无力与强秦抗争，最终丧失了统一中国的机会。

强大的楚国，"地方五千里，带甲百万，车千乘，骑万匹"，"天下之强国也"，何以屡次败于齐、秦，而使统一全国的机遇落到了秦国头上，这应该归功于张仪连横的成功。楚国的衰落，始于楚悼王时期，名将吴起被杀，国中贵族内乱，元气受损，但其根本转折点却因为楚怀王上了张仪的当，丹阳、蓝田相继惨败，又丢掉了汉中，最终失却了争雄的力量。

张仪自己固然是为了报复,品质不佳,然而在客观上他的活动增强了秦国的实力,削弱了楚国的力量,他是一位强秦弱楚的纵横家,他的历史作用在于为秦最终统一中国排除了楚国这一大障碍,其意义也是不能低估的。

大秦帝师

——李斯

名人档案

李斯:李斯,字通右,战国末期楚国上蔡(今河南上蔡县)人。是中国历史上一位集大权谋家、大政治家、大学者于一身的人。

生卒时间:前280~前208年。

性格特点:生性聪颖,自幼又苦读诗书,以文章闻名,又有野心。

历史功过:李斯是新兴地主阶级的法家代表,在战国末期,诸侯争霸兵戈至上的历史时期,李斯凭借政治家的博大胸怀和不凡韬略、计谋辅佐秦王吞并六国、实现统一,建立起历史上第一个强大的中央集权制的封建王朝,成为千古一相。并协助秦始皇废除分封制,推行郡县制。他反对"以古非今",提议焚书坑儒。他立主变革,创立规章制度,还为统一文字、货币及度量衡做出了突出贡献。但在秦始皇死后,赵高密谋,偷改诏书,杀死始皇长子扶苏,立小儿子胡亥为皇帝,李斯被迫胁从。后来因为赵高诬陷他谋反,而被判五刑腰斩于咸阳。

名家评点:李斯的处世哲学是"老鼠哲学"。人是一只老鼠,同样是老鼠,但有粮仓老鼠和过街老鼠之分。"我"要当一只粮仓里的老鼠。为这一目标,李斯奋斗了一生。临死的时候长叹一声"仓鼠上越高,摔越远。"唐朝诗人胡曾专为李斯墓题了诗,其诗曰:"上蔡东门狡兔肥,李斯何事忘南归?功成不解谋身退,直待咸阳血染衣。"

宋朝大诗人刘敞也为李斯墓题了诗。诗为:"二事三公何足论,忆牵黄犬出东门。天人忌满由来事,枉持沙丘有旧恩。"

胸怀抱负

李斯生性聪颖,自幼又苦读诗书,以文章闻名于蔡国。"年少时,为群小吏",他年轻时是楚国上蔡郡府里的一个看守粮仓的小文书,相当于现在乡里的小公务员,每天负责仓内存粮的登记,将一笔笔斗进升出的粮食流通情况,仔细地记录和整理。他在办公处附近的厕所里,看到在吃脏东西的老鼠,只只瘦小枯干,毛色灰暗且一绺绺粘连,因为在茅厕里讨生活,每逢有人或狗走过时,都会受到惊吓拼命地逃跑,成天惶恐不安。后来李斯又走进粮仓,看到粮仓中的老鼠,那些家伙,一个个吃得硕壮无比,皮毛油亮,因为住在粮仓的大屋子里,就不用担心人或狗惊扰,在偷吃着粮仓里的粮食的时候,都从容不迫,见人来了也不害怕,反而瞪着一双双小而聚光的鼠眼,一动不动地注视着你,然后又会旁若无人似的"嘎吱嘎吱"继续吃它们的东西,总是自由自在。他由老鼠的不同想到了人类的差别,于是李斯就慨然叹息道,"人生如鼠呵!不在仓,就在厕。"人的尊贵与卑贱,富有与贫穷,有出息还是没出息,完全是由他所处的社会地位和环境所决定的,就像"仓鼠"和"厕鼠"一样,它们同为鼠类,命运却截然不同。自己现在看管的虽说是一个粮仓,不是茅厕,但是和楚的郢都、齐的临淄、赵的邯郸、秦的咸阳这些著名的大城市相比,上蔡这个偏远的小地方,其实也就只能算是一个"茅厕"。而自己呢,不过是这"茅厕"里的一只可怜的小老鼠而已。他不免抚今追昔,感慨身世。上蔡原来是蔡国的国都,但是200多年前被楚国攻破,蔡国也就随之灭亡。如今只剩下城东门外的几段残垣断壁,成为200年前的蔡国痕迹了。听老一辈人说,家族祖辈当年也是宗室大户人家。先祖李属曾是蔡国上卿,统领军队、主持政务,出则将、内则相,并且家有食邑千户,奴婢无数;但是后来不知犯了什么罪,突然被杀。好在蔡侯仁慈,没搞株连,家族才算留下了一脉得以延续。

族人对此事一向讳莫如深,靠谨慎小心,总算保住了贵族待遇。但后来,随着蔡国的战败,宗族四散。到了祖父一代,早已务农许多代了,无功无爵,贬为庶民;又因为父亲不是嫡出长子,家里连食田也未分得一分;再加上父亲去世早,等到自己降生的时候,家道更加贫寒,好在自己读过书,还算个文化人,才能在郡府里谋求了一个看管粮仓的差事。他不想、也不甘心一辈子就这样默默无闻地待在这个小地方的小粮仓里当一个小官吏。李斯认为如果一定要成为鼠类的话,他也不想当茅厕中的耗子,而一定要做一只仓鼠。

聪明又有野心的李斯不满足于平庸的生活,他充满了改变命运的欲望,他向往大城市,想要出人头地、光宗耀祖,想跻身上层社会拥有显贵身份,实现他的远大理想和抱负。他想,要改变自己的命运,就该改变生活方式,该换个活法了,就不能还待在原来的生活轨道和环境里。他根据当时的时局即在诸侯纷争的时代,敏锐地发现士人有进入社会上层施展才能的机会,而学习治国之道成为士人是他抓住大好机会的方法,求学、再深造是改变生活轨道、改变生活环境、改变命运的重要手段,对他这样出身卑微又想挤入社会上

层的人来说也许是唯一途径。李斯在潜意识里认识到像他这样的平民只有通过获取知识才能改变命运,学习是他走向成功的唯一道路,也是开启成功大门的金钥匙。于是就匆匆离开了上蔡,他决定去兰陵,求见一代儒学大师荀况[荀况,即荀子,号卿。约生于公元前 313 年,死于公元前 230 年。战国时赵国(在今安泽一带)人。他是战国末期儒家学派中的大师,是我国古代杰出的唯物主义思想家、文学家、教育家。李斯、韩非都是他的学生。荀况是新兴地主阶级的思想家。他的学识渊博,在继承前期儒家学说的基础上,又吸收了各家的长处加以综合、改造,建立起自己的思想体系,发展了古代唯物主义传统。]于是,李斯就开始跟随荀子,学习帝王治理天下的学问。学习内容非常广泛,他最感兴趣的是"天下为一"的"地位之术"。学业完成之后,这个有远大理想,急于往上爬的青年,初次显露了他的战略眼光,李斯估量出楚王是不值得侍奉的,而且六国国家实力都已经日渐衰弱,不能成为自己建功立业的基础和希望,而只有秦国实力却逐渐强大,他想应该投奔秦国,来实现他的远大的政治理想和抱负。在临行之前,他向荀子辞行说:"我听说一个人如果遇到机会,就千万不能够松懈错过。如今,在这样一个各诸侯国都在争取称霸的时候,游说的士人们一旦被重用就掌握了实权。现在秦王意图吞并各国,称帝治理天下,这可是平民出身的政治活动家和游说的士子们奔走四方、施展抱负的大好机会。地位卑贱,却不想着去追求功名和富贵,就像禽兽一样,只等看到现成的肉才想去吃,白白长了一副人的面孔勉强直立行走。'故诟莫大于卑贱,而悲莫甚于穷困',所以没有比卑贱更大的耻辱,没有比贫穷更大的悲哀。长期身处于卑贱的地位和贫困的环境之中,却还要指责社会、厌恶功名利禄,标榜自己与世无争,这不是士子的本来愿望。所以我就要到西边去游说秦王了。"体现出他要有所作为、大展宏图的愿望。

统一六国

公元前 247 年,李斯到秦国的时候,正赶上秦庄襄王死了,李斯就请求充当秦国宰相吕不韦的舍人。吕不韦见他有奇才很赏识他,就任命他为郎官,是年龄幼小的嬴政身边的近臣,秦王正处在心智开始成熟并成型的时候,成为秦王近臣有可能影响一代君王,而且与君王接触最密,他的政治主张也容易被君王所采纳,就像学生接受老师传授的知识。这就给了他接近秦王嬴政、施展才华和抱负的阳光、水和土壤。这样就使得李斯有机会去游说秦王,他抓住千载难逢的机会向秦王献上了他呕心沥血写出的第一篇奏章《论统一书》,劝秦王说:"成就大功业的人就在于他能利用机会并能下狠心去实现,而平庸的人往往失去时机。从前秦穆公虽然称霸天下,但是最终没有东进吞并山东六国,这是什么原因呢?原因在于诸侯的人数太多,周朝的威望也没有衰落,因此五霸轮流兴起,相继推尊周朝。自从秦孝公以来,周朝地位下降逐渐走向衰微,诸侯之间互相兼并,使得函谷关以东地区化为六国,秦国乘胜统领诸侯已经有六代。现如今诸侯服从秦国,就如同郡县

服从朝廷一样。凭借秦国的强大和大王的贤明，就像扫除灶上的灰尘一样容易，足以扫除诸侯，使天下统一，成就帝王的伟大功业，这可是千载难逢的一个最好时机。如果现在懈怠而不抓住机会的话，等到诸侯再强盛起来又订立合纵的盟约，团结起来的时候就晚了，那时即使您有黄帝一样的贤明，也不能吞并它们了。"李斯不仅像个好老师一样耐心地劝秦王一定要抓住此时六国都弱是实现统一的好时机，而且还为实现统一提供良策，即对六国"远交近攻、各个击破"。秦始皇对此爱不释手，非常赏识，就任命李斯为长史，从此把李斯视为心腹，每件事都与李斯商量，听从了他的计谋，暗中派遣谋士带着金玉珍宝去各国游说。对各国著名人物能收买的，就多送礼物加以收买；不能收买的，就用利剑把他们杀掉。这些都是离间诸侯国君臣关系的妙计，接着秦王就派良将随后攻打。李斯在政治舞台上初露锋芒、小试牛刀，就显示出了他优秀的政治才能，深得秦王厚爱，于是秦王任命李斯为客卿。这更增强了李斯辅佐秦王，当个好"老师"的信心。

就在李斯得到重视想要帮助秦王大展统一六国伟大宏图的时候，因为韩国怕秦国出兵来攻打，就派水工郑国到秦国去以修筑渠道名义，到秦国做间谍，建议秦国在泾阳县西北开凿渠道，引泾水东流入洛水，称郑国渠，想利用它来阻碍秦国向韩国进军。但是不久阴谋被发觉。秦国的王族和大臣们都对秦王说："从各诸侯国来侍奉秦王的人，大都是为他们的国君游说，以离间秦国而已，请求大王把客卿一概驱逐。"建议秦王驱逐客卿。为此秦王下了"逐客令"，自然，李斯也在被驱逐的客卿名单里，眼看自己苦心经营得来的地位和名利即将化为乌有，理想和抱负就要破灭，一片大好前程就要化为灰烬，眼看就要到手的美好生活要不复存在，这是令李斯万分痛苦、也不能接受的事情，他要用自己的聪明智慧和华丽文采来改变秦王的打算，从而挽救他的政治生命。不向命运低头的李斯上书列举客卿的功绩，这便是著名的《谏逐客书》。他反对把客卿都赶走，上书说：臣听说官员们议论要驱逐、赶走客卿，我私下认为这是错误的。从前秦穆公广募贤才，用百里奚、蹇叔、丕豹、公孙支。这五个人虽然都不是出生在秦国，但是秦穆公重用他们，结果是能够在西戎称霸。秦孝公采用商鞅的新法，变法图强。秦惠王采用张仪的计策，也取到了三川地区，并进一步瓦解了六国的合纵联盟，使他们面向西方，臣服侍奉秦国，其功业一直延续到今天。秦昭王得到了范雎，废黜了穰侯，赶走了华阳君，加强了王朝力量，杜绝了权贵的势力，像蚕吃桑叶一般，逐渐蚕食、吞并诸侯的土地，终于为秦国统一天下、实现帝王大业奠定了坚实的基础。这四位君主，都是依靠了别国客卿的力量。由此看来，客卿是有功于秦国的，有哪一点对不起秦国呢？假如这四位君主拒绝客卿，不接受他们，疏远士人而不重用，这就使秦国既没有富裕的实力，也没有强大的声望。现在大王却把外来的人才都撵走，这不是帮助敌国增加实力吗？

现在皇上您获得了昆山的美玉，得到了随侯的珠、和氏的宝璧，挂着明月的珠，佩戴着太阿的剑，驾着纤离的马，竖立着翠凤的旗，架起了灵鼍的鼓。以上这些宝物，虽然并没有一样是秦国出产的，但陛下您非常喜爱它们，这是什么原因呢？您用来装饰后宫、充当姬妾、赏心悦意、怡目悦耳的，一定要出自秦国然后才用的话，那么，用宛地的珍珠装饰

的簪子,用玑珠镶嵌的耳坠,用东阿的白绢缝制的衣服、刺绣华美的装饰品,就都不能被进献到您的面前,并且时尚高雅,美丽文静的赵国女子当然也就不能侍奉、陪伴在您的身边了。现在您抛弃敲打瓦坛瓦罐这一套秦国音乐而听《郑》《卫》这类的他国乐曲,不去听本国的弹筝而欣赏《昭》《虞》这样的他国曲目,这是什么原因呢? 其实只不过是为了眼前快乐,来满足耳目感官的欣赏需求罢了。但是,现在您用人却不是这样,不问这个人能用不能用、是否有才能,也不问是非曲直,只要不是秦国人一律赶走,只要是客卿一律驱逐。这样看来,陛下所看重的是美女、音乐、珍珠、宝玉,所轻视的却是人才。这可并不是统一天下、制服诸侯的好办法。因为凡是来秦国做事的这些人,大都是为秦的统一而来,您不分青红皂白逐客,这是与秦国统一六国的大业背道而驰。

泰山就是因为不排斥泥土,才能堆积得那样高大;河流和大海从不挑剔细小的溪流,才能变得如此浩瀚;而成就王业的人不抛弃广大民众,才能显示出他的盛大恩德。因此,土地无论东南西北,民众不区分这国还是那国,一年四季五谷丰登,鬼神都会赐予福泽,这就是五帝三王天下无敌的原因所在。而现在陛下您却抛弃了百姓来帮助敌国,排斥、辞退宾客而驱使他们为其他诸侯国建立功业,使天下有才的士人后退而不敢西行,停住脚步而不敢进入秦国,这正是人们所说的“借武器给敌人,送粮食给盗贼”,借兵器给寇盗,并且给予粮食来帮助他们啊。不是秦国出产的物品,值得珍视的很多;不是秦国出生的士人,愿意效忠的也不少。现在您却驱逐客卿来资助敌国,损害百姓来帮助仇人,在内部削弱自己,而在外面又和诸侯结下怨恨,这样下去,要使国家没有危险,是不可能的。

刘勰《文心雕龙·论说》称:“李斯之止逐客”,“顺情入机,动言中务,虽批逆鳞,而功成计合,此上书之善说也。”当时赶走客卿的主张,已经得到了秦王同意。李斯反对赶走客卿,触犯了秦王,所以称“批逆鳞”,却能“功成计合”,这跟“顺情入机,动言中务”有直接关系。他开头提出“臣闻吏议逐客,窃以为过矣。”把驱逐客卿说成是官员的议论,这就是“顺情”。李斯不仅文章写得好,而且还深得一个好老师的要义,即使学生错了,为了让学生更容易接受正确的建议也不应当面批评,何况是秦王这个特殊学生? 李斯很懂得君主要面子的心理,也知道如何提建议更容易被君主接受和采纳。于是他就没有当面指责秦王,而把矛头转向大臣,使秦王容易听下去,接下来列举穆公、孝公、惠王、昭王四君任用客卿所取到的功绩,这就“入机”,把正面例子进行充分论述,使论据更加强大有力。其后马上用反证法,从反面又以“向使四君却客而不内”假设四君驱逐客卿又会怎样,作正反对比,逐客的错误就很明显了。然后又转到秦王,另起波澜。从秦王爱好的美色、音乐、珠玉都不是产于秦,反复推论,归结到重视色乐珠玉而轻视人民,“此非所以跨海内、制诸侯之术也。”指出驱逐客卿不是统一天下制服其他诸侯的好方法,这就是“动言中务”,正好点到秦王想要称霸的雄心,李斯能够准确抓住秦王这个好学生心里最想要的东西,那就是吞并诸侯各国实现统一,这也是李斯能够说服秦王改变初衷、接受建议的重要原因。接下来又从“地广者粟多”等联系到泰山、河海的比喻,再转到“弃黔首以资敌国”抛弃人民资助敌人的错误,归结到“今逐客以资敌国”现在驱逐客卿就是帮助敌国的危

害。

　　从秦国先代君主善于得士并能尽士之器用，从而奠定秦基、巩固霸业出发，其文言辞恳切、文风雄奇，自始至终，一气以贯之。这样晓之以理，动之以情，波澜起伏、迂回婉转，正好切中要害，终于打动了秦王。于是，秦王就废除了逐客令，留下所有愿意为秦国效力的士人，并专门派人十万火急地把正在离开秦国途中的李斯请回来，官复原职。

　　李斯的治国思想终于获得了秦王的认同。《谏逐客书》不仅挽救了李斯的政治生命，对李斯很重要，而且向秦王指出了人才对秦国的重要性和驱赶人才的危害性，他在一定程度上履行了一个好老师的职责，及时纠正了秦王的错误，为秦国后来能够消灭六国、实现统一打下了良好的人力基础，所以对秦国也很重要。李斯能够看到人才对国家有着非常重要的作用，可以说他在对待人才的态度这方面很有超前意识。秦王从此对李斯更是刮目相看，言听计从，他的官位也升到廷尉之职。

　　秦王终于采用了李斯的"远交近攻、各个击破"的计策攻打六国，效果很好，为实现统一打下良好基础。李斯这个好"老师"的建议直接推动了秦王吞并六国的战车，加快了战车的速度和统一的步伐，秦王就是因为当了好"学生"听取了他的建议，才促使秦仅用了10年时间从公元前230年到公元前221年，就消灭了韩、赵、燕、魏、楚、齐六国，结束了长达几百年的诸侯割据的局面，实现了全国大统一，从此尊称国王为"皇帝"（即把古代传说中的神和人间最尊贵的三皇五帝的称号合二为一，号称皇帝），建立了中华民族历史上第一个中央集权的封建国家。可以说李斯在秦国的统一进程中起到了关键作用，也做出了突出贡献。李斯也由"廷尉"晋升为"丞相"。始皇帝又拆除了各国郡县的城墙，销毁了各地的武器，表示不再使用。李斯为巩固中央集权的封建国家，又辅助秦始皇采取了一系列措施："北逐胡貉，南定百越，以宽秦之疆……尊大臣，盛其爵位，以固其亲……立社稷，修宗庙，以明主之贤……缓刑罚，薄赋敛，以遂主得众之心，万民载主，死而不忘。"且针对历史上诸侯兼并、战争纷起的情况，废除分封制，实行郡县制，设天下为三十六郡，中央任免各级官吏，使全国都在皇帝的掌握之中，加强了中央集权的力量，使秦国没有一寸分封的土地，也不立皇帝的儿子、兄弟为王，更不把功臣封为诸侯，避免了由于地方权力过大造成的分裂和战争，以便使国家从此之后没有战争的祸患，而在一个中央的统治下统一安定。

力主变革

　　秦始皇三十四年（公元前213年），始皇在咸阳宫大摆宴席来招待群臣，博士仆射周青臣等人称颂秦始皇的文功武略。齐人淳于越劝谏道："我听说殷商和周朝统治能够长达一千多年，是因为分封子弟和功臣作为有力的膀臂和辅翼。而现在陛下您虽然统一天下，但是子弟却还是平民百姓，如果一旦出现了田常、六卿夺权篡位的祸患，在朝中又没

有强有力的辅佐大臣,依靠谁来救助呢?我还没有听说过,办事不学习古代经验而能长期统治的朝代。现在周青臣等人又当面阿谀奉承来加重您的错误,不是忠臣。"

秦统一六国后,在如何管理这个大一统的国家问题上,秦始皇力排众议,采纳了李斯"置郡设县,遣官治理"的建议,把全国分为三十六个郡,郡下设县,中央任免各级官员。可以说,李斯为中国封建社会建立成熟的统治形式,做出了积极的贡献。在这个问题上,由于博士淳于越坚持实行分封制,激怒了秦始皇,秦始皇就把这种反对议论交给李斯来处理,李斯认为应该废除抛弃这种荒谬的论点,因此,就上书给皇帝,阐述了禁私学、焚禁书的政治观点。其实,儒家诗书同分封也没有什么必然联系,汉武帝"罢黜百家,独尊儒术",也没有复辟分封制,而正是由他完成专制主义中央集权国家体系的构筑。但李斯说:"古时候在历史上,天下分散混乱,谁也不能够实现统一,因此思想纷纭,认识混乱。彼此之间互不服从,所以才诸侯并起。说什么事情的时候,总喜欢讲,过去都是那么做的,现在怎么能够这样做呢?一般舆论都用古代来否定当代,装点一些虚华不实的文辞来扰乱社会的现实,人们都觉得自己学的那一套最正确,并拿它来评价朝廷的制度和政策。但是,现在形势不同了,陛下统一了天下,天下都是陛下的,分辨了黑白是非,使海内共同尊崇皇帝一人;而诸子百家各个学派却在一起任意批评朝廷的法令制度,听说朝廷政令下,立刻就用自己学派的观点去议论、分析它,信奉儒家的有一套见解,信奉道家的又有另一套说法。回家心中不满,出门则在街头巷尾纷纷议论,通过批评君主来博取名声,认为和朝廷不一样便是本领高,还带领下层群众来制造诽谤。人们都用自己的思想去看待朝廷的政令,而不能以朝廷的立场和观点去分析朝廷的政令。放任这样发展下去,不加以禁止的话,朝廷就麻烦了。百姓老想着朝廷的过失或者错误,思想混乱不一,使上面君主、朝廷的权力威信下降,这对皇帝统治不利。而民间那些政见相同的人就会臭味相投,结成党羽,任由他们对朝廷说三道四,这个国家还怎么管理呢?因此,还是干脆禁了的好。"

李斯认为淳于越等顽固不化、厚古薄今、以古非今等罪状都是因为读书尤其是读古书造成的,竟然建议秦始皇下令焚书。

按李斯的规定所有不是秦国编撰的历史记载,民间藏的《诗》呀,《书》呀,还有什么百家语呀,都下令让地方官统统烧掉算了,一概扫除干净。只准留下医药、卜筮、种树这类书籍。李斯建议的目的很明确。他一定是希望只有一个天下,一个政府,一个历史,一个思想。所以医药之类实用方技这类书免于焚烧,用我们现在的话说,是因为它们是技术书籍,与"意识形态"无关。如果有人想学习法令的,就要以官吏为老师。此后,如果还有人不服从,再敢谈论诗书,就在闹市区处死,并且还要把尸体扔在街上示众;有敢以古非今的人,就把他的全族都处死;官吏知道而不举报者,与他同罪;下令三十日仍不烧书的,脸上刺字,并被发配去修筑长城,进行劳动改造。

秦始皇批准了他的建议,为达到巩固统一的目的,秦采取了许多政策,其中最重要的是统一思想的政策。后来还说"吾前收天下书不中用者尽去之。"这话可算是对李斯奏折的深化。想想看，儒家说墨家长，道家攻儒家短，这样争来吵去，没有实际意义，也不能够让秦国富强，粮食增产。留着这些东西是没有用的且对统治也没有好处。而法家的思想理论，却能指导秦国取得了一个又一个的胜利。

实践经验证明，无论是儒家、墨家、道家还是别的什么思想，都行不通。就没有必要还留着他们弄得秦国不得安宁。所以，没收了《诗经》《尚书》和诸子百家的著作，以便使人民变得愚昧无知，因为地主阶级掌握政权后，十分注意加强思想统治，他们需要老百姓战时能为他们卖命，平时能为他们效力，不需要具有独立的思想意识，头脑越简单越好，而焚书，是他们认为控制人民思想的有力手段，使天下人无法用古代的事来批评当前朝廷。朝廷怎么说怎么做都是正确的！从而实现了以朝廷的思想为思想，以朝廷的立场为立场，朝廷以外无思想，朝廷以外无立场，这样使思想统一，就实现了天下太平。

在焚书的第二年，秦始皇对书生进行了一次更残酷的迫害，他下令把咸阳的四百六十多儒生活埋。"焚书坑儒"是中国历史上的重大事件，李斯在这一事件中，他既充当了策划者，又担任了导演者。可以说编剧兼导演的李斯在中国历史舞台上，又编导了这样一场血腥的惨剧。李斯所讲禁学、焚书的道理，在他自己看来，是变法和革新，因为时代不同了，五帝不互相重复，三代不相袭，各有各的治国路数。淳于越说的那些三代的事，现在皇上要建光辉万世的伟大功业，就不能够再因循守旧，也不能按原来的老套路来治理国家。现在读书人不以现在的政令为是非，而是热衷学古，并用那一套来否定现在的政策和制度，这实际上是混淆视听，惑乱百姓。我们的国家再也不能这样下去了！但是，只要听到别人说三代如何就烦的李斯，忘了他的禁私学，以吏为师，就是回到了学在官府的时代，那是对孔子民间办学并将"师"从官吏中分离出来的一种反动，革新变成了复古，是一种文化的倒退，是开历史的倒车。李斯已经不甘心只当皇帝一个人的老师，还要当全天下老百姓的老师，而且还是不让人民有独立思想的老师，其实就已经脱离了一个老师的正常轨道，因为老师教学生不是为了把他教得愚蠢听话而是让他聪明、智慧而有独立思考的能力。这种做法注定是要失败的，因为它是违反常理、否定人性的不人道的文化专制和思想独裁。虽然当时统一思想是有必要的，但是思想的统一却不能只依靠简单的烧杀来实现。因为你可以烧掉看得见的书、杀掉摸得到的人，可以消灭有形的书和人，但是却不能彻底消灭思想。因为思想是看不见摸不着的，是无形的。你可以禁止人们的议论，但是却不能完全禁止人们的思考。焚书不能控制人们的思想、巩固统治，适得其反，禁锢思想，剿除文明，堵塞言路，只能造成高压，导致王朝在高压之下迅速地崩溃瓦解。就是这一烧杀，秦朝国运不但没有兴旺，反而加速了他的瓦解，没几年就彻底灭亡了。

历史事实证明了焚书坑儒的错误。而且，焚书给中国文化造成了巨大损失，百家争鸣自由思索的精神受到了一次致命打击。其后修明法制，制定律令，都从秦始皇开始。统一法律政令，使全国法令一致；统一度量衡，便于全国公平顺畅的交易；车同轴，修直道，便于交通往来和战争的急需。"秦代典章制度悉出其手，我国数千年之政教法制多因

之。"(《重修上蔡县志》)统一文字,在全国各地修建离宫别馆。第二年,始皇又出宫到处巡视,平定了四方,这些措施,李斯都出了不少力。

在李斯位高权重后他的儿女也相继和皇族结亲,从而抬高整个家族的社会地位。儿子们娶的是秦国的公主,女儿们嫁的都是秦国的皇族子弟。李斯的长子李由担任三川郡守,他请假回咸阳时,李斯在家中设下酒宴给他接风,文武百官都前去给李斯敬酒祝贺。门前的车马多得数以千计。李斯慨然长叹道:"哎呀!我听荀卿说过'事情不要发展得过了头'。我李斯原是上蔡的平民,街巷里的百姓,皇帝不了解我才能低下,才把我提拔到这样高的地位。现如今做臣子的没有人比我职位更高的了,可以说是富贵荣华到了极点。然而事物发展的极点就要开始衰落,我还不知道我的归宿在哪里啊!"由此可见,当时的李斯还能清醒地认识到盛极必衰,没有被高位重权冲昏了头脑,有忧患意识是难能可贵的,但是他忧患的不是国家和人民,而是他的权利和官位,这个想当天下人老师的李斯心里却唯独没有百姓和国家,只有权势和利益。这个心中没有学生只有他自己的老师不是合格的好老师,因为他缺乏作为一个老师的基本道德。他不怕误人子弟、祸及国家,却只怕自己权势衰退,怕官位不保,怕失去荣华富贵的生活。所以他整天忧虑的是怎样才能永保他的权利和官位,永远享受荣华富贵的生活,这从他早年的"鼠论"可以看出他人生的追求就是过像"仓鼠"一样的富足无忧的生活。那对于在秦始皇死后李斯与赵高同流合污、篡改诏书,杀死长子扶苏而立胡亥为帝的丑行就不难理解了。

篡改诏书

秦始皇三十七年(公元前 210)十月,他巡行出游到会稽山,沿海北上,到达琅邪山。丞相李斯和中车府令兼符玺令赵高都随同前往。秦始皇有二十多个儿子,长子扶苏因多次直言劝谏皇帝,始皇就派他到上郡监督军队,蒙恬任将军。小儿子胡亥很受宠爱,要求随行,始皇答应了。其他的儿子都没跟着去。

这一年七月,秦始皇到达沙丘(现在的河北广宗西北大平台),病得非常严重,命令赵高写好诏书给公子扶苏说:"把军队交给蒙恬,赶快到咸阳参加葬礼,然后安葬。"书信都已封好,但还没交给使者,秦始皇就去世了。书信和印玺都在赵高手里,只有小儿子胡亥,丞相李斯和赵高以及五六个亲信宦官知道始皇去世,其余群臣都还不知道。李斯认为皇帝在外面去世,又没正式确立太子,为了维持政局稳定,所以保守了秘密,把秦始皇的尸体安放在一辆既能保温又能通风凉爽的车子里,百官奏事和进献饮食还像往常一样,宦官就假托皇帝在车中批准百官上奏的事。

赵高因此扣留了秦始皇赐给扶苏的诏书,巧舌如簧劝公子胡亥要抓住时机,夺取皇位。

虽然胡亥也知道这样是不忠、不孝也不义,大逆不道的行为,但是他抵挡不了那至高

无上的皇位的巨大诱惑。他就同意了赵高的意见。然后,赵高认为不和丞相商议,恐怕这件事情还不能够成功,他希望能替胡亥与丞相商议。赵高就对丞相李斯说道:"始皇去世,赐给长子扶苏诏书,命他到咸阳参加丧礼,并想立为继承人。诏书还没有送出,皇帝就去世了,还没人知道此事。皇帝赐给长子的诏书和印玺都在胡亥手里,立谁为太子就只在于你我的一句话而已。你看这事该怎么办?"李斯说:"你怎么能说出这种亡国的话呢!这不是做为人臣所应当议论的事!"赵高说:"你自己估量一下,你和蒙恬相比,谁更有本事?谁的功劳更高?谁更谋略深远而不失误?谁更受天下百姓拥戴?谁与长子扶苏的关系更好?"把李斯跟蒙恬相比,表面看好像是没有一点根据,但实际上是关系到李斯前途和命运最敏感的问题,是对李斯弱点和要害最致命的一击。以李斯的精明,稍加思考就明白军队实际对他并没有威胁,但这五个问题,后两个,特别是最后一个即与长子扶苏的关系谁更好?这才是打击他的致命一招。在此之前,原来在先皇的强力统治下,百官不敢反对他,宗室皇族也是没有插嘴表示异议的机会,但关于分封和郡县的争论还是一直或明或暗地存在于朝廷和宫廷内外,宗室、功臣、儒生、博士和百官大部分都赞成分封,却只有先皇和李斯君臣二人主张郡县制的。又因为李斯的建议,先皇下令焚了百家之书和坑了几百名儒士。在百官无力制止的情况下,为了阻止对儒生严刑峻法,长子扶苏力谏而被贬去守卫边关,做了蒙恬的监军。扶苏反对先皇的做法,也就是反对李斯。现在老皇帝死了,李斯就失去了强有力的政治后台,而他由于曾经与即将即位的新皇帝扶苏有过不同政见,这就意味着未来的皇帝可能会对李斯有成见,这会直接影响他们的关系,这对李斯的未来是大大的不利。但是蒙氏三代为秦国名将,手握重兵,而且和扶苏关系很好,当然就对李斯构成了重大威胁,这也是李斯的一大心病。对于派遣扶苏去做监军,实际却体现出对扶苏的众望,希望他利用这个机会得到历练和懂得带兵,和蒙氏相配合,为日后登上皇位打好基础。扶苏重用蒙氏,蒙氏自然会支持他,成为扶苏所倚重的重臣。而与蒙氏相比,扶苏对李斯倚重的程度就要大大降低。这些应是李斯平时就考虑无数次的,但经赵高这样直接挑明,对他的打击是非常巨大的。李斯无力反击,只能反问一句勉强作为回答:"这五个方面我都不如蒙恬,但您为什么对我这样苛求呢?"李斯的话里已流露出回天无力的无奈。紧跟着,赵高现身说法以自己在宫中二十多年的经历为依据,为李斯分析他现在处境的尴尬和艰难。赵高说:"我本来只不过就是一个宦官的奴仆,有幸能凭着熟悉狱法文书进入秦宫,管事二十多年,还未曾见过被秦王罢免的丞相功臣有封爵而又传给下一代的,今天是侯爵明天就变成罪臣的也并不是没有,结果都是以被杀告终。皇帝有二十多个儿子,这些都是您所知道的。长子扶苏刚毅而且勇武,信任人并且又善于激励士人为己效力,即位之后一定要用蒙恬担任丞相,很明显,您最终不能保住官爵,也是不能怀揣通侯之印退职衣锦还乡了。我受皇帝之命教育胡亥,让他学习法律已经有好几年了,还没见过他有什么错误。他慈悲仁爱,诚实厚道,轻视钱财,尊重士人,心里聪明但不善言辞,竭尽礼节尊重贤士,在秦始皇的儿子中,没人能赶得上他,可以立为继承人,胡亥还年轻,既然是君侯所立,那以后当然还需要君侯的辅佐。您考虑一

下再决定。"就如赵高所言,李斯面临的处境将来一定会发生变化的,而且时间不会很长。因为始皇已死,马上就要面临新皇帝的统治,他一生努力且经历了千辛万苦才得到的地位、权势、荣华富贵眼睁睁地就要失去,这一切对李斯来说是不能接受的,如果真正到了那一天,将是多么痛苦! 李斯是不能坐等事情发生的,此时赵高为李斯指出了另外一条出路,就是立胡亥,这样排除了李斯政治道路上的隐患,李斯还将是位极人臣,还能掌握大权,还能教导皇帝。这对李斯来说无疑是巨大的诱惑。

但是,李斯回答道:"你还是回到原来的地方,该干什么就干什么去吧! 我李斯只管执行先皇的遗诏。我的命运听从上天的安排,有什么可考虑的?"这些话表面看出乎意料,是训斥赵高,嘴还硬得很,让赵高"回到原来的地方"就是说赵高做了不应该做的事,其实不然。因为李斯对赵高的话无法反驳,不能不同意,但也不愿意立即就范,只好空洞地说"执行先皇的遗诏"。并且作为多年在先皇时期左右逢源的丞相,说话通常要做作和矜持;作为一代权术大师,深得"阴用其计而明折其论"的精髓,所说的这几句话不过是为维护身份和尊严,用来掩饰自己内心空虚的几句门面话罢了。还有,从李斯"我的命运听从上天的安排,有什么可考虑的"这句话,也可以看出李斯的虚伪,表里不一,因为这与他一向实行的要掌握自己的命运做法自相矛盾。这里更流露出李斯的一种无奈,虽然嘴还很硬,但已无反抗之力,只是心里还不情愿,不习惯,不能从原来的状态里一下子扭转过来。针对李斯犹豫和无奈的心理,赵高就鼓动他迈出决定性的一步:"君侯是个极精明的人,难道没有听说过这样的话'表面看来很危险,可能就是最平安的,看来很平安可能最危险。'危险能够变为平安,平安也可以变成危险。在安危面前不早做抉择,还算什么聪明人?"李斯说:"李斯我本是上蔡街巷里的平民百姓,承蒙皇帝提拔重用,让我担任丞相,封我为通侯,子孙都得到尊贵的地位和优厚的待遇,由于皇帝的充分信任,所以在临终前才把国家安危存亡的重任交给了我,我又怎么能辜负了他的重托呢? 忠臣不能因为怕死而苟且从事,做臣子的就是要守好自己的职分。请您不要再说了,不要让我李斯也跟着犯罪。"真要让他迈出事关安危祸福的第一步,做出极其困难的抉择,李斯肯定要仔细地权衡利弊得失。不用说,赵高为他指出的路,对他具有极大的诱惑,但真这样走,却是一条背叛大秦、背叛先皇的、大逆不道的罪恶路。李斯这一生的权势和富贵,都是大秦和先皇给予的,特别是先皇,可以说,没有先皇,就没有李斯的一切。他心里很清楚先皇对他的深厚宠爱、恩遇和重托;他也懂得忠臣孝子在关键的时候,应该是不避危难、守职尽忠。背叛先皇,自然会引起他良心上的不安和愧疚,他还是知道做人臣基本的原则和道德的。他也明白这是"犯罪"。他正陷入深深的矛盾中,不敢再听下去,害怕赵高再讲下去,所以才说"您不要再说了,不要让李斯也跟着犯罪。"他不让赵高讲下去,赵高当然不能够听他的,真的不讲。赵高接着说:"我听说圣人并不循规蹈矩,而是适应变化,顺从潮流,看到苗头就能预知根本,看到动向就能预知归宿。而事物本来就是如此,哪里有什么一成不变的道理呢! 现如今天下的权力和命运都掌握在胡亥手里,胡亥在内而扶苏在外,胡亥居中而扶苏居末。

更何况由内部控制外部、由中心掌握末端是正常的，而从外部来制服内部就是逆乱，从下面来制服上面就是反叛。您怎么连这些都没看到呢?"赵高就是要打消李斯的顾虑，和他仅存的所谓"良心"与愧疚。李斯的愧疚没有了，利益也能看得很清楚，权衡再三，另外一个顾虑却出来了。李斯说:"我听说晋代换太子，三代不得安宁;齐桓公兄弟争夺王位，哥哥被杀死;商纣杀死亲戚，又不听从臣下劝谏，都城夷为废墟，随着危及社稷。这三件事都违背天意，所以才落得宗庙没人祭祀。我李斯还是人啊，怎么能参与这些阴谋呢!"这也是李斯一贯的做法，言利先虑弊，一是讨价还价，二是给以后万一失败留一条后路，所以半推半就。李斯还有顾虑，赵高就把利弊给他讲得清清楚楚，让他自己考虑一下。赵高说:"上下齐心协力，事业可以长久;内外配合如一，就不会有什么差错。你听从我的计策，就可以保你李斯长久地享受荣华富贵;还可以保你全家世世代代都能够称王封侯，你也一定会有仙人王子乔、赤松子那样的长寿，孔子、墨子那样的智慧。

现在放弃这个机会而不听从我的意见，一定会祸及子孙，这样就太令人心寒了。善于为人处世，相机而动的人是能够转祸为福的，你想怎么办呢?"赵高先把利讲清，如果听从，当然利益很大。如果不听，就不用想什么孔墨的智慧，王子乔、拿赤松子的长寿了，不仅危害你个人，还要祸及你的子孙，这自然令他胆战心惊。利，他肯定动心;害，他更加畏惧。赵高采取的是两手政策，一只手拿的是"胡萝卜"用利益来诱惑他;另外一只手拿的却是"大棒"用危害来威胁他，使他死心塌地上他们这条船，成为他们的一员。李斯是个聪明人，当前的利害和以后的什么"违背天意""宗庙没人祭祀"两者之间，他会算得很清楚，他更在乎前者，他知道该做些什么。于是，李斯先是心里一颤，又仰天长叹，洒泪叹息道:"唉! 只因为我李斯遇到乱世，不能以死尽忠。命运，将向哪里寄托李斯的命运呢!"最后终于同意加入赵高一伙。

在这场策划篡位的一幕里，不能否认李斯也是个好演员，他用叹息和泪水表现了他的无奈而凄苦的心情，他可能想用泪水向他仅有的一点良心和道义告别，他也可能想用他不多的泪水掩盖他的罪行。虽然在这场戏剧中李斯演得很被动很无奈，和赵高的口舌之争中的几个回合，都以失败告终。但是他还是挣扎、反抗过的。那我们共同来分析一下这个计谋过人、聪明盖世的李斯为什么这次遇到赵高偏偏会有这么多无奈、这么多失败? 是因为赵高比李斯更聪明? 赵高是他的克星? 当然我们也不能否认赵高的机敏和好口才，但更重要的是赵高能准确把握住李斯的心理、透彻了解李斯的人性，才能每战必胜、攻无不克，才能把他招数的效力发挥到最大。赵高之所以能说服、打败李斯，是因为早已经看透了李斯是不甘心做一只"厕鼠"，长久地处于卑贱、窘困的环境，而是要当"仓鼠"以追求荣华富贵为目的。影响李斯一生最关键的，就在于少年时期定下的人生目标，即追逐权势与富贵，并贯穿他整个人生过程。在他遇到秦始皇时，更是尽力发挥他游说才辩之能和阿谀奉迎之伎，施展他素日所学，很快就由舍人至长史、廷尉、丞相，平步青云。

李斯私心太重，一切以个人利害为中心，个人利益高于一切，极端自私、利己、唯我。

尤其对富贵利禄——丞相、彻侯的地位、权势，以及由此带来的一切荣华过于热衷和极其贪婪，没得到之前狂热追求，既得之后又担心失去。赵高根据李斯这样的心理，通过形势分析、力量对比、前景预测等等进行了全方位的说服工作，最终取得了成功，为这场篡位阴谋找到了起关键作用的得力帮手。在他们二人这场口舌辩论中，准确地说不是赵高打败李斯，而是赵高利用李斯的人性弱点打败了李斯，是李斯他自己，是他的贪婪和欲望，不是别人也不是赵高。李斯本人应该对他的堕落负主要责任，正是李斯极端自私、患得患失、苟且富贵的短处，才会被赵高乘虚而入、有效利用。可以说李斯以丞相之尊权完全有能力尊始皇的遗诏，严斥并杀了赵高，迎公子扶苏立为帝，也不失拥戴之功。因为，本来立长子扶苏为帝是顺理成章的事，不易引起动荡。

可身为掌管皇帝玉玺和车马的赵高却心怀私心，想立与自己关系密切且年幼无知糊涂的胡亥为帝，在此重大历史关头，李斯身为丞相，掌握着最高权力，本应该考虑国家安危和百姓太平，来主持公正，然而他却为了换取相对稳定的高官厚禄，抛弃了起码原则。只顾现实利害，不讲道义节操。于是他们就一同商议，伪造了秦始皇给丞相李斯的诏书，立胡亥为太子，李斯同赵高共同扶持胡亥上台，到咸阳后发布丧事，立太子胡亥为二世皇帝。任命赵高担任郎中令，常在宫中服侍皇帝，掌握大权。结果昏庸的胡亥听从了赵高意见，诛杀了公子扶苏，大将蒙恬及其弟弟蒙毅、右丞相冯去疾等，秦始皇的二十多个儿子和十多个公主也被杀，连带一同治罪的不计其数。搞得皇室震荡，百官震恐。却使赵高趁机实现了排除异己，牢牢掌握大权在自己手里的目的。

助纣为虐

当时的法令刑罚一天比一天残酷，群臣上下人人自危。二世又建造阿房宫，修筑直道、驰道，这样不考虑人民生活的大兴土木需要大量的人和物，必然加大人民负担。越来越重的赋税，没完没了的兵役劳役，使人民根本无法过活，想反叛的人越来越多。于是从楚地征来戍边的士卒陈胜、吴广等人就起来造反，起兵于崤山以东，这些起义和暴动接连不断，归根结底都是因为民不聊生，官逼民反，民不得不反。英雄豪杰蜂拥而起，自立为侯王，反叛秦朝，他们的军队一直攻到鸿门才退去。李斯多次想找机会进谏，但二世不允许。二世反倒责备李斯说："我有个看法，是从韩非子那里听来的，他说'尧统治天下，殿堂只不过三尺高，柞木椽子直接使用而不加砍削，茅草做屋顶而不加修剪，即使是旅店中住宿的条件也不会比这更艰苦的了'。然而把统治天下看得无上尊贵的人，其目的难道就是想操心费力，住旅店一样的屋子，吃看门人吃的食物，于奴隶干的活计吗？这些事都是才能低下的人才努力去干的，并非贤明的人所从事的。那些贤明的人统治天下的时候，只是把天下的一切都拿来满足自己的欲望而已，这才是把统治天下看得无上尊贵的原因所在。人们所说的贤明之人，一定能安定天下、治理万民，倘若连给自己捞好处都不

会,又怎么能治理天下呢! 所以我才想恣心广欲,永远享有天下而没有祸害。这该怎么办呢?"当时,李斯的儿子李由任三川郡守,聚众造反的吴广等人向西攻占地盘,任意往来,李由不能阻止。章邯在击败并驱逐了吴广等人的军队之后,派到三川去调查的使者一个接着一个,并且责备李斯身居三公之位,为何没有控制反叛,还让盗贼猖狂到这种地步。李斯很害怕,又把爵位俸禄看得很重,为了保住荣华富贵,他必须曲意逢迎二世胡亥,要想求得宽容,就必须要帮助他强化君主的权力、帮助他制定严酷的刑法、帮助他安定天下。此时李斯好老师的形象踪迹不见,已经变成了不仅不纠正学生错误,反而还帮助坏学生出谋划策的坏老师;不仅不批评错误思想,反而表扬的坏老师。老师也有好坏之分,李斯前期在嬴政执政时如果可以算一个合格的好老师的话,那后期在胡亥统治时基本上是一个坏老师。为什么李斯前后变化如此巨大? 因为李斯很聪明,他会看人,会因人而异,会见风使舵。他这个老师是根据学生的好坏来转换角色,遇到嬴政这样的好学生,就当好老师出良谋妙计帮助建功立业;但遇到胡亥这样难以教化的坏学生,不是指出错误帮他改正缺点,而是充当坏老师出馊主意帮助败坏江山。

前后的巨大反差也说明他不是一名真正的好老师,因为他没有基本的师德,更像一个投机商人,他的顾客要什么他就给什么,不会考虑顾客的要求是否正确、合情合理。甚至不合法的想法靠李斯的巧舌也能冠冕堂皇地说它合法,而且要为这个昏君学生的恣欲纵情进行辩护,不仅无罪而且还合理合法、完全正确、英明无比。

于是就上书回答二世说:贤明的君主,必将是不仅能够全面掌握作为君主的道理,而且又能行使对下督责的统治措施。对下严加督责,那臣子们就不敢不竭尽全力为君主效命。这样确定了君主和臣子的职分,明确了上下关系的准则,那么天下不论是有才德的还是没有才德的,都不敢不竭尽全力为君主效命了。因此君主才能统治天下,能享受到极致的乐趣而不受任何约束。贤明的君主啊,又怎能看不清这一点呢! 所以申不害先生说:"占有天下要是还不懂得纵情恣欲,这就叫把天下当成自己的镣铐"这话的意思,就是不去督责臣下,反而自己辛辛苦苦为天下百姓操劳,像尧和禹那样,所以就称为"镣铐"。不能学习申不害、韩非的高明办法,推行督责措施,而只是白白地操心费力,拼命为百姓干事、为百姓献身,那就是百姓的奴仆,并不是统治天下的帝王,这没有什么值得尊贵的!让别人为自己献身,就是自己尊贵而别人卑贱;而让自己为别人献身,就是自己卑贱而别人尊贵。所以献身的人卑贱,接受献身的人尊贵,从古到今,没有不是这样的。自古以来之所以尊重贤人,是因为受尊敬的人自己尊贵;之所以讨厌不肖的人,是因为不肖的人自己卑贱。而尧、禹是为天下献身的人,因为沿袭世俗的评价才给予尊重,这也就失去了尊贤的初衷了,这可以说是很大的错误。说尧、禹把天下当作自己的"镣铐",不也是很合适的吗? 这是他们不能督责下属的过错。

所以韩非先生说"慈爱的母亲会养出败家的儿子,而严厉的主人家中没有强悍的奴仆",是什么原因呢? 这是能严加惩罚的必然结果。所以商鞅的新法规定,在道路上撒灰的人就要判刑。在道上撒灰是轻罪,而给他判刑是重罚。只有贤明的君主才能严厉地督

责轻罪。

轻罪尚且严厉地督责,何况犯有重罪呢? 所以百姓就都不敢犯法。因此韩非先生又说:"对几尺绸布,一般人见到就会顺手拿走,百镒美好的黄金,盗贼不会夺取",并不因为常人贪心严重,几尺绸布价值极高;也不是因为盗贼行为高尚,利欲淡泊,轻视百镒黄金的重利。原因是一旦夺取,马上就要受刑,所以盗贼不敢夺取黄金;如果是不坚决施行刑罚的话,那么一般人也都不会放弃几尺绸布。圣明的君主之所以能久居尊位,长期掌握大权,独自垄断天下利益,其原因并不在于他们有什么特殊的办法,而是在于他们能够独揽大权,精于督责,对犯法的人一定严加惩处,所以天下人不敢违犯。现在不制订防止犯罪的措施,而去效仿慈母养成败家子的做法,那就太不了解前代圣哲的论说了。不能实行圣人治理天下的方法,除去给天下当奴仆还能干什么呢? 这真是太令人悲伤的事情!

所以圣明的君主能独自掌握统治大权来驾驭言听计从的臣子,建立严明的法制,自身尊贵且权势威重。所有的贤明君主,都能拂逆世风、扭转民俗,能够废弃他所厌恶的,树立他所喜欢的。正因为这样,贤明的君主才集权专制,使权力不落入臣下手中,因此才能卓荦独行,实现他为所欲为的心愿,而没有人敢反抗。像这样,然后才可以说是明白了申不害、韩非的统治措施,学会了商鞅的法制。

法制和统治措施都学好且明白了,天下还会大乱? 这样的事我还没听说过。所以,有人说:"帝王的统治术是简约易行的。"只有贤明君主才能这么做。像这样,才可以说是真正实行了督责,臣下才能没有离异的心思,天下才能安定,天下安定才能有君主的尊严,君主有了尊严才能使督责严格执行,督责严格执行后君主的欲望才能得到满足,满足之后国家才能富强,国家富强了君主才能享受得更多。所以督责的措施一旦确立,君主的任何欲望都能满足了。

严格督责使群臣百姓都来不及补救自己的过失,就更不敢图谋造反。像这样,就可以说是掌握了帝王的统治术,也可以说了解了驾驭群臣的方法。即使申不害、韩非复生,也不能超过了。

这封答书上奏之后,二世看了非常高兴。李斯写得洋洋洒洒、气势磅礴,巧舌如簧,看似合情合理、理直气壮,真的不禁要夸奖李斯好棒的文采,但实际却是颠倒黑白、混淆是非、为虎作伥、纵虎为患的一派胡言,其实应该着实夸奖李斯好厚的脸皮。这次没有赵高的巧言诱导,而是他主动自愿、淋漓尽致地表演出了一只努力讨好主人的哈巴狗的嘴脸。虽然我们看不到此时李斯的表情,但是,可以想象到他肯定没像上次那样被赵高逼得哭鼻子,没准还为他能够得到皇帝的赞许而暗暗高兴呢,因为此时的他已经没有丝毫的廉耻之心了。于是二世更加严厉地实行督责,认为向百姓收税越多越是贤明的官吏。因为二世说:"像这样才可称得上善于督责了。"路上的行人,有一半是犯人,在街市上每天都堆积着刚杀死的人的尸体,而且杀人越多的越是忠臣。因为二世说:"像这样才可称得上实行督责了。"

与赵争权

　　二世听从了赵高的主意，不再坐在朝廷上接见大臣，而是深居在宫禁之中。赵高总在皇帝身边侍奉办事，一切公务都由赵高决定。赵高听说李斯对此有不满的言论，就找到李斯说："函谷关以东地区盗贼很多，而现在皇上却加紧遣发劳役修建阿房宫，搜集狗马等没用的玩物。我想劝谏，但我的地位卑贱。可这确实是您丞相的事，您为什么不劝谏呢？"李斯说："确实这样，我早就想说了。可是现在皇帝不临朝听政，常常居住在深宫之中，我虽然有话想说，又不方便让别人传达，想见皇帝却又没有机会。"赵高对他说："您若真能劝谏的话，请允许我替你打听，只要皇上一有空闲，我立刻通知你。"于是赵高设下圈套，趁二世在闲居和美女娱乐时候，派人告丞相说："皇上正有空闲，可以进宫奏事。"丞相李斯就到宫门求见，接连三次都是这样。二世非常生气地说："我平时空闲的日子很多，丞相都不来。每当我在寝室休息的时候，丞相就来奏事。丞相是瞧不起我呢？还是以为我鄙陋？"赵高又乘机说："您这样说话可太危险了！沙丘的密谋，丞相是参与了的。现在陛下您已即位皇帝，而丞相的地位却没有提高，显然他的意思是想割地封王呀！如果皇帝您不问我，我不敢说。丞相的大儿子李由担任三川郡守，楚地强盗陈胜等人都是丞相故乡邻县的人，因此他们才敢公开横行，经过三川时，李由只是守城而不出击。我曾听说他们之间有书信来往，但还没有调查清楚，所以没敢向陛下报告。更何况丞相在外，权力比陛下还大。"赵高先说沙丘政变点出李斯是阴谋的知情者、参与者，就有可能成为败露者，暗示胡亥应杀人灭口除去隐患。接着说李斯位高权重是皇上的威胁，再加上又有可能勾结叛党，警告皇帝李斯有条件也有动机图谋不轨，是很危险的。赵高虽然话不多但都是实质问题，很有说服力，因为他摸清了皇帝心理。所以，二世认为赵高的话没错，想法惩办丞相，但又担心情况不实，就派人去调查三川郡守与盗贼勾结的具体情况。李斯知道了这个消息。他这时才意识到自己处在危险境地。在赵高残害其他大臣的时候，李斯是高高挂起、漠然视之的态度，误认为自己很安全。由此也可以看出李斯的短视，他忘了随着赵高权力欲望的无限膨胀，当赵高消灭了所有敌人后，最终是不会放过李斯这个拥有大权、处于高位，可以与赵高抗衡的劲敌的。赵高罪恶的黑手终于伸向了李斯。李斯不得不接招，迎战赵高了，这次李斯是真的无奈啊。

　　李斯不能进见，就上书揭发赵高说："我听说，臣子等同君主，没有不危害国家的；妾等同丈夫，没有不危害家庭的。现在有的大臣擅自掌握赏罚大权，与您没有什么不同，这是非常不妥当和危险的。从前司城子罕当宋国丞相，掌握刑罚大权，用威权行事，一年之后就劫持了宋国国君，篡夺了王位。田常是齐简公的臣子时，爵位高到全国无人与他相匹敌，他家的财富和公家的一样多，像君主一样行恩施惠，在下面得到了百姓的爱戴，在朝廷上得到了群臣的拥护，暗中窃取了齐国的权力，杀死了宰予和齐简公，这样，就完全

控制了齐国。

这是天下人明明知道的。现在赵高有邪辟过分的心志和险诈叛逆的行为,就如同子罕当宋国丞相时的所作所为;私人占有的财富也像田常在齐国那样多。他一旦使用田常、子罕的叛逆方式而又窃取了陛下您的威信,他的志向就如同韩玘当韩安的宰相时一样。陛下您不早打算,我担心他迟早会发动叛乱啊。"二世说:"这是什么话?赵高是个宦官,但他不因处境安逸就为所欲为,也不因处境危险就改变忠心;他品行廉洁、心志善良,依靠自己的努力才得到今天的地位;他因为忠心耿耿才能得到提拔,他因为讲信义才能保住禄位,我确实认为他是贤才,而你却怀疑他,这是什么原因呢?并且我年纪轻轻就失去了父亲,没什么知识,不知如何管理百姓,而你年纪又大了,我担心与天下人隔绝了。我如果不把国事托付给赵高,还应当用谁呢?况且赵先生为人精明廉洁,竭尽所能,下能了解民情,上能顺适我的心意,请你不要怀疑他。"李斯说:"并非如此。赵高从前是卑贱的人,并不懂道理,贪得无厌,求利不止,现在地位权势仅次于陛下,但他追求地位和权势的欲望却是没有止境,所以我说是很危险的。"虽然李斯这次说得字字珠玑、正确无比,但是二世却不信任他,不仅因为二世早已相信了赵高,而且他也犯了直接否定君主的大忌,他因为性命攸关早忘了要"顺情"。这次李斯对赵高的反击是鲁莽、匆忙的,这也是失败的原因之一,但更重要的是他低估了赵高却又过高地估计了胡亥的智商。胡亥不仅不信任反而担心李斯杀掉赵高,就暗中把这些话告诉了赵高。赵高说:"丞相所忧虑的只有我赵高,我死之后,丞相就可以干田常所干的那些事了。"

可以说赵高迁移的功力很棒,虽然只有一句话却暗示出李斯表面针对赵高但实际是皇帝的潜台词,攻击的效果比李斯的长篇大论好得多,说服力也比李斯引经据典强好多倍,真是话不在多有力就行。于是二世说:"就把李斯交给你这郎中令查办吧!"

赵高查办李斯。李斯被捕后并套上刑具,关在监狱中,仰天长叹道:"唉呀!可悲啊!无道的昏君,我怎么能为他出谋划策呢!从前夏桀杀死关龙逢,商纣杀死王子比干,吴王夫差杀死伍子胥。这三个大臣,难道不忠吗!然而还是不免一死,他们虽然尽忠而死,只可惜忠错了人。现在我的智慧赶不上这三个人,而二世的暴虐无道超过了桀、纣、夫差,我因尽忠而死,也是应该的呀。况且二世胡乱治国!不久前杀死了兄弟而自立为皇帝,又杀害忠良,重用低贱的人,修建阿房宫,对天下百姓横征暴敛。并不是我不劝谏,而是他不听我的呀。"

二世对自己的兄弟,施加违反常情常理的残暴手段,不考虑会有什么灾祸;迫害、杀戮忠臣,也不考虑会有什么灾殃;大力修筑宫殿,加重对天下百姓的税收,不吝惜钱财。这三件措施实行之后,天下百姓不服从。现在造反的人已占天下人的一半了,但二世心中还未觉悟,居然重用赵高,我一定会看到盗贼攻进咸阳,使朝廷变为麋鹿嬉游的地方。这次的叹息完全为的是他自己,而不像沙丘政变时可能为秦始皇叹息。也许李斯演戏时间太长也太投入,不仅想欺骗别人说他忠诚,而且还欺骗自己,大概忘了他也是阴谋的参与者、暴行的帮凶和策划。自欺欺人也许是为了寻找心理安慰罢了,但是依然不能否认

李斯的分析、判断和预测能力。也由此看出李斯是明知故犯,是清醒的犯罪,是有意识的助纣为虐,是假忠诚真奸诈。居然还把自己比作忠臣真是无耻之极,还真把自己当作一心为了学生的好老师真是滑稽之极。

于是二世就派赵高审理丞相一案,对他加以惩处,让比他还要奸诈、比他还要坏的老师赵高来惩治他,一物降一物,也算是报应。查问李斯和儿子李由谋反的情状,把他的宾客和家族全部逮捕。赵高惩治李斯,拷打他一千多下,李斯不能忍受痛苦的折磨,冤屈地招供了。

李斯不自杀的原因是他自恃能言善辩,又对秦国有大功,且确实没有反叛之心,希望能够上书为自己辩护,希望二世能觉悟过来并赦免他。到了这时候他还没认清形势,高估自己,心存侥幸,认为还有生还的希望。于是他在监狱中上书罗列七大罪状实际是表明对秦的统一强大所做出的突出贡献,显示自己对秦的功劳,还想象上次给秦始皇上书一样来改变命运,但是胡亥不是嬴政而是接受奸诈的坏老师赵高教育的昏聩学生,这次他打错了算盘,错估了对手白费了心机。李斯这个伪君子遇到赵高这个真小人,坏老师遇到更坏的老师,根本不是对手,只会以失败告终。奏书呈上之后,赵高让狱吏丢在一边而不上报,说:"囚犯怎能上书!"

赵高真不愧是大奸臣,他不仅奸诈而且还有阴险毒辣的各种招数。赵高派他的门客十多人假扮成御史、谒者、侍中,轮流审问李斯。李斯改为以实对答时,赵高就让人再拷打他。

后来二世真的派人去验证李斯的口供时,李斯哪里分得清真假,以为还和以前一样,终于不敢再改口供,在供词上老实地承认了自己的罪状。赵高把判决书呈给皇帝,二世皇帝很高兴地说:"没有你,我几乎被丞相出卖了。"等二世派的使者到达三川调查李由时,项梁已经把他杀死。使者返回时,正当李斯已被交付狱吏看押,于是赵高就编造了一整套李由谋反的罪状。

终遭腰斩

二世二年(前208)七月,李斯被判五刑在咸阳街市上腰斩。在他走出监狱通往刑场的路上,他也可能想到当初赵高曾经给他许下的美丽诺言,什么永保富贵、世代封侯,还威胁他如果不听从就会祸及子孙,而现在不但没有永保子孙封侯,还真正是要殃及亲属、家人被灭三族(父族,母族,妻族),诺言成了泡影,威胁倒是成了可怕的现实。一直都认为聪明无比的李斯此时一定觉得自己很傻,很可笑。也一定后悔当初上了赵高这条贼船脱身不得,现在可就不是葬身大海喂鲨鱼那么简单的死法,而是"具五刑":先是黥面(即在脸上刺字,是秦朝的一种侮辱刑),然后劓(即割鼻子,也是秦的一种酷刑),砍断左右趾(即砍掉左右脚),又腰斩(拦腰斩断),最后是醢(音海,即剁成肉酱),这在当时是最为残忍的一种处死方式,叫作"具五刑",即用五种刑罚处死。真是无比讽刺,因为这些复杂的刑法都是出自李斯聪明的头脑,今天居然以身试刑,由他一手培养和锻炼的刽子手今天却要在他身上动刀。他原来做梦也没有想到的事情,今天偏偏都发生在他的身上。反省一下最后落得如此悲惨下场都怪自己那当"仓鼠"的伟大抱负,对荣华富贵的过分贪婪,李斯明白了,仓中鼠再怎么硕大,也只不过是一只老鼠,终有一天,不小心也会成为家猫口中的美食。李斯突然来了个大彻大悟。临死最后时刻想到的不是权势,地位和富贵,而是带着儿子们和他家那只大黄狗猎兔嬉戏,一起玩耍的美好时光。

临刑前,李斯和他的即将同时俯首就刑、同道奔赴黄泉的二儿子李俱握手诀别,他叹息说:"我的孩子,你还记得吗,那时候我领着你们哥儿几个手牵着黄犬,到上蔡东门去猎兔的欢乐情景吗?看来,这样的美妙时光大概是不会再有了。"所有的人生感慨都化作了这最后的叹息。于是父子二人抱头痛哭,这是演了一辈子戏的李斯最后一次哭了,哭得一定很真实也很伤心,因为他的一切都要结束了,没有必要再演戏了,虽然他觉悟了但是落得如此悲惨的下场还是不免让人痛心悲伤。所有的悔恨都化作了这最后的哭泣。最终李斯走下历史舞台,魂断秦国,告辞人间,走完了他并不平静也不平凡的 76 年。三族的人都被处死了。

赵高后来也为自己的残忍付出了代价:两年后被秦王子婴诛杀,被灭三族,也算是恶有恶报。此后不久,秦朝在农民起义的洪流中很快土崩瓦解成为有名的短命王朝。轰轰烈烈的大秦就这样失去了天下。可以说,李斯为秦王统一天下立下了汗马功劳,而他又亲自参与了毁掉秦王朝江山的行动。可谓成也李斯,败也李斯。司马迁肯定了李斯辅佐秦王统一中国,"明法度,定律令""同文书",建郡县,促进社会发展之功,然而也尖锐批评说:李斯之死并非因忠,李斯知道儒家《六经》的要旨,却不致力于政治清明,用以弥补皇帝的过失,而是凭仗他显贵的地位,阿谀奉承,随意附和,推行酷刑峻法,听信赵高的邪说,废掉嫡子扶苏而立庶子胡亥,等到各地已经群起反叛,李斯这才想直言劝谏,这真是太愚蠢!人们都认为李斯忠心耿耿,反受五刑而死,但司马迁仔细考察事情的真相,和世俗的看法有所不同,认为李斯的功绩是不能和周公、召公相提并论的。

李斯身后留下了不朽业绩,也留下了前车之鉴的沉痛教训。同是一个人,功劳和过错都是如此巨大,真是难以想象。虽然李斯早已离开历史舞台,他的那段历史也离我们很远了,然而李斯的一生的荣辱、得失,蕴含着许许多多的是非曲直,却留下了很多值得玩味和思考的东西值得后人感慨和探究。李斯是很有才干也很有才华的难得的人才,能够当一个好老师,然而,他的低劣品质,凡事都以个人的利害得失为前提和准绳,以个人利益而不是国家人民利益为出发点和原则,心中没有学生只有他自己,是李斯落得如此悲惨下场的根本原因。为了保住个人的权势而丧失了起码的做人立场成为他致命的弱点,也导致了他的人生失败,即为了个人荣华富贵和奸邪之人同流合污,助纣为虐。他为了个人利益而帮助小人,最后却又被小人所害,可以说是自食恶果、自掘坟墓,咎由自取。所以,现在我们需要德才兼备的人才,品德和才华都很重要,二者缺一不可。在当今有些

帝师谋士

人一味拜金,更需要良好师德作为社会良知的基础,这样我们的社会才能和谐健康地发展。

李斯不仅是我国历史上一位杰出的政治家、军事家、思想家、改革家,同时还是位卓越的文学家和书法家。他的文章语言流畅,气势磅礴,如奔腾江河,说理精辟,论据确凿。鲁迅先生曾称赞:"秦之文章,李斯一人而已。"他的书法"小篆入神,大篆入妙",被称为书法鼻祖;小篆又称秦篆,是大篆的对称,它给人以刚柔并济,圆浑挺健的感觉,对汉字的规范化起了很大的作用,小篆的出现,是汉字发展史上的一大进步。他针对战国时"言语异声、文字异形"的弊端,统一了文字,他主张以小篆为标准书体,便于人们的语言和思想交流沟通。总之,李斯对秦朝的建立和统治是功不可没的,在中国历史上也写下了辉煌的一页,他虽然有过失,在胡亥统治下充当了坏老师,但还是功大于过,尤其是他勇于变革的胆略和卓尔不群的远见卓识可作为后世学习的榜样,不失为一代帝师。

千古谋圣

——张良

名人档案

张良：字子房，生于战国末期韩国城父（今安徽亳县东南），贵族之后，祖父张开地曾相韩昭侯、韩宣惠王、韩襄王；父张平继之又相韩僖王、韩桓惠王。

生卒时间：？～前189年。

性格特点：智谋过人、屡划良谋。

历史功过：张良是汉代著名的开国谋臣，是汉初的"三杰之一"，本为战国时期韩国的贵公子，但身居乱世，胸怀国亡家败的悲愤，毅然投身于倥偬的兵戎生涯，辅佐刘邦建立了宏伟的汉室家业，完成了古代文人的宏愿"修身、齐家、治国、平天下"。刘邦赞其为"运筹于帷幄之中，决胜于千里之外"，给予了张良极高的评价。综观张良的一生，以三寸不烂之舌为帝王师，最后封万户，位居列侯，然功成身退，乃学道术。张良的传奇经历，真让人心生敬慕啊！

名家评点：一位洞察秋毫的谋略家和富有远见的政治家。

下邳受书

秦王政（始皇）十七年（前230），秦灭韩。其时，张良父张平已死，张良年少未仕，其家仍有童仆300百余人，不失为高门大族。旧天堂的毁灭，使他像通常的贵族遗少一样，胸中燃烧着复仇的烈火。他试图行刺秦始皇，来为韩国报仇。然而，为泄一己私愤而横冲直撞，只落得事败身危，却丝毫无改于天下大势。这是历史的必然。但是，无论天道、人事，必然中又伴随着许许多多的偶然。张良于走投无路之时，在下邳巧遇黄石公，便是

一种"偶然"给他的命运带来转机，使之学业大进，为日后辅佐帝王打下基础。我们不妨录下这个富有传奇色彩的故事：

一日，张良闲步下邳桥头，见一老人失履桥下，回头呼叫张良："孺子，下取履（鞋）。"张良强忍心中不满，替他取了上来。随后，老人又跷起脚来，命张良给他穿上。对待这个带有侮辱意味的事件，具有不同涵养的人会做出不同反应。起初，张良也曾受潜在的贵族意识驱使，凭着青年人的血气之勇，欲挥拳殴击老者。但是，终因他已久历人间沧桑，饱经漂泊生活的种种磨难，胸怀广远之志。他居然屈下身来，为老人穿上鞋。老人长笑而去，走出里许之地，又返回桥上，赞曰："孺子可教矣。"老人约他五日后的凌晨再在桥头相会。五天后，老者故意提前来到桥上，反而不高兴地责备张良："与老人约，为何误期？五天后再来！"五日后，张良索性于午夜前去等候。他通过考察。其至诚和隐忍精神感动了老者，于是慨然赠他一件无价之宝——《太公兵法》。这位老者就是传说中的奇人：隐身洞穴的高士黄石公，也称"圯上老人"。从此，张良日夜研习兵书，为造就栋梁之材迈出了重要一步。在这个过程中，机遇固然重要，天资也是不可轻视的，而"至诚""刻苦"则是必备因素。

10年读书和任侠，使张良广泛接触到社会的方方面面，成为他汲取智慧的源泉，而其所看到的变幻难测的世态人情，又帮助他深深领悟了《太公兵法》的精妙。在这颠沛流离的10年中，旧的贵族偏见有时还限制着他的视野。但是，统治阶级中的明智人物，一旦脱胎换骨，从旧的营垒中冲杀出来，却往往对世界看得特别清楚，其思想也锤炼得更为犀利。

公元前210年，秦朝历史上又发生了一个重大事件，一代杰出帝王秦始皇暴病而亡。二世胡亥窃位登基。从此，秦王朝的政局急转直下，各种社会矛盾错综复杂地交织在一起。仅历一年，即秦二世元年（前209）七月，政治风波骤起，陈胜、吴广在大泽乡揭竿起义。在革命风暴的裹挟下，形形色色的人物纷纷出现，张良也凭借着这一广阔的社会舞台，得以大展奇才。

秦二世二年（前208）正月，景驹在留县自立为楚王，张良率众前往投靠。哪知，途中偶遇沛公刘邦统率千人略地下邳。两人一见倾心，遂称张良为厩将。张良数以《太公兵法》进说刘邦，刘邦每每心领神会，并能虚心采用其策。张良忍不住喟然兴叹："沛公似是天授英主，天成其聪颖！"

这次不期而遇，又是张良成就一生功业的转折点！在中国古代，虽然有所谓"君择臣，臣亦择君"的名言，但是，由于人们活动范围的狭小和眼光的短浅，选择是受到很大限制的。在相当程度上，一个人的成败要取决于际遇，或者说是"命运"（如果不把"命运"说作神秘主义的注解，便不应直斥为纯粹的唯心论，它可作为"际遇"的代名词）。正由于这种特殊的机遇，使他有幸投靠超凡的政治家刘邦，而不是刚愎自用的项羽，或者是徒有虚名的其他人物。从此，君臣相得，如鱼得水；一个是豁达大度、从谏如流，另一个则是智谋过人、屡画良谋。

西进运筹

秦二世二年(前208)六月,项梁拥立原楚怀王的孙子熊心为楚怀王。张良心存故国,忙对项梁提议说:"君既已立楚王后人,而韩王诸公子中以横阳君成最贤,可立为王,借以多树党与。"项梁依议,寻得韩成,立为韩王并任命张良为司徒。张良同韩王率兵千余人,西略韩地(指战国时的韩国地盘),在颍川(今河南中部)一带流动作战,时而攻取数城,时而又被秦兵夺回,迟迟未能开创大局面。

秦二世二年末,楚怀王命项羽、刘邦分兵西伐秦。刘邦取道颍川、南阳,准备从武关攻入关中。

秦二世三年(前207)四月,刘邦行至颍川,又同张良合兵一处,接连攻取 10 余城。刘邦命韩王成留守此地,另与张良率师南下。

同年六月,刘邦大破秦南阳军,逼使南阳太守退守宛城。此时,刘邦灭秦心切,企图绕道而过,直扑武关。张良仔细一想,刘邦当时实力弱小,不可进取京城临大敌!再说,眼前的南阳郡治宛城,本是秦朝统治的一个重要据点,也是沛公军脚下的一根钉子,欲拔除它,轻易可取;越而攻之,则贻害匪浅,正犯了兵家的大忌。正确的用兵之道,只能是稳扎稳打,一方面与各地盟军合作,一方面在西进中逐步发展壮大自己的力量。据此,张良向刘邦献策说:"沛公虽欲急入关,秦兵尚众,距(据)险。今不下宛,宛从后击,强秦在前,此危道也。"刘邦心有灵犀,一点即通,立刻偃旗息鼓而还,于破晓前赶至宛城,重重包围。沛公又采纳陈恢建议,以攻心为上,下令招抚南阳太守,赦免宛城吏民。在大军压境的局面下,南阳太守有了活路,当然甘愿献城投降。刘邦如约封他个"殷侯"的爵衔,只是空头称号,无须封地付银,十分上算。因这一着棋得力,满盘随之皆活,全郡数十城群起效尤,迎风而降。南阳本是大郡,人口众多,财富丰饶。刘邦在此招兵买马,储草备粮,兵力很快发展到 2 万余人。

与此同时,北路正进行巨鹿大战,章邯所率秦军主力投降项羽。秦朝的军事支柱倾倒之后,兵力越发枯竭,四方救援不灵。这又造成南北照应之势,为刘邦顺利进军扫除了障碍。兼之,刘邦所过严禁掳掠,秦民皆喜,自然是得道多助,师行迅速。是年八月,刘邦便攻破通往关中的重要门户武关,开进秦朝腹地。

秦朝南北两线的军事失利,迫使统治阶级内部的矛盾激化,狗撕猫咬日重一日。秦相赵高自知罪责难逃,干脆杀死了二世胡亥,擅立子婴为秦王。赵高又遣使与刘邦通谋,妄想里勾外连,分王关中。刘邦既已胜利在望,岂肯信此诈谋,再分给秦朝权臣一杯羹。他仍旧遵照张良部署,乘胜西进。

同年九月,刘邦麾军趋至峣关。峣关假倚峣山天险,是通往秦都咸阳的咽喉要塞,也是拱卫咸阳的最后一道关隘,秦派遣重兵扼守此地。刘邦赶到关前,便要驱动 2 万士卒

帝师谋士

强行仰攻。张良却连连摇头说："秦兵尚强，不可轻举妄动。"刘邦着急地询问应敌之策，张良想了一个逢强智取的方案："臣闻其将屠者子（守将是屠夫的儿子），贾竖易动认利（商贾小人唯利是图，可用财宝打动）。愿沛公且留壁中（暂且在壁垒中按兵不动），使人先行，为5万人俱食（增修5万人的炉灶和用具），益为张旗帜诸山上（在各山上多树军旗，虚张声势），为疑兵。令郦食其持重宝啗（收买）秦将。"刘邦闻计非常高兴，立即调拨将士分头部署，并派能言善辩的谋臣郦食其、陆贾前往秦营，行施贿赂，伺机劝降。秦将见敌兵遍布山野，一时不明虚实，先已畏惧起来，且又贪恋金钱财帛，情愿倒戈，许与刘邦合兵掩袭咸阳。

刘邦得知秦将中计，以其政治家的果决，当即投袂而起，欲与秦兵联合西进。张良却以谋略家的深沉，又向前进谏说："此独其将欲叛，犹恐士卒不从。不如因其懈怠而击之。"刘邦欣然采纳，引兵绕过峣关，穿越蒉山，大破秦军于蓝田。因出其不意，遂能首战告捷，一直推进到灞上（今陕西西安市东），威逼秦都咸阳。

汉元年（前206）十月，秦王子婴战守无方，不得不乘着白马、秦车，携带皇帝印玺符书，开城出降。偌大秦王朝，一旦走上下坡路，竟崩溃得如此迅速，这不能不为执政者引作前车之鉴。

刘邦在不足一年的时间里，竟然长驱直入，轻取关中，推翻暴秦。这固然因为秦朝的腐朽和项羽等盟军转战河北诸地，牵制了秦军主力，打击了各郡县的地方武装，使刘邦在西进途中未遇强敌，但是，若无文臣武将的强攻智取，特别是张良的正确战略战术的指导，要想顺利地夺关斩将，取得如此神速的胜利是根本不可能的。

谏主安民

推翻暴秦，刘邦逐鹿中原初步告捷。尽管如此，胜利也极易冲昏庸夫俗子的头脑，连刘邦那样杰出的政治家也难免为之倾倒。他初入秦宫，就目迷五色，贪恋宫室，狗马、财宝和美女，有心追享富贵尊荣。对此，部下许多人很担心。武臣樊哙犯颜强谏，直斥他"要做富家翁"。可惜，这种简单的劝谏，竟使刘邦无动于衷。

张良深知，就很多人来说，渡过安乐关甚至比渡过生死关更难。生、死的含义是绝对的，而安乐意味着死亡，这却是不清楚的、容易被人忽略的。对于通常所说的"儿女情长，英雄志短"，人们虽然予以嘲讽，但又往往谅解多于反感。因此，要使刘邦放弃狗马声色，必须设法使之"心动"。所以，他巧妙地劝道："往日秦为无道，沛公才得以至此。倘欲为天下除残去暴，理应布衣素食。现今始入秦地，就要坐享安乐，岂不是'助桀为虐'。俗话说：'忠言逆耳利于行，良药苦口利于病'。愿沛公听从樊哙等人的话。"张良表面看心平气和，但话中对古今成败的揭示以及"无道秦""助桀为虐"等苛刻字眼，却适足刺痛刘邦差点沉醉的心。这比气愤地斥辱，要更加深刻、更易为人接受。这种紧打慢唱的手法，正

是谋臣进谏的艺术。

　　然而,也切不可夸大辩士们的口舌之劳。须知,此时此刻,文武同道,相辅相成,才是谏诤成功的关键;而刘邦的明智也是不可忽视的内在因素。他终于封存秦朝宫宝、府库、财物,还军灞上,以待项羽等路起义军。

　　其间,刘邦等人采取了一系列有深远政治影响的政策。他召集诸县父老豪杰,与之约法三章:"杀人者死,伤人及盗抵罪。"并扬言:"余悉除去秦法。诸吏人皆安诸如故。凡吾所以来,非有所侵暴,勿恐。"另外,又派人与秦吏一起巡行县、乡、邑,晓谕此意。结果,"秦人大喜,争持牛羊酒食献飨军士。沛又让不受,曰:'仓粟多,非乏,不欲费人'。人又益喜,唯恐沛公不为秦王。"这些安民措施,为沛公刘邦获取了民心,对于他日后经营关中,并以此做根据地与项羽争雄天下,打下了良好的政治基础。

鸿门侍宴

　　秦亡之后,天下权利如何在几股反秦势力之中分配? 围绕这一问题,引起了新的争夺。其实,最有实力者当首推项羽,其次是刘邦。所以,正确处理同项羽的关系,就成为刘邦的当务之急。

　　当初,刘、项的"共主"楚怀王曾经定下约定:"先入关中者,王之。"刘邦虽然抢先入关灭秦,但他在摧毁秦王朝的军事力量方面,根本不可与项羽的战功相比。早在两路分兵时,怀王及其左右将校偏袒刘邦,故意使刘邦为其易,取道南路;而使项羽为其难,取道北路,遇秦主力。巨鹿大战缠住了项羽,影响了其前进的步伐,但却大大减轻了刘邦的军事压力。因此,刘邦想要称王关中,号令群雄,在政治上独居霸主地位,决不会为不可一世的项羽所接受。更为主要的,是双方实力的对比相当大。巨鹿战后,项羽收降,改编了秦朝的军队(后来项羽恐秦朝降卒军心不稳,入关后发生变故,于是把秦朝降卒 20 万人统统坑杀在新安(在今河南渑池城南),吸收了沿途的兵民,一时军威大振,兵力迅速发展到40 余万(号称百万),而刘邦直至灭秦之后,所有兵力仅有 10 万(号称 20 万)。论将才,项羽本人力可拔山,威风凛凛,其麾下又聚集着许多第一流人才:骁勇善战者有黥布、龙且、钟离昧等等;智虑超群者有范增、陈平诸人,实在是猛将如云,谋士如鲫。刘邦虽然机警有余,可惜其勇武不足,他的手下周勃、灌婴、樊哙之辈,当时的声威也不及黥布、龙且、钟离昧等人。刘邦最大长处是知人善任和恢宏大度,这尽管是最重要的政治素质,但并不能靠它无条件地扭转乾坤,而只能慢慢地积蓄力量,逐渐改变力量对比。

　　在强弱不敌的形势下,刘邦一度误用下策。有人向他建议:"关西之富,胜过天下十倍,而且地形险要。现在章邯投降项羽,项羽封之为雍王,令他称王于关中。章邯来,沛公恐不得占有此地。现应抓紧时机,派兵驻守函谷关,不要放诸侯军进来。然后征集关中士卒壮大自己力量,以与项羽抗衡。"刘邦从其计,背着张良,擅自派兵扼守函谷关要

塞。如此一来,就使楚汉原已存在的矛盾迅速表面化。

项羽率兵来到函谷关时,见关门紧闭,又见关上刘邦守军,不由得大为生气,遂命英布督军强攻。十二月,项羽军击破函谷关,进驻新丰、鸿门(两地均在今陕西临潼东北),紧接着秣马厉兵,欲与刘邦决一死战。

项羽的谋士范增对项羽说:"昔日刘邦是个贪财好色之徒。这次入关以后,他却不贪财宝,不近女色,可见他志见不小。务必速取之,勿使良机坐失。"

谁知项羽剑拔弩张要消灭刘邦之事,却惊动了项羽的叔父、张良的好朋友项伯。项伯欲报答张良的救命之恩,坐卧不安,便决定给张良通风报信。

是夜,项伯骑马偷入汉营。他找到了张良,把项羽的计划和范增的主张一五一十地告诉了张良,并劝张良赶快逃离刘邦,不要待在此处等死。

张良头脑冷静,足智多谋。他听了项伯的话,不动声色,平心静气地说:"我奉韩王之命,送沛公(刘邦)入关,现在沛公有急,我偷走不合义理,理应告知。"项伯听了张良一番入情入理的话,更钦佩其为人,遂答应张良的要求。于是张良马上来到刘邦那里,把项伯的话告诉了他。刘邦听了大吃一惊。

张良问刘邦:"您估计,您的士卒可以抵挡住项羽的大军吗?"

刘邦沉默了一会,说:"实在不能。但是有何计?"

张良说:"为今之计,只有靠项伯挽回。请您去告诉项伯,说您不敢背叛项羽。"

刘邦不愧是一代人杰,既善于随机应变,又能伸能屈。他问张良:"你跟项伯有交情吗?"张良告知旧事。

刘邦又问:"你跟项伯孰长?"

张良说:"项伯比我大。"

刘邦说:"那就把他请来,我以兄长待之。"

于是张良出来,去请项伯,劝他无论如何去见一见刘邦。项伯本来无此议程,只想把张良带走,难却情面,只好随张良一起去见刘邦。

刘邦见项伯到来,像见到老相识一样,设宴款待。他先尊项伯为兄长,与他结为婚姻之好,然后委婉陈辞说:"我入关以后,清查了户口,封存了府库,一点不敢私取,只等项将军的到来。我之所以派兵守函谷关,主要是为了不让盗贼乱兵出入,以防不测。我拿下咸阳以后,日日夜夜盼望项将军到来,以便移交,哪能谋反呢?还是请您把这些情况如实告诉项羽。"刘邦的一番巧舌争辩,项伯竟信以为真,满口答应刘邦的要求,并对刘邦说:"明日一早,您务必亲自去向项羽说明,表示歉意。"刘邦只好同意了。

项伯回营将刘邦之言尽禀项羽,并说:"如果不是刘邦先攻入关中,您怎么能这么快就入关呢?人家现在立了大功,您不但不赏,反而要进攻人家,这是多么不义呀!您应该乘机好好招待他才对。"项羽本来就是一个四肢发达,头脑简单之人,项伯的一番说辞,他听了觉得甚对。为进一步验证,他决定明日刘邦来营之后,当面责问,再做决定。

次日清晨,刘邦带领张良、樊哙和百余骑兵来到鸿门,见面之后,刘邦开门见山,单刀

直入,向项羽赔罪说:"我和将军勠力攻秦,您横扫黄河以北,我转战黄河以南。未料我竟然能首先攻入关中,推翻暴虐的秦朝,在这里跟您重逢。我们兄弟相会,这本来是一件大好喜事,不料如今竟有小人从中挑拨离间,使我们之间发生误会。"刘邦这话说得有理有节,依据先前怀王所定,刘邦进关也是名正言顺,并无非份之处,相反项羽倒有违约之嫌。这"小人"二字,自然转骂到项羽头上。项羽却并不具备一般政治家强词夺理的气质,又无随机应变的才干,一旦窘迫,竟露出底蕴,脱口说道:"这是沛公的左司马曹无伤对我讲的,说你欲王关中,令子婴为相。不然,我怎能如此。"

于是项羽请刘邦赴宴。席间,范增多次向项羽使眼色,并屡次举起佩带的玉玦向项羽示意,要他下决心杀掉刘邦。可是项羽毫无反应,依旧饮酒。张良对席间局面了然于胸,暗思对策。

范增见项羽无意杀掉刘邦,又不愿失去大好时机,就离开宴席,叫来大将项庄,授意他去舞剑助兴,伺机击杀沛公。于是项庄按范增的吩咐在宴席上舞起剑来。然而这个用意又被项伯看穿了,他也拔剑起舞,并用身体时时掩护刘邦,使项庄无法下手。

张良见形势紧迫,便急忙辞席去找樊哙,对樊哙说:"项庄舞剑,意在沛公。"命他速去救驾。樊哙一听事情如此紧急,便一手握剑,一手拿着盾牌,撞倒军门卫士,闯进帐内。但见他怒发冲冠,圆睁双眼,瞪着项羽。项羽见状大惊,慌忙问道:"这是什么人?"

张良说:"此为沛公的参乘樊哙。"

项羽不住口地称赞说:"壮士!快赏酒!"

樊哙接过酒,站着一饮而尽。

项羽见樊哙如此豪爽,欣然说道:"赏他一只猪腿!"

樊哙把盾牌放在地上,放上猪腿,用宝剑边切边吞。不一刻功夫,一只猪腿便到了樊哙的肚里。项羽愣住了,又问樊哙:"壮士,还能喝酒吗?"

樊哙镇定自若,大声回答:"我死都不怕,何谓喝酒?"

项羽大惊道:"这话是什么意思?"

樊哙接着说道:"昔日,楚怀王和诸侯有约在先:谁先攻入咸阳,谁就称王。现在沛公首先打败秦兵攻入咸阳,毫毛不敢有所取,封闭所有的宫室,驻军灞上,等着大王前来主持。沛公这样劳苦功高,你不但不封赏,反而听信谗言,要杀害有功之人,这不是重蹈秦朝灭亡的覆辙吗?我认为这太不对了!"

听了樊哙一番理直气壮地回答,项羽瞠目结舌,自觉理亏,没话回对,只是连声向樊哙让座。樊哙这才坐在张良身边。

刘邦见气氛有所缓和,知道此地不可久留,正好可借机脱身。便向项羽说道:"大王,我去茅厕方便一下。"

项羽已有几分醉意,也不多想,便摆了摆手。刘邦即离开宴席。张良、樊哙跟着出来。樊哙对刘邦轻声说:"马已备好,请沛公快点离开此地。"

刘邦说:"不辞而别,如此合适吗?"

张良说:"大行不顾细节,大礼不辞小让。如今人方为刀俎(菜刀和砧板),我为鱼肉,随时有被宰的危险,怎么还顾得上告辞。"

刘邦又说:"我这一走,你怎么向项羽交代?"

张良说:"您只管与樊哙脱身,我自有良策。"

于是,刘邦由樊哙等人护驾,抄小道,轻骑简从,向灞上狂奔而去,留下张良与项羽等人虚与委蛇。

张良推算刘邦一行已到了军营,乃从容返回大帐。项羽问道:"沛公去哪儿了?"

张良从怀中取出白璧一双,玉斗一对呈上道:"沛公已醉,怕失礼仪,不能辞行。他让我把白璧一双恭献大王,玉斗一对敬献亚父。他见您和您手下的人有意作对,所以一个人走了。如今已经回到军中。"

项羽接过白璧,边赏玩边说道:"嗨!沛公也是,为何不辞而别?"

张良道:"大王与沛公情同手足,只是大王部下有人与沛公有矛盾,想将沛公杀害,嫁祸大王。大王初定天下,正应宽厚待人,仁义天下,不应疑忌沛公。沛公若死,天下必讥笑大王,大王何必坐受恶名?譬如下庄刺虎,一计两份,沛公不好明言,只好脱身避祸,静待大王自悟。大王圣明,一旦醒悟自然理解,就不会怪罪沛公不辞而别。"

项羽本来多疑。听了张良言语,反疑范增,双眸凝视范增多时。范增因计未成本已心中十分懊恼,再见项羽凝视自己,不禁怒气冲天,突然站起抓起张良敬献的那双玉斗,摔在地上,拔出宝剑,一剑击得粉碎,随后气愤地走出大帐。帐外,他仰天长叹:"唉!竖子无知,不足与谋,日后取得江山者必是刘邦!我们就等着做他的俘虏吧!"

刘邦一回到灞上,马上命人将曹无伤押来。刘邦脸色铁青,大声说道:"曹无伤,你知罪吗?"

曹无伤见事情已经败露,非常恐惧,"扑通"一声跪倒在地连连求饶:"沛公饶命,沛公饶命!"

刘邦道:"你怎敢出卖于我,我待你不薄,没想到你竟然吃里爬外陷害于我,你还有何话可说?"

曹无伤泣涕连声打自己脸求饶道:"我不是人,我不是人,我对不起沛公,对不起众位弟兄!"

刘邦说道:"你这个吃里爬外的东西,编造谎言,险些置我于死地,若不杀你,天理难容!来人,将曹无伤推出帐外,枭首示众!"

曹无伤立刻被处死了。

几天以后,项羽带领人马向西进发,屠了咸阳城,杀了子婴,放火烧毁了秦朝的宫室,包括绵延300公里的阿房宫在内,大火三月不灭。并把秦宫的财物美女劫掠一空,富丽堂皇的咸阳城一下子变得满目苍凉,成为一片废墟。关中百姓目睹项羽的所作所为,愈加仇视项羽,拥护刘邦。

是时,韩生向项羽建议说,关中地区乃天府之国,左有淆山函谷之天险,右有陇蜀山

脉之屏障,上有千里草原可以放牧,下有肥沃土地可以取粟。海内无事,可经黄河、渭水将关东物资源源输入;天下有变,可乘舟而下,兵击四方。如果在此建都,霸业可成。

但项羽见咸阳宫室被大火烧得破败不堪,又思念家乡,不同意在关中建都。他说:"富贵不还乡,如衣锦夜行,谁能知道呢?"弄得韩生哭笑不得。后来韩生对人说:"人们都说楚人是沐猴而冠,果真如此。"意思是说项羽徒具人形而没有人的思想。有人将韩生的话报告了项羽,项羽暴跳如雷,立刻命人把韩生烹死了。

项羽又派人去见楚怀王,要求更改以前的盟约。但是楚怀王不同意。项羽非常生气,下令把他迁往江南,建都郴县(今湖南郴县)。表面上仍尊称他为"义帝",实际上却削除了他的权力。为了报复楚怀王,项羽还把怀王的土地分封给了诸侯。

助汉灭楚

公元前206年二月,项羽自立为西楚霸王,定都彭城(今江苏徐州市)。项羽和范增意欲限制刘邦的发展,借口巴蜀也是汉中之地,封刘邦为汉王,统领遥远的巴、蜀地区,建都南郑(今陕西汉中)。为了牵制刘邦,阻碍他东进的道路,又把关中一分为三:把秦朝降将章邯封为雍王,统领咸阳以西,建都废丘(今陕西兴平东南);封司马欣为塞王,统帅咸阳以东,黄河以西,建都栎阳(今陕西临潼东北);封董翳为翟王,统领上郡(今陕西北部地区),建都高奴(今陕西延安)。另封关东14诸侯,项羽自为西楚霸王。

刘邦见项羽违背盟约,愤愤不平,要出兵攻打项羽。萧何认为时机尚早,乃谏阻道:"巴蜀之地虽然险恶,但总比白白送死好!"

刘邦不以为然,反问道:"怎么会死?"

萧何分析说:"现在敌众我寡,项羽士气正旺,在此情况下作战,必败无疑,岂不自取灭亡?与其如此,大王为什么不暂屈于一人之下,而取信于万人之上,像昔日商汤、周武王那样。臣请大王暂居巴、蜀之地,养精蓄锐,招贤纳士,待时机成熟,再还师平定三秦,与项羽一争高下。"

武将周勃、灌婴、樊哙也纷纷前来劝解,张良也支持萧何的意见,刘邦才罢休,不再提进攻项羽之事。

为了表彰张良,汉王刘邦特赐给他黄金百镒(20两或24两为一镒),珍珠二斗。张良一心为刘邦着想,把赏赐全部转赠给了项伯。刘邦闻之,又给张良许多财宝,让他去送给项伯,让项伯在项羽面前为刘邦请求汉中之地。项伯见利忘义,立即前去为刘邦说情,项羽果然答应。这样,汉王就将秦岭以南三郡连成一片,据为己有,定都南郑(今陕西南郑东北)。

巴、蜀、汉中,土质肥沃、物产丰富,士民众多。然而,由于地理隔阻,交通闭塞,进出十分艰难,欲从此东进,有诸多不便。所以,历史上的有为之主,在实力雄厚时,一般不拘泥于此地。项羽封刘邦为汉王，正是想借此遏制他向东扩展。可是，巴、蜀、汉中也有地理的优势——易守难攻。如果军力不足以争霸天下，退居此地自保，渐渐积聚力量，倒是一方宝地。汉王刘邦当时正需保存实力，所以刘邦、萧何、张良等人才决意西就封国。

是年四月，诸侯各回封地，刘邦分及 3 万人马，而投奔者无数。张良一心惦念着韩王成，不能跟随刘邦到南郑，但又很是牵挂。于是他决定先送刘邦，然后再去阳翟。他们经过杜县（今陕西西安东南），南入蚀中（今西安南，即子午谷）。张良一直送至褒谷（在今陕西褒城）。

褒谷又叫褒斜道，处崇山峻岭之中，山高谷深，山势陡峭，绵延数百里，中间有褒水流过，历来是自陕入川的南北通道和兵家必争之地。因悬崖绝壁，无路可行，人们就在半山腰的石壁上凌空搭建栈道，真可谓一夫当关，万夫莫开。刘邦见山高路险，劝张良不要再送。张良只好同意了。临分手时，张良指着山腰的栈道对刘邦说："您走后应烧之。这样既可以防备诸侯攻打巴蜀，又向项羽表了忠心，使其麻痹。"这就是一向传为美谈的"明烧栈道"的妙计。刘邦依照张良的嘱咐，果然放火烧掉了栈道。

张良回到韩国后才知道，因为张良辅佐了刘邦，引起项羽的忌恨，所以项羽不让韩王成到封国去，而是把他带到彭城。项羽到达彭城后，又把韩王成降为穰侯，没多时就把他杀死了。

这时，由于项羽分封不公，加剧了诸侯之间的矛盾。田荣首先在齐国起兵反抗项羽。陈余没有被封为王，也对项羽不满，便跟田荣联合起来对付项羽。这年八月，汉王刘邦采纳了韩信的建议，乘机"暗渡陈仓"，出兵关中，打败了雍王章邯，塞王欣、翟王翳也先后投降了刘邦。刘邦还出兵武关。项羽闻讯后甚恐，一方面出兵阳夏（在今河南太康），一方面封郑昌为韩王，以便对付刘邦。

张良生怕项羽去攻打刘邦，就给项羽写信说："汉王名不副实，所以他想得到关中；只要按当初的约定得到了关中，他绝不敢再往东扩张。"张良还把田荣与陈余联合起来企图反抗的事告诉了项羽，转移了项羽对刘邦的注意力，使项羽放松了对刘邦的警惕，集中兵力去攻打田荣。

公元前 205 年十月，张良回到汉中，被刘邦封为成信侯。是时，刘邦已经恢复关中，建都栎阳（在今陕西临潼北）；田荣已经战败被杀，田荣的儿子田广立为齐王，继续对抗项羽。

项羽知道汉王刘邦已经向东推进，然而也无法脱身，便想先击败田广，平定齐地，然后再去打击刘邦。这就给刘邦造成了可乘之机。

这年四月，刘邦统帅 56 万大军经过洛阳到达外黄（在今河南兰考东南）。原来跟田荣联合、反对项羽的彭越，此时也率领 3 万人归属刘邦，刘邦封他为魏相国，转战梁地，自己亲率大军径直攻取彭城。

项羽听说以后，急忙率领 3 万精兵回师彭城。在军师范增的精心谋划下，项羽凭借 3 万精兵大败刘邦的数十万大军。汉军死伤 20 余万人，刘邦只率领数十名骑兵逃到下邑

（今江苏砀山）。

这一仗不仅使刘邦的主力受到意料之外的重大损失，而且连先前投降刘邦的诸侯王也纷纷倒戈，又投靠了项羽。刘邦无法，便说："关东地区我不要了。谁能为我立功破楚，我就送给他。"张良说："九江王黥布，是楚国的猛将，他和项羽隔阂很深；彭越也跟齐国联合，在梁地跟楚军作战。此二人都可以利用。在汉王的将领中，只有韩信可以委以重任，独当一面。若赐此三子以关东，定败楚无疑。"刘邦听了，转忧为喜，一面派人去游说九江王黥布，一面又去联合彭越。后来，刘邦终于借助这三个人的力量打败了项羽。

公元前205年五月，刘邦移军荥阳，招集余部，萧何也从关中送来了补充的兵员和物资，汉军军威复振，把项羽拦阻在荥阳以东。刘邦还下令在荥阳和敖仓之间修建甬道，以便安全取用敖仓的粮食。

为了削弱项羽，刘邦派韩信渡过黄河，攻打安邑（在今山西夏县）。九月韩信生俘了魏王豹，接着又向燕、代进军，从侧翼声援刘邦，孤立项羽。公元前204年十月，韩信在井陉之战中击败赵军，俘虏了赵王歇。不久，九江王黥布归汉，刘邦命令他驻守成皋。

这时，项羽也加紧进攻刘邦，把荥阳重重围住，并断绝了汉军粮道。刘邦忧虑不安，便把谋士郦食其找来商议对策。郦食其认为，昔日商汤伐桀，武王伐纣，都曾把亡国国君的后代分封为王。秦始皇对六国诸侯，斩尽杀绝，使他们的后代无立锥之地，所以才招致失败。他建议刘邦重新分封六国的后裔，认为只要这样做，就可以获得百姓、诸侯的拥戴，最终称霸天下。刘邦听了，连声说好，并下令立即赶制印信，让郦食其去执行这个使命。

适逢张良来朝。刘邦正在吃饭，见张良来到，便向他谈起此事，并征求他的意见。

张良听后，非常惊讶，问刘邦："这是谁给您出的馊主意？如果这样做，您的事业就完了！"

刘邦连忙追问："为何？"

张良走上前去，拿起筷子，比比画画，胸有成竹地进行了分析。他认为：以前商汤伐夏并封夏桀的子孙为王，周武王伐商并封殷纣的子孙为王，那是因为能够牢牢把他们控制住，现在刘邦能置项羽于死地吗？周武王伐纣以后，曾经表彰贤良，为圣人修建坟墓，发放矩桥的粮食和鹿台的钱财，以接济穷苦的百姓，如今汉军连粮草都无法保证，哪有条件那样做呢？再说周武王灭商以后，为了表示不复征战，让人们安居乐业，便马放南山，收起兵器。如今刘邦却面临着项羽的重重包围，胜败未卜，况且刘邦的部下离乡背井，征战天下，只不过是想得到尺土之封，如果把土地都分封给六国的后代，这些人没有了指望，就会丢开刘邦，各归其主，返回故里。这样，谁还跟刘邦去打天下呢？再说现在最强大的还是楚国，即使封六国之后为王，由于他们势单力薄，也会先后纷纷投奔项羽，谁还会归顺于刘邦呢？

张良的分析实在精辟。首先，他认识到古今时移势异，反对照搬"古圣先贤"的旧章法。

第二,他看到汤、武分封夏、商后人,是在政局安定之后,已能左右天下形势,现今是楚汉方争,胜负未决。

第三,昔日武王散钱、发粟,是用敌国积储治疗自身疮痍;现今汉王自己军事无着,何暇救济他人。

第四,昔日刀枪入库,马放南山,牛息桃林,是由于时势已转入昇平年代;现今却正是狼烟四起,烽火连绵之际,决不可偃武修文。

至关重要的,是张良把封土赐爵用作奖赏军功,以激励天下士民追随汉王征战,作为维系将士之心的一条重要索链。此外,张良意识到六国贵族腐化堕落,分封六国只能分散抗击项羽的力量,最终将被楚军各个击破;即使有强者复出,亦必拥兵独立,怎么能臣属于刘邦。张良此论,较之他当初请立韩王,无疑是思想上的飞跃,而且在中国古代政治思想发展史上占有重要的一页。

刘邦听了,恍然大悟,急忙放下碗筷,把含在嘴里的东西吐在几上,连声骂道:"这小子差点败坏了老子的大事!"说罢,急忙命令把印信销毁。

起初陈胜起兵时,六国贵族也都想推翻秦朝,反秦的目标是一致的。陈胜分封六国的后代,暂时还能够起到联络党羽,孤立秦朝的作用。况且当时天下的土地并不归陈胜所有,所以陈胜把秦朝的土地分封给六国的后代,既有美名又有实惠。但是,刘邦却不一样。楚汉相争,楚强汉弱,胜负未卜,六国诸侯并非全都反对项羽,如果刘邦把自己攻占的土地分封给六国的后代,就等于削弱了自己,帮助了敌人。一样是分封六国之后,形势不同,效果也完全不同。秦朝灭亡之后,项羽分封诸侯,结果是众叛亲离,纷争迭起,这就是一个沉痛的教训。张良虽然是韩国贵族,但他从全国的角度考虑,对当时的形势有清楚的了解和客观的分析,表现了他的远见卓识和雄才大略。

公元前 205 年五月,项羽围困荥阳,楚、汉在荥阳、成皋、广武一带相持一年多。

为了麻痹项羽,诱使项羽退军,刘邦用张良之计,提出议和。条件是以荥阳为界,西归汉,东归楚。项羽准备议和。范增对项羽说:"目前优势不在汉,大王要一鼓作气突破成皋防线,否则就难以对付刘邦了。彭城大捷是天赐良机,如不乘胜灭刘,将来后悔莫及。"项羽采纳了这一建议,猛攻汉军,一度攻下成皋,刘邦差点被活捉。刘邦一时失败,非常恐慌。他问计于张良、陈平,张良说:"项王的骨鲠之臣不过范增、钟离眜几个人。项王外宽仁而内猜忌,信谗言,用亲信而不用人才。只要我们愿意花本钱,设谋反间计,使楚国君臣相疑,范增、钟离眜几个智能人物失势,破楚擒项,在此一举。"

刘邦说道:"此计极好,依你之见,谁去施行合适?"

张良道:"陈平熟悉楚营,此计施计非陈平莫属。"

刘邦非常高兴,乃命从府库中取出数万两黄金、无数珍珠交给陈平去打点施行离间计。陈平原在项羽麾下行事,因长期不为重用,又见项羽刚愎自用,任人唯亲,才投奔刘邦。他对项羽相当了解,深知其为人。当天夜里,他用重金贿通楚军,让他们四处造谣说:"钟离眜、范增等将军替项王卖命,功劳卓著,然而始终不能割地封王,他们准备与汉

联为一气,共灭项氏,分其地为王。"由于流言纷纷,不久即传到项羽耳中,项羽果然对钟离昧、范增等人不太信任了。

就在项王初生疑心之时,项王有事遣使者来汉营。张良见此,灵机一动,又心生一计。他把计策告诉刘邦,刘邦大加称赞。待楚使将至,刘邦老远就叫人捧出盛满牛、羊、猪三牲的食具,举过头顶,毕恭毕敬地打算款待使者,等使者走近,看仔细了,又假装吃惊的样子说:"哎呀,忙活大半天,你们原来是项王派来的使者,我还以为是亚父的使者呢。"说着,即命人把盛宴抬了回去,换成非常粗劣的饮食招待使者。

使者办完公事,回到楚营,将受辱之事回报项王,项王更增加了对范增的猜忌和怀疑,渐渐猜疑范增不忠。范增提议抓紧时间攻下荥阳城,项王因疑范增心怀鬼胎,偏不肯听。当范增得知项王疑心自己与汉勾结时,知道自己已失去项王的宠信,既气愤又伤心,乃对项王说:"天下事大局已定了,君王您好自为之吧。我已经老了,请君王让我告假回到故里。"项羽竟薄情地答应了他。范增年事已高,走到半路,气结淤积,背生毒疮而死。时年74岁。不久,钟离昧也被削弱了兵权。自此,项羽身边既无谋臣,又无良将,以匹类之勇,刚愎自用,连连中计,形势随之急转直下,最终落得众叛亲离,垓下被围,兵败自杀。这是后话,暂且不提。

再说汉军这里,虽张良、陈平计谋连连得逞,但依然处境困难,未能摆脱困厄的局面,荥阳城依旧被楚军包围得水泄不通,如铁桶一般。城中粮食日渐不济,将士也疲惫不堪。见此,张良又献一计,他让刘邦诈降,趁夜派遣2000女子出城东门诱敌,自己则与刘邦等从西门突围而去。

公元前203年十月,刘邦胸部中楚军伏弩。刘邦"伤胸扪足"(伤了胸膛却去捂脚),并大声嚷道:"敌人射中我的脚趾!"他边喊边退入后账。

张良心下赞叹刘邦的机警,竟一举哄过楚军,也蒙住了汉军的眼睛。可是,刘邦伤势很重,久久卧床不起,一旦被士卒察觉,定会扰乱军心。倘若被楚军侦悉,也会助长敌兵威风。想至此,张良便去面见刘邦,晓以利害,强让他起床,检阅军队,安定人心。项羽见刘邦照旧劳师,未敢乘机大举进攻。

楚、汉在荥阳、成皋一带相持日久,项羽因一时难取荥阳,便依范增之计,把在彭城大捷中俘获的刘邦之父、吕雉,及其一双儿女带到荥阳城下,对城楼喊道:"刘邦小儿听着,你再不投降,朕就烹了你父,煮了你妻!"

说罢,只见几名楚军将士马上架起油锅,生火架柴,又有两名士卒将太公、吕雉推到阵前。

刘邦闻讯与众臣登上城楼,举目一看,禁不住潸然泪下。张良一见,急忙劝慰道:"大王勿伤悲。这乃是范增之计,太公不会被烹。"

刘邦急问其故,张良说道:"项羽出于无奈,只是想以此来胁迫我军投降。此计若不成,他们果真要烹太公,楚军中有项伯,届时定会出面阻拦。再者,对于项羽这样的人,若主公胆怯,就正中其怀,他会得寸进尺。我们只能以狠对狠,不能让他抓住我们的把柄。

如此或许能救太公于虎口。"说罢，张良对刘邦耳语一番。刘邦乃强打精神，对项羽大声喊道："项羽小儿听着，我与你同侍义帝，结盟约为兄弟，我父即你父，你要烹你父，请看在兄弟的情分上，分我一杯羹！"说罢，扬长而去。

项羽听罢，气急败坏地说道："呸！你这个薄情寡义的无耻小人，来人！给我将太公、吕雉抛下油锅！"

四名士卒架起太公、吕雉，就要向油锅中抛。果正如张良所料，正在危急之时，但见项伯挺身而出，大声喊道："且慢！"然后来到项羽跟前施礼道："大王，这使不得！"

"嗯！"项羽不喜道："为何使不得？"

项伯："大王，楚汉相争，与他们没有关系，今烹刘邦父、妻，楚汉会积怨更深，天下人也会唾骂大王，说咱们不仁不义，不忠不孝。而且臣闻刘邦从不顾亲眷家属，刚才大王也听见了，他还要分杯羹汤。对这样的人，即便杀了其父、妻，也无补无事，空留骂名而已。臣以为与其如此，不如暂且不杀他们，日后尚能挟持刘邦。"

项羽听后，觉得很有道理。本来烹刘邦父、妻，自己就不大赞同，因为即使此计成功，刘邦归降了自己，让诸侯知道，堂堂西楚霸王，不凭武力，而是靠烹人家父、妻而获胜，这于自己脸上也不大光彩。乃下令："将刘邦父、妻押回营中，待日后处置！"

再说此时韩信却是连连得胜，先后平定了赵、燕、代诸地。之后，他又尽取三齐土地。这时刘邦正驻军广武。韩信派人送信给刘邦，信中略说："齐国狡猾多诈，反复无常，又紧靠楚国，请封我为齐假（代理）王，以便镇服齐国。"

刘邦一听韩信所请，不禁勃然大怒，当着使者的面，破口大骂道："我久困于此，日夜指望你前来助我，你却要自立为王！"

当时，张良正坐在刘邦身边。他清醒地预测，韩信的向背对楚汉战争的胜负有举足轻重的作用。如果他归顺刘邦，刘邦就会胜利；如果他投靠项羽，项羽就会消灭刘邦。要战胜项羽，就必须利用韩信。况且，韩信远在齐地自立为王，刘邦鞭长莫及，不可能阻止。作为一个政治谋略家，必须在瞬息万变的情况下因时制宜，迅速应变。张良听到刘邦骂出前面的话，连忙在案下轻轻踢他一脚，然后附耳说道："汉正失利，岂能阻止韩信称王吗？莫如顺便立他为王，使其自守。否则，恐生不测。"机变的刘邦顿悟方才失言，于是改口骂道："大丈夫既定诸侯，就要做个真正，何必要做假王！"刘邦一向非常喜欢骂人，有此一骂本不足为奇；况且前后两语接得天衣无缝，竟然蒙混过去。

是年二月，刘邦遣张良操印出使齐，封韩信为齐王。一个顺水人情，居然笼住了韩信，为日后十面合围击败项羽，做了组织准备。

对于此权宜之计，东汉荀悦论得好："取非其有（指齐地本非刘邦所有）以予于人，行虚惠而获实福。"意思是说，刘邦用本不属于自己的土地赏赐韩信，行施于己毫无损伤的恩惠与他人，而得到实在的好处。

这时，持久战之后，楚汉战争的形势已经发生变化，实力对比越来越有利于刘邦，而不利于项羽，所以项羽也在拉拢韩信。他派武涉去离间韩信与刘邦的关系，劝韩信三分

天下,独霸一方。韩信没有同意。接着,谋士蒯彻见武涉没能说服韩信,也劝说韩信鼎足而立,韩信又婉言拒绝。这说明,张良的远见卓识确实高人一等。在当时的形势下,若不能稳住韩信,汉军的优势就很难保持,楚汉之争的后果便很难设想了。

因为韩信在黄河中下游稳住了阵脚,从东北方威胁项羽,彭越等人又不断从南方骚扰并削弱楚军,使项羽四面受敌,加上项羽孤立寡援,军粮缺乏,出于无奈,只得跟刘邦议和。双方约定以鸿沟为界,中分天下,鸿沟以西归汉,鸿沟以东属楚。

九月,为表示诚意和和解,项羽把以前俘虏的刘太公和吕后等人放回后,便撤军东归。

刘邦自反秦以来,转战数年,出生入死,鞍马劳顿,屡次幸免于难。现在楚汉已经议和,他也打算向西撤兵。张良却认为,这正是消灭项羽,夺取天下的良机,如果中途休战,就会半途而废。他指出:现在刘邦占据了大半个江山,各路诸侯皆已归附,如果不乘胜追击而纵敌,就会养虎遗患。刘邦接受了他的意见,改变主张,撕毁和约,掉转马头,继续向东进攻。

公元前202年十月,刘邦追击项羽,至于固陵(今河南太康南)。在此之前,刘邦已经和韩信、彭越约定,要在固陵会师,共同围攻项羽。可是韩信、彭越尚未如期到达。楚军趁汉军孤军深入,又把汉军杀得大败。刘邦只得坚壁自守,十分着急。

他问计于张良,张良分析说:"现在楚兵将破,韩信、彭越却没有划定封地,他们自然不会前来助战;如果您能跟他们共分天下,他们就会立刻赶到。韩信虽说被封为齐王,但不是大王的本意,所以他至今将信将疑;彭越本来平定了梁地,应该受封,由于魏王豹当时还在,您只封他为相国。如今魏王豹已经死了,彭越也想封王,然而您又不曾封他。请您把陈(今河南淮阳)以东直至东海封给韩信;把睢阳(今河南商丘南)以北至谷城(今山东东阿南)封给彭越。韩信为楚人,他早就想得到家乡的土地。假如大王能把这些地方许给他们,让他们如愿以偿,他们必然会全力助战,这样楚国就不难打败了。"刘邦接受了张良的建议,韩信、彭越果然很快前来会师。

是年十二月,汉军在韩信指挥下把项羽围在垓下(在今安徽灵璧南)。项羽为了突破包围,在垓下发起了一次突围战。项羽亲率精兵向汉军猛冲。韩信假装败退,拉长战线,然后用骑兵从两翼截夹楚军,分段围歼,打败了项羽的突围战。夜间,汉军四面大唱楚歌,迷惑项羽。项羽惊恐不解地说:"莫非汉军把楚国都占领了吗?为何汉军中有这么多人唱楚歌?"其实这是韩信采用张良的攻心战,用思乡曲来瓦解楚军军心。"四面楚歌"果然奏效,楚军士兵无心再战,连项羽也心烦意乱,不停地喝闷酒。最终,楚军全军覆没,项羽虽带少数人冲出重围,然因无颜见江东父老,在乌江边自刎身亡。一场持续四年的楚汉战争最终以刘邦的胜利而告终。随后,刘邦改封齐王韩信为楚王,定都下邳;封彭越为梁王,定都定陶。公元前202年,刘邦即皇帝位,建立了汉朝。

五月,刘邦在洛阳南宫设宴招待群臣。席间,刘邦对大臣们说:"我之所以夺取天下,项羽之所以失去天下,是什么原因呢?"王陵等人说:"陛下派人去攻城略地,胜了就把这些地方赐给他，与天下同利。项羽却不然，他杀害功臣，嫉贤妒能，使部下离心离德，这就是项羽失败的原因。"刘邦不以为然地说："你们只知其一，不知其二。要说运筹帷幄之中，决胜千里之外，我不如子房；镇国抚家，安抚百姓，筹办粮饷，供应充裕，我不如萧何；统帅百万之军，战必胜，攻必取，我不如韩信。此三子都是人中豪杰，对他们，我都能量才使用，这才是我能取得天下的真正原因。而项羽连一个范增都容不下，因此他才败在我的手下。"

劝都关中

汉朝初创，建都问题至关重要。起初，汉高祖刘邦想长期定都洛阳，群臣也多持此见。

公元前202年五月，齐人娄敬到陇西戍边，途经洛阳。他叩见高祖，力劝建都关中。刘邦不能决断，便向群臣问计。当时刘邦的大臣大部分是山东六国之人，他们也都主张建都洛阳。理由是：洛阳东有成皋，西有崤山、渑池，背靠黄河，面向伊、洛，周围山河拱卫，地形险要。娄敬则从政治、经济、军事、历史诸方面分析了建都关中的优势。他分析道：其一，关中占形胜。四面阻险，进可以攻，退可以守；

其二，关中有地利。土地膏腴，河流、渠道纵横交错，利于农业生产。

其三，关中无后顾之忧。西、西南、西北三方没有形成统一的，强大的政治势力。

其四，关中得人和。在秦末诸侯中，刘邦最先进关，三章之法初施于此，早已赢得秦民之心。加上长年君临巴、蜀、汉中，已在关西一带形成势力，根深蒂固。

其五，关中经周、秦数百年经营，始终是全国的政治中心和经济重心，及至楚汉之争，战场较长时间局限在荥阳一带，曾波及洛阳，但关中地区影响较小，损失不大。

依靠上述优势，再恃殽关、函谷关等天险，即扼住了东西交通的咽喉；以此定都，诚如娄敬所说："夫与人斗，不扼其亢（咽喉），拊（击）其背，未能战胜对方也。今陛下入关而都，居于秦朝之故地，便可扼天下之咽喉从而牢牢地控制之。"

群臣之中，唯张良支持娄敬的建议。张良首先反驳了建都洛阳的主张，他认为："洛阳虽有成皋、崤山、渑池、黄河、洛水之险，但洛阳地域狭小，面积不大，而且土地瘠薄，容易四面受敌，不是用武之地。而关中左有崤山、函谷关，右有陇山、岷山，中间地域宽阔，沃野千里。再兼南有巴蜀之饶，北有畜牧之利，西、北、南三面有险可守，东面又便于控制诸侯。在天下平安无事时，可以从黄河和渭水运输全国的物资，供应京师。如果诸侯反叛，天下大乱，则可顺流而下，兵击四方，粮饷和物资也可源源不断地运达。实在是"金城千里，天府之国"。

张良的建都思想，表现了一个谋略家的宽阔胸怀和高瞻远瞩，他不考虑个人感情和私利，而是站在全局的高度，为国家的长治久安着想。这在古代，是极其可贵的。

刘邦听了张良的一番分析，很以为对，遂"即日起驾，西都关中"。

奏封雍齿

公元前 201 年，刘邦论功行赏。因为张良主要是谋臣，没有战功，刘邦让他从齐国选 3 万户作为封邑。张良赶快辞谢说："当初我在下邳起事时，跟陛下在留城相遇，此为天意成全我，把我交给陛下。以后陛下信任我，我的计策有时还很管用，所以把留地封给我，我就心满意足了，怎么敢要 3 万户？"刘邦再三劝封，张良坚辞不受，最后，刘邦只好接受了他的请求，封他为留侯。

当时，刘邦分封了 20 余名大臣，其他人日夜争名夺利，使刘邦左右为难，无法再封。张良则适得其反，不但不争功，而且封了他还不要，表现了他的高风亮节和超然物外。

一天，刘邦在洛阳南宫里，从复道望见将领们三三两两地坐在沙地上交头接耳，窃窃私语，就问张良他们在议论什么。张良故作惊讶地说："难道陛下还不知道吗？他们在谋反呢！"

刘邦大吃一惊，问道："天下方定，他们为什么又要反叛呢？"

张良回答说："陛下出身平民，这些人跟随陛下夺取天下，就是为了封官晋爵。今天陛下贵为天子，被封赏的人都是您的老朋友，仇人获罪。现在即使拿出整个天下也不够他们每人分一份。他们既担心得不到封赏，又害怕因为有什么过失被您杀掉，所以他们就纠合在一起预谋反叛。"

刘邦非常担忧地问："以卿之见，该怎么办？"

张良问："您平生最恨而又为大家所知道的人是谁呢？"

刘邦回答："雍齿和我以前有仇，曾经背叛过我，使我很难堪。我本想杀他，念他功劳不小，所以又不忍心这样做。"

张良说道："那您就赶快先封雍齿，大家见雍齿这样的人都被封了，也就都安心了。"

于是，刘邦召集群臣，大摆酒宴，当即将雍齿封为什方侯。果不出张良所料，宴毕，群臣议论说："像雍齿这样的人都能被封为侯，我们不用愁了！"

一场政治风波，被张良小施计谋，就轻而易举地平定了，而且结局皆大欢喜。

北宋史学家司马光评论这件事说，张良这样做，使刘邦避免了一场因用人唯亲、徇私行赏而导致的政治危机，使群臣消除了"猜忌之心"。北宋政治家王安石也写诗说：

汉业存亡俯仰中，留侯于此每从容。

固陵始议韩彭地，复道方图雍齿封。

诗中肯定了张良在打败项羽、巩固汉朝的过程中所起的作用。

功成身退

汉朝建立后,由于统治阶级内部争权夺利的斗争日益尖锐和激化,貌似妇人的张良又体弱多病,入关后身体越来越不好,所以他干脆"等功名于物外,置荣利于不顾。"杜门谢客,深居简出,采取明哲保身,功成身退的超然态度,成天在家颐养身体,修仙学道。他追随刘邦多年,明了其为人:只可与之共患难,而不可与之共荣华。他经常对人说:"我家世代相韩,韩国被灭掉后,我不惜花费万金家财,为韩国报仇。刺杀秦始皇一事使天下震动。现在我以三寸不烂之舌辅佐皇帝,被封为万户侯,作为一个普通人,这已经是登峰造极了,我张良心满意足。我情愿屏弃人间之事,跟着仙人赤松子去游历天下。"

张良假托神道,实在用心良苦。对此,北宋史学家司马光评论说:"夫人生之有死,犹如天有昼夜一样,是自然而然,不可抗拒的。自古及今,尚无一人能够超然这一规律而独存于世的。以子房之明辨达理,当然知道神仙之虚妄不实,然其明知如此却要从赤松子游历天下,足见其聪明机智。人臣最难处理之事即为对功名态度。汉高祖所称道的三杰之中,淮阴侯韩信被诛,丞相萧何入狱,他们难道不是因为功高而不知停步吗!?"因此子房托于神仙,遗弃人间,超脱世外,把功名看作身外之物,置荣华富贵于不顾。所谓'明哲保身'者,正是张子房焉!"

公元前197年,皇室内部发生了戚夫人争宠夺嫡的事件。刘邦原先立了吕后的儿子刘盈为太子。后来吕后常常留守长安,而戚夫人则与刘邦形影不离,深受宠爱。时间一长,戚夫人经常向刘邦哭诉,请求废掉刘盈,改立自己生的赵王如意为太子。另一方面,刘邦对太子刘盈也不怎么喜欢,经常说:"如意类我",太子刘盈"仁弱","不类我"。于是刘邦便想废掉刘盈,改立如意为太子。尽管许多大臣竭力谏争,刘邦一直不肯改变主意。

在吕后无计可施的时候,有人对她说,张良足智多谋,又很受信任,何不向他请教,问他有什么办法。吕后一听,顿悟,遂让她哥哥、建成侯吕释之去找张良。

张良虽然超脱世外,不想多管闲事,但又奈不过吕释之的苦苦哀求,无奈接见了他。

吕释之对张良说:"您是陛下的谋臣,现在陛下要废掉太子,您怎么可以放手不管呢?"

张良说:"以前陛下打天下的时候,经常处在困厄之中,所以才肯听我的话;现在天下平定,陛下从恩爱出发,想另立太子,这是他们骨肉之间的事情,纵有一百个张良也没有用处!"

吕释之执意要张良出谋划策。张良见实在推脱不过,就说:"此事非言语所能动。现在有四个老人,很受皇上尊重,但因皇上对人傲慢无礼,所以他们宁愿躲在深山,也不愿意为朝廷出力。皇上很器重这四个人,若太子刘盈能设法把他们请来做自己的门客,常常带领他们出入朝廷,有意让皇上看见,让他知道"商山四皓"在辅佐太子。这样对巩固

太子的地位是很有帮助的。"

吕后遵照张良的吩咐,派人带着太子的亲笔信和丰厚的礼物,把这四个老人接了过来。

公元前196年,黥布谋反,当时刘邦正在生病,就准备让太子刘盈率领军队前去平叛。这四个老人一眼就看穿了刘邦的真实意图,于是向吕释之说:"让太子去率军平叛,即使有了战功,地位也不会再高过太子。如果无功而返,就会因此遭祸,失去太子的地位。并且随同太子出征的这些将领,都是曾经和皇帝一起平定天下的猛将。现在让太子去统帅他们,就比如让一只驯服的绵羊去统帅一群恶狼,他们不会为太子效命的。因此也很难建立战功。"他们建议吕后赶快向刘邦哭诉求情,就说如果让太子去率领军队平叛,黥布知道后,定会无惧而西攻;皇上虽然有病,但是如果御驾亲征,将领们就不敢不尽力。

吕后果然去找刘邦,刘邦听了,非常不高兴地说:"我早就知道这小子不堪重任,还是老子亲自出马吧!"

刘邦率军出发时,群臣都到灞上送行。张良也强支病体,勉强起来去送行。他对刘邦说:"我本该跟随陛下前往,无奈病得太厉害了。楚人剽悍勇猛,请皇上勿与之争锋。"张良还建议,让太子刘盈为将军,监护关中的军队。刘邦同意了,就让张良辅佐太子。其时叔孙通是太子太傅,张良就做了太子少傅。

刘邦亲征前曾召集诸将商议。滕公夏侯婴推荐原楚国令尹薛公为刘邦出谋划策。薛公对刘邦说:"黥布造反,有上、中、下三计。东取吴,西取楚,并齐取鲁,威胁燕赵,使山东诸侯都反对汉朝,这是上计。东取吴,西取楚,一路向西夺取以前韩、魏之地,据有敖仓之粟,堵塞成皋的关口,这是中计。东取吴,西取下蔡,与南越结盟,向南靠近长沙,这是下策。"薛公又对刘邦分析说:"若黥布取上计,天下就大乱;取中计,胜负难分;取下计则迅速失败。黥布有勇无谋,必取下计。陛下立刻亲征,阻止黥布施行上、中两计。"刘邦依照薛公之计率兵亲征,在气势上占了上风。

刘邦和黥布在甄地会战。两军对垒,主帅披挂上马,刘邦和黥布在阵前对话。刘邦高声责骂:"我封你为淮南王,你为什么造反?"黥布直率地答道:"我也想做皇帝啊!"黥布以臣造反,此言并不能鼓舞士气,倒是激怒了汉兵。刘邦一面斥骂,一面指挥进攻。虽然黥布奋力作战,仍然大败而归。果不出薛公所料,黥布率领100多残兵败将逃向长沙。长沙王吴臣是黥布的内兄,黥布意欲投奔,结果被长沙王暗中派人杀害了。一代骁将黥布就这样陨落了。

刘邦平定黥布回来,病情更加沉重,更想废立太子。张良劝谏,刘邦不听,张良就称病不问。太傅叔孙通用晋国改立太子,导致晋国数十年的内乱,为天下所取笑,以及秦始皇没有早立太子,结果赵高篡权,诈立胡亥,导致秦国火亡的经验教训来劝阻刘邦。刘邦见群臣屡次力争,知他们都不愿改立赵王如意,只好对叔孙通说:"算了!我不过是开开玩笑,哪能改立太子呢?"但他内心并未消除此念。

在一次宴会上，太子刘盈侍立一旁，那四个老人跟随在太子左右，年龄都在80以上，须眉皓齿，衣冠甚伟。刘邦见了，感到惊异，一问才知道他们是东园公、角里先生，绮里季和夏黄公。刘邦大吃一惊，说："我叫你们，你们不来，总是躲着我。现在你们为什么愿意跟我儿子来往呢？"四人异口同声地说："皇上一向看不起儒生，经常骂不绝口，我们不愿受人侮辱，所以才远远地躲起来。今闻太子仁孝，尊敬贤者，善待儒生，天下谁都想为太子效力，所以我们自愿前来！"刘邦见太子羽翼已成，即使改立赵王如意，恐怕自己死后，帝位未必巩固，这才被迫改变了废嫡立庶的主张。

这场统治阶级内部的政治斗争，尽管轰动朝野，几反几复，但是因为张良的运筹帷幄，终于使吕后和太子刘盈获得了胜利，从而化解了一场可能发生的政治动乱，巩固了汉朝统治，在客观上也有利于时局的安定。

公元前195年(汉十二年)四月，刘邦崩于长乐宫中，太子刘盈继位。公元前189年(惠帝六年)，张良去世，谥文成侯，埋葬在谷城山下的黄石岗。

史载张良曾同韩信一同整理过汉时所有各类兵书；唐开元年间设置太公尚父庙，以留侯张良配祭；唐肃宗时又追谥姜太公为武成王，并挑选历代良将十人，称为"十哲"，张良也是其中之一。

纵观张良的一生，他之所以能成为千古良辅，被后世谋臣推崇备至，不仅在于他能运筹帷幄，决胜千里，辅助刘邦创立西汉王朝，还在于他能因时制宜，适可进止，最后，既完成了预期的事业，又在那充满悲剧的封建专制时代里自保，一言以蔽之：功成名就。在秦汉之际的谋臣中，他比陈平深谋远虑，比蒯彻积极务实，比范增气度广阔。他与萧何、韩信并称汉初三杰，却未像萧何那样蒙受锒铛入狱的羞辱，也未像韩信那样落得兔死狗烹的下场。他确有大家的风度，可谓智慧的化身。

名相助汉

——萧何

名人档案

萧何：江南沛县(今属江苏省)人。萧何从小就十分聪明，读书学习也非常刻苦用心。他努力学习经史，钻研诸子百家著作，对历朝历代辅佐帝王建成霸业的能臣贤才都十分钦佩，所以他自小就非常努力学习治国平天下的各种本事。萧何出身贫寒，对生活在社会底层的劳苦百姓非常同情，自幼就立下了守护国家、抚恤百姓的远大志向，这就为他以后为官从政打下了坚实的基础。

生卒时间：? ~前193年。

性格特点：性格随和，善于识人，广交朋友。

历史功过：萧何一生勤俭，不尚奢华，严于律己，宽以待人，为官清廉，心存百姓，衷心为国，鞠躬尽瘁，不论是在推翻秦王朝的战争期间，还是在西汉王朝建立初期，他都表现出了一位中国古代杰出的政治家和治世能臣的政治远见和卓越的理政才干，尤其是他独具慧眼、举贤荐才的超人才能，千百年来被人们所讴歌和传颂。萧何生前为丞相，拜相国，封酂侯，去世后，被汉惠帝追封为文信侯。

名家评点：《史记·萧相国世家》：既杀项羽，定天下，论功行封。群臣争功，岁馀功不决。高祖以萧何功最盛，封为酂侯，所食邑多。功臣皆曰："臣等身被坚执锐，多者百馀战，少者数十合，攻城略地，大小各有差。今萧何未尝有汗马之劳，徒持文墨议论，不战，顾反居臣等上，何也？"高帝曰："诸君知猎乎？"曰："知之。""知猎狗乎？"曰："知之。"高帝曰："夫猎，追杀兽兔者狗也，而发踪指示兽处者人也。今诸君徒能得走兽耳，功狗也。至如萧何，发踪指示，功人也。"

志向远大

萧何,出生年不详,逝世于公元前 193 年,是江南沛县(今属江苏省)人。青年时期,萧何被举荐到沛县担任功曹一职。在县衙功曹的职位上,萧何把幼时所学都用于实践,很快便熟悉了业务,适应了官场的环境。同时,他又为人宽厚,善待同僚,性格随和,上下左右关系都相处得非常融洽。在打理县令交给的业务时,他思维敏捷,办事干练,体恤百姓,为官清廉,深得县令的器重,同僚的敬重和百姓的好评。这期间,萧何还对历朝历代的法律法规又进行了长时间的学习和钻研,成为当时熟谙法律的优秀官吏。

为了实现自己的远大抱负,萧何利用功曹职位的便利,注重发现和网罗各种有用的人才,用心结交天下各路的英雄豪杰。当时在沛县泗水亭担任亭长的刘邦,在县衙任书吏的曹参,任捕快的樊哙,以及吹鼓手周勃等,都是萧何的心腹之交。在众多的朋友中,萧何最看重刘邦。刘邦,出身贫寒,世代为农,与萧何是同乡。传说刘邦的母亲在怀孕的时候曾梦见天上的神龙,刘邦出生时长颈高鼻,左肋有七十二颗黑痣,会看面相的人都说他是神龙转世,将来必有大富大贵(当然这都是迷信)。刘邦长大成人后,身高七尺八寸,仪表堂堂,风骨不凡,虽说是出身农家,但是他从小就不喜欢务农,整天在社会上游荡,喜欢结交三教九流的朋友,在与朋友交往的时候不拘小节,敢作敢为,对朋友宽厚大度。刘邦从小立志高远,很想在社会上干出一番大事业,在朋友们的帮助下,学习管理国家的知识,一点就通,一学就会,不多久便当上了泗水亭长。并与萧何、曹参等人成为无话不谈的知心朋友。刘邦经常与他们切磋学习,议论天下的形势,探讨救国救民的方法,大家无拘无束,推心置腹,往往边聊边喝酒,一直到深夜才散。

萧何对朋友的事都是十分关心,当他看到刘邦老大不小还未成家,生活又放荡,喜欢女色,认为这样对他将来的发展不利,就琢磨着应当尽快帮助他娶妻安家。恰好这时县令的朋友吕公携夫人和女儿来避难,县令动员官衙里所有的官员都要出资相助,萧何就动员刘邦去结识吕公,在萧何的介绍下,第二天,刘邦就去拜见吕公,吕公仔细端详刘邦,见他长相非凡,谈吐不俗,就把他待为上宾,马上安排酒宴款待刘邦,在萧何的撮合下,吕公请县令做媒,把他的女儿吕雉嫁给了刘邦。这样,经萧何这一引见,刘邦不仅结识了吕公和县令,又娶上了美丽的妻子,心中对萧何更加敬重和感激。

平时,由于刘邦说话随便,不拘小节,又好喝酒亲近女色,难免工作出些差错,得罪小人。每当这个时候,萧何都利用他的职权和良好的人际关系,为刘邦上下打点,大事化小,小事化了。除此之外,萧何对刘邦在经济上也是多有资助,有一次,刘邦奉了县令委派,去秦国的都城咸阳办理公务,县吏们每人都送上三百钱的路费,而萧何却送上五百钱的资助,刘邦对萧何的恩惠是牢记在心。

秦二世元年(公元前 209 年)九月,朝廷颁下诏令,命各县遣送罪犯囚徒去咸阳的骊

山，继续修建秦始皇的陵墓。沛县的县令也得到诏令，凑齐了一批罪犯，指派刘邦押送他们去骊山。可是一出县境，便逃脱了几名，再走出数十里，又有几个不见了，一路走着，罪犯在不断地逃亡，刘邦无奈，只好睁一只眼闭一只眼，也不去监管，等到了丰邑县（今属安徽）的大泽，逃往的人越来越多，刘邦看到已经无法交差复命，也就索性不管了。秦朝的法律非常严苛，在监管罪犯的过程中，逃跑的人被抓住要被处死，押送罪犯的人由于监管不力也要被处死，于是刘邦干脆不走了，把剩下的人叫到一起宣布："各位弟兄们，大家听好，等你们到了骊山，都要去做苦役，不是累死就是被打死，侥幸不死的，说不定还要被活埋，尸骨不能还乡，我现在把大家全部释放，各逃生路去吧，我也只好逃亡了。"大伙听了真是感激涕零，千恩万谢，刘邦为他们一一松绑。其中有十几名无牵挂而又身强力壮的罪犯，见刘邦如此豪爽仗义，愿追随他一起走，刘邦就带领他们逃亡到芒砀山躲避起来，时间不长，在他的身边就聚集了一百多人。

沛县的县令久等数日也不见刘邦的消息，便派人出去打探，得知刘邦已经放掉罪犯逃跑了，便把他的妻子吕雉抓起来关进监狱。当时萧何正在咸阳出差，回到县里知道消息后，立即找到曹参和狱吏任敖等人商议，积极营救吕雉。萧何安排任敖利用看管囚犯的便利条件，好好照看吕雉，不让她在狱中受苦，又发动其他人通过关系在县令面前说情。一日任敖探监，发现一个狱吏正在调戏吕雉，任敖赶上前去对那个狱吏一顿猛揍，两个人扭打在一起，随后上诉到县令那里。县令升堂审问，二人各执一词，无法审断，县令请来萧何担当主审，萧何重判了调戏吕雉的狱吏，判任敖的举动是见义勇为，所以无罪释放，并趁机在县令面前为吕雉说情开脱罪责。他对县令说："吕雉身为女流之辈，在家里务农教子，不闻外事，刘邦在外犯了事，她并不知情，况且做丈夫的犯了罪也不能株连妻子啊。您不如放了吕雉，也显示出您的仁慈和爱民。"县令听萧何讲的入情入理，加上萧何先前也做了打点，于是就做个顺水人情，当堂下令将吕雉释放。随后，萧何又派人把吕雉母子护送到芒砀山，与刘邦团聚。对萧何的救命之恩，让刘邦夫妇甚为感激，终身未忘。

辅佐刘邦

秦二世元年（公元前209年）七月，陈胜、吴广在蕲州大泽乡起义反秦，紧接着江南会稽的项梁和项羽叔侄也起兵反秦，秦末农民起义如火如荼地爆发，天下大乱。面对天下风云变幻的形势，萧何经常约曹参、樊哙、夏侯婴、周勃等人秘密聚会，商讨如何应对混乱的局面，图谋起义发展的大计，并暗中与在芒砀山的刘邦保持联系，让他召集人马，搜罗人才，为起义做好准备。

陈胜、吴广在蕲州起兵之后，号召各地人民一同反秦。东南的各个郡县都纷纷杀掉了守城的县令，起兵响应。沛县与蕲县离得很近，县令怕陈胜攻打，非常恐惧，便与萧何

等人商议举城投降，以保住性命。萧何和曹参等人向县令建议："您是秦朝的官吏，哪能向叛军投降，而且若是城中的人心不服，反倒会招来内乱。不如您自己也招兵买马来保住城池和百姓。县令听从了建议，便派人四处招募兵员。萧何借机又向县令推荐刘邦，说刘邦为人仗义豪爽，若是这时将他赦罪起用，他一定会感恩图报，辅佐县令保住城池并保护百姓的安全。县令早就知道刘邦平时结交了很多天下的英雄，而且现在就有一队人马，若是真的肯诚心帮助自己度过这次难关，那真是一个不可多得的人才。便听从了萧何的建议，派刘邦的连襟樊哙去芒砀山召回刘邦。临行前，萧何又与曹参和樊哙等人商议，让樊哙趁机劝说刘邦起义，其他人在城内充当起义的内应，找机会杀掉县令，占领沛县，起兵反秦。

萧何等人的策划正好与刘邦的想法不谋而合，刘邦立即整顿人马，带领他一百多人的队伍，浩浩荡荡地向沛县城进发。但是事不凑巧，不知是谁向县令密报了起义的计划，县令勃然大怒，立即下令关闭城门，派人前去把萧何和曹参抓来，两人得到消息后，赶忙从城中逃走了，在半路上正好与刘邦的人马相遇。当即二人随刘邦的队伍返回到沛县城下。这时城门已经关闭，看来城中早已经做了防备。于是萧何献计说："如果我们强行攻城，不管是我们的人马还是城中的百姓必有伤亡。我想，城中的百姓未必都服从县令，不如先投一封书信到城中去做个宣传，号召百姓杀掉县令，免受秦朝的压榨。现在的问题是，城门紧闭，无法投递。"刘邦说："快快书写信件，我自有办法。"萧何立即写好了书信交给了刘邦，上面写道："沛县的父老乡亲大家听好，你们被秦朝坑害了多年，可你们还在为秦朝的县令守城，现在诸侯并起，马上就要杀到沛县，我为了全城的百姓着想，建议大家不如团结起来，杀掉县官，共同反秦，这样全城百姓的生命财产才能保全，否则危在旦夕啊！"刘邦看完信，连声说写得太好了，立即找人把书信捆在箭上，嗖的一声，把箭杆射到对面沛县的城头上。城上的守军看到书信，展开一看，说的句句在理，赶忙与城中的百姓们商量，百姓们一致赞同刘邦的意见，立即聚集青壮子弟数百人，攻入县衙，杀了县官，然后打开城门，迎接刘邦的队伍进城。

刘邦进入县城之后，立即召集城中父老商量善后的大计。萧何素来与刘邦关系很好，自然首先发言号召大家推举刘邦任县令，带领大家反秦自立，而自己也心甘情愿追随辅佐刘邦。这个提议得到众父老乡亲的欣然赞成。刘邦认为自己难当大任，所以竭力推辞，众人又劝，说："我们大家早就听说您生来与众不同，说您是神龙转世，将来必有大富大贵，而且我们也请人算了卦，您当县令最合适，必能保住全城中百姓的平安。"萧何等人也是苦苦相劝，刘邦这才应允出任沛县的县令，自号沛公。九月初，在萧何等人的筹备下，选定吉日，在城中遍插红色旗帜，朝拜黄帝，祭奠蚩尤。刘邦宣誓就职。礼成之后，刘邦又授予萧何为丞相，曹参为大将，樊哙为舍人，夏侯婴为太仆，任敖为门客。刘邦又部署萧何、曹参做好反秦出兵的各项准备工作。时间不长，萧何、曹参就招募了沛中子弟两三千人，粮草也准备就绪。刘邦即下令由樊哙和夏侯婴为大将，带兵攻打胡陵和方与，所过之地，秋毫无犯，受到百姓的欢迎。正在两座城池攻打不下的时候，刘邦忽然接到其母

病故的消息，命令军队返回丰乡驻守，军务交由萧何和曹参主持，自己急忙回家治丧。

刘邦为母奔丧，去了好长时间不见返回，萧何坐镇军中十分焦急。恰巧在这时，秦朝派泗川监率兵来攻打丰乡。于是萧何赶紧写信派人送达到刘邦那儿，劝他快点回来。刘邦回来后，萧何便对他说："沛公您回乡奔丧，本是尽孝，这是天经地义的事情。但是现在大敌当前，古语说得好'忠孝不能两全'，况且当前乱世之中，群雄四起，现如今项梁的大军已发展的声势浩大，大家都想灭秦而得到天下。此时正是各路英豪施展才能，夺取天下的大好时机，机遇稍纵即逝，如果让别人捷足先登，我们共谋发展的大计就会落空了。"刘邦听后，连连称是。紧接着带领队伍迎击秦军，秦军大败而逃窜。接下来，萧何又与刘邦分析天下大势，提出了借船出海、借梯上楼的策略。当初项梁、项羽在江南会稽起兵反秦，只有八千子弟兵，后又拥立楚怀王，号召天下，协力反秦，他们顺势而进，攻城略地，已经打到蕲城，发展到一二十万的人马，而刘邦的兵力还不及项军的十分之一，如果能加入项梁的反秦队伍，就可以借力推翻秦朝的统治，共图大业。刘邦听从了萧何的谋划，到蕲城与项梁会面，并商谈借兵的事情。刘邦和项梁初次见面，项梁见刘邦英姿豪爽，非常喜欢，和刘邦谈论天下的大事，也非常投机。当即答应借给刘邦五千士兵，将官十名，刘邦队伍壮大后，接连打了几个胜仗，声名大振。这期间，刘邦又巧遇张良，两人一见如故，说到排兵布阵，张良更是对答如流，刘邦授张良为厩将（管理军马的官），刘邦得到了张良这一军师，更是如虎添翼。

攻占咸阳

刘邦自从听了萧何借船出海的策略，与项梁大军会兵共图大业，这之后，反秦的起义军声势更加浩大，在各个战场上都大败秦军，消耗了秦军大量的有生力量，加速了秦朝统治灭亡的进程。

一天，楚怀王召集各路义军首领议事，说秦二世比其父亲秦始皇更加残暴无道，为早日推翻暴秦的统治，需派一支精兵西入秦关，攻克秦朝的都城咸阳，声称不管是谁先入秦关，便立他为秦王。刘邦和项羽都愿领兵西进，此时项梁已经战死，这让楚怀王左右为难，只好答应让两人分头去做西征的准备，出兵之日再议。会议之后，萧何除了帮助刘邦做好西征的各项准备外，还建议刘邦争取抢先入关。因为第一个入关，不仅能封王，而且占据了八百里秦川后，进可攻，退可守，为以后统一全国，实现霸业打下了基础。刘邦听从了萧何的建议，派萧何等人去游说怀王的亲信和老臣，说项羽起兵以来多么残暴，每攻克一座城池便把降兵全部杀掉，还对沿途的百姓烧杀抢掠等等。怀王听从了老臣的建议，下令让刘邦率军西征。

秦二世三年（公元前207年）十月，刘邦辞别楚怀王，率军西征，一路上又收集了许多项梁和陈胜的被打散的队伍，再加上自己的旧部，约有一万余人。

西征的途中，萧何又建议刘邦吸取项羽起兵以来的教训，一定要严肃军纪，严禁枉杀降兵降将，严禁骚扰百姓，通过招降纳叛的方式来充实壮大自己的力量，沿途还要招贤纳士，为以后建立霸业做好准备。同时，进攻一定要神速，能劝降的不用强攻，争取早日拿下秦都。刘邦听从萧何的谋划，号令三军，严禁抢掠百姓，严禁枉杀降兵，士兵将士如果有违抗的一律严惩不贷。从此，刘邦的军队所过之处，安抚百姓，优待俘虏，沿途的郡县大多开城投降，百姓夹道迎接。同时，萧何还协助刘邦一路上搜罗了如昌邑人彭越、高阳大儒郦食其等一大批武将、谋臣。刘邦大军挥师西进，能劝降的劝降，不降的刘邦就全力攻打，一路上势如破竹，不久就顺利进入关中，驻军在距咸阳不远的霸上。

当刘邦大军兵临咸阳城下的时候，城内的秦王子婴已经成了瓮中之鳖、惊弓之鸟，既没有良臣献策，又没有大兵可用，只等束手就擒了，况且此时秦廷刚结束了一场内乱。先是丞相赵高杀死了秦二世，把子婴扶上了帝王的宝座，接着秦王子婴又巧计杀了赵高，内乱刚刚平息。秦王子婴仅仅做了四十六天皇帝，无奈之下，在接到刘邦的劝降书后，便献出了玉玺，向刘邦投降了。至此，统治了十五年的秦朝帝国宣告灭亡。

刘邦的军队进入咸阳后，手下的将士们趁机打开皇家的府库，哄抢库中的金银财宝，一时局面难以控制。刘邦也禁不住诱惑，入住到皇宫中，秦朝的皇宫规模宏伟，雕梁画栋，尤其是宫内华丽名贵的装饰，普天之下的各种金银财宝、珍奇古玩更是成千上万，只把刘邦看的是眼花缭乱，这时从内宫中又出来一群娇艳欲滴的美女，刘邦本来就是好色之徒，看到这个阵势更是神魂颠倒，一连数日，在深宫中再也不想出来。后来在樊哙和张良的劝说下，这才恋恋不舍地离开皇宫。相比之下，深谋远虑的萧何，进入咸阳之后，一不贪恋金银财物，二不迷恋宫中的美女，而是带人迅速赶到丞相府和御史库，将秦朝的有关国家户籍、地形、法令、府库和图书档案收藏起来，以备日后查询。这些档案为刘邦日后在楚汉战争中打败项羽，为汉朝建立初期的经济迅速恢复和政治上的日趋稳定，都起到了相当大的作用。由此可以看出，萧何不图个人私利，一心辅佐刘邦成就大业的雄心壮志和先见之明。

刘邦又听从张良的建议，下令安抚百姓，整顿军纪，约法三章，向咸阳的百姓通告："杀人的人要偿命，打伤人的人和偷盗的人一样要定罪，凡是秦朝的严苛刑法一律废除。"并且传下令去，一律不得骚扰百姓，如果违反自己的命令要立斩不怠。此外，还招抚秦朝的官吏，让他们继续管理政务，一时混乱的局面终于得到了控制，百姓们也开始逐步安居乐业。刘邦率领大军重回霸上驻扎，窥测项羽大军的消息。

举荐韩信

项羽打败秦军主力，平定了各路诸侯，也率大军来到了咸阳。但是与刘邦的做法相反，项羽先是杀掉了子婴，后来又纵容手下对百姓侵扰不断，抢掠财物，火烧宫室，如一把

大火烧了绵延三百里的阿房宫,这场大火连烧了三个多月,咸阳城内火到之处,都成为一片废墟。

更令刘邦不能容忍的是,项羽自封为西楚霸王,并背弃了先前在楚怀王那里的约定。当时刘邦和项羽在伐秦之前在楚怀王那里立下约定"先入定关中者王之",然而项羽在破秦后违背了先前之约,只把刘邦封为汉王,并只把偏僻的巴蜀和汉中地区作为刘邦的封地。为了阻止刘邦向东发展,还把关中地区一分为二,分封给秦朝的三个降将。刘邦为此非常恼怒,对手下的将军们说:"项羽太霸道无礼了,怎么能背弃楚怀王之约呢?我一定要与他决一死战!"当时樊哙、周勃、灌婴等大将都摩拳擦掌,萧何说:"千万不可以硬拼,边蜀虽然偏远贫瘠,但总可以生存,如果与项羽开战,必死无疑。"刘邦说:"难道去攻打项羽,便一定很快亡吗?"萧何又引经据典,耐心地对刘邦说:"当前我们的兵力不及项羽的四分之一,敌强我弱,现在去攻打,肯定必败无疑,难道这不是白白送死吗?历史上的周武王在实力较弱时,曾服从商纣王的指挥,不与争是,因为敌太强,时机不成熟,不得不以屈求伸,但是羽翼丰满后,一举就打败了纣王。在当前的形势下,我们若能先以边蜀为根据地,善待百姓,招贤纳士,发展经济,壮大队伍,养精蓄锐,再挥师东进,攻占三秦,然后再与项羽争天下,到那时也不晚哪!"刘邦听了萧何高瞻远瞩的对时局的分析,不仅有近期的安排打算,还有未来的发展部署,怒气才慢慢消失,紧锁的眉头也舒展开来,张良以及众将军也认为萧何深谋远虑,讲的句句在理,于是刘邦号令三军从霸上启程,其他各国的将士也感念刘邦的宽厚仁义,也追随他一起西行,军队扩充至好几万人,过了一段时间,军队来到了汉中的南郑,刘邦封萧何为丞相,并按照萧何的对策,安抚百姓,休养生息,发展经济,招贤纳士,积极备战。

有一天,刘邦找到萧何商谈政务,怎么找也找不到萧何的影子,有军官报告说:"萧何只身逃跑了"。果然,一连两天也不见萧何,急得刘邦坐立不安,就象失掉了左右手一样的痛苦。正想派更多的人去寻找,萧何疲惫不堪地回来了,刘邦又是生气又是高兴,对着萧何大发脾气,骂道:"你怎么能背着我悄悄地逃跑呢?"萧何回答:"我并不是逃跑,而是去追赶逃跑了的都尉韩信。"刘邦大惑不解地问:"我们起兵从汉中出发,一路上逃跑了很多的人,你并没有去追赶,现在唯独去追一个名不见经传的韩信,这明明是骗人的假话。"萧何耐心地解释说:"前面逃跑的那些人都是些无足轻重的小人物,对于他们的去和留我根本就不放在心上,但唯独韩信万万不可失去,他可是当今天下数一数二的天才军事家,如果您想永久的在汉中待下去,做您的汉中王,不再求发展,可以不用韩信。但是您要想与项羽争夺天下,只有启用韩信这样的人才,方能取得成功,而且必须马上提拔并重用他,否则他就会投奔到别人那里去了。"刘邦说:"那就按你所说的提拔韩信做个将军试试。"萧何又说:"只是提拔他当将军,恐怕很难留住韩信。"刘邦说:"那就提拔他做大将军,怎么样?"萧何非常高兴,连说了几个好字,萧何又向刘邦建议说:"韩信是天下难得的将才,您不能像对待一般人那样傲慢无礼,必须对他敬重有加。您拜韩信为大将军的时候,也不能随随便便地宣布一下任命,必须要举行高规格的就职仪式才行。首先,您要选

择一个吉利的日子;其次,您要进行斋戒,最后您还要搭建一个高台,在高台上举行隆重的任命仪式,当着所有文武百官的面,宣布由韩信担任大将军一职的任命,这样才能显示出您对人才的渴求和敬重。"刘邦对萧何的建议立即采纳,并把拜大将军的有关事宜责成萧何去准备。

韩信是淮阴人,出身贫寒,从小习文学武,胸怀大志,有勇有谋。天下起兵反秦之后,先是投奔项梁,后又追随项羽,在项羽的军中,韩信多次献策,都一直没有被重视和采纳。于是,他就离开楚军,投奔了汉军。但刘邦只是让韩信当了一个监管粮草的都尉,韩信怀才不遇,非常郁闷。萧何为了帮助刘邦实现霸业,处处留意发现人才,听说韩信是个将才,便找到韩信交谈,经过一番考察,萧何如获至宝。他发现韩信身材魁梧,仪表堂堂,而且是满腹经纶,对自己的问话对答如流,说到带兵打仗,排兵布阵,更是头头是道,萧何真是喜出望外,觉得遇到了一位能够辅佐刘邦的军事奇才。萧何当面向韩信表示一定向刘邦推荐他为大将军,但是时间过去快一个月了,韩信还是听不到被重用的消息,心想,此地不留爷,自有用爷处,便打点好行装,也不向萧何辞行,一个人悄悄地含愤离去。

萧何听到韩信离去的消息后,异常惊慌和着急,赶忙找来一匹快马,纵身跳上马背,快马加鞭,朝韩信离去的方向迅速追赶而去,萧何不辞辛苦,一路上边打听,边追赶,天已黑了,差不多跑出去了一百多里地,还不见韩信,刚想休息一下,借着月光好像看见一个人在小河边溜达,立即策马追赶了过去,上前一看果然是韩信。萧何此时已是汗流浃背,气喘吁吁,但他已顾不了许多,跳下马来,一把抓住了韩信,生怕他再跑了,萧何气呼呼地说:"韩将军,咱们可是一见如故的好朋友啊,你怎么连个招呼都不打就跑了呢?"韩信也一肚子怨气地说:"感谢丞相的知遇之恩,我韩信这辈子都不会忘记。既然汉王不用我,您还是让我另谋高就吧。"萧何耐心地劝说韩信:"我们汉王是一位求贤若渴的明君,不是他不用将军您,而是因为我政务繁杂,还没有顾得上向他推荐您。千错万错是我的错,希望将军看在我们朋友一场的缘分上,跟我回去吧。"萧何慧眼识才的真诚终于打动了韩信,这才与萧何乘着月色原路返回了汉营。

萧何月下追韩信的典故成为千百年来人们传颂的美谈,通过这个事件,表现出萧何求贤若渴、慧眼识才的优秀品质。后来的事实也证明,韩信确实是一位难得的军事天才,他指挥百万大军,战必胜,攻必克,为刘邦在楚汉之争中打败项羽最终建立汉朝一统天下立下了汗马功劳,而萧何慧眼识才,发现并举荐韩信,当属汉朝的第一功臣。

坐镇关中

在萧何的举荐下,刘邦登坛拜韩信为大将军,并当着文武百官的面宣布,凡是今后汉军的对外作战,全权交给韩信指挥,如果有违抗命令者,尽可军法从事,先斩后奏,正如萧何所言,韩信果然不负重托,立即整顿军纪,抓紧操练兵马,众将官见韩信指挥操练得法,

各个服从敬佩。时间不长,汉军的面貌一新,声威大震。

汉王元年8月,刘邦决定出师东征,楚汉战争由此拉开序幕。刘邦把汉中根据地的所有军政要务全部托付给萧何,重点要求他全力保障前线作战所需粮草、军械、兵员的供应。刘邦挥师东征后,由于韩信大将军用兵神出鬼没,变化多端,汉军前线捷报频传,节节胜利,真是到了出神入化的地步。汉军出师不到一个月,刘邦便平定了关中,三秦大地又归汉军所有,萧何坐镇后方,军需粮草及时运往做战前线,自然也是功不可没。刘邦重返汉中后,暂时把汉都定在栎阳。

这时,汉中之地,经过连年的战争,加上项羽入关后的烧杀抢掠,满目疮痍,百业凋敝,农田荒芜,民不聊生。萧何协助刘邦采取了多项措施,来收拾这残破的局面。一是选贤任能,重新建立各个郡县的统治政权。二是废除秦朝时的苛政刑法,颁布了汉王律令,释放了大批的罪犯,让他们回乡去务农。三是减免赋税,休养生息,安抚百姓。四是奖励农耕,开放秦朝皇家圈禁的土地,让百姓们去耕种。同时,还让百姓们推举年龄在五十岁以上的,又是大家公认的德高望重的人,任命他们为"三老",每乡推举一个人,再从乡中的"三老"中各推举出一个人担任县里的"三老",让他们去辅助县令管理地方,教育安抚百姓,维护治安,发展经济。随着各项法令和政策的实施,百姓们逐渐安居乐业,经济得以稳定和发展,三秦大地也慢慢恢复了往日的生机,汉王的大军也操练休整得兵强马壮。

冬去春来,三秦大地生机勃勃。按照萧何为刘邦制定的战略部署,汉王率领大军渡过黄河,挥师继续东进,开始与项羽逐鹿中原。萧何坐镇关中,管辖的地盘更加大了,军政事务更加繁忙。除了征发兵卒、运送军需粮草等之外,还要防止外敌入侵和保持内部的稳定,还有安抚出征将士的家属等等很琐碎的事务,每件事情他都是殚精竭虑,细心操办。每逢军政大事,都派人去前线向刘邦请示报告,刘邦对萧何也是放心、放手、放权,一切关中的要务统统都交给萧何做决断,从不遥控萧何。刘邦率领大军挺进中原后,由于韩信有勇有谋,战事进展得非常顺利,公元前205年,刘邦率大军攻克了楚国的都城彭城,并大摆酒宴庆贺。由于刘邦被胜利冲昏了头脑,失于防范,韩信这时又留守河南,汉军被楚军重重包围,结果汉军大败,损失惨重,刘邦趁着月黑风高,楚军混乱的时候,才率领数十骑冲出重围,逃回荥阳,楚军大兵压境,形势非常危急,这时关中多数青壮年都已经征调从军,萧何又调拨了留守关中的老弱兵士前去荥阳增援,韩信也率领军队来与汉军会师,刘邦这才得以突出重围、重整旗鼓,准备再战。接下来,又有几次刘邦被项羽打败,弃军逃跑,当时若是萧何稍微有二心就可以置刘邦于死地。可是萧何每次都能征发关中的兵员,补足汉军的缺口,粮草军需等更是源源不断地送往前线。刘邦也因此得以一次又一次地重新振作,多次转危为安。

公元前204年,刘邦与项羽两军在荥阳对峙不下,楚汉战争处于相持阶段。在此期间,刘邦三番五次地派人入关,慰问萧何,萧何除了感激汉王的关怀之外,对军政要务的处理更是尽心尽力,也从来没有过其他的杂念。但是萧何的一位叫鲍生的门客看出了其中的玄机,他向萧何说:"汉王在前线作战,非常危险又非常艰苦,本来没有空闲工夫来管后方的事情，但现在却经常派人来慰问丞相您，他一定对您起了疑心。解决的办法是，您可以从您的子弟和亲戚中挑选一批青壮年，派往前线参军打仗，这样汉王才能消除对您的疑心。"萧何听从了鲍生的建议，挑选了很多本族的子弟，让他们押送粮车，迅速赶到荥阳前线。刘邦对他们一一接见，并问候丞相可好？大家齐声回答："丞相托汉王的福，身体精神都非常的好。只是常常惦念汉王。您这么一大把年纪，还要到前线去带兵打仗，栉风沐雨，辛苦异常，他恨不得分身相随，为您分担劳苦。现在委派我们前来为您服役，望汉王能够收留我们，派我们到前线去作战吧，以此来效忠汉王。"刘邦听了非常高兴，说："丞相为国家而忘小家，公而忘私，真是忠贞不贰啊！"从这以后，刘邦对萧何更加信任，不再有什么怀疑的了。

刘邦与项羽两军在荥阳对峙日久，萧何在关中筹措粮草越来越艰难，虽然萧何积极推行奖励农耕、发展生产的政策，也带领文武官员节衣缩食支援战争，但是关中毕竟产粮有限，也有粮草接济不上的时候。这时，多亏了萧何当时在咸阳收集的图书档案，帮助汉军解决了缺粮的大问题。按照秦朝当时守卫荥阳战时的需要，在荥阳的西北方向的敖山上建有储存粮食的仓库，叫作敖仓，韩信按照萧何提供的军用地图的方位，很快找到了敖仓，并派大将周勃带兵驻守，在关中运送粮草中断时，就由敖仓拨粮草供应。这都为汉军能在荥阳与楚军长久对峙，并为后来刘邦发起对项羽的反攻起到了非常关键的作用。萧何的先见之明，为日后渡过难关打下了基础。

公元前 203 年，楚霸王项羽由于连年征战，已经到了兵尽粮绝的地步，手下的将士只剩下十万左右，而且楚军士气低落，恋家思乡的情绪笼罩着楚营上下，项羽无奈之下只好从荥阳撤兵。可刘邦的汉军已经发展到三十万人，而且兵精粮足，士气高涨。此时，楚汉战争的形式发生了逆转，汉军对楚军大举反攻的机会终于到了。在反攻作战中，刘邦又采纳了韩信十面埋伏的计谋，在楚军撤退的路上号炮连天，伏兵四起，汉军像潮水般地涌来，直杀得楚军好像鸡犬一般的四散奔逃，真是兵败如山倒。项羽虽然是勇猛无比，但是看到大势已去，只好杀出一条血路，带着残兵败将逃回垓下。后又在汉军的四面围攻下，项羽只好率残部突围，最后，楚军全军覆灭，项羽单枪匹马败走乌江，终因无颜再见江东父老，英雄盖世的项羽在江边自刎身亡。至此，历时几年的楚汉战争以刘邦的全面胜利而宣告结束。

论功行赏

公元前 202 年 2 月，刘邦接受了文武百官的朝贺，因为他是汉朝的开国皇帝，所以历史上称他为汉高祖。刘邦称帝后，在洛阳南宫设下酒席大宴群臣，并一一论功行赏。刘邦在宴会上对群臣说："各位贤臣良将，今天是我们夺取天下后举行的庆功宴会，大家都要尽情欢乐，好好庆祝庆祝。我给在座的各位出一个题目，请大家思考。我为什么能夺

取天下，而功高盖世的项羽为什么会失掉了天下？"群臣你一言我一语，众说纷纭，刘邦最后总结说："你们只知其一，不只其二啊。据我看来，成败得失的主要原因，是在于用人的不同。运筹帷幄之中，决胜千里之外，我不如子房(张良)；镇国家、抚百姓、送军需、供粮饷，我不如萧何；指挥百万大军，战必胜，攻必克，我不如韩信。这三个人是当今天下的豪杰，我能放心大胆地使用他们，所以取得了天下。项羽身边只有一个能臣范增，还不能重用他，因此最后被我消灭了。"从上面的刘邦的这番高谈阔论中，我们可以看出，刘邦能在生死存亡的楚汉战争中，打败势力比自己强大的项羽，最后夺取了天下，张良、萧何、韩信是不可多得的功臣。这三个人也被后人称为"汉初三杰"。而萧何在这三个人中应该是第一功臣，除了上面刘邦对萧何所评价的功劳外，萧何慧眼识才，发现并举荐了韩信，为刘邦在楚汉战争中战胜项羽，起到了决定战争胜负的关键作用。

因此，刘邦在论功行赏的时候，最后定萧何为首位功臣，封他为酂侯，给他的俸禄也最多。对于萧何的封赏，许多有功的将领心中不服，一起找到刘邦，问："我们身经百战，九死一生，才得到封赏，而萧何安居关中，并没有立下任何汗马功劳，只不过是舞文弄墨、发发议论罢了，为什么对他的封赏最高，都远远在我们之上，这是为什么呢？"刘邦说："请问你们知道打猎吗？追杀野兽，依靠的是猎狗，而给猎狗发出指令的是猎人。你们攻城克敌，好比是训练有素的猎狗，而萧何却好比是能发出指令的猎人，如此看来，各位只不过是有功劳的猎狗，而萧何却是个成功的猎人。而且萧何全族好几十人跟随我，而你们又有几个人呢？多的也不过是带两三个家里人罢了，因此，我必须重赏萧何，请你们以后不要在下面随便议论了！"大家听到这里，一个个都无言可答。

刘邦回到内宫，又想起了当年在沛县时，萧何对自己无微不至的关心、提携和照顾，现在应当对萧何另眼看待和回报，于是又加封了萧何两千户的俸禄。

诸侯分封完毕，接着是排位次。刘邦向大臣们征求意见，群臣们都说："平阳侯曹参在战争中英勇善战，身受七十余处战伤，他立下的战功最多，所以他应当排第一。"刘邦心里是想把萧何排在第一的，一方面萧何曾经是自己在沛县时一起起兵反秦的亲信，另一方面，萧何对自己于公于私都有很大的恩情，但是在前次分封的时候，刘邦已经力排众议，重赏了萧何，所以这次对排位次的事也就不好再说什么，不过他心里仍然认为应该把萧何排在第一位。这时，关内侯鄂君说："在楚汉战争中，陛下有几次都是全军溃败，差一点就丢了性命，在这个关键时刻，多亏萧何坐镇关中，从关中抽调军队来增援，不仅是兵员，就是粮草也全靠萧何由关中供应，才保证了军队的补给。正是有了萧何在后方坐镇，您才能在前方安心作战，即使多次被项羽打败，多亏了萧何这个坚强的后盾，您才能屡次起死回生，最后积攒力量，战胜了项羽率领的强大楚军。这些都为您创立汉家天下建立了不可磨灭的大功劳，与曹参等人所立下的一时的战功，萧何的万世之功显得尤为重要啊！我认为在排位次上，萧何应排第一，曹参第二。"这番议论，正中刘邦的心意，于是决定把萧何排为第一，准许他穿鞋带剑上殿，并对萧何的父母兄弟一一加以封赏。

蔡东藩先生在他的《前汉演义》中对萧何做了如下的赞赏和评价："从龙带甲人关中，

转粟应推第一功。为语武夫休击柱,发踪指示孰如公?"这首小诗对萧何前半生的主要功绩做出了中肯的评价。

营建宫室

刘邦登基当上皇帝之后,继续任用萧何担任丞相一职。萧何在相位上,继续辅佐刘邦,对国家上下,精心谋划,事必躬亲,废寝忘食,鞠躬尽瘁,为汉朝建立政权、巩固政权和初期的建设发展,做出了杰出的贡献。

汉朝初年,由于多年的战乱,国力已相当衰微,四海之内百业待举,百废待兴。壮大国力,发展经济,安抚百姓,政治稳定以及对各项法律法规的制定等等,任务艰巨,政务繁忙,萧何肩上的担子更重了。萧何除了在人事安排上,为刘邦出谋划策外,主要是集中精力,发挥自己的特长,在国家的法律法规、典章制度方面,下了很大的气力。萧何借助当年收集的秦朝的图书档案资料,删除了秦朝法律中苛繁、严酷的条文,保留下了适合汉朝实际的条文,并在此基础上有较多的创新,制作成汉律九章,这是汉朝律令的开端,使汉朝的朝廷行政以及各个郡县的管理有章可循。其文包括朝贺礼仪、内部管理和对外交往等等。都一一制定了规章制度予以规范。萧何还辅佐刘邦出台了一系列赦免罪犯,减少兵员,减免赋税,奖励农耕等方针政策来发展经济,经过一段时间的恢复,多年战争留下来的创伤慢慢复原,天下百姓能够安居乐业,社会也逐步趋于稳定,国力逐渐强盛。

汉朝定都咸阳后,(后改成长安)萧何又监管都城和皇室宫殿的建设,在此过程中,萧何亲临督造,从规划设计到现场施工,他都一一过问,建立都城是百年大计,一定要有相当的规模,但国家初定,财力有限,而该花的钱一定要花,不该花的也要尽量节省,整个过程谋划得非常辛苦,历时两年,都城和皇宫建设完工,刘邦前来巡视,萧何当时正在建未央宫,已经建好了东阙、北阙(高大的宫门),又开始建前殿、武库、太仓等,刘邦看到都城规划得井井有条,皇宫建设得更是宏伟壮观,心中十分高兴,但是又假装生气地说:"现在天下还不太稳定,百姓还处在疾苦之中,你为什么把皇宫建造得这么豪华呢?"萧何这时心中有数,皇宫的建设都是按照刘邦的旨意办的,刘邦现在说这样的话是让别人听的,于是不慌不忙地说:"正是因为现在天下还不安定,所以才把皇宫的围墙建造得坚固高大,人民的安全才有保障。皇宫壮观了,也能显示出天子的威严。再说建筑设计是百年大计,一定要为后代子孙的发展留有余地,如果现在建设得太狭小了,后代子孙们再要扩建改造,那就更加浪费,不如一劳永逸,更为划算。"刘邦这才转怒为喜,满脸堆笑地说:"你说得很有道理,看来我又错怪你了。"其实当时未央宫的建筑规模并不算很大,规模还不到秦朝的阿房宫的三分之一,加上萧何督造时的精打细算,总体的花费国家还是能承担的,所以,老百姓的怨言并没有很多。萧何又知道刘邦的脾气,喜欢外观宏伟而内部装饰简单,这君臣的对话是做给别人看的,好叫老百姓传颂刘邦是一位为国为民,崇尚节俭的

明君。从这件事上看,萧何与刘邦的关系相当密切,刘邦对萧何也是非常信任。

计诛韩信

刘邦称帝后,除分封兄弟子侄为王外,还分封了一些异姓王,让他们驻守各地。后来为了加强刘氏政权的统治,同时也怕这些异姓王造反,便寻找种种借口要消灭异姓王。萧何又投入到刘邦镇压异姓王的反叛、消灭异姓王的斗争中去。有一天,有一个叫周昌的人向刘邦密报,说阳夏侯陈豨招兵买马,阴谋反叛,自立为王,刘邦接到密报后,把朝中大事交付给萧何全权处理,自己率大军前去征讨陈豨。

原来这陈豨也是追随刘邦南征北战、屡立战功的武将,刘邦对他也很赏识重用,当时汉朝初立,刘邦加封陈豨为阳夏侯,并授予他代相的职务,管辖代地的军政要务。代地靠近匈奴,是北方抵御外敌入侵的军事重地,由此看来刘邦对陈豨还是非常器重的。但陈豨和韩信是推心置腹的好朋友,因为韩信被刘邦冷落后而萌生了反叛之心。这时的韩信,刘邦嫌他功高盖主,先是借故剥夺了他的兵权,楚汉战争期间虽然被迫封了韩信为齐王,战后把他调离了根基很深的齐地,改封为楚王,后来干脆把韩信降为徒有虚名的淮阴侯。韩信是为刘邦夺得天下的重要功臣,最后如此下场,韩信心中充满了对刘邦的不满和愤恨。恰巧此时陈豨奉命去代地赴任前来看望韩信,两人密谋,由陈豨在代地起兵,韩信在都城内作为内应。

刘邦率大军征讨陈豨后,韩信的一个门客向吕后告发,说韩信是陈豨的内应,准备在夜间趁都城空虚,先打开监狱,释放囚犯,再袭击皇后和太子。吕后得到密报后,非常惊慌,急忙把萧何找来商量对策。两人谋划好对策后,由萧何来实施。第二天,萧何便向朝中的大臣们宣布,今天已经接到前线传来的捷报,说高祖刘邦率领的大军已经打败了叛军陈豨,就要班师回朝了,让大家都要前去向吕后道贺。众大臣接到命令后都去向吕后贺喜,只有韩信自称有病,紧闭家门不见任何人,没有前去向吕后道贺。萧何便借着探望韩信病情的理由来到韩信的住所,韩信自然不能再拒绝会面,只好走出卧室与萧何见面。萧何上前一边亲热地拉住韩信的手,一边对他说:"你不过是偶感风寒,不要有太大的精神压力,慢慢调养就会好的。今天皇上派人从前线传来捷报,说已经打败了叛军陈豨,众位王侯大臣都已经进宫去向吕后贺喜去了,只有你一个称病不上朝,也不去向吕后道贺,你又是陈豨的好朋友,这已经引起了大家的猜疑和吕后的不满。咱们两人是无话不谈的老朋友,为了你的切身利益着想,我还是劝你随我一同进宫,早一点向吕后道贺,这样就可以消除大家的怀疑和不满。"韩信听着老朋友萧何的话句句在理,情真意切,也就不好再推辞,只好随着萧何一道进宫。谁知到了吕后的内宫,四周早已经埋伏下不少武士,韩信刚一进门,这些武士们如狼似虎地一拥而上,七手八脚地把韩信捆绑起来。韩信高声呼喊萧何来救他,可这时萧何已经悄悄地躲起来了。武士们把韩信押到了长乐殿中,只

见吕后阴沉着脸,怒目圆睁地坐在椅子上,对着韩信大声喝问:"大胆的韩信,你为什么要和叛军陈豨暗中联合谋反,你还要在城中做内应,妄图加害我们母子,你要从实招来。"韩信辩解说:"您这话是从哪里听来的,这是无中生有的假话,我是冤枉的,请皇后明察。"吕后严厉地斥责韩信说:"我现在已经接到皇上的诏书,说陈豨已经被捉拿了,经过审问,他已经招供了,他交代说是听了你的唆使,才起来造反的,而且还有你家里的门客,已经来向我告发你,你暗中串通陈豨谋反的信件都在我这里。你们同谋反叛有确凿的证人证词,现在你还有什么话可说吗!"韩信还想再为自己申辩几句,但是吕后已不容韩信再说,喝令武士们将韩信拉出去处死。武士们将韩信拖到大殿旁的钟室中,将韩信乱刀砍死。一代大将就这样命丧于钟室,死于一个妇人之手。而出了这个计策的人正是萧何。想当初,萧何举荐韩信,劝刘邦登坛拜韩信为大将军,将韩信推到了一人之下,万人之上的位置。现在又是萧何,为吕后献策,诱杀了韩信,将韩信无情地置于死地。所以后来人在看到这段历史的时候,哀叹说:成也萧何,败也萧何。

自污名节

萧何设计诛杀了韩信之后,刘邦对萧何更是恩宠有加,不仅把萧何晋封为相国,而且为萧何加封了五千户的俸禄。同时还派出一名都尉率领五百名士兵到相府保卫萧何。朝中的王侯大臣们都去相府为萧何祝贺,萧何为能得到刘邦的宠幸也很是得意。但是这时萧何府中有一个叫作召平的谋士,却身穿白衣白鞋前来吊丧,说:"丞相您快要大祸临头了。"萧何听到了这样的话非常震惊,忙问这话从何说起。召平说:"皇上连年率兵出征打仗,枪林弹雨,风餐露宿,非常辛苦,而丞相您一直留守在都城,没有汗马功劳,没有特殊的政绩,现在却授予您那么高的奖赏。我暗自揣度皇上的意思,表面上是皇上对您越加恩宠,实际上是皇上开始怀疑您了,您不想一想,淮阴侯韩信足智多谋,为高祖刘邦得天下立下了汗马功劳,现在不是也被杀掉了吗?难道您丞相的功劳能与淮阴侯相比吗?现在皇上又派了卫队来保护您,表面看是关心您的安全,实际上是监视防范您。"萧何听了这一番话,觉得很有道理,就问如何去掉皇上的疑心,保全自己脱离祸患呢?召平又说:"丞相可以向皇上辞去封赏,把自己家中的全部财产都捐献给国家,用作军队打仗的费用,这样就可以排除皇上对您的怀疑,就不至于大祸临头了。"萧何便按照召平的建议,恳请刘邦撤回圣命,不接受封赏五千户的俸禄,只接受相国的职衔,并表示要拿出全部的家财去支援军队打仗。这一招果然灵验,刘邦听了非常高兴,并在群臣中表扬了萧何。

同年秋天,英布谋反,刘邦再一次亲自率兵征讨。刘邦在前方作战,时刻还惦念着朝中的事情,所以每次萧何派人往前线输送军粮的时候,刘邦都要问:"萧相国在长安忙什么呢?"使者当然每次都如实回答:"萧相国,除了尽力办好供应前线的军需外,无非是做些安抚、体恤百姓的事情,京城里的百姓没有一个不说萧相国好的。"可是刘邦听后并没

有露出满意的表情，每次都是默不作声。使者很奇怪，回来后告诉给萧何，萧何也不知道高祖刘邦是什么意思。有一天，萧何和他的门客坐下来闲谈，萧何向他们说了这个事情，其中一位门客说："您不久就要被满门抄斩了。"萧何听了大惊失色，忙问是为什么，那个门客接着说："您现在的位置是百官之首，可谓是一人之下，万人之上，高祖刘邦还有什么职位可以再封给您呢？况且您自从入关起就体恤百姓，关心农耕，制定律令，深得百姓的爱戴，到现在已经十多年了。现在您还是一如既往地爱民如子，可以说在百姓中的声望非常高。现在皇上身在前线，却总是关心您的近况，就是害怕您借助关中的民望做出一些反叛的事情啊！您设想一下，如果您一旦借助自己的威信，把百姓号召起来，闭关自守，那皇上不就处于进退两难的境地了吗？如今解决的办法倒是有，不知道您是否愿意一试？"萧何向这个门客讨教解决的办法，门客说："您可以故意把自己的名声搞臭，比如您可以贱价强买民间的田宅，故意让百姓骂您、怨恨您，把名声弄得越坏越好，这样皇上一看您也不得民心了，才会对您放心啊。"萧何听了这个办法，说："我怎么能去剥削百姓，做那些伤天害理的事情呢？"门客说："您这样做也是为了保全自己，百姓如果知道会体谅您的。"萧何也知道，门客的主意完全是对自己好，并且萧何也明白，对于一般的小官，高祖不怕他们有野心，如果他们犯了贪赃枉法的行为，一定会遭到严惩。但是对自己这样的朝廷重臣，如果干一些贪赃枉法的小事，就显得不是那么重要了，并且如果因为这样的话失去了民心，高祖或许还会对自己更放心。所以，为了消除刘邦对自己的猜忌，萧何不得已违心地做了一些侵夺民间财物的坏事来败坏自己的名声。果然，不久当有人把萧何的所作所为上告给刘邦时，刘邦只是微微一笑，也并未深究。

当刘邦从前线凯旋时，百姓向刘邦控告萧何凭借权势强夺、贱买民间的田宅，价值数千万，恳请刘邦将萧何法办。刘邦回到长安后，见到了前来拜见的萧何，把百姓的上书交给萧何，批评他说："你身为相国，不做些安民的事情，怎么能利用强权与百姓争夺利益呢？你自己做了错事，自己解决吧。"刘邦表面上是批评了萧何，可是内心里对萧何失掉了民心非常高兴，自此，对萧何的怀疑也逐渐解除了。

但是，萧何是个一心为民的人，因为要保全自己违心地听了门客的建议，干了一些侵害百姓利益的事情，心中总是不安，老是想找个机会补偿百姓，来解除自己的内疚。这时，萧何看到京城一带的耕地面积太小，百姓们粮食太少，总是满足不了温饱，而皇上的休闲场所上林苑中却有许多闲着的荒地，那里用这些空地来放养禽兽，萧何觉得太浪费了，不如把这些荒地腾出来，分给百姓去耕种，收了庄稼后留下的禾秆照样可以供养禽兽。可谓一举两得，既不妨碍天子饲养禽兽，又是一件利民的好事情。于是，萧何上书请高祖刘邦恩准，刘邦此时正在病中，看到了这个奏章，见萧何又在做些取悦于民的事情，一怒之下，就下令将萧何逮捕入狱。满朝文武不知道其中的隐情，以为萧何一定是犯了什么大逆不道的罪过，惹得刘邦大发雷霆，都害怕连累到自己，于是谁都不敢替他申辩。

这时多亏有一个叫王卫尉的人，平时非常敬佩萧何的为人，见到萧何入狱，决定要搭救他。所以，王卫尉就利用自己侍卫刘邦的时候顺便向刘邦探问："萧相国究竟犯了什么大罪,惹您生这么大的气。"刘邦还余怒未消,说:"不要再提他了,说到他,朕就气不打一处来,当年秦朝李斯当丞相的时候,做了好事都是君主的,如果出了差错就揽在自己身上。可是你看这个萧何,他如今受了商人的许多贿赂,竟要求我开放上林苑给百姓耕种,这分明是想取悦于民,自己落个好名声吗?他这样做,又把我看成是什么样的君主了。难道我就不知道关心人民疾苦吗?"王卫尉听刘邦这样说,总算明白了事情的缘由,就说:"陛下您错怪萧相国了,相国为百姓着想,解决百姓的疾苦,这正是他作为丞相的职责所在啊。天下的百姓如果要心存感激,也决不会感激萧何一个人啊,因为他们明白,这样贤良的丞相,正是贤明的君主选用的。还有,您难道忘了,如果萧相国要是真有野心的话,当初您常年在外征战,他一人坐镇关中为您调配粮草,那时他可以说不费吹灰之力就可坐镇关中,称王称霸,但是他没有。现在他又何必以一个小小的上林苑来取悦于民,收买人心呢?"王卫尉见高祖刘邦听得认真,知道自己的话起了作用,继续说:"您看前朝的历史,秦朝之所以灭亡,就是因为君臣互相不信任,才给了您夺取天下的机会。如果现在您要无端猜疑萧相国,不但看轻了萧何,而且也是看轻了陛下您自己啊!"刘邦听了虽然不高兴,但仔细一想,王卫尉说的也是很有道理,于是就命人放了萧何。

萧何当时已是60多岁的老人了,见到刘邦开恩释放了他,更是感激涕零,诚惶诚恐。因为年岁大了。全身带着刑具,哪里吃得消,所以连路都快走不动了,而且在狱中蓬头赤足,污秽不堪,又不敢先回府洗洗再来拜谢刘邦的赦免之恩,就这样上殿谢恩。刘邦看到萧何如此狼狈,也觉得有些过意不去,说:"让你受委屈了。上次你建议开放上林苑给百姓做农田的事情,你做的并没有错,我却没有允许,是我做得不对。我不过是像夏桀、商纣那样的无道天子罢了,而你却是个贤德的丞相。我之所以关押相国,也就是让天下的百姓更加了解你的贤能和我的过失啊!"虽然刘邦的这段话是言不由衷,也就是说给旁人听的,但是对萧何的廉政为民,终于还是默认了。从此以后,萧何对刘邦更是谨慎恭敬,对国事也很少过问,采取了明哲保身的态度。

功在千古

汉十二年(公元前195年)四月二十五日,汉高祖刘邦病逝于长乐宫。同年,太子刘盈即位,是为汉惠帝。刘盈非常赏识萧何的能力,让萧何继任丞相。不过他年事已高,已经没有太大的精力来料理国家大事了。在此期间,萧何继续秉承着与民休息的政策。

公元前193年,年迈的萧何,由于多年的辛苦操劳,终于病倒了,病势严重,总也没好转。当萧何病危的时候,汉惠帝亲自前往探望,并趁机向萧何询问:"您百年之后,谁可以继任您的位置呢?"萧何听了,挣扎起身,向惠帝叩头,说:"陛下如果能得到曹参为相,我萧何就是死了,也没有什么遗憾了!"

曹参,也是西汉的开国功臣,早年和萧何都是沛县的官吏,公元前209年,跟随刘邦

在沛县起兵反秦，身经百战，屡建战功，刘邦称帝后，对有功之臣，论功行赏，曹参功居第二，封为平阳侯，仅次于萧何。曹参因为自己在战争中立下了赫赫战功，但是分封的时候，地位却比不上萧何，并且高祖刘邦把萧何称为猎人，而把自己和别的人都视同猎犬，感到非常难堪。所以曹参对萧何就有了看法，两人之间就产生了一些裂缝。

惠帝二年，萧何病危的时候，在临终前，萧何力荐曹参接替自己，表现出了萧何不计前嫌、以大局为重的崇高品质。

萧何死后，曹参继任丞相，一切都按照前任丞相萧何已经定下的成规办理，没有一点新的举措。有些大臣看到曹参这种无所作为的样子，有点着急，也有的干脆找到曹参家，想帮他出点治国的主意。但是他们刚到曹参家里，曹参就请他们一起喝酒，如果有人在他面前提起朝廷大事，他总是设法把话岔开，弄得别人几次都没法开口。最后客人们都喝得大醉回家。刚登上皇位的汉惠帝看到曹丞相一天到晚请人喝酒聊天，好像根本就不关心国家的大事，心里很着急，但又不知道是为什么。想当面问个究竟，但一想到曹参是先帝朝中重臣，又不好当面责问。

这个时候，曹参的儿子曹窋正在皇宫中当差，有一天，惠帝就对曹窋说："哪天你回家的时候试着问问你父亲，他身为丞相，整日和别人饮酒聊天，也不见他对朝政有什么新的重大举措，是不是朕对他有什么亏待的地方，你回去之后婉转地把朕的意思讲给他，不过可千万别说是朕要你问的。"

曹窋接受了皇帝的旨意，趁着休假回家的机会，在一次侍候父亲曹参吃饭的时候，按照汉惠帝的旨意向父亲婉转地说了这些话。谁料曹参听了他儿子的话后，大发脾气，大骂曹窋说："国家大事，难道是你这样的小子该问的吗？你还是好好回宫尽心侍奉皇上去吧！"说完，还拿起板子把儿子狠狠地打了一顿。

曹窋很委屈，向惠帝诉说，惠帝听了后就更加感到莫名其妙了，不知道曹参为什么会发那么大的火。第二天，惠帝终于按捺不住好奇心，问曹参："你为什么要责打曹窋呢，他说的那些话也是我的疑问啊？"曹参不慌不忙地反问惠帝："陛下您想一想，您和先帝比，谁更贤明英武呢？"惠帝被问得涨红了脸，说："我刚刚登基，年龄尚小，又没有什么治国的经验，哪里比得上先帝！"曹参又问："陛下您看我比得上前代丞相萧何吗？"惠帝实话实说："似乎你不如萧丞相。"曹参接着说："您说得太对了。想当初，先帝出身寒微，南征北战，历尽艰难才夺得了天下，如果是没有大智大勇，能做到吗？在协助先帝治理国家方面，萧相国先后制定了很多明确而又完备的法令，这些法令经过实践的检验、被证明是正确而有效的，并且已形成规模，在天下施行了很长时间，并且得到天下百姓的认可。现在我继任丞相一职，论才能，讲资历都在萧相国之下，所以我只要能奉公守法，遵照萧相国遗留下来的典章制度行事，如果能继续延续他的事业并不出什么差错，已经是非常幸运的事情了。如果我现在自以为是，把萧相国的法令全盘推翻，另立新法，相信一定会导致上下制度的混乱，如不能安民，不就成了扰民了吗？若是这样的话，如果想再求得像现在这样的太平盛世，估计就很困难了。"一席话说得惠帝是心服口服，不禁感叹，萧何真是没

有看错人，向自己推荐了一位能干的丞相。

曹参在相位3年，一直贯彻着清静无为的安民政策，遵照着萧何制定的法规继续治理国家，使西汉的政治稳定、经济发展，百姓安居乐业，人民的生活水平日渐提高。曹参死后，在民间流传着这样一首歌谣："萧何定法律，明白又整齐；曹参继任后，遵守不背离。施政贵清静，百姓享安宁。"这就是历史上"萧规曹随"传说的由来，"萧规曹随"一词也成为历史上的佳话。仔细看来，这首歌谣虽然是在歌颂曹参的，但是，曹参得以无为治天下，得到百姓的拥护，维护了汉朝国家的稳定发展，又何尝不是萧何的功劳呢？

萧何不愧是一位具有深远谋略的"镇国家、抚百姓"的治世能臣，成为后世人景仰的千古帝王师，也是顺理成章的了。

西汉权臣

——霍光

名人档案

霍光:字子孟,河东平阳(今山西临汾市)人。霍光是西汉中期著名将领霍去病(公元前140年~公元前117年)的同父异母的弟弟。其父霍仲孺,曾经在平阳侯曹襄府中做官,与平阳侯的侍女卫少儿(一国之母卫子夫的二姐)私通生下霍去病,后回到河东(今山西夏县东北)家中娶妻生下了霍光。

生卒时间:? ~公元前68。

性格特点:忠厚可靠,端正严谨,沉静详审,资性端正。

历史功过:他跟随汉武帝近30年,是武帝时期的重要大臣,后又辅佐两代幼主。霍光匡扶汉室,忠心辅佐幼主,历经武帝、昭帝、宣帝三朝,对内轻徭薄赋、发展生产,对外与匈奴和亲、广扬汉朝天威,20年辅政期间他托起昭宣中兴的局面,安邦兴国,功勋卓越,成为西汉历史上的重要政治人物。

名家评点:班固赞曰:霍光受襁褓之托,任汉室之寄,匡国家,安社稷,拥昭,立宣,虽周公、阿衡何以如此!然光不学亡术,闇于大理;阴妻邪谋,立女为后,湛溺盈溢之欲,以增颠覆之祸,死财三年,宗族诛夷,哀哉!

司马光曰:霍光之辅汉室,可谓忠矣;然卒不能庇其宗,何也?夫威福者,人君之器也。人臣执之,久而不归,鲜不及矣。以孝昭之明,十四而知上官桀之诈,固可以亲政矣,况孝宣十九即位,聪明刚毅,知民疾苦,而光久专大柄,不知避去,多置亲党,充塞朝廷,使人主蓄愤于上,吏民积怨于下,切齿侧目,待时而发,其得免于身幸矣,况子孙以骄侈趣之哉!虽然,向使孝宣传以禄秩赏赐富其子孙,使之食大县,奉朝请,亦足以报盛德矣;乃复任之以政,授之以兵,及事丛蔚积,更加裁夺,遂至怨惧以生邪谋,岂徒霍氏之自祸哉?亦

孝宣酝酿以成之也。昔椒作乱于楚，庄王灭其族而赦箴尹克黄，以为子文无后，何以劝善。夫以显、禹、云、山之罪，虽应夷灭，而光之忠勋不可不祀；遂使家无噍类，孝宣亦少恩哉！

勤心辅政

汉武帝末年，皇位的继承问题已经成为宫中斗争的中心。武帝征和二年（公元前 91 年），武帝悉心培养的太子刘据，因巫蛊事件被逼自杀（汉武帝相信神仙，总想长生不老，所以他非常重视巫蛊之术。所谓"蛊"就是把几只毒虫放在一个器皿之中，让它们互相争咬，最后只剩下一个，这一个就是怪物，也就是"蛊"。征和二年，汉武帝生病，水衡都尉江充，趁机离间武帝与太子的关系，说有巫蛊祸害皇帝，卫皇后和太子受到此事牵连。汉武帝在别宫养病期间，想去请安问候皇帝的卫皇后和太子却受到了阻拦。太子刘据很是愤怒抓住江充并把他杀了，于是太子要谋反的谣言，一时间传遍了整个长安城都。形势所迫，太子被逼真的起兵。保皇党与保太子党在长安城中大战五天，结果"死者数万"，太子刘据兵败后自杀）。当时汉武帝还有三个儿子，燕王刘旦和广陵王刘胥是亲兄弟，但是他们平时骄傲蛮横，不遵守礼法，不能被立为太子。可是小儿子弗陵当时还只是个七岁的孩子，汉武帝很想把小儿子刘弗陵立为太子，但是弗陵年龄较小，而他的母亲却还年轻，武帝唯恐弗陵即帝位后，重演前朝吕后专权的故事，于是就想托付贤臣来辅佐少子弗陵。在武帝看来，能够承担辅佐任务的人必须具备以下条件：他要有很强的执政能力，能够治理好国家，管理好日常政务；他还要有很高的威望，能够凝聚人心统领群臣；更重要的是他没有野心，不会对刘家天下构成威胁。这三条缺一不可。在他把手下大臣仔细考察了一遍后，最后选定了二十多年来鞍前马后、不离左右的霍光。善于识人、用人的汉武帝认为霍光忠厚可靠，可以担当此重任。汉武帝想起了古代周公辅佐年幼成王的故事（周公是周武王的弟弟，周武王死时，成王年幼，周公辅佐他治理天下，出现了"民和睦，颂声兴"的"成康之治"）。周公曾背着小成王临朝，会见诸侯继承大统。汉武帝让人根据这个故事，画了一张《周公负箕辅成王朝诸侯图》送给霍光。他是想用图来暗示霍光将来要像周公辅佐成王一样来辅佐幼主弗陵。当汉武帝感觉自己去日不多时，又赐弗陵的母亲（即钩弋夫人）一死，以绝母后专权之患。后元二年（公元前 87 年）二月，武帝病危于五柞宫。霍光流着眼泪问他："皇上如有不测，由哪位皇子继位？"汉武帝说："朕曾送你一幅画，难道你没明白画中的含意？"随后汉武帝接着说："立少子，请你要像周公那样辅佐他。"同时，又下诏立弗陵为太子，加封霍光为大司马、大将军，金日磾为车骑将军，上官桀为左将军，共同接受遗诏来辅佐少主。御史大夫桑弘羊也一起受命。很快武帝后元二年（公元前 87 年）春，武帝死于五柞宫，终年七十一岁。大司马、大将军霍光、车骑将军金日磾、左将军上官桀等遵照武帝的遗诏，扶持太子刘弗陵即位，是为昭帝。昭帝年仅八岁还太小

不能管理政务,就由霍光来执管朝政,即"帝年八岁,政事一决于光"。

公元前 87 年,霍光接受汉武帝遗诏,担负起辅佐幼主、治理国家的重任,责任重大关系社稷,所以他工作更加勤恳谨慎,总害怕有闪失,日日夜夜都呆在宫中,不敢有丝毫懈怠,时时刻刻都在关注朝廷的安危。在他辅政的初期,有一天,宫中大臣议事的宫殿中突然发生怪异现象,众大臣都非常惊恐不安,他为了防止发生意外,就把掌管皇帝印玺的郎官召来,要郎官交出皇帝印玺由自己保管,防止有人盗用它变乱朝政。但是这位执掌印玺的郎官却也忠于职守,不愿把印玺交给霍光。当霍光想要夺取印玺时,这位郎官马上就很愤怒,按着剑柄说,你可以拿走我的头,但是印玺绝对不能交出去!当时霍光虽然碰了钉子,遭到了反对,很生气,但是事后,霍光却对这位郎官忠于职守的精神很钦佩。这样忠于职守,舍生忘死的人,一定是国家需要的人才。霍光非常重视人才,因此,第二天就下令给这个郎官提升两级,并且增加了俸禄,得到了众大臣的赞许。他的这种不计较个人私怨、秉公办事、赏罚分明,一心为朝廷的精神,自然受到朝中众官员的敬佩,他在朝廷中的威望也随之提高。霍光的慧眼使他善于发现和使用人才,在他一心为公的精神感召和鼓舞下,那些热爱工作、甘愿奉献的人才凝聚在他身边。正是由于他能够知人善任,团结了一大批政治素质较高的人才,这也是他的各项施政措施能够顺利推行的重要原因。

昭帝即位的第二年,辅政大臣、车骑将军金日磾病故。他有两个儿子叫金赏、金建,和汉昭帝经常在一起玩,有时还住在一起,是很熟的好朋友。汉昭帝看他们的父亲死了,因为关系很好就想徇私情,来特别照顾他们一下。昭帝就与霍光商量,金家现在只有两个兄弟,那就都加封他们为侯吧!但是,霍光坚持原则予以反对,因为他认为应该按祖上规矩办事,长子金赏已经继承了他父亲的爵位,被加封为侯了,那次子金建就不能被加封为侯了。但是年幼的昭帝并没把霍光的话当回事,认为这不是什么了不起的大事,想要封他们为侯,也就是一句话,因为自己是拥有最高权力的皇帝。霍光立即严肃地反驳说,无功者不能被加封为侯,这是高祖皇帝立下的规矩,皇上不应该轻易更改、变动!接着他又陈述了不能封金建为侯的道理,最后终于把汉昭帝说服了。霍光并对昭帝说:"百姓到了现在还在想念着汉文帝和汉景帝。是因为他们对待老百姓好。"他乘机教导昭帝要如何才能当一个好皇帝,于是,汉昭帝也懂得了要治理好国家,就要好好地爱护老百姓的道理。

汉昭帝在霍光的辅佐下,实行"与民休息"的政策,减轻赋税,减少徭役,出现了国泰民安的景象。汉武帝一生,虽然功绩显赫,但是频繁发动战争,用兵过多加重了老百姓的负担。汉武帝为了打匈奴,通西域,耗费了大量人力、财力,再加上他的喜欢讲排场,生活奢侈,还迷信神仙,连年大兴土木。许多年来,几乎花光用尽了文帝、景帝时候积累起来的钱财、粮食。为了敛钱,他重用残酷的官吏,增加税收和捐赋,甚至还卖官爵给有钱的人,而这些人做了官,当然更要变本加厉地搜刮老百姓,若遇到了水灾旱灾,老百姓被逼得无法生活,所以,各地方就有大批农民被迫起来反抗官府朝廷。到了他在位的最后几年，他才决心停止用兵，与民休息，重视发展农业，并且提倡改良农具，改进耕种技术。他还亲自下地，做了耕种的样子，并且命令全国官吏都要鼓励农民增加生产。这样，国内才逐渐稳定下来。汉武帝得病死时，即位的汉昭帝年纪只有八岁。按照汉武帝死前的遗嘱，由大将军霍光来辅助他。霍光掌握了朝廷大权，在辅佐昭帝期间，帮助汉昭帝继续执行武帝末年"与民休息"的政策，减轻税收，减少劳役。还采取了许多安抚百姓的措施：要各郡县推荐贤良的人才；要查办失职的官员；还要为受诬陷的人申冤；最重要的是要安抚孤独疾苦的贫民。为了发展农业生产，每当春耕时，霍光就派人到各地去查看生产情况，政府把种子和粮食借给缺粮少籽的贫民。秋天还下诏："春天借给贫民的种子、粮食，不再收回了，今年的田租税也一概免了。"昭帝多次下诏削减封建国家的财政支出，减免百姓的田租、口钱和更赋，贫苦百姓看到这样的朝廷诏令后，不禁喜出望外地奔走相告，说："又一个汉文帝来了。"百姓都知道这一切都是由于大司马、大将军霍光辅佐朝政，使百姓得到的很多实惠，他的声望也随之增高，史称"百姓充实，西夷宾服"。

霍光的另一重要功绩在于"盐铁议"的创举。昭帝始元元年（前86年）闰十二月，霍光就派遣当时的廷尉王平等五人出行郡国，察访推举贤良，访问民间疾苦、冤难以及失业的人，进行实地调查研究，为召开盐铁会议做准备。在汉昭帝始元六年（公元前81年）二月于首都长安，霍光将郡国所举的贤良、文学等人接入京城，由王朝出面召开了一次名为"盐铁议"的大型会议，参加会议有丞相车千秋、御史大夫桑弘羊等作为官方的代表，还有各郡国的贤良文学唐生、万生等六十余人作为民间的代表，实际上是最高统治集团与大地主、大商人就盐铁政策进行对话的会议。众所周知，汉武帝是在反击匈奴、财政空虚的情况下实行了盐铁官营、酒榷平准均输等经济政策的。它的实行，为汉朝政府广开了财源，增加了赋税的收入，朝廷才能够有了比较雄厚的财力和物力基础来支持长期的战争，从而不断拓宽了疆土，安定了边疆。这一经济政策在当时的情况下实施无疑是必要的，也是正确的，也起到了一定的积极作用。但是，官营盐铁、酒榷、均输等政策的实行，逐步使一部分财富集中于大官僚、大地主及大商人手中，却剥夺了中小地主和广大老百姓的利益。出现了官吏"行奸卖平"，而"农民重苦，女红再税"的状况，以及"豪吏富商积货储物以待其急，轻贾奸吏收贱以取贵"的局面，使得中小地主和一般百姓日趋贫困。这样就加大了对人民的剥削，必然会导致百姓对朝廷的不满和不信任，加剧了社会矛盾，长期如此对经济的发展和社会的稳定是不利的。所以，霍光虽然没有亲临会场，参与辩论，但他改变盐铁官营、酒榷、均输等经济政策的决心是很明确的，因为他看到人民的生活影响政局的稳定，关系到汉王朝统治的长治久安。会议围绕坚持还是罢废盐铁官营、均输问题展开的辩论，涉及各个方面，包括对待匈奴和国内的治理等重大问题，实际上是对汉武帝时期政治、经济的总评价，也是昭帝实施新的政策前的一次大讨论。会议的主题是研讨汉武帝以来，盐铁专卖政策的利弊得失，实质上是想要通过沟通公私的分歧，来缓和社会矛盾。因为盐铁官营、酒榷、均输等政策的实施，直接损害了中小地主的利益，因而贤良、文学大声疾呼，要求改变这一政策；而代表当时大地主、大商人利益的御史大夫桑弘羊，

以这一政策给汉朝带来强盛为理由，坚决反对改变这一政策。因此，昭帝即位之初，霍光就围绕是否改变盐铁官营、酒榷、均输等经济政策，与桑弘羊等人展开了斗争。在讨论中，涉及范围之广又远远超越了这个主题，就社会存在着的问题广泛地交换了意见。这个会议是霍光辅政后的一次大型国家议政会议，是霍光施政中的一个重要内容，在霍光的领导与指示下会议进行了半年之久。会议的内容，最后由桓宽以会议纪要的问答形式，整理成《盐铁论》六十卷，这部丰富的会议纪要，至今仍然是研究西汉经济、政治、思想文化的重要文献。经过这场讨论，汉昭帝于是年七月，下诏"罢榷酤"和取消"令民共出马"的规定。废除了盐铁官营、均输等政策。这就从根本上抑制了大地主、大商人的利益，在一定程度上缓和了社会矛盾，调整了阶级关系，从而使汉朝的经济走上了恢复发展的道路。虽然他是为了统治阶级能够实现长治久安的目的，但是实际上达到了维护人民利益、安抚百姓、稳定社会的良好效果。"武帝之末，海内虚耗，户口减半，霍光知时务之要，轻徭薄赋，与民休息。致使匈奴和亲，百姓充实，稍复文、景之业焉。"这是班固在《汉书》中对当时情况的评价，由此也可证明罢废盐铁官营的必要。

汉昭帝在位13年，由于霍光的辅佐，对内轻徭薄赋、与民休息，经济继续发展，国内富足民生国力逐渐恢复充实，体现了他关注民生、重视百姓的以民为本、以人为本的治国理念。同时对外也重新恢复了与匈奴的和亲关系使"四夷宾服"，为国家减少了战乱。这些措施对于稳定武帝后期以来动荡不安的局势，恢复社会经济起了重要作用，为汉朝的巩固，为社会的安定和发展都奠定了一定基础。昭帝死后，汉朝的政局曾一度发生混乱，但由于它的政治基础比较稳固，政局在短暂的混乱之后很快就平静下来。

粉碎政变

争权夺利的斗争本来就是封建宫廷中的一个顽症。霍光掌管大权，必然招来其他也想掌权人的怨恨，加上霍光平时坚持制度和原则，办事又严谨认真，这就更让一些人感到霍光处处碍手碍脚，使他们不能为所欲为，是他们争夺权力道路上的巨大障碍。所以，勾心斗角的事接连不断，使霍光应接不暇。朝廷中有几个大臣就把霍光看作眼中钉，非把他除去不可。想与霍光争权的第一个人就是辅政大臣左将军上官桀。他和霍光本是儿女亲家，他的儿子上官安的妻子就是霍光的大女儿。上官桀的孙女（即霍光的外孙女）和汉昭帝年龄相当，为了跟霍光争夺权力，上官桀想把孙女儿嫁给昭帝，将来可立为皇后，使他成为皇亲国戚。上官桀父子与霍光商量此事，霍光秉公办事，不同意他们的想法，于是说，你的孙女儿也就是我的外孙女，现在太小才六岁，还没到结婚年龄就送进宫中去，这样做不合适，朝中官员会有议论的，说咱们谋私利，徇私情。霍光这种一心为朝廷的做法，本是辅政大臣应有的品德，但是，上官桀父子却为此事怨恨霍光。上官桀父子碰了霍光的钉子后并不死心，想办法另找门路，一心要把几岁的小女孩送进宫中去。他们知道汉昭帝从小就失去母亲（被武帝赐死），由姐姐长公主照顾，所以一直很听长公主的话。

于是他们就托长公主的情夫丁外人去求长公主出面周旋。长公主听了丁外人的话就同意了，因为昭帝当时只是一个小孩，长公主同意了，他也就同意。这样上官桀的孙女儿就顺利地进宫为婕妤了，只几个月时间又被立为皇后。从此，上官桀父子成了皇亲国戚，在朝廷的地位更加尊贵显盛了。他们非常感激长公主和丁外人的帮助，于是就想通过请求给丁外人封侯，来报答他们。这很明显就是想牺牲朝廷的利益来给自己做人情，而且这样封侯又不符合汉朝的制度。当他们与霍光商谈此事时，霍光拒绝了他们，仍然坚持"无功不得封侯"的原则。霍光坦率地对告诉他们说："汉高祖在世时立下的规矩就是，'无功不得封侯'，现在丁外人没有为朝廷立什么功，你们要封他为侯，又不能拿出为他求封的理由，这怎么能行呢?"无论上官桀父子怎么说，霍光就是不同意。上官桀没有办法，不得不降低要求说："那就封丁外人为光禄大夫（皇帝身边的官员）总可以了吧!"霍光又不顾情面断然地回绝说："那也不行，因为丁外人在朝廷里声名狼藉，什么官爵都不能封，请你以后不要再提了。"上官桀父子在霍光那儿碰了几次壁，又气愤又羞愧，就跑到长公主和丁外人那儿添油加醋地说了一气，使长公主和丁外人也对霍光恨得咬牙切齿。为了拔除眼中钉、肉中刺，他们想办法排挤霍光。上官桀父子和长公主等人暗地里联络朝中反对霍光的力量。当时担任御史大夫的桑弘羊，凭借在汉武帝时期，曾建议创立盐铁官营、酒类专卖等制度，支持了庞大的军费开支。加上他又善于理财，多次给国家开辟财源，他就以为朝廷立过大功为资本，总想为子孙在朝廷里谋求一官半职。霍光对桑弘羊的请求同样也是不予答应，并告诉他说，朝廷赏赐你，是因为你有功劳，但是你的子弟要想做官，他们就必须凭着自己的本事才行，而不能依靠你的功劳做官。霍光这种敢于蔑视权贵不徇私情的做法，不仅能够防止这些贵族和功臣的私欲膨胀，而且能够有效地控制朝廷的腐败和堕落。有利于统治的公平和清廉，本来是有利于朝廷和百姓的。但是，晚年的桑弘羊居功自傲，不甘居于霍光之下，且和霍光已发生了严重的政治分歧，现在又从自己的私利出发，提出的非分要求被霍光拒绝后，气愤不已，认为霍光是有意刁难，很怨恨霍光。霍光一下子成了许多人的眼中钉、肉中刺，他们下决心要打倒霍光，夺取大权。汉昭帝的同父异母兄长燕王刘旦，因为没有当上皇帝，心里老是怨恨不已，还迁怒于霍光，当然也想把辅政大臣霍光打倒。这就形成以长公主和燕王刘旦为首的两股政治势力。他们估计到依靠各自的势力还不能够推翻汉昭帝，只好暂时联合。按照上官桀的计划，先利用燕王刘旦的身份，发动政变，到政变成功之后，再除去燕王刘旦，由他来掌握朝政。这个暂时联合起来的政治集团，自然要把矛头首先指向阻碍他们夺取政权的霍光。就这样反对霍光的势力和燕王刘旦相勾结，密谋策划先挤垮霍光，再废昭帝拥立燕王为帝。燕王刘旦恨不得马上当皇帝，加紧了政变的准备工作并将夺取帝位的赌注压在上官桀身上，前后派遣十多人，带了大批金银珠宝，贿赂长公主、上官桀、桑弘羊等人，以求支持他夺取帝位。还催促上官桀等人早点想办法动手。他们想方设法要陷害霍光，总是在不停地窥测动静，以便寻找机会趁早下手。

昭帝始元七年（前80年），汉昭帝十四岁那年，有一次，霍光检阅羽林军（皇帝的禁卫

军），还把一名校尉调到他的大将军府里。上官桀他们就抓住这两件事，采用"清君侧"的故伎，假造了一封燕王的奏章，派一个心腹冒充燕王的使者，送给汉昭帝。那封信上大意说：大将军霍光检阅羽林军的时候，坐的车马跟皇上坐的一样。他还自作主张，调用校尉。这里面一定有阴谋。京都附近道路都已经戒严；霍光将被匈奴扣留19年的苏武召还京都，任为典属国，想要借取匈奴兵力；霍光擅自调动所属兵力。所有这些，是为推翻昭帝，自立为帝。并声称燕王刘旦为了防止奸臣叛乱，愿意离开自己的封地，回到京城来保卫皇上，免得坏人作乱。上官桀企图等到霍光外出休假时，将这封奏章送到昭帝手中，而后再由他按照奏章内容来宣布霍光的"罪状"，由桑弘羊组织朝臣共同胁迫霍光下台，从而废掉汉昭帝。但是他们没有想到，当燕王刘旦的书信到达汉昭帝的手中后，却被汉昭帝扣押在那里，把它搁在一边不予理睬。次日早朝，霍光上朝，也已经知道了上官桀的举动，就在张贴着那张汉武帝时所绘"周公负成王图"的画室之中，不敢去朝见昭帝。汉昭帝在朝廷中没看见霍光，就向朝臣询问，上官桀乘机回答说："因为燕王告发他的罪状，他不敢来上朝了。"昭帝十分平静，随即召霍光入朝，霍光一进去，就脱下帽子，伏在地上叩头请罪："臣罪该万死！请皇上发落。"汉昭帝弗陵果断地说："大将军不必紧张，尽管戴好帽子，快请起来。我知道那封书信是在造谣诽谤，你是没有罪的，是有人存心陷害你。"霍光磕了个头，又惊又喜地问："陛下是怎么知道的？"汉昭帝说："这不是很清楚吗？大将军检阅羽林军是在长安附近，调用校尉还是最近的事，一共还不到十天。燕王远在北方，怎么能知道这些事？就算是知道了，马上写奏章送来，也来不及赶到这儿。如果你要调动所属兵力，时间用不了十天，燕王刘旦远在外地，怎么能够知道呢！再说，大将军如果你真的要叛乱，也用不着靠调一个校尉如此大动干戈。这明明就是有人想陷害大将军，燕王的奏章是假造的。"十四岁的昭帝一语揭穿了上官桀等人的阴谋，所有在朝大臣都对昭帝如此聪明、善断表示惊叹和佩服。汉昭帝把脸一沉，对大臣们说："你们要把那个送假奏章的人抓来查问。"上官桀害怕昭帝追查得紧，他们的阴谋将要败露，就对汉昭帝说："陛下就不必再追究这样的小事情了。"从这时起，汉昭帝就对上官桀这一伙人起了疑心，但他们还是没有收手，经常在刘弗陵跟前说霍光的坏话。刘弗陵已经不信他们所说的话，于是警告他们："大将军是先帝临终前托付的忠臣，他辅佐朕治理国家，做了很多事情，天下百姓有目共睹，以后如果有人再毁谤他，朕一定从严处罚，绝不宽恕。"可见，刘弗陵年龄虽然小，但是却知人善用。

上官桀等人的阴谋被揭穿之后，失去了昭帝的信任，就决定干脆誓死一拼，从阴谋走向阳谋，准备发动武装政变。他们计划，由长公主出面，请霍光喝酒。他们布置好埋伏，准备在霍光赴宴的时候刺死他，又派人通知燕王刘旦，叫他到京师来。上官桀还打算在杀了霍光之后，再废除汉昭帝。就在这危急关头，长公主门下一名管理稻田租税的官员将上官桀等人的阴谋向大司农杨敞（司马迁之婿）告发，杨敞转告了谏议大夫杜延年，于是上官桀等人的武装政变计划被昭帝、霍光掌握了，所以在这一政变未发动之前，就先发制人，统统逮捕了上官桀、桑弘羊等主谋政变的大臣，诛灭了他们的家族。长公主、燕王刘旦得到消息，自知不能被赦免，先后自杀身亡。一生严谨、公正的霍光在朝廷安危的关键时刻，冷静、果断地帮助昭帝粉碎了政变，保持了西汉王朝的稳定和政策的连续性。霍光的辅政地位也得到了稳固和加强。十二岁的上官皇后因为年纪很小，又是霍光的外孙女，所以没有被废黜。

拥废新帝

汉元平元年（公元前74年），仅有二十一岁的汉昭帝就害病死了。那一年，上官皇后也才只有十几岁，还没有生孩子。汉昭帝的其他后宫，也没有生过儿女。那么，又该让谁来继承皇位呢？这是霍光等公卿大臣面临的困难问题，也是关系朝局稳定的关键问题。当时，汉武帝的儿子只有广陵王刘胥还活着。大臣们主张立刘胥做皇帝。大将军、大司马霍光不同意，因为刘胥这个人太荒唐，不是做皇帝的材料，他行事不检点，有失皇家体统。汉武帝生前就很不喜欢他，而且也不放心刘胥。霍光看到有个郎官的信说："立皇帝不一定考虑辈分的大小，主要看他合不合适，只要合适，哪怕立晚一辈的也应该是可以。"霍光同意，就把这封信转交给丞相杨敞，请大臣们讨论。经过商议最后的结果，大家都主张立汉武帝之孙昌邑王刘贺，让他来继承帝位。于是，霍光就以上官皇后的名义下了诏书，派少府乐成、总正刘德、长史丙吉等去迎接昌邑王，请他到长安来即位。

但是当时霍光并不了解，昌邑王刘贺，也是个浪荡子弟，荒淫无度。在为汉武帝治丧的时候，他竟然还敢带着随从去打猎。因为按着当时有关规定，这是极其严重的罪过。他手下有个叫王吉的中尉，因为这件事，狠狠地教训了他一顿。虽然他赏给王吉五石酒和五百斤牛肉，表示一定要改过自新。但是事过之后他还是老样子，总也改不了，仍然和以前一样放纵。昌邑王手下有个叫龚遂的郎中令，是一个知书达理的人，也曾多次苦苦地规劝他要守规矩懂礼仪。当他听得不耐烦了，就双手捂着耳朵朝外跑。他一边跑，一边还嬉皮笑脸地说："郎中令真会羞人啊！"后来，龚遂征得昌邑王的同意，专门挑选了十几个读书人去伺候他，向他讲解各种礼仪。但是还没过几天的工夫，他就把这些人轰走了。乐成、刘德、丙吉等人正赶上是在半夜，来到昌邑（今山东巨野东南）。昌邑王刘贺当听说要立自己为皇帝时，急忙命人点起灯火，用来照着看诏书。第二天，他喜不自胜，都等不及收拾齐备行装，就慌里慌张地带着随从出发了。他的车马，一刻不停，刚刚半天的工夫，就跑了一百二十五里。侍从们在后面紧紧地追赶着，连马也累死了许多匹。王吉急忙告诫他说："大王到长安去为皇上主持丧事，应该日夜悲哀哭泣，绝不能再出什么差错。天下人都知道大将军仁慈宽厚、足智多谋。如今大将军请大王去即位，大王就应该敬重大将军，一切都应该听从大将军的安排。希望大王处处留心，别忘了臣下的这番话。"可是，昌邑王刘贺，根本没放在心上，却把王吉的话当成耳旁风。他来到济阳（今河南兰考东北），听说当地从南方引来一种长鸣鸡，打鸣的声音又长又好听，就让侍从给他

买了几只带着。到了弘农(今河南灵宝北),他还指使家奴抢了几个漂亮的乡下姑娘,藏在装衣服的车厢里,供自己在路上寻欢作乐。所以,当地的老百姓都咒骂他。昌邑王来到霸上的时候,霍光早已派人在那里等候着。他坐上只有皇帝才能乘坐的黄伞车,高兴得手舞足蹈。快到长安东郭门的时候,龚遂对他说:"按照礼节的规矩,奔丧的人看见了国都,都必须哭泣着表示悲哀。"昌邑王却以嗓子疼为借口,说不能哭。一直来到未央宫的东门外,他才装模作样地哭起来。

这些情况,霍光和大臣们自然都不知道。他们把昌邑王刘贺接到皇宫里,先让他参见上官皇后,然后请上官皇后下诏书,立他做太子。等汉昭帝出殡后,霍光和大臣们再请上官皇后出面,把皇帝的玺印交给皇太子刘贺,让他即位做皇帝。十几岁的上官皇后,算是新皇帝的母亲,被尊为皇太后。

昌邑王做了皇帝,却毫无做皇帝的样子。每天从早到晚,他不仅不同霍光和大臣们商议国家大事,反而把从昌邑带来的那些打鼓的、唱曲的、斗狗的、耍把戏的都弄到皇宫里来,叫他们陪着自己玩儿,随意赏给他们钱财。家人都穿上刺史的官服,封官晋爵,任其胡作非为。在居丧期间,宫里不允许吃肉,他却偷偷地派人到宫外去买鸡、买猪,拿回来宰了大吃大喝。他闲着没事儿,甚至还跑到汉昭帝的后宫里去奸污宫女。龚遂眼瞧着昌邑王越来越不像样子,就劝告他说:"如果陛下老是听信那些简直就像苍蝇屎一样小人的话,将来一定会遭殃的。陛下应该重用先帝的大臣和他们的子孙,把从昌邑带来那些小人都发送回去。我也是从昌邑来的,请先从我开始吧!"但是,昌邑王傲慢无比,因为他觉得自己做了皇帝,天老大我老二,无人能管他。你们竟然还敢教训我。因此,他根本就听不进龚遂的话。史书上有记载:昌邑王刘贺,纨绔子弟,不学无术。带着二百多人进京即位后,跟这帮人天天饮酒作乐,淫戏无度,即位刚二十七天内,就干了一千一百二十七件荒唐事,日益骄横,荒淫无道,失帝王礼仪,我行我素,对大臣进谏不闻不问。汉室皇宫被他闹得乌烟瘴气。

霍光没有想到自己拥立了这么一个浪荡皇帝,犯了一个如此大的错误,真是又气愤又后悔。看到皇帝的这些荒唐行为,感觉对不起汉武帝。并且认为事态严重,如果不及早处置,可能会将汉家天下断送到刘贺的手里。霍光不敢声张,悄悄地把他的心腹大司农田延年找来,问他应该怎么办。田延年说:"大将军认为这个人不能做皇帝,为什么不禀告皇太后把他废掉,再挑选一个贤明的人呢?"霍光说:"我也想这么着,但不知道古时候有没有这种先例?"田延年说:"怎么没有呢?殷朝时有个国相叫伊尹的(伊尹是商朝重臣,受先王嘱托辅佐几朝后王。太甲当政时荒淫无道,伊尹将太甲放逐出京,待到3年后太甲悔过,才接回复位,伊尹是一个敢于逾越常规但骨子里忠心耿耿的人物),曾经废黜了昏君太甲,使国家得到了安定,后世人都说他是忠臣。大将军要是这么做,也就成了汉朝的伊尹了。"霍光又去跟已经升任车骑将军的张安世商量,张安世也同意废黜昌邑王。于是,霍光又派田延年去报知丞相杨敞。但杨敞是一个胆小怕事的人,当他听说要废掉新立的皇帝,吓得出了一身冷汗,嘴里不置可否。他的夫人趁田延年出去更衣的时候,急

忙对丈夫说："这是国家大事，如今大将军都已做出了决定，还派大司农来通知您，您如果不痛痛快快地答应，跟大将军同心合力，还会有好结果吗？"等田延年回到屋里，杨敞夫人抢先对田延年说："一切遵从大将军的命令！"

在昌邑王即位的第二十七天，霍光把所有在朝大臣、列侯、博士等文武百官召集到未央宫，举行会议，跟他们一块商议废除昌邑王的事。霍光开门见山地问道："昌邑王昏庸无道，恐怕要危害国家社稷，你们说应该怎么办呢？"群臣见霍光不称刘贺为皇帝而称昌邑王，感到意外，一个个都吓得半晌说不出话来，因为废立之事，关系重大，谁也不敢发言。田延年看这种情况，不由得站起身来，假意斥责霍光，手按着剑柄严词厉色说："是因为大将军忠厚贤明，能够安定刘家的天下，能使汉朝长治久安，先帝才把天下托付给大将军。如果汉朝的天下被昌邑王断送掉，大将军死后难道还有脸面到地下去见先帝吗。今天大将军做出的决定，绝容不得半点迟疑，谁要是不响应，我马上砍了他的脑袋！"霍光说，被责怪是应该的，是他的错。群臣听了，全趴在地上磕头，齐声说："我们一定遵从大将军的命令！"都同意由霍光主持，废除刘贺，另选贤明之主。于是，霍光联合杜延年、杨敞等人，十分慎重地写了一封奏章，列举了刘贺的种种劣迹，请大臣们在上面一一签名。上奏当时主持汉室的十几岁的上官太后，霍光和大臣们准备好了，就派人去请上官太后，向她说明情况。上官太后来到未央宫，马上吩咐武士们守住宫门，并且不准昌邑王带来的那一批官员入宫。过了一会儿，上官太后又下了一道诏令，请卫士带昌邑王上殿。昌邑王进来后，只见禁卫军的武士们，威风凛凛地排列在大殿下面的台阶上；上官皇太后穿着华贵的服装，端端正正地坐在大殿正中；在上官太后身边，还站着几百名手里也都拿着武器的侍从。文武百官鱼贯而入，分列在大殿两侧，一个个都绷着脸，严肃而紧张。昌邑王一见这阵势，被吓得两腿直发软，慌忙跪在上官太后面前，只能听从她的吩咐。这时候，霍光便让尚书令打开奏章宣读起来。上官太后马上批准了这封奏章，宣布废黜昌邑王。事后，霍光还亲自把昌邑王送到昌邑邸，对他说："大王自绝于天下，臣下也是没有办法。臣下宁可对不起大王，也不能对不起国家。从今天起，臣下就不能再服侍大王了，请大王多多保重！"就这样，昌邑王刘贺仅仅做了二十七天皇帝，又被赶回封地昌邑。除了王吉和龚遂因时常规劝昌邑王而保留了性命外，刘贺从昌邑带去的那两百多个亲信，全被拉到大街上斩首示众。罪名是不能辅佐君王，将皇帝引向歧途。

而封建朝廷不可一日无君，现在昌邑王被废掉了，又怎么才能选择到一位贤明的君主呢？忠心辅政的霍光，为此日夜焦急不安。光禄大夫丙吉上书给霍光，推荐汉武帝与卫皇后的曾孙刘询，说这位皇曾孙有德有才，可接回宫中继承皇位。霍光和大臣们商量后，禀报皇太后，将汉武帝刘询从民间迎入宫中，先封为阳武侯，于同年7月继位，立十八岁的刘询为帝，这就是汉宣帝。第二年改年号为"本始"。汉宣帝[宣帝，名刘询，本名病己，字次卿(公元前91年~前49年)，汉武帝刘彻的曾孙，戾太子刘据的孙子。在位25年，病死，终年42岁。葬于杜陵。他出生才几个月，却赶上刘据因巫蛊事件而自杀，他的父母惨遭杀害，襁褓之中的刘询也被收入狱中。幸亏当时的一位小官员丙吉，暗中派狱

中两个女犯人给他喂奶，才保住了刘询的一条命。后遇到朝廷的大赦，被削籍为平民，被祖母史家收养。他年少孤苦，在家臣的抚养下逐渐长大，因他长期生活在民间，因此对百姓的疾苦和吏治得失有所了解，这对他的施政有直接影响。他聪明贤德，通晓经书，而且喜欢法家思想，留心风土人情，所以颇有几分政治家的才干。]霍光作为辅命大臣，在处理朝廷废立君主的大事上，起到了决定性的作用，稳定了国家的大局。宣帝即位后对霍光又进行了嘉奖。霍光依然忠心耿耿地辅佐年轻的宣帝，教他如何才能做一个贤明的君主。

霍光辅佐刘询六年，刘询在位十八年，独立执政后，对外抗击匈奴，连连得胜，对内政绩累累，颇受史家称道，可见霍光之为的确有胆有识。汉宣帝在他的辅佐下，继续遵照"与民休息"的方针来制定政策，处理国事，使西汉王朝继文景之治之后，又出现了兴盛的局面，"吏称其职，民安其业"，史称"昭宣中兴"。这和霍光从汉武帝末年到昭、宣两朝辅政二十余年的功绩是密不可分的。地节二年（公元前 68 年），三朝元老霍光病逝。他受到与近五十年前其兄霍去病去世时一样的厚葬，被破格允许使用金缕玉衣。作为功臣之首，他的画像被挂在麒麟阁的显要位置。汉宣帝和太皇太后亲自为霍光主持丧礼，并用极其隆重的礼仪，把这位忠心辅政、安定社稷的重臣埋葬在茂陵汉武帝陵墓的旁边，以示对他的尊崇。如果说汉武帝算一代伟帝的话，文臣霍光当然应该是当时朝廷的重要人物了。

霍光不仅在政治、经济上有卓越的智慧和高超的手腕，在军事上霍光也有值得称道的地方，只是很多人不了解。有人说他没打过仗自然没有战功，这是不公正的说法，因为当时的执政者昭帝年幼，霍光实际上就等于是在代行皇帝之职，有点像摄政王，而不是将领。就好比汉武帝和卫、霍不能互相替代一样。就算霍光本人想去西陲征伐，条件也不允许。

尤其值得一提的是，霍光在汉昭帝死后的立、废、再立皇帝的壮举，是他政治生涯中一幅浓墨重彩的重要画卷。新皇帝的确立是当时安定全国的需要，然而要确立一个什么样的皇帝，则又是直接关系到汉朝是否能长治久安的问题。霍光不仅要考虑到前者，更要考虑后者。从小父母就教育我们"知错就改才是好孩子"，而长大后，我们才会猛然发现，改起一些错误来并不是那么容易的，甚至有时候，改正错误的高昂成本，很令人生畏。并且，一般意义上说，所犯的错误越大，对改正错误的心理障碍就越大。但是，一人之下，万人之上的霍光却有很大的勇气来否定自己，能做到实事求是，勇于承认错误并改正错误，难能可贵，真的很是令人佩服。他宁愿担负所谓擅自废立的恶名，这样高昂的代价，也不愿使汉家王朝倾覆。这表明他对汉室的忠诚，也是对国家的高度负责。事实也证明，霍光选择了汉宣帝，才使得汉朝能够保持了兴旺的局面，后继有人。

历史上的废立之事大多是因为掌权者的私心和野心造成的，而像霍光这样恪守信念，为国家考虑的人物却是非常少见的，像霍光这样的人物在中国历史上也算得上是一个忠心、谨慎的稀有珍品了，正是因为稀少才更加珍贵。历史上辅佐君王留下千古美名的,无人超过周公和霍光。成就他们美名的就一个字:忠。因为他们手掌大权,却无反意,从来不曾想要"挟天子以令诸侯"。武帝不愧是一代明君雄主,眼光很准,霍光也能够不负重托,始终保持着一个正面形象,是难能可贵的。霍光绝对是一个很值得我们学习的人物。每走一步,他都将自己摆放在正确的位置,不越半步,但也不退半步。该说的就说,该做的就做,但不是自己本分的事,他坚决不会参与。同样地辅政,霍光与王莽有明显的区别,霍光守成而王莽篡位,历史人物的行为往往并不完全出于自己的决定,而在一定程度上受到各自的背景影响和制约。昭帝死后,出现很长一段时间的权力真空,霍光实际上就是在行使皇帝的权力。如果他有非分之想,汉家天下不说唾手可得,至少是很容易的。但他没有这样做。

身后凄凉

霍光就是这样一位有大恩于皇室,有大功于王朝的重量级人物,但在去世不久,夫人毒杀宣帝许皇后的事被揭发,宣帝削夺霍家权力。死后两年,地节四年(公元前66年)七月,霍氏密议谋反,谋划废宣帝立自家人,结果阴谋败露,被宣帝灭三族。整个家族遭遇灭顶之灾:夫人被"弃世",儿子遭腰斩,贵为皇后的女儿被逼自杀,受霍氏家族株连的数十家皆被杀,即使和霍氏有些交情的人都因此而免官。富贵至极的霍氏家族覆灭了。霍家的命运再一次印证了"君子之泽,五世而斩"这句话。霍家显贵如果从元狩四年霍去病始封侯算起,到汉宣帝地节四年霍氏灭门,前后不过53年。是什么原因让霍家遭遇如此大劫? 问题出在哪儿呢? 出在他的家族内部,出在他自己身上。同历史上任何有作为的政治家一样,霍光也受到时代和历史的局限,摆脱不了光宗耀祖思想的束缚,也摆脱不了身为将相,子弟封侯的腐朽传统。在他在位时,他的宗族、子弟都已是高官显贵,霍氏势力也已"党亲连体,根据于朝廷"。霍光历仕三朝,权力过大,整个家族的欲望也跟着膨胀起来。到宣帝时,霍家权势,如日中天,这种情况发展到登峰造极的程度,霍光的小女儿霍成君甚至做了第一夫人——皇后。上官女是霍光的外孙女,是太皇太后。霍光的长子霍禹,封博陵侯,右将军(相当于现在的全国武装部队副总司令)。霍光的侄孙霍山,封乐平侯、守奉车都尉领尚书事(相当于皇宫机要秘书长)。霍光的侄孙霍云,封冠阳侯、中郎将(相当于现在的首都卫戍部队副司令官)。霍光的长女婿邓光汉,长乐卫尉(相当于长乐宫防卫司令官)。霍光的次女婿任胜,诸吏中郎将羽林监(相当于现在的首都卫戍部队司令官)。霍光的三女婿赵平,散骑常侍将屯兵(相当于现在的武装部队训练司令)。霍光的四女婿范明友,封平陵侯,度辽将军未央卫尉(相当于现在的北方军区司令官兼未央宫防卫司令)。霍光的侄女婿张朔,给事中光禄大夫(相当于皇宫机要秘书)。这些官职有多少是皇上赏赐的? 有多少是霍光本人提拔的? 又有多少是同僚们为讨好霍光而推荐的? 现已不得而知。在这些人中,有多少是胜任其职,并且忠于职守的? 有多少不是

忠于职守的？也不得而知。但是，其整个家族荒淫无度，横行不法，却是记录在案，成为霍氏遭遇灭顶之灾的祸根。

霍氏之祸，也集中反映了皇权与权臣的矛盾，而皇权与权臣的矛盾，始终是专制制度下反复出现、不绝如缕的问题。司马光说："霍光辅佐汉室，可谓忠心耿耿。但是死后却不能保全他的宗族，这是为什么呢？因为霍光掌握朝中的大权时间太长了，不知道在该放手的时候放手，又在朝廷上下安置了自己太多的亲信，这样对上使最高统治者感到危机重重，在下又和底下的人结怨很深，上下都不讨好，危险就在身边啊。霍光活着的时候还可以保全自身，但是他的后世子孙仍然不知道收敛，所以遭到祸患是很自然的事情。"

霍光执掌汉朝政权前后达 30 年，他忠于汉室，老成持重，而且又果敢善断，知人善用，的确是一位具有深谋远略的政治家。他击败上官桀等人发动的政变，废刘贺，立汉宣帝，使汉室转危为安，由此可见他的政治胆略；他改变武帝横征暴敛、赋税无度的政策，不断调整阶级关系，与民休息，使汉代的经济出现了又一个发展时期，这也说明他以国家为重，以民生为本的治国思想。他与匈奴恢复和亲，不仅减少战乱，而且有利于汉族和少数民族和平共处，有利于多民族之间的交流融合、团结互利、共同发展，为中华民族大家庭的繁荣发展奠定了良好基础。当然，不能否认，这些成就的取得，也是与汉武帝所创立的业绩分不开的，如果没有汉武帝时期奠定的基础，霍光在政治经济上都很难取得如此大的成功。但尽管如此，也不能否认他的才略和努力。虽然他有一些缺点如对家人要求不严，但是也不能掩盖他的伟大的功绩和卓越的才能，他不愧为一代帝师。

帝师谋士

蜀汉丞相

——诸葛亮

名人档案

诸葛亮：字孔明，号卧龙（也作伏龙），汉族，琅琊阳都（今山东临沂市沂南县）人，早年丧父，后随同叔父诸葛玄投奔荆州牧刘表。建安二年（197年），诸葛玄病逝。诸葛亮便移居隆中，隐居乡间耕种。建安四年（199年），19岁的诸葛亮与友人徐庶等从师于水镜先生司马徽。诸葛亮读书与当时大多数人不一样，不是拘泥于一章一句，而是观其大略，并喜欢吟诵《梁父吟》这首古歌谣。

生卒时间：181年7月23日～234年8月28日。

性格特点：熟知天文地理，精通战术兵法他志向远大，十分注意观察和分析当时的社会。

历史功过：蜀汉丞相，三国时期杰出的政治家、外交家、发明家、军事家。在世时被封为武乡侯，谥曰忠武侯。后来的东晋政权为了推崇诸葛亮的军事才能，特追封他为武兴王。千百年来，诸葛亮一直是智慧的化身，诸葛亮一生的主要著作有：《前出师表》《后出师表》《隆中对》等。因为作战的需要，他在天文、符咒、奇门遁甲上有着很深的研究。诸葛亮娴熟韬略，多谋善断，长于巧思，曾革新"连弩"，可同时发射出10箭，并作"木牛""流马"，以便于山地军事运输；还推演出兵法，名为"八阵图"。

名家评点：陈寿《三国志》：诸葛亮之为相国也，抚百姓，示仪轨，约官职，从权制，开诚心，布公道；尽忠益时者虽仇必赏，犯法怠慢者虽亲必罚，服罪输情者虽重必释，游辞巧饰者虽轻必戮；善无微而不赏，恶无纤而不贬；庶事精练，物理其本，循名责实，虚伪不齿；终于邦域之内，咸畏而爱之，刑政虽峻而无怨者，以其用心平而劝诫明也。可谓识治之良

才，管、萧之亚匹矣。然连年动众，未能成功，盖应变将略，非其所长欤！

清朝康熙帝："诸葛亮云：鞠躬尽瘁，死而后已。为人臣者，惟诸葛亮能如此耳。"

唐代孙樵："武侯死殆五百载，迄今梁汉之民，歌道遗烈，庙而祭者如在，其爱于民如此而久也。"

西晋梅陶赞陶侃："机神明鉴似魏武，忠顺勤劳如孔明。"

东晋常璩："治国以礼民无怨声，不滥用私刑，没尚有余泣。"

隋朝王通："若诸葛亮不死，则礼乐大兴。"

伟大的革命先行者孙中山在三民主义之民权主义中称赞诸葛亮："诸葛亮很有才能，所以在西蜀能够成立很好的政府，并且能够六出祁山去北伐，和吴魏鼎足而三。"

三顾茅庐

三国时期，在官渡大战以后，刘备兵败，无奈之下，只好投奔了荆州刘表。刘表便给他一些人马，让他驻守在新野。刘备在荆州呆了几年，尽管刘表一直把他当上等宾客来招待。可是刘备是一个胸怀抱负的人，常因没能够实现抱负而闷闷不乐。有一天，刘备用手摸着自己的大腿，心里很有感触，不由得流下眼泪。刘表看到了，于是就问他有什么不开心的事。刘备便说："以前我总是打仗，几乎每天都是人不离鞍，所以大腿上的肉特别结实。可是现在在这儿过着清闲的生活，大腿的肉不知不觉就长肥了。眼看着日子如流水一般地过去，人也快老了，可至今还干不出什么大事，因此，想起来心里就感到极为难过。"刘表当时对其加以安慰了一阵。可是刘备在心里总在盘算着长远的打算。为了能实现志向，他便想寻找能帮助自己成就事业的人。经过四下里打听，终于得知在襄阳有个名叫司马徽的名士，于是就特意去拜访。

司马徽十分客气地接待了他，随后也得知他的来意。刘备说："不瞒先生，我是特意来向您请教天下大势的，请先生一定不吝赐教。"司马徽听了这句话，呵呵地大笑起来，说："你看像我这样平凡的人，能懂得什么天下大势。如果要谈关于天下的大势，那得靠有才能的俊杰啊。"刘备马上央求他给予指点："哪里才能找到这样的俊杰呢？"司马徽说："这一带有卧龙和凤雏两个人，只要您能请得到其中一位，那就能助你平定天下了。"刘备便急着问卧龙、凤雏是谁，司马徽于是告诉他：卧龙名为诸葛亮，字孔明；凤雏名为庞统，字士元。刘备向司马徽辞别后，就回到了新野。这一天，忽然有一个读书人要求见他。刘备见他举止大方，便认为他不是卧龙就是凤雏，于是热情地接待了他。经叙谈，才知道这个人名叫徐庶，在当地也是一位名士，因为听说刘备正在招贤纳士，所以特地来投奔他。刘备十分高兴，于是，就把徐庶留下当谋士。同时，徐庶又说："我有个人称卧龙的老朋友，名叫诸葛亮，将军是否愿意见见他呢？"通过徐庶，刘备对诸葛亮的情况又多了些了解。

原来，诸葛亮并不是本地人，他的老家原是琅琊郡阳都县。他在年少的时候，父亲就去世了。他的叔父诸葛玄跟刘表是朋友，于是就带着他来到了荆州。可是时间不长，他的叔父便死去了，叔父死后，他便在隆中搭起了茅屋，定居下来，一面躬耕，一面读书。他的年纪仅有二十七岁，可是学问却十分渊博，见识极为丰富，朋友们对他都很钦佩，他也常因此把自己同古时候的管仲、乐毅相比。可是他看到天下乱纷纷地，当地的刘表也并非是能用人才的人，因此他宁愿在隆中隐居，过着恬淡的生活。刘备听了徐庶的介绍后，便对他说："既然您跟他如此熟悉，那就辛苦您一趟，把他请到这里来吧！"徐庶马上把头摇了摇说："不行啊。像他这样的能人，非得将军亲自去请他，如此一来，方能表示出您的诚意。"

刘备看到司马徽、徐庶对诸葛亮都十分推重，便知道诸葛亮这个人是非同小可，一定是个很了不起的人才。转过天来，他就带着关羽、张飞一起来到了隆中。当诸葛亮得知刘备要来拜访他，便故意躲开了。刘备扑了个空。跟随刘备一同去的关羽、张飞都感到有些不耐烦。可是刘备却记住徐庶说的话，一定要耐着性子去请，第一次没能见到，于是又去第二次，可是这次又没见到，如此两次，刘备并没有灰心，他打定主意，一定要把诸葛亮请出山来。等到他第三次去请他时，诸葛亮终于被刘备的诚意感动了，于是就在自己的草屋里接待了刘备。当时刘备把关羽、张飞留在门外，自己跟着诸葛亮进了屋里。刘备向诸葛亮坦言道："而今汉室衰落，朝中的大权都落在奸臣手里。我虽然能力差，可是却很想挽回这个局面，只是想不出有什么好办法。所以特地前来请先生给予指点。"诸葛亮见刘备如此虚心请教，也就推心置腹地向刘备说出了自己的主张。他说："如今曹操战胜了袁绍，拥有兵力百余万，况且他又挟持天子对天下发号施令。所以这就不能只凭借武力跟他争胜负了。现在孙权占据江东一带，已经历三代。江东地势十分险要，百姓都归附他，在他身边还有一批有才能的人为他效力。由此看来，和他只能联合，而不能打他的主意。"接下来，诸葛亮又给刘备分析了荆州和益州的形势，他认为荆州是一个军事要地，但是刘表并不能守得住这块地方。益州的土地肥沃而又广阔，向来被世人称为"天府之国"，但是在那里的主人刘璋却是个懦弱无能的人，当地人都对他很不满意。最后，他又说："而今，将军作为皇室的后代，天下人无不闻名，倘若您能够占领荆、益两州的地方，联合孙权，对内加以整治内政，一旦机会出现，就能由荆州、益州出兵两路，对曹操施以攻击。到了那时，还会有谁不欢迎将军呢。如此一来，将军的功业就此可成，汉室也能得以恢复了。"

刘备听了这一番精辟的见解，不住地点头表示赞同，打心眼里对诸葛亮钦佩，最后他说："先生的话真使我开了窍。我对于您的意见十分赞同。但恳请先生能出山助我。"诸葛亮看到刘备态度诚恳，毫无虚情假意，于是做出决定，跟着刘备来到了新野。自那以后，刘备便把诸葛亮当作老师一般来对待，诸葛亮也把刘备当成自己要寻找的可实现自己抱负的主人。两人的关系是越来越亲密。关羽和张飞把这一切看在眼里，在心里很大的不高兴，在背后总是嘀咕。他们认为诸葛亮如此年轻，未必能有什么真本事，怪刘备过

于把他看得太高了。刘备耐心地对他们加以解释说:"如今我有了孔明先生,就如同鱼儿得到了水一样。以后你们不可胡乱发议论。"关羽、张飞听了刘备这样的话,才闭住了嘴,无话可说了。

联吴抗曹

在曹操平定了北方之后,便于公元 208 年率军南下,对刘表发起了进攻。他的人马还没有到达荆州地界,刘表便已经病死了。这时候刘表的的儿子刘琮听说曹军声势浩大,早就吓破了胆,于是立即派人向曹操求降。这时候驻守在樊城的刘备也得到曹操大军南下的消息,于是他决定把人马向江陵撤退。荆州的百姓都知道刘备善待百姓,心地仁慈,都愿意追随着他一起撤退。当曹操带兵赶到襄阳时,已经得知刘备向江陵撤退了,这时他又打听到刘表在江陵蓄积了大批的军粮,他害怕被刘备给占了去,于是亲自率领五千轻骑兵在后面追赶刘备。刘备的人马不仅带有兵器及装备,最主要的是还有十几万百姓跟着,所以行军速度很慢,每天只能走十几里路。而曹操的骑兵仅一天一夜就赶了三百多里地,到了当阳的长坂坡,就把刘备追上了。

刘备的人马被曹操的骑兵给冲杀得七零八落,幸亏张飞在长坂坡抵挡了一阵,刘备、诸葛亮才带得少数人马摆脱了后面的追兵。可是赶往江陵的路已经被曹军给截断了,所以只好改道往夏口退去。曹操占领了江陵之后,继续沿江向东进兵,眼看着就要追到夏口了。诸葛亮于是对刘备说:"而今形势危急,眼下只有一条路了,那就是求助于孙权。"正好孙权也担心荆州被曹操给占领,派鲁肃去找刘备,劝说他跟孙权联手共抗曹军。于是诸葛亮就跟随鲁肃来到了江东的柴桑。诸葛亮见到了孙权,说:"如今曹操把荆州攻下了,很快就要向东吴进攻。如果将军决心抵抗,那就趁早和曹操断绝关系,跟我们联手一起进行抵抗,要不然的话,您就干脆向曹操投降,倘若再犹豫不决,祸到临头时就来不及了。"孙权反问道:"那么刘将军自己为什么不投降曹操呢?"诸葛亮表情十分严肃地说:"刘将军乃是皇室后代,才能盖世,怎么可能会低三下四去投降曹操呢?"孙权听了诸葛亮这么一说,也神情激动地说:"既然刘将军如此,那我也不能将江东土地和十万人马白白地送了他人。只是刘将军刚刚打了败仗,他又怎么能抵抗得住人多势众的曹军呢?"诸葛亮神情自若地说:"这个您就放心吧,刘将军尽管败了一阵,可是还有两万水军。眼下曹操兵马虽众,可是他远道追来,兵士们早已是筋疲力尽。更何况,北方人不惯于水战,荆州的人马肯定会对他们不服的。只要我们能够同心协力,打败曹军是指日可待。"孙权听了诸葛亮如此的一番透彻的分析,心里特别高兴,于是马上召集了部下将领,讨论如何抵抗曹操的办法。

在东吴的群臣中,张昭是资格最老的。他说:"如今曹操用天子的名义来征讨,我们如果要对他进行抵抗,那首先在道理上输了一着。何况,我们本来想依靠的长江天险,现

在也已经靠不住了。因为曹军占领了荆州,又有上千艘的战船,他们水陆军马合在一起,我们怎能抵挡得住,所以,投降是最好的办法了。"很多人也随之附和。孙权听着群臣的议论,心里很不是滋味。于是又把正在鄱阳的大将周瑜给召回来,周瑜态度慷慨激昂地说:"曹操虽然名为汉相,可其实与奸贼无异。这次是他自己送死来了,哪里有投降他的道理。"他当时就给大家分析了曹操许多不利的条件,认为北方兵士都不惯于水战,而且是由大老远地赶到了这陌生的地方,水土不服,一定会有很多兵士生病。即使兵马再多,也不会有什么用的。孙权听了周瑜的这些话,胆子也壮了起来。他当即站了起来,从腰里拔出宝剑,一剑砍下,"豁"的一声。就把案几砍去了一角。他声色严厉地说:"如果还有谁再提投降曹操的话,那就跟这案桌一样。"转过天来,孙权即任命周瑜为都督,叫他和刘备一起抵抗曹操。周瑜率领水军驻守在南岸,同曹军隔江相望。曹操的军士都是来自北方,不善水战,他们站在战船上的时候,只要一遇到风浪颠簸就受不了。到了后来,他们想了一个办法,就把战船用铁索给拴在了一起,如此一来,船果然平稳了许多。周瑜的部将黄盖看到这个情况,便对周瑜说:"曹军把战船都连接在一起,我寻思着用火攻的办法一定能把他们打败。"周瑜觉得黄盖的主意很好,于是两人定下了计策,并马上实施起来。黄盖派人给曹操送了一封信,表示自己要投降。曹操认为是东吴将领害怕他,对此没加任何怀疑。而黄盖则准备好了十艘大船,在每艘船上都装上枯枝,然后在上面浇足了油,又在外面裹上了布幕,插满了旗帜,另外又准备了一些行动轻快的小船,拴在大船的船尾上,准备在大船起火的时候转移。

有一天,天气突然回暖,竟然刮起了东南风。就在当天的晚上,黄盖率领着十条大船,扯满了风帆,船如同箭一般驶向了江北。约莫过了二里的光景,黄盖下令,将在前面行驶的十条大船点起火来。借着风势,十条大火船就如同十条火龙一样,向曹军的水寨闯了过来。因为曹营的船舰都是连在一起的,根本无法躲开,所以很快就燃烧起来。一眨眼的工夫,曹营已经被烧成了一片火海。曹军的大批兵士都被烧死了;另外还有不少人被挤到江里淹死。这时候,周瑜也带领着精兵渡过江来,向曹军发起了进攻。曹兵大败,四散溃逃,最后,曹操从华容的一条小路上逃了出去。刘备和周瑜在后面兵分两路紧紧追赶,一直追到了南郡。曹操的几十万兵马战死的很多,再加上得病而死的,损失了差不多有一大半。经过这一场火烧赤壁大战,三国分立的格局已经基本上形成了。

出兵北伐

诸葛亮自平定南中后,一直希望能够出师北伐。又经过两年时间的准备,公元227年冬天,他率领大军离开成都,临行之际,他给后主刘禅上了一道奏章,名曰《出师表》,要后主亲近贤臣,疏远小人;并且表示了自己决心担负起兴复汉朝的责任。过了年之后,诸葛亮便趁魏军未加防备,亲率大军,突然由西路扑向祁山。因为自刘备死后,蜀汉多年没

有动静，魏国没想到蜀军会突然袭击祁山，于是魏军大败。蜀军乘胜进军，祁山北面的天水、南安、安定三个郡都向诸葛亮求降。此时，魏文帝曹丕已经病死。刚即位不久的魏明帝曹叡马上派张郃带领五万人马赶到祁山，而且还亲自到长安去督战。诸葛亮到了祁山，选用马谡带人去占领街亭，作为据点。马谡读了不少兵书，每当诸葛亮找他商量打仗的事，他就谈个没完，也曾出过一些好主意。因此诸葛亮对他非常信任。

于是他派马谡作先锋，王平为副将。当马谡和王平带领人马到了街亭，张郃的魏军也正好由东面开了过来。马谡看了看地形，决定把营寨扎在山上。可是王平不同意，一再劝说他遵守丞相之命在山下扎营，马谡就是不听。当张郃领魏军赶到街亭，看到马谡竟敢放弃现成的城池不守，却把人马驻扎在山上，当即把马谡扎营的那座山给围困了起来。同时切断了山上的水源。这样一来，蜀军连饭都做不成，时间一长，自己就先乱了起来。张郃见时机已到，便发起了总攻。蜀军顿时纷纷逃散，马谡禁止不住，最后，自己只得杀出重围，往西逃跑。蜀军由此失去了重要的据点。诸葛亮为避免遭受更大损失，便把人马撤回汉中。诸葛亮知道街亭失守完全是因为马谡违反了他的作战部署。按照军法，把马谡定了死罪。诸葛亮杀了马谡之后，想起平日和马谡的情谊，心里很是难过，他把马谡的儿子给照顾得很好。诸葛亮认为王平在街亭曾经劝阻过马谡，就把王平提拔为参军。然后，他就上了一份奏章给刘禅，请求降职三级。

因为诸葛亮赏罚分明，能以身作则，使得蜀军将士都极为感动。大家就把这次失败当作教训，士气比以前更加旺盛了。228年冬天，诸葛亮又带兵杀出散关，转过年来的春天，又出兵收复武都、阴平两个郡。刘禅于是下诏书，恢复诸葛亮的丞相职位。公元229年四月，吴王孙权称帝。蜀汉大臣认为孙权称帝是僭号，要求和东吴断绝盟好关系。诸葛亮却认为，蜀汉眼前的主要对手是魏国。他坚持跟东吴保持联盟。到了公元231年，诸葛亮第四次出兵祁山。魏国司马懿和张郃等一起率领人马赶往祁山。诸葛亮派人留在祁山，自己则率领主力拦击司马懿。司马懿认为诸葛亮孤军深入，带的军粮不多，所以在险要的地方便筑好了营垒，命令将士只守不战。魏军将领以为司马懿害怕诸葛亮，一再请战，司马懿只得硬着头皮，跟诸葛亮大战一场，结果被蜀军杀得一败涂地。由于蜀军后方的运粮官员失职，粮草未能供应上来，只好主动撤兵。大将张郃在后面紧紧追赶，被诸葛亮预先布置好的伏兵用乱箭给射杀了。诸葛亮几次出兵，都是因为粮食供应不上而退兵。于是他设计了两种运输工具，称作"木牛""流马"，也即是两种经过改革的小车，用它们把粮食运到了斜谷口囤积起来。公元234年，诸葛亮率十万大军进行最后一次北伐，同时他又派使者到了东吴，约孙权同时发起攻势，以期南北策应，使得魏国两面受敌。诸葛亮大军出了斜谷口，一直到了渭水南岸的五丈原。为了长期打算，他一面构筑营垒，准备作战；一面又在五丈原屯田，同当地的老百姓夹杂在一起进行耕种。由于蜀军纪律严明，百姓与兵士相处得很好。而魏将司马懿也率领魏军渡过渭水，筑起了营垒防守，同蜀军对峙。

当孙权接到诸葛亮的信之后，立即三路出兵进攻魏国。魏明帝亲自率领大军到南面

抵挡东吴；一方面通知司马懿坚守五丈原，只守不战。后来，孙权的进攻失败了。当诸葛亮得知后，就想和魏军决一死战，可是司马懿依然是稳守营垒，不出兵作战。诸葛亮便想了个法子用来激怒司马懿。他利用当时人们轻视妇女的风俗，派人给司马懿送去一套妇女穿的服饰。意思就是司马懿胆小怕战，还不如做个"闺房小姐"。魏军将士为此气恼得嚷着要跟蜀军拼斗。可是司马懿并没有发火，他安慰将士说："好，代我向皇上请命，请求准许我们和蜀军进行决战。"几天过后，魏明帝派大臣赶到魏营，传达命令，不准出战。蜀军将士得知这一消息，感到特别失望。这时，也只有诸葛亮猜透了司马懿的用意，说："司马懿上奏章请求打仗，这只不过是做给将士们看的。否则，大将领军在外，哪有时间还去千里迢迢请战的道理。"诸葛亮料到了司马懿的心理，同时司马懿也在探听诸葛亮的情况。有一次，诸葛亮派一使者到魏营去挑战，司马懿很有礼貌地接待这位使者，并和使者聊起天来，他说："你们丞相平日公事一定很忙吧？近来身体如何？胃口如何？"使者觉得司马懿问的都是些人情客套话，于是也就老实地做了回答说："我们丞相的确很忙，平日里的军营大小事情都要亲自去抓。他起得早，睡得晚。尤其是近来胃口不太好，吃得也比往日少多了。"当使者走后，司马懿就和左右将士说："你们看，诸葛孔明平时吃得少，事务又如此繁重，哪能支撑多长时间呢？"

果然不出司马懿所料，诸葛亮因为过度辛劳，终于病倒在军营里。后主刘禅闻讯，赶快派了一位名叫李福的大臣来到五丈原进行慰问。李福和诸葛亮谈了一些军国大事，然后就走了。可是没过几天，李福又返了回来。当他看到诸葛亮已经病势转重，不由得哭了起来。诸葛亮对李福说："我知道您回来想问些什么。您所要问的那个人，我看就是蒋琬吧。"李福说："丞相所说的不错。皇上正是要我来问丞相万一身子不好，该由谁来担任您的工作。那蒋琬之后，又有谁可以继任呢？"诸葛亮说："费祎可担此任。"李福还想再往下问，可是诸葛亮已经闭上眼睛不回答了。建兴十二年（234年），54岁的诸葛亮在第五次北伐魏国的中途病故于五丈原的军营里，归葬于定军山。依照诸葛亮生前的嘱咐，蜀军将领并没有把他去世的消息透露出去。而是把诸葛亮的尸体裹放在车里，然后各路人马才开始很有秩序地往后撤退。魏营的探子得知诸葛亮已经病死的风声，马上报告了司马懿。司马懿随后引兵由后追赶上去，可是刚过五丈原，忽然发现蜀军的旗帜已经转了方向，同时传出一阵战鼓响，兵士们都转身掩杀了过来。司马懿极为吃惊，立即拨转马头，命令军队撤退。蜀军将领等到魏军离得远了，才不慌不忙地把全部人马安全撤出了五丈原。这件事被老百姓得知后，便编了一个歌谣嘲笑司马懿，说："死诸葛吓走了活仲达（仲达是司马懿的字）！"司马懿听了之后，并不生气，说："我只能料到活的诸葛，怎么可能会料到死的呢！"到了后来，他亲自跑到原来蜀军扎营的地方，观察了诸葛亮生前所布的阵势，不由赞叹地说："诸葛孔明当真是天下奇才啊！"尽管诸葛亮统一中原的愿望没能实现，可是他的智慧和品格，却被后人所称颂。在民间传说中，诸葛亮一直被人当成是智慧的化身。在他写的《后出师表》里，有"鞠躬尽瘁，死而后已"两句话，人们认为这话正是对他一生的评价。

功盖诸葛第一人

——王猛

名人档案

王猛:字景略,是前秦北海剧人(北海,郡名,西汉景帝时设置北海郡,治所在剧,剧即今山东寿光市)。

生卒时间:325年~375年。

性格特点:谨密慎重,严肃坚毅,气象宏壮,志向远大。

历史功过:王猛治国,使前秦成为诸国中最有生气的国家,因而敢于与群雄角逐,并且愈战愈强,十年之间(366—376年)便统一了北方。在这个过程中,王猛经常统兵征讨,攻必克,战必胜,表现出卓越的军事才干和大将风范,比"运筹帷幄之中,决胜千里之外"而不能"独当一面"的张良还要略胜一筹,符坚比之于"文武足备"的姜尚,并不过分。他既是封建社会时期杰出的军事家、政治家,也是武勇的战将。

名家评点:著名历史学家范文澜认为,符坚"最亲信的辅臣王猛,在将相群中也是第一流的。"

柏杨先生在《现代语文版资治通鉴》中如此评论:"王猛先生是中国最伟大的政治家之一,在他之前有诸葛亮,在他之后有王安石。诸葛亮先生欠缺军事上的成就,王安石欠缺强大的支持力量。所以王猛先生得以施展才华,把一团乱糟糟的流氓大地痞,土豪恶霸,硬是拧成一个整体,不但国泰,而且民安。距今虽已一千余年,但仍使我们对那个辉煌的年代难以忘怀。可惜王猛先生早逝。假如上苍延长他十年二十年寿命,他的才能会进一步施展,对后世的影响会更大。"

出身寒门

　　王猛年少的时候,家境贫寒,稍稍长大一些,就贩卖畚箕谋生,南北往来,尝尽了生活的艰辛。洛阳,东汉时为京师,西晋时亦为京城,十六国时期,洛阳亦是经济繁荣,交通便利的通都大邑,四方商贾多至洛阳交易,因此王猛经常到洛阳做畚箕生意。有一次,王猛贩了畚箕到洛阳,有一个人主动上前说要买他的畚箕,出的价钱远远高出一般畚箕的价格。王猛一见,感到非常惊愕,他卖畚箕多年,还没见过如此价钱的呢。于是就同意卖给他。但那人却说身边没钱,并说家离此不远,请王猛跟他回去取钱。王猛很奇怪,买畚箕而不拿钱,这实在稀奇,但贪图他给的价格高,可以多得利钱,还是决定跟他去。王猛背上一大摞畚箕,跟在来人的后面,两人离开市场,奔上一条大路。

　　说也奇怪,王猛背上背那么多畚箕,并不觉得沉重吃力,而且行走起来,脚步觉得相当轻松。走了一会儿,并不觉得走了多远,忽然就到了一个深山中。山中一条小路,两旁是成排的松柏,沿着小路走,不一会儿就到了一个宽敞的大山洞中了。

　　王猛抬头一看,山洞大约有 5 丈见方,洞中明亮。洞的正中,摆着一张胡床,胡床踞坐着一位老人,老人的胡须头发都雪白雪白的,老人两旁,侍立着 10 多个人,这些人个个宽袍大袖,都有点仙风道骨的气概。侍立的人中有一个人,见王猛进来,就上前将王猛背上的畚箕取下,引他到老人面前。王猛到了老人面前,倒身下拜,口称:“晚辈王猛拜见老人家。”老人微微抬一抬手,笑着说:“王公为什么要拜我呢?”并请王猛坐,一侍立者拿一个木墩,放在胡床前,王猛谢过坐下。老人待王猛坐下以后,以 10 倍的价钱将畚箕全部买下,并嘱王猛好自为之,不久将有际遇。说完便命人拿着钱送王猛离开。王猛心中不明就里,很是纳闷,又不便细问,只好拜谢老人,然后便随一个侍立者走出洞外。那人送王猛到了山外,回转身形,将钱袋交与王猛,告辞回山,王猛接过钱袋,向前走了几步,回过头一看,送行的那人已经不见,而眼前的山原来是中岳嵩山。嵩山在洛阳东 200 余里,自己一日之中就到山中而且拜见了老人,现在出山,日头尚未中天,王猛心中又惊又喜,他知道,这是遇上神仙了,神仙称自己为王公,自己的前途看来是相当不错的了。王猛此后非常珍惜自己,等待着可以奋羽翼搏击的那一天。

　　王猛姿容瑰丽,风度高华,富有才智,他自少年就很喜欢读书,他读的书,经、史、子无所不包,尤其对兵书更是特别喜爱,孙子十三篇他曾仔细地研读,反复揣摩,颇有所会。

　　王猛为人谨密慎重,从不胡乱讲话,态度严肃坚毅,气象宏壮,志向远大,细微小事从不能干扰他的思虑,那些与他的精神气质不相契合的人,他都从不与之有任何关涉,所以那些市井浮华无根的士人都觉得他不合群而讥笑轻视他,觉得他是一个呆子。但王猛对这些浮薄庸俗之人的态度从不放在心上,他有自己的志向和目标,所以他悠然自得,我行我素,他在冷静地观察,缜密地思考,不断增益自己的能力和智慧。

王猛年轻时为寻找实现抱负的机会，曾经到当时燕国的国都邺城游历，很可惜，邺城虽为国都，但那些贪利躁进之徒，追声逐色之辈都不能认识这位学富五车，满腹经纶的奇人。道不同不相与谋。但邺城中有一个人，名叫徐统，有知人之鉴，他见了王猛之后，认为王猛是个奇人，另眼看待他，为了笼络，徐统召王猛为功曹，他以为在穷困中的王猛会应召而来呢。但王猛却另有想法，他知道，在邺城是没有机会可以实现自己远大的经世济民的抱负的，徐统虽说对自己有所认识，但也有限得很，于是王猛不应徐统之召，从邺城跑出来，到了关中的华阴山隐居起来。他在磨砺自己，他要寻找一个可以辅佐的君主，找一个真正的龙颜之主，施展自己的才智。他在华阴山中潜心读书，揣摩世事，他暂时收敛羽翼积蓄力量，等候那风云激荡可以展翅舒翼的时机。

这时的王猛，虽说时人未识，但在一个不小的士人圈子里，已经是小有名气了。

那时南北对峙，江南的东晋有个桓温，此人官为大司马，手握重兵。为了增加自己的威望和实力，晋永和十年（354年），桓温搞了一次北伐，这次北伐较为顺利，很快就打入了关中。桓温大军进入关中以后，不几天就推进到长安附近。长安当时是前秦的都城，如果打入长安，那么东晋恢复北方的事业就有了基础，可是桓温却另有打算，他把军队屯扎在灞水以东，逗留不进。王猛在华阴山中听到这个消息，就决定前去见一见桓温，他早听说桓温在东晋名气很大，现在又领兵到了灞东，他想亲自与桓温谈谈，看他是不是一个可以成就大事业的人。

于是王猛披着一件粗毛织成的短衣前去谒见桓温。把守营门的军士看王猛的打扮，根本就没瞧起他，不放他入内，倒是有个士兵，一听王猛要见主帅桓大司马，再看看王猛风神高迈，气宇轩昂，他想起了桓温说的要等待关中豪杰的话，心想，也许此人就是一个地方的小豪杰，于是让王猛稍候，自己赶紧入大帐禀报。桓温一听王猛之名，虽说不上他到底如何，然而总算听过这个名字，就传令请见，于是士兵又回到营门，将王猛请了进来。

王猛进入桓温的大帐，看桓温据案而坐，并没下座迎接，他便长揖不拜，报了自己的姓名。桓温请他坐下，王猛便在一张胡床上坐下。待王猛坐下以后，桓温便问他道："现今我奉天子的命令（桓温称东晋的偏安皇帝为天子），率领精锐的大军10万，凭恃仁义讨伐逆贼，为百姓除去残暴阴贼，现在我已到了长安附近，然而三秦的豪杰竟然没有前来见我的，这是什么缘故呢？"王猛听桓温如此发问，不慌不忙，拱了拱手，然后回答："将军不远千里而来，深入到了敌寇的腹地，长安近在咫尺，但您却不渡过灞水，百姓不知道将军怀有怎样的心思，所以他们都不来。"王猛一边说，一边坦然地看着桓温。桓温北伐，实际上并不想收复中原，匡复什么晋朝，他只想立功劳而收名誉，树立自己在东晋的权威，以便将来有机会，自己做一个偏安的皇帝，所以他并不想灭前秦。在他看来，如果灭了前秦，自己军队的实力无疑要受重大损失，收复了关中，别人就可以轻易地取代他了。如果不和前秦硬拼，可以保持实力，打到了长安附近，东晋朝廷不能不说这是大功，这样实力保存了，威权和官位也上去了，回到东晋以后，自己的欲望不就更有实现的可能吗？所以他逗留不进，要挟东晋给更大的官，更多的封赏。

中华传世藏书

中华名人百传

帝师谋士

一二二

王猛的话虽然不多,却一下子就点到了桓温的腰眼儿上了,桓温愣了半天,没想出以什么话来回答他,只好打着哈哈,说些无关痛痒的闲话。王猛一看,就知桓温志不在前秦,而是另有所图,所以他也不再往下说,而与桓温泛泛地谈些世务。王猛在整个过程中神情自若,旁若无人,他一边与桓温谈论,一边在粗毛短衣里捉虱子,风度潇洒。王猛的神情举止,使桓温很惊奇,他的话让桓温觉得,这个不到30岁的年轻人是个人物,虽不能深切认识王猛的真实才能智慧,但也觉得是非同一般,就决定请他回江南。于是他让王猛留在他军中一些日子。

过了几天,桓温决定领兵回到江南,临行之前,他送给王猛一套华丽的车子和马匹,并且拜他做督护,请他与自己一同回南方去。王猛明知桓温有异志,又未能更多地了解桓温的为人,并且他生在北方,出身贫苦,而江南又是几家大族把持,去南方前途如何很难估计,因而王猛一时拿不定主意,犹豫不决。王猛决定回华阴山去一趟,征询老师的意见,请老师指示。到了山里,老师问了问王猛见桓温的情况,王猛如实做了回答,并说桓温请自己去南方,请老师指教,去还是不去。王猛的老师看了看王猛,然后慢慢地说:"一山不容二虎,你与桓温难道可以在世上并存吗?在这里也自可以富贵,为何非要到遥远的江南呢?"老师的话一下子就使王猛清醒了。是啊,两个杰出人物,都想出人投地,在一起岂不是要出矛盾,到了南方,如果不依附桓温,前途定然不妙,依附桓温,自己就永无出头之日,这不是太危险也太令人不愉快的事吗?于是,王猛决定留在关中等待并寻找时机,不随桓温到江南去了。第二天,王猛又去见桓温,把自己的想法说了。桓温虽然对王猛有些奇异的感觉,毕竟未能深入了解他,只把他看得比一般人稍好一些就是了,所以桓温也未勉强王猛,自己领兵退出函谷关,奔荆襄大路返回东晋去了。王猛依然留在关中。

辅佐苻坚

人真是需要机遇。机遇来了,想挡都挡不住。王猛不久就遇上了一个千载难逢的好机会。

盘踞关中的前秦,是苻洪、苻健父子经营建立的,苻洪未称皇帝,而苻健称了帝。苻健称帝4年而病死,其子苻生继为皇帝。这个苻生,性格凶暴,沉湎于酒,临朝辄怒,惟行杀罚。自即位以后,先后杀大臣戚属数十家,近臣左右数百人。又不恤国政,以致猛兽食人,农桑俱废,而苻生晏然自乐。苻生倒行逆施,天怒人怨,他不但不稍有收敛,反而变本加厉。这情况激起了苻坚的愤怒。

苻坚是苻洪小儿子苻雄的儿子,少有经世济民的大志,博学多才艺,倾心要结交英雄豪杰,以图经纬天下。苻生即位,滥行杀戮,太原薛赞和略阳权翼劝苻坚行汤武之事。所谓汤武之事就是指商汤放夏桀、周武王伐殷纣的事,就是要苻坚废苻生而自立。苻坚见苻生滥杀无辜,说不上什么时候就要杀自己弟兄们,深以薛赞、权翼的话为然。要有图

谋,必加准备,苻坚网罗了吕婆楼、强汪、梁平老、薛赞、权翼等一帮人,他听说王猛有名,就派吕婆楼带厚礼专程召请,王猛施展才能的机会终于来到了,而历史也留下了一段君臣相知相得的佳话。

吕婆楼带领王猛来到了苻坚府上,苻坚已经在厅外迎候,王猛一见苻坚,便快步上前,深施一礼;苻坚一见王猛,也赶忙抢上一步,双手扶起。二人执手进入内室,寒暄过后,屏退众人,开始了谈话。

这次谈话是君臣二人以后相互了解、相互信任的基础。二人披肝沥胆,各谈心腹之事,他们惊奇地发现,对方是自己寻找已久的对象,他们谈及天下大事,好像上天安排的一样,异符同契,对相当多的问题都有惊人一致的看法。王猛知道,自己等待这么多年,终于等到了要等的人,一个可以辅佐的君王,一个又有大志又礼贤下士的君王,他很兴奋。苻坚也一样,知道自己终于找到了一个有远见卓识、深通谋略、志向远大的杰出人物,这个人物将帮助自己成就大业。两颗心那么贴近,那么融洽,这情形一点也不亚于刘玄德与诸葛亮。二人今日如鱼得水,相与为欢,只恨相识不早。从上午直到快日落,他们忘记了吃饭,谈啊谈啊,话语就像不尽的流水,互相滋润着心田。

自古君臣相得难,因此像周文王遇吕尚、齐桓公待管仲、刘备信任诸葛亮,便都成为千古佳话,传诵不绝。君臣相知相得,是封建时代人们希望出现的情景,可惜太少了,漫漫数千年,有几个这种情况呢?屈指可数!王猛与苻坚一见如故,信任不移,有始有终,真真可感可叹。从此王猛竭忠尽智,为苻坚谋划,苻坚推心置腹,信任异常,视王猛为自己的臂膀,国家的柱石栋梁。

王猛入苻坚府不久,苻生又想对苻坚兄弟杀戮,苻坚和他的庶兄苻法、弟弟苻融,当然不甘心被苻生无故杀死,又想到祖父、父亲创业艰难,一个苻生胡作非为,将断送社稷江山,于是苻坚在王猛、吕婆楼、强汪、梁平老、薛赞、权翼等人的鼓动和参谋下,在苻法、苻融,以及儿子苻宏的帮助下,断然采取行动,将苻生杀掉,自己做了前秦皇帝。

苻坚做了皇帝,以王猛为中书侍郎。当时始平大多是从枋头随苻洪西归的人,因此豪家大族横行不法,劫匪盗贼充斥地方,社会极不安定。苻坚要求一个安定的环境,以巩固政权,并使社会有所发展,始平密迩京师,诸豪强居功自傲,如不整肃,社会的安定不可能,激起民变,政权的巩固也谈不上,于是苻坚转任王猛为始平令,希望他能整顿法纪。

王猛受命,深知肩上的责任,因此他下车伊始,就首先申明法度,明示众人将以重法峻刑治理始平,敢有犯法者决不轻恕。同时,他仔细地廉察善恶,做到心中有数,在此基础之上,采取措施禁抑豪强。豪强多恃军功,纵横不法,残害黎民,他们虽久闻王猛大名,但他们并不相信王猛敢对他们怎么样,他们认为,自己对苻氏有大功,且多为戚属,王猛又能如何?所以他们依然我行我素,想把王猛吓回去。

始平有一小吏,想试试王猛到底有什么能耐,故意犯法,王猛当庭将其鞭杀,一下子把始平那些旧日不法之吏震住了。豪强们一看,动真格的了,得把这股劲压下去,于是上书苻坚,讼吏之冤,劾奏王猛擅杀之罪。

符坚本来就要王猛到始平整肃法纪,看王猛不畏豪强,很为赞赏,但众人上书又不能不做个样子,于是下令槛车征王猛到廷尉诏狱。所谓诏狱。是旧时代根据皇帝的命令特殊处理的案件。符坚带了一班臣下,亲自讯问王猛。符坚说:"施行政治的体制,以德行化育为先,你到任未有几天,却杀了无数的人,为什么这么严酷呢?"王猛明白符坚的意思,于是理直气壮地回答:"臣听说,治理安宁的国家用礼义,治理动乱的国家用刑法。陛下不认为我没有才能,把一个政务繁杂的县邑交给我治理,我这样做,谨是为圣明君主翦除凶猾之辈。只不过才杀了一个人,余下的凶猾尚以万数。陛下若是认为我不能穷治残暴,尽诛奸邪,从而肃清规矩法度,我怎么敢不甘心领受鼎镬之刑罚呢?怎么敢不以此来谢对陛下的辜负之罪呢?但说我实行酷法,这个罪名臣实在不敢领受。"符坚待王猛说完,立即回过头去对跟来的群臣说:"王景略本来就是管夷吾、子产一流人物啊!"然后,符坚就把王猛放了出来。

王猛以他的智谋和忠诚,愈来愈得到符坚的亲宠,符坚要依靠他成就升平大业。不久,符坚就迁王猛为尚书左丞、咸阳内史、京兆尹。未过几天,又任命王猛为吏部尚书、太子詹事;又迁为尚书左仆射、辅国将军、司隶校尉、加骑都尉,居禁中负责宿卫。时王猛年仅36岁,一年之中5次迁官,权势倾动朝野内外,宗室戚属和前秦的故旧大臣都因王猛被宠信非常嫉恨,总想将他弄倒。

特进樊世是氐族大豪,在符健时对前秦王朝立有大功,平时就负气倨傲,见王猛如此被符坚信任,非常不满。一次在大庭广众之中,樊世公开侮辱王猛,他说:"我们这些人与先帝一起兴起了事业,现在却不能参与事权,你没有汗马功劳,凭什么敢专管大任?这不是我们耕种庄稼而你吃粮食吗?"王猛对这种行为非常气愤,他知道如不能将樊世制服,以后就别想有什么作为,于是他不客气地说:"正想要你做宰杀牲畜的屠夫,哪里仅止让你耕种庄稼呢?"樊世听后,暴跳如雷,恨恨地说:"一定要把你的脑袋挂在长安城门上,不能这样,我终究不能活在世上!"王猛知道,樊世这样的人说出话来就能做出事来,有这种想法绝不止樊世一个,他决定杀鸡给猴看,将豪强的气焰打下去。王猛没有理睬樊世的喊叫,他进入宫中,把樊世的话禀告给符坚,符坚一听,很生气,说:"必须杀掉这个老氐,然而百僚才可以整肃,否则我们什么事也干不成了。"符坚和王猛商量了一个办法,要将樊世除去。

也是事有凑巧,不大工夫,樊世进来向符坚陈说事情,樊世说完事情,符坚根本没予理会,反而故意问王猛:"我打算让杨璧娶公主,杨璧是个什么样的人?"王猛尚未答话,樊世就勃然大怒,厉声说:"杨璧,他是我的女婿,婚姻早就定下来了,陛下怎么能让他娶公主呢?"这时王猛发话了,他一本正经,严肃地对樊世说:"陛下占有四海,而你竟敢与陛下争婚,这不是有两个天子了吗?哪里还有君臣上下之分?"樊世明知他们这是拿自己开心,心中气忿已极,对符坚他不敢怎样,现在王猛这么一说,他就想出出气,于是把所有的怨气怒气一齐发作到王猛身上。王猛话音一落,樊世腾地一下子就从座位上站了起来,伸手就要打王猛,左右侍卫上前死死把他拉住。樊世没打到王猛,未得泄气,就用污秽的

言辞大骂。俗话说，相打无好手，相骂无好口。樊世这一骂，不但骂了王猛，还辞及苻坚。苻坚当即大怒，喝令左右侍卫立刻将樊世拉到西马厩杀掉。

这一下子可麻烦了。俗话说，物伤其类，兔死狐悲。樊世被杀的消息传出，那些氐人哗然骚动，都来说王猛的坏话，要求把王猛赶出朝廷，苻坚气极了，顺口骂人，并且把一部分氐人拉到殿庭中鞭挞。权翼一看，这样闹下去不行，就向苻坚进言："陛下宏毅通达，宽仁大度，善于驾驭英豪，神明英武，卓荦不偶，记录人功，捐弃人过，很有汉高祖刘邦的风范。但是，陛下贵为天子，那些简慢率易的话，应该注意加以清除。"苻坚听了，觉得权翼的话也甚得道理，于是转怒为喜，笑道说："这是朕的过错啊！"让侍卫把诸氐放出。这场风波平息了下去。

但诸宗戚旧臣不甘心，还有人要攻击王猛。尚书仇腾、丞相长史席宝屡次试毁王猛，苻坚非常生气，就把仇腾贬黜为甘松护军，逐出朝廷；让席宝以白衣领丞相长史的事务，夺去了官爵，自此以后，朝中公卿百僚没有再敢说王猛坏话的了。

但公卿百僚不敢说坏话，并不等于他们不敢在外边为非作歹，很多权贵豪强还照样横行不法。

苻健的妻弟强德，位居特进，依仗是先皇帝的小舅子，纵酒豪横，成为京师百姓的大患。王猛为京兆尹，职责所在，将强德捕住，然后杀掉了，并将其尸在市上陈列。当时的御史中丞邓羌，性格耿直，不屈服于豪强的势力，他极力帮助王猛整肃法纪，与王猛同心协力。在数十天之间，两人诛杀贵戚豪强 20 多人。这种雷厉风行的打击，给朝廷以莫大的震动，于是在朝廷百僚震肃，讲究礼法；在朝外，豪强屏气，不敢为非，一时之间，风俗一变，路不拾遗，治化大行。治乱世用重典，奸邪不除，国无威信，民不聊生，放纵坏人，就是残害好人，哪有坏人当道，肆意横行的社会能够发展，能够长久的？王猛的严刑峻法，见了功效，苻坚大为高兴，他赞叹道："我从今才知道天下是有法的，也才知道天子是尊贵的！"因此他愈加信任王猛，相信他会把国家治理得好。于是，苻坚拜王猛为尚书令、太子太傅，加散骑常侍。王猛上表表示不接受，苻坚坚决不允许，无奈，只好接受。不久，又迁转他为司徒、录尚书事，余如故。王猛这次拜表上辞，坚卧在家，宁肯不干也不受命，苻坚只好听他这一次，没有强迫他。

此后，王猛辅佐苻坚，内立法度，讲礼义，兴学校，课农桑，敦风俗，使境内治化大行；在外，王猛掠汉阳、克羌寇、降李俨、斩叛将苻柳，立下了很多战功，无论在内政或是在军事上，王猛都显示了杰出的才能，对于前秦政权的巩固和社会的安定发展，他做出了极其重大的贡献。

统一中原

东晋太和四年，是前秦苻坚建元六年（369 年），东晋大司马桓温率兵讨伐前燕慕容

晖,晋军次于枋头。在晋军的攻击下,慕容晖的燕军屡屡败阵,形势非常危险。慕容晖无奈,只好派使者向当时势力较为强盛的前秦借兵,为了让苻坚派兵,他表示将武牢(即虎牢,今河南荥阳汜水)以西之地割给苻坚。苻坚当然不愿意桓温将慕容晖打败,那对他是不利的,他本就打算与慕容晖连横以抵抗东晋,现在慕容晖求救正是机会,何况还可以得大片土地呢? 于是苻坚派苟池率领步骑 2 万,去救慕容晖。前秦和前燕的联军,将桓温的军队打败了,桓温无奈,只好撤回江汉一带,苟池也率兵回返关中。

此时,在前燕朝廷,宗室慕容垂受到太后可足浑氏和慕容评的嫉恨,太后与慕容评阴谋杀害慕容垂,为了避害,慕容垂投奔了苻坚。慕容垂在前燕建有大功,威德素振,避害来奔,焉是久居人下的人? 王猛对此有所顾虑,他对苻坚说:"慕容垂,燕国的宗室戚属,世世代代雄踞东夏。他宽和仁爱,对下甚有恩惠,以恩义要结士庶,很得人心,燕赵之间的人都有拥戴尊奉他为国主的想法。我观察他的才能谋略,权术智计变化无方,随机应制,无有穷尽;更兼他的几个儿子都明达勇毅,有干练的才艺,他是一个人杰啊! 蛟龙猛兽,不是可以驯服的东西,不如乘机把他除掉,以绝后患。"苻坚沉吟了半响,对王猛说:"我现在正以恩义招致天下的英雄,以建立传世的大功业,怎么能杀人呢? 况且他刚刚前来,我已把至诚之意告诉了他,现在把他杀掉了,人们会怎么说我呢?"于是竟不杀慕容垂。王猛也没办法,只好暗中加以防范而已。人在建立功业时,要招揽英豪,但要招志同道合者,别有所图的枭雄是万万招不得的。苻坚只知一而不知二,想以小恩小惠笼络慕容垂,哪里能奏效呢? 王猛见微知著,苻坚竟然不听,这就种下了祸根。王猛死后,慕容垂迅速扩张势力,终于反对苻坚,这是苻坚始料不及的。

且说桓温大军撤走以后,慕容晖就后悔了,他觉得不该把武牢以西的土地割给苻坚。慕容晖认为,即使不给苻坚土地,苻坚也不能把自己怎么样。人往往是这样的,危急时求助于人,危急过后就忘了当初的窘困,俗话说,好了疮疤忘了痛。于是慕容晖派来一个人,对苻坚说:"不久以前答应的割地,是外交人员说了错话,不是国主的意思。有国有家的人,互相分灾救患,应该是事理之常有,哪有帮助别人就要好处的。武牢以西的土地不能割给您了。"苻坚一听,登时大怒。他觉得慕容晖要了自己,况且苻坚早想攻打前燕,一直没有机会和借口,于是决定攻打慕容晖。苻坚派王猛率领梁成、邓羌领步骑 3 万,以慕容垂为向导,首先攻打慕容筑防守的洛阳。慕容晖闻报,即派慕容臧领兵 10 万,从邺城来解洛阳之围。王猛派梁成率领万人,卷起旗甲,轻装袭敌,在荥阳把慕容臧打得大败,退回邺城。洛阳城中的慕容筑闻知援兵不能前来,惧怕至极,就向王猛请求投降,于是王猛将队伍排开,接受了慕容筑的投降,进入洛阳城中做了安排。兵在精而不在多,将在谋而不在勇,王猛几乎没费什么事,轻易就取了洛阳,谋而后动,动则有功,确实是一个能谋善断的将才。王猛留下邓羌镇守洛阳,他自己则振师凯旋。

第二年,苻坚和王猛商议之后,决定大举讨伐慕容晖,把前燕吞并,以完成在中原的统一。于是,苻坚派王猛统率杨安、张蚝、邓羌等人,领精兵 6 万征慕容晖。苻坚亲自给王猛送行,直至灞东。苻坚拉着王猛的手说:"现在我给你 6 万精兵,委你以平定鲜卑的重任,

你便可从壶关、上党直出潞川,这是迅速取得胜利的关键,所谓迅雷不及掩耳,敌人是料不到的。我当亲自率领大队人马继你之后进发,让我们在邺城相见吧!我已敕令漕运相继启动,你只管考虑如何灭贼,不要考虑后方的事情好了。"王猛对苻坚的信任非常感谢,他对苻坚说:"臣庸凡劣下愚顽,又出身孤贫,在操持上也没有一毫介特之处,蒙受陛下的恩宠荣信,在朝内侍奉帷幄,出朝外总持戎旅,凭借宗庙的威灵,禀受陛下的神机妙算,残败之胡不足平也。我希望不必烦劳陛下的车驾,使陛下蒙受霜露。我虽然不勇武,但愿战胜敌人不淹滞时序,虚耗时间。只请陛下赶快敕令有关部门,部署安置鲜卑人的处所就是了。"王猛的话表示了他消灭前燕慕容暐的决心和信心,苻坚听后非常高兴,他相信王猛一定可以完成平定前燕的大功。君臣二人依依难舍,执手而别。

王猛率队进发,先后拔上党、晋阳。此二城为前燕西部重镇,二城不存,邺城就失去了西部屏障,慕容暐十分着急,立即派太傅慕容评率众40万来救。慕容评人马虽众,但畏惧王猛,不敢前进,大军在潞川屯扎下来。王猛留毛当戍守晋阳,率师与慕容评相持。敌军人众,王猛军人少,为了扰乱军人心,增强自己的士气,王猛派游击郭庆率锐卒5000,夜晚从隐秘小路潜出慕容评大营之后,傍山放火,烧毁了慕容评的辎重,火光冲天,连数百里外的邺城都见到了。这把大火使慕容暐十分不安,派使者催促慕容评出战。慕容评其人,性格贪鄙,毫无远略,只因是慕容暐的宗族戚属,又曾助慕容皝(暐祖父)、慕容俊(暐父),进位太傅,他领兵与王猛对垒之际,不思抚恤士卒,反而借机敛财,在军营中卖薪柴、鬻饮水,军中十分不满。王猛知慕容评有这等苟且之行,心中大喜,知道有可乘之机。慕容评被慕容暐责备,只好领兵求战,王猛在潞原上集师誓众,激昂慷慨。他说:"我王景略受国家深恩厚德,担负重任,兼领内外,现在与诸君深入敌人内地,大家应该各自勉力向前,不可后退。愿大家在行列部伍中同心协力,以此报答皇帝的恩德和眷顾,争取立功受爵位在圣明君主的朝廷上,回家喝庆功酒在父母之室,这不是很荣耀的事情吗?"军中将士受王猛的鼓动,都各思立功,勇气倍增,于是打碎锅碗,弃掉粮袋,奋不顾身,大声呼喊着争先恐后扑向敌军。

但打仗仅凭勇气并不能取胜,王猛见慕容评人多,心里感到不安。他想,如果把敌人的一部分先行击溃,那么敌方军中就自相混乱,取胜就容易了。于是他请邓羌领先取捷,邓羌向王猛要司隶校尉这个官位,王猛起初说,司隶校尉这个官我说了不算,但我一定安排你作安定太守,封你为万户侯。但邓羌不高兴,回到自己的营帐中躺下了。往往这种人,在需要他的时候,他便先提出种种条件,置国家与大众的利益于不顾,邓羌就是一个典型的例子。

两军交战,战斗十分激烈,一方要取胜以求爵赏,一方要取胜以保性命,战斗的惨烈可想而知。王猛骑马站在高处,眼见敌兵层层涌来,心中十分焦急,无奈,他只好骑马跑到邓羌帐中,许下司隶校尉这个职位。于是邓羌在帐中猛喝一顿酒,然后带领张蚝、徐成驰入慕容评军中,数次冲进冲出,旁若无人。邓羌等人在敌人军中冲突杀伐,使敌人军中大乱,鼓舞了前秦军士的斗志。双方战至日中,慕容评军大败,被斩杀俘获5万余人,慕

容评引兵退走。王猛领兵在后猛追,不给敌军以喘息之机。乘胜追击溃逃的敌人,士气大振,而敌方则心惊胆战,兵无斗志。王猛在追击途中,又降敌和斩杀 10 余万人。慕容评狼狈不堪,逃回邺城,王猛则领兵将邺城团团围住。

符坚得到王猛打败慕容评 40 万大军,已经兵围邺城的消息,十分兴奋,亲率 10 万大军星夜向邺城进发。到了邺城以后,见了王猛,少不得有一番慰问。符坚、王猛兵会一处,声势浩大,终于把邺城攻克,慕容暐逃向高阳,半路被俘获,前燕灭亡。

符坚、王猛攻下邺城,俘获慕容暐,统一了关中和中原一带,这是前秦国势最盛的时期。自此以后,在数年之间,符坚和王猛君臣,致力于内政,薄赋敛,兴学校,齐风俗,崇礼义,关陇河洛一带,清平晏安,百姓丰乐,几乎达到了所谓的升平之世,是十六国时期北方少有的好时候。

流芳百世

王猛率军征伐慕容暐,军禁严明,所经之处,师无私犯,俨然有王者之师的味道。邺中河、漳一带,在慕容暐治理时,社会状况极差,劫匪强盗公然横行,黎民百姓备受其害。王猛一到,盗贼劫匪都闻风而遁,少数胁从者改恶向善,不再为非作歹,远近郡县都很快安顺平静了,因此燕人安于王猛的治理,社会迅速安定,生活很快正常。鉴于王猛的功劳,特别是河北新平,亟须一个具有大才能的人好好治理,符坚于是以王猛为使持节、都督关东六州诸军事、车骑大将军、开府仪同三司、冀州牧,晋封为清河郡侯,让王猛镇守邺城。同时,符坚念王猛久在军旅,赐给他美妾 5 人,上等妓女 12 人,中等妓女 38 人,马百匹,车十乘。对于官位,因为当时冀州新平,位不重则无以镇守,王猛接受了;其他的女人车马,王猛固辞不受。王猛不是一个追求感官享乐的庸人俗夫,他追求的是建功立业,经世济民。

王猛既领冀州牧,留镇邺城,符坚许其在关东六州便宜行事。所谓便宜行事,是封建时代君主给那些位高势大的权臣或者是亲信宠臣的一种特许权力,这种权力,允许受命者在一个特定的范围或一个地区内根据实际情况和需要进行独自的处理,不必先征求皇帝或君主的同意,特别是在用人行政和应付突发事件上,受命者拥有先行处置之权。王猛在邺城,膺受此命,便根据冀州新定亟须加以整治以建立正常秩序的需要,简选当地的一批英杰之士,把他们补做六州所属郡县的长吏,让他们根据当地的情况,安辑黎民,维护治安,尽快地把社会生活引上正轨。然后,王猛再把他们的姓名、履历申报朝廷的有关部门,给以正式的委任,发给委任状。这种委任状,旧时代称为官凭。王猛在冀州,尽心尽力,擅自经营,经过数月的努力;官吏基本上补齐,局面基本稳定,一切都粗具规模。我们看,王猛的计划是何等的周密,行动是多么快捷,他真是一个尽心国事,夙夜操劳的人。王猛不像有些人,尸位素餐,混混度日,无所事事亦无所用心,终年不知他在干些什么;王猛也不像另一些人,碌碌无为,才具庸下,终日里东一头西一头,忙忙乎乎,结果却什么也干不出来;王猛更不像有些人,居功

自傲,贪图享乐,迷恋声色,只知保住官位以图享受,全不思居位尽职。王猛居位则尽职,谋事则有成,凡事先考虑于心,动则致效,才智深美,为国干城。

冀州的事情有了眉目以后,王猛给苻坚上疏,要求允许辞去都督六州诸军事的重任,以便专任一州。奏疏中言辞恳切,确是衷心之语,不是说出来做样子的。王猛是个知进知退的人,他不像有些人不知己亦不知世,贪利冒进,钻营万方,官越大位越高越好,全不思自己的才具是不是称其职、称其位。王猛不是这种角色,他是一个深知进退之理的智者。苻坚当然不会同意王猛的请求。任何一个君主,都想依靠那些既值得信任又具有才能的臣下。苻坚方倚王猛为栋梁,视王猛为长城,关东大事靠王猛料理,哪里会允许王猛辞位。为了表示自己的诚意,苻坚派侍中梁说到邺城向王猛当面说明自己的意旨,喻令他继续居职治事。无可如何,王猛只好像以前一样处理各种繁杂的事务。

这一年,有大风从西南来,吹入长安城。不大一会儿,天地阴晦暝暗,就像夜晚似的,天上的星星都现出来了,一颗硕大的红色星星出现在西南方天空中,诸军民人等都甚感惊奇。前秦太史公魏延向苻坚进言道:"在占书上,说这种情况预示着西南方的国家当亡,明年一定会平定蜀汉。"苻坚一听,非常高兴,于是命令秦州、梁州两地暗中加以准备,一面先行进行人事安排。

苻坚首先想到的就是王猛,他让苻融为冀州牧,代替王猛,命王猛为丞相、中书监、尚书令、太子太傅、司隶校尉,持节、常侍、将军、侯如故,再加上一个名号:都督中外诸军事。王猛上表坚决推辞,苻坚执意不允,在朝堂上,待大臣退朝以后,苻坚对王猛说,从前你是布衣,我才弱冠,当时正是世事扰乱、纷纭不定的时候,我一见你,就知你为奇伟瑰异之士,把你比做卧龙;你也对我另眼相看,终于捐弃了《考盘》古诗要人隐遁的素志,这难道不证明了我们俩精神相契合如同符契吗?我们两人,真是君臣遇合,千载才有的一会啊!虽然古时有傅岩入殷高宗之梦、姜太公警周文王的梦兆,但我们今天与古时相比,也不见有什么不同。自从你辅政以来,几乎将近二纪(一纪即一星纪,12 年),在内总理各种事务,在外领兵荡平群凶,天下正在走向安定,天、地、人的常道开始有了秩序。我现在正想在上逍遥从容,让你劳心尽智于下,弘道济世的大事,除了你还有谁能担当起来呢?苻坚的话十分恳切,使王猛非常感动。苻坚不允许王猛辞事,王猛感于苻坚的信任,只好继续处理事务,经略四方。

就这样,又过了数年。苻坚眼见在王猛的尽心治理下,国家兴盛,百姓安乐,心里十分高兴,于是又授王猛为司徒,王猛上疏,力辞司徒之拜,言辞恳切,苻坚竟无论如何不许,王猛无奈,只得受命。当是时,军国内外万机之务,无论事情大小,全归王猛掌握,苻坚真是垂拱而治,逍遥于上。

王猛手握大权,却从不为私,而是尽心国事,夙夜操劳。王猛管理政务力求公正平允,他流放那些尸位素餐者,简拔幽滞,显扬贤才,外修兵革,内崇儒学,劝百姓致力于农桑,派官员督促检查,教黎民以礼义廉耻,使他们知道进退,无罪不滥加刑罚,无才不加以委任,各种庶事都能得到妥善的处理。在王猛的精心竭力的治理下,当时的前秦可说是兵强国富，以至将要及于升平之世。这成就，在十六国时期是绝无仅有的。王猛真是一个谋略盖世，才能卓绝的人物啊！苻坚曾经从容地对王猛说："卿夙夜不解，忧心劳力，致力于天下万机，我就好像周文王得到姜太公一样，将优游以卒岁！"唯苻坚能识王猛，唯王猛能尽心于苻坚，君臣相得如此，在历史上也是极突出的。对于苻坚的信任恩宠，王猛心中是有数的，他对苻坚说："没想陛下这样清楚地知道臣的过错，臣怎么能够赶得上古人呢？"这是王猛的谦逊，说实在的，古人未必如此。傅岩、太公远矣，汉高祖虽以萧何、张良为功劳第一，但信任恩宠不及苻坚对王猛远甚。萧何在关中，刘邦故赐良田甲第，而萧何不得不遣子弟随刘邦征讨，比之苻坚让王猛总理万机，潜言不入，相去何可以道理计。所以苻坚说："以我看，太公怎么能超过您呢？"君臣如此，何愁大事不济！苻坚对王猛，不是做表面文章，他经常对太子苻宏、长乐公苻丕说："你们事王公，就好像事我一样。"可见苻坚对王猛的敬重纯是出自内心。

王猛行事雷厉风行，从不拖泥带水。广平人麻思因丧乱流落，寄居在关中，母亲亡故，麻思要归乡收葬，请求允许返还冀州。王猛对麻思说："便可急速打点行装上路，今晚已经发出符令，发遣你回冀州。"当时冀州为前燕之地，前秦与前燕分属敌国，没有符令，任何人都不能随意出函谷关。所以王猛要给麻思发个符令，以便他不受阻挠。麻思听从了王猛的话，立即打点上路，他刚出函谷关，沿途郡县已经被符令管摄住了，这命令传达如此迅捷快速。王猛行事，大抵如此，令行禁止，任何事情都没有淹留迟滞的，不像有些人，只管发号施令，干与不干再也不问，下边的人竟然敢于留中不发，拖延不办，可王猛政令畅达，无怪乎他能把国家治理好。王猛性格刚正严明，清廉整肃，对于善恶的区分尤其严格，所行务趋善道，所诛逐必为邪恶，因此朝中正人多而小人寡，政务才能平允，天下才能安定。但人无完人，金无足赤，王猛亦小有过失。因他严于善恶之分，所以对于过去一饭之恩惠，不能去心，对于过去有人对自己的一点小怨恨，亦铭记不忘，他握重权以后，没有一样不加以报答和报复的，有恩惠者倍加报德，有仇怨的则报以仇怨，时人对他的议论在这点上颇有微词。似乎王猛太计较了，气度不够宽宏，然而细想一想，这也确乎是善恶所由分之处。君子恤人于贫困，小人下石于危难，君子理当被报德，小人亦应得警戒，无原则的所谓大度，从另一面说，正是见恶而不除，养恶而至于患，崇风俗者不当如此。恶人不受报，天下谁人尚为善？善人不见德，天下谁人不为恶？善恶关乎人心，报德报怨，都有来由，此亦劝善之一法，治世之一端，不可轻加訾议的。

王猛被拜为司徒不久，就身罹疾患，苻坚对此非常着急。他自己亲自到南北郊天地之所，到祖宗的庙里，到社稷神坛，向上天后土、神宗、神灵祈求，让王猛的病快些好起来。同时，分别派遣内侍之臣代表他到河、岳诸祭祠神灵的地方进行祭祷，请河岳诸神对王猛加以佑护。但王猛因长期劳累，病势不见减轻，药石既已无力，神灵也不能有为。苻坚见祈祷无效，又对境内的犯人进行大赦，凡是死罪以下的犯人，都得到赦免，但王猛的病仍不见起色。王猛在疾病中，仍不忘国事，他给苻坚上表，感谢苻坚为他祈求神灵的恩典，同时言及时政，对内外大事都提出了中肯的意见。这使苻坚非常感动。苻坚览表时泪流

满面,涕泗交进,左右臣下没有不悲恸的。他们都被王猛尽忠国事的精神和行为感动了,他们也被苻坚王猛之间那种至诚的关系感动了。

王猛积劳成疾,久治不愈,不久就病得十分厉害。苻坚此时亲自前去探病,并询问他对以后国家的事情有什么想法,王猛伏枕,勉力说道:"晋朝虽然处于僻远陋小的吴越,但是正朔相承,不可轻视。亲近仁人,善结邻邦,这是国家之宝啊。臣没于地以后,希望不要图谋晋国。鲜卑、羌虏,是我们国家的仇敌,终究要成为祸患,应该逐渐地加以清除,以便利社稷国家。"人之将死,其言也善。因为这时的话往往是将长时间思索的问题提出来了。苻坚握住王猛的手,流着泪点头答应了王猛的请求。王猛说完话,看着苻坚,鼓起最后一点力量,紧紧地握住了苻坚的手,他看苻坚点头了,放下了心上的石头,撒手而去,终年仅51岁。

一看王猛合上了双眼,只有出气没有入气,苻坚立刻痛哭失声。几十年风风雨雨,几十年朝夕相处,几十年相知相得,一旦撒手而去,再也不能披肝沥胆,激昂慷慨地纵论天下大事,再也不能得到如此知心的朋友,苻坚能不痛心吗?苻坚与王猛,分为君臣,义兼师友,这种情谊不是一般的情谊。左右群臣一看苻坚痛哭失声,想起王猛公而忘私的作为,想起他对国家的贡献,想起他夙夜操劳,使国家如此富强昌盛,都痛感失去这么一个人对国家是极重大的损失,犹如大厦折梁一般,因此群臣也都痛哭失声,一时间,王猛的府第一片哀声。人活着时,人们可能不觉得什么,一旦失去,就觉得去了主心骨似的,这样的人才是真正有价值的人;人活着,大家觉得不错,死去却并不觉得少了什么,这样的人其实只是一个俗人,顶多是个老好人。王猛是个有价值的人,他赢得了人们衷心的眼泪,也就是赢得了人们衷心的景仰与爱戴。

王猛入殓的时候,苻坚亲自去看了3次,他对太子苻宏感叹说:"这是上天不想让我统一天下吧?为什么这么快就把我的景略夺走了?"赠王猛为侍中、丞相,其他的官爵都照生前一样保留。赠给东园温明秘器,帛3000匹,谷万石,派谒者仆射监护丧事,葬礼完全遵照西汉宣帝时大将军霍光的规矩办。谥王猛曰武侯。朝野官民巷哭三日。

苻坚对王猛的情感是真诚的,丧葬之礼也是非常隆重的。王猛可算不虚此生。生前位居万人之上,手握大权,得君主无比宠信,死后备极哀荣,流芳百世。

感情的真挚不能表示对问题认识的透彻,王猛生前,苻坚有依靠,王猛死后,苻坚失去了谋臣,就开始犯错误了。王猛死后不久,苻坚就开始了南征北讨,他忘记了王猛临终的忠告,信任鲜卑人慕容垂和羌人姚苌,使他们得以扩大势力;同时他妄自尊大,发动了对东晋的战争,只有骄傲之心而无谋敌之策,在淝水被打得大败。以后前秦内部动乱,慕容垂重占冀州,建立后燕;姚苌逼死苻坚,建立后秦,前秦国灭。

苻坚得王猛,国家以兴;苻坚失王猛,国家以灭,王猛一身系国家兴亡,王猛是个不可多得的人才!王猛与苻坚,其相知相得,诚为佳话,能保持始终,更为难得,这在封建时代实在是值得赞扬的。可惜,苻坚后来忘记了王猛的忠言,终使身亡国灭,这不免令人愈加思念王猛。

谏议大臣

——魏征

名人档案

魏征:字玄成,河北巨鹿人,祖籍为四川省广元剑阁人。从小丧失父母,家境贫寒,但喜爱读书,不理家业,曾出家当过道士。

生卒时间:580~643年。

性格特点:刚正勇敢,正直无私。

历史功过:唐初杰出的政治家、思想家、史学家。魏征在贞观年间先后上疏二百余条,强调"兼听则明,偏听则暗",这对唐太宗开创的千古称颂的"贞观之治"起了重大的作用。

名家评点:魏征逝世后,唐太宗曾在魏征像前说:"用铜做镜子,可以正衣冠;用历史作镜子,可以知兴衰;用人作镜子,可以了解得失。今天魏征去世了,我失去了一面镜子啊!"唐太宗把魏征看作是了解自己得失的一面镜子,这既是对他们君臣关系的生动概括,也是对魏征一生忠言直谏的公正评价。

效力义军

在隋朝末年,隋炀帝的暴政统治导致反隋的农民起义在全国各地风起云涌。尤其是炀帝大业十三年(617年),以李密领导的瓦岗农民起义军最有实力,声势也最大,李密是隋上柱国李宽的儿子,出生在贵族家庭,自幼熟读《汉书》,颇有才华,因为不满隋朝的统治而参加了反隋斗争。后来,他带领自己的部队夺取了洛口仓,由此威震中原。此后,隋

武阳郡邵丞元宝藏也起兵反隋。武阳邵丞元宝藏是魏征的朋友,他于大业十三年起兵,让魏征来掌管文书。为了统一反隋的步伐,元宝藏主动写信跟李密加强联系。当李密收到他的信件时,觉得写得非常好,认为写信者绝不是等闲之辈。到了后来,他听说这是出自魏征之手,于是就立即把他召来。让他主管自己军中的文书。这时魏征已经三十八岁。自从魏征参加了瓦岗农民起义以后,就一直积极参与谋划事务,他曾向李密献策,提出了"西取魏郡,南取黎阳仓"的主张,李密听取了他的建议,瓦岗军在短时间内就夺取了黎阳仓,连同以前夺取到的洛口仓、回洛仓,隋在中原的三大粮仓,已经全部被瓦岗军所控制。由此一来,就使得隋军陷入了缺粮的困境,相反,起义军的粮食供给却没有出现任何的问题,为了扩大瓦岗军的声望和影响,义军还开仓赈济,这样一来,更壮大了起义军的队伍,在河南一带的起义军大多数也都归附了瓦岗军。在李密的领导下,瓦岗军很快将洛阳城包围起来。困守在洛阳城里的隋军到处去调兵遣将,和瓦岗军在洛阳周围反复进行了数次决战,双方都损失很大。就在这时,控制了洛阳大权的隋朝大将王世充想乘着李密兵力疲惫之机,进攻瓦岗军。就在王世充准备发动攻势之前,李密召集了所有的高级将领开会,研究对付的计策。此时魏征的地位比较低,没有资格参加会议。可他认为这次决战很重要,关系着瓦岗军的前途,于是就主动找到李密的长史郑颋说:"李密尽管在前几次大战中都取得了胜利,可是将士伤亡也很多,如今钱财也都很紧张,所以还不能对有功的将士论功行赏。从这两点来看,我们不能和王世充硬打硬拼。最好的办法就是挖沟筑垒,打防御战。只要双方对峙时间一长,敌人就会粮尽,不用打他也会撤兵的。而后乘机追击,定会取得胜利。"郑颋原本是隋朝的监察御史,投降李密后受到重用。所以他根本没把魏征这样的小官放在眼里,就讥笑他说:"你这无非是老生常谈的意见!"魏征见自己的意见不能受到重视,便转身离去了。李密的一个名叫裴仁基的将领主张乘王世充出兵东下,趁洛阳空虚之机,分兵阻击王世充东进的同时,以骑兵进击洛阳,迫使王世充回救,必然能两获大胜。李密同意了他们的速战要求,自己则亲率大军驻扎偃师城北,列营而不设垒,结果遭到了王世充的火攻与奇袭,全军溃败,此后,闻名一时的瓦岗军便消失了。

瓦岗军失败后,李密率领余部到长安投降了李渊,魏征也由此随李密来到了长安。李渊原本是隋朝太原留守,他乘着隋末战乱之机,起兵太原,没多久就占领了长安,建国号大唐。李密投降了李渊,受到了隆重的接待。可是好景不长,便遭到冷落,没再受到重视。到了后来,他借李渊让他去洛阳一带招抚自己过去的部众的机会,又起兵反对李渊,结果兵败被杀。魏征因是李密的部下,当然也没能受到李渊的重用。李密死后,他的旧部仍然在太行山以东的地区活动,尤其是驻守黎阳的徐世勣,实力较大。魏征为了能取得李渊的信任,自愿请命去安抚山东地区,愿以自己的老关系,说服李密的部下。他的建议被李渊接受了,并被任命为秘书丞,去执行这个任务。魏征便写信对徐世勣说:"当初魏公(李密)起兵造反,是振臂大呼,四方响应,其部下达数十万之众,势力已及半个中国,可是,一旦失败就再也没有振作起来,最后还是归附于唐朝了,那是因为知道天命已有所

属。现如今您身处于兵家必争之地,自己应及早做出谋划,否则大事就会无可挽回!"徐世勣看了魏征的信,认为他说得有道理,决定投降李渊,可是为了表示对李密的忠诚,请求收葬李密的尸体。他的要求李渊答应了。徐世勣将李密按国君之礼,葬于黎阳山西南五里的地方。魏征为李密撰写了《唐故邢国公李密墓志铭》。他在墓志铭里对李密这位农民起义军的将领给予了非常高的评价,对于李密之死,将他比做垓下失败的项羽,表示自己的深切惋惜和同情。他的许多的正确意见,尽管未被李密所接受,并导致了以后的失败,可是他对这位战友却毫无怨恨之言,反而表现出了无限的赤诚之心。徐世勣降唐后,从经济上支持了被窦建德打败的唐将李神通,使他能自相州撤退到黎阳,从而保全了实力。到了后来,魏征又到魏州劝说自己的老朋友元宝藏也归降了李渊。

武德二年(619年)十月,窦建德领兵南下,并攻占了黎阳,这时正在黎阳的魏征也就成了窦建德的俘虏。窦建德起义后能与士兵共甘苦,所以得到了起义群众的拥护,成为一支主要的反隋起义军。这时窦建德已在乐寿自称长乐王。因为建德早就听说魏征的名气,所以在魏征被俘后,就任命他为起居舍人,就是记录皇帝言行的官。后来,李世民率大军东征洛阳的王世充,王世充屡战皆败,为了摆脱困境,多次派人向窦建德求援,窦建德认为王世充如果被李世民消灭了,那就会对自己的处境极为不利,于是窦建德率十余万大军到达成皋的东原,李世民围攻洛阳眼看着就可功到垂成,当然不会因为窦建德的威胁而放弃。于是他亲率精兵阻击窦建德。结果窦建德被李世民击溃,窦建德兵败后,跟妻子曹氏和裴矩等人逃到沈州,后来,在窦建德的部下齐善行的建议之下,投降了唐朝。于是魏征又到了长安。魏征先后在李密的瓦岗军及窦建德的河北起义军中活动了两年多的工夫,时间尽管不长,可是对于他以后一生的政治活动,却起了极为重要的影响。

取信唐主

唐朝建立以后,魏征因为以前是李密的部属,后来又当了一段窦建德的部下,所以更不会被李渊重视。但是唐太子李建成对魏征的才华极为赞赏,并让他担任了太子洗马,使其主管东宫的经籍图书。这时李建成和李世民兄弟之间为了争夺皇位的继承权,斗争也十分尖锐。李建成尽管已经被立为太子,可是地位并不稳固。因为他的弟弟李世民在东征西讨中屡建功勋,在大臣和将士中的威望特别高。这对于李建成来说无疑是一个非常大的威胁。魏征因为是自己在不得志的时候被李建成招为洗马的,因此就觉得李建成很看重自己,所以他也为李建成的太子地位感到担忧。恰在这时,窦建德的旧部刘黑闼在河北一带反唐,魏征认为这是李建成立功以提高自己威望的好机会,于是就向李建成建议说:"李世民功劳大,威望又高。你没有李世民那样显赫的战功。如今刘黑闼叛乱,人数还不到一万,尽管他占领了一些地方,可是不堪一击。你正好趁此机取得战功,用来

结纳山东豪杰,由此壮大自己势力,提高自己的威望。这个机会可千万不要错过啊。"李建成接受了魏征的意见,在得到李渊的同意后,亲率大军攻打刘黑闼。李建成采纳了魏征提出的建议,利用当时人心思安的情绪,将俘虏释放,对其动之以情,晓之以理,结果没费多大劲,就把河北给平定了,使唐的统治在河北、山东一带稳定了下来。由于魏征在随李建成的河北之行中表现出超人的才干,从而受到了李唐统治者的大为重视。魏征因为见秦王李世民功劳甚高,便暗中劝说太子及早定下对策,可是李建成却迟迟没有下定决心。到了武德九年六月四日,秦王李世民来了个先发制人,发动了一场血染萧墙的"玄武门事变",当场把太子李建成和齐王李元吉给诛杀了。

经过玄武门之变后,有知情人向秦王李世民作了告发,说东宫有个名叫魏征的官员,原先曾经参加过李密和窦建德领导的起义军,后来李密和窦建德失败之后,魏征便到了长安,在太子李建成手下干事,而且还曾经劝说过李建成杀害秦王。秦王闻言,马上派人把魏征给找了来。魏征见到秦王,秦王立即板着面孔问他:"你为何要挑拨我们兄弟?"这对魏征来说,是生死攸关的重要时刻,一旦回答不善,马上就有可能被杀头。魏征这时早把生死置之度外,他非常坦然地回答说:"倘若太子李建成早听我的劝告,那也就不会有今天的下场。人各为其主,难道我忠于我的主人李建成会有什么错吗?管仲不是还曾射中小白(即齐桓公)的带钩吗?"秦王听了此言,感觉魏征说话极其爽快,也极具胆识,所以不但没对魏征加以责怪,反而显得和颜悦色了,他说:"这都已经是过去的事了,从此就不用再提了。"非但没有处置魏征,反而任命他作了管事主簿。

李建成、李元吉死后,他们原先的手下唯恐受到株连,人人自危。魏征于是向唐太宗建议:"不要计旧仇,对他们处以公心,否则的话,祸根就很难消除掉。"唐太宗认为魏征的话说得很有道理,就采纳了他的意见。唐太宗李世民即位后,立即宣布大赦:凡自六月四日玄武门之变前和已故太子和齐王有关系的人都一律无罪,如果有人再行告发,就要遭反坐,受到一定的惩罚。就是这样,人们还是感到不放心。李世民于是派魏征到河北一带去进行安抚,在中途正好碰到有州县的官员押送两名李建成和李元吉的旧部,魏征毫不避嫌,立即和副使进行商量,然后命令州县官员把他们都释放了。李世民知道这件事之后,非常高兴,连连夸奖他很会做事,能够以国家大事为重。

为了体现自己任人唯贤的原则,唐太宗选用了一批原来在建成、元吉手下的人做官。这使得原来在秦王府做事的官员都不服气,在背后嘀咕说:"我们都跟着皇上这么多年。可是在皇上封官拜爵的事上,反而让那些东宫、齐王府的人先沾了光,这算是什么规矩?"因为魏征曾经是李建成的部下,现在却越来越受到唐太宗的信任,难免要遭到一些同僚的嫉妒,于是他们就散布魏征的坏话,说他包庇自己的亲戚。唐太宗于是就派御史大夫温彦博查处此事;温彦博虽然查无实据,可仍然毫不留情地向唐太宗做了报告:"魏征身为国家大臣,不能检点自己,因此受到了别人的诽谤。尽管他并无私情,可也应受到责备。"唐太宗同意了温彦博的这个报告,并向魏征提出警告。魏征对此表示不满,他对唐太宗说:"我听说君臣能一条心,这叫作一体。只有互相能以诚相待,才能够共同把国家

给治理好。可如果不顾国家大事，只是一味地考虑检点行为，避讳嫌疑，如果上下都这样，那么国家的兴衰也就难以预料了。"唐太宗听了之后，便觉得自己支持温彦博的意见有些欠妥，于是就做了自我批评："你说得很正确，是我做错了！"魏征乘此机继续发表意见说："我希望你让我做一个良臣，不要让我做忠臣。"唐太宗不解这句话的意思，于是问道："那良臣和忠臣有什么区别？"魏征回答说："良臣身享美名，君主能得到好的声誉，从而子孙相传，流传千古；可忠臣得罪就会被杀，君主就会得到一个昏庸的恶名，导致国破家灭，只落得了一个空名。这就是良臣和忠臣的不同。"魏征的这番话，其实是从政治上和唐太宗摊了牌，用来进一步消除唐太宗对自己进行的猜疑，由此表明了自己对唐太宗的一片忠心。唐太宗被魏征的话给打动了，他连连称赞魏征说的话很对，并因此还赐给他绢五百匹。

编纂修书

李世民当了皇帝以后，摆在他面前的国家是一个经过隋末大乱之后百废待兴的国家。那怎样治理才能把国家振兴起来呢，唐太宗心里也不是很清楚。于是他召集了大臣们在一起围绕着自古以来政治得失的问题，尤其是隋炀帝为什么会失国的问题，进行了反复的讨论。魏征对治理好国家信心百倍。他说："在大乱之后对国家进行治理，就如同饿极了的人吃东西一样，来得更快。"唐太宗认为："无论是谁治理国家，也都需要经过百多年的工夫呢！"可是魏征并不同意，他认为："有着圣明的人来治理国家，就如同声音马上就能得到回音一样，一年之内必能见到效果，如果三年见成绩那就都太晚了。"当时担负宰相之职的封德彝认为魏征是在吹牛，唱高调，便劝唐太宗不要听他的话。封德彝认为："自从古代以来，人心一天比一天变得更加奸诈，在秦朝时用严刑峻法，汉朝时又用儒道，想把人心给教化过来，可是都没有成功。魏征说的话太书生气了，如果听他的必然会败乱国家。"魏征对此与之针锋相对，马上就质问封德彝："如果说自古代以来人心一天比一天变得更奸诈，那么今天的人也就都会变成鬼了，那还谈什么治理国家呢？"接下来又说："行帝道者则帝，行王道者则王。问题是用什么样的办法去治理国家，而并非是人民能否治理和教化的问题。"魏征认为，隋朝之所以在短时间内灭亡，是因为它扰民太多的缘故，唐初尽管不如隋朝那么富裕，可是社会却非常安定，这就是尽量少扰民的结果。他认为，隋朝灭亡的最根本教训就是："静之则安，动之则乱"。如果在百姓想休息的时候而派他去服徭役，百姓在生活困难的时候要他负担很重的赋税，那么国家也必然走向衰亡了。魏征劝唐太宗一定要吸取隋亡的教训。对天下百姓要轻徭薄赋，使其休养生息，尽量使得百姓"静"下来，由此才能使得国家逐渐走向昌盛。

魏征之所以强调要"静"而反对"动"，其目的是想帮助唐太宗巩固已经取得的天下。他对唐太宗讲道："'静'，徭役就少，那么百姓用来耕作的时间就多，自然就很快富裕起

来，富裕起来了，人们就不会起造反之心，如此一来，君臣就可以长保富贵了。"他认为，"动"的统治只是看到了眼前的享受，而以"静"来统治的人，却想到了长久的统治，由此也可以看出魏征作为一个封建时代的政治家，他的眼光是多么长远。同时，魏征还建议唐太宗"注意研究古今的历史，能从中找出治理天下经验"。因为唐太宗是一位能够重视总结历史经验和教训的皇帝，因此在他的支持和推动之下，魏征以总结历史教训为目的，尤其是以总结隋亡的教训作为出发点，进行史学的编纂工作。

唐朝自李渊开始，就特别注意对前朝历史的编纂。李渊曾接受了令狐德蔡的建议，下诏撰修梁、陈、齐、周、隋、魏六朝的历史，可是当时因为修史的条件还不具备，所以未能完成。李世民即位之后，自贞观三年起开始，就重新对修史的工作进行了部署，除了《魏书》不再进行复修外，唐太宗命礼部侍郎令狐德蔡和秘书郎岑文本修《周书》，中书舍人李百药修《北齐书》，著作郎姚思廉修《梁书》和《陈书》，秘书监魏征修《隋书》。由于尚书左仆射房玄龄总监诸吏，身负宰相重任，公务较多，所以也没有多少工夫来过问修史的事，到了后来，唐太宗就任命魏征担任实际的总监。魏征在主修《隋书》之前，就已经有王劭写的《隋史》十八卷和王胄的《大业起居注》，可是王劭的书比较散乱，也没有一定的体例，而王胄的起居注又在隋末的战乱中散失了很大一部分，因此，可供魏征用来参考使用的资料并不多。为了能够弥补这个不足，魏征就利用当时还有很多隋朝遗老存在的有利条件，亲自去对他们进行访问。比如孙思邈就对以往的历史非常了解，能够记忆起很多事情，魏征就对他进行了几次访问，得到了很多宝贵的材料。他还特别重视私人家传的收集和研究工作，由此也补充了官撰史书的不足。关于《隋书》的纪、传都是根据当时的中书侍郎颜师古、给事中孔颖达起草的，这两个人都是当时很有学问的人，对历史研究也较透彻，所以写得也相当有水平。再经过魏征对其加以修改审定，力求能达到简明和正确。因为经过这三位高手的撰修审定，《隋书》五十五卷便成为"二十四史"中比较好的一部断代史了。

《隋书》中的序、论，《齐书》《梁书》《陈书》中的总论，都是经魏征之手亲自撰写的。它们都是一些总结和评论历史得失的短论，集中地反映了魏征重视人民群众在历史中所起的巨大作用的进步历史观，较为深刻地揭示了历代王朝尤其是隋亡的政治和经济方面的原因，是极有价值的历史论著。到了贞观十年（636 年）正月，五部史书几乎同时修成，经过房玄龄和魏征共同的署名，一并进呈给唐太宗。唐太宗对他们能用六七年的时间就完成了对五个朝代历史的编纂工作感到十分满意，于是对他们进行嘉奖。魏征以总监之功所得赏赐极为丰厚，还被加封为光禄大夫，晋爵为郑国公。

辅君理政

唐太宗不记前仇旧恨，以才用人，尤其是鼓励大臣们能够把意见当面说出来。因此，在他的鼓励之下,好多大臣们都敢于说话。尤其是魏征,对于朝廷中无论哪一方面的大事,都想得极为周到,只要心里有什么意见,马上就会在唐太宗的面前直说出来。唐太宗也对其特别信任,有时遇到什么问题,就会马上把他召进内宫,听取他有什么建议。

有一天,唐太宗问魏征:"在历史上的人君中,为什么有的人明智,而有的人昏庸呢?"魏征回答说:"能够多听取各方面的意见,就会明智;如果只知道听取单方面的话,那就会昏庸。"接下来,他就列举了历史上的尧、舜和秦二世、梁武帝、隋炀帝等许多例子,然后说:"对于治理天下的人君来说,如果能够正确地采纳下面的意见,那么下情就能上达,而他的亲信要想蒙蔽也蒙蔽不了。"唐太宗连连点头,赞许地说:"你说得对极了。"又有一次,当唐太宗读完了隋炀帝的文集后,便跟左右的大臣说:"我看了文集之后,觉得隋炀帝这个人学问也够渊博,而且也懂得尧、舜好,而桀、纣不好,可是既然如此,为什么他还会干出这么多的荒唐之事呢?"魏征随后接口说:"因为一个皇帝只靠聪明和渊博是不行的,还应该虚心地倾听臣子表达的意见。隋炀帝自认为自己才高,非常骄傲自信,说的都是些尧舜的话,可是具体到做出的事,都如桀纣啊,因此到了后来就会糊里糊涂,最终会自取灭亡。"唐太宗听了这番话,感触极深,深为感叹地说:"对于过去的教训,其实就是我们现在的老师啊!"

唐太宗看到了他的统治得以巩固下来,心里非常高兴。由此他也深深觉得大臣们劝告自己的话确实很有帮助,于是就对群臣说:"治理国家就好比治病,病尽管治好了,可是还得好好地进行休养,不能加以放松。如今中原大地已经安定,四方外族都已归服,自古以来,这样的日子是少有啊。可是我还得特别谨慎,总是担心这样的日子不能长久。因此我还是要多听听你们对我的谏言才对。"魏征马上应道说:"陛下能够有如此居安思危的思想。真是太叫人高兴了。"

有一年,唐太宗派人征兵入伍。这时有个大臣提出建议。尽管有些男子不满十八岁,可是只要他长得身材高大,体格健壮,同样也可以征。唐太宗想了一下,便点头同意了。可是这个诏书到了魏征那里却被扣住不发。唐太宗一连催了好几次,魏征都扣住不发。这一下,可把唐太宗给惹火了,不由得大发雷霆,马上派人把魏征给叫了来,表情严厉地训斥道:"其实长得个头高大的男子,虽然口头上称自己还不到十八岁,有的可能是为了逃避征兵,故意对年龄作了隐瞒。所以我才发这样的诏书,可是你为什么要给扣住?"

魏征听了,并不慌张,他说:"微臣听说,如果能把湖水弄干来捉鱼,这种办法虽能得到鱼,可是到了明年湖中就已经无鱼可捞了;如果把树林给烧光来捕捉野兽,虽然也会捉到野兽,可是到了明年就没有野兽可捉了。而今陛下您如果把那些身强力壮、年龄还不满十八岁的男子都征来当兵了,那以后您还能到哪里征兵呢?而国家的那些租税杂役,又能由谁来担负呢?"唐太宗觉得魏征说得很有道理,可是他还是有些不服气。接下来,魏征又开口说道:"陛下所下的诏书上明明白白地写着要征召十八岁以上的男子去当兵,可是现在却连十八岁都不到的男子也得应征,这不是明摆着陛下您说话不讲信用吗?"唐

太宗听了这话不由吃了一惊,于是赶忙就问:"我怎么会不讲信用了?"魏征说:"想当年陛下刚即位的时候,就向天下颁诏:凡是拖欠官府东西的,一律免除了,可是那些官吏们还是照样加以催收,这是不是称得上说话不算数?陛下在诏令中规定:关中的百姓可免收二年的租赋,关外的百姓可免除一年的劳役。可到如今那些已经服了劳役或是交了租赋的人又被征来当兵,这是否称得上说话不算数?陛下一直说要以诚信待人,可是为什么要在征兵的时候怀疑百姓在作假呢?如此无缘无故地对人加以怀疑,这能算得上是讲信用吗?"魏征讲出的这一番话,使得唐太宗哑口无言。过了好一会儿,唐太宗才开口说道:"我过去总是认为你这个人过于固执、不通情达理,可是刚才听到你谈论起国家大事,才知道我对你的误会很大啊!"于是,唐太宗又重新下了一道诏书,免征那些不满十八岁的男子入伍。从此以后,唐太宗对魏征更加信任了,并且还把他提升为担任太子太师这样高级的官职。

有一天,唐太宗由长安赶往洛阳,走到中途在昭仁宫停下来休息,唐太宗对安排的膳食感到不满意,并因此而大发脾气。魏征马上当面对太宗给予批评,说:"前朝的隋炀帝就是因为总是责怪百姓不献食物,或者嫌进献的食物不够精美,由此引起百姓的反对,导致灭亡的后果。陛下就应该能够从中吸取教训,兢兢业业,小心谨慎,能知道满足。其实对于今天这样的食物安排,陛下就应该满足了,如果一味地贪得无厌,即便是食物再好上一万倍,也不会心满意足的。"唐太宗听后不由得吃了一惊,认为魏征说得很有道理,便说:"如果不是你,我是很难听到这样中肯的话的。"这时,有的大臣认为天下太平,便鼓励唐太宗去封诰泰山,可是却遭到了魏征反对,他说:"皇帝的功劳尽管很大,可是百姓受到的益处还是不多;现在天下虽然已经太平,可是在财力方面还不十分充裕。隋末的战乱也只过去十年,国家的元气还没有完全恢复过来,如果在这个时候去进行封禅,向上天表白自己的功业成就,还是为时太早。尤其是要进行封禅大典,必然会有很大的耗费,尽管赏赐很多,可就是免去了人民的租税,也不会减轻人民的痛苦。图这种虚名,只能深受其害,那封禅的目的到底是为了什么呢!"唐太宗觉得魏征的话很有道理,于是打消了封禅的念头。

到了贞观中期以后,唐朝的经济发展更加繁荣,政治极为安定,这引得许多的朝廷大臣都尽力歌颂当今的太平盛世景象。只有魏征没有忘记过去的艰苦,他给唐太宗上了一道奏章,在里面指出了他在十个方面的缺点,希望能使他得以警惕自己,保持在贞观初年时的那种好作风。唐太宗便把这个奏章写在了自己屋内的屏风上面,早晚进行阅读,引以为戒鉴。他对魏征说:"你给我提的那些意见非常好,我已经知道我的过错了,我愿意加以改正,不然的话,我没有脸面再和你相见啊。"因为魏征时刻在为国家的利益着想,对于皇帝的过错之处,总是毫不客气给予批评,所以唐太宗对他是既有些尊敬又有些畏惧。有一天,唐太宗正在逗一只别人刚送来的小鹞,忽然看见魏征走了进来,他怕魏征责怪自己,就急忙将鹞藏在了自己的怀里。魏征故意装作没有看见,但是他在向唐太宗奏报各项事务情况的时候,故意拖延时间,等到他离去的时候,鹞已经被憋闷死了。

　　从此之后，魏征提出来的意见是越来越多。他只要一看到太宗有一点不对的地方，就会当面给予指出，甚至据理力争。有的时候，唐太宗听得很不是滋味，就会沉着脸，心里气鼓鼓的，可是魏征就像没有看到一样，还是照样往下说，使得唐太宗很没面子，下不了台阶。有一天，魏征在朝堂之上，又和唐太宗争得面红耳赤。唐太宗实在忍不下去，真想要发作出来，可是又怕在大臣面前把自己接受意见的好名声给丢了，所以勉强忍住了。退了朝以后，他憋着一肚子的气回到了内宫，见到他的妻子长孙皇后，终于忍不住了，气冲冲地说道："总有一天，我非要把这个乡巴佬杀了！"长孙皇后很是奇怪，她平时很少见太宗发这么大的火，于是问道："不知道陛下想要杀哪一个人？"唐太宗说："还不就是那个魏征么！他总是在大家面前侮辱我，今天叫我实在忍受不住了！"长孙皇后听了太宗的话，并没有吭声，而是一转身回到了自己的内室，换了一套朝见的礼服出来，对着太宗就往下拜。唐太宗对妻子此举感到极为惊奇，于是不解地问道："你为什么要这样啊？"长孙皇后说："我听说只有英明的天子才会有正直的大臣，现在有魏征这样正直的大臣，不正说明了陛下是个英明之主吗？我怎能不向陛下道贺呢！"这一番话就如同是一盆清凉的水，一下子就把太宗那满腔怒火给浇熄了。此后，他非但不对魏征加以怀恨，反而对魏征加以夸奖，说："别人都说魏征举止言谈极为粗鲁，可是在我看来这正是他令人觉得可爱的地方！"

　　公元643年，正直敢言的魏征病死了。魏征的死，令唐太宗无限伤叹，当时极为难过，他伤心地说："夫以铜为镜，可以正衣冠；以古为镜，可以知兴替；以人为镜，可以明得失，朕尝此三镜以防己过。今魏征殂逝，遂亡一镜矣。"这句话的意思是说：人以铜来作成镜子，能够照得见自己穿戴的衣帽是不是端正；如果用历史来做镜子，能够看得到国家兴亡的原因；如果以人来做镜子，那就能够发现自己做得是不是对的，如今魏征死了，我从此就少了一面好镜子。他把魏征看作是了解自己得失的一面镜子，所以他认为魏征的死对他是一个很大的损失。唐太宗对魏征的这一评价，应当说是相当正确和公正的。通过这一番话，可以看出唐太宗对他极为器重。自贞观初年到十七年魏征病故为止，在这十七年间，魏征进行谏奏的事，有史籍可考的便达到了二百多项。其中包括政治、经济、文化及对外关系和皇帝私生活等各个方面。因为魏征的谏净能得到了唐太宗的鼓励和支持，由此达到知无不言的程度。唐太宗说："魏征能够向我提出二百多项建议，如果不是全心全意地为国家着想，这是很难以做到的。"对于魏征的谏言，太宗绝大多数都接受了下来。

　　魏征死后，唐太宗为了表彰他对大唐做出的功绩，用以寄托自己的哀思，想要举行一场盛大的葬礼，可是魏征的妻子却不同意。太宗只得尊重魏征的意愿，对其葬礼从简。最后，唐太宗以文贞公的谥号相赐，以此表示对魏征的褒奖。唐太宗还在凌烟阁让人画了魏征等二十四个功臣的肖像，他亲自作像赞，不时地去看像赋诗，时常悼痛不已。

半部论语治天下

——赵普

名人档案

赵普:字则平,生于幽州蓟州(今北京城西南),后唐末年,相继迁居常州(今河北省正定县)、洛阳(今河南省洛阳)。

生卒时间:922~643年。

性格特点:性情沉着、严肃刚正、忌妒刻薄。

历史功过:开国宰相,他并不是经常出现在前台,而只是辅助君王在幕后出谋划策。然而,他所参与制订的重大方针政策,却一直影响着宋朝三百年的政治制度,关系到国运民命的重大问题。

名家评点:赵普一生在政治舞台上活动了五十年。作为封建时代地主阶级的政治家来说,是一个有一定远见的历史人物。他所佐治制定的巩固中央君主集权和地方分权的方针、政策,对于结束长期政治动乱、实现中原统一是有贡献的。对于深刻的消极后果来说,他同样是负有历史的责任,作为一代名相,他胸中缺少学问,而以所谓半部《论语》治天下,这当然妨碍他做出更积极的贡献。赵普以个人对君主的忠诚三次任相,在整个居相期间,看不到他造福人民的政绩,这是最大的缺憾。

出身孤寒

赵普,字则平,后梁龙德二年(922年)出生于幽州。赵普的祖上三代都是出身小官吏,所以后来赵普说自己"出自孤寒,本非俊杰"。赵普读书不多,学术不广,但长于吏干,与他的家庭背景是有关系的。

幽州自安史之乱后便是藩镇割据的重镇。在唐代灭亡后的第四年,幽州军阀刘守光称帝,建立起一个大燕国。三年后为李存勖所灭。灭燕后十年,李存勖灭了后梁,一统中原,建立了后唐政权。这一年赵普两岁。这个时期的幽州并不安定,李存勖面临着他的另一个强大对手——契丹人耶律阿保机的挑战。耶律阿保机对幽州垂涎已久,幽州成为耶律阿保机的必争之地。在赵普出生后的八年间,耶律阿保机父子屡次进犯幽州,都被后唐军队击败。耶律阿保机无法得逞,既然不能南下,于是转向东西两个方向开拓。两强迟早要相遇。幽州成为两种文明的分界线,也是中原防备契丹民族入侵的桥头堡。

然而耶律阿保机毕生求之不得的幽州到了他的儿子耶律德光的时候却不费吹灰之力便得到了,是中原内部的纷争给了契丹人创造历史的机会。

后唐末帝清泰三年(936年),后唐的河东节度使石敬瑭,也就是后唐第二位皇帝明宗的女婿,起兵反唐。为了换取契丹出兵相助,打败后唐军队,石敬瑭开出了优厚的条件。一项是对契丹称臣,且父事契丹,也就是做契丹的儿皇帝;一项是割让幽、蓟、瀛、莫、涿、檀、顺、新、妫、儒、武、云、应、寰、朔、蔚十六州给契丹;一项是岁输帛三十万匹。对于这款屈辱的条约,石敬瑭部下的一个大将刘知远提出了反对意见,他说道:"称臣也就可以了,以父事之就太过分了。用丰厚的金帛贿赂契丹,已经足以使他们出兵,不必再答应割让土地,割地恐怕以后会成为中国的大患,那时候就悔之无及了。"可见刘知远比石敬瑭有见识多了,后来石敬瑭建立的后晋为契丹所灭,正是刘知远收拾残局建立起了后汉王朝,但当时石敬瑭拒绝听从他的意见。耶律德光见到这些条件大喜,对他的母亲萧太后说道:"儿子昨天梦见石郎派使者来,现在果然来了,这真是天意啊。"立即回书,同意出兵。石敬瑭成功了,如愿做上了比自己小10岁的耶律德光的儿皇帝,幽云等州也被割让了,十六州的割让后来也果然如刘知远所说成为中原王朝的大患。

赵普的父亲赵迥不愿意生活在异族统治之下,就率领家族迁往河北常山(今河北正定)。这一年赵普15岁,从此以后赵普再也没有机会回到这片他生活了十五年的土地。按理说赵普对这段历史应该是难以忘怀的,但他后来掌政之后,却没有收复失地的打算。

在常山,赵普一家居住了六年多的时间。正是在这里,沉默寡言的赵普娶了镇阳豪族魏氏的女儿,组建了自己的家庭。常山后来被赵普的后代看作是"祖乡",并立庙于此。实际上,幽云沦入敌手,即使想归籍幽州也不可得。六年后,驻常山的节度使安重荣起兵反晋,战乱再起,21岁的赵普和妻子只好又跟随父亲迁到河南洛阳。

赵普的青少年经历,使他对军阀割据和契丹入侵有非常切身的认识,这也成了他后来制定北宋开国政策的基础。

五代是一个重武轻文的时代,对于普通的读书人来讲,除了隐居不仕之外,更多的是只有投奔武人的帐下做一名幕僚。赵普走的也是这条路。大约从移居洛阳开始,赵普开始了他的从军入幕生涯,从此"托迹诸侯十五年",期间赵普曾客居长安一段时间。唐代

帝陵在五代战乱时期被军阀发掘了,在长安赵普访求到唐太宗的遗骨,重新安葬到昭陵下。

后周显德元年(954年)七月,周世宗柴荣手下的亲信将领河阳(今孟州市)节度使刘词调任驻长安的永兴军节度使。赵普被辟为从事,进入刘词的幕府。刘词幕府中搜罗了不少人才,例如41岁的楚昭辅、39岁的王仁赡等等,他们后来都成了北宋开国功臣。次年12月,刘词去世,遗表将赵普、王仁赡推荐给周世宗。结果到了洛阳之后,楚、王两人投奔了年轻的禁军将领赵匡胤,而赵普未有归处,就暂时失业了。

宋人的记载中关于赵普与太祖赵匡胤的初次相遇有不少传说。有的说赵普很早就在赵匡胤家为门客。有的说在周世宗伐南唐时的滁州清流关之战时,赵匡胤访得赵学究,赵普划策击败南唐军,两人从此定交等等。这些经历都是后人所编造,赵普在遭遇太祖之前,实际上是浪荡江湖,托迹于诸侯之间十几年。直到刘词卒后,赵普来到开封时尚不为赵匡胤所知。契机来自太祖的父亲赵弘殷。

显德三年春,周世宗亲征南唐。二月,赵匡胤袭取南唐的淮南重镇滁州。赵普得到宰相范质的推荐,被任命为新得滁州的军事判官,在这里他初次见到了赵匡胤。赵匡胤的父亲赵弘殷在滁州病重,赵普朝夕侍奉,非常尽心,赵弘殷非常感谢。后来赵普又很机敏地断了一桩很大的盗案,救了不少无辜的人,这样赵普开始引起了赵匡胤的注意。

赵普服侍赵弘殷,恐怕是其有心结纳赵匡胤的表示。以赵普之心机,恐怕早就看到了赵匡胤前途无限。赵普显然成功了。赵匡胤因为滁州的战功擢升为匡国军节度使(治同州,陕西大荔县)兼殿前都指挥使,成为后周最年轻有为的将星。能够在30岁成为节度使是很不多见的。后来赵匡胤领同州节度,赵普被辟为推官,开始进入了赵匡胤的幕府。显德六年(959年)七月,赵匡胤移镇宋州,赵普做了掌书记。掌书记通常是武将幕府中最重要的幕僚,此前后梁的敬翔、后晋的桑维翰都是从掌书记做到了宰相。做了掌书记,赵普实际上等于已经成了赵匡胤身边最主要的谋士。赵普也果然不负所望,在出任掌书记仅仅半年后,就导演了陈桥兵变、赵匡胤黄袍加身的传奇性一幕。

陈桥兵变

显德六年,英明神武的周世宗在事业蒸蒸日上的时候暴病去世,小皇帝柴宗训即位,年仅七岁。显德七年的元旦,正当大家沉浸在新年的欢乐当中时,突然传来契丹入侵的边报。选择这个日子入侵着实令人意想不到。仓促之下,宰相范质没有下令边关的韩令坤应战,却派了朝中的殿前都点检赵匡胤率军北上御敌。而就在这时候,京师又传出了策立新天子的流言,一时之间,京师人心惶惶。

正月初三,军队北上。行军途中,赵匡胤属下一个学过占星术的军校苗周训观察到了异常的天象,于是他告诉将士说这是天意有归,授命有兆。于是点检将做天子的谶言开始在军中流传。这时候如果发生军士拥立的事情,那当然也就没有什么奇怪的了,而事实上这种事隋也果然发生了。

当夜,军队到达陈桥驿。赵匡胤军中醉酒后呼呼大睡,一些禁军将校则冲到了军中谋主赵普的帐内,请赵普做主,要拥立点检做天子。赵普耐心地劝解诸将,并警告说:"太尉忠心耿耿,怎么会这样做呢?到时候饶不了你们!"诸将抽刀大呼道:"如果这么说的话,退必受祸,我等已无退路!"赵普看到军心可用,时机成熟,于是假装叱责说:"策立天子是何等大事!须从长计议。"于是众人便安静下来听赵普安排。赵普说道:"现在外敌压境,不如我们先击退外敌,然后再计议此事。"但诸将坚决反对:"事不宜迟,迟则生变。应当先入据京城,拥立点检做天子,然后再北向破敌。如果太尉不从的话,那么军队军心不稳也难以勠力破贼。"赵普又说道:"既然如此,我们须提前讲好规矩。"于是赵普强调:"改朝换代这样的大事,虽然说靠的是天命,但重要的还是人心所向。大军前锋已经过河,各地节度使各拥强兵。京城如果发生混乱,不但外患会更严重,内部四方也将生变。如果能严格约束军队,不准劫掠都城,人心不乱,那么四方自然无事,诸位也就可以常保富贵了。"众将齐声允诺,然后散去各自行事。赵普连夜派亲信快马加鞭返回京城将计划告诉了殿前都指挥使浚仪石守信、殿前都虞候洛阳王审琦。石守信、王审琦都是早就归心于赵匡胤的人。黎明时分,赵匡胤营帐周围呼声四起,声震原野。赵普与赵匡胤的弟弟赵光义闯到赵匡胤的大帐禀告赵匡胤:"诸将已经全副武装,直奔寝门而来,声称'诸将无主,愿意拥立太尉为天子。'"赵匡胤大惊,披上衣服刚一走出来,就有人将黄袍披在他的身上,然后众将一起拜倒,高呼万岁。赵匡胤一看群情激昂,知道大局已定,就揽辔驻马对诸将训诫道:"你们这些人自贪富贵,才立我为天子。如果能听从我的命令,我就做,如果不能听从,我就坚决不做你们的皇帝。"诸将齐声道:"唯命是从!"赵匡胤道:"少帝及太后是我所侍奉之人,公卿大臣是我比肩之人,你们不准凌辱他们。近世帝王初入京城,都要纵兵大掠,擅劫府库,你们不准这样做。事定之后,自当厚赏你们。违令者族诛!"众皆听令,于是北上御敌的大军浩浩荡荡地南下返回京城,一路上秋毫无犯。早已准备好的石守信开关放军队进城,然后便派潘美去见执政传达事情经过,又遣楚昭辅到家里安慰家人。宰相早朝还没有退,听说发生了兵变后,宰相范质下殿紧紧地抓住同僚王溥的手懊悔地说道:"仓卒遣将,这都是我们的罪过啊。"指甲深入到王溥手里,几乎抓出血来,王溥一声也不敢吭。诸将簇拥着赵匡胤进入宫城的明德门后,赵匡胤令军士解甲还营,太祖自己也返回到办公室里脱下黄袍。不久将士们就带着范质等人赶到了。赵匡胤呜咽流涕说道:"我受世宗厚恩,这完全是我六军所迫啊。我说我不要做,他们非让我做,结果到了现在这种地步,真是有负天地,这怎么办才好?"范质等人还没来得及回答,太祖的一个亲信罗彦瓌就挺剑而出,上前道:"我辈无主,今日必得天子!"太祖呵斥道:"还不退下!"范质正不知所措的时候,王溥已经退到阶下参拜新君了,范质一看大势已去,只好带领百官口称万岁,一齐参拜。赵匡胤称帝,北宋建立。这就是陈桥兵变。

自唐代安史之乱后,地方藩镇割据,很多强藩的藩帅之命不出于中央,而出自军士拥

立。即使在五代时期,这也是司空见惯的事情。在五代这个兴亡以兵的时代,拥立藩帅与拥立新君并没有什么本质的差别,后唐明宗与后周太祖都是如此登上皇位的。陈桥兵变看起来也是军士哗变的再一次上演,黄袍加身,事出无奈,赵匡胤、赵普等人事先都不知情。后来赵普还特地撰写了一部《飞龙记》,记载了兵变的经过。这当然是欺人之谈。正如清人查慎行有诗所言:"千秋疑案陈桥驿,一着黄袍遂罢兵。"黄袍加身之后,契丹入侵的事情也不了了之了。所谓的"千秋疑案"实在是事先经过周密筹划的政变,而赵普则为谋主。

在以前所上演的一幕幕军士哗变中,为了取得军队的支持和欢心,新君往往都会允许军士公开劫掠都城作为奖赏。赵匡胤君臣对此当然有充分的了解,所以事先做了周密的防范。对于老百姓来讲,一夜醒来之后,还不知道江山依旧,却是已经换了主人。赵匡胤君臣一改五代弊习,以陈桥兵变这种和平的不流血的方式完成了改朝换代,为新王朝的开国奠基,宣告北宋王朝以一种崭新的姿态登上了历史舞台。

平定叛乱

赵匡胤以兵变得国之后,北有契丹、北汉,南有割据诸国,内有强藩,天下未定,人心不稳,新政权的内外形势并不容乐观。在政变成功的当年就爆发了昭义节度使李筠和淮南节度使李重进的反抗。赵普积极参与了这两次平叛的战争,先是跟随太祖亲征李筠,接着又献速战速决之计破李重进。平叛之后,太祖特别赐予了赵普一所宅第。新宅特地选在靠近宫城的地方,为的是便于赵普随时谒见,以备咨访。太祖自己有时候也会不期而至,驾临赵普家,君臣之间相得甚欢。

平定叛乱之后,开始整顿禁军。主要的策略是罢免不属于殿前司系统的侍卫马步军的高级将领,代之以自己的亲信如石守信等,完全控制了侍卫司。而赵匡胤自己担任过的殿前都点检一职则不再除授。石守信等人都是与自己比肩同忾的义社兄弟,由他们掌控国家内外禁军,太祖是放心的。而赵普却难以放心。

赵普是一个深明利害关系、非常讲求实际的政治家,在这个以半部论语治天下的政治家看来,仁义、信用、道德从来都是靠不住的东西。赵匡胤有一次想让自己非常信任的宿将符彦卿掌握禁军,赵普认为符彦卿的名望、地位都已经很高,不可再委以兵权,因此坚决反对。但太祖不听,并直接下达了委任符彦卿的诏书。赵普截留了委任诏书,再次请见太祖。赵匡胤劈头就问:"是不是又为符彦卿的事而来?"赵普一看这种形势,知道如果直承其事,恐怕不得接见,就先以别的事情上奏,这些事情都处理完了之后,才拿出了任命诏书退回。赵匡胤说道:"果然还是为了此事。委任状怎么会在你这里呢?"赵普说:"我假托以皇帝处分之语有未考虑周全的地方,将诏书留了下来,希望陛下能够深思熟虑其中的利害关系,以后再后悔可就晚了。"太祖说道:"你何苦如此怀疑符彦卿? 我厚待彦卿,彦卿怎么会辜负我呢?"赵普慢吞吞地回答道:"陛下又为什么会辜负周世宗呢?"周世宗待赵匡胤至厚,而赵匡胤最后还是欺负孤儿寡母,夺了后周天下,赵普一句话使赵匡胤哑口无言,登时明白了赵普的苦心,随即收回了成命。

基于同样的考虑,赵普多次向太祖提议,解除石守信等功臣的军权,然而太祖总是不同意。赵普也是有韧劲,一有机会就不厌其烦地重申此议。终于被说烦了,太祖向赵普解释道:"他们都是我的亲信,肯定不会背叛我,你到底担忧什么呢?"赵普回答道:"我也相信他们绝不会背叛你。但我经过仔细观察,发现这些人都非统御之才,恐怕不能驾驭其部下。如果不能驾驭部下,万一军队中有作乱的,他们到时候恐怕也同样会身不由己的!"赵普的回答可谓精彩之极,直指赵匡胤的最软弱处。有了陈桥兵变的切身经历,对于赵普此一番利害分析,赵匡胤焉能不为之惊悚?他顿时醒悟,意识到问题的严重。然则又该如何处置这些与自己曾经同甘共苦、帮自己登上皇位且又忠心无二的老兄弟呢?谋夺诸将兵权,时时在赵普的考虑中,继陈桥兵变之后,这时候赵普胸中还会有怎样的大手笔呢?

建隆二年七月的一天,像往常一样,赵匡胤又召来石守信等众兄弟会饮。酒酣耳热之际,赵匡胤屏退左右,说道:"如果不是靠你们出力帮忙,我做不到这个位置。你们的恩德,我始终念念不忘。然而做天子也真是不容易,还不如做节度使快活,我是终夕不敢安枕而卧呀。"石守信等人大惑不解,哪有做天子不如节度使快活的道理啊,于是纷纷关切地问道:"这是为什么呀?"赵匡胤幽幽地说道:"这还不明白吗?谁不想坐我这个位子啊?"石守信等人怎么也没有想到赵匡胤矛头所向,正是自己,一齐顿首道:"陛下何出此言?现在天命已定,谁敢复有异心?"赵匡胤道:"不然。你们虽然没有异心,可是如果你们的部下中有想侥幸富贵者,一旦将黄袍加到你们的身上,你们即使不想做,也由不得你们了!"

石守信等人这才醒悟,原来是怀疑到自己头上来了,"狡兔死,走狗烹"的历史图景顿时浮现眼前,他们慌了手脚,急忙叩头涕泣道:"我等愚鲁,没有考虑到这种问题,唯有希望陛下哀怜,指示一条可生之路!"赵匡胤道:"人生如白驹过隙,所谓富贵,也不过就是多积攒点财富,使自己快活一生,也使子孙无贫乏罢了。你们何不交出兵权,出守大藩,多买些好田地、房产,为后代子孙置下一份长久的产业,多置歌儿舞女,日日饮酒相欢以终天年?"赵匡胤顿了一下,接着道:"而且我会与你们约为婚姻,结成亲家。这样我们君臣之间,就可以两无猜疑,上下相安,这样不是很好吗?"

这个结果的确是众将所没有想到的,这下放心了,都急忙拜谢道:"陛下为我们考虑得实在太周到了,所谓起死回生也不过如此。"第二天,石守信等人都如约宣称身体不佳,请求辞去兵权。赵匡胤大喜,安慰了一番后又给予了丰厚的赏赐,不久,诸将出外。

中国古来功臣难处于雄猜之主,从汉高到明祖,鸟尽弓藏、兔死狗烹的功臣悲歌曾一再上演。即使被称为不世出的明君唐太宗也时时难掩其对功臣的猜忌,例如数立奇功的卫公李靖就几次遭到猜疑,最后闭门谢客,连亲友都不敢见了。期间能够保全功臣始终

的前有出身于读书人的汉光武,后有出身于武夫的赵匡胤。在赵普的谋划下,讲义气的赵匡胤以其特有的坦诚上演"杯酒释兵权"的传奇剧,解决了功臣问题。

在诸将交出了兵权之后,赵匡胤也并没有食言,除了委以大藩之外,并真的履行了"约为婚姻"的诺言。他的妹妹燕国长公主嫁给了高怀德;自己的弟弟赵廷美则娶了张令铎的三女儿。多年以后,赵匡胤的两个女儿又分别嫁给了王审琦和石守信的儿子。仅仅有功名富贵其实并不能打消功臣们的顾虑,而儿女亲家这一层关系的确立则大大增强了他们的安全感,也是真正实现君臣无猜、上下相安的有力保障措施。

君臣义、兄弟情、儿女亲,种种关系扭结在一起,营造出君臣一体、同舟共济的气氛。赵匡胤与赵普通过精心的策划,以这种和平的方式谈笑之间解除了诸将的兵权,将篡夺的隐患消于无形,解决了多少君臣为之头痛的功臣问题,不能不说是一个创举,充分反映了太祖君臣在政治上的大智慧。而高高在上的皇帝如此珍视自己同臣下之间的一纸口头誓约,在古代历史上不能不说是空前绝后的事情。由此我们也不难理解宋代何以会流传"不杀士大夫"的所谓太祖誓碑的传说,非太祖其人,不足以当其事。开国功臣尚且能保全,况士大夫呢!

自唐末以来53年间,共经历了五个朝代,换了八姓十三个皇帝,平均每朝不过十年多一点。当赵匡胤即位的时候,也许在大多数人的眼中,新生的宋王朝不过是继后周之后的第六代,赵匡胤则不过是后梁以来的第十四位皇帝而已。摆在赵氏君臣面前最迫切的问题并不是如何讨平南方诸僭伪、平定天下的问题。而是如何避免成为继后周之后的第六个短命王朝,稳固新政权,开创一个新时代。

平定了叛乱,解除了功臣兵权,消除了心腹之患后,太祖召赵普商量"息天下之兵,为国家长久计"的问题。赵普分析了唐末五代以来战乱不止的原因,指出核心问题就是八个字:"方镇太重,君弱臣强。"这的确是时弊的根本所在。既然弊因在此,那么消除此顽疾的措施当然就是反其道而行之了,为此,赵普提出了针对性极强的三大策略:稍夺其权,制其钱谷,收其精兵。

唐代从安史之乱后,中央的控制力下降,藩镇拥兵自重,其权力也从最初的军事扩展到行政,可以自行任命属官;所属州郡财赋除少量上交中央外,其余多数都以留使、留州之名为藩镇截留;利用这些财富,藩镇又豢养了大批私兵,作为节度使个人争权夺利的资本。藩镇既控制数州的土地、人民,又拥有自己的军队,终于导致君弱臣强、太阿倒持的局面。中唐以后,曾不断试图削弱藩镇,加强中央集权,宪宗时期曾一度几乎成功,然而最终失败。这种局面到了五代时期虽有所削弱,然而并没有本质上的改变。五代英主如周世宗在有一个藩帅从地方来朝时,竟然大喜过望,亲临其宅第以示褒扬。藩镇平目之跋扈可知。赵普的三大策略直接针对藩镇的行政、财政、军事权,意图从根源上彻底消除藩镇割据的局面。

所谓"稍夺其权"就是削夺节度使的行政权力。主要的办法是中央派遣文臣做各藩镇属州的知州,分节度之权。后来又慢慢地削夺支郡,使原来藩镇所属的州县直属中央,

这样藩镇所能控制的地区越来越小，最后只剩下自己的节度州。

"制其钱谷"的主要措施是设置了一个叫转运使的官职来掌管一路的财政，又设置通判一职来掌管一州的财政。各地的财政收入除留下必要的经费之外，其余的盈余全部都运往京师。这样财政集中于中央，一方面改善了中央财政，另一方面地方不掌握财权，也削夺了地方养兵的基础。

"收其精兵"就是选拔地方精兵为中央禁军。中央禁军在数量和质量上都保持了对地方军队的强大优势。

这三个纲领的提出，藩镇节度使的权力被大大地削夺，从而消除了自唐中期以来的藩镇之患。曾经有一个节度使非常郁闷地对僚属叹息道："身为藩臣，却被压制到如此地步，真是为英雄所笑啊。"

可以说，从陈桥兵变到杯酒释兵权以及三大纲领的提出，在赵匡胤和赵普君臣的细致而又大气的谋划之下，北宋的开国一开始就显示出了前朝所无的独特的气质，它没有新朝开国所常有的血腥的气息，而是带有浓重的人性化的色彩。所有这一切都预示着一个新的时代即将来临。

赵普罢相

赵普独任宰相十年，太祖视如左右手，事无大小，悉听赵普裁决，赵普也尽心尽力，的确为新王朝的制度建设立下殊功。对此，宋太祖也有很高的评价，他曾经对赵普说道："我与你平定祸乱取天下，所创立的法度，如果后世子孙能够小心遵守，流传百世是没有问题的。"但到了开宝六年（973年）八月，赵普在独相十年后被罢相。这样契合的一对君臣并没有能够保全始终。赵普为什么会被太祖罢相呢？

《宋史》的赵普传记里，列举了一些看起来与赵普罢相有关的事情。开宝六年，割据两浙的钱傲派使者持信与赵普，并送上海物十瓶，放在屋檐下。恰好太祖访普，仓促之间没来得及收拾，为太祖发现。当太祖听到赵普说送的是海物时，便微笑道："这海物一定不错。"当即命令打开，结果瓶里装的全是瓜子金。赵普大惊，连忙表示自己还没有打开信件，实不知情。太祖从容道："受之无妨，他们还以为国家事都是靠你们书生呢！"赵普的这次受贿被太祖逮个正着。

还有一次，赵普派遣亲吏到秦、陇之地买木材，用巨筏相连运到京师营造宅院，小吏乘机贩卖大木。私贩秦、陇大木在当时是国家明令禁止的，结果此事被三司使（财政部长）告发。据说当时太祖大怒，将下诏书驱逐赵普，幸亏老宰相王溥解救。另外赵普还以权谋私扩大自己的宅院，又以宰相之尊经营邸店谋利。最后这两件事连同赵普包庇自己属下的吏员贪赃枉法的好几件事情后来都被一个叫雷有邻的官员告发。太祖令御史府按问，结果属实，从此赵普恩遇渐衰。

从这些记载看来,赵普确实是比较好财,在经济上不够检点。然而这似乎不应该成为赵普罢相的主要原因。廉洁与忠实之间,君主历来更重视的是后者。太祖对赵普受吴越钱俶贿赂的反应显示,太祖并没有将这些事看得有多严重,自己的老朋友贪点小利怎会至于大动肝火呢?其实在六年前雷有邻的父亲雷德骧就曾经告发过赵普强买田宅,聚敛纳贿,结果被太祖用柱斧打断了两颗牙齿。彼时能容,何以六年后就容不得呢?同样的事情六年后再度告发就有效,只能说太祖实际上自己已经有了罢黜赵普之意。

在太祖和赵普为开国所设计的蓝图中,是处处充满制衡的精神。在这种体制下,容不得对皇权的半点威胁存在,当然也包括赵普自己。而赵普的政治作风和太祖的倚重却使得赵普渐渐突破了这种界限。

赵普性格深沉,处理事情比较果断,能以天下事为己任而不避嫌疑。前面曾经提到,赵普对于自认为太祖决策未当的事情多是坚决抵制,而对于自己认为得当的事情则必欲得之。

有一次赵普推荐某人为某官,太祖不能用。赵普明日复奏其人,太祖还是不用。次日,赵普又以其人奏,结果太祖大怒,将赵普的奏牍扯裂后扔到地上,而赵普却神色不变,捡起来就回家了。过几天赵普将撕碎的奏牍补缀好,再次上奏。最终太祖还是妥协了,用了赵普推荐的人。

又有一次,有臣僚按法应当迁官,太祖因为向来讨厌这个人,因此不同意他升迁。赵普坚请,太祖这回好像铁了心了,怒道:"我就是不给他迁官。你能怎么着?"然后转身就走,结果赵普就跟着太祖,太祖到哪里,他就跟到哪里。最后太祖入宫,赵普就站在宫门外等候,久久不离去。最后还是赵普赢了。

在宋人的记载里,这两件事经常是作为君臣相得的美谈而提起的。然而从太祖的角度考虑,如果太祖内心里坚持认为除授或者升迁不当,只是由于赵普的不妥协的态度而不得不屈己从之,那么他终究又能容忍多久呢?

赵普的专断并不仅如此,他甚至猜忌起赵匡胤来。王仁赡是太祖的另一亲信,而且两人相交比赵普要早。一次太祖留王仁赡于宫中谈话。第二天赵普上奏说:"王仁赡是奸邪之徒。陛下昨天派人召他进宫,他在陛下面前诋毁我。"太祖在他的奏疏后面批道:"你不要小肚鸡肠,嫉妒他,让外人笑话我们君臣不和睦。你不要惹恼我。"

赵普一方面排斥异己,另一方面则培植自己的势力。他与掌握军政的枢密使李崇矩相交结,为自己的长子娶了李崇矩的女儿。这显然有违太祖使宰相、枢密使分掌民政、军政,互相制衡的意图,使太祖很不高兴。开宝五年,借故罢免了李崇矩的枢密使一职,同时又扩大了副宰相的权力,作为对赵普专断的限制。

赵普为政专断的作风既渐渐招致了太祖的不满,同时也得罪了很多同僚。赵普曾经在自己的办公地点设置了一个大瓦壶,中外臣僚的各种表疏,赵普不满的就投到壶中烧掉。这也给了以翰林学士卢多逊为主的反对派以借口。他们每有太祖单独召见的机会,就攻击赵普的短处。太祖入于耳,记于心,日积月累,对赵普的专断作风日益厌恶,开宝八年终于下定决心罢免了赵普的宰相职位,让赵普到地方做了节度使。

太祖虽罢免了赵普相职,然而顾念赵普为开国元勋,所以仍给予了很高的礼遇。在免相诏书中只说是均劳逸,不提赵普之过。他是否意在对赵普略示薄惩,日后是否会有复用之意,我们是无法知道了,因为在赵普罢相三年后,太祖突然暴卒。

三登相位

宋太祖的暴卒和太宗的即位在历史上都充满离奇的色彩。

在太祖即位的第十七年,开宝九年(976年)十月的一个雪夜,太祖召晋王光义入宫,兄弟二人一边饮酒,一边议事。身边的宫女宦官们都被屏退了,他们只能看见烛光摇曳之中光义不时离席,好像是在推让的样子,而太祖以玉斧戳地的声音在深夜中更是清晰可闻。他们听到太祖大声地对光义说:“好自为之!”夜深后,光义离去,太祖就寝。凌晨太祖暴卒。宋皇后发现太祖去世,忙命宦官王继恩召皇子德芳入宫,而王继恩显然早已被赵光义买通,他没有去找德芳,却请来了赵光义。当宋皇后看到跟王继恩一同前来的不是德芳而是晋王赵光义时,满脸惊恐,急忙道:“我们母子性命都托付于官家了!”光义也哭泣着说:“共保富贵,不用担忧。”于是太宗即位。这就是所谓“斧声烛影”的太祖太宗皇位授受之谜。太祖的死太突然,皇位不传于子而授予皇弟也与常理不合,太宗的即位在当时就未免引起众人的猜测,这自然也成了太宗的一块心病。他要怎样才能让国人相信,自己的继承皇位,是太祖一向就有的安排呢?

太宗的即位对于赵普来说,绝非一个好消息。

赵普比光义大17岁。自从赵普进入赵匡胤的幕府后,两人就相识了,而且关系还不错。杜太后非常喜欢赵光义,据说光义每次外出的时候,太后都说:“一定要和赵普一起出去才行。”然而等到赵普做了宰相之后,备受太祖信任,地位甚至超过了皇弟光义,双方的关系也发生了变化。这两个距离权力中心最近的人开始明争暗斗,彼此打压对方。

光义非常倚重一个叫宋琪的幕僚。宋琪是幽州人,与赵普是同乡,因此多次与赵普往来。这使光义很不快,就将宋琪赶了出去,直到他即位两年多以后,还对宋琪与赵普交好的事情耿耿于怀,直到宋琪痛陈往事之非,表示悔过自新才获得光义的原谅。赵普则寻机报复。光义的另一个得力幕僚姚恕,曾多次为光义谋划,最受信任。在宋琪被逐两年后,赵普找到一个机会将姚恕调离光义身边到地方去做通判,光义想法挽留,也没有成功。又两年后,姚恕在任上因为一个并不是很严重的过错被赵普撺掇太祖诛杀,投尸于河。两人矛盾如此,赵普当然不会愿意光义成为太祖的继承者。而在当时的确有很多迹象表明太祖好像真的有这样的想法。于是赵普密奏太祖,请求立太祖自己的儿子,但太祖没有同意。宋人中还流传一个说法,光义即位的时候,曾经说过这么一句话:“如果赵普还当宰相,那么我是坐不到这个位子的!”后来赵普复相之后,太宗把将皇位传给弟弟

秦王廷美的想法告诉赵普,赵普是怎么回答的呢? 他说道:"当初太祖如果听了我的话,陛下就当不上皇帝了。先帝已经错了一次了,现在陛下岂能再错!"据此我们知道赵普在太祖时一定反对太祖传位太宗的。

现在太宗即位了,当初反对赵普最有力的大臣卢多逊则升任宰相,赵普的日子越发艰难。太宗即位的当年,赵普管辖下的一个州就被削夺直属中央了,赵普见势不妙,就赶紧上书请求进京朝见新帝,不久又自请解职,留在京师,这样呆在天子脚下,太宗心中也安稳些。在接下来的几年里,赵普又受到卢多逊的压制。先是赵普的妹夫侯仁宝在偏远的邕州(今广西南宁)做知州九年不得替代,很想回京。卢多逊却建议太宗命侯仁宝进讨交趾,结果侯仁宝果然战死。在侯仁宝死去不久,赵普的儿子承宗从潭州奉旨进京完婚,婚礼不及一月,卢多逊就迫使他返回潭州。对于卢多逊同赵普作对,卢多逊的父亲卢亿很早就表示了自己的担忧,他曾叹息着说:"赵普是开国元勋,你这样攻击他。我幸得早死,不用看见你的失败。"也许他早就预料到,赵普尽管暂时失势,但卢多逊终究不会是他的对手吧。卢多逊对赵普接二连三的打击,使赵普愈发愤怒。这位智谋深沉的开国元勋准备东山再起反戈一击了。而这时候他复出的机会也出现了。

太宗夺取了本该属于侄子的位置,人心不服。皇弟廷美以及太祖的两个儿子德昭和德芳成为自己皇位的最大威胁。他即位后的第四年,亲自率军征北汉,接着又不顾军队疲乏乘胜进攻契丹,企图收复幽云失地。结果在高粱河大败而归。在这次征辽中发生了一件使太宗非常不安的事。高粱河之败,太宗乘驴车只身逃脱,军队不知道太宗去处,于是有人谋立德昭,后来知道了太宗的下落才作罢。太宗回朝后因为征辽之败,累及平北汉的赏赐也迟迟不能落实。德昭便为平定北汉的将士们请赏。太宗没好气地说:"等你做了皇帝再赏赐也不迟。"德昭听了这明显有怀疑之心的话后,不知道是出于忧惧,还是明志,竟然自杀了。两年后,德芳又不明不白地去世了,年仅23岁。这时候能够对皇位构成威胁的就只剩下比太宗小8岁的弟弟廷美。德芳死去仅仅半年之后,廷美就犯事了。有人揭发廷美阴谋造反。揭发的人是太宗的幕府旧僚。太宗没有将这件事交给卢多逊去处理,因为卢多逊与廷美有不错的私交,由他来处理这件告发案件,恐怕难合己意。这时候太宗想到了赵普,他试探性地探问赵普对廷美谋反的看法。老谋深算的赵普也准确把握到了太宗的心思。他说他愿意来调查此事,并告诉了太宗一件大秘密:宫中藏有当年杜太后命太祖兄弟传国的誓书,即所谓的"金匮之盟"。金匮之盟的发现,使得太宗的即位有了合法的依据,尽管它出现得有点晚。

太宗则酬赵普以宰相之位,而且位在卢多逊之上。他的儿子承宗也被留在了京师。赵普果然能干,第二年三月,秦王廷美谋反一事就被坐实了。四月份,赵普就又查到了廷美与卢多逊勾结的证据。一班大臣们集体开了一个会,一致认为廷美与卢多逊大逆不道,应当处死,但太宗皇恩浩荡,宽宏大量,不欲置之死地。于是廷美的很多亲信被处死,廷美自己也被降职,安排到了房州,派人监管。两年后,廷美死于房州。至于卢多逊,则被流放崖州。卢多逊被流放崖州时,开封府的知府李符对赵普建议道:"崖州虽然远在海

中，但是水土还不错。春州虽然稍微近一点，但有瘴气，至者必死。不如让卢多逊去那里。"赵普没有同意。卢多逊最终也没有能够东山再起，死在了崖州。

借助于廷美之狱，太宗与赵普这一对曾经的对手，终于愉快地合作了一次，两人各得其所：太宗除去了自己皇位上最后一个威胁；赵普则二度当上宰相并除掉了自己的最大的对手卢多逊。双方的交易一旦完成，赵普也就到了该离开的时候了。第二年，太宗说赵普年纪老了，实在不忍让他为国事操劳，于是就罢免了赵普的宰相，出为武胜军节度使，镇邓州（河南邓州市）。这一年赵普62岁。太宗特地为赵普设宴饯行，并作诗送别。君臣二人都很伤感，赵普手捧诗笺老泪纵横："我回去后一定把陛下赐给臣的诗，刻石留念，让它与我这把老骨头同葬泉下。"连太宗都为之流泪了。第二天副宰相宋琪称颂太宗说，太宗之与赵普真是君臣相处的楷模啊。不过有一个叫胡旦的就不识相了，他向皇帝上书说赵普是"强臣"，太宗圣明，防患于未然，及时将他给赶了出去。本欲拍马屁，不想拍在马脚上，投机不成还落得个诽谤的罪名。

赵普此次罢相后，先是在邓州，后又在襄州做了两任节度使，五年后，赵普再次受到太宗的重用，第三次登上了相位。赵普的这一次复出，则是与太宗的经略幽燕有关系。

反对北伐

赵宋政权刚刚建立的时候，天下南北分裂，南方有南唐、后蜀等割据政权，北方则有北汉，而最大的威胁则是来自于契丹。自从后晋石敬瑭割让幽云十六州给契丹之后，中原北部门户洞开，无险可守，契丹铁骑可以轻易南下，饮马黄河，直逼首都，威胁中原。在周世宗时期，就曾让群臣就南北统一问题献计献策。枢密使王朴上了著名的《平边策》。王朴的策略是先南后北，先易后难。具体步骤是：先取南唐，再下南汉、巴蜀，然后移兵燕云，消灭北汉。周世宗对这个策略很赞赏，但实际的行动中并没有完全按照此策略来。在占领了后蜀的数州之地和南唐的淮南之地后，就转而北征契丹了，结果在军中暴病，赍志而殁。建国之初，太祖在平定了李筠、李重进的叛乱后，便开始考虑统一问题。究竟是继承周世宗的做法，继续北伐，还是先定南方，成了令太祖头痛的问题。

这年十一月的一个大风雪之夜，太祖决定夜访赵普。太祖喜欢微服私访，曾数次到过赵普家。结果赵普每次退朝的时候，都不敢立即更换便服，怕太祖不期而至。在这个大风雪之夜，赵普以为太祖不会在这种天气来访，便早早地关了大门。过了不久，突然传来了敲门声，赵普急忙跑出去开门，果然是太祖站立风雪中。赵普急忙下拜，太祖道："我还约了晋王。"一会儿，赵光义也到了。赵普在大堂中铺好褥子，围炉而坐，架起炭火烤肉。赵普的妻子在旁边行酒，太祖称之为嫂。赵普问太祖："天晚了，又这么冷，陛下为什么要出来呢？"太祖说："我睡不着啊。一榻之外，皆他人所有，所以来看看你。"赵普说："陛下觉得天下小吗？南征北伐，现在正是时候，想听听陛下有什么打算。"太祖说："我准

备北取太原。"赵普沉默了许久,说道:"这样不好。太原靠近我们的西部和北部边境,如果我们取了太原,那么我们就要直接面对契丹。为什么不等到削平南方诸国之后再来收拾它呢? 太原弹丸之地,能逃到哪里去呢?"太祖大笑道:"你也这样想,正合我意。"

太祖雪夜访普,定下了先南后北的统一策略。以后基本是按照这个策略,消灭或迫降了南方诸国。

在这个统一策略里,没有提到幽云。周世宗时期的"北"是北复燕云,而太祖君臣的这个"北"则是北取太原。那么太祖君臣又是如何看待幽云失地的问题的呢? 太祖并没有忘记契丹这个自己北方的强敌,更没有忘记幽云问题,并为收复幽云做了积极的准备。在太祖的策略里,有两手准备,一是和平赎买的方式,从契丹手中赎回幽云失地。为此太祖特地设立了封桩库,积蓄钱帛。他说:"等到我攒够了五百万贯,就向契丹赎回幽蓟。"如果契丹不答应怎么办呢? 太祖的另一策略,就是用这些钱来激励将士,"用二十四匹绢购一个契丹敌人的首级。契丹精兵不过十万,只需花费二百万匹绢,则敌人精兵立尽。"他又说,等到收复失地以后,就要在北方山地古北口一带设防。在太祖在位的最后一年年初,皇帝赵光义率领群臣给太祖上尊号,其中有"一统太平"字样。太祖说,太原未平,燕蓟未复,怎么能称作"一统太平"呢,他拒绝接受这个尊号。可见太祖从来也没有忘记过收复失地。开宝九年八月,伐太原,十月,太祖暴卒。

赵普好像对取燕并不支持。宋初名将曹翰是一个颇有志于功名的人,他曾经写过一首诗:"曾因国难披金甲,耻为家贫卖宝刀。他日燕山磨峭壁,定应先勒大名曹。"他给太祖上了取幽州图。有一天太祖召赵普一起观看取幽州图。赵普仔细看后赞叹道:"这一定是曹翰所为!"太祖道:"怎么知道?"赵普说:"现在将帅之中,才略没有超过曹翰的。如果不是曹翰,别人做不出来。曹翰取幽州,定会成功。然而得到幽州之后,陛下想过有什么人可以代替曹翰?"赵普认为幽燕可取,但守不住,因此尽管欣赏,却不支持曹翰的这个计划。看到赵普并不支持,太祖默然作罢。这件事情虽然难以证实,但在赵普当政时期的确是没有过任何讨论收复失地的言论的,而且宋辽之间还保持和平的往来的关系。这当然是与太祖君臣先南后北的策略是一致的,在没有统一南方之前不会轻易与契丹交恶。

到了太宗即位的时候,于太平兴国四年(979年)和雍熙三年(986年)发动了两次大规模的北伐,结果皆大败而归。雍熙三年的这次北伐开始时,赵普在邓州任上。当他得到了前线兵败的消息之后,就上了《班师疏》。在这个《班师疏》里,赵普提出远人不服,自古圣王置之度外,何足介意。认为那些主张北伐的是奸邪误国,蒙蔽皇帝。北伐是师出无名、得不偿失,请求火速班师。然后赵普提出了自己的"全策":"皇帝陛下应当好好保证身体,休兵息民,使国家富裕。到那时候烽火不举,路不拾遗,夷狄之辈自然向化,纷纷归顺,契丹如果不归附,它自己又能到哪里去呢!"太宗见了班师疏后,表彰了赵普的忠心体君,然后还说道:"恢复旧疆是我的志向,我此次出兵并非穷兵黩武,是要救民于水火,本来是有成算的,可惜将帅没有遵守我的安排,这次打败仗的主要责任在主将。"这大概

是委婉地告诉赵普北伐是自己的主意,并非失策吧。赵普赶紧上了谢表,在谢表里,赵普不再认为北伐是失策了,说自己又好好考虑过了,吊民伐罪,确是上策,将帅如果能遵守太宗成算,一定可以成功。然后再次指出,现在应该搞好内政,没有必要跟契丹较胜负。

《班师疏》使赵普获得了很高的名声。第二年,太宗的第二个儿子、预定的皇位继承人陈王元僖都上书保荐赵普,赞扬赵普身为开国元老,厚重有识,应当再次委以大政。不久,赵普传奇般的第三次复相,成为宋代第一个三登相位的大臣。

从《班师疏》里,我们可以很清楚地看到赵普关于幽云问题的战略思想,不与契丹较胜负,实际上也就是没有收复幽云的想法。这大概可以证实此前关于赵普反对取幽州的各种记载并不是没有根据的。在赵普第三次登上相位之后,还有一份比较重要的文件可以表明赵普在这一问题上的态度。端拱二年(989年)七月十三日起,出现了很奇怪的天象。先是连续10天发现有彗星早晨在东北方向出没,接着傍晚又在西北方向出现,一共持续了30天。面对这样的妖异,太宗自己避殿减膳食,他对宰相赵普等人说道:"彗星示变,这是在警告人君啊。难道不是我们政事处理有所不当,民间疾苦有所壅蔽吗?"后来司天台中有人对彗星出现做了新的解释,他们说彗星的出现不是意味着本国有灾,而是四夷有难,是"合灭契丹"的征兆。赵普为此上了《彗星疏》。在疏里赵普引前代以灾异罢宰相的故事自请黜责,但更重要的是痛陈司天台"合灭契丹"是邪佞之言,是在谄媚皇上,要求司天台拿出说"合灭契丹"的证据来。赵普的《彗星疏》与他反对北伐的思想是一致的。

赵普的文集现在已看不到了,这两篇奏疏直接反映了赵普对于幽云问题的看法。他明确反对北伐,我们没有看到任何赵普主张收复失地的言论和谋划。

赵普措置边事好像始终并无太好的谋略。在东北主张息兵,后来在西北边防的策划上又出现失误。从唐末以来拓跋氏世居西北夏州,太平兴国七年,李继捧献土,归顺宋朝,自己也迁到了开封。李继捧的弟弟李继迁反对归顺,起兵反宋,并屡屡拒绝了太宗的招降。赵普第三次当了宰相后,他建议让李继捧复领夏州故地,消灭李继迁。太宗听从了这个建议,并特别赐以国姓,改名赵保忠,专有夏州等五州之地。结果这个赵保忠反而重新与继迁联合,成为西北大患。其实李继捧即使成功了,专有藩镇,也是与他自己与太祖所定的削藩策略相矛盾的。

赵普对东北、西北均主张了与内地不同的策略,因此我们知道赵普统治策略的核心是守内的,在边境则宁肯息事宁人。当太祖雪夜访普时,君臣二人想的是同样的策略,勾画的是不同的蓝图。在赵普统一的构想里,也许本来就没有幽燕的位置。

我们现在很难理解赵普:幽州是赵普的故乡,赵普生于兹、长于兹十五年。故乡沦陷了,为什么赵普从来就没有想过要收复故土呢?似毫无桑梓之情。赵认定的家乡是常山。他的同乡,前面提到的宋琪,却是力主收复并为之积极谋划的。即便不念故土,作为一个政治家,赵普也是应该很清楚幽云这片土地对于新生的宋政权来讲是多么的重要。即便认为时机不到,也应该念兹在兹,而不是极力怂恿君臣断了收复这个念头啊。

《论语》治国

　　赵普第三次入相时已经67岁了,但是他的为政风格还是如以前一样的果敢、专断。

　　当赵普复相的消息在朝廷上宣布时,曾经弹劾过赵普的雷德骧吓坏了,手中的朝笏掉到了地上都不知道。他害怕重蹈卢多逊的覆辙,于是很识相地赶紧上书请求辞职。太宗劝慰道:"有我在,你不用担心。"但雷德骧却不能不担心。太宗劝说无效,雷德骧终于如愿以偿地告老退休了。而那个曾经攻击赵普是"强臣"的胡旦就没有那么幸运了。赵普上任一个月后,胡旦和他的同伙就被罢黜了。

　　但赵普的身体还是越来越差了。第二年十月就不得不在家休养。本月的七日,是太宗的生日,但赵普已经无力前去祝贺了。再过了两个多月,赵普终于辞去了相位。淳化二年的七月,赵普70岁生日这一天,他的长子承宗带了太宗的亲笔信和礼物到洛阳来看他。见到儿子,赵普当然很高兴。然而承宗回京复命后不久就去世了,赵普的病情开始恶化。当下一个生日到来时,赵普去世。

　　太宗得知赵普去世的消息后非常伤心,他流着泪对近臣说:"众所周知,赵普曾经与我有过节,但在我即位以后,总是以礼相待,赵普也是尽忠国家。对于他的去世,我非常痛惜。"看到这样君臣情深的表白,左右都为之感动不已。太宗对这位自己曾经的对手和朋友的感情是复杂的,待赵普身后仍备极哀荣。太宗为之废朝五日,赠官尚书令,追封真定王,赐谥忠献,并为之亲撰亲书神道碑铭。

　　据说赵普晚年的时候经常手不释卷,每次下班回家后就关上门,打开一个小箱子取出一本书来读。到了第二天上朝处理政事的时候,处决如流。家里人也都不知道读的是什么书,有人疑心赵普是不是得到什么异书秘籍之类。赵普去世了,家里人终于可以打开那个神秘的小书箱了:里面放的是《论语》二十篇。

　　这个赵普读《论语》的说法到了南宋以后,就演绎成了赵普"半部论语治天下"的传说。传说的版本很多,最基本的说法是:太宗想让赵普当宰相,有人就对太宗诋毁赵普说:"赵普是一个山东学究,只会读《论语》。怎么能当宰相呢?"这使得太宗拿不定主意了,有些犹豫。于是他就干脆把这些话告诉了赵普,看看赵普怎么辩解。但赵普却并没有辩解,他说道:"我确实没读过多少书,只能读《论语》。辅佐太祖平定天下,才用了半部。还有半部可以辅佐陛下。"太宗听后,疑虑尽消,于是终于用了赵普做宰相。

　　"半部论语治天下"的说法当然是子虚乌有的事情。小时候曾为之激动的洪业先生后来发现这种说法漏洞很多:《论语》是非常常见的书,既不稀罕,也不犯禁,赵普何必压在箱底,关起门来偷偷地读呢? 这非常不近情理。再者,《论语》这部书教人如何做学问,如何做人,如何处理政事,又怎能强分作戡乱与致治的两个半部? 更重要的是,太宗和赵普那时什么关系? 两人不但相识很早,还一度过从甚密,后来又反目,相互之间最为知根

知底，太宗怎么会不知道赵普的出身和学问根基如何？还用得着别人来提醒？这种说法的漏洞还有很多。不过这种说法很有趣，所以广为流传。"半部论语治天下"的说法在南宋流传得越来越多，其含义大约有三种，一是赵普作为天下贤相，但读书不广；二是赵普善于读书，会读书，读书能得其精髓；三是《论语》这部书很重要。

不过这个传说之所以会附会在赵普身上，一则与赵普的名声太显赫，有助于抬高《论语》的地位有关；再者也与赵普本身的确读书不广有些关系。

宋人中有很多赵普读书不多的记载。建国初期，因为扩建开封城，有一次到朱雀门。太祖指着"朱雀之门"的门额问赵普："为什么不直接叫作朱雀门，加个'之'字有什么用呢？"赵普回答道："语气助词"。太祖笑道："之乎者也，助得什么事！"赵普无法合理解释，招致太祖的讥笑。还有一次，太祖问赵普："男尊女卑，为何男跪女不跪？"赵普也无法回答，又闹了个大红脸。

最著名的记载是关于乾德铜镜的事情。乾德是太祖的第二个年号，是太祖特地命宰相所选择的前世所没有的年号。乾德三年，宋灭后蜀，太祖在后蜀的宫女那里看到了一面铜镜，上面刻着"乾德四年铸"的字样。太祖大惊，问宰相："怎么会已经有了四年铸的铜镜呢？"赵普不知道，于是找来了学士窦仪，窦仪看后说道："前蜀后主王衍时有年号乾德，这一定是王衍时期铸的。"太祖感叹道："做宰相还是应该用读书人啊！"据说这使得赵普很难堪，因此后来就阻止了窦仪当宰相。太祖还曾经对赵普说道："爱卿苦于不读书，处在学士大夫中，能不惭愧吗？"

从这些宋人的记载看，北宋初期的赵普读书不多，寡于学问应该是没有疑问。我们知道赵普出生在自唐中后期以来便胡化严重的幽州地区，出生于一个没有读书传统的三代小吏世家，长成在一个时局动荡、儒风日益浇薄的时代，读书不多是再正常不过的事情了。尽管他对太祖自称"臣本书生"，但这个书生对儒家经典以及历史的涉猎的确是有限的。

太祖并没有真的因为赵普读书不多就免了他的宰相，用读书人代替，不过赵普也真的接受了太祖的批评，此后开始广泛读书，经常手不释卷。随着建国日久，赵普的学识也在不断提高。尤其是到了太宗时期，赵普的奏疏已经开始咬文嚼字，很有些腹有诗书气自华的味道了。这一点我们从他晚年著名的两疏中也可见一斑。在这两疏里，赵普自己都说自己"载披典籍，颇识前言往行"。相比较而言，他读的史书更多。在两疏里他征引了从汉到唐的不少历史典故和名臣议论来印证自己不能同契丹开战的主张。

太祖时还说赵普读书不多，学问不够，太宗也说过赵普"幼不好学"。到了赵普去世后，太宗在给赵普写的碑文里盛赞赵普是经史百家，无所不读，博通古今。即使博学的老儒，也有不及赵普的地方。这比起太祖时的赵普来，是一个多么大的转变啊。

赵普当然不是仅靠半部《论语》治天下，他的政治才能不会是来自于读《论语》，而是来自丰富的阅历和实际的经验。即使在晚年学问增进以后，儒家的那一套治国的理念也没有对他产生多少影响。致君尧舜，选贤与能，推诚置信，这些都与赵普的政治理念和从

政风格有着太大的距离。北宋建国以后,赵普屡次劝太祖报复那些以前对他们不尊的人,但太祖豁达,他对赵普说道:"如果在尘埃中能够识别出天子、宰相,那么人人都去物色这种人了。"赵普更像一个纵横家或者法家,追求的是权力,深通的是谋略和权术。看看他陷害秦王廷美与卢多逊的大狱,哪里有以道治国、气象醇正的影子?赵普最终不容于太祖,却屡屡得志于太宗,反映的是太祖与太宗的差距,不变的是赵普。

辅佐天骄

——耶律楚材

名人档案

耶律楚材：字晋卿，号玉泉老人，法号湛然居士。出身于契丹贵族家庭，生长于燕京（今北京），世居金中都（今北京），是辽太祖耶律阿保机的九世孙。

生卒时间：1190 年~1244 年。

历史功过：耶律楚材不仅是一位杰出的政治家，而且多才多艺，是一个在文化艺术方面有卓越修养和多种贡献的人。他是我国提出经度概念的第一人，编有《西征庚午元历》，还主持修订了《大明历》。他酷爱诗歌，写过不少诗作，现存于世的有《湛然居士文集》共14卷。

名家评点：惟楚有材，晋实用之。达人先知，日千里驹。堂堂中书，执政之枢。相我太宗，拓开鸿基。拱立龙庭，上陈帝谟。三灵协和，万象昭苏。舒吾阳和，脱彼剪屠。人文褒开，民献争趋。于变时雍，上登黄虞。厥功何如，请试鼎彝。——宋濂《元史·国朝名臣序颂》

初仕乱世

耶律楚材是契丹王室的后裔，辽太祖耶律阿保机的九世孙。这时，辽国早已经被金国所灭，而金国的统治也已经摇摇欲坠。耶律楚材诞生的时候，他的父亲耶律履已年近花甲。老来得子，让耶律履非常高兴。他感慨地对人说："我六十岁得此子，这孩子是我

们家的千里驹，日后必成雄才伟器，并且为别国所用。"于是他借用《左传》中楚国虽有人才，但被晋国所用的典故（楚材晋用），为儿子取了个寓意深远的名字：楚材，字晋卿。这个名字，既寄托了当父亲的美好愿望，也反映出那个时代的艰难。

耶律楚材三岁时，不幸就死了父亲，母亲杨氏是当时名士杨昙之女，出身于书香门第，具有较高的文化修养，被封为漆水国夫人。她谨遵丈夫希望楚材学有所成、光宗耀祖的遗愿，对楚材的教育抓得很紧。带着他从大都（今北京）回到老家东丹（今辽宁北镇一带）度日。母亲在医巫闾山桃花洞南部的悬崖上修了两间小屋，把从大都带回的丈夫的书籍装在屋里，教儿子刻苦读书。至今，医巫闾山还有耶律楚材读书的遗迹。医巫闾山是一个风景秀丽、人迹罕至的地方。在那里，耶律楚材在母亲的教育下，"继夜诵诗书，废时毋博弈"，学习非常用功，时间抓得很紧，每天晚上都读书到深夜，绝不为了贪玩赌棋而浪费时间。杨夫人"挑灯教子哦新句，冷淡生涯乐有余"，生活虽然清苦，看到孩子学习努力，可望成才，也自有一番乐趣。耶律氏族虽然出身契丹贵族，但也早已汉化，对传统的汉族封建文化造诣颇深。耶律楚材先祖耶律突欲自幼学习汉籍，精通汉文，能用汉文写作，政治上积极主张采用汉法，反对力图保持契丹旧制的母后，矛盾激化后被迫"载书浮海"，逃到中原。耶律履更是"通六经百家之书"，汉文诗词写得很漂亮，五岁时就写出过"卧看青天行白云"的诗句，及长，以文章行义受知于金世宗，历任经史院编修官、翰林院修撰等职。耶律楚材出生时，耶律氏早已是充分汉化的封建士大夫书香门第了。耶律楚材小时候虽然家道中落，但学习的条件还好，经过他的艰苦努力，短短几年，他学到了不少知识，凡史籍、儒家经典、诗词歌赋无所不通。另外，他对天文、地理、律历、术数及释道、医卜之书也都有涉猎，而且才思敏捷，下笔成文，一挥而就，很少改动，好像头一天就做好了似的。

金章宗泰和六年（1206），耶律楚材十七岁，根据他学习的情况可以出仕了。按照当时的制度规定，宰相之子享有赐补政府机关佐武官的特权，可是耶律楚材却不要这个特权，他希望参加正规的进士科考试。章宗认为旧的制度不应轻易更改，于是特别下了一道敕令要当面考试他，并询问了几件疑难案件的处理，同时参加考试的十七人中。耶律楚材回答得最好，朝廷便正式任命他为某个政府部门的掾官（是协助长官掌管文书，办理日常行政事务的官员）。权力虽然不大，但对一个十七岁的青年来说，初入仕途锻炼锻炼，也是大有好处的。不久，又升任开州同知。

金宣宗贞祐二年（1214），为了躲避蒙古南下的威胁，把首都迁往南京（今开封），耶律楚材的全家也随同南下，只有他本人被燕京留守完颜承晖留了下来，并被任命为左右司员外郎。不久，蒙古兵围困燕京，形势越来越紧张。蒙古太祖十年（1215）五月，燕京城到底还是让蒙古人攻破了。耶律楚材无路可走，遂有遁入空门之意，就跑到报恩寺，拜在万松老人门下学佛，打算在青灯古佛旁了此一生，自号为"湛然居士"。

力助太祖

　　成吉思汗知道,女真灭辽国而建金朝,金朝境内的契丹人都有一种复仇心理。于是他就竭力争取契丹人,对投降的契丹裔官大加封赏。当他听到耶律楚材的才名后,心中大喜,于蒙太祖十三年(1218年)召之去漠北,此时耶律楚材陷在燕京城中已三年,他过着隐居的生活,除了礼佛参禅以外,无事可干,当他得知有雄才大略的成吉思汗要召见他,感到是一个图谋进取的好机会,不应轻易放过,便欣然应召,跟随来使上道。他有诗曰:"圣主得中原,明诏求王佐,胡然北海游,不得南阳卧。"当时,成吉思汗正在积极准备西征,驻扎在克鲁伦河上游与臣赫尔河合流之处(今属蒙古国的肯特省)。耶律楚材于三月十六日从燕京出发,过居庸(今居庸关),历武川(今河北宣德),出云中(今山西大同),抵天山(今呼和浩特北大青山),穿越浩瀚的大沙漠,于六月二十日左右到达蒙古军行营。耶律楚材看见这里车帐如云,将士如林,马牛被野,兵甲耀天,烟火相望,连营万里,心中非常高兴。成吉思汗立即召见了他,说:"你是个人才!我在一年前就听说你是契丹人之中的豪杰。过去,你的祖国契丹被金国人所灭,如今我蒙古正帮助你们恢复独立,像你这样的人才应为民族复兴而战。"耶律楚材听后,迟疑半晌回答说:"大汗之话,在下未敢苟同。我家三代在金国做官,自当忠诚以事之,又怎敢将君父当作仇寇呢?那样岂非是不忠不义、欺君罔上的小人佞臣吗?"成吉思汗欣赏耶律楚材的耿直,把他留在了身边,任命他为谋士。因耶律楚材身姿修长,昂然挺立,长长的美髯迎着塞上烈风飘逸飞扬,儒雅气度中带有几分凛然锐气,成吉思汗就称呼楚材为"吾尔图撒合里",即蒙古语长胡子的意思。

　　蒙古太祖十四年(1219年)夏六月,成吉思汗亲率蒙古大军西征回回国(中亚的花剌子模),作为谋臣的耶律楚材奉命随行。祭旗那天,暴雪三尺。有人怀疑这是用兵的不良征兆,不利西征,耶律楚材为鼓舞士气,便说:"隆冬之气,见于盛夏,恰是打败敌军,获取胜利的好兆头。"第二年冬天,有一天打雷,军兵为此骚动,成吉思汗又问卜于耶律楚材:"这又是什么兆头呢?"耶律楚材回答说:"回回国主将死,露尸荒野。"后来果然应验了。耶律楚材因能占卜星象,且又知书识字,了解天下大势,医术也好,取得了成吉思汗的信任。当时成吉思汗帐前有个叫常八斤的制弓巧匠,所制之弓非常好用,常得成吉思汗夸奖,他骄傲地对耶律楚材说:"国家正当用兵之际,像你这样的儒生有什么用呢?"耶律楚材看了看他,反驳道:"治弓尚且聘请弓匠,治天下哪能不用治天下的人呢?"成吉思汗听说后,更加尊重和信任耶律楚材了。蒙古太祖十五年(1220年),西域掌管天文历法的官员说五月十五日晚上将月食,耶律楚材根据自己的推算,得出了不同结论,后来果未发生。第二年十月,耶律楚材报告说将有月食,西域人说不会有,结果月食八分。耶律楚材就将不准确的西域历法细加修订,著成《征西庚午元历》上献给成吉思汗,立获颁行。新

帝师谋士

历法对军事行动、农事生产和日常生活起居都带来了很大的好处。成吉思汗每逢有战，必先命他占卜。蒙古太祖十七年（1222年）的八月，西方天空出现了一颗长长的彗星，又有许多人惊惶失措，还有人暗暗以为成吉思汗将有不测，成吉思汗也疑虑重重。耶律楚材赶忙上奏说："此是金宣宗快要死了的异象。"后又应验。当然，耶律楚材绝非有未卜先知之能。他的那些比较精准的预言都来自丰富的学识、过人的才智和对人心的准确把握。可这对当时生产力水平低下、知识水平相对不高的蒙古君民来讲，能够把握和分析自然现象的人绝非凡人。曾有一次，成吉思汗指着耶律楚材对儿子窝阔台说："这是上天送给我们家的礼物，皇天委派他来帮助我们打江山。我死之后，你主持国政，军国大小事务，你都可以放心交付给他去办理。"可见成吉思汗对耶律楚材的信任非同一般。

耶律楚材能获取太祖的超常信任，还在于他有着悲天悯人的心肠。他能够准确地判断出成吉思汗绝非生性残暴的恶魔，他的那些杀戮破坏完全是源于对游牧文明的迷信和对农业文明及城市文明的不解，在这一点上，耶律楚材可以说是成吉思汗的知音。耶律楚材是一名虔诚的佛教徒，他随成吉思汗西征，看到蒙古军队的烧杀抢掠，心里非常难过，为了减少战争带给平民的灾难和对社会生产力的破坏，他决心借助神佛的名义设法对成吉思汗施加影响。有一回，当蒙古铁骑行军到铁门关（今乌兹别克斯坦境内）时，成吉思汗的侍卫看到一只鹿形、马尾、绿色独角、似能说人语的怪兽（可能是犀牛），这只怪兽仿佛对侍卫说："你的君主应当及早回去。"成吉思汗听了侍卫的陈述，心里十分奇怪，就去问耶律楚材。耶律楚材借机向成吉思汗谏道："此兽是祥瑞之兽，它的名字叫角端，它能够说四方语言，性好生恶杀。它今天跑到这里，是上天派它来警示大汗的，大汗您是天的儿子，天下人都是您的子民，您应当顺承上天的心意，爱惜和保全百姓的生命。"成吉思汗听后思索了许久，或许还因为考虑到出兵的不成熟，也就采纳了耶律楚材的建议，当天班师东归。

因为在蒙古大军西征之时，曾经向西夏征兵，但遭到了西夏国的拒绝。成吉思汗对此一直耿耿于怀，曾宣称"若天保佑，回回处回来时，就去征他"。从西域班师不久，成吉思汗以"不遣质子"为由，开始兵分两路，向西夏大举发动进攻，耶律楚材也随成吉思汗一起参加了征伐。在元太祖二十一年（1226年），蒙古军队捷报频传，连下西夏河西走廊诸州县，浩浩荡荡进逼灵武。西夏派遣数路援军来助，均遭到打击，惨败而退。到十一月，灵武也被蒙古铁骑攻克。"诸将争取子女金帛，楚材独收遗书及大黄药材。既而士卒病疫，得大黄辄愈，活数万人。"在诸将贪婪抢掠之时，耶律楚材想到的还是士兵的性命，他丝毫不为钱财所动，做的是保护图书文物，收集经籍，为传承中华文明立下了大功。

协助太宗

成吉思汗去世以后，窝阔台即位当了大汗。他重用耶律楚材，让耶律楚材在改变蒙

古国的统治方式和剥削方式上发挥了更大的作用。耶律楚材不愧为"治天下匠",果然没有辜负成吉思汗的重托,没有让窝阔台失望,他事事躬亲,鞠躬尽瘁,为蒙古国的发展做出了重要贡献。

耶律楚材辅佐窝阔台治理国家最伟大的贡献在帮助蒙古国建立典章制度,让治理国家有制度可以遵循,管理逐渐有序化。成吉思汗时代,统治者一直忙于征战沙场,开拓疆域,没有足够的时间来建章立制。州郡的长官士吏,经常随意杀戮百姓,草菅人命,视百姓性命如儿戏。以致许多豪强恶霸霸占他人土地,掳掠他人妻女,豪取强夺他人财物,血腥案件时有发生。百姓叫苦连天,申诉无门,整个社会秩序非常混乱,尤其以燕京地区为突出。"燕蓟留后长官石抹咸得卜尤贪暴,杀人盈市。"当时的燕京,在石抹咸得卜的统治下,盗贼横行猖獗,作案手段非常大胆,有时候竟然在青天白日之下,直接驾着牛车窜入富人家里洗劫钱财物器,遇有不服从者,就大行杀戮。耶律楚材听说这些事情后,为之泣下,他深知"安民心者安天下"的道理。于是立即上奏当时监国的皇太子拖雷,请求下令予以禁止,告令天下州郡,如果没有得到皇上的圣旨,不能够擅自做出征发的主张,如果是逮捕有"当大辟"的囚犯,必须上报朝廷,定夺是否处决,违抗此规定的将绳之以法,进行治罪。经过整顿,这种贪暴之风才被逐渐刹住。不久,拖雷又派遣耶律楚材和开国功臣博尔忽的孙儿塔察儿一道作为中使奔赴燕京,重点整顿当地的社会治安。耶律楚材清楚,这些杀人越货之徒如此猖狂,谁也不敢阻拦追究,是因为都是大有来头的,因而处理起来会有很多麻烦,但他仍毅然前去查办。耶律楚材经过仔细调查,很快便弄清了这些强徒都是显贵豪强子弟。耶律楚材在掌握了大量证据的基础上,斩钉截铁地将他们一一缉拿归案,然后拟出法办意见。此刻,这些恶徒的亲族都傻了眼,他们清楚耶律楚材执法不避权贵,又不屑钱财,要想减免刑罚,只有把希望寄托在贿赂中使塔察儿上,以求从轻发落。很快,耶律楚材便知道了这一情况,他找到塔察儿,晓以大义,指陈利害。他指出此事并非个人恩怨,而是关系到社会的安定,国家的前途,若出于私心,处理不当,对皇上和百姓都无法交代。塔察儿听了又惊又怕,深知有错,并情愿听楚材发落。耶律楚材见他知错能改,便继续同他一起对罪犯逐一审查,依法处置。其中十六个罪恶昭彰、民愤最大的首犯,绑赴刑场,当众正法。从此,巨盗绝迹,燕京秩序得以治理。

1229年,拖雷监国已经两年。秋八月。在克鲁伦河的曲雕阿兰之地召开忽里台大会推举大汗,黄金家族子弟皆从各自的驻地赶来参加大会。因成吉思汗早有遗命,让窝阔台承继大位。但是窝阔台认为拖雷在监国期间,治理国家有条不紊,又善于纳谏;另一方面还从国家初定、百废待兴的局面出发,认为更换国主恐怕会影响社会安定,而且拖雷一直跟随成吉思汗,深得真传,故窝阔台认为汗位应由拖雷继承。两人你来我往,互相推让,大臣们认为拖雷与窝阔台能力相当,处政理事各有千秋,并且继承皇位是王家内务,不好直说。会议开了四十天都未做出最终决定。耶律楚材觉得会议再这样拖下去,也很难有个结果,便对拖雷说:"推举大汗,是宗社的大事,应该根据成吉思汗的遗命,早做决定,以免发生争端。"拖雷说:"意见尚未统一,能否再等几天。"耶律楚材说:"过了明天,就

没有吉利的日子了。"迷信的蒙古统治者听了这话才决定在明日举行登基大典。

蒙古国虽然有贵贱尊卑之分，但是从来没有像中原地区封建王朝那样有严格的君臣之别。窝阔台被选为大汗之后，耶律楚材受命拟订登基仪式。耶律楚材为了使会议开得威严庄重，让所有宗亲都能恭敬顺从，为国君以后处理政务建立良好的威望，便事先对亲王察合台说："你虽然是大汗的哥哥，但是从地位上讲，你是臣子，应当对大汗行跪拜礼。你带头下跪了，就没有人敢不拜。"于是，察合台就率领黄金家族和各级长官向大汗窝阔台下拜，会议进行得很顺利。大会散后，察合台拉着耶律楚材的手由衷地说："你真是社稷的功臣呀！"从此以后，蒙古国有了尊汗的下拜礼，慢慢地，其他儒家礼仪也开始执行。由于天下初定，窝阔台为了进一步树立自己的威望，准备杀鸡吓猴，对没有按时前来朝拜的王公大臣处以死刑，同时剪除一部分异己。耶律楚材知道后，赶紧向窝阔台献言，他说："陛下新即位，应力求安定，对犯有错误的人，应当采取宽大处理，否则可能使矛盾扩大，政局反而也会不稳。并且为了打江山，许多文臣将士为之付出了宝贵的性命，陛下应该采取抚恤政策。"窝阔台采纳了耶律楚材的意见，果然取得了很好的效果，从前不拥护他的人，后来都拥护他了，政权得到了巩固和稳定。

当时，蒙古立国未久，民多误触禁网，诸事也处于草创阶段，该如何治理文化先进的中原地区呢？日益获得信任的耶律楚材上奏说："天下得之马上，不可以马上治。"他深知统治中原非用中原制度不可，而熟知汉法统治之道的多为汉儒。于是他大力保护汉儒并引荐他们人仕。他还选择一些急需办理之事，写成《便宜一十八事》上奏。内容包括官吏设置、赋役征收、财政管理、刑法执行等许多方面。"郡宜置长吏牧民，设万户总军，使势均力敌，以遏骄横。中原之地，财用所出，宜存恤其民，州县非奉上命，敢擅行科差者罪之。贸易借贷官物者罪之。蒙古、回鹘、河西诸人，种地不纳税者死。监主自盗官物者死。应犯死罪者，具由申奏待报，然后行刑。"并且特别指出当时官场上盛行的送礼之风，为害不小，希望下令禁止。窝阔台汗对于禁止自愿送礼一事不太理解，对耶律楚材说："如果是自愿馈赠的，可以不追究吧！"耶律楚材说："这是蛀政害民的开头呵！哪能听任不管呢？"窝阔台汗说："凡你所奏，我都依从了，你就不能依从我这一件吗？"后来还是依从了楚材的建议。

在成吉思汗时期，主要目标都放在征服西域上，没有来得及打理中原事务，官吏们多私自敛财，吞并国货，有的超出万数，国家却因为年年征战，库藏空乏。于是有近臣上奏说："汉人无补于国，可悉空其人以为牧地。"即建议窝阔台杀掉汉人，空出土地作为牧场来加强储备。耶律楚材坚决反对，他抓住窝阔台想增加财政收入以推进军队扩张的心理，说："陛下将南伐，军需宜有所资，诚均定中原地税、商税、盐、酒、铁冶、山泽之利，岁可得银五十万两、帛八万匹、粟四十余万石，足以供给，何谓无补哉？"果然，窝阔台同意了耶律楚材的这一建议，命令他试行一下，看最终效果如何。于是耶律楚材依据皇上的诏令设立了燕京等十路征收课税使，每路都任命正副课税使，皆由汉儒担任。一天，十路课税使送来了许多粮食布帛和金银，陈列在宫廷中，数量很多。窝阔台汗看了非常高兴，笑着

对耶律楚材说："你没有离开我的左右，但却收来了这么多的财物，使国用充足，真有本领啊！在金国的臣僚中还有像你这样的人才吗？"耶律楚材答道："现在南京（开封）的臣僚都比我好，我因为没有什么本领，所以才留在燕京，结果被陛下所用了。"窝阔台汗对耶律楚材的谦虚态度表示嘉赏，又下令任命他做中书令，把典颁百官、会决庶务的大权交给了他。耶律楚材为了使课税事务更好地实行，不再让权贵侵吞国家财物，又上奏太宗说："凡州郡宜令长吏专理民事，万户总军政，凡所掌课税，权贵不得侵之。"并且再度举荐曾经的同事镇海、粘合等人为官操办。他的这些政治改革严重损害了权贵们的利益，也就越来越遭到守旧贵族的反对。例如，燕京留守长官石抹咸得卜竟以旧怨，诬告耶律楚材"率用旧亲，必有二心"，务欲杀之而舌快。窝阔台听了后半信半疑，派遣使者去调查此事，终于弄明白是一桩诬告，为以儆效尤，欲派楚材去拿石抹咸得卜法办。耶律楚材考虑到现在治办恐引起不和，况且南方也很不稳定，就奏请说："此人倨傲，故易招谤。今将有事南方，他日治之未晚也。"窝阔台听后，私下里对他的侍卫说："楚材不较私仇，真宽厚长者。"令属下学习耶律楚材。有一回，中贵可思不花上奏请求派人去采金银，到西域去种田、栽葡萄，太宗决定诏令西京宣德两地调集万余户农民去。楚材考虑到长途跋涉，舟车劳作，大规模的迁徙农民会破坏刚安抚好的农民的信心。就援引先帝遗诏说："先帝遗诏，山后民质朴，无异国人，缓急可用，不宜轻动。今将征河南，请无残民以给此役。"太宗也就准奏了。

壬辰年春天，窝阔台亲率大军南征，陕洛秦虢等州的人民纷纷逃入山林洞穴躲避。窝阔台汗下诏："逃难之民，若迎军来降，与免杀戮。"有些蒙古贵族反对这个诏令，他们说："逃民们急则降，缓则走，不把他们杀掉，终为敌人所用，还是不要宽宥，完全杀掉为好。"耶律楚材请求制旗数百面，发给逃民，让他们回到蒙古军控制的州郡去种田。据说，因此而活下来的逃民不可胜数。以前，按照旧历，在攻打城池时，如果遭受到守军的反抗，破城之日，就是屠城之时。太宗四年（1232年），蒙古大将速不台攻打金国的南京（开封），即将攻下时，他派人向窝阔台汗奏请说："此城抗拒持久，我军死伤甚多，城破之后，应尽屠之，以示惩罚。"耶律楚材听说后忙向窝阔台汗说："我军将士在外征战数十年，所想要得到的不过是土地和人民。如果得到了土地，却没有人民，又有什么用处呢？"窝阔台汗听了犹豫不决，耶律楚材又说："制造弓矢甲仗、金玉器皿的能工巧匠，和官民富贵之家，都聚在这个城中，如果全都杀了，我们将一无所得，那这个仗就白打了。"窝阔台汗点头称是，于是下了一道诏令："除皇族完颜氏罪大不赦外，其余皆免罪不问。"据说当时避乱城中的一百四十七万多人，都因此而免遭屠杀。从此以后蒙古对南宋用兵，攻取淮汉诸城，也都以此作为"定例"，不再"屠城"，只诛"首恶"。这是蒙古军事政策的一大转变，耶律楚材在其中所起的作用，应该给予充分肯定。除了不杀城民，尤为可贵的是他时刻没忘记"以儒治国"，在破汴梁之时，楚材请求遣人入城，寻访孔子之后，果然求得孔子的五十一代孙元措，他奏请太宗让元措袭封衍圣公，付以林庙地。"命收太常礼乐生，及召名儒梁陟、王万庆、赵著等，使直释九经，进讲东宫。又率大臣子孙，执经解义，俾知圣人

之道。"讲学之风渐起,在京城还设置了国子学。他还奏请设立编修所于燕京、经籍所于平阳(今山西临汾),编印儒学典籍,用儒学举士选官。这些建议虽然没有完全实现,但对以后元朝的发展,影响相当深远。

耶律楚材作为一个深受儒学思想影响的"治国能匠",他深知"民为贵,社稷次之,君为轻"的道理,他的"民本"思想让他无时不牵挂百姓,为百姓考虑。河南刚破之时,俘虏了许多百姓,在北返途中,逃亡者十有七八。窝阔台汗下令严查:"停留逃民及资给饮食者,皆死。无问城郭保社,一家犯禁,余并连坐。"此令一下,引起了广大百姓的惶骇不安,虽是父子兄弟,一经俘虏也不敢相认,逃民无所寄食,多死于野。耶律楚材对窝阔台汗说:"十多年来,我们执行安抚百姓的政策。因为百姓是很有用处啊! 现在我们已经统一了中原,他们还能逃到什么地方去呢? 岂能因为一个俘虏,便把数十百人连坐处死呢!"窝阔台汗顿然醒悟,立即解除了这个禁令。金国灭亡之后,剩下秦、巩二十余州久久都攻之不下,耶律楚材进言:"往年吾民逃罪,或萃于此,故以死拒战,若许以不杀,将不攻自下矣。"下诏之日,诸城都打开城门归顺,不战而胜。在统计户口的时候,耶律楚材和大臣忽都虎等有了不同的看法。许多大臣赞同忽都虎希望以丁为户,而耶律楚材则坚决反对将蒙古以人丁为单位的计户方法用于中原,太宗采纳了他的建议,沿袭了以户为单位的税制。耶律楚材还不顾朝臣的猛烈反对,制定了较低的税额,以使中原人民得以休养生息。蒙古国的基本经济政策就这样确定下来了。不过在战争中,当时统治者仍然将大批人民掠为驱口,动以万计。驱口的身份很低,任凭主人驱使买卖,毫无人身自由可言。这不仅是对劳动力的摧残,而且也减少了国家的财政收入。耶律楚材于是奏请括户口,凡属驱口,"并令为民,匿占者死"。释驱口为民,促进了农业生产的发展。

耶律楚材呕心沥血地为蒙古帝国出谋划策,制定法纪,使这个新生的庞大政权得以巩固。他披肝沥胆的忠正品质,让窝阔台汗肃然起敬。太宗八年(1236年,即灭金后的第二年),蒙古亲王集会,大汗亲自给楚材敬酒,衷心地说:"当初我之所以请您担当重任,是因为先帝之命。今天我能高枕无忧,全是您的功劳。"当时,正值西域诸国和南宋、高丽的使者前来访问,说话多恭维而不切实际,窝阔台指着楚材对来使说:"你们国家有这样的人才吗?"来使都回答:"没有,此人大概是神人。"窝阔台说:"你们以前说的话多是假话,只有这句话不假,我想你们国家肯定没有这么有才能的人。"国家渐趋稳定,货物交易愈加频繁,有人奏请仿照前朝发行纸币,以方便物品流通。楚材也认为此法可行,但有限度,金章宗时候发行交钞,可是有司"以出钞为利,收钞为讳,谓之老钞",到了最后用万贯钱才能买到一张饼,民力困竭,国用匮乏。所以应当吸取金国教训,印造交钞,应该以不超过万锭为宜。窝阔台汗同意了。

太宗七年(1235),大断事官失吉忽秃忽检查统计中原户口,得有一百一十万余户,窝阔台汗决定按照蒙古的传统,将七十六万户分封给各诸侯王以及朝廷贵族,这种户称作"位下"或"投下户"其余属各级政府。楚材立即站出来竭力反对,他说:"把土地和农民分封给臣下,如果分配不均,则容易产生嫌隙,还不如全部归属国家所有,而多拿些金帛来代替以奖励给他们。"窝阔台说:"假如我已经开启金口答应了他们怎么办呢?"对曰:"那样可以采用朝廷设置官吏管理的办法,去统一接受他们那里的贡赋,等到岁末的时候,由朝廷按规定再颁发给臣侯,主要是不能让下臣各自随便征收赋税,这样也就可以解决问题。"于是定下"五户丝"制,即每五户合缴丝一斤给受封者。另外,每二户出丝一斤作为国税给政府。地税,中田每亩二升又半,上田三升,下田二升,水田每亩五升;商税,三十分而一;盐价,银一两四十斤。于是把征税权夺了回来,有效地防止了地方势力的强大。既定赋税,但有些朝臣认为太过于轻,楚材曰:"作法于凉,其弊犹贪,后将有以利进者,则今已重矣。"太宗八年,侍臣脱欢建议全国选美女入宫。窝阔台同意实行,耶律楚材却有意拖延不办。窝阔台十分恼火,斥责耶律楚材。耶律楚材却乘机进谏:"宫中美女已经够多了。如果再选美,臣恐怕会扰民,引起百姓不满。"不久,窝阔台又向全国征用母马。耶律楚材认为中原一带向来是种稻养蚕,这样一来,就必须弃农放牧,使农牧业失调。耶律楚材规谏:"南方本不产马,如果发布这样的命令,必然危害人民。"窝阔台想想也就算了。

经过了这么多事情,耶律楚材越来越感觉到任用汉儒治理国家的紧迫性,蒙古乃是游牧民族,凭借强悍英勇善战的蒙古铁骑在马上取得了天下,可是文化上的落后使他们时常暴露出治理国家能力方面的不足,无法驾驭和领导先进的中原文化。太宗九年(1237年),耶律楚材上奏说:"制器者必用良工,守成者必用儒臣。儒臣之事业,非积数十年,殆未易成也。"窝阔台也感觉到朝中缺乏人才,"乃命宣德州宣课使刘中随郡考试,以经义、辞赋、论分为三科,儒人被俘为奴者,亦令就试,其主匿弗遣者死。得士凡四千三十人,免为奴者四之一。"这次开科取士,释放被俘为奴的汉族儒人,大胆任用汉族知识分子,选中许多人才,如杨奂、张文谦、赵良弼、董文用等人,他们后来都是忽必烈时代的名臣,为元朝做出了巨大贡献。考试提高了儒士的身份,加强了各民族之间的交往,进一步促进了中原文化的恢复和发展。

耶律楚材受过正统的儒家教育,是一个刚正不阿的贤臣,遇到太宗有过错,他总是或委婉、或直率地劝谏。一次,两个道士互争尊长,各立门户,结党营私。其中一个门派勾结宫中宦官和通事大臣杨惟中,捕获虐杀另一门派的道徒。耶律楚材严格执法,不避亲贵,把杨惟中也逮捕了。宦官反而诬告耶律楚材擅自抓捕大臣,还捏造了另外一些违反制度的事。窝阔台勃然大怒,让人把耶律楚材给捆了起来,打入牢房。不久,窝阔台发现自己错了,开始后悔,下令释放耶律楚材。可是倔强的耶律楚材却坚决不让松绑,他说:"我是朝廷大臣,陛下把朝政都托付给了我。陛下当初抓捕老臣,想必是因为我犯了大罪,应当明白地通报百官,说明罪由。今天你无缘无故地要给我松绑,释放我,是因为我无罪,也应当公开陈述无罪的理由。陛下对待大臣像对待孩童一样,这怎么能行呢?您让我名声扫地,以后我还怎么处理国家大事呢?我到底有罪没罪,请陛下当众说个明白。"这样当面让皇上下不了台,所有的大臣都呆住了。窝阔台是位圣明的皇帝,他说:"朕虽然是皇帝,但也是人,人非圣贤,孰能无过?难道我就没有做错事的时候吗?"又再

三温言劝慰,向耶律楚材赔礼道歉。耶律楚材这才缓和下来,趁此机会,又提出一些治国方针,皇帝一一同意,并且很快颁布实施。

耶律楚材推行儒教,倡导以儒教治理国家,取得了很大的成就,可是还是发生了让窝阔台非常不高兴的事情,这几乎令他对儒教丧失了信心,准备废除之。太原路转运使吕振、副使刘子振犯罪,以赃相抵。帝责楚材曰:"卿言孔子之教可行,儒者为好人,何故乃有此辈?"耶律楚材回答说:"君王和父亲教育他们的大臣和儿子,也不是希望他们陷自己于不义呀。三纲五常,圣人之名教,只要是建立有国家的,没有不推行它来治理国家。这是天经地义的事情,就好像天之初生就有了太阳和月亮一样。岂能够因为一个人犯下了过错,就要把这万世常行之道在我朝废止呢?"窝阔台汗听后,愣了一会,也就解开了这个心结。

先时,蒙古贵族为了获取巨利,曾委托回回商人发放高利贷,年息百分之百,一锭银十年后本利可达一千零二十四锭,时称羊羔利。许多人为之卖妻鬻子,倾家破产。耶律楚材奏请"子母相伴,更不生息",使高利贷势力稍有抑制。和羊羔息一样不利于国家的扑买政策,在窝阔台汗统治后期,渐渐盛行起来。扑买,实际上就是包税。这种制度在宋金统治时期已经萌芽,主要在坊间、矿冶、河场等小范围内被采用,到窝阔台后期,这种制度迅速盛行。"富人刘忽笃马者,阴结权贵,以银五十万两扑买天下差发。涉猎发丁者,以银二十五万两扑买天下地基、水利、猪、鸡。刘廷玉者,以银五万两扑买燕京酒课。又有回鹘以银一百四十万两扑买天下盐课,至有扑买天下河泊桥梁渡口者。楚材对包税制度非常不满,认为"此贪利之徒,罔上虐下,为害甚大"。奏请窝阔台汗罢之,曰:"兴一利不如除一害,生一事不如省一事。任尚以班超之言为平平耳,千古之下,自有定论。后之负谴者,方知吾言之不妄也。"蒙古族饮酒成风,窝阔台更是嗜酒如命。登位之后,时与大臣畅饮,不醉不休。耶律楚材多次进谏,窝阔台不听。后来,耶律楚材拿着被酒浸泡腐蚀的酒器,送到窝阔台的跟前说:"酒能腐物,铁尚如此,何况五脏!"窝阔台幡然悔悟,语近臣曰:"汝曹爱君忧国之心,岂有如吾图撒合里者耶?"下令大臣每天只能喝三杯酒。译史安天合曾奔走于耶律楚材门下,想借助楚材的权势向上爬,楚材识破了他的政治野心,没有答应。安天合对耶律楚材产生了怨恨情绪。后来,安天合投奔到镇海门下,受到了重用。他向镇海首引奥都剌蛮扑买课税,增至四万四千锭,这使得全国税额又增加了一倍。窝阔台汗见有利可图,也就欣然答允了。楚材为此极力辩谏,以至于声色俱厉,言与涕俱。这让窝阔台非常不高兴,说:"尔欲搏斗耶?"又曰:"尔欲为百姓哭耶? 姑令试行之。"楚材见事情已经无可挽回,乃叹息曰:"民之困穷,将自此始矣!"他的这一见解,后来不幸被历史证实。扑买之风大兴,蒙古统治者搜刮民财越来越烈,以致激发民愤,爆发农民起义而最终亡国。

曾有一次,楚材与其他王侯一道宴会喝酒,没料到喝了个大醉,窝阔台汗碰巧莅临平野,就直接驾临楚材醉宿的营帐,登上了楚材卧躺的车子,用手摇了摇楚材。楚材熟睡未醒,对他人打扰他睡觉很恼火,睁开眼睛看,才知道是窝阔台汗来了,惊吓得赶紧爬起来谢罪,窝阔台汗说:"有酒独醉,不与朕同乐耶?"大笑着离开了。楚材来不及束冠系带,立即驰马进宫拜诣,窝阔台汗亲为置酒,君臣两人把酒言欢,宵罢乃归。耶律楚材做中书令以来,得到的俸禄和奖赏,他全部都分给亲友族邻,自己未尝私下享用。行省刘敏有一次慢条斯理地劝说楚材大可不必如此。楚材说:"亲族之礼义,当互相资以金帛。但却不能私吞国家财物去结交友谊,如果当政之人执法而违法,那怎么对得起皇上的知遇之恩呢?所以我不敢徇私舞弊。"

太宗十三年(1241年)二月,窝阔台汗病得很厉害,御医诊治说脉象已经断绝。乃马真皇后一下子慌了神,不知道该如何是好,召见楚材问他计策,楚材回答说:"今朝廷所用非其人,买官卖官现象还有发生,犯了案子也有用钱折罪脱身的,使得天下罪囚多为冤枉之徒。春秋时有宋景公荧惑退舍的事例,也请效法而大赦天下。"皇后听后,马上就要派人去执行。耶律楚材又说:"非君命不可。"过了不久,窝阔台汗苏醒了过来,乃马真皇后把楚材的话告诉了他。窝阔台汗此时已经不能说话了,只能点点头表示赞同。当天晚上,御医复诊,察觉到太宗又微有脉象,大赦诏书发出后的第二天,窝阔台汗的病情就开始好转了。当年的十一月四日,窝阔台汗已经基本上康复,而且很长时间不服药了。有大臣提议太宗出外打猎散心,楚材以太乙数推之,认为窝阔台汗不宜出去打猎,左右都说:"不去骑射打猎,没有什么乐趣呀。"于是,窝阔台汗没有听从耶律楚材的劝告,终于还是出去行围采猎。结果。才过了仅仅五天,窝阔台汗就驾崩于行殿。由于窝阔台汗生前最喜欢的儿子阔出早死,故他生前曾留下遗嘱,以阔出的儿子失烈门继位。而在大汗没有正式推举出来之前,按照蒙古旧俗,先由皇后摄政。皇后乃马真氏当政期长达三年之久,在其统治下,多迷信奸党之徒,政令不一,朝政开始陷入混乱。奥鲁剌蛮逐渐得势,朝廷中如镇海等老臣多受皇后猜忌和迫害,纷纷外逃,其他人则畏惧而依附于奥鲁剌蛮,奥鲁剌合蛮在皇后的宠幸下,权势炙手可热。唯独耶律楚材在这种艰难的处境下,还敢于面折廷争,说他人不敢说之事。

愤惋而终

乃马真后执政的第三年(1243年)五月,蒙古宫廷里还发生过一次没有成功的政变。主要是因为乃马真后专权,故意拖延使得忽里勒台大会迟迟没有开,汗位久缺,人心不稳。成吉思汗的弟弟铁木哥斡赤斤趁机率军东来,企图以武力问鼎汗位。消息传来,宫廷一片混乱。这时,楚材临危不惧,站出来奏请皇后不要担忧,说这只是小变,没有大问题,不会失国。据《元史》记载:"居无何,朝廷用兵,事起仓卒,后遂令授甲选腹心,至欲西迁以避之。楚材进曰:'朝廷天下根本,根本一摇,天下将乱。臣观天道,必无患也。'"果然没过几天,斡赤斤在得到了蒙古宫廷的亲属后退去了。一次,乃马真皇后将盖了御宝的空白纸,交给奥都剌合蛮,让他自行填写颁发。耶律楚材知道后说:"天下者,先帝之天

下。朝廷自有宪章，必须遵守，不按宪章办事，就乱了法，这样的诏令我不敢奉行。"乃马真皇后又下旨："奥都剌合蛮提出的建议，令史如果不办，断其手。"耶律楚材说："国家大事，先帝全都委托老臣处理，令史没有责任。事若合理，自当奉行，如不可行，死且不避，还怕断手吗?"乃马真皇后听了很不愉快，耶律楚材仍然大声说道："老臣跟随太祖太宗三十多年，没有做过对不起国家的事，我是无罪的，皇后怎么能够杀无罪之臣呢。"乃马真皇后听了更加不满，但终因他是先朝旧勋，不好轻易处理，便采取了敬而远之的办法，实际上是排挤他，不让他掌权。

耶律楚材得不到信任，眼见奸邪当道，政事日非，心中很不愉快，终于在乃马真氏三年(1244)五月十四日"愤惋"而死。死的时候才五十五岁。耶律楚材死后，有不满楚材者诬告说他在做中书令时，天下贡献的赋税，大半之数被他侵吞入家。皇后派近臣麻里扎去调查，发现"唯琴阮十余，及古今书画、金石、遗文数千卷"。至顺元年，赠经国议制寅亮佐运功臣、太师、上柱国，追封广宁王，谥文正。

神算军师

——刘基

名人档案

刘基：字伯温，谥曰文成，汉族，浙江青田人。元末明初军事家、政治家及诗人，通经史、晓天文、精兵法。

生卒时间：1311~1375 年。

性格特点：品格高尚，识于实务。

历史功过：刘基是位卓越的军事谋略家、政治家。他既是开国功臣，也是治国良臣。他以辅佐朱元璋完成帝业、开创明朝并使尽力保持国家的安定，因而驰名天下，被后人比作为诸葛武侯。朱元璋多次称刘基为："吾之子房也。"

名家评点：朱元璋曾赋诗《赠刘伯温》云：

妙策良才建朕都，
亡吴灭汉显英谟。
不居凤阁调金鼎，
却入云山炼云炉。
事业堪同商四老，
功劳卑贱管夷吾。
先生此去归何处，
朝入青山暮泛湖。

朱元璋读书不多，能将刘基比作刘邦请不动的商山四皓，辅佐齐桓公成霸业的管夷吾，如此评价刘基，亦属难能可贵了。

青田诸葛

刘基的祖先，是青田县的豪门大族。曾祖父刘濠，学识渊博，也非常有谋略。他曾在

宋朝做过翰林掌书。宋朝灭亡后，当地人曾组织反元起义，遭到失败，失败后幸存人员四散隐藏。刘濠非常同情反元起义。后来，元朝廷派遣使者携带名册前去查抄起义人员。使者半路宿于刘家。刘濠把情况弄清楚后，故意殷勤接待，待其酩酊大醉，便反锁房门，放火烧了房子，名册尽毁。起义幸存者得到了保护。

刘基在这样的家庭长大，受到很好影响。他从小就好学敏求，博览群书，而且对古人论及天文、地理、用兵打仗的书籍总是爱不释手。刻苦的研读使刘基受益匪浅，广泛的涉猎不仅开阔了他的胸襟，更促使他立志大展宏图，建功立业。

刘基14岁时，即已才华出众。他父亲为他请了几位老师，都因为学问不深无法满足刘基的求知欲而辞职。最后江南饱学名儒郑复初应聘，也深感刘基不比寻常。

一次，郑复初与学生们讨论孔子如何周游列国，宣传道化，刘基突然站起来说：“孔子虽然道德高尚，但身为鲁国人，国败而难保，饱学而无为，岂不是一介无用的书生？大丈夫不应如此！”郑复初大惊失色，事后对刘基的父亲说：“这可不是一个一般的孩子，日后定为国家的栋梁！”

果然，元至顺四年（1333年），年仅23岁的刘基进士及第，衣锦还乡，被任命为江西高安县丞、江浙儒学副提举等官。

少年得志的刘伯温，颇想为元朝效力尽忠，做一番轰轰烈烈的事业。时值元朝末期，官场腐败，吏治贪乱，整个社会统治已是独木难支，摇摇欲坠。但刘基并没有感到风雨飘摇，大厦将倾。他一方面以身作则，为政清廉，一方面与那些贪官污吏做斗争。然而，上任不久，即因受人嫉恨被排挤到别处，碰了个鼻青脸肿。又不久，因上文弹劾监察御史失职开罪于上司，被排挤回家。

官场初挫并未能使刘基丧失信心。他反而认为自己之所以出仕碰壁，一因自己学识未够，社会经验更是不足，涉世未深，不了解官场中之险恶；二者更因元朝政府积重难返，过于腐败，正直之人很难立足，更不用想有所作为了。因此，在回乡隐居的日子里，他如饥似渴地钻研《周易》八卦，兵书战策，并广交宾朋，扩大自己的影响，随时打算东山再起。他知道，有了梧桐树，不愁没凤凰。果然，随着岁月的流逝，刘基的名声日盛，甚至有人认为他的才干足以与诸葛亮相比，很多江南名士于是纷纷登门求教。刘基觉得，自己出头的日子已经快了。

适值元朝末年，社会矛盾激化，各地农民起义连绵不断。栾城（今河北栾城）韩山童与颍州（今安徽阜阳）刘福通起兵汝颍，罗田（今湖北罗田）徐寿辉起兵蕲黄，定远（今安徽定远）郭子兴起兵濠州，泰州（今江苏东台）张士诚举事高邮……起义队伍如火如荼，一浪高过一浪。而在江浙一带，黄岩人方国珍因被诬告通寇，一气之下，便杀死仇家，率兄弟三人聚集海盗数千人骚扰江浙，元朝廷几次派兵都未能剿灭，连江浙行省左丞孛帖木儿都被其活捉。朝廷无计可施，只得决定官厚禄诱降方国珍。但方国珍本性难移，几降几叛，弄得人心惶惶。江浙行省见方国珍如此，终于想到了刘基，举荐他为元帅府都事。

隐居多年的刘基觉得又有了机会。他一到任就力主用武力严剿方国珍，认为方氏兄弟首先倡乱,不顾朝廷恩恤,"不诛无以惩后",并且定下了剿除方案。方国珍早已听说刘基的才干,甚恐,急忙派人以大量金银财宝向他行贿,刘基拒绝不受。方国珍又使人从海上至北京,贿赂京中权贵,以致元朝廷决定对方国珍进行招抚,并授以官职。刘基蒙在鼓里,正布置出兵呢,朝廷竟然令下,说他擅作威福,夺去兵权不算,还把他羁留在绍兴。刘基一怒之下,遂辞官回青田老家。

至正十六年(1356年),元朝行省重新复议以都事之职起用刘基,让他招抚安山起义军吴成七等。刘基自己招兵买马,组成部队,用软硬兼施的方法:投降政府的,予以宽大处理,甚至委以官职,抗命不服者当即擒捕诛杀,从而瓦解了这支义军。

至正十七年(1357年),浙东山区爆发农民起义,行省又招来刘基剿捕,与江浙行枢密院判官石抹宜孙守处州。经略使李国凤上疏称赞刘基的才干,请求予以重用。执政权贵因怕得罪方国珍,只让他做总管府判,不让他指挥军队。刘基施展不开才能,只得再次弃官回乡。青田富户生怕方国珍扰害,纷纷投靠刘基,组织起地主武装,修筑堡寨,保卫自家产业。方国珍的军队,不敢进犯。

刘基的才能在元朝并没有能够很好地发挥,在隐居青田的日子里,刘基遵奉孔子"邦有道,则仕;邦无道,则可卷而怀之"的古训,日日以读书为事,静待明主。凡天文兵法,四书五经,诗词文章,无不涉猎。并爱作诗撰文,抒发自己怀才不遇,报国无门的胸怀。他在《感怀》诗中写道:

"昊天厌秦德,瑞气生艺砀,
修身俟天命,万石全其名。"

诗中以"秦"喻"元",既有对时及的正确分析,又表达了自己的情怀。

在和张德平的诗中写道:

"贾谊奏书哀自哭,屈原心事苦谁论?"

在《感兴三首》中写道:

"乾坤处处旌旗满,肉食何人问采薇?"

刘基哀叹各地农民起义风起云涌,虽已搅乱地主阶级的安宁生活,但那些麻木不仁、贪生怕死的高级官僚,却仍然醉生梦死,无所作为。而像贾谊、屈原一类忧国忧民的志士,朝廷却不理解他们的心情。埋怨朝廷不问采薇,不能任用像他这样满腹经纶,身怀绝技隐居民间的"草茅"之人。

刘基污蔑农民写为贼寇,又不满政府军纪律败坏,无所作为。在《忧怀》诗中写道:

群盗纵横半九洲,干戈满目几时休?
官曹各有营生计,将帅何曾为国谋?
猛虎封狼安荐食,农夫田父苦诛求。
抑强扶弱须天讨,可怪无人借箸筹!

在《次韵和石抹公春晴》诗中写道:

赤眉青犊终何在,白马黄巾莫漫狂。

将帅如林须发踪,太平功业望萧张。

在《次韵和孟伯真感兴》中,他对跟随朱元璋起义的红巾军,直斥为盗贼,诗云:

五载江淮百战场,乾坤举目总堪伤。

已闻盗贼多于蚁,无奈官军暴似狼。

在《闻高邮纳款漫成口号》中写道:

闻道高邮已撤围,却愁谁甸未全归。

圣朝雅重怀柔策,诸将当知虏掠非。

……

诗内所说江淮、淮甸,都是指朱元璋的,圣朝则是指元朝。刘基埋怨那些镇压农民起义的"官军暴似狼",那些领兵的将军只管"虏掠",不问"虏掠"引起的恶果。从这些诗中,我们能够清楚地看到在刘基依附朱元璋之间,他的立场,思想和感情都是站在元朝一边的。然而从中亦可看出刘基对元政府的腐败和官员的无能已有所认识。他在《卖柑者言》中,就寓意深刻地指责元朝官吏是"金玉其外,败絮其中","盗起而不知御,民困而不知救,更奸而不知禁,法斁而不知理,坐靡廪粟而不知耻。"

大规模反元农民起义的广泛影响,二十多年仕途的屡遭贬抑,使胸怀正义并深谙军事的壮年刘基,对元朝的异族统治渐渐有所觉悟,开始发生动摇。他钦羡古代的杰出军事家诸葛亮、祖逖、岳飞等的为人,在苦闷中撰写了《吊诸葛武侯赋》《吊祖豫州赋》《吊岳将军赋》,字里行间表达了他对这些民族英雄的景仰,以及对蒙古贵族统治的反感,这为他之后投靠朱元璋做了思想上的准备。

《郁离子》一书,是用寓言的形式表现了他渊博的学识和富有创造性的思想,寓意深刻。《郁离子》既是书名,又是作者自称,内容涉及面很广,从个人、家庭到社会、国家;从政治、经济到军事、外交;从思想、伦理到神仙鬼怪,几乎包罗万象,既是前一段从政经验的总结,又为日后立国治乱打下了深厚的理论基础。

《百战奇略》这部军事著作,也是这一时期的重要著作。可惜此书后来被朱元璋密封朝中,未能面世,现在所看到的,只是民间流传的抄本。

宋神宗元丰年间,曾将古代重要兵书集成《武经》,以《孙子》《吴子》《六韬》《司马法》《三略》《尉缭子》《李卫公问对》七部兵书,作为用兵不可不读之书。《百战奇略》便是刘基读《武经》的笔记,同时还收集了从先秦到五代1600多年间散见于史籍中的重要军事资料。尤为难得的是,在书中刘基根据自己的军事实践和体会,提出了一些很有价值的见解。

《百战奇略》一书继承了我国古代军事辩证法思想的精华并有新发展。一方面,反对穷兵黩武,从治国的角度谈治军,以政治家的头脑谈军事,认为好战必亡。另一方面,他又非常强调战略战术,主张安不忘危,治不忘乱,居安思危,"内修文德,外严武备"。刘基在战略上还主张"善战者省敌",认为"省敌者昌,益敌者亡",反对到处树敌,主张分化瓦解敌军,以敌制敌。

书中还有众多此类辩证军事思想，即使从标题上就可看出来：信战与教战，攻战与守战，进战与退战，缓战与速战，分战与合战，饥战与饱战……处处从相反或对立的方面来阐明用兵原则，提出了有信有教、恩威并施、严明赏罚的治兵之道及一系列辩明形势、灵活机动的作战方略。

史学家笔下的刘伯温，还是一位奇人、神人。他深通《易》学，能以天象预测人事，非常能料事均合，呼风唤雨，当时就有青田诸葛孔明之称。

元至正十九年（1359 年），朱元璋统帅的一支红巾军，先后占领了诸暨、衢州和处州，随后又次第拔除了东南一带元军的一些孤立据点，元朝在浙东的军事力量已被清扫，浙东地区大部获得平定。雄心勃勃的朱元璋，极力搜求各地知识分子，知名人士，希望他们出来辅助自己的事业，帮自己扩充地盘，稳定社会秩序。刘基在浙东很有名望，自然被列入邀请之列。但因为刘基思想上反对红巾起义军，视起义军为"盗寇"，而自己又势力衰弱，无力与朱元璋相抗衡，所以当朱元璋几次派人礼请他出山，他都是好言推托。当胡大海攻下处州，再次厚币礼聘时，刘基仍是婉言谢绝，不肯依附。后来，处州总制孙炎写了一封几千字的长信，反复申明利害，讲明对他们不算旧账，只要他肯出山，不但可以保全身家性命，还可做官办事，一齐治理天下。与此同时，刘基的亲朋好友也写信催促，劝他应聘。

在严峻的形势面前，元至正二十年（1360 年）三月，刘基终于决定去应天府——今日南京，观察朱元璋对自己的真实态度。此时，他已经年近 50 了。离开青田时，他还不十分相信，拒绝了章军前去的建议。他把部队交给自己的弟弟刘陞和得力家人统率，要他们好生保卫家乡，提防方国珍的进攻。

北取中原

刘基到应天不久，就受到朱元璋的接见。朱元璋用上宾之礼接待了他，又命有司修礼贤馆让他住进去。刘基见朱元璋诚心诚意，自认为遇到了明主，马上呈上时务 18 策，内析内外形势，详陈灭元兴邦、扫除僭乱的大计方针。朱元璋听后大喜过望，当即把他留在身边参与机密谋划，尊称他为"老先生""汉之张良。"

刘基长期以来的愿望终于实现，他的政治军事才干也得以一展。于是他运筹帷幄，出谋划策，帮助朱元璋征东平西，走南闯北，逐鹿中原，干出了一番震天动地的事业，成了朱元璋智囊中的中心人物和忠心耿耿的谋士。甚至在他晚年将要告老还乡之前，还不忘朱元璋帝业的巩固。公元 1371 年，朱元璋雄心勃勃，既定中都，又锐意要灭扩廓军。刘基临归青田前，还上了最后一道奏章说："凤阳虽帝乡，但不是建都地。王保保不可轻视。"但朱元璋没有认真考虑他的奏文，仓促发兵西征，结果大败而归。扩廓最终逃入西北沙漠，成为边疆祸患。事后朱元璋大悔。

刘基初到应天,在军事战略上为朱元璋做了两件大事。这个时期正是朱元璋的政治、军事势力发展壮大的至关重要的时刻。朱元璋起兵后,利用刘福通在北方抗击元军之际,挥兵南进,一路下滁州,取太平,占建康,攻江浙,军事力量大增。但在政治上,他依然尊奉小明王韩林儿,称为宋后,受他的封爵,用龙凤年号。至正二十一年(1361年)元旦,朱元璋在南京中书省设御座,遥拜小明王,行正旦庆贺礼,文武百官齐拜,只有刘基不拜。朱元璋问其缘故,刘基说:"他只不过是个牧童而已,奉之何为?"刘基认为,在群雄四起之际,要成大业就必须摆脱别人的牵制,完成独立。朱元璋听后很是感动,后来终于废掉了小明王韩林儿。

其时,另外有两股劲敌。一是陈友谅,据湖广,扼长江上游;一是张士诚,称霸苏杭,占富庶之地。二者对朱元璋形成夹击之势,威胁很大。朱元璋决定主动出击,打破腹背受敌的局面。有人主张先打张士诚,他们认为张士诚力量薄弱,距离很近,容易取胜,且江南地区物产丰富,攻占后有利军需。朱元璋问刘基的意见,刘基却主张首先攻灭陈友谅。他说:"主公据有金陵,形势险要,地理条件很好,但东南有张士诚,西北有陈友谅,两人屡次为害于您。必须扫除二寇,无后顾之忧,才能北定中原。张士诚志向狭小,只图保其地盘,不会有什么作为,暂时可以不必管他;陈友谅则不同,他野心大,欲望高,是个最危险的敌人,拥有精兵巨舰,据我上游,无时无刻不想灭掉我们。面对这种形势,在战略上我们不能两面作战,应当集中力量首先歼灭陈友谅。陈友谅消灭之后,张士诚势孤力单,一举可定。接着再北取中原,霸业可成。"

朱元璋听后,觉得还是刘基想得全面,于是摒弃众议,采纳他的计策。抓住劲敌,各个击破,防止腹背受敌,成为朱元璋开创帝业的战略方针。

刘基不但为朱元璋制定了总的战略目标,而且在平定陈友谅的几次大的军事行动上,为朱元璋统一中国做出了更大的贡献。

至正二十年(1360年)闰五月,陈友谅攻下朱元璋的太平城后,杀死朱元璋养子朱文逊及守将花云,在采石五通庙行殿称帝。建国号汉,改元大义,并自命不凡,凯旋江州。随后又约张士诚同攻应天,张士诚未允,陈友谅便自集舟师,自江州顺长江引兵东下,直指应天。一路浩浩荡荡,声势浩大。消息传来,应天震动。朱元璋慌忙召集群臣商讨对策。有的说陈友谅骁勇善战,锐不可当,今占有江、楚、控扼长江上游,地险而兵强,财剿势盛,与之争锋,如同以卵击石,自取灭亡,不如就此将应天城献给他,归附在他的旗下;有的认为陈友谅新得太平城,气焰正盛,莫若先退出建康,钟山有王气,可以据守在那里,待其气衰,再与之决战;有的说陈友谅不过一沔阳渔家,刀笔小吏,要与他在建康决一死战,万一战不胜,即使逃走也不迟。

朱元璋觉得都不甚妙,但一时又不得要领。他环视了一下全场,见刘基双目炯炯,沉默不言。朱元璋见状,知道这位军师一定又有妙计在胸了。他连忙召刘基进入内室,问他为何一言不发。刘基愤愤地说:"先立斩主张投降及逃钟山的人,才可以树立正气,消灭陈贼。"朱元璋说:"先生有何具体计策?"刘基答道:"陈友谅这次是以骄兵来战,劳师远袭。而我们则有了上次失守太平城的教训，并且是以逸待劳。天道以后举者胜，我们哪里害怕打不赢他吗？现在我们的当务之急是敞开府库，心怀至诚，以稳固士民之心。古代兵法说，日行300里，奔袭敌人，即使不交战也会溃败。为什么？劳士疲劳！我们可先放弃几个地方，移走兵饷，装成逃跑的模样，再派人假装投降，引诱陈友谅全速奔袭，我们却中途设下埋伏，派兵截断他的后路，叫他首尾难顾。后援不至，夺敌之心；设伏围攻，乱其部署；以逸待劳，挫其锐气，怎么会有战而不胜的道理！然后我们乘胜追击，陈友谅必然拼力逃命，我们不仅能收复失地，还可以占领他的属地。陈友谅遭此惨败，进一步制服他就容易了。帝王之业，在此一举，天赐良机，岂可错过？"

此言正合朱元璋心意。然后他们密谋，先命胡大海出捣信州，牵制陈友谅后路；命常遇春、冯国胜、华高、徐达等将领各处埋伏，打算截击。一切部署停当，朱元璋先请陈友谅的老朋友康茂才给其写一封密信，假称与陈友谅里应外合，请他赶快来攻城。

陈友谅收到信后，不禁一阵暗喜："这下胜券在握了。"他急于取胜，占领建康这块风水宝地，于是马上发兵进攻。

朱元璋这边也在积极准备：先在石灰山侧埋伏奇兵3万人，并拆掉江东木桥，易以铁石，设置水障，只等他中计。时日既到，陈友谅果然如约，引着战船径直驶入一条狭窄河道。到达江东桥时，看见桥下都是大石块，没有了原来的木桥。他甚为惊异，连忙用暗语联络，并无一人答应。这时，陈友谅方知中计，但想撤退已迟。

朱元璋的军队见陈友谅已到达江东桥，黄旗一举，伏兵见此信号，跳跃四起，水陆夹攻。不一会，陈友谅全军就被杀得大败，他自己独自跳上另一小船逃走了。朱元璋指挥大军乘胜追击，太平城失而复得，取得了保卫建康的大捷。

胜利后论功行赏，朱元璋欲将最高级别的"克胜奖"奖给刘基。刘基认为自己只图怀才有遇、学有所用，不图眼前的名利，故坚辞不受。从此之后，刘基声名大振，人们都说他是诸葛孔明再世。

奇袭江州

陈友谅退居江州之后，不甘失败，便派部将以优势兵力攻占了朱元璋属地重镇安庆。安庆是朱元璋西部边境的门户，朱元璋想乘胜一鼓作气，再次讨伐陈友谅，但心中犹豫不决，只好去征求军师刘基的意见。刘基分析了目前的形势，认为此时军队士气正旺，加之这次出征为收复失地，出师有名，如果可以做好战前发动，完全可以战胜陈友谅，歼灭其有生力量。有了这位"诸葛孔明"的支持，朱元璋决计再次伐陈。

依照刘基的计策，朱元璋在临发兵前宣谕众将士："陈友谅杀主僭号，侵犯我疆土，戮杀我将士。观其所为，不灭不足以平民愤，不灭不足以慰我国魂。"朱元璋的一席话，众将士听了，情绪昂扬，誓死要与陈友谅决战。然后，整装西进。朱元璋与刘基共乘龙骧巨

船,率师乘风溯长江而上。沿途,将士们斗志旺盛,精神抖擞,长江上万舟竞发,旌旗蔽天,蔚为壮观。

但胜利并非唾手可得。陈友谅属将张定边骁勇善战,而且广于谋略,加上安庆城池坚固,地势险要,易守难攻,朱元璋手下将士奋勇攻打,激战一天,未取得任何进展。

晚上,朱元璋很是烦闷,将刘基召来商量对策。刘基对朱元璋说:"我们大军远道而来,本拟一举攻克安庆,然而激战一天,却未得寸土,将士将生倦意;而且张定边骁勇,安庆城固,再打必然更费时日。陈友谅知我在此鏖兵,一定会派人前来决战,以报上次失利之仇,如此,内外夹攻,我军必败。"

朱元璋听罢,长叹一声说:"难道别无他法,只好放弃安庆吗?假如门户一开,猛虎入室,今后哪还有一日可以安宁?"

刘基摆摆手,对朱元璋说:"主公勿忧,暂时放弃安庆,并非就不要了。《武经》云:我欲战,敌却深沟高垒,不得与我战,则攻其所必救。安庆弹丸之地,城池固若金汤,足以久劳我师。陈友谅不敢出兵迎战,正由于心存恐惧。我们如果放弃安庆,迅速西上,直逼江州,捣其老巢,陈友谅必定撤离安庆而救江州。那么,安庆还能跑到哪里去?不是顺手可以攻克吗?如此一举两得,何乐而不为?"

朱元璋听罢,抚掌称妙,完全听从了刘基的计策,连夜出兵而去,却在营地乱设篝火旗帜,缚活羊于战鼓上,敲击有声,迷惑敌人。

暗夜沉沉,迷雾深重。朱元璋除留少量兵力在安庆迷惑敌人外,其余均偃旗息鼓,沿江西进,长驱直入,逼近江州。当陈友谅的江州守军还在梦中时,他们已发起攻城战。江州守军认为神兵自天而降,忙于应战。陈友谅匆忙发兵,却不能挽救败局。江州全线崩溃,陈友谅最后只得携妻子逃出,乘夜幕奔往武昌。江州守军投降,很快为朱元璋所攻取。陈友谅在逃跑的过程中,抓到了几个朱元璋的兵士,得知此举皆刘基所谋,他仰天长叹道:"我部众就缺像刘伯温这样的谋士,将来亡我者,必伯温也。难道天意在朱元璋,故遣伯温助之?"

刘基不但在军事上表现出卓越的谋略,而且在政治上、外交上也很灵活,做到战取与招抚并重,一切从实际出发,采取机动灵活的办法。

陈友谅的江西省丞相胡廷瑞守卫南昌,素闻朱元璋部队的声威,更惧怕刘基的神机妙算,遂派遣部将郑仁杰到朱元璋的军门前通报,请求和谈。朱元璋把他请到密室商议,大部分条件已谈妥,只是在"不解散其部下所属部队"这一条上,朱元璋还很迟疑,面有难色,怕他们日后养兵滋事。而刘基认为这正是分化瓦解敌军、恩威并重的良机。看到朱元璋不想答应的样子,刘基很着急,忙从后踢朱元璋坐的太师椅,听到"咚咚"的踢椅声,朱元璋清楚了刘的意思,便答应了他们的要求,并附信慰问胡廷瑞军,称赞他们的明智之举。不久,胡廷瑞公开宣布投降,在他附近的余干、建昌、吉安和南康等路府州县,也都相继望风投诚,全都受朱元璋的号令。

十月,那起初久攻不克的孤城安庆,也很快被朱元璋部队攻下。

鏖兵鄱阳

至正二十三年(1363 年)二月,朱元璋决定亲征,解救为张士诚的部将吕珍包围的安丰(今安徽寿县南)。从整局出发,刘基意识到此举与原定先取陈又破张的方针相违,所以力劝朱元璋勿出兵。他说:"万一陈友谅乘虚来攻,便会进退无路。再者,如救得小明王韩林儿出来,怎样安置他呢?是继续让他当明王,还是把他禁闭起来?或是把他杀掉?要是关起来或者杀掉,那如今救他干什么?还不如借张士诚之手杀了他。要是让他继续当明王,岂不是自讨没趣,平白找个顶头上司来管制自己?朱元璋则认为若安丰失守,应天也会失去屏障,救安丰即是保应天。所以还是亲自统兵去了。

不出刘基所料,当朱元璋出兵支援安丰时,陈友谅果然乘虚进犯,调动了数百艘战舰,五六十万军队,倾巢出动围困洪都(今江西南昌市),很快攻下吉安、临江、无为州等地。南昌被围 80 余日,激战数十昼夜,情势非常危急。朱元璋闻之,方知刘基的话是正确的,自责说:"不听先生之言,才有今日之失。"刘基宽慰他说:"现在醒悟还来得及。"朱元璋立即亲率 20 万大军救援,命刘基留守应天。

陈友谅听说朱元璋来援,怕腹背受敌,随即撤围,在鄱阳湖摆下阵势准备迎战。双方大战于鄱阳湖之上,初时,朱元璋屡战屡败,几处险境。无奈,只好又命徐达去应天调换刘基。

刘基星夜赶来,便与朱元璋研究破敌战术。两人都主张用火攻,但朱元璋生怕风向不定,船多难烧净尽,弄不好还有可能烧及自身。据刘基观察天象,黄昏时分将有东北风起。他们随即准备了七艘小船,上载草人迷惑敌方,并把蘸满油渍的芦苇、硫磺火药等物放置船上,迅速开进湖中,待接近敌船,即抛出铁钩搭住敌船,乘势放起火来。刹那间烈焰腾空,大船多被燃着。战斗进行得十分激烈,一天几十次接火,喊杀声、涛声、燃烧声混在一起,煞是雄壮。激战中双方都有很多损伤,只是陈友谅始料不及,损失更大。

一次,朱元璋正在指挥船上发号施令,忽然,侍坐在身旁的刘基,一跃而起,大呼道:"难星过,请主公急速换乘别船!"平时十分镇定的朱元璋也惊起回顾,只见刘基双手挥舞,坚持说:"火速换船!"朱元璋不及多想,就被刘基和几个贴身卫士拉着换乘另一只船。坐都没有坐稳,只听"轰隆"一声,指挥船被陈友谅的大炮击中,顿时粉碎,沉入湖中。此时朱元璋才缓过神来,明白了是怎么回事,不由得称赞刘基的神机妙算。

原来,刘基见朱元璋一心求胜,顾不得指挥船的隐蔽,穿行兵阵之中,然而这一切都被陈友谅的军队发现。他想陈友谅必定会集中所有的炮火首先把朱元璋的指挥船击沉,恰好这时天象异常,出现所谓的"难星",刘基便趁机催着朱元璋换船,躲过了这场事关胜负成败的祸事。

这边的陈友谅见朱元璋的坐船已被击沉,以为朱元璋必死无疑。全军欢声一片,举

杯庆功。正在狂喜中，又看到朱元璋指挥战船进攻，不免大惊失色，以为有神仙庇佑，顿时，陈友谅阵势大乱。朱元璋军队的战船乘机旋绕汉军巨船，时出时没，势如游龙，弄得陈友谅手足无措。朱元璋的将士见状，一时勇气百倍，呼声惊天动地。同时，湖面上波涛大起，阴云密布，给朱军进攻创造了良好条件。朱元璋军虽是小船，但移动自如，正好采用火攻，陈友谅的巨船却处处挨打，有的被击沉，有的燃起了熊熊大火。

双方在鄱阳湖中激烈地战斗了三天，仍未决出胜负。后来，刘基又建议朱元璋将主力军队移往湖口，扼住敌军通路，用关门打狗的办法，以致陈军补充给养的后路全被切断。给养断绝，将士疲乏，内争不已，陈军败局已定，大部被俘和投降。陈友谅也在露面瞭望时被流矢射中身亡。朱元璋的军队，在付出了很大伤亡代价，几经险境，终于彻底打败了这一强敌。

回到应天，朱元璋对自己的这次决策曾表示反悔，向刘基说："我实在不当有安丰之行！如果陈友谅乘虚直捣应天，那我便进无所成，退无所守，大事去矣！幸而他不攻应天而围南昌，南昌又坚守了三个月，致使我有足够时间集中兵力。陈友谅出此下策，不亡何待。"

在平定陈友谅的几个主要战役中，刘基胸有成竹，运筹帷幄，每奏奇效，特别是鄱阳湖一战，奠定了平汉兴明的霸业。刘基在鄱阳湖中的战略战术思想，很值得人们研究借鉴。

攻打吴国

刘基在战略上为朱元璋制订了先灭陈友谅，后平张士诚的方针，为朱元璋获取了夺取天下的主动权。当西边平汉战火渐渐平息之后，朱元璋立即集中兵力，掉转矛头，挥戈东进，进攻张士诚所建的吴国。

当时张士诚据有浙西，北连两淮，凭恃武力，屡屡侵占朱元璋的势力范围。刘基认为这是一股不义之师，他们起事的目的，不是为了救民于水火之中，而是争名夺利，劫民掠商，而我们的军队就要与之不同，不要掳掠，不妄杀戮，不毁庐舍，为仁义之师，如此就能赢得民心。作为一名著名的政治家，刘基首先提出了以上的建议，使朱元璋军队在军事纪律上就高于张士诚一筹。在平定张士诚的过程中，刘基的军事思想也得以实现。

至正二十三年（1363年），张士诚围攻建德城，守军统帅李文忠闻讯非常生气，要同他拼死决战。恰好刘基在建德，他详细向李文忠解释了他在《百战奇略》中提到的"以饱待饥"的战术："大凡远道而来的敌人，给养不济。敌饥我饱，我们可坚壁不战，断其粮源，断其粮道，与敌持久对峙；敌方必定要发生粮食危机，将士不饱则军易生乱。因此，敌军一定会主动撤退，我方即密派骑兵半路伏击，后面再纵兵追杀。这样大获全胜是必然的了。"据此，他推断："三日后张士诚必定会因粮源不济而撤走，他逃我追，就可以一举擒获。"

李文忠虽然并不完全相信，但见他说得在理，就按他的去做了，坚壁清野，依城固守，并乘夜色派出小股伏兵。

三日后，刘基从容率众将士，登城观望。观察了一会，刘基自信地说："张贼已经逃走了。"众将领看到张士诚的军营里，战阵中旗帜猎猎，一如往日，而且传来了一阵阵威严洪亮的战鼓声，都大为生疑，不敢随便发兵。

刘基再次催促，李文忠才下令出击。直到张士诚的军营一看，果然如刘基所料，军营里空空荡荡，张士诚的主力尽皆撤走，留下摇旗擂鼓的，只是一些老弱士兵。李文忠急忙传令追赶，即时快马奔腾，一齐飞驰，一直到东阳才赶上张士诚的部队。一番鏖战，疲乏饥饿的张士诚军被击溃，被俘者无数。

浙东台州人方国珍，元至正八年起兵抗元，占有沿海庆元、温、台各州县，元兵屡讨不克。刘基与他打交道，可说由来已久。元至正十三年，刘基为浙东行省都事，因其维护统治阶级利益的本性，他建议："方氏首乱，数降数叛，乖戾多变，不可赦免，应该捕获归案，依法斩之。"但因为方国珍贿赂了一批元朝官僚，朝议不听刘基的话，接受方国珍的投降，而刘基则被扣上"越权言事""擅权"的罪名，弃置不予重用。方国珍被授予元官后，仍然拥兵自重，不受元朝调遣，却利用官军的名义，大肆搜刮民财，掠夺国库，壮大自己的力量，扩大自己的地盘。

方国珍虽然与刘基有这一层"姻缘"，但他本是一位见风使舵，倾慕贤能的人，他对刘基仍然很看重，不记前仇。刘基的母亲死后举行葬礼，方国珍还派人送来吊唁信。这时，刘基认为陈友谅、张士诚的消灭乃当务之急，暂时可利用方国珍，不可"捕而斩之"。

因此，刘基写了一封长信，向方国珍说明朱元璋的威德和当前的军事形势，希望他察识时务，以图大业。又投书朱元璋，讲明暂时利用方国珍的意义，请他派人去诏谕方国珍。

方国珍收到刘基的信后，与其弟说："现在元运将终，群雄并起。唯独朱元璋的军队号令严明，所向披靡，现在又东下婺州，恐怕难于与他争锋，何况与我为敌的，东有张士诚，南有陈友谅。我们不如按照刘基所劝告的，暂时依附朱氏，借为声援，静观其变。"这时，又恰好遇上朱元璋派来的使者刘辰招谕方国珍。方在他们的共同劝说下，决定归顺朱元璋，愿意合力攻伐张士诚，并献上黄金50斤，白金100斤，金织文绮等物。

成功招降方国珍，集中表现了刘基军事政治战略方针的灵活性、深刻性以及实用性。它为朱元璋略定汉、吴，既消除了一股反对势力，又能牵制住陈友谅、张士诚，取得了军事战略上的又一胜利。

告老还乡

元至正二十四年(1364)正月，在李善长、徐达等人的劝进声中，朱元璋即位为吴王，

任命李善长为左相国,徐达为右相国,刘基为太史令。刘基精通天文知识,在任太史令后,曾以元代《授时历》为基础修订历法,制定了《大统历》,由吴王晋升皇帝的当年奏可颁行,成为明朝一代历法,因这年为戊申年,所以被称为《戊申大统历》。

此时朱元璋所建政权的性质已发生变化,朱元璋已经从农民阶级的代表,蜕变成封建地主阶级的代表。当朱元璋为梦想所警,准备杀一批囚犯破梦时,刘基从缓和阶级矛盾着眼,假借解梦劝说元璋停刑,不要滥杀无辜,说这梦是"得士得众之象"。不久,海宁州来降,朱元璋以为是解梦的应验,因此又把犯人交刘基审理,释放了全部犯人。

至正二十八年(1368年),朱元璋称帝正式建立明朝,改元洪武,定都南京。李善长、徐达由相国改任左右丞相,刘基被任命为御史中丞兼太史令。在朱元璋登基大典上,太史令刘基代替大明皇帝宣读祝文;在册封勋臣时,刘基奉册宝宣布皇帝命令。

龙凤年间,朱元璋军队不断增多,编制极不统一,将校称呼也很混乱。朱元璋称吴王后曾下令按指挥、千户、百户、总旗、小旗统编军队,战斗力大为增强。洪武元年(1368年)在此基础上刘基又"奏立军卫法",即在军事重要的地方设卫,次要的地方设所,"自京师达于郡县皆立卫所",大约每5600人为一卫,长官称指挥使;1120人为一千户所,长官称千户;千户所下设百户所,设总旗、小旗,以都指挥使司为地方上的最高军事机构;以大都督府为中央最高军事机构。因此加强和巩固了明朝封建皇权的统治。

经过几十年群雄角逐的战乱,生民涂炭,国家凋敝,百姓困顿,急需休养生息。为了迅速安抚民众,朱元璋又向刘基询问为政治平之道。刘基说:"霜雪之后,必有阳春。如今国威已经树立,宜渐渐济之以宽大。因为生民之道,在于仁爱,在于以仁心行仁政。宋元以来,法制名存实亡,宽纵日久。现今应当首先整顿纪纲,颁示法典,然后仁政才可付诸实施。"刘基用传统的儒家"仁政"思想作为治世的根本。他认为治世安民应该德政刑法并用,而以德治为主。首先反对暴虐凶残,对百姓要有仁爱之心;同时认为德政需有严明的法纪为保障,使用刑法的目的是不用刑法。有法必依,执法务严,使人有所畏惧,以确立必要的封建统治秩序。

他在理论上如此阐述,又在实践中如此实施。

他帮助朱元璋审理开释了一批积年未决的冤案,给这些人平反昭雪。一次,太祖由于晚上做了一个梦而要借梦杀人,刘基问明原因后说:"刑,威令也,其法止于杀,而生人之道存焉。皇上晚上的那个梦,是国家将得士得众的征兆,应该停刑以待。"刘基借说梦而制止太祖滥杀无辜。但也真巧,三日后,海宁宣布归降朱元璋。太祖闻讯后大喜,认为刘基的招数真灵验。从此以后,太祖将重大囚犯都交由刘基审理,刘基尽量从宽处理,以笼络、安定民心。

另一方面,他请求振肃法纪,立法定制,既制止纵罪,又严禁乱捕监杀。朱元璋下令实施他的提议。很快,刘基拟定明律令,成了明朝后来立法的基本依据。洪武三十年所颁布的《大明律》就是在它的基础上修订完善的。

洪武元年(1368年)厦历四月,在北伐中原获得占领山东、河南的胜利之后,朱元璋

由应天(南京)去汴梁(开封),大会北伐诸将,研究战局和部署攻下元大都的步骤,留刘基和李善长做南京留守。刘基这时的官职是御史中丞,是御史台的佐贰长官,带着监察御史纠劾各级官吏中的非法违禁行为。刘基认为宋、元两朝末期,由于纲纪不严以致丢失天下,因此,要求各御史官对违禁行为,要仔细查处,不管犯禁的人权势多大、官职多高。那些宿卫朝廷的宦侍近臣如果犯法,他总是先报告皇太子然后绳之以法。他的严格执法令众臣属谨小慎微。恰在这时,李善长的亲信,中书省都事李彬犯法当斩,李善长出面为他求情通融,刘基铁面无私,冒着风险,没有理睬李善长的说情。由于事关重大,刘基按照正常规定向朱元璋做了书面报告,等批准后马上就把李彬杀了。

但是,这件事却带来了李善长的嫉妒。李善长原是朱元璋举事不久收用的幕府书记,元璋称吴时的左相国,称帝后的左丞相,在朝廷中一直位列第一。杀李彬后,李善长蓄意报复。闰七月,当朱元璋从开封回到南京时,李善长便极力中伤刘基。这年天旱,说刘基在祈雨坛下杀李彬,是对上天的大不恭敬,以致天怒,祈雨不灵,另外一些对刘基心存怨恨的人也纷纷投石下井,说刘基的坏话。朱元璋按迷信说法察纠天旱原因。问到刘基时,他对朱元璋说:"长期征战,将士死亡众多,他们的妻子家属或别葬,或寡居,没有什么抚恤和照顾,几万人阴气郁结,怨气冲天,此其一;大批工匠死后骸骨暴露野外,无人掩埋,此其二;江浙官吏投降的人都编入军户,让他们一家人世代充军,住在固定的卫所,足干和气,此其三。有此三条,人怨天怒,以致不雨,恳请陛下善为处理。"朱元璋采纳了刘基的意见,采取了一些应急措施。但是十几天过去了,天仍然没有下雨,朱元璋生气了。在此情况下,刘基感到十分尴尬,正好他的妻子在这时去世,刘基便以处理妻丧为借口告老回家了。

功勋卓著

刘基在告老还乡前,曾给朱元璋提了两条建议。当时,大将徐达已占领元都大都(今北京),朱元璋打算以他的故乡凤阳做中都,同时也正谋划集中兵力消灭元军统帅扩廓帖木儿。刘基说:"凤阳虽是陛下的故乡,但这里地理条件不好,不宜在此建都;元军虽败,但王保保(即扩廓帖木儿)仍然是元军的一个潜在势力,对他用兵应该采取审慎态度,因为他用兵灵活,轻视则易受挫。"刘基走后三个月,朱元璋深感刘基言之在理,又想到过去的岁月里刘基的赤胆忠心,便亲自下令表彰刘基的功勋,召刘基回南京。

朱元璋深恶李善长之专权,意欲废其相位,询问刘基相位人选。刘基对朱元璋说:"善长是对建国有大功的元勋,德高望重,深得众将爱戴,他能调和诸将,故不宜更换。"

朱元璋说:"他几次要谋害你,你为何还替他说话?我看还是你来当丞相吧。"

刘基知道在李善长等淮西集团当权的状况下,他是站不住脚的,所以,连连辞谢说:"换顶梁柱须要用大木,如用捆起的若干细木代替,要不了多久,就会被房子压垮的。"

元璋又问杨宪、汪广洋和胡惟庸等人如何？虽然刘基与杨宪交情很好，却没有因此说好话。他评论说："杨宪虽有相才，但器量不够，当宰相者要'持心如水，以义理为权衡'，万万不可意气用事。"至于汪广洋，刘基说他心胸偏狭怕比杨宪还厉害。他评论胡惟庸，说胡若为相，好比驾车，他非但驾不好车，甚至会弄坏辕木。

品来论去，朱元璋最后说只好由刘基任相了。但刘基却一再说明自己的缺点，说他疾恶如仇、性格偏激、脾气急躁，受不惯繁文缛节，深恐辜负了皇上的恩典。并说目前这几个人，实在没有很合适的丞相人选，但天下之大，何患无才，只要下功夫寻找，就一定能找到合适的人选。

朱元璋最终还是觉得刘基过于苛求，求全责备，没有听从他的劝告，任用了杨宪、汪广洋、胡惟庸为相，结果正如刘基所料，都出了问题。刘基品评相材，不以恶己者为恶，不以亲己者为好，唯才是举，深谋远虑，洞明一切，可算得上奇才伟识。

刘基的治国理论与实践，从为民为君的角度出发，"仁"与"法"相辅相成，重视选拔、识别人才，取得了洪武早年较为清明的政治局面。

洪武三年（1370 年），刘基任弘文馆学士，历史上弘文馆是藏有众多文献图书的地方，弘文馆学士掌管校正图籍，教授皇家贵族子弟经史。在朱元璋给刘基的诰命中，朱元璋回顾刘基建国前的业绩时说："朕亲临浙右之初，你等响应朕之正义之举，及至朕归京师，你等即亲来辅佐。当此之时，括苍（处州）之民尚未完全归顺，及至先生一至，浙东形势便彻底平定下来。"言之下意，希望刘基在弘文馆中进一步发挥政治影响。

同年十一月，统一中国北方之后，朱元璋论功行赏，大封功臣。刘基被封为诚意伯，授开国翊运守正文臣、资政大夫、上护军。给予刘基极高的荣誉。

洪武四年（1371 年）的一天，青田山区的一座秀丽翠峰上，树木撑天，孤松傲立，百鸟争鸣，流水淙淙。在野草丛生的小路上走来一位虬髯飘发、身材修长、双目明烁的长者，望着林间飞来飞去、自由自在的小鸟，他不禁神清气爽，心旷神怡。于是他高声吟诵起陶渊明的《归去来辞》：

云无心以出岫，鸟倦飞而知还；

景翳翳以将入，抚孤松而盘桓。

归去来兮，请息交以绝游。

他，就是大名鼎鼎的刘基。不久前，他辞别朱元璋，告老还乡。

他难道官场失意了？不是。朱元璋将他所立下的汗马功劳记下心上，知功必赏，自出山以来，他累官至御史中丞兼太史令，太子赞善大夫，弘文馆学士，开国翊运守正文臣，资政大夫，上护军等。1370 年又封诚意伯，俸禄 240 石，官位可谓显赫。尤为重要的是，朱元璋在开国之初定处州税粮，仍照宋制每亩加五合，朱元璋为了叫刘伯温故乡世世代代将他的事迹传为美谈，特别下令，青田不加税粮，使刘基的恩惠施及乡邻，该也很荣耀了吧。

那么，他为什么要归隐山中？除了因坚斩李彬开罪于李善长之外，其根本原因还在

于他对人生真谛、历史真理、人世沧桑的深刻认识。他知道因为自己的个性,自己的才能在一定时期、一定范围内才可得到发挥,换个时期,换个环境,就不一定适应。"狡兔死,走狗烹",历史上这样的事例还少吗?但也很多功成身退的先例。范蠡泛湖四海,张良急流勇退,他们都能够寿终,避免了文种、商鞅、李斯、韩信等人的悲剧。慷慨有大节、睿智有哲学头脑的刘基对这些历史往事当然非常熟悉,自然也明白其中的道理。因此,他的退隐乡里是一定的。

人们往往在失去某一样东西时,才觉察它的分量和价值。朱元璋在刘基归隐的当年冬天,就开始感觉到刘基对自己是多么重要。于是,他力排众议,亲笔书写诏文,细细叙述刘基的功勋,召基赴京,并赏赐大批钱财、物资,追赠刘基祖父、父亲为永嘉郡公,还要再给刘基加爵进官。哪知刘基完全看破了红尘,亦知在淮西集团占绝对优势的大明王朝之中,自己也难有所作为,因而坚决拒绝,坚持归隐。刘基回到家乡,每天除游山玩水,怡情说性,吟诗作文,抒发感受外,还喜欢与乡人饮酒弈棋,评品字画,与儿童谈天说地,嬉笑玩耍,完全忘记了自己的身份,把自己放在普通百姓的位置。享受着逍遥出世,超然物外,屏除世间荣辱,超脱尘世的情致。

有时,他与樵夫渔父聊天,谈论山中的趣事,水中的雅兴。有时他又与野老桑农一同散步,大谈养生之道。但从来不讲自己以前的功名与战绩,也不喜欢别人提及。如果哪位不知趣的人想阿谀几句,肯定要遭到他的冷遇,甚至被拒之门外。因此,认识他的人都亲切地叫他"伯温兄",而不呼其职位名,不认识他的人还以为他不过是一位不闻世事的普通隐士。

青田县令早已仰慕刘基的才学,听说他回乡了,多次求见,刘基或干脆不见他,或婉言谢绝,对县令提供的种种照拂也不接受。他的韬晦埋名的事迹在下面这个故事中更显得有些传奇色彩。

一日,一位农夫装扮的人,花了很大工夫才打听到刘基的住处,千辛万苦求见。刘基正在用一个粗糙的木盆洗脚,听说后,以为与往常一样,是位过路的或干活的山里人,很高兴地应允,忙叫人把这位乡下人请进茅舍。乡下人自称并不认识刘基,只是与他随便说说话。两人谈得很投机。刘基还将他留下,做了一顿黍子饭给他吃。吃完之后,这位乡下人说:"请刘学士恕小臣欺瞒之罪,实际上,小臣就是青田知县,久仰先生的学识和为人,特来拜谒。"刘基听罢,惊讶不已,忙起身说道:"请恕小民不敬之罪,基告辞了。"说罢,便自己先离茅舍,飘然而去,剩下县令一人,独自站了半天,感慨万分。以后,这位县令再也没有能见到刘基的踪影。

刘基与达官贵人断绝往来,行踪不定,举动异常,表现了一种狂放文人的风格。其实,这也是他那"性刚嫉恶,与物多忤"个性的异化表现。他企图用这种不正常的、极端的行动来全身避祸,抵御济世思想的诱惑,以求得个性生命的发展。然而他终究是一个饱读诗书,受儒家"兼济"思想影响很深的士子,他愈想与世无争,世间烦恼却自己找上门来。

事情是这样的，自从刘基归隐不久，胡惟庸便当上中书省参知政事，他忌恨刘基以前说过他的坏话，便寻机在朱元璋面前诽谤刘基。

原来，在刘基老家青田附近有一块地方有淡洋。这里水陆两便，山河湖泊相连，易守难攻。以前它属于一块三不管地带，常有土匪出没，盐盗聚乱。方国珍就是靠这块地方起事，拥兵自强，对抗朝廷，祸国殃民的。刘基耳闻目睹这些事实，心里很着急，在他任官朝廷时，就上书请求在这里设立巡检司，镇守节制。那些杀人放火，奸淫盗窃之徒也稍有收敛，不敢为所欲为。

刘基回家隐居后，恰碰上茗洋逃军叛乱，危及朝廷安全。这伙叛军骚扰百姓，无恶不作，但是地方官吏企图隐瞒这件事，不让太祖知道。刘基毕竟是位有血性、疾恶如仇的人，虽然未自己出面，然而还是让儿子刘琏不经过中书省，直接向皇帝上奏章，报告了这件事。

胡惟庸闻讯，他欣喜若狂，认为报复刘基的机会来了。他精心策划，指使党羽刑部尚书吴云弹劾刘基，诬陷他与百姓争夺淡洋，只由于淡洋依山傍水，风水极佳，有"王气"，刘基想辟之以为墓地，图谋不轨。由于百姓不肯让给他，他就指派巡检司，假托官军的名义逐赶百姓，以致激起民变。弹劾奏文绘声绘色，让人看了不能不信。吴云将其呈上朝廷后，胡惟庸借公报私，请求皇上予以重罚，并请逮捕刘基的儿子。明太祖看过奏文后，觉得刘基也太过分了，颇为所动。若按常规，肯定是满门抄斩，诛灭九族，只是念刘基为开国元勋，功勋卓著，不忍重罚，只象征性处置。取消其俸禄，并移交传达给刘基，使他知道这件事。

刘基接到太祖的移文后，如五雷轰顶，惊奇万分！思来想去，知道定是有人暗中陷害，当今之计，唯有面见太祖，说明原委，澄清是非，方可免此大祸。于是他整理行装，即刻向南京进发。到了南京，发现形势对自己甚为不利，朝廷内外，皆为胡惟庸党羽，没有人会替自己说话。故而原定为自己申明原委的打算也只好取消了，以免届时"众怒难犯"，引起太祖更大的不快。于是他改变主意，以退为进，主动向太祖请罪，要求惩办。朱元璋见其态度诚恳，也未深究，此事遂了结。

刘基经此打击，知道再去过陶渊明式的隐居生活已不可能，为了避免再受诬陷，他干脆住在南京，连家也不敢回了。未过多日，刘基便病倒了。

没多时，太祖又提升胡惟庸为相，病中的刘基，在京师听说这件事后，痛心疾首，沉痛地说："胡惟庸为相，定会出大祸，国家必然会大乱，生灵又将遭受祸殃。假使我的话不应验，那是因为苍生民众有天大的洪福；如果我的话应验了，这些芸芸众生怎么办呢？"胡惟庸闻此，更加把刘基视为眼中钉。决心再找机会陷害刘基，置之死地而后快。而刘基此时，由于悲愤交加，病情日益加重，终致卧床不起。洪武八年三月，明太祖见刘基病情恶化，气息奄奄，甚为怜惜，亲自制表文赐给刘基，并特派使者护送刘基回乡。回家后，刘基之病不但未能好转，反而病得更重了，只过了一个月，他就带着无限的忧怆、满腔怨恨，离开了人间，终年65岁。一代谋略大师，远见卓识的刘基就这样凄凉地长眠在故乡的山峰

上。

刘基的死，首先与胡惟庸的谗言陷害有关。史料记载，刘基在京病重时，胡惟庸曾假惺惺地派医生给他诊治，医生给他开了一些药，服后，腹中就有小拳头大的石头似的积物。刘基本是一宽宏大度之人，万万想不到胡惟庸会采取如此卑鄙的手段毒害他，真是以君子之心度小人之腹。

其次与明太祖的多疑本性有关。他对这样一位忠心耿耿的功臣也不信任，对于胡惟庸党羽的弹劾奏文，不去调查核实，就妄下结论，这怎能不使刘基伤心。这一切无不证明刘基当初请求归隐是有远见的，只是他还隐得不彻底，终究还是逃不脱"走狗烹"的可悲下场。

刘基自始至终对明王朝忠心效命。在临终前将自己用心血凝成的著作和预测时势、人事的奏章呈献给明太祖，表现了一位既激愤又疏淡，既充满激情又富有柔情的正直谋士的情怀，表明了我们的主人公既有飘逸旷达的性格，又有一颗放不下尘世的心肠，此为典型儒家气质。病榻上的刘基，已是骨瘦如柴、奄奄一息了。他把大儿子刘琏叫到身边，从枕头下颤颤悠悠地拿出一本发黄的小册子，递给他说："这是一本关于天象人事的书，它凝聚着为父多年的军事实践和从政经验。你要将它交给朝廷，并叫皇上不要让后人学习。"它就是至今也使人觉得神秘莫测的《天文书》。后来，太祖下令此书与《百战奇略》一样，属机密文献，秘而不宣，终致失传，实在是历史上一大损失。

他又将一份奏章交给次子刘璟，嘱咐道："为政之道，宽猛如循环，要有松有紧，有纵有收。澄清天下之时，应该号令严明，有罪必斩，以法治军；坐天下之时，特别是现在，正处在休养生息的关键时期，必须修明德政，减省刑罚，实施仁义，祈天永命。各形胜要害之地，要与京师声势相连。我原来想做一份遗表，说明上述观点，只因胡惟庸把持朝廷，作了也没有多大作用，反而会贻害于你们。但我肯定他终究要出事，他事发后，皇上必定会念及我，那时他向你们问起，就可献上此奏章。"两个儿子含着泪，默默地答应了父亲的要求。

再说，从自杨宪、汪广洋先后因罪罢官之后，胡惟庸独揽中书省，独断专行，滥用生杀黜陟的权利，逞淫威，结朋党，营私利。凡是内外各司上报皇上的奏章，胡惟庸先取来阅看，有利于自己的上呈皇上，不利于自己的则全部扣留，隐匿不予上报，同时寻机报复打击那些向皇上揭露自己恶行的官员。一时间，血案迭起，人怨沸腾，闹得朝廷乌烟瘴气。

朱元璋也慢慢觉察不大对劲，胡惟庸举止反常。于是联想起以前刘基对他说过的药石积腹之事。当时太祖还不在意，认为刘基是多疑，现在回想起来觉得问题严重，有人在药中动了手脚的可能性很大，于是下令追查刘基的死因。胡惟庸知道事情终会败露，自忖道："皇上草菅勋旧功臣，岂会饶恕我？事发是死，起兵反叛也是死，不如先下手为强。或许还有一线生机，不要坐以待毙。"于是勾结一帮党羽，并联络倭寇、元兵，密谋暗室藏兵，来个措手不及，杀害太祖，推翻明王朝。不料事情败露，被太祖以谋反罪伏诛，牵连的人不可计数。刘基的预言应验了。

胡案平息后,朱元璋果然想到了刘基。刘基的两个儿子遵照父亲的遗言,向朝廷呈上《天文书》和密奏。太祖接过这些遗物,就像看到了这位老臣那颗赤诚的心,不由得老泪纵横。他对刘基的儿子说:"刘伯温在这里时,满朝都是胡党,唯有他一个不从,吃他们蛊(毒药)了。"

洪武十三年(1380年),朱元璋颁布诰命,令刘基子孙世袭诚意伯爵禄。刘基虽然没有正式当过朝廷丞相,然而他德才兼备、功勋卓著,赢得了后人的怀念和尊敬,明武宗称他"渡江策士无双,开国文臣第一"。

刘基作为一个地主阶级的知识分子,年轻时即学识渊博,"通古今之变"。起初效力元朝,后因不满元朝腐朽统治,从而走向反抗,投入到农民起义的大军之中。他随朱元璋南征北战,为大明帝国的创立运筹帷幄,出谋划策,做出了卓越的贡献。刘基为官清正,一贯反对贪官污吏,主张廉洁奉公。他性格倔强,不畏强御,不阿权贵,在政治集团的派系斗争中他努力超脱,试图洁身自好,超然物外,可惜像他这样智虑过人的人,居然也难逃奸佞小人的陷害,面对诬陷无计可施,以致抱恨而终,深刻反映了封建社会统治集团内部相互倾轧的残酷。

大儒忠臣

——方孝孺

名人档案

方孝孺：浙江宁海人，明代大臣、著名学者、文学家、散文家、思想家，字希直，一字希古，号逊志，曾以"逊志"名其书斋，蜀献王替他改为"正学"，因此世称"正学先生"。福王时追谥文正。

生卒时间：1357~1402年。

性格特点：一介书生，手无缚鸡之力，却面对专制君主的屠刀视死如归，抗节不屈，刚直不阿。

历史功过：方孝孺不仅对教育多有贡献，在其他方面，如哲学史、文化史，他都是一颗璀璨的明星。

名家评点：赞曰：帝王成事，盖由天授。成祖之得天下，非人力所能御也。齐、黄、方、练之俦，抱谋国之忠，而乏制胜之策。然其忠愤激发，视刀锯鼎镬甘之若饴，百世而下，凛凛犹有生气。是岂泄然不恤国事而以一死自谢者所可同日道哉！由是观之，固未可以成败之常见论也。

冷静、客观地面对历史时，我们应当做出这样的评说：方孝孺之死固然是忠于气节，但更多的是忠于制度，方孝孺为人不免空疏迂阔，但绝非是愚忠二字所能涵盖的。

出身德家

元朝末年，统治者残暴的统治和地主的无情压榨，使得农民的生活十分艰辛。官逼民反，各地农民起义此起彼伏。在各地农民起义中，朱元璋逐步发展壮大，经过艰苦的战斗，消灭了陈友谅、张士诚等各路人马，把元朝的统治者打败，统一了中国。

方孝孺的父亲方克勤就出生在元末这样一个动荡的社会中。元代统治者的残暴和压迫，使中原广大人民更加殷切地期盼为民请命、公正无私的清官，更加期盼讲究仁义礼敬的世风。朱元璋统一全国以后，在政治上推行残酷的杀戮政策，消灭异己，巩固自己的统治。在文化上，提倡程朱理学。洪武三年（1370年），朱元璋下令在科举制度的乡试、会试中，一律采用程朱一派理学家对儒家经典的注本，竭力提高程朱理学在官方学说中的地位，致使程朱理学出现前所未有的盛况。当时整个社会崇儒成风，人们有时候敢于说孔子孟子的不对，一定不敢妄议程朱的不对。在这样的世风的熏陶下，出现了忠孝两全、廉洁正直的方克勤，也造就了读书种子、以身殉道的方孝孺。

方孝孺的父亲方克勤，为官清正廉洁，奉公守法，做人正直善良。担任地方官期间，为人民做了不少好事，赢得了人民的信任和爱戴。

他首先是个孝子。他于洪武二年被征辟为县里的训导，主管一县的教育，后来因为母亲年老，于是辞官不做，专门回家侍奉老人。方克勤父亲早亡，是母亲把他一手拉扯大。他知道母亲培养自己成人不容易，于是恪守孝道，每天两次问安，亲自端茶送水。当时家里也有几个仆人，但是为了尽孝，这些伺候老人的事，他从来不让下人干，而是自己亲自动手。身教胜过言教，方克勤的所作所为，让方孝孺耳濡目染，懂得了孝顺父母的道理。

其次他是个好官。洪武四年参加吏部举行的考试，取得第二名。因此特授予济宁知府。当时皇帝下诏，凡是开荒种田的免三年赋税。但是官吏们征税却不按以前的约定，农民认为官吏不讲信用，纷纷停止开荒种田。到方克勤主持政务的时候，和农民约好了到时候再征税。并且把地分为九等，按等级征税，好地多征，不好的地少征。于是，农民的积极性被调动起来，荒地得到了开垦，农业得到了发展。人们衣食足，就要知礼仪。他又兴办学堂，重修孔子庙，用礼仪教化民众。在他的治理下，路不拾遗，夜不闭户，民风淳朴。人人都知道孝顺父母，都知道谦恭礼让。这期间，方孝孺跟随父亲，随时侍奉。父亲的言行无疑对他是一种言传身教。他后来在书中写道："我少年时期就特别爱读书，私下里常想今生立志学习孔孟之道。自从跟随父亲学习经论，心里时刻不能忘记的是圣人的话，经常想到的是天下人的安乐太平。"

方克勤爱民如子。一年夏天，守将催促民夫修城。方克勤说："现在农耕正忙，让他们顾得上干什么呀？"守将说："这是国家的军机大事，我可做不了主，万一打起仗来，城池失守，我可负不起责任。"于是方克勤请示中书省，被批准免去这次修城的劳役。济宁人有歌谣赞颂方克勤说："孰罢我役？使君之力。孰活我黍？使君之雨。使君勿去，我民父母。"三年以后，户口增加了好几倍，人们富裕了起来。方克勤治理百姓，以德化为主要工作方法，从不主张多用刑罚。他曾经说："如果工作急功近利必然要先立威，立威必然使百姓遭殃。我不忍心这样做。"永嘉侯朱亮祖曾经率领船队去北平，当时河水断流，船不通。于是就征发农夫五千疏通河道。方克勤不忍心农民受苦，又劝朱亮祖不要这样，朱亮祖不听，他就哭着祷告苍天。忽然乌云从四方翻滚而来，霎时间，电闪雷鸣，天降大雨，

河里水位上升,船就能通过了。人们在雨中大声欢呼,以为方克勤是神仙,是救苦救难的菩萨。

方孝孺的童年就是在这样的一位父亲的影响下,这样的一个家庭环境里度过的。方孝孺生于1357年,就是元顺帝至正十七年,方克勤喜得贵子,自然是非常高兴。父亲希望儿子孝顺长辈、正直善良,于是就取名孝孺,字希直。孝孺自幼聪明过人,六岁就能写诗。在他的父亲担任训导的时候,孝孺12岁。他酷爱读书,能连续读一天而不出门。看到入神之处,无论身边发生什么事,他都充耳不闻,好像没有发生一样。有一天,他正在读书,街上来了卖艺的,邻居家的小伙伴叫他一起去,在门口喊了几声,竟然没人回答。小伙伴们推开门,看到他正在读书,就蹑手蹑脚地走到他的身边,他还是丝毫没有觉察。直到一个小孩在脑袋上拍了他一下,他才如梦初醒。原来他读书入神了,正沉浸在故事情节里。小伙伴们说:"快走吧,大街上来了一伙卖艺的,很多人在看呢,书有什么好看的呢。"方孝孺说:"书里才有意思呢,我不去,你们几个去吧。"方孝孺十六七岁的时候,读书已经达到如痴如狂的地步。据说他读书的时候双目炯炯如电,一目十行。父亲发现这孩子非常喜欢读书,就把自己所读过的书拿过来让他读,谁知今天刚拿过来一本,他就要第二本,父亲问他:"难道你都把那些书读完了不成?"孝孺说:"对呀,不信请父亲考一考我。"于是,方克勤就抽了其中一段,问他说的什么意思,孝孺对答如流,父亲很是惊异。第二天再试,把一本新书给了他,很快就读完了。有时一天要两本书。史书上说他每天读书有一寸厚。每当他看到史书上记载的古代圣贤的名字,或者古代良将的相貌,总是默默地记住,羡慕他们的学识、品格,想成为他们那样的人才。于是更加发奋学习,期待自己能学会圣人之道,将来好修身、齐家、治国、平天下。

人们听说方孝孺读书很多,而且六岁就能作诗,现在更是今非昔比,洋洋千言,提笔立就。纷纷到他的家里。有的人不信,就出个题目考考他,结果方孝孺的回答令乡邻们另眼相看。有时方孝孺也做些文章,乡里的秀才争相传阅,看了之后都夸他是个奇才。

他的父亲很是欣慰,对他的指导也更加尽心,督促也更加严格,盼着他有朝一日能考取功名,光耀门楣。就这样,在父亲的直接教诲下,他的文章更是日益长进,每当提笔写作,总是才思如泉涌,洋洋洒洒,写一千多字的文章,不久就可以完成。就这样,孝孺在少年时期就成了远近闻名的饱学之士。武靖王李文忠在当时文坛上很有名声,对于四书五经,诗赋策论也是无一不精,听说方孝孺的大名,很不服气,也有点不相信,就专程找到方孝孺跟他面谈。两人谈论经典、治国之道,李文忠非常惊讶,连声说"后生可畏",说他以后必定成为真正的"国士"。

方孝孺二十岁的时候,感到自己的学问日益精进,想投名师继续深造。父亲告诉他:"当今文坛,宋濂堪称是领袖,被称为'开国文臣之首',你可以拿着自己的文章去拜见他。他收学生向来注重才学,以你现在的水平,他见了一定会收下你的。"方孝孺说:"父母在,不远游。孩儿应该在家里尽孝道,才是做人的道理。不然,读圣贤书又有什么用?"父亲听了,很受感动,欣慰地对他说:"父母正在壮年,不用你担心,不听父母的话也是不孝啊,

我让你去投名师，是为了将来有所作为，光宗耀祖，这是最大的孝啊。"方孝孺点头称是，拜别父母之后，就独自一个人去了京城。

来到京城以后，不久就找到了宋濂。宋濂是一个古板的老先生，身材瘦高，头发花白，经常面沉似水，动不动就吹胡子瞪眼睛。对于他的学生也很严格，稍有不是就大声斥责。今天，方孝孺来到他面前，他淡淡地说："你拜见老夫，有什么事吗？"方孝孺赶紧上前一步，毕恭毕敬地说："久闻先生大名，学生非常地钦佩，想投在您的门下做一名学生，望先生收留。"宋濂手捻着花白的胡须，上下打量着方孝孺，不动声色地说："既然你说要做我的学生，我要考考你的功课，看你有没有这个资格。"方孝孺连连点头说："是，是，学生带来平时写的几篇文章，请先生过目。"宋濂也不答话，只是随手接了过来，展开观看。宋濂读着这位年轻人的文章，脸上慢慢地露出了笑容。他兴奋地说："这个年轻人的文章不错，文采飞扬，说理透彻，见识不同一般。真是孺子可教啊。你假如以后跟着我学的话，我有希望找到传人了。我的门生这么多，但是其中很多是平庸之辈。现在，我就像在叽叽喳喳的百鸟群中发现了一只凤凰一样。"方孝孺赶紧跪倒磕头，谦虚地说："老师过奖了，学生实不敢当，请受学生一拜。"于是，方孝孺从此就成了宋濂的学生，每天跟老师学习，谈论作文做人的道理，谈论治国安邦的道理，学问日益精进。到了第二年，宋濂回归家乡，方孝孺仍追随老师侍奉求学长达四年。在学习期间，方孝孺自我感觉每天都有新的进步，每天都有新的收获。他的老师宋濂也经常称赞他的文章精敏绝伦，每次都能从大处落笔，然后穷究其本源。既顾得上道理的根本，又能细致入微。他的论著，文义繁复深厚，千变万化，总是有所创新。用词上也有新颖独创之处。当时，在宋濂门下学习的天下名士很多，但学术上都不如他。他的先辈胡翰、苏伯衡等人每当跟他谈论文章之道、治国之道的时候，总是慨然长叹："后生可畏，我不如他。"

方孝孺重道轻文，认为：文章的写作技巧，遣词造句都是无关大体的事情。文人求的是道，要学会帝王之道、致天下太平之道。在他的论著里，对于理学的系统研究，达到了一个新的高度。对于一个人如何立身处世，一个王朝盛衰的微妙原因，无不穷究本原，分析道理，细致入微。他常常把自己当作周公、孔子，人们都说他是程颐、朱熹再世，甚至有人想看看他的相貌是不是真的像古人。在跟随宋濂学习的四年，老师对他的影响很大，他曾经说："跟随老师在浦阳学习，才知道孔孟之道是如此的博大精深，天下大同的盛世不难达到。"

方孝孺踌躇满志，想用自己所学的理学来治国安邦。他曾经慷慨激昂地说："作为一个人，如果不生于世间就算了，假如生成一个人，不能让自己的国君像舜一样有德，做文章不能阐述天地间精微的道理，不能指导人们立身行事。要求再低一些，不能教化风俗，把教化的道理发扬光大，只是在文字上玩弄技巧，被人称作文士。这样的人不是让圣贤蒙羞吗？这样的人不是白白地生于天地之间吗？"他还说过："上天果然想使天下大治吗？我将抱着我的经书，送给天下的圣君施行于天下。上天不想让天下大治，我也会发奋著书，传授给乐于此道的人，终身以此为乐。"他的文章中也阐述了他的政治思想：作为国家四境之民,应臣服中央政权;作为君主,要爱护百姓;作为百姓,要遵守法令;国君要以礼对待臣子,臣子要以忠对待君王;不要责备父亲不慈爱,儿子孝顺了,父母自然高兴;作为男人,要重义;作为女人,要顺从;治理国家,应当崇尚德化,减缓刑罚。他已形成了完整的理学体系。

他不仅这样说,而且做事也以古代的圣贤为标准要求自己。有一次,方孝孺一病不起,就不吃东西,家里的人就劝他吃点东西吧。他竟然笑着说:"古人有时候一个月就吃九顿饭,贫穷的难道就我自己吗? 孔子的学生颜回吃饭只有一个破筐子,喝水用一个破瓢,居住在简陋的小巷,就这样,每天还很高兴,品德之高为后人所称赞,难道我就不该向他学习吗?"

方孝孺求学明道,认为人最重要的是齐家,齐家最重要的是孝。每当回家探望父母的时候,他总是亲自为父母做饭,口尝饭菜的味道和冷热。父母睡前他亲自押床拂席,等父母睡了,自己才敢回屋安歇。后来,父亲因为"空印"事件受到牵连被杀,方孝孺悲痛欲绝。

所谓空印案,指洪武年间因空白盖印文书而引发的一起案件。

当时规定,各地每年都需派人到户部报告地方财政收支情况,所有账目必须跟户部审核后完全相符,才可了结,只要数字有 点儿对不上,整个账本就被驳回,重新填造,而且必须重新盖上原衙门的印章才算有效。因为来往路途遥远,办事的人员往往都带着事先预备好的盖过印信的空白账本。这本是人人都知道的惯例,虽然不符合程序,当然也不合法,但是在当时的交通情况下,也情有可原,所以没有哪个中央衙门禁止过。但是,偏偏朱元璋不知道这里面的事情。忽然有一年,有人汇报这种事情,朱元璋知道以后,大发雷霆,便严惩所有与此案有关的官吏。朱元璋一向以严刑治国,所以不问青红皂白,一律处斩。当时有名的好官方克勤也被牵连在内而死去。

现在,父亲死了,他亲自扶着父亲的灵柩回家乡安葬。他不远千里一路走来,一路哭得几次昏厥,路旁的人见了,也禁不住被方孝孺的至孝所感动,纷纷掏出手帕,擦拭着眼泪。方孝孺埋葬了父亲,又为父亲守孝,直到丧事料理完毕,才又返回京城,继续跟随老师深造自己的学业。

太子之师

洪武十五年,吴沉、揭枢向朱元璋举荐方孝孺。朱元璋问:"你们两个极力推荐方孝孺,这个人到底怎么样啊? 他比你们二位如何?"吴沉、揭枢赶紧向上叩头,回答说:"方孝孺从小就熟读经史,读书一目十行而且过目不忘,是真的读破了万卷书。他才思敏捷,下笔千言,倚马可待。因为文风酷似韩愈,被人称为'小韩子'。后来,跟随当世大儒宋濂做学问,现在更是不同凡响,有经国之才。比我们两位可是强十倍呀。""既然如此,不妨宣

他进见。"于是方孝孺接到召见的圣旨,上朝见明太祖朱元璋。

大殿之上,方孝孺衣冠端正、举止大度、进止有节、言必孔孟程朱,完全是大臣的风范,明太祖一见就很喜欢。

于是太祖问道:"你以为治天下最重要的是什么?"方孝孺稳步上前,朗声答道:"治国之术,最重要的是德;治民之道,最重要的是孝。有德则万民归心,在家能尽孝,为国就能尽忠,不生奸邪之辈。要想使臣民们尽忠尽孝,最重要的是教化。"朱元璋频频点头表示赞许,又提问了一些治国为政的道理,方孝孺都一一作答。只见他从容不迫,娓娓陈述,很有见地。太祖很高兴,便令他去拜见太子。太子久闻方孝孺的大名,就命人大摆酒宴款待他。酒宴摆好之后,太子热情地说:"请先生先入座。"方孝孺却说:"殿下作为一国之储君,理应事事处处严整有节,一举一动、器物摆放,都应该有一定的规矩。这把椅子歪斜,草民为修身计,万万不敢入座。"太子忙命人把所有的桌椅碗筷全部摆正,再次请先生入座,方孝孺才规规矩矩地坐下。在他的《逊志斋集》中,他曾经写道如何去坐,其中要求:"背欲直,貌端庄,手拱臆,仰为骄,俯为戚……"有人把这件事如实向朱元璋汇报,朱元璋对皇太子说:"此壮士,当老其才。"意思是说,方孝孺是很有才干,但是需要等到他年老的时候,才能有用。他那一套只适合治理太平盛世,只有让他几十年后辅佐子孙了。

开国之君朱元璋讲究以猛治国。对于自己怀疑的大臣,以各种手段逮捕、杀戮。明初开国六位元勋,徐达、常遇春、邓愈、冯胜、李文忠、李善长,都被他杀害,以巩固自己的统治。最大规模的杀戮还是后来的两桩大案:一是胡惟庸案。他派人密告胡惟庸等人准备造反,并以此为由,杀掉了一大批包括依附胡惟庸的大小官员一万五千余人。后来,在洪武十九年,捏造出了胡惟庸通敌的证据,又杀了唐胜宗、陆仲亨等朱元璋怀疑是胡党的人。洪武二十六年,锦衣卫指挥使蒋瓛在上级的指使下,密报蓝玉即将造反,于是又是一场杀戮。牵连到十三侯、二伯,前后诛杀二万余人。有一次,太子朱标向太祖进谏:"您这样滥杀无辜,有时冤枉了不少好人,恐怕有伤和气。请父皇三思。"朱元璋极为不满,把一根有荆棘的棍子扔到地上,命令太子捡起来,太子面露疑惑的神色。朱元璋说:"我命你捡起那根棍子,你怕棍子上有刺,伤着你的手,需要把刺除去,才可以没有祸患。我杀这么多大臣,是在为你除刺,你难道不明白我的意思吗?"说罢,瞪了太子一眼,拂袖而去。从此以后,太子朱标经常闷闷不乐,以为自己有可能失宠于父皇,又担心如果自己治理国家恐怕不忍心大开杀戒,以及因杀戮而引起的内部矛盾等等。后来,竟然忧郁成疾,不见好转,不久就命归黄泉。今天在殿上,方孝孺那一套显然不符合太祖的口味,但又觉得方孝孺是个人才,或许以后又用,就客客气气地把他送走了。

后来,方孝孺被仇家算计,被捕入狱,被解送到京城。正巧,太祖过问当时的刑狱情况,偶然翻了翻花名册,发现其中竟然有方孝孺的名字。他知道是个人才,就亲自过问了这件事,发现他确实是被陷害,就命人把他放了。

洪武二十五年,又有人举荐方孝孺,太祖这时正面告诉举荐的大臣:"国家初定,非严刑峻法不能使国家稳定。现在,不是用他这种人的时候,你们不要着急,将来有用得着他

的时候。"不过,朱元璋这次也没有完全舍弃方孝孺,觉得他只是个做学问的人,就派他到四川的汉中任教授。太祖还对他特别的优待,因为汉中交通不便,又下诏特许配给车船。

方孝孺初到汉中的时候,当地人很少知道读书学礼。方孝孺到了以后,开始收徒授业。他为学生讲课尽职尽责,讲解文义细致入微,有时讲到了晚上还没有疲倦的意思。在他的努力下,汉中一带都知道读书识字、学习孔孟之道,人们的素质得到了很大程度的提高。蜀献王知道他是当代的大贤人,就请到家中给儿子当老师。蜀献王是朱元璋的第十一个儿子。每次见到献王或者他的儿子,方孝孺总是讲以德修身治国的道理。献王非常地尊敬他,以特殊的礼节待如上宾。那一段时间,方孝孺没有其他事可做,只是一心地钻研学问,专心著述。所著的书有《周易枝辞》《周礼考次目录》《武王戒书注》《宋史要言》《基命说文》等等,现在都已经找不到了。有时,他也感到很空虚,自己的宏图大志,竟然得不到施展,空有满腹的学问,空有满腔的抱负,难道就这样终老于此吗?因此也经常独坐长叹,他把自己的书斋题名为"逊志",含有退隐的意思。蜀王看出了方孝孺的郁郁不得志,就问他:"先生为何如此的消沉,为何要'逊志'呀?"方孝孺说:"我从小读圣贤书,立志以天下为己任,如今已近不惑之年,还是碌碌无为,今后我还能有什么作为啊。"献王劝说道:"如今天下初定,太祖以刑名治天下,所以先生不得用。我想不久以后,先生定会有施展抱负的时候。况且姜子牙八十岁才开始辅佐文王,还能成就帝王之业。先生正值盛年,不该有隐退之心呐。"于是就把书斋的名字改为"正学"。因为方孝孺对汉中的教育贡献很大,所以汉中人对他倍加崇敬,后来人们在汉中名宦祠中设置了方孝孺的祭祀牌位。

公元1399年,朱允炆即位,是为惠帝,年号建文。方孝孺被召为翰林侍讲,第二年随即又升为侍讲学士。惠帝可以说对这位老师非常地尊敬,遇到国家大事就询问他,并且言听计从。每当大臣们临朝奏事,惠帝听了以后,总要请教老师。有时候遇到非要当场解决的问题,惠帝就让老师来到朝上当面处理。方孝孺大力推行自己的治国理念,教大臣们要以德治国,天下的杀戮风气一时为之而好转。认识或不识方孝孺的人都很仰慕他,认为是颜回、孟子、程颐、朱熹在世。当时皇帝下诏修《太祖实录》和《类要》等书,方孝孺都是主要负责人,相当于现在的总编。后来,惠帝下诏改变官制,方孝孺于是改为文学博士。这时,方孝孺声望日高,心情也一天比一天好起来,认为自己多年的抱负终于可以实现了,自己以德治国,推行儒家教化的治世理想终于要变成现实了。这一段日子是他最为高兴的日子,他曾经做过两首诗,体现了这种心情。其一:"斧扆临轩几砚间,春风和气满龙颜;细听天语挥毫久,携得香烟两袖还。"其二:"风软彤庭尚薄寒,御炉香绕玉栏杆;黄门忽报文渊阁,天子看书召讲官。"形象描绘了方孝孺和惠帝融洽相处的生活。

辅佐惠帝

正当他沉浸在天下大治的美好憧憬之中,惠帝的叔叔,驻守北平的燕王朱棣起兵造

反。

洪武初年,虽然元顺帝被打败,带领大臣们向北逃到大漠,但仍然拥有相当的实力。为了降服强敌,防止他们南下,朱元璋发动了多次北伐,镇守边塞的亲王在战斗中迅速成长起来,燕王就是其中最杰出的一个。史书说他相貌奇伟,有雄才大略,能够知人善任,团结属下。朱元璋屡次命令他出征,令他节制边疆的军队,燕王也因此威名远震。

当初,明太祖六十多岁的时候,太子朱标死了,朱标的儿子朱允炆以长孙的身份被立为皇太孙。按说,皇帝去世了,就该把皇位传给儿子。既然现在要传给孙子,太祖的儿子们自然心里不服,特别是太祖的第四个儿子燕王朱棣,对父亲这一做法,非常不满。每当入朝和太子见面以后,双方冷言冷语,你来我往。互不服气,火药味已经很浓。但是,父亲在世的时候,还不敢表现得太出格。

朱元璋曾经给朱棣一道圣谕:"在朕的各位儿子中间,秦王、晋王已经死了,唯有你有勇有谋,对外的战争,对内的安抚,除了你还有谁呀。所以,朕命你统率诸王,根据形势当机立断,以防备边患。"朱元璋对他寄予很大希望。然而,朱元璋毕竟精明过人,他也考虑到燕王权势过大,对继任皇帝构成威胁,所以,朱元璋临死时告诫:"燕王不可不考虑",并下遗诏:"没有圣旨的允许,诸王不准擅自进京。各位藩王所管辖的地方,内部的官吏,归朝廷任免。"

公元1398年,明太祖驾崩,皇太孙朱允炆即位。其实燕王朱棣并不把他放在眼里,早就有谋反之心。朝野上下也多有猜测,认为朱棣必然要造反。惠帝心里也害怕,担心一旦朱棣造反自己无法抵挡。于是就找大臣计议这件事,想来个先发制人,以免除后患。惠帝的伴读老师黄子澄,找建文帝另一个亲信大臣齐泰商量。齐泰认为各位藩王之中,燕王兵力最强,应该首先把他消灭,以震慑其他蠢蠢欲动的藩王。黄子澄表示反对,他认为燕王实力最强,弄不好就会自取灭亡,即使能够战胜,也不是短时间内能做到的。如果在此期间,其他的藩王同时起兵,后果将不堪设想。两种意见都有道理,惠帝难以定夺,就询问方孝孺。方孝孺认为藩王不削,就会有人谋反,如进行削藩,则会有祸乱。关于削藩不削藩的事,他主张有叛就平,如果没有叛乱,就暂时不要用兵。但是,惠帝比较害怕,也倾向于及早动手削去各路藩王。于是,最后确定,先拔掉燕王周围的藩王,剩下燕王自己,局面就好收拾了。

惠帝于是按照他们的计划,把燕王周围的藩王逐渐地收拾掉了。其实,燕王早就暗中做好了准备,欲要起兵杀到京城。为了麻痹惠帝,他假装发病,整天胡言乱语,疯疯癫癫。惠帝听说以后,不知道是真是假。就派人去探病,如果真的病了,也还表示关心。如果是假的,也好刺探虚实,看燕王是不是真的想谋反。当时正是大热天,惠帝派的大臣来到燕王府。就发现燕王坐在火炉边烤火,嘴里还不停地喊冷。可能是燕王装得太像了,使臣以为是真的病了,就当作实情向惠帝汇报。惠帝毕竟年轻,竟然相信了。但是齐泰、黄子澄却怀疑燕王是装病,他们一面派人到北平把燕王的家属抓起来,一面密令北平都指挥使张信带兵逮捕燕王,还约定燕王府的一些官员当内应。不料张信却把他们出卖

了，反而向燕王告密，诉说了密谋的经过。燕王听了，非常生气，就把王府里张信供出的充当内应的官员全部抓起来，宣布起兵，要找惠帝讨个公道。

燕王精明过人，做事讲究策略。他怕别人说他造反，于是就打着"清君侧"的旗号，说要帮助建文帝除掉奸臣黄子澄、齐泰等人。历史上把这场内战叫作"靖难之变"。

燕王能征善战，常年以来驻守北平，有带兵打仗的经验，所以很快就攻下了几座城池。在公元1401年，燕王带兵打到了大名。这时候，惠帝看到燕王的军队势不可挡，非常害怕，就宣布把齐泰、黄子澄撤职。嘱咐他们逃跑去吧，自己实在没有办法了。这时惠帝赶紧通知燕王，自己已经把齐泰、黄子澄罢了官，请求燕王退兵。燕王不肯罢休，再次上疏请罢盛庸、吴杰等人。方孝孺说："陛下，燕王这样逼着陛下无罪而罢大臣的官，就是谋反，请陛下决心平定叛乱。"惠帝此时已经乱了阵脚，赶忙问："先生可有破敌之计？"方孝孺建议说："燕王的兵长时间停留在大名，天气很热再加上下大雨，就是不打仗一定会很疲惫。应该急令辽东的各位将领带兵入山海关攻打永平；真定的各位将领渡过卢沟直捣北平，燕王必然回兵救自己的老家。我们再从后面追击，我想会一战成功。现在，燕王的使者正好在这里，你先给燕王写信稳住他，争取时间。等到我们的计划开始实施，离胜利就不远了。"惠帝一向对老师言听计从，今天一听老师的分析很有道理，就让方孝孺抓紧草拟诏书，派大理寺少卿薛嵒去燕王那里传旨。旨意的大意是：只要燕王罢兵，打仗带来的责任不予追究。又把旨意制成数千份，准备散发到众位将领手中。等薛嵒到了燕王的行营，吓得连皇帝的圣旨都没敢拿出来。后来，燕王问他来做什么，他才把圣旨递了上去。燕王一看，根本不予理睬。

公元1402年，燕王的军队在淮北遇到朝廷军队的抵抗，打得十分激烈。五月，吴杰、平安、盛庸发兵骚扰燕王的粮道，燕王派遣武胜上书，请撤销吴杰、盛庸等人的职务，自己就退兵。惠帝一听就动了心，就要答应这件事。方孝孺苦口婆心地劝说道："一旦把这几个人的职务撤了，兵力就会撤去。撤了以后，再想聚到一起，那时就晚了。燕王这是缓兵之计，千万不要相信他。"这一次，惠帝下了决心，把武胜杀了，表示要和燕王打到底，决不妥协。

看着燕王久久难以取胜，有些将领也主张暂时撤兵，燕王说："我们已经没有退路了，只能进，不能退。"不久，燕王军成功地截断官军的粮道，发起突然袭击，惠帝的官军大败。又过了几天，燕兵攻陷沛县，抢到不少财物，又把惠帝运粮的船烧掉。当时河北的军队没有发挥什么作用，而德州的粮道又被燕王断绝。方孝孺看着形势的发展对惠帝不利，深深地感到担忧。他想了多时，想出了一个主意。燕王的大儿子性情仁厚，第二个儿子狡猾，受到燕王宠爱，所以第二个儿子曾经想夺取嫡传的位置。现在，我们可以离间他们兄弟两个，使他们内乱。想好以后，就给惠帝提了个建议，派锦衣卫张安赍带着皇帝的亲笔信往北平，交给大儿子。没想到，燕王的大儿子接过书信以后，根本就没有打开，就派人送到燕王的军中。于是，离间计宣告破产。

从这件事上面，燕王越发看到了惠帝的心虚，就加大了进攻的力度。第二年五月，燕

王的军队势如破竹，攻到了长江北岸。惠帝下诏征四方的军队前来救援。方孝孺说："现在形势危急，应派人前去讲和，答应可以割地，拖延几天，从东南调集的军队会逐渐地赶过来。燕王的军队不善水战，假如在江上打仗的话，也许我们会取胜。"惠帝派庆成郡主前往燕王军中，代表惠帝谈判，燕王一心一意攻下京城，根本不听这一套，客客气气地送走郡主以后，命军队继续攻城。惠帝见所有的方法都不起作用，就命令众将在江上集结水军，准备迎击燕王的进攻，与燕王做最后的决战。水军将领陈瑄看到惠帝一方大势已去，知道抵抗不了多久，就带领战舰投降了燕王，于是燕王的军队不费吹灰之力就渡过了长江。

惠帝看到大势已去，万念俱灰。有人劝他移驾别的地方，以图东山再起。这时候，方孝孺劝说道："现在，援军正在从四方赶来，或许我们还没有走到最后的关头。陛下身为万乘之尊，如果弃城逃跑，那么将士们更是无心恋战，国家社稷将毁于一旦。即使是援兵不来，陛下当为社稷而死。"惠帝有感于老师的一番话，抱定了必死的决心，坚决与燕王决战到底。

过了几天，守城的大将李景隆开城投降，京城终于被攻破。听到这个消息，惠帝心知一切都完了，就和皇后、宫女们放火把皇宫点着了，自焚而死。燕王带兵进城，只见皇宫浓烟滚滚、烈焰腾腾。燕王赶快命人把火扑灭，已经有不少人葬身于火海之中。他查问建文帝的下落，有人报告说，大军进城之前，听说惠帝和皇后都跳到大火里烧死了。这时，方孝孺等大臣们早已束手就擒，被关押到监狱中。

燕王朱棣即位，就是明成祖。公元 1421 年，明成祖迁都北京。从那时候起，北京就成了明朝的京城。

慷慨悲歌

朱棣登基以后，要把"奸党"一一审问。一些名气不大的，作为皇帝就不再过问了。但是，他早就听说方孝孺的大名。在他起兵南下时候，他的军师姚广孝专门嘱咐他："在南方，有一位名士，名叫方孝孺，向来品行端正，才学盖世。当陛下以武力攻下京城的时候，以他的性格，一定不会降服。请您一定不要杀了他，假如杀了他之后，天下的读书种子就灭绝了。"朱棣说："我虽然出兵攻打京城，不过为了清除皇帝身边的奸党，就算是当今皇帝拼死抵抗，不幸被杀的话，我也不会把读书人怎么样的。你说的方孝孺既然如此了不起，我一定会给他机会，争取他能为我所用。怎么能杀他呢，请先生放心。"

这一天，朱棣特别嘱咐，对方孝孺这个人一定要尊重，不能伤害了他。现在，我要让他为我起草诏书，这样，天下读书人就更能信服我朝。于是，他手下的差官赶忙到刑部大牢里，把方孝孺接出来，给他换上干净的衣服，让他吃好喝好，恢复一下体力，告诉他皇帝有大事要召见他。

方孝孺被人用轿子抬到金殿台阶之下，又被人搀扶着走进大殿。他满脸的不屑，走到皇帝的对面，也不说话，把头一扬，一副视死如归的样子。朱棣看到方孝孺这副样子，也没有跟他计较，努力稳定了一下情绪，强压怒火，向方孝孺说："久闻先生大名，今日一见，果然气度不凡。"说着吩咐人搬来一把椅子："请先生坐下讲话。"方孝孺也不答话，一屁股坐在椅子上。皇帝毕竟是有涵养的，就接着说："先生才华盖世，我有意让您继续为国效力，不知先生意下如何？"方孝孺说："我既然已经被擒，就抱定了必死的决心，你不必多费口舌，我是不会答应你任何要求的。"这时朱棣站起身来，走到他的身边，尽量用柔和的语调说："先生何苦跟自己过不去呢，我只不过想学周公辅佐成王罢了。"朱棣不说这话还可以，一说这话方孝孺就更生气了。他熟读经史，周公辅佐成王的事他一清二楚。

传说周武王建立了周朝以后，过了两年就病死了。他的儿子姬诵继承王位，就是周成王。当时，周成王才十三岁，刚建立的周王朝还不太平。于是，武王的弟弟周公旦辅佐成王管理国家大事，历史上通常称为他为周公。周公全心全意辅佐成王，煞费苦心，平定了不少叛乱。周公辅佐成王执政七年，到周成王满二十岁的时候，周公把政权交给成王。今天听朱棣这样说，就怒气冲冲地反唇相讥："你说你学周公辅成王，如今成王在哪里？"言外之意就是说：不要再胡说了，成王都叫你逼死了，你怎么学周公，真是天大的笑话。朱棣一想，这不怪我呀，于是就对方孝孺说："这事可不能怪我，我是好心好意辅佐他除掉身边的奸臣，我做皇叔的有这个责任，都是为了朱家的江山社稷，谁知道他竟然自焚而死了呢。"方孝孺步步紧逼："惠帝死了，你应该立他的儿子，辅佐他做皇帝。现在你倒自己做上了皇帝，哪里像什么周公呀。"朱棣觉得自己比谁都强，小皇帝会误国，就继续耐着性子辩解，以免把话说绝了，不好收场："他的儿子年龄太小，治理国家要靠有经验的成年人才行。"

其实，当时太子死了以后，朱元璋一度想立朱棣为太子，只是因为太子已经有五个儿子，大儿子夭折了，二儿子允炆年龄也不小了。所以朱元璋召开群臣会议，朱元璋说："国家不幸，太子竟然死了。古人说国有年富力强的君王，才可以造福万民，朕打算立燕王为太子，你们以为如何？"学士刘三吾反对道："皇孙已经成年，而且还是亲生，皇孙继承大统是古今不变的道理。假如立燕王，把秦王、晋王放在什么地方呢？做弟弟的不能排在兄长前面，依臣之见，不如立皇孙。"于是就决定立允炆为皇太孙。

今天，朱棣把父亲的话搬出来，说明自己年富力强有资格。方孝孺寸步不让："为什么不立他的弟弟。"逼得朱棣一时不知说什么好了，就有些不耐烦了。但是，他还是把怒火压了又压，搪塞着说道："这是我们的家事，不劳先生操心。"把话说到这份上，方孝孺也感到跟朱棣没有什么好讲的，于是就沉默不语。

朱棣看到他顽冥不化的样子，很生气，就说："今天请先生来，是想让你草拟寡人登基的诏书，先生是当世的大儒，还望先生不要推辞。"方孝孺把头一扭，眼睛看着宫殿的外面。看到方孝孺挺倔强的样子，朱棣再也受不了了，作为一国之君，我哪儿跟别人说过那么多好话呀。于是就命令左右把笔给方孝孺，说："这次起草诏书，非先生不可。"意思是

说，今天你想写也得写，不想写也得写。倔强的方孝孺没有理睬朱棣，拿过笔来，满怀怒火，奋笔疾书"燕贼篡位"四个大字，然后猛地把笔掷在地上，并冷冷地对朱棣说："万世之后，你也逃脱不了这四个字！"这下子可真的惹恼了朱棣。

他一忍再忍的怒火终于爆发了，早就把军师嘱咐的话抛在脑后了。心中暗想：什么读书的种子，简直是顽冥不化的种子，气死人的种子。于是把脸一沉，冷冷地说道："难道你就不怕死吗？"方孝孺冷笑一声："我自从被捕以后，就没有打算活着。杀刮存留，悉听尊便。"真是应了那句话了："民不畏死，奈何以死惧之。"朱棣一时还真没有办法了，他其实只是想逼方孝孺就范，心想：你不怕死，你的家里人也不怕死吗？你的亲戚不怕死吗？于是又说："难道你不怕灭九族吗？"方孝孺此时气愤已极，把头一昂："便是十族，又能把我怎么样？"接着又大骂朱棣是"逆贼"。朱棣此时把心一横，命人割他的嘴，方孝孺越骂越激烈，满嘴喷血，还痛骂不已。朱棣看制服不了他，露出了狰狞的面目，厉声说道："我哪能让你那么容易就去死，我要灭你的十族！"

于是，中国历史上的惨剧发生了。

朱棣命人用刀割开方孝孺的嘴一直割到两耳处，恶狠狠地说："看你的嘴还硬不硬。"然后命人把他投进死囚牢。接着，开始大肆杀戮他们所谓的"奸党"并且施以酷刑。

审讯兵部尚书铁铉的时候，铁铉宁死不屈，不停地大骂。朱棣命人割了他的耳朵和鼻子，又割下肉来烧了，塞到铁铉的嘴里让他吃，还问他："这肉味道怎么样，香不香啊？"铁铉咬着牙说："逆贼，忠臣孝子的肉为什么不香！"铁铉至死骂个不停。

审讯礼部尚书陈迪的时候，朱棣派人把他的儿子捉来杀掉，并且把鼻子、舌头割下来，塞给陈迪吃。陈迪边唾边骂，最后被凌迟处死，宗族被发配边疆的一百八十多人。

刑部尚书暴昭被拔去了牙齿，然后把手脚斩断，还是骂个不停，最后被割断了脖子，绝气身亡。

户部侍郎卓敬也是至死不屈，被灭三族。所有的被列为奸党的大臣就这样被残酷地迫害致死，至于被流放、被发配充军的更是不计其数。

为了不让方孝孺这么痛快地死去，朱棣决定最后处死他。让他经受一下丧失亲属的悲痛。朱棣下令搜捕方孝孺的亲属，每捕到一个，就让他看看，然后当着他的面，捆绑杀戮。方孝孺的妻子郑氏和两个儿子，知道在劫难逃，都事先上吊死了；两个女儿投了秦淮河；他的门生卢原质、郑公智、林嘉猷都因是方孝孺的学生而被杀，以凑足十族之数。

方孝孺绝非冷漠无情的人，据说当他的弟弟方孝友被捆绑带到他的面前时，方孝孺泪如雨下，哭着向自己的兄弟说道："兄弟呀，愚兄对不住你呀，今生今世我没有能给你什么帮助，反而拖累你，让你因我而死，愚兄每想到此事，便心如刀割。我的妻儿有什么罪，让他们也因我而死。我死没有什么，连累了你们，你不会怪我吧。"方孝友从容镇定，安慰他的兄长："我知道你的个性，一个人为了自己的信念，什么都可以舍弃，我们理解你，兄长不必悲伤，人生天地之间，早晚必有一死。"然后又随口吟诵了一首诗安慰兄长：

阿兄何必泪滂滂，

取义成仁在此间。

华表柱头千载后，

旅魂依旧回家山。

在这次杀戮中，方孝孺的亲戚、门生，被处死的一共八百七十三人，被流放的或者发配边疆的数不胜数。就连他们的后代也遭了殃，有的世代为奴，有的世代在边疆。

朱棣把他的亲族杀了以后，最后把方孝孺绑赴法场。行刑的那一天，观看的人山人海，人们都为这位以身殉道的大儒愤愤不平，为他的死而悲伤。虽然围观的人很多，却很安静。但见方孝孺满脸血污，头发凌乱，在微风中飘动，好像在为死难的亲人招魂。自己的十族被朱棣所灭，该死的人都已经死了。方孝孺反而平静了不少，唯一遗憾的是没能为国除奸。想到这里，仰天长叹，做了一首绝命词：

天降乱离兮孰知其由，

奸臣得计兮谋国用犹。

忠臣发愤兮血泪交流，

以此殉君兮抑又何求？

呜呼哀哉兮庶不我尤！

做完之后，随即被乱刀砍死。时年四十六岁。

其门人德庆侯廖永忠的孙子廖镛和弟弟廖铭，感慨方孝孺一家死得惨烈，就收拾了他的遗骸，葬于南京聚宝门外山上（今雨花台西侧山麓），死于宁海县城的方氏族人由义士收残骸投入井中，后称"义井"。他的著作当时被禁止流传，门人王稌暗辑为《侯城集》密藏，后文禁松弛以后，有《逊志斋集》《秋崖集》在世间流传。

方孝孺的死，在朝野上下引起很大的震动。人们都为方孝孺不平，仁宗即位以后，就下诏以平民的身份对待方孝孺的后人，诏书上说："惠帝的各位大臣，已经受到大量的杀戮。他们的先辈是官的，应该宽仁地对待，还给他们田地；发配到边疆的，留一人在边疆，其余的放还。"万历十三年三月，释放因为方孝孺案受牵连的人的后代，包括浙江、江西、福建、四川、广东各地共一千三百多人。

因方孝孺对汉中教育多有贡献，所以汉中人对他非常崇敬，在当地名宦祠中设位祭祀。到明万历初年，在文庙、学署的东面建专祠祭祀。康熙二十年郡守李仲颙重修。后来年久失修，乾隆四十五年，知县郭嵩重修。以表示对方孝孺的怀念之情。方孝孺的祠堂经历明、清、民国，直到汉中解放后依然存在，20世纪50年代被拆毁。据老人们回忆，方公祠有两幅楹联，一幅是：

做事效周公，试问成王安在；

殚忠侔卓敬，不负太祖相知。

另一幅是：

在当时称为正学先生，如公不愧；

问今世犹有读书种子，是谁之功。

方孝孺,作为一代大儒,在理学发展的历史上,树立了新的里程碑。他为汉中的教育,做出过巨大的贡献。他坚贞的品格和他宁死不屈的人格精神至今令我们敬仰。诛灭十族,千古奇冤。朱棣的暴戾行为令人发指,永远逃不脱历史的舆论的制裁。但是方孝孺受时代的局限,有愚忠的思想。他的那一套修身治国理念,也有封建的糟粕。他那宁死不屈的精神,是我们人格精神的宝贵财富。我们还是用古人的一首诗作为结束吧:

瞻仰仪型感慨深,
勿看白日惨秋阴。
祠荒残碣苔重合,
木落空斋鸟自鸣。
仗节一身甘赤族,
褒忠千古见丹心。
西风遮莫吹双泪,
怕染缑城血满林!

内阁首辅

——张居正

名人档案

张居正：字淑大，号太岳，江陵（今湖北江陵）人。嘉靖进士，授编修，嘉靖时以侍讲学士领翰林院事。隆庆元年（1567）入阁。

生卒时间：1525～1582 年。

性格特点：魄力非凡，智慧超群，雄才大略，廉洁奉公。

历史功过：整饬朝纲，巩固国防，推行一条鞭法，使奄奄一息的明王朝重新获得勃勃生机。

名家评点：张居正一生功过兼有之，但作为一个封建士大夫，能任劳任怨地工作，敢于整顿松弛的政治秩序，能使国富民丰，边疆安全，也称得上是一个正直的好官。

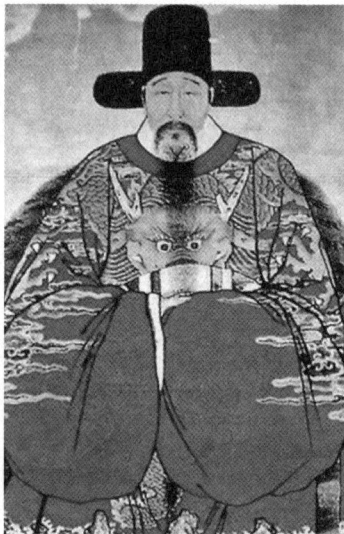

位极首辅

嘉靖四年（1525 年）五月，张居正出生在江陵。张居正出生时，他的曾祖、祖父、父亲均健在。因此，张居正刚刚出世即被全家视为掌上明珠，爱护备至。无论是生活和启蒙学习方面，张居正都得到特殊的关照。张居正自小时候起就天资过人，在他两岁那年就认得"王、日"两个字，由此以神童之称而蜚声乡里，他 5 岁那年，即被送到学校念书。由于张居正天资聪慧，学习用功，因此不到十岁时就通读"四书、五经"，十三岁时就作了《咏竹》的绝句：

绿遍潇湘外，疏林玉露寒；
凤毛丛劲节，直上劲头竿。

他如此小小的年纪就以竹自喻，显示了他少年时代的远大抱负。就在这一年，他参加了乡试，在这些考生里，就数他的年龄最小，可是小小年纪的他却十分沉着、冷静，写出了一篇极为漂亮的文章，这一年，他本可以考中举人，可是身为主考官的湖广巡抚顾璘非常爱惜这个人才，就故意使他落选，想让张居正经受一番挫折，多磨炼几年，用以激励他更加奋进。果然，三年之后，张居正再度赴试，一举成名，当时他年仅十六岁，成为最年轻的举人。顾璘知道后极为高兴，马上解下自己身上佩戴着的玉坠赠给他，鼓励他将来成为辅国的栋梁之材。张居正少年得志，才智明决。又经过几年的寒窗苦读，张居正终于考上了进士，由此步入仕途，开始了他的从政之路。嘉靖二十六年（1547 年），他被选为庶吉士。隆庆元年（1567 年）二月，他终于以吏部左侍郎兼东阁大学士的身份入阁，并于同年四月晋升为礼部尚书、武英殿大学士。

在他刚入阁的时候，他还仅是一般的大学士。在明代后期，已经没有宰相这个职位，仅是在内阁大学士中找出一位资历很深的人出来，称之为"首辅"。首辅非常受皇帝的礼遇和信任，权力非常大，所以有很多人都想方设法地抢着做。当张居正初入仕途之时，正好是严嵩和夏言在争着做首辅的时候。此时，张居正一面大量地读书，一面细心地琢磨官场上的门道。

虽然他有着满腔的政治抱负，可是当时的世宗皇帝十分昏庸，而且奸臣严嵩当道，根本不可能有他施展才能的机会。但是，张居正为人十分机敏，凡事敢于负责，处事干练，城府极深，所以他并没有和严嵩采取不合作态度，恰恰相反，在严嵩当政时，对张居正颇为器重。

张居正拜朝臣徐阶为师，可是眼见着严嵩担任首辅，肆无忌惮地败坏朝政，他看不过去，于是就上奏本请皇上实行改革。可是皇帝并没对张居正所上的奏本加以理会。嘉靖二十九年，因为自己受不到重用，张居正就请了病假，回江陵老家。在此期间他专心研究学术。可是他的父亲希望他仍旧回京任职从政，为了不违背父命，张居正只好再次来到京城，后来被任命为右春坊中允官国子监司业。

1566 年，明世宗去世，徐阶负责起草遗诏，当时他并没有找其他大学士商量，而只是把张居正叫了去，两人共同研究斟酌。不久，明世宗的第二个儿子朱载垕继承了皇位，史称明穆宗。穆宗即位后，专权 15 年之久的严嵩倒台，于是徐阶便成了首辅，张居正也由此得到了重用，马上被提拔进入内阁。此后，他开始提拔人才、整顿吏治、平反冤案、收拢人心。因为张居正做事很踏实，徐阶就派张居正承担起了边防重任，于是，张居正重用老将李成梁、王崇古镇守辽东，并调来谭纶、戚继光加强边防，使得侵犯边境的敌人都无功而返。由于张居正才能出众，深得穆宗的信任。

公元 1572 年，仅仅当了六年皇帝的穆宗就去世，他的第三个儿子朱翊钧继承了皇位，也就是明神宗。朱翊钧在继位的时候才九岁。所以，在此后的十年中，实际上主持国家大事的人，就是张居正。不仅是明穆宗非常信任张居正，就是在明穆宗在位时秉政的首辅高拱，也把张居正当成了最重要的合作伙伴。高拱跟张居正一样，都是很有才能的

帝师谋士

大臣,当时北方的鞑靼之患,就是在他的任期内得到缓和的。后来,因为徐阶在同政敌的攻击中举筹失措,被迫提出辞职。徐阶离位之后,把三个儿子都托付给了张居正,希望他能加以照应。可是高拱和徐阶之间有极深的矛盾,所以在他担任首辅之后,借着追查徐阶儿子的问题对徐阶进行报复。于是张居正就在高拱的面前为徐阶的儿子求情。高拱早就听人说张居正接受过徐阶儿子的 30000 两金子的贿赂,于是他就用这件事来堵张居正的嘴。张居正听到高拱在此时提起这一流言,脸色不由大变,他当即对天发誓,说自己从来就没有接受过贿赂。高拱看见他情绪如此地激动,也就把这件事给带了过去不再提了。

可是自此以后,张居正和高拱两人之间就产生了裂痕。高拱这个人喜欢个人擅权,不喜跟他人分权,如果两个性格温和的人能够在一起相处,那当然会很好,可是如果两个人的性格都有些专断,那便不好了,倘若地位相近,那就更加危险,何况在那个时候还没任期制度这一说,所以不讲究轮换着做首辅的位置,虽然在一些政策上面,两人倒也合作愉快,可是高拱总是对张居正加以提防,其实正如高拱所料,张居正也一直盯着高拱的位置,想方设法要得到这个位置。

穆宗病重的时候,太监冯保就曾秘密地嘱托张居正预先起草一道"遗诏"。高拱得知此事后,就当面对张居正加以指责:"我是当今朝廷的首辅,你怎么竟然背着我和宦官商议起草遗诏这样重大的事情呢?"为明神宗朱翊钧举行登基仪式的时候,冯保紧随在朱翊钧的左右,真是寸步不离。当满朝文武向神宗进行朝拜时,冯保居然也大模大样地站在皇帝宝座的旁边,如此一来,就形成了一种群臣不但是在向神宗行礼,而且也向冯保行礼的尴尬场面。高拱对此事极为不满,他背地里布置了一些亲信官员,一同上疏攻击冯保,打算由内阁加以配合,以皇帝的名义下诏把冯保驱逐下台。可是这消息被耳目灵活的张居正知道了,他把此事秘密地告诉了冯保,而冯保随后又向神宗的生母李太后做了一番汇报。于是,神宗下令召集朝中所有的大臣,准备宣读两宫和皇帝的诏书。高拱听了这事,极为高兴,以为一定是为驱逐冯保的事,他即刻进宫,想要好好地庆贺一番。可他万没料到,诏书的内容却大大出乎他的意料,里面所列举的都是高拱的种种罪行:指责他如何专权擅政,如何蔑视年幼的皇帝,并明确地宣布罢他的官职,自此驱逐出京。高拱吓得一直是长跪不起。此时,张居正还上前把他搀扶起来,亲自送他出了宫门,同时又把那辆早已雇好了的骡车叫来,然后把他一直送出北京城的宣武门外。

高拱被赶下台之后,张居正马上就被封为首辅。穆宗的遗命是要张居正、高拱、高仪三人共同辅佐十岁的小皇帝。高拱被挤走之后,只剩下高仪和张居正两人,可是高仪体弱多病,不久就病逝了,所以张居正被升为首辅。他原本就是小皇帝的老师,又是唯一一位健在的顾命大臣,所以得到了皇帝的完全信赖。此后,张居正便根据穆宗的嘱托,真的像老师教授学生那样,把督促年幼的神宗的学习当作了头等的大事来抓。他对每天的讲课都做了极为细致的安排。他规定,除了每个月的三、六、九日的常朝外,一年四季,每天都要进行讲课。每日的讲课安排分为早讲和午讲。早讲是在早晨进行的,是由朝中的儒

臣及专门的讲官给讲解经典。早讲过后，神宗要阅读朝臣送上来的重要的奏章。接下来就开始午讲，主要是讲解《资治通鉴》《贞观政要》等书，到了午膳休息时便告结束。下午的时间则是神宗的自习时间，主要是复习已往讲过的功课，练习一下书法，默记古书经史的内容。通常的情况下，张居正总会出席日讲，而且还亲自为神宗授课。他自己还给神宗皇帝编了一本有图有文的《帝鉴图说》，里面的内容主要是些历史故事。神宗看到这本书还挺高兴，就饶有兴致地认真听张居正的讲解。

有一次，张居正给神宗讲了一个宋仁宗不喜欢用珠玉装饰的故事。明神宗听完之后马上就说："这个故事很有道理，身为君王的，就应该把贤臣当作宝贝，珠玉有什么用呢？"张居正没想到年仅十岁的孩子能说出这样的话，很是高兴，说道："凡是贤明的君主，向来都是重视粮食，轻视这些珠玉华宝。因为百姓所依靠的就是粮食，只有有了粮食，才能生活，可珠玉华宝之类的东西，在人饿了的时候也不能用来充饥，冷了的时候也不能用来御寒啊。"由此可见，张居正对神宗的教育是相当严格的，而神宗也把张居正当作严师来看待，既敬又怕。

因为有太后和宦官冯保的支持，朝政无论事务大小，几乎都由张居正拍板做主。在万历六年（1578年），也就是神宗大婚以前，神宗一直跟随其生母李太后住在乾清宫。李太后出身于贫寒之家，好胜心极强，所以在教子方面非常的严格。神宗贪玩不读书，被李太后发现了，就会罚他长跪，并当面加以数落。每天日讲之后，到了晚间，李太后都要亲自对儿子在功课方面的理解及掌握程度进行检查。逢到上早朝的那天，李太后在五更天就起床，亲自去把神宗给叫醒，督促他不要误了上朝的时间。其实就在朱翊钧还是皇太子的时候，宦官冯保就一直负责对他的照料，所以他被称为"大伴"。朱翊钧即皇帝位后，冯保自然而然地被升为司礼监太监，在宦官中是地位最高的。他时常向李太后报告宫内外发生的各种情况，李太后把他当成了自己最靠得住的耳目。即便是朱翊钧有哪些不合礼仪的举止行为，冯保也都会向李太后去报告。冯保和张居正处的关系很好，尤其是在重大事情上，两人都互相通气，互相进行配合。自张居正当上了首辅，李太后、冯保就运用自己的特殊身份对他在各方面加以支持，由此使得宫廷和政府之间达到了协调一致，而这种"宫府一致"的体制，使得张居正能够得以进行改革，也可以说，这是他能实施改革的一个重要条件。

整顿吏治

张居正非常能干，自从他掌握了实权，马上一改过去的那种谦虚和祥、沉默寡言的态度，在行为举止上变得雷厉风行，有理有节。他在全国范围内实行一场大规模的改革活动，大刀阔斧地在军事、政治、经济等几个方面做了一番整顿，希望能够实现富国利民的愿望。首先，张居正昭告百官：六部、六科采用"考成法"，京官、地方官均要定期进行考核。只要有法令制定颁行,就必须给予施行,而且要赏罚分明,凡是那些征税粮不足九成者,一律要给予处罚。接下来,又命令吏部把那些不管事的闲员全都给予裁弃,由此确定了行政系统的施行,进而澄清了吏治。为了能堵塞规章制度上出现的漏洞,他将抨击不法权贵和革除弊政联系在一起。比如,在他的改革刚刚启动之时,就碰上了最有权势的太监冯保的侄子殴打平民一案,这一事件十分引人注目,因为张居正之所以能当上首辅,冯保的支持可说是极为重大的。可是,这件事情并没有把张居正给难倒,他当机立断,秉公处理,马上把冯的侄子给革职,并杖责四十大板,并把此事通告了冯保,要其严格家教,由此,张居正伸张了法纪。他还依照法纪惩治了孔夫子的后裔衍圣公,法办了黔国公,用极为有力的措施限制了皇亲贵戚的擅权,并一再加以宣告:所有的皇亲国戚,豪族贵门,只要有胆敢阻挠法纪实行者,一定给予严厉惩治。

由此可见,张居正已经大胆地把改革的锋芒指向豪门贵族的不法现象,因为不法权贵的横行使得百姓怨声载道,而恶势力的盘根错节,竟然无人敢碰,是否有胆量将他们绳之以法,是否能以法理政,这些对张居正来说都是一种是否能取信于天下的严峻考验。此时还发生了另一件事情,就在张居正主政前夕,他少年时代的一位恩人辽王在江陵作恶多端,鱼肉百姓,因为地方官惧怕辽王府的势力,对辽王的这些罪行不敢如实上报,张居正知道后,马上毫不犹豫地处治了这名失职的官员,同时他自己甘冒"谋产害友"的骂名,把辽王给废去了,由此惩办了江陵一霸,使得百姓是拍手称快。在军事方面,沿海地区的倭寇尽管已经解决,可是北方的鞑靼贵族还是对边境进行侵扰,这对明王朝形成了很大的威胁。于是张居正就把抗倭名将戚继光调到北方,在蓟州镇守,戚继光到任后,他在自山海关到居庸关的长城上修筑了三千多座堡垒。由于戚家军号令严明,武器又很精良,所以多次打败鞑靼的进攻。鞑靼首领俺答见此种情形于己不利,于是便修书给大明王朝,表示愿意和好,要求双方能够通商往来。张居正向朝廷奏明了此事,朝廷封俺答为顺义王,答应和鞑靼通商往来,可是并没有放松在边境进行练兵屯田,以加强防备。在以后二三十年间,明朝同鞑靼之间都没有发生过战争。北方各族人民的生活也从此安定了下来。

当时的明代,由于黄河年久失修,使得河水经常泛滥成灾,导致大批农田被淹,由此影响到农业的发展和交通运输。于是,张居正就任命在治理水利方面有丰富经验的潘季驯来督修黄河水利工程。潘季驯授职后,马上着手工作,他调动百姓,修筑堤防,堵塞决口,这样一来,就使得黄河不再泛滥,运输也十分通畅了,农业生产也因此得到了极大的恢复和发展。

由于朝政腐败,大地主经常兼并土地,并逃避国家规定的税收,使得一些豪强地主变得越来越富,可国库却越来越空。张居正针对这种情况,下令对土地进行丈量,经过如此一番清查,查出了一大批被皇亲国戚、豪强地主所隐瞒的土地,这样一来,就使得一些豪强地主受到了极大的抑制,但是国家的收入却相应地增加了。丈量土地之后,张居正又简化了赋役,因为明朝当时的税制是除了田赋之外,还有徭役,项目比较多,因此经常给

民众造成不便,而且还给了许多土豪劣绅假公济私的机会。张居正把当时国家要征收的各种名目的赋税和劳役进行合并,折合成了银两加以征收,这种改革即被称为"一条鞭法"。张居正推行的"一条鞭法",使得赋役化繁为简:差役合并、役归于地;又因重新丈量了全国土地,依照田亩的多寡进行征税,官收官磅。如此一来,不但老百姓觉得很是便利,而逃税者也相应地大大减少了,这样既防止了官吏的营私舞弊行为,又大大增加了国家的收入,使农民的负担也减轻不少。

在用人方面,张居正非常重视从下层提拔人才,认为立贤无方,唯才是用,即使这个人贱为僧道皂隶,只要他的才能出类拔萃,就可以位列九卿,成为国家的栋梁。他起用行伍出身的李成梁为镇边大将,用残疾小吏黄清为太仆卿高级官员,用被罢官的水利专家潘季驯治理黄河,都是极为鲜明的例子。由此他还把改革推向高潮,特别准许府、州、县的考生能越级来报考京师的国子监,就是希望能够把各地的能人志士都收罗到中央来,从而组成一支精干的利于改革的中坚力量。

在明朝,驿递是官方在办理公务中极为重要的交通工具,在自北京到各省的交通要道上,都普遍设有驿站,专门用来负责来往官员的吃、住、差役和车马等交通工具的,可是这些费用都是分摊给就近的百姓。明朝初年,朝廷在使用驿站方面有着相当严格的规定,非军国要务,不准发给印信乘驿。可是这些规章到了明朝中后期就已经名存实亡了,那些个兵部和各省的抚按,随意填发印信什么的用来送人情,一张印信可以终身使用,或是用来辗转相赠。到了明朝中叶以后,驿站制度极为败坏。出差的官吏只知讲究排场,索要财物,就连非公差人员也违法地使用驿站,占取国家的便宜。张居正于是下决心对驿站进行整顿。他心里清楚,凡是要推行一项政策,当政者必须以身作则,做出一番表率来。于是当他亲自送儿子回乡应试,弟弟回乡养病之时,都是自己雇的车马,而决不让他们使用驿站。有一次,张居正的家奴从高邮路过,要求使用驿站,却被高邮知州吴显极力拒绝了。家奴一气之下,跑到州衙里面,张口大骂吴显。后来他又把吴显骗到自己船上,把吴显的官印给抢走了。吴显当即态度严正地对他说:"我执行的可是你家相爷规定的法令,我倒要看你能把我怎样!"家奴一听,有些害怕,也知道自己做得不对,他只得把官印交给了吴显,并向他赔礼道歉。

在张居正执政期间,改革涉及了财政、税收、教育、国防等许多个方面,都取得了相当显著的效果。如此一来,明朝的衰颓趋势得以扭转,一时之间,全国出现了一派"国富民安"的大好气象。张居正花费了十年的工夫,大胆地进行改革,使得当时十分腐败的明朝政治有了新的转机。他的改革使得国家的粮仓存粮十分充足,足能支付十年的使用。可是,这些改革自然会触犯一些豪门贵族的利益。尽管他们在表面看来全都服从,可是背地里早就对张居正恨之入骨了。

声名渐坠

万历五年（1577年），也就是张居正执政的第五年，他年迈的父亲死去了，按照封建的礼法，他必须离职守孝三年。张居正按照当时的制度，想要上疏请求辞职，可是又怕自己离开以后，使他正在进行着的改革受到影响。按理来说，皇帝可以下诏特许应当"守制"的官员在职视事，这叫作"夺情"。可是夺情的对象，一般来说仅限于军职官员，而且还是在对敌打仗期间，才能够援引这一条款。可是神宗、李太后、冯保都不愿意张居正去职，张居正的那些亲信们当然也不愿失去他这个靠山。所以以户部侍郎李幼孜为首的诸人纷纷出面请求神宗，让张居正夺情视事。神宗果然下诏，要张居正夺情，在京城守满七七丧期满后，即入署办公。张居正曾两次上疏请求守制，可是都遭到拒绝，就让他"在官守制"，但辞去岁俸，表示跟照领俸禄的"夺情"不是一回事。神宗批准了张居正的"辞俸"要求，可是还是指示有关衙门按月给相府送柴送米，直到服丧期满。在此期间，张居正只是让他的儿子回家奔丧，而自己则仍旧留在京城内任职。可这样一来，就有不少人抓住张居正父死而不去奔丧的事上，也就是"夺情"这件事，大做文章，使得朝野上下议论纷纷，大臣们纷纷向皇帝上书进行弹劾，还有的人甚至在大街上揭帖告白攻击张居正，由此闹得满城风雨，酿成了一场政治风波，使得张居正的威望大大下降。到了后来，明神宗不得不下令，凡是反对张居正留任的一律处死，这样一来，才使得攻击平息下来。

不仅仅是这件事，张居正在此后的行为也有很多值得令人非议的地方，张居正在掌权期间，为了达到独揽大权的目的，任用自己亲信的人，排除异己力量，可是这样一来，他就招致了许多人的攻击。在他治政期间，在各级政府机关大量安插自己的亲信，如吏部尚书张瀚、王国光、都御史陈珘等，都是对他极为听命的，他不仅在京城有这些得力的干将，在地方行政甚至于军队等部门也都安排着自己的亲信，用来执行上面的旨意，如此一来，也可以对地方上加以控制。张居正之所要这样做，原因很复杂，这其中也不能排除私情方面的因素。可是这样一来，就又成了别人攻击的一个要点。事实上，张居正自己也确实做了自古以来不少传统权臣所难免要做的那些事。他的两个儿子竟然会先后都考中了进士，并进了翰林院，这对外人来说自然是要怀疑张居正是否在里面做了见不得人的手脚。有一次，张居正回家省亲，居然用了32人抬的大轿。虽然皇帝特许他这么做，可是不少人仍旧坚持认为，似这种行为是有逾大臣身份的。更为严重的问题是，张居正在家乡的资财急剧地增长，如果是仅靠他那点每年数百两白银的俸禄，是绝对不可能达到这种地步的。还有，他对家人、奴仆管束不严，从而使得他们都借以倚仗自己的权势、名声，进行招摇撞骗，欺凌良民百姓。

可能张居正的权实在太集中了，明神宗渐渐长大了，反而觉得没事可干，于是在他身旁的太监就用各种办法给他取乐。有一天，神宗喝醉了酒，毫无缘由地把两个小太监给

打得半死。太后知道此事后,立即就把明神宗给找来了,对他狠狠地责备一顿,并把《汉书·霍光传》拿出来叫神宗读。这本书写的是西汉霍光辅政的时候,有个昌邑王刘贺,在霍光的辅助下即位,被太后和霍光给废掉了皇位。而现在张居正的地位就如同当年的那个霍光一样,神宗一想到这里,不由浑身出了冷汗,他赶紧跪在太后面前求饶。没过多长时间,由张居正做主,把那些引诱神宗胡闹的太监全都给赶走了,太后还让张居正替神宗起草了一份罪己诏,也就是皇帝责备自己的诏书。尽管这件事已经过去了,可是明神宗面对张居正,已经由原来的惧怕发展成怀恨了。

万历十年,张居正58岁,就在这一年,张居正忽然身患重病,卧床不起,经过多方医治仍不见好转。只过了三个月的时间,人就显得无力可支了,张居正知道自己将不久于人世了,可是心里仍旧惦念着自己的改革大业,必须找一个可靠的人来继承下去,否则自己所有的努力就会前功尽弃。于是他派人把宦官冯保给找来,和他商量这个人选的问题,由于有些匆促,张居正也无力细作寻思,就接受了冯保的建议,同意让原礼部尚书潘晟入阁,这潘晟本来就是个才能平庸之辈,他还没上任就遭到朝中大臣们的弹劾,故此他不得不辞职,接下来的继任者就是一直深受张居正垂青的张四维,这个人家有资财万贯,生性风流倜傥,很有些才华,可是他的品行素来就不端正,只不过这个人非常会曲意奉承,攀权附势,他的那种极尽逢迎拍马之能事可称得上是他的一绝。当他大权在握以后,马上就转了方向,在他的一手策划下,很快就起用了原来那批被张居正给罢职的官员。

万历十年(1582年)六月二十日,张居正终于遗下他呕心沥血建树的改革业绩以及年近八旬的老母、自己的妻子、6个儿子、6个孙子,安静地离开了人间,终年58岁。在张居正病重期间,明神宗万历皇帝曾十分痛心,送给他许多珍贵药品和补品,并对他说:"先生功大,朕无可为酬,只是看顾先生的子孙便了。"这样一来,张居正在九泉之下也用不着为自己的子孙担心了。张居正病逝后,神宗下诏罢朝数日,并赠他为上柱国,赐谥文忠,由此可见,神宗对于张居正功勋业绩的评价是相当高的。

然而,张居正尸骨未寒,时局却急下逆转。没过几个月,明神宗就变了脸,加上那些在改革中被张居正得罪的人添盐加醋地告状,张居正立刻遭到自上而下的痛斥。张居正死后,第一个向张居正发难进行攻击的人就是李植。当张四维回老家去奔丧期间,申时行继任为首辅,申时行也是张居正的助手,因为他写得一手漂亮的文字,所以能博得张居正的欢心,他于万历六年入阁,协理朝政务。可是这个人的品性为人正如明末著名戏剧家汤显祖所评价的那样:是个外貌看上去仁慈宽厚,实际上却是个利欲熏心的伪君子。他继任了首辅之职后,第一件事就是拟旨宣布张居正"诬蔑亲藩""专权乱政""谋国不忠"等数条罪不容诛的罪状。在申时行主政期间,他把一切改革变法之政全都废止了。张居正生前可谓是英明一世,竟然没能洞察到埋伏在身边的异己分子,由此使自己花费大量心血实行的改革新政以失败而告终。

张居正死后,明神宗得以亲政。没有了张居正对他的约束,于是就做起了威福自专的真皇帝来。因为司礼太监张诚、张鲸在神宗面前死命攻击冯保,所以没过多长时间,冯保就被谪居南京，又过了一段时间，就把他的家给抄了。当神宗发现在冯保的家里竟然搜出这么的金银珠宝来，立即动起了心思，张居正肯定也会有不少的家资，而就在这个时候，那些原来对张居正感到不满地朝臣们也纷纷出来攻击张居正，说他如何的专横跋扈。明神宗一看，这正是个好时机，于是就把张居正的官爵全部给撤掉了，还派专人到江陵去抄张居正的老家。那些前来抄家的专使还没有到，荆州的地方官早就闻讯派人把张府的门给封了，不准张府的人进出，以此来防止他们对财产进行转移。等到那些从京城专程赶来抄家的人到时，那些被关在屋子里的张家子孙有的被活活地饿死了。神宗在朝堂之上向天下发布诏书，公布了张居正的罪行，并且还说：没有对他进行剖棺戮尸，也就算便宜了他。张居正的大儿子被拷打之后自杀了，弟弟和次子则被发配到了荒凉偏远之地充军了。如此一来，张居正所推行的改革措施也自然而然地遭到了破坏，不了了之。于是刚有了一点转机的明朝政治又开始走向了下坡路。

张居正理政十年，使得当时明朝的局面有了明显的改观。在张居正数年的努力下，给万历帝留下了一笔数目相当可观的财政积余，南北两个京城及一些省份的府库内，都有相当数量的存银。这和隆庆时的财政相比，简直可以说是一个非常了不起的奇迹。而张居正的理财能力，确实是令人无比叹服！也正是因为有了这笔财富的积累，才使得万历皇帝能在亲政后尚能支撑住一时的局面，大明朝也还能经得起一时的折腾。

明熹宗天启二年（1622年），明熹宗下诏为张居正平反昭雪。崇祯三年（1630年），礼部侍郎罗喻义又挺身而出，为张居正讼冤。

虽然此后由于政治腐败，农民起义运动风起云涌，满清也在关外虎视眈眈，明王朝不久以后就开始走上覆灭的道路，但是从天启、崇祯皇帝对张居正及其改革的肯定，可以说明张居正革除积弊、创建新政的功绩是永不磨灭的。他通过改革变法，为衰败的明王朝赢得了一度光华。所以明末有人曾称他是一位"救时宰相"。

关东才子

——王尔烈

名人档案

王尔烈：字君武，号瑶峰。别名仲方。清乾隆、嘉庆年间辽阳县贾家堡子（今兰家乡风水沟村）人。今辽宁省辽阳市人。

生卒时间：1727~1801 年。

性格特点：居官廉洁，一生谨慎。

历史功过：王尔烈一生文采出众，然而几乎是全部地献给了皇家。他帮助乾隆、嘉庆两代皇帝撰、改、编、校诗文，纂修《四库全书》，出任三通馆纂修，写出许多政务文章。但是他自己的著述，却是寥寥无几。

名家评点：他自己曾仰天长叹："人称吾才高八斗，学富五车，到头来却是轻轻浮浮，有几多属于我本人！"今天看来，他虽有"老主同场，少主御师"的美名，但一代关东才子的一生颇有为他人作嫁衣的悲凉之感！

初显奇才

王尔烈从小生活在诗书官宦家庭，接受了良好的家庭教育。虽然王尔烈后来被过继给叔叔王组，但是他的生父王缙仍然十分重视对他的启蒙教育。有一年冬天，王尔烈戴着一顶草帽在院里玩耍。有一商人笑他"穿冬装戴夏帽胡度春秋"，王尔烈则回敬了一句"走南方窜北地混账东西"。大约在 1737 年，那一年王尔烈年仅 10 岁，他在辽阳城魁星楼附近的一所学馆接受其启蒙教育，同时在家中向他的父亲王缙学习诗文和书法，少年时代的王尔烈就能咏诵许多诗词曲赋，显示出超人的智慧和学识，并且为日后的仕途打下了坚实的基础。

关于他儿时的故事广泛地流传于辽东一带，其中较能体现其少年英才的当数"东门

试验"的故事。乾隆七年(1742年),王尔烈15岁。这一年,他入辽阳中心庙塾馆读书已经是四年了。其实他在家时,接受了良好的家庭教育,从6岁起他的父亲便开始了对他的童蒙教育。他从幼时便天资聪颖,而且勤奋好学,刻苦攻读,再加上家风淳朴,家教严格,尤其精深于文学,更喜好诗词。到了这个时候他已具备了深厚的学识功底。

王尔烈幼年的老师名叫崔璨,是王尔烈先祖王珏的同僚好友崔圭的四世孙,出身于书香门第,所以学识渊博,喜欢诗词歌赋,尤好书法和善于画画。这一切均对年幼的王尔烈产生极大影响。但是特别之人有他的特别之处,所以他的性情有些刁钻古怪,在平日里喜欢当着学生的面吹胡子瞪眼睛。其实崔璨对学生的严格要求对他们的日后发展非常有利。崔璨有一个很大的优点那就是:教学有方,善于循循善诱。

话说这一天正值阳春,关中的天气已是春意盎然,老师崔璨在结束了一日的教学课程之后便带领学生们去辽阳城东门楼登临游玩。学生们听了之后欢喜雀跃,便相互簇拥着出了门。转眼间师生一行人已来到目的地,辽阳城东门楼的东面是魁星楼。说来也巧,在辽阳当地有一个传说,据说王尔烈的曾祖在修魁星楼时,特意把魁星的笔尖对准了家乡风水沟的方向,企图在族人中点出个状元来,若干年后此举竟灵验在王尔烈的身上。当时在东城门大东门门楼上还镌有"东门试验"四个大字。当地人说这是当年努尔哈赤亲笔所留。今天老师崔璨带领着他的学生们登临东城门楼,其目的大概就在于"东门试验"吧。古时曾有"东门试验",今日崔璨也要在这里来个"东门试验",以探试他的这些弟子的学识功底,同时检验自己的教学效果。只不过当时他只是将这种想法暗藏于心并没有说出而已。老师走在前面,学生王尔烈与其同窗崔瑾紧随其后。王尔烈是崔璨的得意门生,而崔瑾则是崔璨的族亲。今天崔璨将崔瑾与王尔烈并肩带在身边,那是有着他的特殊的用意的。崔瑾与王尔烈为同窗好友,平日里二人总在一起探讨学业,而且学习成绩也不相上下。崔璨将他俩带在身边一来可以检查二人的学习情况,以此来激励他们有更大的进步。同时也给其他学子起到一个楷模作用。在这个过程当中王尔烈显示出扎实的学识功底和超人的智慧。据说当时崔璨抬头望见高耸的城门、巍峨的城楼不由心生感慨,吟道:"辽阳城,辽阳州,州城衔古道。"大家都把期待的目光投向了二人,当时王尔烈和崔瑾心里也明白,这是老师特意为他俩出的题目。王尔烈不加思索,脱口便道:"东门外,东门里,里外通今风。"众人齐声喝彩。崔璨并没有回头,而是继续出题道:"东门试验,风浩浩,常伴分鬃烈马。"于是他马上接口回答道:"西城竞鹏,云飘飘,久随并翅苍鹰。"崔璨心里暗暗称赞王尔烈在小小年纪竟有此鸿鹄之志。心想他日后肯定会有一番大的作为。这样一来二去的对对联当中王尔烈并未被师傅所出的难题难倒,作为奖赏,崔璨破天荒的带着自己的学生到附近的酒肆"天然居"去吃饭,他们师生二人万万没有想到竟然由此引出一段情缘佳话来。

话说这家酒肆是由一个姓陈的商人所开的,是陈家祖上留下的产业。虽说店面不大,但店主凭借其周到的服务招揽了不少的回头客。在师生饮酒酣畅之间,不时有个女子前来添酒上菜。一个是青春年少,一个是二八佳人,酒席间二人诗酒对答渐生情愫。

在他们离席之际陈姑娘送客门前,竟有一些离别的惆怅,陈姑娘名月琴,也算是才女一个,深情款款的吟了一句诗:"座上不忘豪客饮。"似乎是无意间,实是情有所指,王尔烈听此也鼻子一酸,接道:"门前切记醉人归。"王尔烈深感姑娘情浓意重,于是连忙补充道:"醉人归日无离日。"二人此时心有灵犀一点通,陈姑娘是何等聪慧之人,马上心领神会地答道:"醒眸送时有来时。"二人万万没有想到由此便留下一段爱情佳话。当然二人以后的爱情发展那是后话了。

千山求学

关东大地素来多豪杰之士,而孕育他们的这片土地则是广漠的原野,起伏的山峦。而代表关中特色的当数千山了。千山古称千朵莲花山,又名千华山,也叫积翠山。要是说起这些山名,据史书记载还有不少有趣的传说哩:传说远古洪荒年代,在众神当中有一位美貌贤惠的女神,名字叫积翠仙子。她心地善良,为了让人间有着无尽春色,便用天上五彩缤纷、色彩艳泽的云锦编织莲花。不料当她绣织到第九百九十九朵的时候,被残暴跋扈的玉皇大帝知道了。玉皇大帝勃然大怒,他认为凡间不应拥有此等美景,令天兵天将把她抓回天庭予以审问。积翠仙子见自己的夙愿难以达成,于痛苦焦急当中,将已绣好的九百九十九朵莲花洒向了人间。于是那九百九十九朵美丽的莲花,便化作了关中大地上的九百九十九座美妙奇丽的山峰。善良的人们为了纪念这位美丽的积翠仙子,于是将这里的山称之为积翠山了。青少年时代的王尔烈便是在这座富有传奇色彩的地方开始了他最为重要的求学之旅。

乾隆十四年(1749 年),王尔烈赴千山龙泉寺西阁就读。王尔烈到千山就读事出有因,首先龙泉寺西阁是个人杰地灵的地方,留下许多青年才俊年少时求学的足迹。它曾经是曹雪芹祖父曹寅最初读书的地方。曹寅家居辽阳,辽阳广博的图书收集为其知识的增长以及智力的开发打下良好的基础,所以他对千山的印象非常深刻,日后,每当有诗著,皆署"千山曹寅"云云。而王曹二家关系甚厚,且有姻亲。曹寅的四世孙女曹彩凤,嫁王缙的二儿子王尔杰为妻,便是王尔烈之二嫂。王尔烈开始启蒙教育时,其塾师便是曹寅孙、曹彩凤叔曹霖。曹霖与曹霑乃同族兄弟,为同代人。曹霖为塾师时,同时教授王尔烈及曹家塾前幼子曹琰。待王尔烈稍大后,他便成了曹府的常客。曹寅之后,又有纳兰性德来千山求读。纳兰,亦作纳喇氏,初名成德,后易名性德,字容若,满洲正白旗辽阳人,大学士明珠的儿子,康熙十二年(1673 年)进士,官至侍卫,曾多次扈驾出巡。纳兰性德 31 岁英年早逝,他去世后,他的座师徐乾学将其诗词著述辑刻,成为后来传世的《通志堂集》。《通志堂集》中,多有咏唱关东大河山川的诗词,王尔烈非常喜欢,经常咏诵。王尔烈的生父王缙、从父王组,也曾在千山就读,千山称得上是他的先辈读书发迹的地方。其次,王尔烈到千山读书的另一个原因就是龙泉寺方丈元空法师与他甚熟,元空法师学富五车,跟随他必然能得到很多指点。

王尔烈来到龙泉寺,拜见了元空法师,便住进了西阁。元空法师以其博大精深的佛学哲理以独到的方式引领王尔烈进入知识之门,教授为人处事的原则。元空法师给王尔烈上的第一课便显现出佛学大师的独特智慧以及育人的开拓性。王尔烈住进龙泉寺的当晚,月明星稀,松涛作响,更加显得山谷万籁俱静。王尔烈一时睡不着,站在院内观赏夜景。伴随山中天籁之声,元空法师讲经的声音从讲经堂里飘出,王尔烈听来,觉得是佛家之音,与自己没关系,无趣地返回屋子,正昏昏欲睡之时,元空法师来到他屋内,二人叙说起来。元空法师问道:"此来有何感受?"王尔烈道:"我只是想让法师早日给我上课,以开愚顽。"元空听了,笑道:"你的第一课,我已经给你上过了。"王尔烈纳闷,说道:"上过了?哪里?"元空道:"你方才不是站在外面听我讲经了吗?我已看你站在月下了。"王尔烈道:"不过,那是佛家之经典,与我这个学子有何干?"元空道:"同出一理也。我不是说过这样的话吗,'要从动中识静,从静中悟性'。其实,潜心学界,用心求知,也是佛心也。"王尔烈并未全懂他的话,想再听下去。不料,元空却讲起千山的景致来。他说道:"龙泉寺有十六个景观,其为:门塔影、讲台松风、瓶峰晨翠、螺峰夜月、吐符应生、龟石朝日、磐石龙松、象山晴雪、狮口钟声、石门弥勒、龙泉演梵、石径梨花、悟公塔院、西阁客灯、鼓亭落日、万松主照。其实,也不止这十六景,你看那千山山脉,重峦叠嶂,再配以那无尽松涛,茫茫林蔼,森森花草,兼流泉汩汩,鸟语声声,寺钟悠远,岂不形成一个巨大、浩瀚、波澜壮阔的鼓乐海洋!即便你静下来,其声则起矣;待你动起来,其声则静下哉。动潜于静中,静生于动里,这不正是我今天之所述吗!"元空接着说道:"你读书求识,亦同一理。在你诚心静下来求读时,即使外面有万顷松涛涌来,你也会不觉其声;待你松弛志向,闯浪于繁华世事时,纵然外面已是万籁俱静,你也会意马心猿。这也当是你所以要到千山来求读的根本原因了。"王尔烈深感元空所谈哲理之深邃,说道:"这皆在于悟性啊。"元空说道:"正是此理。你能悟出这话,就说明你已经有悟性了。"元空给王尔烈规定下三条学习范例,即:第一条例:钟一鸣也;第二条例:钟一鸣也;第三条例:钟一鸣也。王尔烈不懂,便直盯盯地望着元空。元空道:"钟鸣,乃学业之督促也。鸣一,能背诵文章三篇者,可中拔贡;鸣一,能背诵文章五篇者,可中举人;鸣一,能背诵文章十篇者,可中进士。汝当以此勉之。"此后王尔烈读书变得勤奋起来,但他毕竟还是个青春少年,难免浮躁和稚气,元空法师倒也不责怪。多日后一天,元空法师对王尔烈说要他收拾一下,随同他一起去木鱼庵拜会禅师释玄子。

第二日,师徒用过早饭便上路了,木鱼庵是一女庵,位于千山中沟,因木鱼石而得名。木鱼石为一表面平坦的岩石,击之则声笃笃,犹如和尚、道士、尼姑念经时所敲的木鱼声,因而以"木鱼石"称之。由龙泉寺去木鱼庵,中间经过一个莲花湖,元空与王尔烈泛舟湖上,那撑船的长篙一打,将水中的人影打乱了。恰在湖边汲水的木鱼庵小尼姑笑道:"和尚撑船,篙打湖心罗汉。"王尔烈觉得声音熟悉,在元空的暗示下对道:"佳人汲水,绳系波底观音。"那女尼听了,提桶就走,但也觉得声音非常熟悉,发愣之时,元空和王尔烈已来

到眼前。再看时，二人都大吃一惊，那女尼正是王尔烈青梅竹马的恋人陈月琴。前文曾提过王尔烈在酒馆认识的那个姑娘便是她，当初王尔烈的二嫂曹彩凤得知二人的故事，有意撮合，便将月琴接到府里，先作佣女使用，让她负责尔烈书房及桌上桌下的事。然而老夫人崔云鹤相中了刘家的女儿，刘氏，名淑香，美貌，琴棋书画无有不通者，并且与王家门当户对，最终选取刘氏作为王尔烈的妻子。但曹彩凤仍不忘王尔烈与陈月琴之事，对王尔烈说："陈姑娘做不了正室，将来也可以纳为偏房"。此话传到陈月琴的耳朵里，非常气愤，一时受不了，离开了王家，从此算作一刀两断。哪知今日偏偏遇见了。碰巧释玄子禅师出来相迎，二人的心事才没被看破。王尔烈从释玄子禅师那里得知，陈月琴出家已经一年多了，出家后的法号是"红了"。其他的事情，也不便多问。临走时，红了借相送的名义，悄悄塞给王尔烈一张字条，确立约会的地点和时间，王尔烈看了，点头示意。

月满中天的夜晚，一个衣着清秀、美貌如花的青年书生来到了王尔烈的身边。这个人就是女尼红了，也就是姑娘陈月琴。他俩幽会的地方在王尔烈读书的西阁的偏北侧。那里有一块巨大的岩石，上面镌刻着"吐符应生"四个大字，人们都以吐符应生石称之。二人在石下互诉衷肠，陈月琴赞叹王尔烈知识更加渊博，王尔烈则说月琴比以前更加美丽秀气，月琴听了，深深依偎在王尔烈的怀里，王尔烈紧紧地搂住月琴，天上一块云抱住了月亮。不知道过了多久，那轮隐藏在云里的月亮已经出来了。王尔烈望了望，深有感触地说道："天美，地美，月美，林美，泉美，人美，真是具美也。"陈月琴也随之重述道："具美。""具美"二字，后来被王尔烈书写并镌刻在龙泉寺后山的狮子峰巨石上，据说这就是为着纪慰此时他二人幽会事的。

图强殿试

木鱼庵的相遇，让王尔烈和陈月琴这对昔日的恋人重新燃起往日的激情，此后两人便经常来往幽会。有时是月琴扮作男装，有时是王尔烈扮成女装，以拜访学友为名义，在龙泉寺和木鱼庵间往来，山间林木茂盛，花草丛生，溪泉相和，虫鸟低鸣，正是情侣谈情的好地方，千山的吐符应生石和狮子峰下，木鱼庵的木鱼石边和罗汉洞里，留下这对恋人倾吐的呢喃和缠绵的身影。

开始的一段时间，龙泉寺的元空法师和木鱼庵的释玄子禅师都没发觉二人的异常举动，直到有一天，元空法师到西阁书房省视学生的课业，猛然发现那个书生模样的"学友"又来了，仔细看来，发现书生的行为样式有些不对，再看看王尔烈，形色有些扭怩和躲闪，等到书生离开时的回眸一望，元空法师大吃一惊，书生是一个女娇娘，这还了得！与此同时，木鱼庵的释玄子也察觉出经常会见红了的女尼模样扎眼，再仔细端详，女尼竟是俏儿朗！面对这突然的发现，元空和释玄子并没有立刻动怒和声张，元空派了普丘跟踪王尔烈，释玄子派了绿了跟踪陈月琴，事情很快被查清。面对王尔烈的越矩行为，元空法师平

心静气地将王尔烈叫到龙泉寺讲经堂内,对他讲述了一个古老悠远的故事:

元空讲到在辽阳南的辽南一带,有一座山名叫望儿山。那座山,当人们从南面去看时,就会发现它像一个老母亲立在那里向南瞭望。传说,很早以前在望儿山下这个地方,住着母子二人,相依为命,过着清苦贫寒的生活。老母日耕夜织,省吃俭用,供儿读书;儿子刻苦攻读,又很孝顺,只盼望能够科场取中。后来,逢科考之年,儿子乘船跨海进京赴试。不幸途中遇险,船沉人亡。在家中的老母并不知道此事。只是日复一日、月复一月、年复一年地登山眺望。也许是由于望久了,在眺望时,竟幻化出一些图景来。一次,她竟然望到她的儿子归来了,茫茫的大海中,扬起一片白帆。风浪中,她的儿子向她奔来。她惊喜地向儿子问道:"儿啊,咋回来了?"儿子答道:"遇到了风险,不能前行了。"她又问道:"那么,功名呢?"儿子答道:"暂时不取了,先在家陪伴老母。"她不满意了,说道:"进取向上,岂能半途而废!"儿子见母亲不悦,便退去了,立刻就不见了。又一次,她竟然又望到她的儿子归来了。还是在那茫茫的大海中,又是扬起了一片白帆。风浪中,她的儿子向她奔来。她再次惊喜地问道:"儿啊,这回可是真的回来了?"儿子答道:"不,你的真儿子并未有回来。"她听了,问道:"那么,你是谁?"儿子答道:"我是你儿子的魂灵啊。"她大惊,问道:"那么,我真正的儿子呢?"儿子答道:"他已经落海淹死,永远也回不来了。"母亲有些凄然,苍茫中,儿子又不见了。第三次相见,是在一个日出的早晨。还是那茫茫的大海中,又是一片白帆扬起。风浪中,她见到她的儿子了。此时,她的儿子身着锦袍,腰扎玉带,头戴纱帽,满面春风地来到了她的面前。她又是欣喜地问道:"儿啊,你咋才回来呢?"儿子答道:"我已经考中,独占鳌头,夺得状元,并且在外面做官了。"她听了,说道:"这么说,是你没时间回来看妈了。"儿子答道:"是的。我这回是来接你的,咱好永远在一起,以享天伦之乐。"母亲听了,满心欢喜,不由得呵呵大笑起来。哪想,她的这一声大笑,竟然惊醒了自己。这时她才发现这只是南柯一梦。等她睁眼再去望时,眼前什么都没有了。只是有那茫茫的海洋。此后,老母亲照样地登山望着,一次又一次,只将荒坡都踩成了道。随着她一次次地登山眺望,她也一天天地变得年迈了。一日,她又艰难地登上了山顶。这是她最后一次登上山顶。待她爬上山顶时,竟闭上了双眼。说来也奇,老人死后,身子并未有倒下,而是直直地站立着。日久,便化作了这山。从此,这山便被唤作望儿山。世上的事情无独有偶。在此山南还有一山名叫"馒首山"。因为它长得像一个圆圆的馒头而得名。人们都说,那是给这位老母敬献的供品,以体谅她做母亲思儿的一片心。当地还流传着这样一首民谣,是用来说明此种情况的。民谣云:天为蒸笼地为锅,柴在深山水在河。万里云霄皆为气,敬母献此大馍馍。王尔烈听完故事,扑通给老方丈元空跪下了,说道:"师父,你不要说了,我明白了,这是在说我,今后,我一定将心扑在学业上,不辜负你的一片期望,这也是父母的一片期望。"元空法师听了,轻轻将王尔烈扶起,为王尔烈的顿悟而欣慰。与此同时,木鱼庵禅师释玄子也将陈月琴找来。她也没发火,而是对陈月琴讲起了《西厢记》书外的一些趣谈。简短地说,释玄子禅师告诉陈月琴在最初的版本唐代元稹的《莺莺传》中,张生与崔莺莺并未成就良缘,并将以前版本的题

诗念给她听：

> 翠钿云髻内家妆，
> 娇怯春风舞袖长。
> 为说画眉人不远，
> 莫将愁绪对儿郎。

诗，又云：

> 修娥粉黛暗生香，
> 泪眼盈盈向海棠。
> 待到月斜花影散，
> 一番春思断人肠。

释玄子的话触动了月琴，既惊叹于禅师的见多识广，又羞愧于自己的莽撞行为，急忙给释玄子跪下，将自己的遭遇和盘托出。释玄子轻轻扶起陈月琴，说到"你明白了就好，不过后来的《西厢记》中张生与崔莺莺终究走到一处了。"聪明的陈月琴马上明白了释玄子的意思，急忙再次叩头，承诺一定将自己这段感情处理得当。

经过这次谈话后，两个年轻的恋人都有了改变。陈月琴还俗，重新穿上女儿的红装，居于深闺，操起花针女红，端起书本诗章，做起女儿的事情来。王尔烈在龙泉寺西阁，足不出户，潜心读书，决心闯出一番大业来。

后来，释玄子禅师出面到女方陈家说和，男方有王尔烈二嫂曹彩凤的支持，她说服了老夫人派人到陈家提亲，一对有情人终成眷属！本是千山龙泉寺和木鱼庵清静禅林的一段所谓丑事，反而成就了一段木鱼姻缘的佳话！王尔烈与陈月琴成婚后，仍旧在龙泉寺西阁就读，元空大师悉心指点，加上王尔烈自己静心学业，成绩斐然。

光阴荏苒，岁月如梭，不觉已是转年三月，恰逢乾隆十五年，朝廷要举行庚午科考试。一般说来，旧时科举考试，每三年举行一次。但如果赶上皇上、太上皇、太皇、太后大寿寿诞之年，或者皇上大婚、国家有重大隆庆之典要颁布天下，朝廷往往还要设恩科，增加一科考试，以表示皇帝对于人才的重视，也显示他们的大仁大德。如，雍正元年（1723年），胤禛继位之年，为了庆贺，皇帝下诏书，告示天下，举行恩科乡试、会试，即为加试。

三月的春光里，王尔烈正在龙泉寺西阁读书，听到一通钟鸣，元空法师走了进来，王尔烈拜见元空，随即说出自己的想法——参加应试，以试试自己的学业能力。正如前文所描述，才华横溢的工尔烈应试之途并不平坦，少年时代似乎总有挫折，而这些似乎很多都在元空法师的预见之中。

此时，面对王尔烈提出的应试要求，元空法师没有直接做出肯定或者否定的回答，而是问道："方才，钟鸣几通？"王尔烈答："一通"。元空问："鸣一通，你能背诵几篇文章？"王尔烈答："一篇。"元空说："不行，差得远了。"王尔烈不太相信，勉强应试，结果名落孙山。乾隆十八年（1753年）癸酉科考试前夕，龙泉寺又是一通钟鸣，元空又走进西阁，王尔烈又说打算应试，元空依然问："刚才钟鸣几通？"王尔烈答："一通。"元空接着问："一

通,你能背诵几篇文章?"王尔烈答:"三篇。"元空听后说:"有进步,可以下山应试。"结果,王尔烈科场获捷,取中拔贡第一名。清代科学制度中,州、府、县级考试时,也就是最初的一级考试,取中者为贡生。贡生分为五种,其中有恩贡、拔贡、副贡、岁贡、优贡,通常称为五贡。五贡,皆算正途出身资格。另外,还有捐纳取得的贡生,称为例贡。在清代的五贡中,以拔贡科名为最高。

拔贡获捷后,已然26岁的王尔烈依然在龙泉寺潜心学习。乾隆二十一年(1756年),丙子年。恰逢皇太后六十五华寿,为了庆贺,皇帝诏告天下,举行恩科乡试、会试。王尔烈再次向元空要求,打算科场应试。依然是以往的对话,当王尔烈回答一通钟鸣能背诵四篇文章,元空说:"相差甚远。"果然,这次的举人考试,王尔烈又名落孙山。九年后,即乾隆三十年(1765年),朝廷举行乙酉科举人乡试。正月,王尔烈在龙泉寺西阁的攻读中,听到龙泉寺钟声阵阵,元空法师又来了。当元空听到王尔烈说一通钟鸣能背诵五篇的回答,笑道:"可以去应试了,而且会取得好结果。"王尔烈忙问:"能中第几名?"元空说道:"我已经写出了一帖,压在龙泉寺大雄宝殿的金字牌匾后面的香匣里,外面用锁锁好。待你考试回来,榜发下来,咱俩一起开锁取帖,看我写得对否?此时,就不告诉你了。"王尔烈不再多问,应试果然从容,获同科举人第一名,即为解元。等他荣归后,谢过元空,二人一起来到元空存放帖子的地方,开锁取出,王尔烈接过来打开一看,上写:"乾隆三十年乙酉科举乡试,辽阳王尔烈必中解元"落款是"元空"。王尔烈不禁对元空暗暗佩服,便接着问元空师父:"不知下次考试,也就是京师会试,参加进士考试,那时的情况会怎么样?"元空听了,又问道:"现在,钟鸣一通,你能背诵几篇文章?"王尔烈道:"钟鸣一通,能背诵五篇文章。"元空听后,略有所思地说道:"钟鸣一通,能背诵五篇文章,这已经很不容易了,不过,会试是要取中进士的,仅此远远不够。""那么,钟鸣一通背诵几篇文章可以?""十篇。"王尔烈听后,不再多问,只是更加努力攻读诗书。

转眼又是六年,这年是乾隆三十六年(1771年),干支为辛卯年。适逢皇太后八旬圣寿,皇上诏告天下,特举行恩科乡试、会试。此时,王尔烈已经44岁了,龙泉寺西阁伏案攻读的王尔烈再一次听到熟悉的钟鸣,并且比以往急促而响亮,不一会,鹤发童颜已然88岁的元空法师走进屋里,问道:"准备得怎么样了?"王尔烈忙说:"谨遵师教,已达到当年的教诲。"元空当下考察,发现王尔烈在钟鸣一通的时间里,竟能背诵下十二篇。元空非常高兴,说道:"今年是辛卯年,正值上年为皇太后八旬万寿,圣上特设恩科乡、会试。这是个千载难逢的好机会,你可以下山应试了。"王尔烈来到京师,住在国子监后的魁元客栈。魁元客栈,是北京的有名老店,以收纳接住来京师士子称著。旧时的科举考试,学子们往往要在京师住上数月,甚至三年五载的也不稀奇。提前到达歇息旅途的劳顿以便应试,或者打通门路,都需要一些时间的。有的科场顺利,会试取中,还要参加殿试。会试往往在春四月举行,殿试往往接着举行,中间跨越时间不长,远路来的不甘旅途辛劳,不愿回去,这也需住下来。由于这种种情况,居住在魁元客栈的士子极多,江南的,塞北的,关东的,河西的等等都有。王尔烈与江苏山阴的沈诗李、沈诗杜兄弟,顺天大兴的黄叔

琬、黄叔璥兄弟,江苏长州的张学库、张学贤兄弟,陕西咸宁的贾策安、贾策治兄弟,还有浙江余姚的邵晋涵,住在一起。每日高谈阔论,当然大部分也都是科场之事,见识大增,受益匪浅。

乾隆三十六年(1771年)辛卯恩科会试,主司为大学士刘统勋、左都御史观保、内阁学士庄存与,都是朝廷重臣。中试者,计一百六十一名。邵晋涵中会元。王尔烈则名列第二。关于二人名次,说来还有段趣闻:这科会元本拟王尔烈,而邵晋涵名列第二。但发榜之前,知道王尔烈的字好,皇八子永璇与皇六子永瑢,还有皇十一子永瑆,便到王尔烈居住的地方求字,正巧王尔烈不在。三人正待离去时,发现几案上邵晋涵的字也很绝妙,说道:"皇太后尤为爱才,每科会试后,她都要求字,以为留存。今日,既然王学士未在,邵学士就给代劳了吧。"邵晋涵不便推脱,忙挥毫题扇。谁知皇太后见后,爱不释手,她差人将本科主考刘统勋找来,问明考试情况后,要求将二人的名次调换一下,刘统勋本是正直明相,但也不好驳回。奏表呈到乾隆面前,他本意也点王尔烈为会元,但觉得本科就是因庆贺太后万寿而恩设的,不好因此事扫了她的兴!于是,便御笔一挥,钦点了邵晋涵为会元,王尔烈名列第二。

王尔烈是豁达的人,并不计较此事,只是安心准备十月的殿试。殿试,是科甲中最高的一次考试。参加者,都是本科会试取中的进士。殿试后,以便确定进士的等次。进士分为三个等次,有一甲进士,称进士及第;二甲进士,称进士出身;三甲进士,称同进士出身。一甲进士,只有三名,一甲一名,称状元;一甲二名,称榜眼;一甲三名,称探花。二甲进士,若干名,二甲一名,称传胪。三甲进士,为大多数。取中的一甲进士和二甲进士的头几名,往往都要被授予翰林院编修衔,供职翰林院内。殿试,要在太和殿的墀阶上举行,因此称殿试。

依然住在魁元客栈,客栈的前面,是国子监,国子监,是进京士子参加会试的地方。国子监的东侧,是雍和宫。雍和宫,原为雍亲王胤禛的府邸。他当上了皇帝后,便迁进了皇宫大内,此处便改为雍和宫了。

一天早饭后,王尔烈到雍和宫散步,见一气宇轩昂之人在此处练剑,他本不想停留。不料想,那人停下来,主动与王尔烈搭讪起来。开始王尔烈见这人气度不凡,还有些戒备之心,后来听他说话很诚朴,便减少了戒备心理。尤其当听说他也是应试学子时,更加亲热,一时间,便将科场徇私舞弊之风以及来京路上见到的不平之事一吐为快。那人听了,不禁感慨,随即问:"当今圣上如何?"王尔烈答道:"当今圣上,倒是一位明君。乾隆帝爱惜人才,考选人士,往往亲躬。据闻,乾隆帝曾多次亲临贡院,巡视号舍(考棚)。他见号舍矮屋风檐,考生十分辛苦,便手谕,令发给蜡烛木炭,准许考试入场时携带手炉,以温笔砚。这些举动暖了天下举子之心。"那人听了,面露喜色,问道:"学士尊姓大名?"王尔烈忙将自己的名刺(相当于后来的名片)送上。殊不知,这位舞剑的人正是乾隆帝。

不久,殿试开始,主司还是大学士刘统勋、左都御史观保、内阁学士庄存与。殿试完毕,拆封阅卷时,竟有一件怪事,出现两个"王尔烈"试卷,同时又分别批示为"欲拟一甲一名,请主考定酌。"在清代科甲考试中,阅卷有一定程序。即:同考官呈副主考,副主考呈正主考。若殿试,则由正主考呈皇上御览,再作定酌。两位副主考不知所措,交与主考,刘统勋很了解乾隆帝的字体。他接过一看,不禁大笑起来,发现其中的一份"王尔烈"试卷,正是乾隆帝所答。作为臣子不便多问,到太和殿呈给乾隆。君臣问答后,乾隆要求舍掉自己那个,保留王尔烈那个,刘统勋则认为不可,在他看来圣上乃万圣之尊,岂能随意舍废,不得已,乾隆最后只好将本可成为状元的王尔烈改成二甲第一名。黯然道:"我弄巧成拙了。朕如果不下考场,王尔烈照样夺得第一,大魁天下,独占鳌头。而我这一下科场,不但没能成全了他,反而有碍于他,致使他落了个二甲一名,仅是个传胪,岂不可惜。"关于这个过程很大程度上属于传说罢了,据考,那年本有状元,王尔烈的确是二甲第一名,但传说反而增加了历史的传奇色彩。王尔烈获取传胪后,授翰林院编修,按朝廷的规定,在家休养一年,翌年方可进京述职,赴翰林院编修任。这样做,以示清廷对于学子的关怀,皇恩浩荡。应试路上几经曲折的王尔烈终于荣归故里,衣锦还乡!

鉴修四库

衣锦还乡的王尔烈自然更加是关东的名人,期间发生了不少趣事,有风流韵事,也有横出的事端。举一例来说,有一盗贼,听说王尔烈为新科进士,以为他家资万贯,便生出了到他家来做"梁上君子"的念头。小雨新停的夜晚,晓月出露,王尔烈从外面回到屋里,突然发现一人钻进地上一张八仙桌的桌围子里,机敏的王尔烈马上意识到这是个窃贼,此时只要他大喊一声,家人马上就可以齐动手生擒小贼,但王尔烈没有这样做,他想干这种活计的一般都是走投无路的穷苦人,无法生存,才选了如此下策。自己是个读书人,不如用满腹的文章劝说这盗贼一下,于是王尔烈出口道:

雨后月明夜沉沉,

梁上君子进家门。

这诗浅显易懂,那盗贼马上明白自己被发现了,他大气不敢出,继续躲藏着。渐渐没了动静,盗贼侥幸想,他可能并没有发现自己,打算再动手。王尔烈何等聪明,马上参透了盗贼的心理,仍装作没看到,继续说:

腹内诗书存万卷,

身边金钱无半文。

盗贼一听,知道这只是个穷读书的,精通诗文,但财富不多,并且他刚考取功名,还没上任,哪能有多少钱呢? 他这句诗是向自己表白,证明他已经看到自己了,不如走为上策! 他一挪身子,王尔烈背过身子道:

出屋休惊有门犬,

越墙莫踩栽花盆。

盗贼听了，着实有些感动，大学士是怕我惊动了狗，被狗咬到，同时也惊动了他家人呀！不用说，他家的墙下还放着花盆。见他走了，王尔烈想，常言说"贼不走空"，他来我家这趟必有些失望，应好言相劝才是，便用诗相送：

天寒不宜穿衣送，

请赴更深豪门寻。

盗贼听了，想这王尔烈真是海量，不但没喊人抓我，还以诗相送，指明去处，心中一热，竟流下泪来，向着王尔烈宅院深鞠一躬，这才离去。

后来王尔烈京城赴任的路上，遇到强盗便是此人，不仅没有伤害王尔烈，反而感恩在心，一路送王尔烈到安全地带，王尔烈见他是个义气之人，交给他一封信，让他投奔奉天将军，后成为清军中的一个小股，防御辽阳州城，此事也算得善始善终。

提到京城赴任，其实是转年开春的事。假期全满后，王尔烈辞别家人到翰林院述职，大夫人刘氏、二夫人陈月琴挥泪相送，赵茹倩跟在王尔烈身边做照应。这赵茹倩是谁？她是陈月琴的表妹，王尔烈衣锦还乡时风流韵事的女主角！王尔烈休假时，与陈月琴在岳父家闲居，恰巧赵茹倩随父亲来到陈家，大家经常一起结伴出游，吟词作赋，欢畅之时不免有身体接触，渐渐赵茹倩与王尔烈生出情愫。

一次王尔烈独自躺在屋内，昏昏欲睡，一人推门进来，他眯眼看是赵茹倩，出游时已中意于她的王尔烈不作声响。赵茹倩本是来借书，见姐夫王尔烈在睡觉，而且枕头掉在地上，只是枕着个胳膊。她看了便替他将枕头拾起来，然后扳起他的脖子，给他塞回头下。她塞枕头时，自以为王尔烈睡着了。假意睡着的王尔烈见屋里没有旁人，是难逢的良好机会。赵茹倩给他塞枕头时，他便顺手将赵茹倩的小手攥住。其实赵茹倩心中本也有意，想让他多温存一会儿，不想将手拔出。可是正当这时，忽听得外间的门一响，她以为有人进来了，便急忙将手从王尔烈手中挣脱。等她看时，见是小妹出屋。她虽然心里有些放松了，但是一想，不知王尔烈真心否，很想就此试一试他心；同时即便被别人看了，也能让自己闹个清白，脸面上好看些。于是，她拿起王尔烈放在厨柜上的笔墨纸砚，当即写道："好心来扶枕，歹心抚我手。不看表姐面，定然把你揍。该扭！该扭！"赵茹倩写完，随即转身走了。

王尔烈等小姨走后，下炕看时，见写了这些字。心想，这要叫别人看见，不成体统啊，不如就此也凑上几句，以为遮羞。于是，他在诗的旁边，又题一诗作辩解，道："好心来扶枕，睡意抚你手。只当我妻到，小姨莫害羞。恳求！恳求！"

他刚题完诗，夫人陈月琴忽然进来了。她一眼看见地桌上面的诗，不禁恼火，当即提笔，也来一诗："有意来扶枕，有心抚她手。纸上题诗句，全是为遮丑。少有！少有！"

没一会儿，王尔烈的内弟进屋来，看了这一大堆诗句，便也拿起笔来逗趣："痴心来扶枕，会意抚她手。姐妹都一样，小的身子瘦。秀柳！秀柳！"

内弟没想惊动这事，谁知父亲大人见神色不对，便来过问。等他清楚后，也觉得棘手难办，也题诗一首："不该扶他枕，不该抚她手。两下都不该，此事难出口。莫究！莫究！"

岳母听了,疼爱女婿,便题诗作圆场:"既已扶他枕,既已抚她手。姐夫戏小姨,由来已久。不苟! 不苟!"

陈月琴题过诗句后,就有些后悔。她想到自己在来这儿的路上所思,自己尚未生下一男半女,容貌已衰;而赵茹倩小妹又有意,芳华正貌,通晓诗文,日后丈夫远行,在外为官,也能带得出手。如此看来,不如成全他们两个了。她想到这儿,写了一诗交给小妹赵茹倩,道:"你已扶他枕,他已抚你手。两相都有愿。原是情所勾。相投! 相投!"

赵茹倩看了表姐的诗,知道表姐有意成全,便不再隐瞒,当即写诗道:"我愿扶他枕,他愿抚我手。蒲河播下种,如今才结妞。谢酬! 谢酬!"

陈月琴看了,说道:"好。你先回去,等王尔烈差媒,事定成。"

王尔烈到京后,在翰林院供职。乾隆三十七年(1772年),即壬辰年正月庚子日,乾隆帝于南郊斋宫斋宿,当即发布《命中外搜辑古今群书》诏书,谕:"朕稽右文,聿资治理几余典学,日有孜孜。因思策府缥缃,载籍极博。其钜者羽翼经训,垂范方来,固足称千秋法鉴。即在识小之徒,专门撰述。细及名扬象数,兼综案贯,各自成家。亦莫不有所发明,可为游艺养心之一助。是以御极之初,即诏中外搜访遗书,并命儒臣,校勘十三经、二十一史。编布黉宫嘉惠后学,复开馆纂修纲目三编,通鉴辑览及三通诸书。凡艺林承学之士,所当户诵家弦者,既已荟萃略备。第念读书,固在得其要领,而多识前言往行以蓄其德。唯收罗益广,则研讨愈精。极方策之大观,引用诸编,率属因类取裁。势不能悉载全文,使阅者沿流溯源,一一征其来处。今内府藏书插架,不为不富。然古往今来著作之手,无虑数千百家。或逸在名山,未登柱史,正宜及时采集,汇送京师,以彰千古同文之盛。其令直省督抚,会同学政等,通饬所属,加意购访。除坊肆所售举业时文,及民间无用之族谱、尺牍、屏障、寿言等类。又其人本无实学,不过嫁名驰骛,编刻酬唱诗文。琐碎无当者,均无庸采取外,其历代流传旧书,内有阐明性学治法,关系世道人心者,自当首选购置。至若发挥传注,改核典章。旁暨九流百家之言,有禅实用者,亦应备为甄别。又如历代名人,汨本朝士林宿望,向有诗文专集。及近时沉潜经史,原本风雅,如顾栋高、陈祖范、任启远、沈德潜辈。亦各著成编,并非剿说厄言可比,均应概行查明。在坊肆者,或量为给价。家藏者或官为装印,其有未经镌刻,只系妙本存留者,不妨缮录副本,仍将原书给还。并严饬所属,一切善为经理。毋使吏骨藉端滋扰。但各省收辑之书,卷帙必多,若不加之鉴别,悉令呈送,俇复皆所不免。著该督抚等,先将各书叙列目录,注系某朝某人所著,书中要旨何在,简明开载,具摺奏闻。"

后经过君臣多次酝酿准备,乾隆三十八年(1773年)闰三月,乾隆帝遂降诏书,开四库全书馆,开始修纂。中国历史上一次最重大的文化整理工作拉开帷幕。四库全书馆,设总裁,副总裁,下设总纂、总阅、总校、总目、提调、校勘、校办、纂修、缮书、收掌、监选诸处。各处又设有分校、分纂、分勘等计570余人,誊录员计1000余人,总计4403人参加编纂,可谓声势浩大。负责编纂的总纂官,为翰林院大学士纪昀。当时王尔烈为翰林院编修,陕西道监察御史。他除担任校勘《永乐大典》纂修兼分校官外,还任三通馆纂修官。

三通馆承担各省采集和内廷提调典籍与总纂官之间的衔接工作。其顶头上司为纪昀。这项工作,既繁又杂,既细又巨,每书都要过目,阅览、分类、删削、草目、摘要、初拟等。王尔烈承担这项工作,是《四库全书》的基底与支柱。乾隆帝曾在诏谕中曰:"此乃根骨、中流、砥柱,至关重大、冗繁、巨酷,无慧敏、博学、宏词之人,不能胜任者也。"此任曾作多方面选举,最后点定王尔烈,认为只有王尔烈才能胜任。

王尔烈自任三通馆纂修官以来,工作踏实勤勉,经常秉烛夜战,废寝忘食,几乎是每日完成一书,或二书,或多书。他不仅将所选古籍逐章逐句细细通读,还要写出内容提要、作者简介、版本镌刻、源远流长、章句校点、勘误正伪、简明评介,以及删削厘定、剔除那些不合时政之作,以实现"称朕意焉",使所收书籍益加合乎要求。他的书法宗王羲之、王献之父子,俊秀漂亮,深得上司纪昀的赏识。

纪昀与王尔烈相处十分默契,当时乾隆唯恐自己年事已高,看不到全书,纪昀便奉诏先编纂《四库全书荟要》《四库全书简明目录》,以供乾隆帝及早地能够阅览到。为此,他很需要得心应手的纂修官。而王尔烈,正做到了这一点。纪昀时常对翰林院同僚们说:"像我这个总纂修官,要没有像王尔烈王传胪这样的人,很难进行得这样快。完全可以说,我们好多事情都是由他手亲自给完成的,而我只是过一下目而已。"

乾隆四十二年(1777年),王尔烈的从父,在甘肃凉州知府任上的王组以身殉职。乾隆帝拨库银予以抚恤,还额外开恩,准王尔烈归家以丁忧由守丧三年。王尔烈离任后,奉旨将此工作交由孙昭接任。孙昭与王尔烈为连襟,又是同科进士,同授翰林院编修。王尔烈带着家眷自京师回到辽阳风水沟老家时,已是三月光景。他在翰林院及四库全书馆和三通馆已经忙碌惯了,闲居在家突然落入清静中,不免有些寂寥。

这期间,乡里儿时的玩伴时常看望他,在看望的人中,有不少人提出要王尔烈出面,邀相关名士同游千山。这提议正和王尔烈心意,他自求读离开千山后,一直在思念那里,那里,有他的老师元空法师,有千山的大好风光,有他与恋人陈月琴往事滴滴。他在千山求读时,身虽在山中,却无暇观览。于是,他一口答应下来,邀友同游千山。王尔烈向友人发出了《游千山约》,声情并茂,我们引片段:

文章跌宕,昔人采五岳之奇;秀色峻嶒,吾地有千山之胜。春深游屐,与花鸟而偕来;暇日诗情,为林泉以勾引。爰谋夙好,共协衷怀,幸藉名区,一新耳目。敬启诸公,约于孟夏之初,乘此清和之候,同循绣陌……不分宾主。盘餐唯资果腹,何事珍馐壶觞,尤可畅怀。宁居斗石,屏管弦之嘈杂,静听禽韵泉声,息杖履于朝昏,不废诗牌棋石,次第而历诸寺,乐则不疲。从容以尽所长,奇则不厌。期自甲而至癸,观亦可以止矣。人由少以及多,乐不若与众焉。若仆者,人居皋座,亦思石上谈经;暂别鸳联,且鱼松间喝道。讵无心以出岫,窃有意于学山……

这里我们不再赘述千山的美景,而是更多表现王尔烈的才华!游览中,一行人写下不少诗作。其中,以王尔烈诗作居多。王尔烈一生因多伴君王,或修《四库全书》,或历仕宦,或为皇帝代笔,自署名诗章不多,传下来更少。此游千山之诗更历显弥珍,借录几首展给读者，更大程度是为了纪念这位大才子的亘古才情！

《自隆阜岭至七岭》

轻云疏雨洒郊坰，
野旷天高眼乍醒。
草色初分深浅碧，
峰头遥露短长青。
轮蹄已洗千山水，
烟霭犹藏五寺形。
二十余年成阔别，
漫将尘事述山灵。

《龙泉寺》

旧踏龙泉有屐痕，
今来西阁阅朝昏。
层轩历落峰峰入，
垒障森严日日吞。
瀑水时飞岩际雨，
怪松皆走石间根。
幽奇两擅应雄长，
一字为褒须更论。

《吐符应生》

绣衣题刻郁崇冈，
铁画端岩历岁长。
降岳文宗周大雅，
吐符词铸汉中郎。
应惊翠献横坤轴，
岂识飞神出震方。
注目峰头思一解，
濯缨泉水目汤汤。

此诗，复又改作：

摩崖深刻字青苍，
三百年来义莫详。
降岳文宗周大雅，
吐符词铸汉中郎。
峰头日早扶桑近，
石宝泉高玉井香。

星使徒惊神秀在，
岂知玉业肇东方。
《狮子峰》
西域何时来向东，
不施爪距镇群雄。
绿苔毛彩青松发，
声应蒲牢万壑空。
《西阁客灯》
危岩结构两三间，
短句疏窗笑语闲。
昏黑群峰但无睹。
下方应讶火铃还。
《自石门至西明庵》
仙阙碧萝封，微闻度午钟。
帘垂宁辩水，云合不知松。
入逐飘飘屐，音听落落筇。
谁知凌绝顶，有客不能从。
······

这次游千山，王尔烈还为龙泉寺东禅堂、西阁留下楹联。其中，为东禅堂题写的楹联是：

不若者当驱龙象狮都来做镇；
相需者难遇松泉石互为呈奇。
为西阁题写的楹联是：
瓶松不厌窗前玩；
灯火独留阁上名。
室狭如舟，篷窗四启峰围岸；
山深似岛，松声一派海生潮。

此外，他还为千山龙泉寺及附近的景观题留下"西阁""东堂""具美""琼岛虚舟"等字迹。这些，还有他的楹联及某些诗作，有的被镌刻于石，有的被临摹于匾，被流传下来直到今天。故有人言，说千山必首说龙泉寺，说龙泉寺必首说西阁，说西阁必首说王尔烈，细细想来，实在不为过。

少主御师

王尔烈一直有"老主同场少主御师"的美名，前面我们已经记述了与老主同场的故事。少主御师的美名何来呢？这少主就是后来的嘉庆皇帝,当他还是皇子颙琰时,乾隆皇帝亲笔御封王尔烈在隆宗门内皇子书房给太子做老师。给高高在上的太子做老师,可不是个轻闲差事,何况颙琰本来就很目空一切,好虚无实,放荡不羁。王尔烈如何征服太子的年少轻狂呢?

在王尔烈之前,颙琰从谢墉学近体诗,从朱圭学古体诗。谢、朱二人,都是著名儒学大家,在他俩教授下,颙琰已经打下不错的诗文基础,但王尔烈诗、文才情都超出谢、朱二人,故给嘉庆带来的影响最大,当然这一切都是从修正颙琰的态度开始的。

话说一天,白露微明,太子颙琰在太监的陪送下,来到书房,见师傅王尔烈早已坐在孔子像前,他见过师傅,径直坐到座位上。

王尔烈看了太子一眼,便讲起皇子的必修课《帝王圣鉴》。他说道:"帝王者,当以尧舜为风范,以桀纣为忌戒,切不可一意孤行;帝王者,当以黎民为根本,以自傲为杜绝,切不可忘乎所以。《魏郑公文集》中有云:'凡皆之首,承天景命,善始者实繁,克终者盖寡。岂取之易守之难乎? 盖在殷忧必竭诚以待下,既得志则纵情以傲物;竭诚则实越为一体,傲物则骨肉为行路。虽董之以严刑,振之以威怒,终苟免而不怀仁,貌恭而不心服。怨不在大,可畏惟人;载舟覆舟,所宜深慎。'其这段文字,在于说明'水能载舟,亦能覆舟'的道理。

又,《魏源集·默觚》中有云:'暑极不生暑而生寒,寒极不生寒而生暑……故不如意之事,如意之所伏也;快意之事,忤意之所乘也……悄与长聚门,祸与福同根。岂惟世事物理有然哉? 学问之道,其得之不难者,失之必易;惟艰难以得之者,斯能兢业以守之。'其这段文字,在于说明'得之不难,失之必易'的道理。

又,《韩非子·现行》中有云:'古之人,目短于自见,故以镜观面;智短于自知,故以道正己。故镜无见疵之罪,道无期过之怨。目失镜则无以正须眉,身失道则无以知迷惑。西门豹之性急,故佩韦以自缓;董安于之心缓,故佩弦以自急。故以有余补不足,以长续短之谓明主。'其这段文字,在于说明'取长补短,就优去劣'的道理。

又,宋司马光《资治通鉴》中有云:'唐太宗谓侍臣曰:'朕有二喜一惧,此年丰稔,长安斗粟直三四钱,一喜也;北房久服,边鄙无虞,二喜也;治安则骄侈易生,骄侈则备亡立至,此一惧也。'其这段文字,在于说明'为王所重,为王所惧'的事宜……

这段长篇大论直把颙琰听得昏昏欲睡,王尔烈对他提出警戒,哪料颙琰竟反驳道:"师傅,你这些'之乎者也'的用语,只好给我来充摇篮曲,难怪我昏昏欲睡,这大概不能属之过错吧!"

王尔烈说道:"属过错,而且属大过错。《礼记·学记》中有云:'学者有四失,教者必知之。人之学也,或失则多,或失则寡,或失则易,或失则止。此四者,心之莫同也。知其心,然后能救其失也。教也者,长善而教其失者也。'其这段文字,在于说明'知其心,救其失'的道理。这,你可懂吗?"

"老师,你问谁?"

"问你。"

"问我？我问谁？"

"问我。"

"那你就给解释一下吧，我还真有些不懂呢。"

"好，那就请你洗耳恭听，这段文字是说：学习的人有四种缺点，教师一定要了解。人在学习上，有的缺点在于学得过多，有的缺点在于学得太少，有的缺点在于把学习看得太易，有的缺点在于遇到困难而不再前进。这四种缺点，是由于学习的人的心理各不相同。了解了他们的不同心理，然后才能设法补救他们的缺点。为师者，就是在于发扬他们的优点，补救他们的缺点。此为重要之事也。"

"老师，既然这里所说的是指教者，那么，与我这个学者关系就不大了。何以能说成有种种不是！"

王尔烈听了，知道这是皇子在有意刁难和戏耍老师。但是，他还是忍耐着，想因势利导，给予真诚教诲，以使他认识到自己的不是。于是，他给太子耐心地讲了几段古文，其中包括包拯执法、《汉书》记载张释之执法、《资治通鉴》中"前事不远，吾属之师"以及关于"创业与守成"的一些文字。颙琰听了不出声，王尔烈也不多言，接着布置了下面的作业，题目是《明月叫天边》，让颙琰来做，颙琰不禁大笑："师傅，你不是胡诌八扯吗！虽然说天下之大，无奇不有，但安有月在天边叫唤的道理？"

王尔烈回道："你说得很对，天下之大，无奇不有，芸芸众生，不见不知，你当悉心考虑之。"

傲慢的颙琰哪里把王尔烈的话当回事，于是便以"明月照天边"为题自作主张地写了一篇交给王尔烈。王尔烈大怒："你竟敢贪图轻闲，违反为师教义，难道就不怕龙板不成！"龙板，系一块尺余长的硬木板，一头雕着龙头，一头平直。它是皇帝赐给御师的，用以专门管教约束皇子、皇太子，以督促他们尊师重教，日渐成才。

颙琰一听王尔烈要出龙板，不服气地走了，他径直找到父皇乾隆，将师傅出的题目说与乾隆，乾隆也颇为纳闷，难道王尔烈糊涂了？哪有明月天边叫的道理？但英名的乾隆想到必须维护师尊，如果他站在太子一方，那以后王尔烈就无法教授管教太子了。于是对颙琰说："皇儿，既然师傅有所教，就必然有所指。君以谦和为贵，你还是去向师傅请教，他一定会周详告之。汝当切记，说话一定要和蔼，对师傅一定要恭敬，万万不可造次了。"

颙琰不情愿地回到书房，请教王尔烈何为明月叫天边，王尔烈没有作答，而是又拿出一个题目《黄犬卧花心》，颙琰一看，更加生气，觉得王尔烈有意戏耍他，大骂王尔烈胡诌。王尔烈听了也气呀！但他仍克制着说"皇子，常言未读万卷书，难识万里路，没走万里路，不知天下事啊。你还是先走走看，了解了解实际情况，那样一定会对你有好处的。为师的话，你不可不听啊。"

哪知颙琰接道："你配教皇子吗？竟然弄这些陈词古句来唬我。我问你，你所教授的是谁?"

"我所教授的是皇子。"

"既然知道是皇子,你胆敢欺侮!"

"怎能说是欺侮呢?"

"不仅是欺侮,简直是嘲弄,竟然将我这个皇子看成了阿斗,我今天岂能饶恕你!"

"不能饶还能怎样?"

"不饶恕,我就是让你滚,我不要你教。"

"我教的虽然是你,但要我滚的却不是你。我是圣上亲自授任的御师,有权管教你。"

"好你个关东'鞑子',如此胡诌八扯的才能,竟要管教我,真不知天高地厚。"

王尔烈一听骂他为关东"鞑子",勃然大怒。这不仅是嘲骂他这个关东辽阳来的学子,对于皇祖也是极大不尊。大清爱新觉罗氏,起源于长白山,来自关东。如今,颙琰大骂关东"鞑子",不是将这些都包揽在内了吗!于是,他操起供在至圣大成先师孔子像前的龙板,喝道:"你给我住嘴,难道我这龙板不敢打你不成!"颙琰骄横惯了,哪受过这个,他一转身,见刚刚写过字的石砚还放在书案上。他操起石砚,便向王尔烈打去,石砚砸在王尔烈身上,染黑了他的脸和衣衫。王尔烈虽然气,但读书之人顾念君臣礼数,举着龙板,始终没有出手。但颙琰以为王尔烈怕他了,更加放肆,居然对王尔烈用起了武功。王尔烈虽没有还手,但也不甘心被颙琰打倒,便用龙板招架,龙板被颙琰踢飞了,恰巧落在他自己的额头上,渗出血来,颙琰顺势抱头喊叫起来。

小太监早一路奔跑请来乾隆,乾隆见此情景,爱子之心骤生,厉声责问王尔烈,王尔烈看出乾隆极不满自己的管教,他没有申辩,跪地道:"奏禀圣上,臣听圣谕,尚有一言,望予纳之。臣以为,读书能使人耳聪目洁,不读书则是胸秽腹污。读则明,疏则暗。明则为尧舜之君,暗则为桀纣之主。尧舜之德,天下所颂之;桀纣之行,天下所诅之。颂之者,得人心也,故当长存;诅之者,失人心也,故当短暂。若圣上愿太子成为尧舜之君,不成桀纣之主,自当读书,万不可放任自流……韩愈《师说》中云:'古之学者必有师。师者,所以传道授业解惑也。人非生而知之者,孰能无惑?惑而不从师,其为惑也,终不解矣。'此,先贤之言,不可不听;此,前师之教,不可不思。以上,望圣上纳之。"

乾隆听了,句句在理,不禁感动,转身对太子说:"还不跪下,你老师所言极是,不可不读,不可不学,不可不尊师,休得慢待。"

颙琰不情愿跪下道:"谢师傅,是学生错了,今后再不敢胡闹了,还望海涵。"

王尔烈听他语气,观他神态,心中一寒道:"回禀圣上,臣才疏学浅,难以再为皇子之师,还是另选高明。"乾隆一看,事情有些严重了,急忙劝阻王尔烈,并在龙板上写下谕旨"朕谕:皇子颙琰,谨听师训,如有违反,从严勿论,龙板在前,如朕亲临,责罚任尔,朕不过问。钦此。"

王尔烈见乾隆为子求师心切,这才不再推辞,但他要求颙琰必须做出方才他出的两个题目,乾隆一听,问道:"你的题目是不是错了,是否应改为?《明月照天边》《黄犬卧花

荫》?"王尔烈答道:"臣没出错,臣想让皇子出去走走,命皇子去川南蒙山一带,也许能找到答案,同时也可使皇子体察民情。我还想请皇子去蒙山将茶叶带回几片,再把扬子江水灌回几瓶,也好作沏茶用。"

乾隆准奏,于是皇子带几个小太监出发奔向江南。

一天,颙琰来到湖北蕲春地面,见一农家正在办丧事。老农夫在发丧他的老伴。看那样子,日子很凄苦,丧事办得很简单。只见那个老农夫给老伴写了两副挽联:油也无,盐也无,真真把你苦死了;目紧闭,口紧闭,确确比我快活些。前生跟我,可怜薄命糟糠竟归天上;后世嘱卿,不是齐眉夫妇莫到人间。颙琰看了,心想,皇宫里,死个普通嫔妃,发丧都是惊天动地;没想到,民间竟有这样凄苦的事。于是他装作路人,让小太监扔下些散碎银两,匆匆走了。

走到武昌时,颙琰听到一件事:一个官吏的儿子强抢民女,少女不从,跳楼自杀了。官吏的儿子毫不惧怕,让人将女子的尸体扔进长江了事。有人打抱不平,一纸状书将官吏的儿子告到武昌府所属的汉阳县。县官畏惧那官吏,便将状子给退了回来,并批示道:"本县不理此案。"那人看了,便将自己的一件衣服浸湿,然后把湿衣裳铺在知府门前的石阶上晒起来。这事被门吏禀报了知府,知府觉得奇怪,便让门吏将那人传来,问道:"你为什么跑到知府门口来晒衣裳?"那人听了,诙谐地说道:"只因家住汉阳街……""这更奇了。你是汉阳人,怎么将湿衣裳拿过江来晒?""晒衣裳要有太阳。汉阳是有天无日头,我要找个有日头的地方。"知府大人一听,猛醒悟,说道:"想必是汉阳县衙一片黑暗?"那人急忙跪倒,把状子举起,说道:"怪不得百姓都叫你青天大老爷。请接状子。"知府本想不理,但没办法,只得受理此案。颙琰听了才知,原来民间暗藏着许多冤屈。他这一路,边走边看,边走边听,才懂得世间的沧桑不平,人间的疾苦寒暖,并暗下决心:他日我为圣上,一定严惩贪官污吏。

数日,终于到达南蒙山地面,住在青云寺。见到方丈后,颙琰急不可耐地拿出王尔烈的题目问道:"老师傅,听说这里有一奇景,称之为'明月叫天边'。我真有些不明白,这明月能在天边叫吗?是不是应为明月照天边?"

老和尚答道:"阿弥陀佛,施主所说的明月,是本寺树上的一种鸟。它为黄顶翠尾,蓝胸红嘴,叫声清脆,在月光下尤为动听。此鸟在松林中飞翔,喜食松籽,每食一粒,跳荡一下,每跳荡一下,便叫一声。其声婉转动人,非常悦耳。因此,所说的'明月叫天边'是正确的,而不是'明月照天边',那是两个意思。施主,这寺后松林里就有,不妨可以到那里一看。"颙琰跟随老和尚来到庙后松林。只见那鸟正在松树上鸠鸠地叫着,惹人怜爱。老和尚又接着说:"你再仔细看看。你看那鸟的蓝胸脯上,还有着一个圆圆的白圈,宛若明月。因此,称它为'明月'。其名字,就是从这得来的。"颙琰一听,豁然开朗:这"明月叫天边"言之有据呀!接着问:"'黄犬卧花心',可为准确?是不是'黄犬卧花荫'?"老和尚听了,笑道:"施主,在蒙山这里,黄犬可不是黄狗啊。此处的黄犬,乃是一种蜜蜂。它在茶花盛开季节,便卧在花心采蜜。这种蜜蜂,黄膀黄翅,黄腹黄背,黄顶黄尾,那颜色很像一

只黄犬,故获此名。"老和尚说着,便带着颙琰来到庙后山茶林,茶花漫山烂漫,每花都是五瓣,花心处正落着一只黄色蜜蜂。老和尚对颙琰说道:"你看,它像狗不像狗? 你看,它是不是'黄犬卧花心'?"

此时,颙琰不禁有些佩服王尔烈了,才知道自己见识实在太少。但少年的轻狂之气怎能一退而去,走时,他拿着方丈给的茶叶,故意取回扬子江左岸、右岸、江心三种水,为的是试探王尔烈。

王尔烈何等聪明,未品,只看水中茶叶的颜色和转向已能分别出哪是江心之水。当王尔烈说道"水居江心,日照平和,阴阳相交,属性相易,不缓不速,不猛不烈,不软不硬,不寒不酷,不刚不柔,不滞不涩,不沉不浮,不重不轻;故水置碗中,于心处转,且茶叶冲开,色气四散,香味四溢,茶未致唇,香即沁肺。此非扬子江心水莫属也。"颙琰已是彻底折服于王尔烈的才华,至此,王尔烈用微服民间的方式不仅教授了颙琰知识道理,也让颙琰懂得了百姓疾苦,为以后颙琰成为君主治理国家打下基础,虽然日后嘉庆和他的先祖相比,显得逊色,但在历史上也算没有什么大过。

卸任归乡

千叟宴是清廷的一个隆重的庆典活动,在这个大典上,乾隆将皇位禅让给皇太子,颙琰将从此成为帝王,改年号嘉庆。庆典十分隆重。

在《清实录·高宗实录》第 1494 卷中有详尽记载:嘉庆元年春正月,乾隆禅位,嘉庆即位,值此千叟宴上,又是宴请宗室皇子、皇孙、皇曾孙、皇元孙,又是宴请大学士、尚书、王公、大臣,又是赐宴蒙古王、贝勒、贝子、公、额驸,又是赐食外国使臣,看来着实隆重,显赫,雍容尔雅。然而,就在这个极为热烈的时候,名为太上皇帝的乾隆和皇帝嘉庆父子二人,竟然将与其关系至重至亲至高被誉为"老主同场少主师"的乾隆的朋友、嘉庆的老师关东才子、乾隆辛卯科殿试二甲一名进士、翰林院编修、曾扈驾乾隆一次西巡、二次东巡、三次南巡的王尔烈给忘掉了。

而此时的王尔烈正在北京虎坊桥家中,生活潦倒,以卖字画为生。才华横溢、学识过人又与两位皇主子有密切关系的王尔烈,生活何以到如此地步? 这和他一生所任官职有关系,用现在的话来讲,都是些清水衙门。当然最主要还是和他为人正直不阿、蔑视贪官污吏、两袖清风有关系,乾隆四十三年(1778 年)春出任江南戊戌科乡试主考,按说是个肥差,但他除去整治学风,赢得乾隆的好评外,其他一无所获。

这边王尔烈过得寒酸清苦,那边千叟宴可是红红火火,还是乾隆帝警觉,热闹之余,总觉少一个人,最后还是和珅提醒,乾隆才猛然想起关东大才子王尔烈呀,嘉庆也着急起来,怎么独独将自己的老师忘掉了呢? 急忙派人去接。纪昀、刘墉是王尔烈的好友,二人知道其住处,急忙接圣旨去了。

待王尔烈来到殿上，乾隆与嘉庆一看，此时王尔烈68岁，衣衫褴褛，鬓发苍白，韶华已逝，谁能将眼前这垂老的暮者与皇帝的御师联系在一起？和千叟群臣相比，曾在圣上面前红极一时的王尔烈，其两袖清风可谓不染一丝尘埃。乾隆看着王尔烈，心中感慨万千，立即将用作赏赐的缎袍赏赐给王尔烈一件，并赏给御制诗一章及《集古三星图》、如意、鸠杖等。王尔烈望着千叟宴上人头攒动，回想自己一生的荣辱经历，不由得心潮澎湃，潸然泪下。

千叟宴后三年，即嘉庆三年春正月初六，是王尔烈70岁寿辰。朝中文武，与王尔烈关系不错的，或者敬重王尔烈为人的，都知晓并非常重视此事。千叟宴丢掉王尔烈，群臣中不少人有不满但不敢言，所以他们决定借生日好好给王尔烈庆贺一番，以弥补前面的不足。在如何给这位大才子庆贺的问题上，群臣可是费了不少功夫，想来思去，得出了一个好办法，那就是在王尔烈70寿辰时，以翰林院名义为他办寿庆。办寿庆的办法是：每位翰林院翰林及相关的朝廷友人，亲笔为王尔烈写一个"寿"字，制成"百寿图"屏风，以此相赠。这个"寿"字，以篆书体出现，且不重复，一字一样。很快地"寿"字写好了，将"百寿图"屏风制成。这张"百寿图"，一共写了124个"寿"字，有124名翰林参加。翰林院的学子和友人送这百寿图，是深知王尔烈为人清廉，不愿收金钱和礼品。待群臣准备好时，恰好乾隆传旨过问此事，纪昀出面向乾隆回禀。乾隆听了大喜，觉得新鲜又妥当，当即表示亲自参加，并叫来嘉庆，问道："皇儿，你老师王尔烈过生日事，你可知道？"嘉庆根本不知道此事，乾隆训斥道："自古以来，有三不可不知：父母之年不可不知，天地之年不可不知，老师之年不可不知。天、地、君、亲、师，仁、义、礼、智、信，都应切记心里。生我者父母，教我者师尊。师长犹同父母，岂能忘怀。今日有忘师之为，明日就有弃父之行也。"嘉庆听了，也觉羞愧，但实在想不出送点什么来庆贺。乾隆又问了："咱皇家什么最尊贵？""传国玉玺。""那么，将传国玉玺给诸翰林书写的'百寿图'盖上，岂不更好！"嘉庆听了，大喜道："谢父皇提示，皇儿知道了。"当即让大学士于敏中将"皇帝之玺"大印取来，加盖在翰林们的'百寿图'上。从此，"百寿图"身价陡涨，变成钦赐之物了。送"百寿图"那天，场面热烈而隆重。太上皇帝乾隆、皇帝嘉庆乘坐的两驾驭辇走在前头，后面是金瓜、铖、斧、朝天镫，再后面便是124名翰林组成的翰林队伍。"百寿图"，因为加盖上了"皇帝之玺"大印，成了至尊至上之物，早有大臣护送抬着走在最前面了。王尔烈在北京虎坊桥家中，看到这场面，看到"百寿图"上的那124个不重样篆写的"寿"字，以及那加盖的鲜红的"皇帝之玺"大印，只觉老眼昏花了。待跪迎时，竟流下浑浊老泪来。

百寿图后，王尔烈本想告老还乡，但迟迟未动身，原因是他在乾隆身边呆了28年了，实在有太多的不舍离别。嘉庆四年正月初三，89岁的乾隆驾崩，待乾隆安葬后，王尔烈觉得一生心事全了了，于十月离开京城，回奔辽阳老家。

嘉庆六年(1801年)辛酉九月初九午时，一代才子王尔烈悄然谢世！享年七十四岁。临终自挽一联曰：

戊申来也，一身负重叩天地，向虚向幻茫茫日；

辛酉去矣,两肩卸任慰河山,归真归本苍苍年。

　　王尔烈一生为官清廉,就在他卸官还乡之际,用了十多辆马拉着板柜,里面竟然是清一色的砖头,王尔烈说:"我在京为官多年,辽阳老家房无一间,如今回乡养老,用有限的年俸买些砖瓦,在老家风水沟盖三间小房,用以安度余生。"此事传到嘉庆皇帝的耳朵里,他心有所感,便命从国库中拨出纹银,在辽阳城内修建了我们现在看到的这座翰林府。

晚清帝师

——翁同龢

名人档案

翁同龢:翁心存三子,字叔平,号声甫,晚号松禅、瓶庵居士,咸丰六年一甲一名进士,时二十七岁,官翰林院修撰。《清史稿》记载,听命在"弘德殿行走,五日一进讲,于帘前说《治平宝鉴》,两宫太后嘉之。累迁内阁学士。"同治病逝后,光绪继位,慈禧命直毓庆宫,为光绪师傅,深得光绪倚重,可谓两朝帝师。同和曾任刑部右侍郎、户部都察院左都御史、刑部、工部、户部尚书,任军机大臣兼总理各国事务衙门大臣,曾"两蒙赐'寿',加太子太保",后追谥"文恭",可谓十载枢臣。特别是"密荐康有为",手拟《明定国是诏》,号称"中国维新第一导师",在晚清风雨飘摇的政治风波中,他处在帝党和后党之间几起几落,对内力求变法图强,对外力求抗敌雪耻,地位弥足轻重,成为不可不提的帝师级人物。

生卒时间:1830~1904 年。

性格特点:品端学粹,守正不阿。

历史功过:陈宝琛,光绪六年(1880 年),由于"清谏",得到两宫皇太后赏识,任武英殿提调官。第二年,授翰林院侍讲学士,编修《穆宗本纪》。光绪八年(1882 年),被授予江西学政之职,重修白鹿洞书院。光绪九年(1883 年),法军进犯越南,陈宝琛与张佩纶力荐唐炯、徐廷旭赴越南抗击法军。1885 年 2 月,因唐、徐兵败受到牵连,降五级任用。此后闲居乡里二十多年。自己以"培人才,广教育"为目标,曾经建议设立东文学堂、师范学堂、政法学堂、商业学堂等,大力发展民族教育。宣统元年(1909 年),奉召入京,宣统三年(1911 年)五月,还没有到任,改派为毓庆宫侍读。民国十年(1921 年),修成《德宗本纪》,被授予"太傅"的头衔。民国二十一年(1932 年),溥仪在日本扶持下成立伪满洲国,

陈宝琛专程赴长春劝阻溥仪，溥仪不听劝告。陈宝琛无功而返，后来病逝于天津。

名家评点：江南常熟翁氏家族是晚清显赫的家族之一，也是在朝廷中为官延续时间最长的一脉。千古文人帝师梦，封建文人最大的梦想与渴望就是能够成为皇帝的老师，而翁氏家族一门就出了两个帝师，翁同龢与他的父亲翁心存，可谓极尽读书人之荣耀。

执着少年

道光十年（1830），翁同龢生于京师，四岁时随祖母南下回到常熟老家。四到九岁，翁同龢在家乡度过了自己幸福闲适的少年生活。闲暇时，他常与村夫老叟下棋。一天，细雨霏霏，不便下田劳动，翁同龢与二三村民在亭下摆棋对垒。所谓"山中无甲子"，几个人竟从早晨一直下到下午，茶饭不进，毫无倦意。雨水渐渐打湿棋盘下面的土地，众人只好不停地辗转移脚，以免陷入软泥当中。这样地面被大家越踩越滑，泥泞不堪。直到天完全黑下来，几乎看不见棋子了，几个人才揉眼伸腰，准备回家。忽然，翁同龢大喊道："哎呀，不好，我的脚！"大家才发现，小小年纪的翁同龢双脚都已深深陷入泥里，旁边一个脚印也没有，他竟一整天也不曾挪动一步，真是达到如痴如醉的地步。一老者目睹此景，心想这孩子做事如此有定性，日后必成大器。孩童时的偶然举动往往能折射出内心深处不易表露的天性，老者此言不虚，翁同龢后来果然成了名震四方的大人物。

充任修撰

道光二十五年（1845），十六岁的翁同龢在苏州考中秀才，取得第一级进身之阶。报信人将喜报送到翁家中，翁家上下张灯结彩，满门欢庆。翁同龢凭此名分进入苏州最有名的紫阳书院学习，开始接受正规的学校教育。入学当天，作为新生的翁同龢做了个大家始料不及的惊人举动。按照紫阳书院的规矩，凡新来秀才谒见过书院院长和各位教师之后，应当跑着退出来，以象征自己的学业能取得如跑步般的快速长进。可是翁同龢没有这样做，拜见完院长和老师后，信步慢慢走了出来。这种一反常态的举动令所有在场师生目瞪口呆，只有一位八十高龄的老先生哆嗦着说道：此人将来必不可等闲视之！老先生的话，后来果然言中。

道光二十九年（1849），二十岁的翁同龢随父亲回到阔别十五年的京城，开始了科举阶梯上新的征程。咸丰二年（1852）秋，翁同龢在顺天府连续参加三场考试，总分列京畿地区第二十七名，取得举人头衔。从这次考试的结果来看，他并没有特别过人之处，排名并不靠前。但是对于进一步的考试——会试来说，取得举人资格已经足够，而后来真正的会试，翁同龢精湛绝伦的书法成为助他夺魁的秘密武器。

咸丰三年（1853），翁同龢第一次参加会试，未能取得任何名次。这对一个年仅二十

三岁刚刚取得举人头衔的青年来说非常正常,毕竟清朝二百多年历史上能连考连中者微乎其微,更何况其父翁心存参加四次会试才高中进士。成绩出来后,翁同龢并没灰心,而是此后学习更加勤奋,摒弃了很多浪费时间的游宴应酬,专心致力于科举学业。

咸丰六年(1856),翁同龢第二次参加会试。初试结果发榜,他以第六十三名中式。消息传来,翁家上下额手相庆,殊不知更大惊喜还在后面。按规定初试考中后还要参加复试,复试结果发榜时,翁同龢得中一等第二名。消息到了翁府,全家过狂欢节一般,父母兄弟妻儿老小无不兴奋地语无伦次。复试结果显示,翁同龢已克服怯场的紧张心理,且摸索出考试的文风套路,名次的大幅跃进证明他正处于应试的最佳状态。全家都在期待,殿试或可进入状元、榜眼、探花前三名。全家人既紧张又激动,盼望着四天后的殿试,那可是由咸丰帝亲自主持。殿试考的内容固然重要,但能入围者思路、文笔方面都堪称一流,不过各有特点而已,如你才思敏捷,我行文庄重,你旁征博引,我深入浅出,论理讲实在难分伯仲。这种情况下,若皇帝由于种种考虑,心中已有所倾向,即事先"内定",考试不过是走个过场而已。咸丰帝登基后非常重视人才的选拔,号召有才学的年轻人参加科举考试,近年来的殿试基本做到了公正无私。文笔最佳的几份考卷中,几位阅卷大臣实在难以取舍,决定以书法之优劣排定名次。翁同龢的书法早已驰名京城,苍劲刚健的笔力远在他人之上,再加行文流畅,大家一直推荐把他的考卷排在第一,报咸丰帝最后定夺。

三天后,在阅卷大臣陪同下,咸丰皇帝亲自审阅列入一甲前十名考生的密封考卷。看罢,他对考生的文笔及考官定的排序表示满意,随即拆封宣布殿试结果。第一个拆封的就是翁同龢的考卷,看到翁同龢的名字,咸丰帝会心一笑,真是有其父必有其子,翁心存之子果然有才。次日举行了隆重的典礼仪式。翁同龢等新科进士在百官簇拥下面见咸丰皇帝,当场听典礼官宣布名次。其中,翁同龢为第一甲第一名,也就是状元。历经十年寒窗,他迎来了人生中非常辉煌的一刻,实现了多少读书人梦寐以求的理想。不久,翁同龢入翰林院充任修撰一职,开始登上政治舞台。

咸丰八年(1858年),翁同龢以翰林院庶吉士身份随大学士潘祖荫一道赴陕西主持乡试,事后未及回京,接到圣旨被就地任命为陕西学政。学政掌管全省科考安排,特别涉及秀才录取以及棚费管理事宜,算得上一个肥缺。然翁同龢自幼生于仕宦之家,并不贪财好利,总感到这里不像京城那样可以纵情施展自己的才华,且又远离亲人,因此心情低落,好不郁闷。一年后,翁同龢获准回京,仍供职翰林院。

正值英法联军占领天津,即将入北京之际,朝内政治斗争非常激烈。尽管清政府广开捐纳,加征国内贸易税——厘金,却仍然无法满足大量军费开支。银根紧缩,钱币短缺的问题一直得不到很好解决。有人建议,不妨推行大面额的铜钱和钞票来改变现状。咸丰三年(1853年),咸丰帝谕令户部设立官钱局,推行5、10、100、500、1000五种大钱,同时设立宝钞局,推行500文、1000文、1500文和2000文四种钞票。户部尚书翁心存对此持反对意见,认为钞币之法,实行当有次第,骤然实施难免欲速不达,适得其反。咸丰帝当

时只顾敛钱,哪管得上许多,指出京师为首善之区,尤应率先举办,翁心存一再阻挠,居心何在? 一顿数落,翁心存只好照办。恰如翁心存所料,不久,钞币推行的弊端就显现出来。由于缺乏信用,市面都不愿接受新发行的钞币。为扭转局面,清廷在京师开设官钱号,以"宇"字编号,即宇谦、宇晟、宇泰、宇丰、宇益五处钱号,通过招商以折价、搭放等方法强制推行。当年年底,京师经济秩序混乱,通州发生捕役抢劫商旅恶性案件。清廷任命刑部侍郎文锐审理此案。然案件即将水落石出时,翁心存却带人前往顺天府衙抓人。文锐弹劾翁包庇属员,阻挠新法,咸丰帝大怒,将其撤职查办。毕竟翁心存曾做过咸丰帝的老师,两个月后翁心存被降职起用。翁心存的官场沉浮决定着整个家族的走势。

辛酉政变后慈禧掌权,翁心存等曾被肃顺等人压制的官员受到重用。尽管其间发生翁同书兵败安徽这样的大事,不过最终还是随着翁心存的去世而化险为夷。咸丰十五年(1865),改变翁同龢一生命运的又一件大事发生了。他被任命至上书房行走,后来成了同治帝的老师。帝师本身并无太多可称道之处,但是帝师身份却给了他飞黄腾达的机会。

成败帝师

翁同龢连任同治、光绪两朝帝师,其后跻身军机大臣之列,以帝师身份取信于皇帝,以军机大臣身份取悦于慈禧太后。此种地位,其他朝臣罕能奢望,即便如李鸿章也难以同时为帝后双方所倚重,而翁同龢却做到了。但时移事易,在晚清官场这样一个帝后日渐水火不容的时代,翁同龢看似圆滑的选择最终还是不免招致败家之祸。

翁同龢初涉官场时,恭亲王把持朝纲,权势如日中天,他迫不及待投靠了恭亲王。不料官场风云,变幻莫测,慈禧太后对恭亲王渐生恨意,终至罢黜,继而起用醇亲王代之。在这次朝臣内部大洗牌中,翁同龢见风使舵,马上又投靠醇亲王以图自保。这种首鼠两端的行径最易招人非议,翁同龢紧紧抓住帝师名分以遮蔽谗言。然而,真正掌握实权的慈禧太后见光绪帝逐渐不听使唤,便有了政变夺权的念头,而作为帝师的翁同龢首当其冲地排在被清洗之列。这是导致翁同龢四十余年宦途经历最终以悲剧收场的根源。

翁同龢对政治空气的变化不是毫无觉察,他何尝不想通过各种手段来保住自己的位置。他八面玲珑,百般拉拢,徒招来更多的非议。中法战争之际,恭亲王被黜,翁同龢"弃暗投明",抛弃旧主子转而迎合新主子。甲午战争时恭亲王复出,翁同龢的处境可谓不尴不尬。他企图提拔张荫桓充实自己的势力,然张荫桓的显达只是昙花一现,很快淡出权力中心。翁同龢仍不放弃,又向光绪帝引荐康有为实行变法,在宦途最关键的时刻他犯下了一生中最严重的错误,激怒了慈禧太后,被严旨罢斥,扫地出门,以悲剧收场。

翁同龢的宦旅生涯大起大落,开端和结局反倒不如中间的承平生涯更为人津津乐道。翁同龢任上书房总师傅,远不如父亲翁心存那样恪尽职守。他虽然注重培养光绪皇

帝的学识和品德,但也常拿自己感兴趣的古玩给皇帝讲习如何鉴赏。小时候光绪帝不听话,翁同龢就搬出师道尊严的幌子厉声训斥。然光绪帝长大后,他还是时常摆出一副不达目的不罢休的蛮横嘴脸来迫使光绪帝让步。终年不出深宫的光绪帝对外界情况知之甚少。一次,光绪帝请老师们在宫中吃饭。他指着煮好的鸡蛋说道:御膳房买一个鸡蛋要花十两银子,这东西实在是稀罕之物。论常理翁同龢应指出御膳房如此铺张浪费,不成体统,该严斥整顿。然而,他却面不改色地说道:我家中除祭祀这样隆重的典礼外,从来舍不得买鸡蛋。老奸巨猾至此,对国事又何能尽忠尽力呢?

翁同龢做官虽有乖戾之气,却写得一笔好字。他的书法豪迈刚劲,登门求字者络绎不绝。凡牌匾、扇面、对联、条幅等,都是一天几次来府求字,弄得翁同龢不堪其苦。他苦思冥想,终于想出了一个对策。一天,一个在京的小吏登门拜访,起初不敢直言求字,只是纵谈国计民生,临别时身上掏出把折扇呈到翁同龢面前,请其题字留念。翁同龢早有准备,挥手在折扇上写了"山穷水尽"四个大字,然后掷笔而去。小吏羞愧难当,回家后不敢再以进出相门而矜夸于同列。此事逐渐传开,那些经常登门求字者颇有兔死狐悲之忧,从此裹足不前,不敢再有所请。翁同龢本人倒是顿时感到轻松许多,向同僚谈及羞辱小吏之事,称不如此不足以塞来者,请同僚代为致歉。

甲午前后的翁同龢

甲午战争源于朝鲜内乱。直隶总督李鸿章对当时国内外形势做出判断后,认为中国不宜与日本开战。首先,他不愿意因开战冲了慈禧太后的六十大寿,影响自己的仕途;其次,他深知洋务三十年的成果只是引进一些西式装备,并没有明显增强中国军队的战斗力,因此没有把握打赢日本。而一路靠诗书进身的翁同龢却并不这么认为。他觉得洋务已搞了三十多年,虽不能和英法等列强比肩,但对付一个小小的日本还是绰绰有余,因此从一开始就坚决主战。

慈禧召集各位军机大臣和总理衙门大臣讨论战争形势时,翁同龢多次力陈军心振奋,大可一战,但谈到具体的战略战术,他却心无定策,变得哑口无言。直到日军兵临城下,翁同龢也只能以"宁赔款,不割地",作为交涉底线,自始至终未见他提出过实质性的补救措施。甲午战争使翁同龢有心杀贼、无力用兵的书生面目显露无遗。战争结束后,翁同龢又回到往日惯常的生活之中。一天,他精心饲养的一只仙鹤从笼中逃走,为此翁同龢不惜在京城车水马龙的正阳门外张贴寻访仙鹤告示,愿酬以白银一百两答谢。恰好吴大澂率败兵残卒回到京师,平日他深得翁同龢赏识,甲午战争期间以湖南巡抚的身份主动请缨镇守辽东。离京之日,吴曾对翁发誓不打一场败仗,作为回报,翁同龢将自己生平收藏的十几件金石字画慷慨相赠,还特意篆刻了一枚"度辽将军"印为其壮行。孰料吴大澂在前线一败再败,损兵折将无数,狼狈地逃回京城。有好事者编了一副对联讽刺二人:"翁叔平两番访鹤,吴清卿一味吹牛。"也正是从这时开始,一股反对翁同龢的暗流正逐步汇合。

翁同龢任上书房总师傅时,鹿传霖任户部尚书。一次,两人一起批阅公文,鹿传霖因属员办事不力大发脾气,责骂属员"三令五甲"的事情还是不断出错。在场的其他臣僚部知鹿传霖没多少文化,也不敢嘲笑他别字连篇。唯独翁同龢觉得不加纠正辱没自己帝师身份,当场讽刺鹿传霖,称只听说过"三令五申",不知何谓"三令五甲"。这下弄得鹿传霖既因发脾气有失尚书风度,又因念别字而出丑,遂怀恨在心,伺机报复。甲午战争战败后,翁同龢为议和大臣,经手巨额赔款事宜。鹿传霖即在慈禧太后和光绪帝面前控告翁同龢,言其有意推迟支付赔款,挪借巨额公款投机钱庄生意,转手之间获利息十五万两白银。此言一出,舆论大哗,后来虽因查无实证不了了之,但慈禧开始怀疑翁同龢的官品是否真如其父翁心存那样刚正清廉。

自此以后,刚毅、荣禄等朝臣对翁同龢的诽谤日甚一日,称其拉拢康有为培植党羽,意图架空光绪帝。慈禧太后对翁同龢成见日深,后来这些人干脆直接劝翁同龢急流勇退,善始善终。翁同龢当然不肯就范,表示国运存亡绝续之际,作为帝师绝对不会袖手旁观,把危如累卵的局势留给年轻的皇帝和无助的寡妇。正是这些过激言论更加刺激了慈禧,决心尽早罢斥他以消除其专横官场的恶劣影响。

巅峰坠落

光绪二十四年(1898)举行的会试中,状元的名字叫夏同龢,榜眼的名字叫夏寿田。当时主持会试的翁同龢和裕德(字寿田)不禁惊叹竟有如此巧合的师生同名之事。裕德诙谐地对翁同龢说,当年金榜真可谓新陈代谢,后继有人,我们两个或许真该退休了。翁同龢笑而不言,内心却坚信自己不但不会退出权力中心,而且会有更大的作为。这时恭亲王和大学士李鸿藻相继去世,李鸿章、张之洞等重臣皆处外任,京中大员中只有翁同龢和荣禄资历较深。翁同龢爬上了他一生中的宦途巅峰。此时光绪帝名义上已经亲政,颇有大干一场的勇气和魄力。去年德国以传教士在山东被杀为由,强租胶州湾,满朝文武束手无策。光绪帝向慈禧太后哭诉不愿做亡国之君,慈禧亦表示支持光绪帝改革内政。获得慈禧认可后,光绪帝在翁同龢的精心策划下,从改革科举制度入手揭开变法先声。经翁同龢的大力举荐,康有为等维新人士开始得到光绪帝的信赖和赏识。不过此举令荣禄颇感惊恐,他靠慈禧提拔发迹,此时官阶尚在翁同龢之下,若慈禧果真退居幕后,自己一定不被光绪帝重用,日后仕途岌岌可危。想到这里,荣禄开始实施一系列倾覆翁同龢的计划。

荣禄与翁同龢是晚清官场的一对冤家,一个是慈禧太后的心腹,一个是光绪皇帝的老师。两人最初交恶始于光绪初年。当时李鸿藻、沈桂芬等汉族官僚颇得势,翁同龢与

他们私交甚密。荣禄时任步军统领，倚仗太后宠幸，并不把这些比他年长许多的大臣放在眼里。一天，吏部奏报，山西巡抚一职出现空缺，亟须任命。恰好当天沈桂芬因病未能上朝，荣禄为削弱汉族官僚在京中的势力，在慈禧面前力荐沈桂芬出任山西巡抚。由于当时急需用人，沈桂芬便被莫名其妙地降级外任。朝中大臣皆感惊诧，那天除荣禄外其他大臣均未获召见，此事必为荣禄主使。当时翁同龢在朝中以中立自居，作为帝师自然不能明显展露派别倾向，其实他内心更看好李鸿藻等人的官品和修养，对荣禄则不冷不热。李鸿藻暗中请他接近荣禄以打探虚实，翁同龢借机在荣禄面前品评朝中大臣的品行。为麻痹荣禄，翁假装无意中说出沈桂芬的不少劣迹，称其外任正和众人之意。荣禄信以为真，当即将自己在太后面前如何力荐沈桂芬外任一事和盘托出，得意之情溢于言表。第二天，翁同龢把此事转告李鸿藻，大家决心联手将荣禄排挤出京城。不久，吏部奏报西安将军一职出现空缺，李鸿藻迅即联合翁同龢在慈禧太后面前力荐荣禄出任，尚沉浸在升迁美梦中的荣禄也如他陷害的沈桂芬一样，灰溜溜地离开京城。翁同龢渐掌枢机后，荣禄在西安一待就是十年，未曾获得任何升迁的机会。荣禄对翁同龢自然恨之入骨，发誓来日必加报复。后来荣禄终于回京任职，恰好翁同龢因支持光绪帝新政而颇遭非议，报复的机会终于来了。

荣禄买通慈禧太后最赏识的太监李莲英，要他挑选合适时机在太后面前诋毁翁同龢。李莲英谎称翁同龢曾劝光绪帝出访欧美各国，慈禧听后果然火冒三丈，立即召光绪帝到场严加训导。光绪皇帝感到非常意外，辩称翁同龢并无此语，自己也并无出国访问的打算。但慈禧太后认为李莲英不会血口喷人，认定一定是翁同龢暗中指使。几天后，翁同龢与同僚在午门外朝房等候叩见光绪帝。太监传各位大臣上朝，却让翁同龢暂且在朝房休息，不必上朝。翁同龢虽不清楚光绪皇帝回避召见自己到底葫芦里卖的什么药，但他还没有任何危机的预感。他相信自己一手培养出来的学生不会做什么有损老师的事情。一个时辰后，上朝大臣回到朝房，太监宣布翁同龢跪地接旨。以光绪帝名义发布的圣旨中，怒斥翁同龢近来办事屡犯大错，接受皇帝咨询态度傲慢无礼，对重大政事随意处置，擅权独揽，飞扬跋扈，断不能再胜任军机大臣之职。翁同龢罪孽深重，本应严惩，看在多年为国效力的分上加恩从轻发落，立即退职还乡，不得在京逗留。这道圣旨对翁同龢来说无异于一声晴天霹雳，炸得他几乎当场昏厥。

翁同龢在李玉坡、王嘉禾等人搀扶下回到家中，大家帮他代写谢恩折。当晚，又有大臣向翁同龢秘密透露，明日可在某处最后见光绪帝一面。翁同龢与诸师友彻夜聊天，度过了在京城的最后一夜。次日中午，翁同龢乘坐的马车秘密等候在皇宫门外。光绪帝出得皇宫，朝夕相处二十年的师生相顾无言，泪眼对视良久。翁同龢走时，送行多达数百人。翁同龢心里明白，自己的学生不会如此严惩老师，背后真正的主使者实乃慈禧太后。但翁同龢恰恰想错了，将其革职的那道圣旨并没有"钦奉懿旨"字样，说明并非太后借皇帝名义下发。翁同龢的去职恰恰是光绪帝本人的主意。这就引出一个令人迷思的现象，光绪帝本人可能比慈禧更加不满翁同龢在朝廷专横跋扈而又无所作为，他对老师多年来

事事掣肘乃至欺骗的行为早已厌倦，老师的存在不但无助新政，而且极为碍事，因此将其罢免。事实上，甲午战争以后李鸿章失势，翁同龢以帝师兼掌枢机，成为朝中最有实权的汉族官僚。正因如此，素以诗书自矜于世的他开始变得傲慢跋扈，一度以好友相称的李鸿藻、王文韶、阎敬铭等同僚逐渐难以忍受，逐渐与他疏远，而刚毅、荣禄等满族官员更是欲去之而后快，翁同龢的人脉已随他的擅权逐渐丧失。最后，作为学生的光绪帝也难以容忍，最终招致罢官之祸。

光绪帝深知荣禄乃慈禧心腹，因此坚决不提拔他，而是让王文韶接任翁同龢空缺，将其调出京城任三辅督军。但这恰恰又埋下荣禄日后凭借手中兵权支持慈禧太后发动政变的祸根。翁同龢去职后，凡二品以上官员升调皆须亲自到慈禧面前谢恩。失去了翁同龢的光绪帝变成了真正的孤家寡人。后来慈禧太后发动政变，光绪皇帝毫无反抗之力，变法维新百日夭折。

抑郁而终

翁同龢被罢免后，慈禧太后仍觉朝政失控，终至发动政变，通缉翁同龢保举的康有为、梁启超，将已逮捕的谭嗣同等六人押往菜市口处死，在瀛台囚禁光绪皇帝，再次出面训政。秋后算账时，慈禧认定翁同龢乃百日维新始作俑者，光绪正是在他的教唆下才开始变法乱政的，康有为等人之得势亦出自其手。一怒之下，慈禧太后竟下令两江总督就地斩首翁同龢。此令一出，大学士王文韶跪地哭求，另一宠臣荣禄也劝慈禧太后刀下留人，清朝二百年间未曾杀过一个帝师。但慈禧还是难平心中怒气，下诏严谴翁同龢对皇帝妄加引导，借机生事，有负皇恩。甲午战争期间他的策略处置失当，办事不力，应对战争失败负主要责任。近年来轻率鼓吹变法，保举乱臣贼子出任要职，使国家陷于混乱，罪大恶极，令地方官对其严加看管，不准与门生故吏交往。翁同龢一日不死，地方官就要监视一天。

翁同龢自从咸丰年间中状元后一直在朝为官，很少回常熟老家。作为帝师，他必须以身作则，树立清正廉明形象，因此大多数官僚招权纳贿、损公肥私之际，翁同龢为官一生基本没有积累多少余财。况且他一生无子，常熟的家产无人刻意经营，以致晚年罢官回籍后居然生活陷于困境，仅凭几项田地的收入根本不足应付日常开销。翁同龢一手提拔的侄儿翁曾桂当时已升任浙江布政使，掌管全国最富庶省份的财政大权，翁同龢万般无奈向他伸手借钱。翁曾桂驻地杭州和常熟相距不过二百余里，翁同龢预计四五日内侄儿即会登门，至少会派人接济。岂料过了半个多月还是没有回音，他才意识到官场上流行的"人走茶凉"规则是何等有效，连侄子都落井下石，又何能指望外人引手相救。久为帝师的翁同龢确实书生，当时谁会把他这样一个毫无利用价值的罪臣放在眼里呢。翁同龢悲愤交加，翻箱倒柜找出几张平生珍藏的书画送到当铺，换了些钱勉强度日。

不过，翁同龢多次担任主考官的经历使他门生颇多，有一些学生还是坚守师生之谊，听说老师的日子不好过，大家主动捐资纾困。大家把所捐款物交给一个叫昭雄的学生，他曾跟从翁同龢学习骈文，深受翁的器重。然而令人没想到的是，他居然表面谎称尽快派人持银票南下，背后却把捐款纳入了私囊。幸亏翁同龢不知此事，否则又将平添多少忧伤。

昔日位极人臣的翁同龢孤零零地待在家乡常熟，每天到县衙签到。他自定五条戒律：不穿朝服、不会客、不写奏折、不入闹市、不写信，企图约束自己不再抛头露面，以免招来更大的灾祸。翁同龢书法以刚健精湛闻名，后来又迷上绘画，书画成为罢官之后的主要消遣。

一天，他在山坡散步，路遇一老僧人。老僧并不认识翁同龢，攀谈之际仔细打量其面色，忽然告诉他还有六年阳寿。此时的翁同龢已不对未来抱多大期望，当时一笑而过，岂料果然六年之后与世长辞，享年七十五岁。翁同龢临死前，写有一首绝命诗："六十年间事，凄凉到盖棺。不将两行泪，轻向尔曹谈。"同时还写有遗折一件，虽然他明知此折不可能呈光绪帝，但还是为自己晚年不能报国深感惭愧，期待国家日后能致富强。

翁同龢晚景虽然潦倒，却不肯以卖文题字以为谋生。及至他去世，当地人争先恐后抢购他的墨宝，一副随手书写的楹联竟能卖到二十多两银子，是一般书匠所书楹联售价的几百倍。翁同龢晚年困顿之际常写些诗歌抒发情怀，这些诗歌纸笺渐渐堆积了一小箱。待其死后，家人将箱子里的纸笺盗出，又卖了不少钱。可惜这些诗草就此散落各地，再也不能为翁同龢编一部晚年诗集。

综观翁同龢的一生，历经清王朝日渐衰落的同、光两朝，尽管他为官尽职尽责，善于发现和培养人才，礼贤下士，但是境外强敌环伺，国运日衰，绝非他一人之力所能挽回。最终因力促变法得罪慈禧太后，晚年抑郁而终，清王朝也随之更加衰落。翁同龢死后，慈禧太后仍掌大权，他的死与李鸿章去世相比称得上天壤之别。有人在翁同龢家门外贴有一副挽联："悠悠苍天，咄咄怪事；昭昭青史，耿耿孤忠"，基本肯定了翁同龢的一生。直到慈禧太后去世后，摄政王载沣怀念翁同龢昔日教导之恩，下诏恢复原官，追加谥号文恭。而这时距翁同龢过世已经五年了。

中华名人百传

名相贤臣

王书利⊙主编

导　读

　　中国古代是一段扑朔迷离,风云变幻,极富神秘感的历史。在那段历史中,在君王的身边就必须有这样的一个智囊团,而贤明的宰相和权臣便是这智囊团中的佼佼者。在历史大舞台上,充分施展自己的聪明才智,辅佐皇帝终成伟业,如秦之吕不韦、李斯,汉之萧何,唐之房玄龄、杜如晦、姚崇、宋璟,宋之王安石,明之张居正等等;但也有像赵高、秦桧、严嵩这样凭借着自己手中的权力,为非作歹,对国家统一、民族团结、生产发展、社会进步及人民生活造成极大破坏的宰相或权臣。

　　读史可以鉴今,读史使人明智。庞大的文明史对于个体的人生来讲,是一座取之不尽、用之不竭的智慧宝库,它在为我们讲述人类昨天的同时,也在告诉我们如何去解读今天周围的一切。历来善于从历史中获得经验的人都无一例外地成为他所在的时代中的强者。本卷《名相贤臣》以正面评说的方式向读者展示了一个个历代名臣的真实面目以及他们的文韬武略。

圣人之师

——管仲

名人档案

管仲: 名夷吾,字仲,又称管敬仲,周王同族姬姓之后,颍上(今安徽颍上)县人。

生卒时间: ? ~前645年。

安葬之地: 葬于临淄(今淄博市临淄区)牛山北麓。

性格特点: 注重实际,反对空谈主义。

历史功过: 被称为"春秋第一相",辅佐齐桓公成为春秋时期的第一霸主,所以又说"管夷吾举于士"。

名家评点: 孔子曾称赞管仲:"微管仲,吾其被发左衽矣。"(《论语·宪问篇》)意思是:管仲辅助齐桓公做诸侯霸主,一匡天下。要是没有管仲,我们都会披散头发,左开衣襟,成为蛮人统治下的老百姓了。这话是有一定道理的。

幸得名主

管仲小时候常跟鲍叔牙在一起,鲍叔牙知道他很能干。管仲家里穷,两人合伙做生意时,他常沾鲍叔牙的便宜,但鲍叔牙还是待他很好,从不埋怨,因为他知道管仲不是贪图小财,而是因为家中贫困。鲍叔牙和管仲都有远大的政治抱负,他们弃商后不久,鲍叔牙跟随了齐公子小白,管仲则追随了齐公子纠。不久,齐国发生内乱,齐襄公的堂弟公孙无知杀死襄公自立为君。没几天,他又被民众杀死。齐国无主,一片混乱。

齐国大夫高傒素与公子小白交好,就派人迎正在莒国主政的小白回齐为君。鲁庄公则想帮公子纠当上齐君,于是他探得消息后就让管仲带人劫杀公子小白,管仲在途中遇上公子小白后一箭射中了小白的铜衣带钩,小白立即倒下装死,并趁机回到齐国做了国君,就是齐桓公。管仲不知内情,将"射死"小白的事告诉了鲁庄公,护送公子纠的鲁军就放慢了速度,齐桓公很快就出兵阻拦公子纠,两军大战于乾时(今山东省淄博市西面),鲁军大败。于是齐桓公向鲁庄公施加压力要求鲁庄公杀死公子纠的重臣召忽和管仲,鲁庄公顶不住压力就处死公子纠,并将管仲和召忽擒住,准备将二人送还齐桓公发落,以期退兵。召忽为了表达对公子纠的忠诚而自杀。死之前对管仲说:"我死了,公子纠可说是有以死事之的忠臣;你活着建功立业,使齐国称霸诸侯,公子纠可说是有生臣了。死者完成德行,生者完成功名。死生在我二人是各尽其份了,你好自为之吧。"管仲抱着"定国家,霸诸侯"的远大理想,被装入囚车,随使臣回国。在回齐国的路上,管仲生怕鲁庄公改变主意,为了让役夫加快赶路,就心生一计,即兴编制了一首悠扬激昂的黄鹄之词,用唱歌给他们解除疲劳为名,教他们唱歌。他们边走边唱,越唱越起劲,越唱走得越快,本来两天的路程,结果一天半就赶到了。鲁庄公果然后悔,管仲乃天下奇才,若大用于齐,齐桓公无疑如虎添翼,不如先除掉此患。待他醒悟过来派兵追赶时,早已来不及了。

管仲一路恐慌,最后平安到了齐国,鲍叔牙正在齐国边境堂阜迎接他。老友相逢,格外亲切。鲍叔牙马上命令打开囚车,去掉刑具,又让管仲洗浴更衣,表示希望能辅助齐桓公治理国家。稍事休息后,管仲对鲍叔牙说:"我与召忽共同侍奉公子纠,既没有辅佐他登上君位,又没有为他死节尽忠,实在惭愧。现在又去侍奉仇人,那该让天下人多么耻笑呀!"鲍叔牙诚恳地对管仲说:"你是个明白人,怎么倒说起糊涂话来。做大事的人,常常不拘小节;立大功的人,往往不需他人谅解。你有治国的奇才,桓公有做霸主的远大志愿,如你能辅佐他,日后不难功高天下,德扬四海。"

做好管仲的工作后,鲍叔牙赶回临淄向齐桓公报告。齐桓公本想杀死管仲报当初一箭之仇。鲍叔牙便向齐桓公恳切地说:"大王您要治理齐国,有高傒和我就足够了;但想称霸天下,却非有管仲不可!管仲身怀大才,他在哪个国家,哪个国家就会强盛起来!"齐桓公听从了鲍叔牙的忠言,选择吉祥日子,以非常隆重的礼节,亲自去迎接管仲,以此来表示对管仲的重视和信任。同时也让天下人都知道齐桓公的贤达大度。并任命管仲为宰相,位在鲍叔牙之上。

实施改革

齐桓公经常同管仲商谈国家大事。一次齐桓公召见管仲,首先把想了很久的问题摆了出来。"你认为现在的国家可以安定下来吗?"管仲通过这个阶段的接触,深知齐桓公的政治抱负,但又没有互相谈论过,于是管仲就直截了当地说:"如果你决心称霸诸侯,国

家就可以安定富强,你如果要安于现状,国家就不能安定富强。"齐桓公听后又问:"我现在还不敢说这样的大话,等将来见机行事吧!"管仲被齐桓公的诚恳所感动,他急忙向齐桓公表示:"君王免臣死罪,这是我的万幸。臣能苟且偷生到今天,不为公子纠而死,就是为了富国家强社稷;如果不是这样,那臣就是贪生怕死,一心为升官发财了。"说完,管仲就想告退。齐桓公被管仲的肺腑之言所感动,便极力挽留,并表示决心以霸业为己任,希望管仲为之出力。

后来,齐桓公又问管仲:"我想使国家富强、社稷安定,要从什么地方做起呢?"管仲回答说:"必须先得民心。""怎样才能得民心呢?"齐桓公接着问。管仲回答说:"要得民心,应当先从爱惜百姓做起;国君能够爱惜百姓,百姓就自然愿意为国家出力。""爱惜百姓就得先使百姓富足,百姓富足而后国家得到治理,那是不言而喻的道理。通常讲安定的国家常富,混乱的国家常贫,就是这个道理。"这时齐桓公又问:"百姓已经富足安乐,兵甲不足又该怎么办呢?"管仲说:"兵在精不在多,兵的战斗力要强,士气必须旺盛。士气旺盛,这样的军队还怕训练不好吗?"齐桓公又问:"士兵训练好了,如果财力不足,又怎么办呢?"管仲回答说:"要开发山林、开发盐业、铁业,发展渔业,以此增加财源。发展商业,取天下物产,互相交易,从中收税。这样财力自然就增多了。军队的开支难道不就可以解决吗?"经过这番讨论,齐桓公心情兴奋,就问管仲:"兵强、民足、国富,就可以争霸天下了吧?"但管仲严肃地回答说:"不要急,还不可以。争霸天下是件大事,切不可轻举妄动。当前迫切的任务是百姓休养生息,让国家富强,社会安定,不然很难实现称霸目的。"由于管仲系统地论述了治国称霸之道,使齐桓公的全部问题都迎刃而解,不久就拜管仲为相,主持政事,为表示对管仲的尊崇,称管仲为仲父。

管仲为齐相后,根据当时形势,对齐国进行了一系列改革。

在行政方面:划分和整顿行政区划和机构,把国都划分为六个工商乡和十五个士乡,共二十一个乡。十五个士乡是齐国的主要兵源。齐桓公自己管理五个乡,上卿国子和高子各管五个乡。把国政分为三个部门,制订三官制度。官吏有三宰。工业立三族,商业立三乡,川泽业立三虞,山林业立三衡。郊外三十家为一邑,每邑设一司官。十邑为一卒,每卒设一卒师。十卒为一乡,每乡设一乡师。三乡为一县,每县设一县师。十县为一属,每属设大夫。全国共有五属,设五大夫。每年初,由五属大夫把属内情况向齐桓公汇报,督察其功过。于是全国形成统一的整体。

军队方面,管仲强调寓兵于农,规定国都中五家为一轨,每轨设一轨长。十轨为一里,每里设里有司。四里为一连,每连设一连长。十连为一乡,每乡设一乡良人,主管乡的军令。战时组成军队,每户出一人,一轨五人,五人为一伍,由轨长带领。一里五十人,五十人为一小戎,由里有司带领。一连二百人,二百人为一卒,由连长带领。一乡二千人,二千人为一旅,由乡良人带领。五乡一万人,立一元帅,一万人为一军,由五乡元帅率领。齐桓公、国子、高于三人就是元帅。这样把保甲制和军队组织紧密结合在一起,每年

春秋以狩猎来训练军队,于是提高了军队的战斗力。同时又规定全国百姓不准随意迁徙。人们之间团结居住,做到夜间作战,只要听到声音就辨别出是敌我;白天作战,只要看见容貌,大家就能认识。

为了解决军队的武器,规定犯罪可以用盔甲和武器来赎罪。犯重罪,可用甲与车戟赎罪。犯轻罪,可以用值与车戟赎罪。犯小罪,可以用铜铁赎罪。这样可补充军队的装备不足。

在经济方面,管仲提出"相地而衰"的土地税收政策,就是根据土地的好坏不同,来征收多少不等的赋税。这样使赋税负担趋于合理,提高了人民的生产积极性。又提倡发展经济,积财通货,设"轻重九府",观察年景丰歉,人民的需求,来收散粮食和物品。又规定国家铸造钱币,发展渔业、盐业,鼓励与境外的贸易,齐国经济开始繁荣起来。

由于管仲推行改革,齐国出现了民足国富、社会安定的繁荣局面,齐桓公对管仲说:"现在咱们国富民强,可以会盟诸侯了吧?"管仲谏阻道:"当今诸侯,强于齐者甚众,南有荆楚,西有秦晋,然而他们自逞其雄,不知尊奉周王,所以不能称霸。周王室虽已衰微,但仍是天下共主。东迁以来,诸侯不去朝拜,不知君父。您要是以尊王攘夷相号召,海内诸侯必然望风归附。"

助君称霸

在对外政策上,管仲提出了"尊王攘夷",并积极促使齐桓公采纳。尊王就是尊重周天子,承认周天子的共同领袖的地位。因为在当时如果公开争夺天子的权力,会招致诸侯们的联合反对,如果"尊王",就可以从道义上得到诸侯国的支持;"攘夷"就是联合各诸侯国,共同抵御戎、狄等部族对中原的侵扰。同时暗中遏制从江汉极力向北扩张的楚国。这也是中原各诸侯国的共同心愿。攘夷于外,必须尊王。尊王成为当时一面正义旗帜。

齐桓公二年(前684年),齐桓公借报收纳公子纠之仇,出兵伐鲁。当时鲁国刚被齐国打败不久,元气尚未恢复,齐兵压境,举国上下一片恐慌。恰巧鲁国曹刿出来为鲁庄公出谋献计,在长勺(今山东莱芜东北)把齐国打败。鲁国胜利后又去侵犯宋国,齐国为了报复长勺之败,又勾结宋国来攻打鲁国。由于鲁庄公采纳大夫公子偃的建议,在秉丘(今山东巨野西南)打败宋军。宋军一败,齐军自然也就撤走。次年,宋国为了昭雪秉丘之耻,又兴兵攻鲁,鲁庄公发兵抵抗,趁宋兵还没站住阵脚就发动猛攻,结果宋国被打得惨败。宋国连吃败仗,国内又发生内乱。大夫南宫长万杀了新立的郑闵公,不久宋贵族又杀了南宫父子。宋国的内乱,鲁国的战败,使他们的力量大为削弱。

谭国(今山东济南东)是齐国西邻的小国。齐桓公出奔时曾经过这里,当时谭国君对齐桓公很不礼貌,齐桓公继位,谭国也没派遣使臣祝贺。按照春秋的礼法,象谭国这样失礼,遭

到谴责是自然的。齐桓公对此极为不满，因此管仲建议出兵问罪。谭国本来很小，力量十分微弱，怎能经受齐国大兵的进攻。结果很快就被齐国消灭。齐国没费力气消灭了谭国，扩大了国土。齐桓公五年（前681年），在管仲的建议下，齐国与宋、陈、蔡、郑等国在齐的北杏（今山东聊城东）会盟，商讨安定宋国之计。遂国（今山东肥城南）也被邀请，但没有参加。管仲为了提高齐国的威望，就出兵把遂国消灭。鲁国本来比较强大，但因接连被齐国打败，又看到诸侯国都服从齐国，不服从齐国的遂、谭两国又被消灭，所以也屈服了齐国。不久，齐国与鲁国和好，在柯（今山东东阿西南）会盟。这次会盟很隆重，会场布置庄严。修筑高坛，两边大旗招展，甲士列士，十分威武。齐桓公和管仲正坐坛上。就在这次会盟中，发生了著名的曹沫劫盟事件。会盟规定，只许鲁君一人登坛，其余随员在坛下等候。当鲁庄公与卫士曹沫来到会场，将要升阶入坛时，会盟宾相告诉他，不准曹沫升坛。曹沫戴盔披甲，手提短剑紧跟鲁庄公身后，对宾相瞪大圆眼，怒目而视，眼角几乎都要瞪裂了，吓得宾相后退几步，鲁庄公与曹沫就顺阶入坛。鲁庄公与齐桓公经过谈判，然后准备歃血为盟，正在这时，曹沫突然拔剑而起，左手抓住齐桓公的衣袖，右手持短剑直逼齐桓公。顿时齐桓公左右被吓得目瞪口呆。此时管仲沉着勇敢，急忙插进齐桓公与曹沫中间，用身体保护住齐桓公，然后问："将军要干什么？"曹沫正然道："齐强鲁弱，大国侵略鲁国，欺人太甚。现在鲁国城破墙毁，几乎快要压到齐国。请考虑怎么办？"齐桓公见形势不妙，马上答应归还占领的鲁国土地。诸约草成，曹沫收剑徐步回位，平息如初，谈笑如故。会盟结束，鲁国君臣胜利回国。齐桓公君臣却愤愤不乐，许多人都想毁约，齐桓公也有这种想法。管仲不同意毁约，劝说齐桓公："毁约不行，贪图眼前小利，求得一时痛快，后果是失信于诸侯，失信于天下。权衡利害，不如守约，归还占领的鲁国国土为好。"齐桓公听取了管仲的意见。不久宋国叛齐，次年齐桓公邀请陈、曹出兵伐宋，又向周王室请求派兵伐宋。周王室派大臣单伯带领王师，与三国军队共同伐宋，结果宋国屈服了。

公元前651年，齐桓公乘机以招待周王使者为名，于会盟诸侯葵丘（今河南兰考），从此齐桓公已成为公认的霸主。周襄王派宰孔为代表参加，并特许齐桓公免去下拜谢恩之礼。齐桓公本来想答应，但管仲灵机一动，忙劝齐桓公说："不可！周王虽然谦让，臣子却不可不敬。"齐桓公见管仲表情严肃，便知道此种必有蹊跷，于是下拜受周襄王的赐予。众诸侯见此，皆叹服齐君之有礼。管仲让齐桓公下拜，却树立了齐桓公处处维护周天子的形象。齐桓公又重申盟好，订立了新盟。"葵丘会盟"更加确立了齐桓公的地位。至此，经过近30年的苦心经营，齐桓公在管仲的辅佐下，先后主持了三次武装会盟，六次和平会盟；还辅助王室一次，史称"九合诸侯，一匡天下"，齐桓公一步步成为春秋时期公认的中原霸主。

临终论相

　　管仲虽然为齐桓公创立霸业立下了不朽的功勋,但他谦虚谨慎。周襄王郑五年(前647年),周襄王的弟弟叔带勾结戎人进攻京城,王室内乱,十分危机。齐桓公派管仲帮助襄王平息内乱。管仲完成得很好,获得周王赞赏。周襄王为了表示尊重霸主的臣下,准备用上卿礼仪设宴为管仲庆功,但管仲没有接受。最后他接受了下卿礼仪的待遇。

　　周襄王七年(公元前645年),为齐桓公创立霸业呕心沥血的管仲患了重病,齐桓公去探望他,询问他谁可以接受相位。管仲说:"国君应该是最了解臣下的。"齐桓公欲任鲍叔牙,管仲诚恳地说:"鲍叔牙是君子,但他善恶过于分明,见人之一恶,终身不忘,这样是不可以为政的。"齐桓公问:"易牙怎样?"管仲说:"易牙为了满足国君的要求不惜烹了自己的儿子以讨好国君,没有人性,不宜为相。"齐桓公又问:"开方如何?"管仲答道:"卫公子开方舍弃了做千乘之国太子的机会,屈奉于国君15年,父亲去世都不回去奔丧,如此无情无义,没有父子情谊的人,如何能真心忠于国君?况且千乘之封地是人梦寐以求的,他放弃千乘之封地,俯就于国君,他心中所求的必定过于千乘之封。国君应疏远这种人,更不能任其为相了。"齐桓公又问:"易牙、开方都不行,那么竖刁怎样?他宁愿自残身肢来侍奉寡人,这样的人难道还会对我不忠吗?"管仲摇摇头,说:"不爱惜自己的身体,是违反人情的,这样的人又怎么能真心忠于您呢?请国君务必疏远这三个人,宠信他们,国家必乱。"管仲说罢,见齐桓公面露难色,便向他推荐了为人忠厚、不耻下问、居家不忘公事的隰朋,说隰朋可以帮助国君管理国政。遗憾的是,齐桓公并没有听进管仲的话。易牙听说齐桓公与管仲的这段对话,便去挑拨鲍叔牙,说管仲阻止齐桓公任命鲍叔牙。鲍叔牙笑道:"管仲荐隰朋,说明他一心为社稷宗庙考虑,不存私心偏爱友人。现在我做司寇,驱逐佞臣,正合我意。如果让我当政,哪里还会有你们容身之处?"易牙讨了个没趣,深觉管仲交友之密,知人之深,于是灰溜溜地走了。

　　不久管仲病逝。齐桓公不听管仲病榻前的忠言,重用了易牙等三人,结果酿成了一场大悲剧。二年后,齐桓公病重。易牙、竖刁见齐桓公已不久于人世,就开始堵塞宫门,假传君命,不许任何人进去。有二宫女乘人不备,越墙入宫,探望齐桓公;桓公正饿得发慌,索取食物。宫女便把易牙、竖刁作乱,堵塞宫门,无法供应饮食的情况告诉了齐桓公。桓公仰天长叹,懊悔地说:"如死者有知,我有什么面目去见仲父?"说罢,用衣袖遮住脸,活活饿死了。桓公死后,宫中大乱,齐桓公的几个公子为争夺王位各自勾结其党羽,互相残杀,致使齐桓公的尸体停放在床上六七十天无人收殓,尸体腐烂生蛆,惨不忍睹。第二年三月,宋襄公率领诸侯兵送太子昭回国,齐人又杀了作乱的公子无亏,立太子昭为君,即齐孝公。经过这场内乱,齐国的霸业开始衰落。中原霸业逐渐移到了晋国。管仲的一

生,不仅建立了彪炳史册的功勋,还给后世留下了一部以他名字命名的巨著——《管子》。书中记录了他的治国思想,对后世影响深远。

管仲思想中有不少可贵的地方,如他主张尊重民意,他说"顺民心为本","政之兴,在顺民心;政之所废,在逆民心"。管仲的思想对后代影响很大。当然,管仲是春秋时代的历史人物,所以他也有历史局限。如为齐桓公创立霸业而加重了人民的负担,在改革中主要是代表统治阶级利益等。虽然这样,管仲仍不失为一位大政治家、思想家,在历史上有过巨大贡献。孔子就称赞管仲说:"管仲辅助齐桓公做诸侯霸主,一匡天下。要是没有管仲,我们都会披散头发,左开衣襟,成为蛮人统治下的老百姓了。"这话是有一定道理的。

至于管仲当官后很阔气,财产可和齐王公室相比,娶了三种姓氏的女子,还用了诸侯宴会时使用的"反坫"礼之事,并不影响他在齐国人心目中的地位。人们都认为他受之无愧,理所应当,他是一代贤相。

名相贤臣

宰相楷模

——蔺相如

名人档案

蔺相如：战国时赵国大臣，今河北曲阳人，一说山西临汾人，官至上卿，赵国宦官头目缪贤的家臣，战国时期的政治家。

生卒时间：前329~前259年。

安葬之地：临潼区东15公里，戏河之西，临马道北，有座占地6600平方米，高15米，呈方形隆顶的古冢，为战国七雄之一赵国上卿蔺相如之墓。

性格特点：蔺相如多谋善辩，胆略过人；他以国家利益为重，善于人和，不畏强暴。

历史功过：根据《史记·廉颇蔺相如列传》所载，他的生平最重要的事迹有"完璧归赵""渑池之会"与"负荆请罪"三个。

名家评点：出使秦国，留下了流芳千古"完璧归赵"的故事。他为了国家利益，忍辱负重，使大将廉颇"负荆请罪"，"将相和"的典故为历代人们所传颂。

临危受命

公元前283年，赵惠文王得到了楚国的和氏宝玉。这块宝玉洁白无瑕，把它置于暗处，它就会闪放光泽。而且这玉还能去除尘埃，有驱逐蚊蝇的功效，如果把它置于怀里，还可以冬暖夏凉。由此可见这是其他玉石所不能相比的宝贝。这块宝玉相传是春秋时楚国人卞和在山中发现，别人都以为它只是一块玉璞，看上去和普通的石头没有什么区

别。可是卞和却认为它是块难得的宝石,所以他很想把它献给楚国的大王,他先后两次来到王宫,想把它献给厉王、武王,可是经过玉工的鉴定,都说这只是块普通的石头而已,这样一来,就把国王给惹怒了,他们都以为是卞和戏弄自己,所以他们分别砍掉了卞和的左右脚。楚文王继位时,卞和就抱着玉璞在山中哭泣个不停。楚文王知道这件事后,他叫人把卞和找来,而后命人把这块玉璞剖开,果然得到一块稀世的美玉,由此取名为"和氏璧"。

后来,这块宝玉辗转到了赵国国王的手里。时隔不久,秦国的国君秦昭王知道了这件事,他也很想得到这块宝玉,于是他就派遣使者来到赵国,把自己的一封信交给了赵惠文王,在这封信里的讲明就是自己愿意拿秦国的十五座城池来换取赵国的这块宝玉。赵惠文王读完信后感到非常为难,不知道该怎么办才好,于是就把大将军廉颇和其他的文武大臣都召到大殿上来,把秦王来信的意思说了出来,问大家这事该怎么办。

秦国在当时的诸侯国中是势力最强大的,秦国曾多次欺骗过其他的国家,只要和秦国打交道,没有不吃亏的。赵惠文王担心即使把和氏璧送给秦国,秦国也不会真的用十五座城来交换,如此一来,就会白白地受到欺骗;如果不给,秦强赵弱,又害怕秦国会出兵来攻打赵国。他为此感到十分为难。这时有位大臣提议说:"我们可以派一位智勇双全的人带着和氏璧去秦都咸阳见秦王,如果秦国把答应给赵国的城池给了赵国,那就把璧给秦王;如果赵国得不到城池,那就把和氏璧再带到赵国来,这可称得上是两全之计。"君臣一番议论,感觉目前只有这种办法是最好的。可这时候又出现了一个新的难题,那就是派谁到秦国去和秦王交涉这件事,谁愿意担当赴秦的使者?

这个问题说出来,朝中的文武们开始还交头接耳地说几句,可是过了一会,就谁都不言语了。因为大臣们都知道,秦国可不是好惹的,此事处理不好,还会有引发战争的危险。去和秦王当面进行交涉,谁也没有这个胆量,因为大家都知道秦王是个蛮横不讲理的暴君,他总是凭借着自己的强大对弱国进行欺诈。一时间,大殿上显得寂静异常。赵王这时候不由得叹了口气,更加显得愁眉不展了。就在此时,宦官头目缪贤走了出来说:"大王,我倒可向你推荐一个人,这个人是我的家臣,名叫蔺相如,这个人很有心计,并且勇略过人。我觉得派他到秦国,一定会完成任务的。"赵王一听,眼睛一亮,于是他就想深一步了解蔺相如这个人,他问:"那你怎么肯定他可以出使秦国呢?"缪贤说:"我原先冒犯过大王,当时因为怕您治我的罪,所以我就打算偷偷地逃到燕国去。蔺相如知道后,马上劝阻我说:'你怎么知道燕王就一定会接纳你呢?'我就告诉他说:'我曾经跟随大王在边境上跟燕王相会。当时燕王曾经私下里握住我的手表示愿意跟我交朋友,可见我给燕王的印象还不错。所以,我就决定到燕国去投靠燕王。'蔺相如听了,却不以为然地摇了摇头说:'燕王之所以愿意跟你交朋友,是因为赵强燕弱,而你又是赵王最宠信的大臣。现在你如果弃了赵王逃到燕国,那燕王因为害怕赵国,所以绝不敢收留你,相反他还会把你给捆绑起来送回赵国。到那个时候,恐怕你的性命也就难保了。我给你出个主意,你现

在还不如脱掉衣服,赤身伏在腰斩人的斧子上,亲自到大王面前去认罪,请大王进行处罚,相信大王宽厚仁慈,他会对你宽恕的。'我听从他的主意,于是就按照他说的去做了,结果大王您还真的宽恕了我。所以我认为派蔺相如去就一定能够圆满地完成这个任务。"赵王点了点头,他想,目前也没有其他合适的人选,只好派蔺相如去了。

他马上派人把蔺相如给召到了大殿上。赵惠文王问他:"如今秦王要用十五座城池来换和氏璧,你说我们可以答应他吗?"蔺相如回答说:"秦国强大赵国弱小,我们不能得罪他,此事不得不答应。"赵王又问:"可是我担心秦王得了和氏璧,却并不肯把城池交给我赵国,你说这又该当如何呢?"蔺相如说:"这确实是令人担心的事,可是秦国说用十五座城来和赵国交换和氏璧,如果赵国不答应此事,那就是我们理亏,秦国也正好以此为借口来攻打赵国;如果赵国把和氏璧送交到秦国,而秦国则不肯把城池交给赵国的话,那就是秦国理亏。所以做一下比较,我认为还是答应秦国为好,派人把和氏璧送到秦国去,这样就会让秦国背负不讲道理的责任。"赵王认为蔺相如说得很有道理。过了一会儿,蔺相如接着说:"我想大王此时还没有适当的人选去出使秦国,我愿意接受这个差使,如果秦国当时真的把十五座城池交给赵国,那我就把宝玉留在秦国;如果秦国并无诚意,不交出城池的话,我一定会把和氏璧完好无损地带回赵国来。"

赵惠文王听了蔺相如的话十分高兴,当即任命蔺相如做出使秦国的使臣,准备让他带着和氏璧去往秦国。但是在去秦国之前,赵王要求蔺相如一定要和赵国有名的大将廉颇见见面,再好好商讨一下。廉颇是赵国最有声望也是赵王最器重的大将。早在武灵王在位时,他就率军南征北战,为赵国立下了汗马功劳;赵惠文王上了台之后,他更是东挡西杀,为赵国屡建奇功,因此,赵惠文王非常器重他。可以说,对赵国来说,他是谁也比不了的功臣,地位是举足轻重。

廉颇这几天总是想着秦王要用十五座城池来换那块和氏璧的事,他知道赵王找自己肯定是商量这件事情。所以,他很快就来到赵王的宫中。到了宫里之后他才发现,除了赵王之外,还有一个陌生的黑瘦大汉也在这里。廉颇心里面在想,不知这大汉是什么人?看见自己最为倚重的大将军到了,赵王很高兴,立即开口说道:"廉将军,我来为你们相互引见一下,现在站在你对面的人是蔺相如,将要代表我们赵国出使秦国。"廉颇和蔺相如相互见礼。蔺相如很诚恳地说:"廉将军,我早就听说您的大名了。真是如雷贯耳。"廉颇也不由自主地从上到下地打量了蔺相如一番。赵王这时对廉颇说:"廉将军,秦国想要用十五座城池来换和氏璧。你知道和氏璧可是我们赵国的宝物,可是秦国这样提出来,如果不给他去看,就会显得我们赵国太小气了。廉将军,你认为如何呢?"廉颇说:"那就让他看也无妨,他若不还,我们赵国就可以和他开仗。"赵王听廉颇这么说很高兴,他说:"我赵国有廉将军领导的军事力量做后盾,那我就什么都不用怕了。蔺相如,你说我们该怎么做呢?"蔺相如说:"我带着和氏璧前往秦国时,廉将军可以将大队人马驻扎在秦国和赵国的边界处,做好打仗的准备。我先行秦国,见到秦王之后,见机行事,有一点大王尽可

放心,我会使和氏璧完好无损的回归赵国的。等我带着宝玉来到安全的地方,廉将军即可撤兵。这样一来,可起到威慑秦国的作用。也不会让秦国抓到什么把柄,更不会出现什么乱子。"赵王认为这个策略很好,点头称赞,立即安排就这么执行。

完璧归赵

蔺相如到了秦国,秦昭王在章台,也就是他的偏殿中接见了蔺相如,蔺相如双手捧着和氏璧,样子很是恭敬,秦王的侍从把璧接过来,交到秦王手里,秦王很小心地接过和氏璧。把外面的布锦打开,里面包着的果然是一块纯白无瑕的宝玉,只见这块宝玉光华闪烁,经过天衣无缝的精雕细琢,的确是块稀世之宝,秦王赞叹不已,他正在欣赏,这时他的那些妃嫔闻讯赶来,都说要看这块玉,秦王很高兴的就把玉递了过去,由她们依次进行赏玩,接下来,秦王又把玉让他的文武大臣和侍从们欣赏,看了玉的人无不啧啧称赞,称大王得此宝玉乃是上天所赐,纷纷向秦王表示祝贺。君臣们只知道议论和氏璧的事,似乎倒把蔺相如给忘记了。过了好长的时间,秦王都未提及以城换璧的事。

一直站在殿上的蔺相如看到这种情形,已料到秦王绝对不会是以城换璧,可是如今璧在秦王手里,该如何把它要回来呢?他灵机一动,便有了主意,他对秦王说:"这块宝玉看上去确实很好,可是还是难免有点小毛病。"秦王一听,不由问道:"是吗?本王倒是没有看出来,那你指给我看。"说着,他就叫人就把璧交给蔺相如,蔺相如把璧接过来,猛然间向后疾速地退了几步,让自己的身子靠到柱子。这时候,蔺相如就面现愤怒之色,连头发都快竖起来了。他义正词严地对秦王大声地说道:"大王为了想得到这块美玉,写信给我家赵王,说要用十五座城池来交换这块玉,当时朝中的文武大臣都说秦国国君贪得无厌,依仗着自己的势力强大,想用几句空话来骗取赵国的宝玉。所以大家都不同意把璧送来。可是我却是这样认为的,平常老百姓交朋友都喜欢相互之间注重信誉,从不欺骗,更何况秦国是一个堂堂的大国呢?不至于因为一块璧而伤了两国的和气。因此赵王就采纳了我的意见,为此他还斋戒了五天,写下了国书,然后派我为使臣带着和氏璧来到了秦国。赵王的态度是如此恭敬。可是大王却在偏殿接见我,而且大王的态度又是如此地傲慢。把这样贵重的宝玉随便交由下人们观看,这不是明摆着在戏弄我吗?同时也是对赵国的不尊敬,所以我认为大王并不是诚心诚意用城来换璧,因此我就把它要了回来。如果大王一定要逼迫我,那我宁愿自己撞死在这柱子上,也要把这块宝玉撞个粉碎。"说完,蔺相如双手举起和氏璧,眼瞅着柱子,做出要向柱子砸去的样子。

秦王见状,不由担心起来,他害怕和氏璧受到损伤,于是立即叫住蔺相如,让他不要这样做,然后赶忙向蔺相如赔礼道歉,说:"先生不要误会,我怎能不讲信用呢?"同时又把掌管地图的官员叫了过来,秦王当着蔺相如的面把地图摊开,指着地图上的地方对蔺相

名相贤臣

如说,自己想把从这里到那里的十五座城划归给赵国。此时,蔺相如却很冷静,他想,秦王这样无非是装装样子而已,绝对不会真的就把城池给赵国,为了给自己赢得时间,他就对秦王说:"和氏璧是世上罕有的宝贝,赵王对这块玉极是喜欢,可是因为害怕秦国势力强大。所以不得不献给秦王,因此赵王在送走这块璧的时候,斋戒了五天,还在朝堂大殿上举行了十分隆重的仪式。如今大王想要接受这块玉,就应该学赵王的样子,先是斋戒五天,然后在朝堂大殿上举行九宾之礼,这样一来,我才会放心地把这块宝璧献给大王。"秦王一想,和氏璧在蔺相如的手里,不好采取强取硬夺的办法,于是他就答应了蔺相如所说的条件。准备斋戒五天,随后,他就安排人把蔺相如等人送去休息。出了皇宫之后,蔺相如心里想,尽管秦王答应斋戒五天,可是却不一定会真的把十五座城给赵国,这很可能只是秦王的缓兵之计,他还是准备伺机强取宝玉的,为了以防万一,蔺相如就选了一名办事精干的随从,让他穿上平民的粗布衣服,打扮成了普通老百姓的样子,怀揣着和氏璧,悄悄地溜出咸阳城,自小路连夜赶回了赵国。

再说秦王,他假装自己斋戒了五天,然后就在朝廷大殿上设下了隆重的九宾之礼。两边站着文武大臣,一派庄严气氛。接下来,秦王传下命令,要蔺相如来到殿上向秦王献和氏璧。蔺相如接到消息后,快步走入朝堂大殿,对秦王行礼,完毕。这时候,秦昭襄王对蔺相如说:"我已经斋戒五天了,现在就请你把和氏璧拿出来吧。"蔺相如说:"秦国自秦穆公以来,已经历经了二十一位国君,可是却没有一个是讲信用的。因此我担心自己受到大王的欺骗从而对不起赵国,所以我就派人暗中把和氏璧带着离开秦国,如今恐怕早已到了赵国了。"秦王一听,当时脸色就沉了下来,不由地大发雷霆。可是蔺相如却举止从容,十分镇静地说:"请大王不要发怒,让我把话说完。当今天下人都知道秦国是强国,赵国是个弱国。所以赵王自从接到大王的信,说是要以城换璧之后,赵国没有丝毫的违抗,马上就派我前来,把宝玉送来。天下只有强国欺负弱国的,决不会出现弱国欺压强国的道理。大王如果真的想要那块璧的话,就请先把那十五座城池割让给赵国,然后派使者同我一起到赵国去取璧。只要赵国得到了十五座城池,绝不敢不把璧交出来。这一次的确是我欺骗了大王,实是罪该万死,可是我已经做好了不想生还的打算了。现在大王尽可以把我扔进油锅里烹死。这样一来,也让天下的诸侯都知道秦国为了得到一块璧而诛杀了赵国的使者,这样更显大王的威名了。"秦王听蔺相如振振有词,可是他又狡辩不得,对此他只得苦笑了一下,因为他已经知道,自己的阴谋被彻底揭穿了,于是他说道:"无非就是一块玉而已,没什么大不了的。"可是秦王的那些文武大臣们却都建议秦王把蔺相如给杀掉,秦王对众人说:"杀了蔺相如也没什么好处,不但得不到宝玉,反而损害了秦赵两国的友好关系,也损害了秦国的名声。所以还不如趁机好好对他进行招待,放他回赵国去。"

接下来,秦王仍旧依照九宾之礼隆重地招待了蔺相如,然后又很客气地送他回赵国去了。蔺相如有惊无险地回到了赵国。赵惠文王对他能如此圆满地完成出使任务非常

赞赏,在朝堂之上就把他提拔为上大夫。

秦昭襄王本来也不是真心想用十五座城池去换和氏璧,只不过是想借此事件来试探一下赵国的态度和实力而已。现在看到赵王身边还有蔺相如这样有勇有谋的人,知道赵国虽然实力没有秦国大,但也不能小视,所以也就不再打赵国的主意了。

将相言和

公元前 282 年,秦国派遣大将白起攻打赵国,并很快就攻取了赵国的简和祁两个地方。转过年来,秦兵又攻占了赵国的石城;一年过后,秦国再次向赵国发动进攻,在两军交战的过程中,赵国损失了两万多军队,可是秦军的攻势也由此被遏止住了。公元前 279 年,也就是赵惠文王二十年,秦昭王为了能够抽出时间和精力攻打楚国,就想同赵国讲和,于是他派使者来到赵国,约请赵王在西河外的渑池会面,想要互修友好。赵王心里感到害怕,他当即召来了几位重臣,进行商议。多数的人都不同意他去,他也打定主意不想去,可是蔺相如却不赞成,他说:"大王,前次因为和氏璧的事,我已跟秦昭襄王打过交道。他表面上恶如虎狼,可是想要吃人也不是件容易事。我劝大王还是到渑池会盟为好。臣愿保驾前去!"大将军廉颇也认为赵王推辞不去,这样并不好,他说:"秦王现在约您去会谈,如果大王不去的话,那就显得我们赵国胆怯,会受到其他诸侯的耻笑,所以还是去为好。"赵王一见二人都极力建议自己去,况且蔺相如还愿意保驾前往,所以也就有了勇气,当场做出决定,赴渑池会盟,同时命令蔺相如随同前往,由廉颇率领大军护送。廉颇把赵王护送到了边境,在临分手之际,他对赵王说:"大王此次去渑池,来回路上行程所用时间,再加上会谈的时间,估计不会超过三十天。为了防止有什么意外,如果三十天之后大王还没有回来的话,请允许我们让太子继任王位,以此来断绝秦国想要扣留大王对赵国进行要挟的念头。"赵王同意了他的建议。

此后,廉颇开始在赵国的边境布置大量的军队,以防备秦国趁机向赵国发动进攻。很快,赵王在蔺相如的陪同下如约来到了渑池,见过秦王之后,双方行过礼,便到筵席中就座,秦王和赵王互相叙谈,当酒喝到中巡的时候,秦王便想显示自己的霸道,他对赵王说:"我听说赵王很喜欢弹瑟,为了助酒兴,正好我这里有瑟,就请你给弹一支曲子来助助兴,如何?"赵惠文王虽然知道秦王这是有意要羞辱自己,可是因为惧怕秦王,他不敢推辞,只得弹了一曲《湘灵》,弹奏完,秦王又讥讽道:"我早就听说赵国的始祖列宗都很擅长音乐。如今看来,你鼓瑟鼓得好,看来的确是深得家传呀!"说着,他召来秦国御史,命他在竹简上写道:某年某月某日,秦王与赵王于渑池宴会,秦王命赵王为之鼓瑟。蔺相如看到这一切,感到极为生气,秦王这不是明摆着倚势欺负赵王吗。于是他想为赵王把这个面子争回来,他上前走了两步,对秦王说:"我们赵王听说秦王特别擅长击缶,正好我这里

名相贤臣

有个缶,现在就请你敲缶来让大家高兴高兴。"秦王听了,脸色当时就沉了下来,自然不肯答应蔺相如的要求。蔺相如一见,立即端着缶走到秦王近前。可是秦王就是不肯敲,这时蔺相如就说:"我现在离大王只不过五步,如果大王不答应的话,那我就是拼着一死,也要与你同归于尽了。"他这句话的意思就是要和秦王拼命。这时,在秦王两旁的侍卫看到主人受到胁迫,当即拔出刀来,要过去杀蔺相如。蔺相如双眼一瞪,须发皆直,大声喝叫:"谁敢过来!"那侍卫吓得后退几步,再也不敢上前,秦王虽然心里不高兴,可是他早已领教过蔺相如的厉害,怕他和自己死拼,所以只得勉强在缶上敲击了几下。蔺相如回头把赵国的御史叫来,也让他把这件事情给记了下来:某年某月某日,赵王与秦王在渑池宴会,赵王命秦王为之敲缶助兴。

这场酒筵从开始到结束,为了维护自己国家的尊严,蔺相如始终在和秦王及他的大臣们进行针锋相对、不屈不挠的斗争,并凭借着自己的智慧和勇气挫败了秦国的图谋之心。秦国那些大臣们见到秦王丝毫没有占到便宜,于是就有人说:"请赵王献出十五座城池来为我家秦王祝寿!"蔺相如也并不示弱,马上说:"请秦王拿出咸阳来为我家赵王祝福!"

这时候,双方的局面已经非常紧张了。此时秦昭襄王已经得到手下的汇报,赵国派遣的大军就驻扎在临近的地方,如果要是真的动起武来,恐怕自己也不会得到什么便宜,他马上喝住了自己的大臣,然后说道:"今天是我们秦赵两国君王欢会的日子,本来就是来论盟交好的,你们不要多说了。"接下来,他非常恭敬地送赵国君臣回国。秦赵两国的渑池之会总算有个圆满的结局。自此之后,秦、赵之间暂时没出现什么战事。

由于蔺相如的两次出使:完璧归赵,渑池挫秦,都使赵国免受屈辱,可说是为赵国立下了赫赫大功,因此他在赵国声名大振。赵惠文王也因此而对蔺相如更加信任。他在朝堂之上,拜蔺相如为上卿,如此一来,他的地位就处在群臣之首,大将军廉颇也在他之下。赵惠文王如此对待蔺相如,廉颇打心眼里不服气。廉颇对人说:"我身为赵国大将军,不知道立下了多少的汗马功劳。那蔺相如有什么本事?只是凭着一张嘴,而且,他原本是宦者的门客,出身极是卑贱。如今他的官位竟然在我之上,这可真是我的羞耻,我绝不甘心在他之下!"他同时还对外放言说:"如果我碰到了蔺相如,一定要当面对他进行羞辱一番。"他说的话传到了蔺相如的耳朵里,蔺相如为了避免和廉颇正面相见,只要是上朝,他就托病请假,他不愿意跟廉颇争位次的先后。

有一次,蔺相如坐车出门,身边还跟着几个门客。真是冤家路窄,当他们行驶到一条窄窄的街上时,迎面看到廉颇的车马也正在向这边驶来。为了避免发生冲突,蔺相如吩咐赶车的赶快退到旁边的一个小巷子里去躲一躲。等廉颇的马车过去之后,他的车才从巷子里走出来,重新来到街上。蔺相如手下的门客对蔺相如的这种做法感到非常不解,从外面回到府上之后,他们就责怪蔺相如不该如此胆小怕事。他们对蔺相如说:"我们背井离乡不远千里来到这里,投奔在您的门下,就是因为我们敬仰您的为人,因为你富于正

义,有胆量有勇气,不会向外敌屈服。可是如今您比廉颇的职位还高,廉颇还公开说出那些令人难堪的话,您见到他就害怕得躲闪回避,就如同猫见了老鼠一般,实在是太胆小了。这样的事如果让平常人遇到也会感到羞愧万分,何况你还是身为将相的人呢!我们的气量太小,实在难以忍受下去,所以只得跟您告辞了。"说到这里,他们就要转身离去。蔺相如知道他们对自己的做法有意见,于是拦住他们,对他们说道:"据你们看来廉将军跟秦王相比,哪一个更厉害?"门客们不约而同地说:"当然是秦王厉害了。"蔺相如说:"请各位想一想,秦王那么厉害,我都敢在朝堂上当众呵斥他,难道我还会害怕廉将军吗?"门客们听了,觉得很有道理,就很纳闷地问道:"那你为什么不敢见廉将军啊?"蔺相如见他们的脸色有所缓和,就耐心地给他们解释说:"因为实力强大的秦国之所以不敢来侵犯我们赵国,就是因为赵国有我和廉将军两个人在这里。如果我们两个人之间产生了不和,仅仅因为私人意气而争斗起来,就好比是二虎相斗,必有一伤啊。如果这件事情让秦国知道了,他们一定会趁机来侵犯赵国。所以为了赵国的安危,我根本就不需要计较这些个人的得失,就是因为这个,所以我才时时处处让着廉将军。"这件事情过了没多久,赵惠文王就知道了,他担心自己最为倚重的两个大臣产生不和,由此会对赵国不利,于是他派人请来了当时很有名气的游说名士虞卿,要他去说服廉颇,虞卿当即就答应下来。这一天,虞卿来到了廉颇府上。见到廉颇的面之后,虞卿首先把廉颇攻城略地,为赵国立下的巨大功绩着实夸耀了一番,接下来,他就话锋一转,说:"廉将军,如果论起军功,那蔺相如无论怎么说都无法比得上你;可是如果论起气量,那将军你可就不如他了。"廉颇起初听他夸奖自己,还比较高兴,可是听到虞卿这话之后,脸色马上就变了,他勃然大怒地问:"蔺相如所凭的只不过是口舌而已,不过是一介懦夫。他能有什么气量?"虞卿对他说:"廉将军,秦王你是知道的,他的威势可是够大的了,可是面对秦王,蔺相如从不害怕,你想一下,他又怎么会怕你呢?我听蔺相如说,秦国之所以怕赵国,就是因为赵国文有蔺相如武有廉将军您啊。如果你们两个人互相攻击,秦国知道了一定会拍手称快。到了那时候,秦国可就不怕赵国了,到时赵国肯定就要遭受秦国的凌辱。就是因为这,蔺相如才会有意避开你。显然,蔺相如首先想到的是国家,他也是因为国家才会不计较个人恩怨的啊!"廉颇听了虞卿的这一席话,顿时哑口无言,满面通红。这时,他才醒悟过来,原来蔺相如躲避自己不是害怕自己,而是怕和自己闹矛盾而影响国家前途呀。想到这里,他直埋怨自己真太小心眼了,在心里暗自佩服蔺相如这种以大局为重的高尚品质。为了表示自己的愧疚之情,这位平时威风凛凛的廉将军,当即赤着上身,并在背上绑缚着荆条,也不坐车辇,一个人步行来到蔺相如的府上请罪。

见到蔺相如后,他扑通一声跪在了地上,说:"蔺上卿,我廉颇是个武夫,没有什么大的见识,气量窄小。不知道您竟能如此宽容忍让我,真是让我惭愧万分啊。我实在是没有脸面来见您。这次我是特意来请您责打我的。"说着,廉颇从身背后取下荆条,递给蔺相如,要他责打自己。蔺相如见此,他也马上跪在地上,和廉颇跪了个面对面,他说:"廉将军啊，你我二人都是赵国的大臣，一起服侍赵王，为了国家的社稷，将军能够体谅我，我就万分感激了，又怎么敢劳将军负荆前来请罪呀！只要我们能够肝胆相照，不要反目成仇，那秦国就不敢小瞧赵国了。"蔺相如说着，马上伸手把廉颇扶了起来，并把自己的衣服给他披上，然后让他落座。廉颇见蔺相如如此宽宏大度，心里非常感动，他极为诚挚地说道："蔺上卿，我愿和您结成生死之交，虽刎颈而心不会变！"蔺相如一听，非常高兴，当即就很爽快地应下了。于是，这赵国的一将一相，结成了刎颈之交。

廉颇、蔺相如的相亲相近，使很多的赵国大臣深受感动，他们也开始像蔺相如和廉颇一样，相互团结，这样一来，赵国的力量大大增强，有实力来抗拒强秦的侵犯了。

牧羊十九年

——苏武

名人档案

苏武:西汉大臣,字子卿,杜陵(今陕西西安西南)人,代郡太守,苏建之子。

生卒时间:约出生于前156年~前141年,卒于前60年。

性格特点:坚贞不屈,有气节。

历史功过:天汉元年(前100年)奉命以中郎将持节出使匈奴,被扣留。匈奴贵族多次威胁利诱,欲使其投降;后将他迁到北海(今贝加尔湖)边牧羊,扬言要公羊生子方可释放他回国。苏武历尽艰辛,留居匈奴十九年持节不屈。至始元六年(前81年),方获释回汉。苏武死后,汉宣帝将其列为麒麟阁十一功臣之一,彰显其节操。

名家评点:东汉史学家班固在《汉书》中专门为他立传记载他的生平事迹,并在"赞"中引用孔子的话赞颂他说:"'志士仁人,有杀身以求仁,无求生以害仁','使于四方,不辱君命',苏子有之矣!"他的动人事迹和不屈精神,对后世产生了深远的影响。南宋抗元英雄、著名文学家文天祥在抗元失败被俘后,坚持民族气节,不受威胁利诱,在狱中写下《正气歌》,其中就有"在汉苏武节"之句,以苏武的事迹勉励自己,表明宁死不降之志。

奉诏出使

苏武,字子卿,西汉杜陵(今陕西西安市东南)人,约出生于汉景帝(前156年~前141年)末年。其父苏建,汉武帝时以校尉随大将军卫青出击匈奴有功,被封为平陵侯,后任

代郡太守。西汉时的选官制度规定:二千石以上的官吏在任满一定年限时,可保举子弟一人为郎,称为任子。苏武与其兄苏嘉、其弟苏贤年轻时均以父任而被任命为郎官。苏武后逐步升迁,官至移中厩监(掌鞍马鹰犬射猎器具之官)。汉武帝天汉元年(前100年),苏武奉武帝之命出使匈奴,孰料此去竟经历了不平凡的19个春秋。

苏武出使的匈奴,是活动于我国北方大草原上的一个古老的游牧民族。最晚到战国晚期,匈奴已进入奴隶制社会。早在公元前4世纪末,匈奴贵族就经常利用其骑兵行动迅速的优势,深入中原,对以农业为主的内地各族人民进行骚扰掠夺。当时与匈奴为邻的秦、赵、燕等国因正忙于兼并战争,一般对匈奴都采取守势。秦始皇统一六国后,为了解除匈奴的威胁,曾派蒙恬率兵30万北伐匈奴,收复了被匈奴占领的河套以南地区,并在这一地区设置郡县,移民实边,同时又修了西起临洮,东到碣石的万里长城,一度遏止了匈奴的入侵。但在楚汉战争之际,匈奴贵族乘内地战乱,东破强胡,西驱月氏,北征了零。坚昆请部,南并楼烦、白羊等族,控制了中国北部、东北部和西北部广大地区,拥有"控弦之士十余万"(《汉书·匈奴传》),成为北方最强盛的民族。

西汉政权建立后,匈奴的势力已延伸到今山西、河北的北部。匈奴贵族为了掠夺奴隶和财富,经常凭借其骁勇善射的骑兵侵扰汉朝的北部郡县。汉高祖七年(前200年),匈奴发兵攻入山西中部,围困晋阳吟山西太原),汉高祖刘邦亲率大军前往迎战,结果被匈奴围困在平城白登山(今山西大同东南)达7天7夜。后用陈平之计,重赂冒顿单于的阏氏(即夫人),才得突围。当时,山于刚刚建立起来的西汉政权还不巩固,遭到战争破坏的经济亟待恢复,无论在军事上还是在经济上,都尚未具备与匈奴作战的能力,所以在"平城之围"后,刘邦只好采纳了娄敬的"和亲"建议,即把汉朝宗室之女嫁给匈奴单于,每年送去大批絮缯酒食等物,并与匈奴约为兄弟,欲以这种妥协退让政策换取汉与匈奴之间的和睦关系。

此后,在西汉前期的六七十年中,汉朝政府一直都采取这种和亲政策。但是,每次和亲只能换来短暂的和平,却不能彻底阻止匈奴贵族对汉朝的侵扰,匈奴贵族仍然不时进犯汉境。一直到汉武帝即位以后,这种情况才有了改变。

在汉武帝即位之后,随着社会经济的恢复发展和政治、军事力量的增强,汉朝对匈奴的政策发生了根本的改变。到武帝时期,汉朝已经过六七十年的休养生息,在经济上已是不遇水旱之灾,民则人给家足,都鄙凛庾皆满,而府库余货财。京师之钱累巨万,贯朽而不可校。太仓之粟陈陈相因,充溢露积于外,至腐败不可食(《史记·平准书》),经济实力空前雄厚。在政治上,经过对诸侯工地方割据势力的不断打击,中央集权日益巩固。在军事上,义景时期的徙民实边、人粟实边政策,使边防力量有所加强,公私马匹的大量增加也给建立大规模的骑兵创造了条件。总之,汉朝反击匈奴贵族的条件已完全成熟。于是,汉武帝决心对匈奴的侵扰实行反击,以求消灭其有生力量,从根本上解除匈奴对汉朝的威胁。

自汉武帝元光二年(前133年)至元狩四年(前119年)间,汉朝与匈奴先后进行了十多次战争,其中带有决定性的大规模战役有3次。第一次战役发生在元朔二年(前127年)。这年,匈奴侵入上谷(今河北怀来)、渔阳(今北京密云区),杀掠吏民千余人。汉武帝派将军卫青、李息从云中(今内蒙古托克托旗)出兵,沿黄河北岸西进,击败匈奴楼烦王和白羊王的军队,收复了河套地区的"河南地",从而解除了匈奴对长安的威胁。

第二次战役发生在元狩二年(前121年)。这年春天,将军霍去病奉命从陇西出兵,越过焉支山(今甘肃山丹县东南胭脂山)千余里,与匈奴血战于皋兰山下,斩杀匈奴折兰王、卢侯王、俘虏浑邪王之子及相国、都尉等大小首领,歼敌近9000人,还缴获了体屠王的祭天金人。同年夏,霍去病又第二次西征,越居延泽(今内蒙古居延海),攻至祁连山,大破匈奴军,歼敌3万余人。在汉军的接连打击下,匈奴贵族内部也发生了分裂,浑邪王率部4万人投降了汉朝。这次战役使整个河西走廊全部控制在汉朝的势力范围之内。此后"金城、河西并南山(祁连山)至盐泽(罗布泊),空无匈奴"(《汉书·张骞传》)。汉朝的西部边郡得以安宁。

第三次战役发生在元狩四年。元狩三年(前120年),匈奴贵族又从右北平(今河北平泉一带)、定襄(今内蒙古和林格尔)二郡入侵,杀掠千余人。为彻底消灭匈奴主力,汉武帝决定集中兵力深入漠北进行反击。于是次年派卫青与霍去病各率5万骑兵,分别从定襄、代郡出兵,远征匈奴。卫青率西路军越过沙漠北进千余里,大败匈奴伊稚斜单于所率主力,直追至赵信城(今蒙古杭爱山下)。霍去病的东路军则深入2000余里,同匈奴左贤王接战,斩获7万余人凯旋而归。这次战役,是汉武帝时期对匈奴打击最为沉重的一次,从此以后匈奴再不敢贸然进犯,向北远遁,"而幕(漠)南无王庭"(《汉书·匈奴传》)。

经过3次大战的打击,匈奴的力量大大削弱,已无力大举南下。汉朝由于在几次战役中消耗了大量人力、物力,也亟须休战。因而双方基本上停止了大规模的战争,并且都有寻求和好的意愿。在苏武出使匈奴前的10多年间,双方曾多次互派使者,以试探通好。但由于双方各坚持已有利的条件,因而不仅未达到和好的目的,派出的使者也往往成为对方的人质。汉朝的使者前后有郭吉、路充国等十几批被匈奴扣留,作为报复,汉朝也扣押匈奴使者以相抵。

汉武帝太初四年(前101年),汉武帝因西域的大宛国劫杀汉朝使者,命将军李广利率大军远征大宛,取得大胜。这一胜利,使又开始骚扰汉朝边境的匈奴受到震动。当时匈奴且鞮侯单于刚刚即位,因怕汉军来击,便假意对汉表示卑谦,声称:"我儿子,安敢望天子!汉天子,我丈人行(即父辈意)。"(《汉书·匈奴传》)并将以前扣留的汉朝使者,凡未投降匈奴的尽行放归。汉武帝十分赞许新单于懂得道理,于是决定派出使团,护送留在长安的匈奴使者返回匈奴王庭,同时携带厚礼答谢单于的善意。苏武就是在这种形势下奉诏出使的。

汉武帝大汉元年(前100年),年龄刚过40岁的苏武,以中郎将使持节的名义,肩负着重建汉匈和好的重要使命,与副使张胜、假吏常惠率领着百余名随行人员离开长安,踏上了去往匈奴的漫漫长路。

被扣匈奴

苏武一行抵达匈奴后,向且鞮侯单于送上丰厚的礼品。但且鞮侯单于的态度却大失汉朝所望,对苏武等人十分傲慢无礼,并没有表现出与汉朝和好的意愿。就在苏武一行准备返朝复命之际,一场意料不到的事件发生了。

原来,匈奴昆邪王姐姐的儿子猴王,曾随昆邪王降汉,后又因随汉军作战失利而降归匈奴。在苏武到达匈奴之时,猴王正与流落于匈奴的汉人虞常及随原汉使卫律投降匈奴的一些人密谋,欲劫持单于的母亲阏氏作为人质,复归汉朝。虞常在汉时,原与副使张胜是朋友,因而在苏武率领使团到匈奴后,虞常便把这一计划告诉了张胜,并说:"听说汉天子十分怨恨卫律,我能为汉朝将他射杀。"然胜未将此事报告苏武,竟私自同意了虞常的计划,并拿出部分财物以资助。一个多月后,单于外出狩猎,只有阏氏与单于子弟留在驻地。猴王、虞常等70余人便准备趁此机会行事。不料其中一人反悔,半夜逃出,报告了单于子弟。于是单于子弟举兵先发制人,结果猴王等人皆战死,而虞常被生擒。

单于得知后,命令卫律追查此案,张胜闻之,才不得不向苏武报告了自己与此事有牵连。苏武知事非同小可,说道:"事情如此,必定连及于我。作为朝廷使臣,受到匈奴侵犯,然后才死,有损汉朝威严。"说罢,便欲自杀。张胜、常惠等随员见状,连忙阻止,经苦苦相劝,苏武方作罢。

果然,虞常在审讯下招引出张胜。单于闻此案与汉使有连,十分震怒,便马上召集诸匈奴贵族商议,准备杀掉汉使。但左伊秩訾王进言说:"谋杀卫律即处以死刑,如谋害单于,其罪将何以复加?不如乘此机会,迫使汉使投降。"单于甚觉其言有理,便命卫律前去迫降。而苏武在卫律面前,宁死不降,厉声正告随员们道:"屈节辱命,虽然活着,又有何面目回到汉朝!"说罢,便拔出佩刀,刺进自己的胸膛。卫律大为惊骇,慌忙上前抱住苏武,并命人驰马召医,前来抢救。医者赶来后,急忙在地上凿出一土坎,里面燃起熄火,将苏武面部朝下覆于坎上,并在其背部连连蹈踩以出淤血。就这样抢救了半日,苏武才重新有了呼吸。苏武宁死不辱使命的高尚气节,震动了匈奴上下,匈奴单于也不得不表示钦佩,于是只逮捕了张胜,而将苏武放回营中,并时常派人前去问候,欲再寻找机会,使他投降。

随着苏武的伤势逐渐痊愈,匈奴单于又开始派遣使者劝说苏武投降。被苏武严词拒绝后,单于又生一计,准备借处决虞常之时,以死来威胁苏武。于是便派卫律亲自出面,将苏武等人带到处决虞常的现场。虞常被处决后,卫律随即宣布:"汉使张胜谋杀单于近

臣,按罪当死。但单于有令,愿降者可赦免其罪。"并举起剑来,做出欲杀汉使的样子。原先因违犯使命而招致此祸的张胜,这时却被吓破了胆,立即跪倒请降。但苏武仍大义凛然,不为所动。卫律又言道:"副使有罪,正使按律当连坐。"苏武则驳斥说:"我本未参与谋划此事,并与他们非为亲属,又何有相坐之理?"卫律又举起剑来,再次做出要杀苏武的样子,然苏武早已把生死置之度外,依然安坐不动。见不能以死相胁,卫律与卜改变态度,劝说苏武道:"苏君,我卫律本是背弃汉朝而降归匈奴的,但有幸蒙受大恩,被匈奴封为丁零王,今已拥有部众数万,马畜满山遍野,富贵如此。苏君今日如果降归匈奴,明日也会如我一样。否则,白白死于此地,以身躯化作草野之肥,以后谁又会想到你呢?"见苏武端坐不应,卫律又接着说道:"苏君如果听我劝告而降,我便与你结为兄弟。如果不听我的建议,日后虽想再见到我,还能办得到吗?"然而卫律话音刚落,苏武便起身怒骂道:"你原为汉室之臣,却不顾朝廷恩义,背叛主上,抛弃亲人,甘降蛮夷,我又何屑于见你?且如果单于信任你,使你决断我等生死,你却不能以公平之心主持公道,反而欲借此机会挑起两方君主相斗,坐见成败。你须知妄杀汉朝使者造成的灾祸:南越因杀汉使,被汉朝诛灭;宛王因杀汉使,其头被悬于汉宫北阙;朝鲜因杀汉使,汉亦派兵征讨。如今只有匈奴尚未至此。你明知我不肯降,却多方威胁利诱。我死不足惜,但匈奴之祸恐怕就要从我死开始了!"苏武一番痛骂,使卫律哑口无言,但没有单于的命令,也不敢擅杀苏武,只好如实向单于汇报。

匈奴单于知苏武面对威胁利诱均不肯降,不禁大为赞叹,更想使他投降。于是命令把苏武囚禁在曾经用来装米的空窖之中,并断绝其饮食,想以此消磨他的意志。适值天降大雪,苏武就在窖中靠吞雪与毡毛充饥。凭借着这种坚强意志和不屈精神,苏武竟数日不死。匈奴对此大惊,以为有神灵护佑,不敢再伤害他。单于又下令将苏武迁至北海(今贝加尔湖一带)无人处放牧抵羊(公羊),并宣布只有抵羊产乳,才放苏武回朝。显然是决意将苏武无限期流放下去。苏武的属员常惠等人则被分别安置在各处。

茫茫北海,一望无际,人迹罕至,生存条件本就十分恶劣。然匈奴为了迫使苏武屈服,竟在把他送来后,断绝供给食物和生活必需品。苏武独处荒原之上,昼牧群羝,夜宿破帐,平时不得不常靠挖掘野鼠洞穴中储存的草籽充饥。但是任何困苦也没丝毫动摇苏武对汉朝的忠心,出使时所持的代表国家尊严和使臣使命的符节,他始终紧握在手中,白天带着它牧羊,夜晚挟着它睡觉。日复一日,年复一年,符节上的旄饰已全部脱落,但苏武仍紧握不放,以表示不辱使命之坚贞意志。

五六年后,匈奴贵族于靬王带领部众打猎来到北海,见到苏武在如此恶劣的条件下仍威武不屈,顽强地生活下去,不由对他产生了几分敬意。苏武本有一手编结打猎所用的网缴和矫正弓弩的技术,便在这时传授给于靬王,因而更受于靬的敬爱,时常送给他一些衣食用具。就这样,苏武的生活才有所改善。又过了三年多,于靬王生病,自知将不久于人世,于是又赠送给苏武一些牛羊及帐幕用具。不久,于靬王病死,其部落人众远徙他处。而就在当年冬天,丁零人又盗走了苏武的牛羊,又使他再度陷入困境。

词羞李陵

就在苏武被匈奴扣留的第二年,其故人李陵也来到匈奴中。

李陵,字少卿,汉陇西成纪(今甘肃省秦安)人,是汉朝著名将领"飞将军"李广的孙子。李陵为人,善于骑射,谦让下士,颇有名誉,曾奉武帝之命率领800余骑,深入匈奴2000里,武帝认为他颇有其祖李广之风,回师后官拜骑都尉,使率精兵5000人,在酒泉、张掖防御匈奴。天汉二年(公元前99年),武帝决定再次向匈奴发起进攻,派贰师将军李广利率3万骑出兵酒泉,命李陵负责后勤,运输粮饷。李陵请求自率一队与匈奴作战,武帝同意其请,并命令强弩都尉路博德半道接应。但路博德不愿为李陵作援兵,李陵只得自率步兵5000,孤军深入。李陵军从居延出发,北行30余日至于浚稽山下,与单于率领的兵众相遇。匈奴3万余骑兵将李陵所率的5000步兵围住,但李陵布阵严密,千弩俱发,将敌兵击退,并追杀数千人。单于大惊,又急召8万余骑兵增援。李陵率兵且战且退,退至山谷中,又斩杀匈奴数千。最后,50万矢皆尽,兵士只有以砍下的车辐、刀尺充作武器,与匈奴拼搏,败局已无法挽回。李陵原欲自杀,后又想若能有幸脱围,回朝后也好向武帝报告战况,于是令兵立准备于粮饮水,相约突围至遮虏障会合。夜半时分,李陵率壮士十余人突围,又被数千匈奴追上,团团围住。经一番血战,李陵环顾部下已所剩无几,于此生死关头,李陵终未能自保名节,声言"无面目报陛下",投降了匈奴。

李陵降匈奴后,单于因他作战勇猛,颇为赏识,把女儿许配给他为妻,并封为右校王,每有大事,常召他商议。汉武帝得知后,则抹杀了李陵的母亲妻子。

李陵虽然在匈奴中颇为尊贵,但与苏武誓死不降相比,终自感羞愧,因而一直不敢去见苏武,直到十几年后,因奉了单于劝降之命,才不得不前去见苏武。

李陵来到北海,为苏武置酒设乐。苏武念旧时情谊,未便拒绝。宴饮之间,李陵终于把话题转到劝降上来,对苏武说:"单于听说我与你一向交厚,因而使我来劝说于你,如今你被扣匈奴,终不能回到汉朝,白白自苦于这无人之地,你虽讲求信义,而又会有谁知道呢?"接着,李陵又说到苏武使匈奴后,家中所发生的变故。原来,在苏武离开长安后,家中连续发生了一系列的不幸。苏武的哥哥苏嘉,官任奉车,随武帝到雍城棫阳宫时,因扶辇车下除道时车辕被柱子碰断,结果被弹劾为大不敬罪,被迫自杀。官任骑都尉的弟弟苏贤,在随武帝到河东祭祀后土时,黄门驸马与宦骑争船,被推入河中淹死,武帝令苏贤捕拿宦骑,因未拿获,苏贤亦怕获罪而服毒自杀。苏武的老母也已去世,而妻子则已改嫁他人。家中仅存的妹妹2人和子女3人,十多年中亦生死不明。说完这些不幸之事,李陵又劝道:"人生如同朝露,你为何自苦如此?我刚降匈奴时,也是心中恍惚,如癫如

狂，自痛有负汉朝，且当时我老母尚在，被朝廷拘押。而今你家中已无人顾念，不欲降之情，何以超过我呢？又者，今陛下年事已高，法令无常，大臣无罪而被诛杀者多达数十家，即使在汉朝为官，安危亦不可预料，你还又为谁出力呢？希望听我一言，毋再固执。"

苏武自来到匈奴，对家中之事全然尤闻，此时闻知母死妻嫁，兄弟俱亡，不禁潸然泪下，悲痛万分，但誓死不降的决心丝毫没有动摇，于是忍着悲痛回答李陵道："我苏武父子本无多少功德，全出于陛下成全，位至将军，爵拜通侯，兄弟皆为朝廷近臣，因而常思肝脑涂地以报陛下知遇之恩。今能杀身自效，即受斧钺汤镬，亦心甘情愿。臣下事君，如同儿子事父，子为父死无所恨，望不要再言及投降之事。"

李陵见苏武的决心难以动摇，只好暂且忍住，一连在北海停留数日，天天与苏武饮酒，欲再找机会相劝。一天，李陵又说道："子卿，你一定要听我的劝告。"苏武见他仍不死心，便愤然作色道："我已久有必死之志，王如必定要使我降，请尽今日之欢，我便死在你的面前。"李陵见苏武仍坚贞不屈，且已不念旧情而改称自己为王，不禁满面羞愧，喟然长叹道："嗟乎，义士！陵与卫律之罪上通于天。"只得辞别苏武而去。

李陵辞别苏武后，有意对苏武的生活私下帮助，但又羞于亲自出面，便让其妻送给苏武几十头牛羊。不久，苏武又娶了一位匈奴女子为妻，生活又有所好转。

公元前87年，李陵再次来到北海告诉苏武：匈奴边兵捕获的汉朝云中郡百姓称太守及以下吏民皆身着白服，说皇帝已经驾崩。苏武听到武帝已死，面向南方放声痛哭，以至呕血。此后数月，仍按君丧之礼早晚哭泣示哀，不忘身为汉臣。

重返故国

苏武身陷匈奴，困居北海，此生还能否回到汉朝，完全取决于汉匈关系能否改善。然而在他被匈奴扣留的第二年，汉朝与匈奴又重开战局，此后汉武帝之世，汉朝在与匈奴的战争中虽然有些小胜，但总的来说，已不能保持前一时期的优势，而不断失利。因此匈奴对汉朝的态度又渐渐强横起来。武帝末年，匈奴曾遣使致书汉朝，声称："南有大汉，北有强胡。胡者，天之骄子也，不为小礼以自烦。"同时还要求"娶汉女为妻，岁给遗我糵万石，稷米五千斛，杂缯万匹"（《汉书·匈奴传》）。汉朝则不答应这一要求。在这种形势下，苏武自然难以被放回汉朝。

但是，长期的汉匈战争，毕竟使匈奴受到沉重的打击。汉武帝时期几次大的战役"汉兵深入穷追二十余年，匈奴孕重堕殰，罢（疲）极苦之"（《汉书·匈奴传》），又失去阴山、河南水草丰盛的牧场，损失极大，以至"兵数困，国益贫"，"民众困乏"（同上）。而长期的战争，也使得匈奴内部的矛盾加深，"百姓未附""国中多不安"（同上），匈奴贵族内部的矛盾亦日趋尖锐。这一切都说明匈奴政治、经济、军事实力已大大衰落，渐失向汉朝主动

进攻之力。

　　汉武帝太始元年(前96年)匈奴且鞮侯单于死,由其子狐鹿姑单于继立。汉昭帝始元二年(前85年)狐鹿姑单于死前,遗命立其弟右谷蠡王为单于。但在狐鹿姑死后,颛渠阏氏与卫律未遵遗命,而将抓鹿姑之子立为壶衍鞮单于。右谷蠡王与左贤王等因此心怀不满,先是打算投归汉朝,后又准备降服乌孙国以击匈奴,最终由于事情泄露,于是二王各自居本处,不再会匈奴的龙城之祭。

　　由于匈奴内部发生分裂,实力更加衰弱,因而壶衍鞮单于即位之后,就有同汉朝和亲之意。同时又常常害怕汉朝来袭,故又在其辖区内容共筑城、治楼、藏谷,以防汉军的进攻。后又担心匈奴人不能守城,只得进一步试探与汉朝通好、讲和。于是汉匈之间关系才得以缓和。

　　虽然汉朝与匈奴的关系有了缓和,但匈奴仍然不肯释放苏武回国。在双方使者往来之时,汉朝曾多次向匈奴索要苏武等被扣汉使,而匈奴每每诡称苏武早已死去,来搪塞汉朝。后汉使又来到匈奴,常惠得知消息,设法说通了看守的匈奴人,在夜间秘密见到汉使,才说明了实情。为防匈奴仍以诡言相欺,常惠又教汉使编造一个故事:说皇帝在上林苑中射得一雁,雁足系有帛书一封,上写有苏武在荒泽之中。使者闻听大一喜,即按常惠所教责备单于欺诈。单于见汉使已知实情,大吃一惊,不得已才承认苏武还活着,并同意放苏武等人回国,以表示与汉通好之意。至此,苏武才离开了他放牧19年的北海荒原。

　　得知苏武即将回国,李陵又来见苏武,置酒相贺。李陵想到苏武历经19年艰辛,始终坚贞不屈,今日终于得以返回故国,而自己却身为叛臣,只能久处异域,负千古罪名,愧疚之情油然再起。于是对苏武说道:"足下今得以归国,扬名于匈奴,功显于汉室,即使古时史册所载,丹青所画,又何以比过足下! 我虽然驽钝怯弱,但当初降归匈奴实为权宜之计,而心中未忘寻找一适当的时机来报效汉朝。假如汉朝当初宽大我降敌之罪,保全我老母,我亦会像春秋时鲁之曹沫在柯地之盟时劫持桓公,索回侵地那样,伺机劫持单于,使其服汉。然汉朝诛杀了我老母及全家,为世之大辱,我尚复何顾? 事已至此,无时挽回,今说到这些,不过是想使你知道我的心罢了。异域之人,从此与你长别了。"李陵说罢离座起舞,并作歌道:

　　　　　　径万里兮度沙幕,
　　　　　　为君将兮奋匈奴,
　　　　　　路穷绝兮矢刃摧,
　　　　　　士众灭兮名已聩。
　　　　　　　老母已死,
　　　　　　虽欲报恩将安归!

随之泣下数行,与苏武诀别而去。
　　李陵说自己投降匈奴后原准备伺机报汉,因汉朝将其老母处死才未付诸行动,自然

中华名人百传

名相贤臣

二六八

是遁词,但也看出苏武的不屈精神,确实使他深感愧疚。传世有《李陵与苏武诗》三首,
其一曰:

> 良时不再至,离别在须臾。
> 屏营衢路侧,执手野踟蹰。
> 仰视浮云驰,奄忽互相逾。
> 风波一失所,各在天一隅。
> 长当从此别,且复立斯须。
> 欲因晨风发,送子以贱躯。

其二曰:

> 嘉会难再遇,三载为千秋。
> 临河濯长缨,念子怅悠悠。
> 远望悲风至,对酒不能酬。
> 行人怀往路,何以慰我忧。
> 独有盈觞酒,与子结绸缪。

其三曰:

> 携手上河梁,游子暮何之。
> 徘徊蹊路侧,恨恨不得辞。
> 行人难久留,各言长相思。
> 安知非日月,弦望自有时。
> 努力崇明德,皓首以为期。

(转引自林剑鸣《秦汉史》上册)

这三首诗大概是后则假托李陵面作,但所刻画的李陵一失足成千古恨的难过心情当
不为虚。

昭帝始元六年春,苏武终于回到阔别旧年的京师长安。当初随他出使的属员百余
人,此时仅剩下9人随他而归。

名垂青史

苏武回到长安后,作为褒奖,昭帝特命他用隆重的"太牢礼"(牛羊豕三牲)到武帝陵
庙报告自己的归来。并官拜典属国,中二千石,赐钱200万,公田2顷,宅第1区。然时隔
一年,苏武竟受到一场意想不到的政治斗争的牵连。

原来在汉昭帝即位后,同受武帝遗诏辅政的霍光、上官桀、桑弘羊几位大臣之间矛盾
颇深。左将军上官桀因大将军霍光权在己上,对霍光心怀嫉恨,御史大夫桑弘羊也因政

见不同,对霍光不满。而与上官桀之子上官安来往密切的武帝长女鄂邑盖长公主,则因其男宠丁外人封侯拜官之事为霍光所阻,也怨恨霍光,昭帝之兄燕王刘旦亦怀有野心,欲谋取皇位。于是这些反对霍光的势力便与燕王旦勾结,准备除去霍光。元凤元年(前80年),上官桀等暗中作为燕王上书,向昭帝控告霍光过失,为说明霍光"专权自恣",书中说到苏武扣于匈奴近20年不降,回来仅官拜典属国,而霍光的下属长史无功却官任搜粟都尉。因此举未能成功,上官桀等又密谋刺杀霍光,废黜昭帝而迎燕王为帝,结果事情败露。苏武本与这场政治斗争无关,但因其子苏元涉于此事,而他素与上官桀、桑弘羊有旧,控告霍光的奏书中又曾为他鸣冤,因此廷尉上书,奏请将苏武逮捕治罪。幸而霍光不欲连及苏武,将奏书扣而不发,只罢免了他的官职。其子苏元则被处死。

苏武虽然被免去官职,但仍心系国事。元平元年(前73年),昭帝病死,无有子嗣,苏武以故二千石的身份参与了拥立宣帝之议。宣帝即位后,封苏武为关内侯,后来又官复典属国,并念他曾历尽艰辛而不辱使命,特加祭酒之号,使期望日朝见,以示优宠。朝中大臣亦都对他十分敬重。苏武晚年,宣帝怜其无后,听说他从匈奴返回时,他的匈奴妻子刚生一子,现已成人,于是特派使者持金帛前去将此子赎回,拜为郎官。宣帝神爵二年(前60年),苏武病逝,享年80余岁。

苏武逝世10年后,即汉宣帝甘露二年(前51年),南匈奴呼韩邪单于率众归属汉朝(当时匈奴已分裂为南北两部),从而结束了匈奴与汉朝之间百余年的战争状态。汉宣帝为此追忆有功之臣,特命将11名功臣的相貌画在未央宫的麒麟阁中,以接受后人纪念。苏武即在其中。

风流宰相

——谢安

名人档案

谢安：字安石，号东山，东晋政治家，军事家，浙江绍兴人，祖籍陈郡阳夏(今中国河南省太康)。历任吴兴太守、侍中兼吏部尚书兼中护军、尚书仆射兼领吏部加后将军、扬州刺史兼中书监兼录尚书事、都督五州、幽州之燕国诸军事兼假节、太保兼都督十五州军事兼卫将军等职，死后追封太傅兼庐陵郡公。世称谢太傅、谢安石、谢相、谢公。

生卒时间：320~385 年。

性格特点：性情娴雅温和，处事公允明断，不专权树私，不居功自傲。

历史功过："旧时王谢堂前燕，飞入寻常百姓家"。东晋谢家的府第车马、权力财势都随历史的烟云而消散，但谢安作为一个对历史有贡献的人，历史会永远记住他的功业和英名。谢安多才多艺，善行书，通音乐，对儒、道、佛、玄学均有较高的素养。他治国以儒、道互补；作为高门士族，能顾全大局，以谢氏家族利益服从于晋室利益，这与王敦、桓温之徒形成了鲜明对照。他性情娴雅温和，处事公允明断，不专权树私，不居功自傲，有宰相气度、儒将风范，这些都是谢安为人称道的品格

名家评点：南宋著名思想家陈亮就曾将王导、谢安并提，指出："导安相望于数十年间，其端静宽简，弥缝辅赞，如出一人，江左百年之业实赖焉。"明清之际，王夫之也说："安三宰天下，思深而道尽，复古以型今。岂一切苟简之术所可与议短长哉！"这些古代著名学者从不同角度对谢安的功业给予了充分的肯定。作为一位优秀的政治家和军事家，谢安是当之无愧的。

儒士风流

谢安是陈郡阳夏人,谢氏在当时很有声望。谢安的曾祖谢缵在曹魏时担任长安典农中郎将。祖父谢衡是西晋有名的儒学家,"博物多闻","以儒素显",在朝中曾担任过博士祭酒、太子少傅、散骑常侍一类的文官。父亲谢裒,在永嘉之乱时携带全家南渡,在东晋朝廷中担任过侍中、吏部尚书等要职。谢安出身于这样的名门世家,自幼就受到家庭的影响,因此在德行、学问、风度等方面都有良好的修养。

在他四岁那年,谯郡的名士桓彝见到了他,不由大为赞赏,说:"此儿看上去风神秀彻,将来的修为一定不减当年的王东海(即王承,东晋初年的名士)。"谢安深受晋代玄学的影响。所谓的玄学,就是指老庄哲学。谢安在年轻的时候也爱谈玄。在他20岁的时候,他跑到当时的名士王蒙那里去谈玄,一谈就是大半天。当他走后,王蒙的儿子王修就问王蒙:"父亲对那人好像很敬重啊。"王蒙说:"他是来势不善,竟把我给逼得无路可走。"当朝的宰相王导对谢安也非常器重。所以,谢安在青少年时代,就在当时的上层社会中享有较高的声望了。当时社会上的那些名流人士如刘真长、王羲之、支遁等人都对谢安有很高的评价。所以,当时社会上的人们就把谢安看作是可以安民救世的人物。可是谢安早年无意于仕途,所以尽管朝廷公府几次召他到朝堂上做官,都被他以身体不好这样的借口给推辞了。

谢安在会稽的东山居住时,总是跟王羲之、支遁、许询等名士儒流一同游山玩水,吟诗咏文,极尽雅兴,过着逸士一般的悠闲快活的日子。只是到了咸康年间,因为受到扬州刺史庾冰的逼迫,只得出任庾冰的僚属,可是也只呆了一个月的时间,他便又辞职回家。后来吏部尚书范汪提名要谢安担任吏部郎之职,谢安马上写信给予回绝。这时御史中丞周闵就向朝廷奏说谢安被召几次,总是不来上任,应该对其禁锢终身,意思就是再不准他出仕,当然朝廷只不过是用这个禁令来吓吓他,并没有真的实行。可是谢安对朝廷这样的禁令毫不介意,反而乐得更加纵情于山水间。他经常跑到临安山中的石屋里去静坐,有时候就登到高处,望着远方,不由大发感叹:"我和古代的伯夷先生有什么差别呢?"谢安很注意培养自己以静制动的精神,他常能以出奇的冷静态度来对待变化莫测的客观世界。有一天,他和孙绰等人乘船到海上去游玩。可是突然刮起了大风,当时是波涛汹涌,那船好像要翻了似的。船上的人无不变色,可是唯独谢安神情自若,稳坐不动。船上的水手以为谢安很乐意这样,还是继续向前驶。可是当风刮得越来越紧时,船比刚才颠簸得更加厉害了。谢安才不紧不慢地说:"我看情况不大好,我们还是回去吧!"这时,水手才转过舵来,向岸边划去。正是谢安这种从容娴雅、遇事沉着冷静的性格,才使他处理了许多复杂的事件,取得了事业上的成功。

谢安的堂兄谢尚担任豫州刺史，都督豫、冀、幽、并四州军事，握有相当大的军政大权。到了升平元年，谢尚死去，谢安的哥哥谢奕便接任了谢尚的官职。转过年来，谢奕也死去了，其职就由谢安的弟弟谢万来接任。由此可见谢氏一门，屡出显官，可说是豪门富贵了，可是唯独谢安一人非常低调，也甘于隐退。谢安的妻子是名士刘惔的妹妹，也可称得上是名门闺秀，她当时就问谢安为何不做官，谢安很轻蔑地说："恐怕到时还是难免要出来的。"谢安每次外出游玩，总有妓女相伴，司马昱（后即位为简文帝）当时在朝担任宰相，听到这事后，就对人说："谢安既然能肯和人一起同乐，也不会不和人同忧的，所以召他，他一定会出来的。"果不出其所料，谢安其实在心里对国家大事还是十分关注的，他对当朝的政局自有他明智的见解。就在他隐居期间，也总是协助他的兄弟料理一下政务。当他的弟弟谢万担任吴兴郡太守时，谢安也随之来到任上。谢万有贪睡的毛病，谢安有时就来到他的床前，用手叩打屏风，发出的声音就会把谢万从睡梦中弄醒，让他赶紧起来打理事务。

升平三年，谢万奉朝廷之命率军征讨前燕，这时谢安也随军北上。谢万也非常喜欢谈玄，他在军营里常是以吟啸为事，根本就不去管理军务。而且谢万为人态度傲慢，谢安便对他加以劝说："你身为统军元帅，一军之长，应关心手下的将领，这样一来，才会使得大家齐心协力，似你这样傲慢待人，如何能成大事呢？"谢万听不进这话，口中反而总是称诸将为"劲卒"，他手下的人对他的这种态度都很不满。谢安在心里自然为弟弟感到着急，为了化解他和部将之间的矛盾，他就亲自登门拜访谢万的那些部将，对他们十分和蔼谦逊，因此深得人们的拥戴。后来在行军的过程中，谢万听说敌人向这边来了，吓得拍马就逃，结果使得大军不战而溃。当时，他手下的人想乘机起事，可是后来念及到谢安的缘故才作罢。自此之后，谢安的名声就更大了。后来朝廷追查战事失利的责任，罢免了谢万的官职。谢万被废黜以后，谢氏家族的威望受到很大的影响。当时就在士大夫中间流传着这样的一句话："谢安不出来做官，叫那些百姓怎么办？"谢安到了四十多岁的时候才重新出来做官。因为谢安曾经长期隐居在东山，所以人们就把他重新出来做官这件事称为"东山再起"。

出山从仕

自从谢万兵败被朝廷革职以来，谢氏兄弟中再没有人担任高官，为了避免门户中衰，谢安决定出仕。升平四年八月，谢安受征西大将军桓温的邀请，出来担任司马，这年谢安正好41岁。桓温能得到谢安作为他的僚属，感到十分高兴，所以他无论见到谁都说："你们可曾见过我的僚属中有这样才能的人？"谢安虽然官职不高，可是却很有威望。他曾经将自己的几十个门生推荐给田曹中郎将赵悦子录用，赵悦子将此事上报了桓温，桓温告诉让他只录用一半.可是赵悦子却认为当年谢安还在东山的时候,官府的名流曾屡次对他进行催逼,唯恐他不关心当朝及天下的政局人事,今天他向自己荐人举士,哪里有不用的道理。当时他就全部给予录用。尽管桓温对谢安特别尊敬和优待,可是谢安对桓温并没有什么好感,后来,他趁着弟弟谢万病逝的时机,辞去司马的职务。可是时间不长,朝廷又让他担任吴兴太守,接着又把他调到京城里担任侍中,并逐渐迁至吏部尚书,中护军。

就在这时,朝廷里发生了一件惊天动地的大事:桓温带兵正向都城赶来。原来,在孝武帝宁康元年(公元373年)2月,简文帝司马昱去世,他在遗诏里要桓温来入朝辅政。可是桓温却原以为简文帝临死的时候,一定会禅位给自己,让自己当皇帝的,即使当不了皇帝,那至少也要像西周的周公那样,当一个摄政王,可是却没想到他只是让自己做一个诸葛亮,因此桓温非常气愤。因为早在简文帝时,桓温掌握着军政大权时,便觊觎帝位,图谋不轨,可是因为谢安、王坦之从中巧妙机智地斡旋,未能得逞。简文帝死后,谢安又趁桓温不在建康之际,拥立司马曜为皇帝。桓温对此更是怀恨在心,所以这次他率领大队人马赶到建康,并指名要谢安和王坦之到新亭迎候,这不啻是一场"鸿门宴"啊。此时的孝武帝才只有10岁,朝廷里面最有声望的大臣就属谢安和王坦之两个人。谢安担任吏部尚书,王坦之是侍中。就在年初的时候,朝廷曾几次下诏,要桓温入朝来辅佐小皇帝,可是桓温对此未加理睬。可是现在,桓温却突然带领人马向京城赶来。一时之间,各种流言四起,有人说桓温此次入京,不是来废幼主,就是来诛王、谢二人。就在此时,宫廷发出诏命,要谢安和王坦之一起到新亭去迎接桓温的到来。王坦之接到诏书后心里非常恐惧,于是他就去找谢安商量,可是谢安却神色镇定,一如往日,他淡淡地说:"晋朝的存亡,就在我们这一举了,害怕是没有用处的,到时只有见机行事了!"

桓温此次是有备而来,他也确实有夺位做皇帝之意,当听说王坦之和谢安要来之后,便埋伏好了刀斧手,准备到时就把二人给干掉。当王坦之和谢安见到桓温的时候,王坦之马上就汗流浃背,慌乱中竟把笏板都拿倒了。可是谢安却神情自若,从容就座。他刚一坐下,脸色就严肃下来,对桓温说,我听说大将的职责就是守护四方,如今您却带领重兵,一副剑拔弩张如临大敌的样子,却不知是为何? 桓温被问得张口结舌,无言以对,只好当即撤下了埋伏好的兵丁。同时又自我解嘲笑着说,我是为了自卫才如此的。说时桓温不由面红耳赤起来。桓温见谢安如此沉着镇静,不免被慑服,这时,谢安才和桓温共同举杯。

恰好就在这时,忽然一阵风吹来,风卷幕帐,顿时露出了藏在帐后偷听的桓温的谋士郗超,谢安认识他,不由微微一笑说:"郗生真可谓是入幕之宾啊。"这一句话令郗超羞愧满面,尴尬至极。桓温知道在道义上是压不倒谢安的,用武力也不能使他屈服,因为谢安代表着支持晋室的一批世家大族,所以不能贸然下手行动,此时他只得强按怒火与王坦之和谢安握手言和。由此,晋室凭借着谢安的机智勇敢得以维持下去。他们饮酒谈话,直到夜深。王坦之跟谢安原本是齐名,可是自从经过这次事件以后,世人们看出了两人

的相差之处。至于桓温，他来时是气势汹汹，但此次他因慑于谢安等人坚决抵制，只好到先帝山陵祭祀了一通，仍旧带兵回到他镇守地姑熟去了。此事过去没多长时间，桓温得了重病，这时他派人要挟朝廷赐给他九锡。可是谢安却故意找借口加以拖延，他说表文措辞有毛病，需加以修改，如此反反复复，一直等了十多天，这时桓温再难以坚持下去，终于病死，九锡之命也就由此撤销了。

桓温虽然死了，可是桓氏的势力仍然非常强盛。他的弟弟侄儿等人仍然操纵着许多的军事重镇。谢安为了避免朝政大权落入桓氏的手中，就让崇德褚太后出来，进行临朝听政。褚太后是谢安堂姐的女儿，所以她的临朝无疑对谢安是极为有利的。没过多长时间，谢安便被升为尚书仆射，领吏部，加后将军。到了宁康二年，中书令王坦之出任徐、兖二州刺史，谢安由此又兼统中书省，于是他成为实际的决策者。到了太元元年，谢安又进位为中书监、录尚书事。377年，朝廷又加封他为司徒，可是谢安谦让不拜，复加侍中，都督扬、徐、兖、豫、青五州军事。

在此期间，谢安临危不乱，他以静制动，以和治乱，由此处理了朝野上下许多复杂的人事关系，使得东晋王朝的政局也相对比较稳定。谢安虽然出将入相，可是仍然以风流儒雅的名士而自居，因此在世人中有着极大的影响。

当时，北边的前秦苻坚势力逐渐强大起来，经常出兵骚扰东晋的边境。东晋朝廷希望能够找到一个能文能武的将军去防守边境。谢安这时就把自己的侄儿谢玄推荐给孝武帝。于是孝武帝就把谢玄封为将军，派他去镇守广陵，并掌管着江北的诸路人马。谢玄也是个颇有才干的军事人才。他来到广陵以后，马上招兵买马，扩大武装力量。当时，有一批自北方逃难来到东晋的人，他们都纷纷应征。这中间有一名叫刘牢之的彭城人。自幼就练得一身好武艺，打起仗来也特别勇猛。谢玄很赏识他，让他带领一支精锐的人马，并由他担任参军之职。这支人马经过谢玄和刘牢之的严格训练，成了能打硬仗的军队。因为这支军队驻扎在被称为"北府"的京口，因此这支军队就被称为"北府兵"。

公元383年8月，秦王苻坚亲自率领着号称百万的大军攻打东晋，分水陆两军向江南逼近。陆军自长安出发，因为人数众多，所以向南的大路上一直是烟尘滚滚，队伍浩浩荡荡，差不多有近千里长。走了一个月的时间，苻坚的主力部队才到达项城。与此同时，自益州出发的水军也沿江顺流东下，从东到西的战线竟达一万多里。苻坚当时曾夸下了海口说：以吾之众，投鞭于江，足断其流。这个消息很快就传到了晋都建康，这一下，晋孝武帝和京城的那些文武朝臣都慌了。他们首先被前秦的这种气势给吓住了。晋朝军民更是人心惶惶，坐卧不安，他们都不愿让江南的大好土地落入到前秦的手里，人们此时不由得都把盼望的目光集中到了宰相谢安身上，希望他拿出个好主意来抵抗前秦的入侵。谢安受朝廷之命，担当起了抵抗外敌的重任。

虽然前秦人数众多，可是谢安并不慌张，他依然神态自若，并决定由自己坐镇建康，派他的弟弟谢石担任征讨大都督，谢玄担任前锋都督，带领着仅有八万人的军队前往江

北去抗击秦兵，然后又派将军胡彬带领着水军五千到寿阳，配合作战。当时，谢玄手下的北府兵尽管勇猛，可兵力却远不如前秦，前秦的军队比东晋多十倍，谢玄心里难免有点紧张。所以，他在出发之前特地来到谢安那里，虽说是来告别，可主要还是来请示一下这个仗应该怎么去打。他见到谢安，发现他并不紧张，就像平日里一样，极是轻淡地回答说："我都已经安排好了。"谢玄当时心里就想，谢安肯定要对自己嘱咐一些什么话。可是好长时间过去了，也没见到谢安有这意思。谢玄只得返回了家里，到了家里，他心里总是有些不大踏实。

隔了有一天的工夫，他忍不住了，于是又请他的朋友张玄到谢安那里，托他向谢安探问一下，对此次应战有什么样的计划。可是谢安看到张玄，也跟往日一样，和他有说有笑，就是不谈什么军事问题，而且还邀请张玄陪他下围棋，张玄是个下棋的好手。平日里跟谢安下棋时，总是他赢的次数多。可是今天，张玄却没有心思下棋，只是勉强应付，结果可想而知。等棋下完之后，谢安又请大伙儿来到附近的山上观赏景色，如此整整游玩了一天，一直到了天黑才返回家里。

淝水大捷

就在这天晚上，谢安把谢石、谢玄等将领都召集到自己家中，并把每个人的任务都交代得很清楚。大家看到谢安布置得井井有条，神态也镇定自若，增强了信心.个个都高兴地返回军营去了。在荆州的桓冲听到军情形势危急，于是就专门拨出三千名精兵赶到建康来保卫京城。谢安对派过来的将士说："我已经在这儿安排好了，你们不必为此担心，还是赶快回去加强西面的防守吧！"这些将士回到荆州，把谢安的话如实地告诉了桓冲，桓冲却仍旧非常担心京城的安危。他对手下的将士说："谢公的气度真是叫人钦佩，可有一样就是不懂得打仗。眼看着敌人就要杀到了，他还如往日那样悠闲自在。如此少的兵力，况且派去指挥作战的又是一些没有战斗经验的年轻人。我看这次我们肯定要遭难了。"

虽然有很多人都在担心，可是谢安还是按照自己的计划实施。他派出将领胡彬，率领着水军沿着淮河一直向寿阳方向进发。在半路，他就已得到消息，说是寿阳已经被前秦的先锋部队苻融给攻破了。如此一来，胡彬也只得退到硖石，命令军队扎下大营，然后就等待谢石和谢玄的大军会师。前秦的苻融占领了寿阳以后，派他手下大将梁成率领五万人马攻取洛涧，意在截断胡彬水军的后路。如此一来，晋军就被围困了起来，军中的口粮一天比一天的少下去，情况真是万分危急。万般无奈之下，胡彬派出手下的兵士偷偷送信给谢石告急，信中之意是说：现在敌人来势非常猛，我军的粮食快要吃完了，恐怕没办法跟大军会合了。这送信的晋兵在偷越秦军阵地的时候被秦兵发现，立即给捉住了。

于是这封告急信就落到了苻融的手里，苻融又马上派人到项城把这一情况告诉了苻坚。苻坚自出兵以来，一连得到秦军前锋的数次捷报，于是就更加骄傲起来。他把主力大军留在了项城，而自己则亲率八千名骑兵来到寿阳，他真恨不得一口气就把晋军给吞掉。

苻坚到了寿阳以后，就和苻融一起商量，一致认为晋军不堪一击，索性他们就派了一个使者来到了晋军大营，劝晋军投降。而那个被派出的使者不是别人，正是前几年在襄阳曾经坚决抵抗过秦军、结果被秦军俘虏去的朱序。朱序被俘之后，尽管被苻坚给收用，在秦国担任尚书之职，可是他的心里还是向着晋朝。他到了晋营里面见了谢石、谢玄，就如同见到了亲人一样，特别高兴，他非但没有按照苻坚的嘱咐对晋军进行劝降，反过来还向谢石提供了秦军的情报。他说："这次苻坚为攻打晋国，发动了百万人马，如果等到他们全部会集，晋军根本无法抵挡。所以应趁着现在他们人马还没到齐的时候，发起进攻，把他们的前锋打败，使他们的士气受挫，这样一来，秦军就很容易被击溃了。"

朱序走了之后，谢石经过再三的考虑，认为寿阳的秦军兵力还是很强，没有完全制胜的把握，所以他决定还是坚守为好。可是谢安的儿子谢琰却劝说谢石赶紧听朱序的话，尽快出兵攻秦。谢石、谢玄经过一番商议，又仔细地分析了一下形势，于是就派北府兵的名将刘牢之率领五千精兵，首先对洛涧的秦军发动了袭击。北府兵果然名不虚传，兵士们个个都勇猛非凡，这支军队就如同插了翅的猛虎一样，强行渡过洛涧。守在洛涧的秦军根本就不是北府兵的对手，抵挡了一阵，很快就败了阵来，在混战当中，连秦将梁成都被晋军给斩杀了。秦兵为了各自活命，都争先恐后地渡淮河逃亡，其中一大部分的士兵掉在水里面给淹死了。洛涧之战，晋军大获全胜，由此大大地鼓舞了晋军的士气。此后，谢石、谢玄命令刘牢之继续援救硖石，同时亲自指挥着大军，乘胜追击，一直追到了淝水东岸，这才止住，然后把人马驻扎在八公山边，跟驻扎在寿阳的秦军隔岸对峙。

苻坚自派出朱序去劝降之后，不由洋洋得意，他在城中就一直等待着晋军投降的消息，可就在这时，有探马来报，洛涧已经被晋军占领，这个消息就像给苻坚头上打了一闷棍，他终于有点沉不住气了。他在苻融的陪同下，亲自来到了寿阳城楼，往淝水对岸看去，只见对岸的晋军，那一座座的营帐排列得极是整齐，手持刀枪的晋兵在来往地穿梭巡逻，阵容显得严整而又威武。他禁不住又往远处望去，只见对面的八公山上，隐约地也不知道有多少晋兵在那里驻扎。其实，八公山上根本就没有晋兵，只不过苻坚心虚眼花，他把八公山上的草木都当作是晋兵了。苻坚心里边确实有点害怕了，他对身旁的苻融说："没想到敌人如此强大，怎么说他们弱呢？"于是，苻坚传下命令，让秦兵严密防守，不得有丝毫懈怠。

晋军因为无法渡过淝水，谢石、谢玄感到非常着急。如果时间如此拖延下去，只怕秦军会陆续到齐，对晋军造成极大的不利。谢玄想了个主意，他派人给苻坚送去了一封信，信上的意思是说：你们秦军深入晋国，如今在淝水边摆下阵势，如此按兵不动，这像是打仗的样子吗？如果你们要真想打仗的话，那就把阵地稍稍往后撤一点，腾出一块地方做

战场,让我军渡过淝水,咱们双方较量一番,这才算得上是有胆量。苻坚心想,如果自己不答应后撤的话,那不就是承认我们害怕晋军了吗?于是,他马上召集了秦军将领来开会,他说:"敌人要我们让出一块地方做战场,我们就答应他们。等他们渡河快要上岸的时候,我们就派骑兵冲过去,保管就把他们一下消灭掉。"谢石、谢玄得到了苻坚答应后撤的回信后,迅速地整顿好了人马,准备渡河向敌人进攻。到了约定渡河的时刻,苻坚一声令下,苻融就指挥着秦军向后撤。他们原本撤出一个阵地后,马上回过头来向上岸的晋军发动总攻。可是苻坚没料到秦兵多数人厌恶战争,还有的害怕晋军,所以一听到后撤的命令,什么也不顾了,撒腿往前跑,再也不想停下脚步。谢玄趁机率领八千多骑兵,飞快地渡过了淝水,向秦军发动了猛攻。

就在这时候,在秦军阵中的朱序也趁机大喊起来:"秦兵打败了!秦兵打败了!"后面的兵士也不知道前面发生的情况,只看到前面的秦军往后跑,于是也就转过身跟着边叫边跑。苻融见状不好,立即气急败坏地挥舞着剑,想要压住阵脚,可是这兵就如同潮水般地往后涌来,哪里还压得住。就在这时,一群乱兵冲了过来,把苻融的战马给冲倒了。苻融挣扎身子想要站起来,可晋兵已经由后面赶了上来,苻融顿时被乱刀砍死。主将一死,秦兵更如同脱缰的奔马一样,跑得更快了。这时,观阵的苻坚看到这种情况,情知不妙,他也顾不得许多了,骑着马没命地逃跑起来。谁知就在此时,空中有一支流箭飞来,正射中他的肩膀。因为保命要紧,所以苻坚也顾不得疼痛,继续催马狂奔,一直逃到淮北才停歇下来喘口气。

晋军乘势由后追击,秦兵只知没命地溃逃,由于人多,相互之间挤的挤、踩的踩,如此一来,又死了许多兵士,尸体满山遍野都是。那些逃跑的兵士,路上听到风声和空中的鹤鸣声,也当作了东晋追兵的喊杀声,吓得不敢稍有停留。谢石、谢玄把寿阳收复了,马上派人把这大好的消息送往建康。

知雄守雌

经过这一场大战,强大的前秦元气大伤。苻坚逃到洛阳之后,收拾一下自己的那些残兵败将,结果竟只剩下十几万人。这也给了一直想背叛前秦的鲜卑族的慕容垂和羌族的姚苌以可乘之机,他们纷纷从前秦分了出来,各自建立起了新的国家——后燕和后秦。

淝水之战过后,谢安趁着前秦崩溃之机,派谢玄收复了黄河流域大片失地。太元九年二月,荆、江二州缺任刺史,因谢玄新立大功,所以朝廷上下都认为应把这两个重要军职授给谢玄。可是谢安感到谢氏家族功名太盛,此战之后,谢石进位担任尚书令,太元九年谢安又进位太保,如果谢玄再出任西线的重镇,如此一来,谢家真成为那种揽尽全国军政大权之势了,这样很容易成为众矢之的。同时谢安还担心朝中尚有一定势力的桓氏,

如果一旦失去了重要官职,会怨恨谢家而起事非。所以,就把荆州授予了桓冲的侄儿桓石民,任命石民的弟弟桓石虔为豫州刺史,桓冲的孙子桓伊则为江州刺史。

谢安很是谨慎,他十分注意维持各大族之间的势力平衡,既不使其过分削弱,也不让其过分膨胀,即使对谢氏家族,也同样如此。所以在谢安当政期间,当时的朝政还算比较稳定,国力发展也较迅速,南北对峙的格局,也正是在此时形成的。尽管谢安小心处事,可他名高权重,还是难免会引起一些人的妒忌。谢安的女婿王国宝,是王坦之的儿子,此人不学无术,因此谢安对他十分讨厌,只让他担任尚书郎。可是王国宝却自以为出身名门,理应担任重要官职,所以他不愿担任尚书郎,于是辞官不干,并由此积怨于谢安。王国宝的堂妹是司马道子的王妃,所以,王国宝就巴结司马道子,让他在皇帝面前离间谢安。因为司马道子总是有意无意地说些谢安的不是,由此使得孝武帝对谢安也逐渐地不信任了,反而越来越宠信司马道子了。本来,自从淝水之战以后,因为谢安的功名较之以前大盛,所以孝武帝在心里面难免有所忌惮,再加上道子的离间,于是更对谢安疏远起来。就在九年三月,他又升谢安为太保,这样就进一步将他给架空了。九年九月,谢安上书皇上,请求率兵进行北伐,孝武帝于是就加授谢安为大都督,总督扬、徐、江、荆、司、豫、兖、青、冀、幽、并、梁、益、雍、凉十五州诸军事,另加黄钺。谢安一方面对司马道子进行回避,不跟他发生抗衡,同时又设法夺回军政大权,用来维持自己家族的势力。

太元十年,前秦的国内发生了叛乱,苻坚向东晋求援。谢安正想法要避开司马道子,所以趁此机请求亲自率兵前去救应。他率兵来到广陵的步丘,修建城堡让兵将居住,并命名为"新城"。谢安到了晚年可说是功成业就,名盖天下了,但是每当他回忆起自己年轻时代隐居东山的悠闲生活,仍是充满无限的思念。更何况此时遭到司马道子的排斥,于是更加有隐退之意。他在新城造船凿舟,为航海出行大作准备,一旦找到适当的时机,便想沿着长江下三吴,告老回归家乡,再去过那山水悠闲的生活。可是他没想到自己在这一年的七月就身染重病,于是他只得上书朝廷,请求回京。在临走之际,他对北伐之事做了一番部署,命令龙骧将军朱序在洛阳驻扎;前锋都督谢玄驻扎在彭沛,由此形成互为掎角之势,等到来年汛期水涨,东西两路同时渡江北伐。他把这些事部置完毕,然后才和儿子谢琰一起回到了建康,向朝廷上书请求退去职位。就在八月廿二日,谢安在建康病逝,终年六十六岁。朝廷以隆重的仪式追悼谢安,孝武帝亲自来到灵堂,同时追赠太傅,谥文靖。到了十月,追封其为庐陵郡公。谢安有两个儿子,长子谢瑶,袭封爵位,官至琅琊王,壮年就丧亡。次子谢琰,颇有大将之才,自跟随谢安从政以来,官至卫将军、徐州刺史、假节。后来在孙恩之乱中被人杀害了。

高贵的生活、优雅的气度、不凡的谈吐,使谢安成为东晋帝国最负盛名的风流名士,他的言行举止,动辄成为文人雅士效仿模拟的对象。据说,他的一位老乡由于官做得不大,卸职还乡时,只得到了五万把蒲扇。在那个时代,将这些扇子全部销出,显然是一件十分困难的事情。但是,有了谢安,困难的事情变得轻而易举。他拿了一把扇子在大街

上一走,结果京师之人无论雅人俗士,竞相购买,五万把扇子不但一抢而光,而且身价倍增,较之现代辐射广泛的传媒广告,效果不知道强多少倍。谢安还有一个特长,他能够用洛阳话吟咏诗文,人们称之为"洛下书生咏"。事实上,能做到这一点的人肯定不在少数,因为京师中的文人雅士大多是从洛阳南迁而来的,用洛阳话诵诗,本来不是一件难事。但是,谢安的鼻子有毛病,吟咏起诗文鼻音重浊,这就不是一般文人能够做到的了,因为老天没有给一般人带来一个有毛病的鼻子,可是大家又实在羡慕谢安吟咏诗文的重浊鼻音,于是,纷纷捏了自己的鼻子加以仿效,虽然仍然不那么逼真,可是毕竟有了鼻音,听起来似乎就动听多了。

谢安风流潇洒的形象,一直受到后人的崇拜。百年之后,王导的五世孙王俭也以风流潇洒著称,不过,王俭模仿的对象不是先祖王导,而是谢安。他经常对人说:江左风流宰相,只有谢安一人。

在治国方面,时人将谢安比作王导,而王导的后人在风度上模仿谢安,可见,谢安是将治国才干与名士气度集于一身的人物,从这个角度说,谢安无愧于江左第一名相的称号。宋人马之纯的《谢安墓》一诗是对谢安生平最好的概括:

中兴江左百余年,人物谁如太傅贤。

桓贼寻常思问鼎,符秦百万已临边。

笑谈解折奸雄锐,指顾能摧敌阵坚。

平昔经纶才试此,依然赍恨向重泉。

风范良相

——房玄龄

名人档案

房玄龄：名乔，字玄龄。齐州临淄（今山东淄博）人。出生于北周武帝元年（578年），其父房彦谦，精于五经，有辞辩，在隋做过司录刺史，清廉善良，其俸禄，常周济亲友。他曾对房玄龄说："人皆以禄富，我独以官贫，所遗子孙在于清白耳。"（《隋书·房彦谦传》）房玄龄从小在家中受到良好的教育，他博览经书，开皇十六年（596年），"举进士，授羽骑尉，校群秘书省"。因其学识渊博，受吏部侍郎高孝基赏识。不久，调任阳县县尉。后来，因事受连累革职，遂迁移居上郡。

生卒时间：579年~648年。

安葬之地：葬昭陵。

性格特点：聪慧豁达，大度无私，博览经史，工书善文。

历史功过：贞观前，他协助李世民经营四方，削平群雄，夺取皇位。贞观中，他辅佐太宗，总领百司，掌政务达20年；参与制定典章制度，主持律令、格敕的修订，又曾与魏徵同修唐礼；调整政府机构，省并中央官员；善于用人，不求备取人，也不问贵贱，随材授任；恪守职责，不自居功。后世以他和杜如晦为良相的典范，合称"房谋杜断"。

名家评点：李世民称赞他有"筹谋帷幄，定社稷之功"。

后世史学家在评论唐代宰相时，无不首推房玄龄，总是说：唐代贤相，前有房杜，后有姚宋。唐人柳芳叹道："房玄龄佐太宗定天下，及终相位，凡三十二年，天下号为贤相。然无迹可寻，德亦至矣。故太宗定祸乱而房玄龄不言己功；王珪、魏征善谏，房玄龄赞其贤；李积、李靖善将兵，房玄龄行其道；使天下能者共辅太宗，理致太平，善归人主，真贤相也！房玄龄身处要职，然不跋扈，善始善终，此所以有贤相之令名也！"柳芳的评论可谓恰如其分，司马光、欧阳修后来写有关这段历史评论时，都全文抄录。而明弘治十一年（1498年）所刻《历代古人像赞》中在玄龄公画像左上角所题对联一副："辅相文皇功居第一，遗

表之谏精忠贯日"。也是很好的注解。

唐代文学家皮日休,早年即志在立功名、佐王治,追踪房玄龄、杜如晦的事业。他在《七爱诗·房杜二相国》中慷慨言道:"吾爱房与杜,贫贱共联步。脱身抛乱世,策杖归真主。纵横握中算,左右天下务。肮脏无敌才,磊落不世遇。美矣名公卿,魁然真宰辅。黄阁三十年,清风一万古。巨业照国史,大勋镇王府。遂使后世民,至今受陶铸。粤吾少有志,敢蹑前贤路。苟得同其时,愿为执鞭竖。"

辅助秦王

隋炀帝大业十三年,太原留守李渊在太原起兵反隋,率军三万,进兵关中。李渊军队横渡黄河后,兵分二路。一路由李建成驻守送关,以防隋军救援;一路由李世民率军西进,占领渭北,逼近长安,李渊父子举兵反隋,得到人民的支持,一路势如破竹,沿途归顺者很多。

富有政治眼光的房玄龄,眼见隋朝大势已去,下定决心投奔李渊父子。他来到渭北军门拜见李世民,正好李世民广求贤才,收纳天下英俊,两人一见如故,李世民当即拜房玄龄为渭北道行军记室参军,成为他帐下的主要谋士。当年十一月,唐军攻占隋都长安。第二年五月,李渊灭隋,做了皇帝,改元武德,是为唐高祖。武德元年(618年)六月,立李建成为皇太子,封李世民为秦王,李元吉为齐王。李世民拜房玄龄为秦王府记室,封临淄侯,李渊在长安建立唐政权后,以关中为基地,进行统一全国的战争。

李渊任命李世民挂帅,向各个地方割据势力和农民起义军进攻。房玄龄随同李世民转战南北,运筹帷幄,取得一个又一个的胜利。武德六年十一月,首先消灭了陇西的割据势力薛仁果;武德三年(620年)又打败了割据西北的刘武周。占领山西后,李世民继续挥师东进,进攻盘踞洛阳的王世充。王世充被围,急忙向河北农民起义军窦建德求援。窦建德亲率十多万大军,火速开往洛阳,水陆并进,势不可挡。李世民让李元吉围困洛阳,自己则亲率精兵三千截击窦建德。

汜水一战,唐军大获全胜,窦建德受伤被俘。王世充眼见大势已去,只得投降了唐朝。武德五年(622年),李世民又继续镇压了窦建德余部刘黑阔。于是在短短的四五年间,李世民东征西讨,消灭了各种反唐势力,为唐王朝的统一,立下了赫赫战功。房玄龄随军出征,尽心辅助秦王,做出了卓越贡献。

在唐王朝的统一战争中,唐军每攻克一城池,诸将往往把眼光盯住库里的珍贵宝物。唯有房玄龄却不是这样做,他每到一地就首先物色人才,招入幕府,和他们结为朋友,千方百计将他们搜罗到秦王府来,这些人后来为李世民效劳,大大加强了秦王府的实力;这些人后来都能出死力帮助李世民夺得帝位。李世民说:"汉光武得邓禹,门人益亲,我今

有龄，犹禹也。"在各地征战中，房玄龄作为秦王府的记室，撰写了不少军书、表奏，他的文章"文约理赡"，又快又好，深得高祖李渊的赏识。

唐王朝统一全国的战争结束后，其内部又出现了新的一场战争。

玄门当机

武德末年，太子李建成与秦王李世民围绕着储位问题的激烈竞争，很快由暗争发展为明斗，势如水火，互不相容。在唐王朝的创建过程中，李世民立下了汗马功劳，无论太原起兵、进军长安，还是东征西讨，削平群雄，他都立下赫赫战功。司马光说："高祖所以有天下，皆太宗之功。"李世民才能出众，这也是无可争辩的事实。房玄龄曾说他："箭穿七札，弓贯六钧，加以留情坟典，属竟篇什，笔迈钟、张，词穷贾、马。"他的父亲李渊对李世民的才干也是赏识的。在太原起兵时，曾面许李世民："若事成，则天下皆汝所致，当以汝为太子。"太子李建成虽没有像李世民那样的赫赫战功，但他自起兵太原，镇守道关，南进长安，东出洛阳，也立过一定的战功。再加上他位居东宫，联合其弟李元吉，其得到帝位的自然条件是相当优越的。

有锐敏政治眼光的房玄龄，对李世民兄弟之间事态的发展看得一清二楚，他心里十分着急，于是私下对长孙无忌说："今嫌隙已成，一旦祸机窃发，岂惟府朝涂地，实乃社稷之忧；莫若劝王行周公之事以安家国。存亡之机，间不容发，正在今日！"（《资治通鉴》卷191年）长孙无忌也有同样的感受和忧虑，他把房玄龄的话告诉李世民。

李世民深感忧虑，召房玄龄共同议事。房玄龄与杜如晦劝李世民尽快动手，诛杀李建成和李元吉，但李世民仍犹豫不定，李建成、李元吉为了除掉李世民，首先第一步就是清除李世民身边的人，他先用收买、拉拢的办法想将秦王府的勇将谋臣拉过去，没有获得成功。继而又在李渊面前中伤、挑拨，李建成最忌恨的就是房玄龄、杜如晦，结果，李渊偏听偏信，下令把房玄龄、杜如晦逐出秦王府，武德九年（626年）夏，突厥兵犯边，按惯例，大都由李世民督军御敌，但此时，李建成却提议由李元吉和李艺出征，以阻止李世民掌握兵权同时，李元吉还征调秦府将领尉迟敬德、程知节、段志玄、秦叔宝前往，借此把秦府精兵抓到自己手中。事成之后他们决定再来谋杀李世民。

李世民得知此事后，立即召集内弟长孙无忌、舅舅高士廉、尉迟敬德、侯君集等商议。尉迟敬德怂恿说："王今处事有疑，非智；临难不决，非勇。"李世民又秘密召回房玄龄和杜如晦，令二人穿戴道士服潜入秦府，共同议事。

房玄龄说："大王功盖天地，当承大业；今日忧危，乃天赞也，愿大王勿疑。"经过周密的策划，武德九年六月四日，李世民暗中在玄武门设下伏兵，射杀了李建成和李元吉，取得了"玄武门之变"的成功。

"玄武门之变"后,李渊把军国大半完全委托给李世民处理,并立李世民为太子。接着,李世民拜房玄龄为右庶子,不久,又提升房玄龄为中书令,当上了宰相。

选贤审法

八月,李渊把帝位传给李世民,李世民即皇帝位,改年号为贞观。

唐太宗即位后,对等论功行赏,房玄龄、杜如晦等五人功居第一。李世民的叔父、淮安王李神通不满,说:"臣举兵关西,首应义旗,今房玄龄、杜如晦等专弄刀笔,功居里上,臣窃不服。"唐太宗说:"叔父虽首唱举兵,盖自营脱祸。乃窦建德吞噬山东,叔父全军覆没,刘黑闼再合余烬,叔父望风败北、玄龄等运筹帷幄,坐安社稷,论功行赏,固宜居叔父之先。"说得李神通理屈词穷,羞愧无言,贞观三年(629年)二月,房玄龄改任尚书左仆射。唐初的左右仆射就是宰相。房玄龄是位卓越的实干家,在他的努力下,一批出色的高级官员被陆续荐举给朝廷。他担任宰相后,首先裁减大量的冗员。

唐太宗曾对房玄龄说:"官在得人,不在员多。""若得其善者,虽少亦足矣;其不善者,纵多亦奚为。"根据唐太宗的诏令,房玄龄在贞观初年对在职官员进行大量裁并,全国根据地理位置的划分,设十道,三百余册,这是贞观初年全国性的一次重大行政改革,房玄龄不仅果断地裁去大量冗员,而且能因才授任、选贤任能。唐太宗重视选才用人,他认为"致治之术,在于得贤"。他确定宰相的首要职责是求访贤才,他曾对房玄龄和杜如晦说:"公为仆射,当广求贤人,随才授任,此宰相之职也。"唐太宗还下令把宰相担负的具体政务交给左右丞处理。

宰相集中精力处理大事和挑选人才,这为房玄龄选贤任能创造了极好的条件。早在秦王府时,房玄龄就发现杜如晦聪明识达,有助王之才,就向秦王李世民推荐:"必欲经营四方,非此人不可。"李世民说:"尔不言,几失此人矣!"李世民开始重用杜如晦。后来果然证实,杜如晦辅佐太宗,功勋卓著。

房玄龄选用人才,重才也重德,他推荐的李大亮,不但文武全才,而且品德优异。房玄龄本人则为官清廉,生活俭朴,竭心奉公,"每当宿值,必通宵假寐",房玄龄称李大亮"有王陵、周勃之才,可以当大位",唐太宗拜任李大亮为左卫大将军、兼领太子右卫军,又兼工部尚书,身居三职,甚为器重,薛收是个卓有文才的读书人,经房玄龄的推荐,为太宗任用,太宗召见,"问以经略",薛收"辩对纵横,皆会旨要",太宗征伐时的檄文、捷报,大多出于薛收之手,可惜薛收只活了三十三岁。唐太宗悲叹地对房玄龄说:"薛收若在,朕当以中书令处之。"房玄龄选才,不"以备取人",张亮是个贫寒人士,"素寒贱,以农为业",而张亮胆气不足,无将帅之才,房玄龄却只用其长,并不"以备求人",对唐太宗任用的人,房玄龄认为不合适的,也不苟用。贞观二十一年(647年),太宗要拜李纬为支部尚书,想

听听房玄龄的意见,房玄龄"但云李纬好说须,更无他语",唐太宗明白了房玄龄的意思,便改变了原来的主意。改任李纬为洛州刺史,可见房的意见在当时何等重要!贞观时期人才济济,吏治清明,去冗员,对唐朝政治、经济的巩固和发展无疑有着重要的实际意义。

房玄龄精减官吏的做法,对经隋末大乱、人口锐减的唐初来说,既裁去了冗官滥职,避免了十羊九牧,有利于提高朝廷各部门的办事效率,同时也节省了国家的财政开支,有利于减轻人民的负担,使人民得以休养生息,发展生产,繁荣经济。这一道理唐太宗和房玄龄等是非常明白的。唐太宗和房玄龄从隋朝的灭亡吸取教训,他们深知"吏良,则法平政成;不良,则王道弛而败美"。他们深知,"官得其人,民去叹愁"的道理。"民去叹愁",则阶级矛盾缓和,国家就会长治久安,这是出现贞观之治的重要原因。为了进一步加强和巩固王朝的统治,唐太宗即位后,命长孙无忌、房玄龄与学士、法官一起,重新商议修订法律。

鉴于隋炀帝忌刻,"法令尤峻,人不堪命,遂至灭亡"的教训,在太原起兵时,李渊父子即"布宽大之令"。入长安后,为了取得民心,约法十二条:"惟制杀人、劫盗、背军、叛逆者死,余并摘除之。"李渊称帝后,曾制定"武德律","尽削大业所用烦峻之法"。

唐太宗主张克简刑政,审慎法令。他在贞观元年对侍臣说:"死者不可再生,用法务在宽简。"他还说,"国家法令,惟须简约,不可一罪作数种条。格式既多,官人不能尽记,更生奸诈,若欲出罪即引轻条,若欲入罪即引重条。数变法者,实不益道理。宜令审细,毋使在文。"(《贞观政要·赦令》)房玄龄等根据唐太宗的旨意修订成的唐代法律,即《贞观律》,有四个部分,即律、令、格、式。"律以正别定罪",就是刑事法典。唐律所涉及的范围非常广泛,从国家的政治制度到百姓的户籍婚丧,都有极其详密的规范。其中"定律五百条,分为十二卷:一曰名例,二曰卫禁,三曰职制,四曰户婚,五曰厩库,六曰擅兴,七曰盗贼,八曰斗讼,九曰诈伪,十曰杂律,十一曰捕亡,十二曰断狱,有笞、杖、徒、流、死,为五刑。笞刑五条,自笞十至五十;杖刑五条,自杖六十五至一百;徒刑五条,自徒一年,遂加半年至三年;流刑三条,自流二千里,递加五百里,至三千里;死刑二条,绞、斩。大凡二十等。"(《帅唐书·刑法志》)"令者,尊卑贵贱之等数,国家之制度也。"令是对各种制度的规定,如《户令》是对户籍和婚姻制度的规定;《田令》是对土地制度的规定。令只规定应该怎样,不应该怎样,但不包括对于违令行为后给予的刑事制裁。唐太宗时,"定令一千五百九十条,为三十卷。贞观十一年正月颁下之"(《帅唐书·刑法志》)。"格者,百官有司之所常行之事也"。格是皇帝赦令的汇编,百官的职责范围,由房玄龄等在贞观十一年规定武德以来赦格七百条为《贞观格》,共有十八卷,颁行天下。(《资治通鉴·唐纪十》)"式者,其所常守之法也",式是各种行政法规,国家机关办事的章程、条例,房玄龄等制定的《贞观律》的量刑定罪上有宽缓的方面,仅与隋律相比,《贞观律》减大辟(死刑)者九十二条,减流刑为徒刑者七十一条。在官犯法,只夺官除名,仍同性伍。房玄龄因旧律的别重,"议绞刑之属五十,皆免死而断右趾"。但唐太宗哀其断毁肢体,令房玄龄等再议。王

珪、萧瑀等认为改死刑为断趾,保存了生命,已放宽,而房玄龄主张再行放宽,他认为:"左者五刑,刖居其一。及肉刑既废,今以笞、杖、徒、流、死为五刑,而又刖足,是六刑也。"(《新唐书·刑法》)于是决定将断趾改为加役流三千里,居作二年。

房玄龄还改变了旧律中因谋反罪而兄弟连坐得俱死的法律,规定为"反叛者,祖孙与兄弟缘坐,皆配没。恶言犯法者,兄弟流配而已"。(《新唐书·刑法》卷五六),死刑和古代相比,几乎去掉一大半。至于削烦去囊,变重为轻,更是不可胜记。

后来,长孙无忌对《唐律》做了具体说明,编成《唐律疏议》一书。此书是我国专制主义中央集权封建国家的一部较为完备的法典。

法与礼是统治者维护其统治的两个方面,所谓"德主刑辅"说的就是这个道理。贞观期间既重视法律的修订,也重视以礼的道德规范来约束人们的思想行为,以礼来制约各种社会关系,而且以礼制律,律礼相辅,"失礼之禁,著在刑法"。不忠者有罪,不孝者必诛。用法律的强制力量推行礼的道德规范,反过来,又用礼的道德来辅助法的推行。唐太宗即位之初,即诏令房玄龄等礼官学士修改隋礼,最后完成《贞观新礼》一百三十八篇,是唐代礼制的基础之作。

力主安抚

唐朝初年面临着极为复杂的民族关系问题,房玄龄在民族政策上,显示了他深思熟虑的外交能力,他主张结好各民族,以减少冲突。贞观十六年(624年),雄踞漠北的东突厥薛延陀部实力较强,太宗曾封其首长夷南为真珠可汗。但薛延陀部反复无常,出尔反尔,唐太宗派兵联合突厥的一部给以致命的打击后,真珠可汗派人来唐求婚。唐太宗虽对薛延陀并不放心,但是在以武力消灭,还是联姻这个问题上一时下不了决心。房玄龄权衡利弊,认为和亲为上策。理由是大乱之后,国家元气尚待恢复,用兵对国家不利。唐太宗采纳了房玄龄的意见,答应许以第十五个女儿新兴公主,但要求"厚纳聘和",亲自到灵川迎亲。真珠可汗闻知,兴高采烈,"谓其国中曰:'我本铁勒小帅,天子立我可汗,今复嫁我公主……斯亦足矣。'"《帅唐书·北狄》卷199)从而使薛延陀部归顺了唐朝,避免了一场战争,改善了民族关系。后来,真珠可汗一时无法集得聘礼,延误了迎亲日期。唐太宗以其轻侮中国,"下诏绝其婚"。

唐初,朝鲜半岛有三个国家。西半部的叫百济,中部的叫新罗,北部的叫高丽。其中以高丽最为强大,它占有汉江流域和辽东平原。隋文帝开直十八年,曾发兵三十万,大举进攻高丽,失败而回。隋炀帝也曾三次征高丽,结果都失败而回,并引起了农民大起义,走上了灭亡的道路。唐初,三国均遣使和唐朝来往。贞观十六年,高丽发生内乱,大臣盖苏文弑其君,独专国政。唐太宗想出兵以武力干预,但房玄龄以为不可。他对唐太宗说:

"臣观古之列国，无不强凌弱，众暴寡。今陛下抚养苍生，将士勇锐，力有余而不取之，所谓止戈为武者也。"他又以历史为鉴，劝谏唐太宗："昔汉武帝屡伐匈奴，隋主三征辽左，人贫困败，实此之由，惟陛下详察。"（《贞观政要·征伐》）唐太宗接受了意见，便中止了这次行动。后来，高丽联合百济进攻新罗，新罗向唐求救。唐太宗派人劝说，高丽不听，于是，唐太宗决定亲征高丽。他委令房玄龄筹办和运送军粮、军械，下手诏曰："公当萧何之任，朕无西顾之忧矣。"（《旧唐书·房玄龄传》）他屡次上言，提醒太宗，不要轻敌。房玄龄虽然没有强烈劝阻唐太宗东征，但他始终放心不下。唐太宗这次亲征高丽，虽然暂时取得了一些胜利，攻下了一些城池，但遇到顽强抵抗，只能屯兵广安东城下。此时正值隆冬严寒，草枯水冻，士马难久留，且粮食将尽，于是，唐太宗决定班师回京。

对于此次征伐高丽的挫折，唐太宗耿耿于怀，他不甘心，还想举兵东征。此时房玄龄已年老多病，但他出于忧国之心，宰相之责，毅然上书，劝谏唐太宗，他说："进有退之义，存有亡之机，得有丧之理，老臣所以为陛下惜者，盖此谓也。"他引用老子的话："知足不辱，知之不殆"来劝导唐太宗，他还说："威名功德，亦可足矣；拓地开疆，亦可上矣。"希望唐太宗放弃"天可汗"的迷梦，不再"驱使无罪之士卒，委之锋刃之下"。房玄龄认为，高丽的内乱是他们内部的事，他们并没有得罪中国，而唐王朝的出兵"内为前代雪耻，外为新罗报仇，岂非所存者小，所损者大乎广"。（《资治通鉴》卷199）唐大宗对房玄龄的恳切之言深为感动。

尽官切谏

房玄龄在辅佐唐太宗时多有进谏，他谏勿征高丽，谏勿用平庸之辈，以及谏减少民族冲突、改善民族关系方面，日后都证明他意见的正确，都收到过很好效果，房玄龄的进谏反映了他善于思谋，考虑效果的特点。

唐高祖李渊去世后，唐太宗要以汉高祖长陵的规模为父亲建陵，而汉长陵东西长一百二十步，高十三丈，工程浩大。秘书监虞世南劝唐太宗实行薄葬，认为薄葬并非不孝，厚葬反而为亲所累，他建议造的陵墓，陵内器物，尽量从俭。虞世南的建议利国利民，但房玄龄考虑，唐太宗不会接受虞世南的建议，于是，他提出了以汉武帝的陵墓规格建造，唐太宗欣然接受了这一建议。房玄龄为相，通达政事，善于谋划，尽心尽责，唯恐失误，褚遂良说："人臣之助，玄龄为最。"王珪赞誉说："孜孜奉国，知无不为。"房玄龄治理国政，秉公守正，他始终认为："理国要道，在于公平正直。"加上他的作风忠谨谦恭，对人宽厚，对己严谨，晚年，他体弱多病，几次上表请求解除仆射职务，太宗不答应，贞观十六年（642年）太宗又晋升房玄龄为司空。司空为三公之一，品高位尊。房玄龄又上表辞让，太宗仍不允许，并说："国家久相任使，一朝忽无良相，如失两手，公若精力不衰，无烦此让。"可以

看出,唐太宗是离不开他的。

著书立说

　　房玄龄是一个著名的政治家,也是一个优秀的历史学家,唐朝初年,为了修明政治,达到天下大治,非常重视历史经验,唐太宗有句名言:"以古为镜,可以知兴替。"在重视总结历史经验的前提下,唐太宗任命房玄龄为史书的总监修,开了官修史书的先河,为此还专门成立了史馆。在总监修房玄龄的组织领导下,官修史书盛况空前,贞观期间,一共修撰史书八种,即令孤德棻和岑文本合修的《周书》、李白药修的《北齐书》、姚思廉编撰的《梁书》和《陈书》、魏征编撰的《隋书》。在中国官修的二十四部正史中,占了三分之一,其贡献之大,有目共睹,根据唐太宗的提议,房玄龄还开创了编纂本朝历史纪录的新制度。唐朝是编纂本朝诸帝实录的头一个王朝。贞观十七年(643 年),高祖、太宗实录修成,唐太宗因房玄龄修史有功,"降奎书褒关,赐物一千五百段"。贞观二十二年(648年),房玄龄病重,唐太宗派名医为其医治,每日供给御膳,还亲临探望,当握手叙别时,不胜悲痛。七月,房玄龄与世长辞,终年七十岁。唐太宗庆朝三日以示哀悼,册赠太尉,并州都督,谥文昭,陪葬昭陵。

平民书家

——褚遂良

名人档案

褚遂良：字登善。祖籍河南阳翟（今河南禹州），晋末南迁为杭州钱塘（今浙江杭州西）人。父褚亮，秦王李世民文学馆十八学士之一。官至通直散骑常侍。

生卒时间：596~659 年。

性格特点：坚韧不拔，敢于直谏。

历史功过：良博通文史，贞观十年（636），由秘书郎迁起居郎。精于书法，以善书由魏征推荐给太宗，受到赏识。十五年，他劝谏太宗暂停封禅。同年由起居郎迁谏议大夫。贞观中，太宗宠爱第四子魏王泰，遂良提出太子、诸王的待遇应有一定规格。十七年太子承乾以谋害魏王泰罪被废，遂良与长孙无忌说服太宗立第九子晋王李治为太子（即唐高宗李治）。次年遂良被任为黄门侍郎，参与朝政。太宗策划东征高句丽时，他持不同意见，尤其反对太宗亲征。二十二年为中书令，二十三年，太宗临终时他与无忌同被召为顾命大臣。高宗永徽元年（650），遂良以抑价强买中书译语人的土地被劾，出为同州刺史。三年，召还，任吏部尚书、同中书门下三品，复为宰相。四年，为尚书右仆射。六年，高宗欲废王皇后，立武昭仪为皇后。他认为王皇后出自名家，并无过错，竭力反对废立，由此被贬为潭州都督，转桂州（今广西桂林）都督，又贬爱州（今越南清化）刺史。

名家评点：梁巘《评书帖》中说："褚书提笔'空'，运笔'灵'。瘦硬清挺，自是绝品。"

张怀瓘评价褚遂良的书法说："若瑶台青琐，窅映春林；美人婵娟，似不任乎罗绮，铅华绰约，欧虞谢之。"

末路贵族

作为南朝贵族的最后一代子孙,褚遂良其实是有很多无奈,也很不甘心的。虽然,他出生在已经统一了的隋朝,但是,其祖、其父的南朝情结,多少还在褚遂良的身上留下了痕迹。作为梁、陈故臣的后代,他的生命里还有多少江南的迤逦与绮秀?我们无法知道,但是至少他还继承了父祖的高俊的文化素养,所谓"博涉文史,尤工隶书",正是家学的延续。

但是,毕竟辉煌已经定格在昨日了,对于褚遂良来说,他甚至连南朝的旧臣也算不上,出生在统一的隋朝,那是隋文帝开皇十六年(596年)了,离隋灭陈已经近十年了,可是他是梁御史中丞褚淹的玄孙、是梁太子中书舍人褚蒙的曾孙、是故陈秘书监褚玠的孙子、是陈朝尚书殿中侍郎褚亮的儿子,所以,从出生的那一刻,他就注定了要走一条不寻常的路,一条与远去了的南朝人不同的路,也与正主导江山的北方人不一样的路。

曾经有过辉煌的岁月,就不会甘心那样的岁月只是记忆了!历史长河中,乐不思蜀的刘阿斗也只有屈指可数的几个,更多的人是既然雕栏玉砌犹在,即使朱颜改了,那也无妨再奋斗再拼搏,重新取回昔日的荣耀与尊崇,人都是这样的吧?既然曾经有过,就不会甘守如今的平淡与边缘,也许是没有那分从容,也许是没有那分恬静罢。

褚遂良也是如此,血管里流着的祖父辈的血,心里也就承载了祖父辈的期望与梦想,即使大河浪涛已过,龙椅上的主人已换,但一个家族、或者说是一个来自南方朝廷的群体,他们是不会甘心从此以后,自己就这样处在政治的边缘的,即使是真的走到了末路,那也要挣扎一下,至于今日挣扎的姿态是不是早已失去了远前的优雅与从容,那已是顾及不到的细枝末节了,尽管这些细枝末节原本是他们文化的主流与中心。于是在唐初的舞台上,不断有旧南朝贵族的身影在晃动,在演绎。其中,无疑有一个身影是褚遂良的。

其中舞动的最激烈也许还是最不讨好的就是永徽六年(655年)的那一次。

"皇后出自名家,先朝所娶,服侍先帝,无忝妇德。先帝离世之际,曾经拉着臣的手,指着陛下您和皇后说:'此朕佳儿佳妇,今将付卿。'陛下您当时在场,先帝的德音还在耳边回响,且皇后向来谨慎,倾心侍奉,未闻有大过,请陛下勿轻易言废。"

褚遂良的反对,让高宗龙颜不悦。因为与武氏的感情日益缠绵热烈,更因为王皇后背后的势力,因为这股势力,高宗已决心废王立武,早在召见长孙无忌、褚遂良、李勣、于志宁等大臣之前已找好了理由,"罪莫大于绝嗣,皇后无子,今欲立昭仪,谓何?"与其说是商量,不如说是李治在投石问路,其实他也明白,废王立武,必然不是一件轻而易举的事情,王皇后不是孤单的一个人,她的背后,是一个家族,甚至更是一个团体,一个阶层、一个与开国元勋及其后人联系在一起的关陇士族。皇后无子,说是理由也好,说是借口也

罢,既然从高宗口里说了出来,便成为王氏别离皇后宝座最大最正当的理由。

所以褚遂良对此也只好让步,在经过一夜的思考之后,觉得也无法驳斥高宗摆在自己面前的"皇后无子"这一铁定的事实,故在第二天面对高宗的时候,说出了"陛下您如果一定要另立皇后,请选择高门望族之子,武昭仪出身卑微,而且侍奉过先帝,今立之为后,天下人必加耻笑,到时陛下您如何面对?"说完置象牙笏板于殿阶上,脱下官帽儿襆头,重重的把头磕在龙案前的地上,血流不止,"还陛下笏,乞求陛下恩准老身回归田园。"

褚遂良这话,一如他一贯的耿直,没有一点艺术,也没有一点圆融,他先是倚老卖老的说起先帝的嘱托,而后又当众揭露李治的想方设法想要掩饰的伤疤与旧忆,后又以威胁加蛮横的态度自罢其官,这样的态度,这样的羞辱,年轻的李治,如何能够忍受? 就算是平常人,也难以咽下这口气,何况是贵为一国之君的皇帝?

跪俯在阶前这个头破血流、老泪纵横的老头,在恼羞成怒脸色铁青的李治看来,并不是一个以死相谏的忠臣,而是一个目无尊长、令人根本无法忍受的狂夫! 李治眼里流露出来的尽是嫌恶,胡子气得控制不住的直抖,指着还在磕头还在流血还在流泪的褚遂良大喝"拉出去,拉出去"。一个尖利而暴怒的声音从帷幄后呼出:"何不扑杀此獠?"长孙无忌急忙相救,因着是顾命大臣的身份,褚遂良方逃脱了就地被杀的命运。

老命是捡回来了,可京都却是再也呆不下去了,不久褚遂良就被贬任潭州(今长沙)都督。从此,褚遂良再次开始了遥望长安的历程,但是,与上次不同的是,他再也没有回去的可能了,此时的褚遂良,也许还并不知道。此后,他一贬再贬,先是于显庆二年(657年)徙往桂州(今桂林),不久,又被迫远走爱州(今越南境内),脚步是越来越重,长安是越来越远,真的只能怀念了吗? 那段辉煌的岁月,那段耀目的曾经。

在遥远的爱州,在音信难达的唐朝边境,孤独的褚遂良浑浊的老眼里,依然在闪耀着的是昔日的辉煌。

博达学识

褚遂良,字登善,杭州钱塘人,生于隋文帝开皇十六年(596 年),是秦王十八学士之一的褚亮的次子。

隋末,隋朝政权崩溃,各路英雄群豪竞起,薛举与其子仁杲举兵,称雄陇西,称帝金城。褚遂良随父任职于薛氏政权,后李世民攻破薛仁杲,与父入长安。其父褚亮厚继家学,好学善属文,博览无所不至,经目必记于心,声名闻于天下,李世民破薛之后,深加礼接,收为文学之士。李世民即位后,为弘文馆学士,贞观九年,进授员外散骑常侍,封阳翟县男。

子承父志,且青出于蓝而胜于蓝,史载褚遂良"博涉文史,尤工隶书",他的书法,终唐一代,甚至在今天的书法史上,都享有盛名,与欧阳询、虞世南、薛稷并为唐初书法"四大家"。太宗痴喜王羲之的书法,故在贞观十二年,师从王羲之孙智永和尚的虞世南死后,唐太宗深为惋惜,与魏征叹息道:"再也没有人和我讨论书法了",魏征于是举荐褚遂良,言其下笔遒劲,甚得王遗少(羲之)体,因而被太宗召为侍书。

褚遂良少学书于虞世南,又拜以疏瘦见称的名书家史陵为师,还得到了父亲好友欧阳询的指导,他的书法沿袭魏晋以来隶书笔法,综合虞、欧阳二氏之长,形成自己的风格,与欧阳询、虞世南相比,用玄宗时期的书法家、书法理论家张怀瓘的话来说,是从"妍美功用"转变为"风神骨气"。张怀瓘评价褚遂良的书法是:"若瑶台青琐,窅映春林,美人婵娟,似不任乎罗绮,铅华绰约,欧虞谢之。"苏东坡在《题唐六家书后》中对褚遂良的书法评价为"清远萧散",这是一种意境之美,这种意境,让苏东坡痴迷不已,一如太宗迷恋王羲之的书法。宋代的米芾对唐代书法家的评判已经够挑剔了,可他对褚遂良却推崇备至,"褚遂良如熟驭战马,举动从人,而别有一种骄色"。从他们的评价中,至少给我们提供了一个视角,那就是褚遂良的书法自有其独特的特色,那是一种书法的境界,画形容易,画神难。褚遂良书法的线条充满生命,他的生命意识也融入书法的结构之中。不知道是不是因为褚遂良的性格与命运让他刻意地在追求这一点,但至少可以肯定的是,他注入作品之中的那种情调,又从作品之中飘逸出来,让多少人为之心向神往。

褚遂良不仅书法"字里金生,行间玉润,法则温雅,美丽多方",而且还有一双精妙锐利的书法鉴赏慧眼。太宗广求王羲之的墨宝,天下人争相献奉,其中真假难辨,赝品充梁,褚遂良一一辨别,遂真伪分明。相传有一次,唐太宗花高价购得一卷极似王羲之的真迹,褚遂良鉴别其为"赝品",太宗怒问"何以见得?",褚遂良说:"从字形笔锋看来,确实与王羲之字很像,但是——",说话间,褚遂良举起书卷,对着阳光,指着其中的"小""波"这两个字说:"这两个字的末笔,有一层比外层更黑的墨痕,王羲之的书法出神入化,万不致有如此败笔!"

太宗估计也只有叹息的份了。

与他妙曼神清的书法相比,褚遂良的学识也一样的博达渊远,书法、学识齐分秋色,也是褚遂良走进唐朝政坛的两把光彩夺目的钥匙。

贞观十七年二月,太宗问褚遂良:"舜只不过是造了一些漆器,禹也只是雕了其俎,众人苦苦劝谏,这是因为什么?"

褚遂良回答:"一是因为雕琢有害农事,篹俎有伤女工,但这并不是最重要的。那么多人苦谏的真正原因是担心舜、禹用雕琢、篹俎开了奢侈糜烂的风气,那危亡可就迫在眉睫了。漆器不已就会想用金子来做,金子不已,又会想用玉了,所以净臣在君王有了奢侈的苗头的时候,就要尽力劝住,等到君王真正奢靡的时候,说什么也是没有用的了。"太宗听了褚遂良的解释,深以为然,而有"为人君者,不为天下百姓操心而崇尚奢淫,危亡之机反掌而待也"的感叹。

还有一次，有飞雉数集于宫中，阿谀的大臣都想在皇帝面前讨个巧，纷纷进奏说祥瑞，当唐太宗问是"何祥"，却又哑口无言。太宗只好问于褚遂良，遂良言："以前在秦文公的时候，有侲子化为雉，雌雉鸣于陈仓，雄雉鸣于南阳。侲子说：'得雄者王，得雌者霸。'后来秦文公称雄诸侯，便做了一座宝鸡祠来纪念。汉光武帝得其雄，自南阳兴起，后有四海。陛下您本封秦王，今日为帝，贵有天下，所以雌雄并现，以告明德。"褚遂良的回答，有理有据，虽有奉承，但却也是据史实说，所以太宗"大悦"，曰："人之立身，不可以无学，遂良所谓多识君子哉！"

不久，褚遂良因为渊博的学识，被授为太子宾客。太子宾客，是东宫的重要职位，正三品，掌侍从规劝、赞相礼仪。

太子是储君，太宗非常重视对太子的教育与培养。承乾为太子时，太宗为承乾选择最博学最达识的大臣为老师，如魏征、孔颖达、于志宁、张玄素等。后来，册立李治为太子后，鉴于承乾之乱，太宗更加重视了对接班人的培养，不但自己对太子言传身教，遇物则诲之，吃饭的时候则说："你要知道稼穑的艰难，才能常有饭吃。"看见船则言："水所以载舟，亦所以覆舟，民犹水也，君犹舟也。"而且，把最有学识有治国才能的大臣都"堆"在了太子的周围，正所谓"晋王为皇太子，大臣多兼宫官"。长孙无忌为太子太师，房玄龄为太傅，萧瑀为太保，李勣为太子詹事，前太子詹事于志宁、中书侍郎马周为太子左庶子，吏部侍郎苏勖、中书舍人高季辅为太子右庶子，刑部侍郎张行成为太子少詹事，还有褚遂良为太子宾客。后来，又让黄门侍郎刘洎、岑文本、马周、褚遂良等定期到东宫讲义谈论。太宗确实是苦心孤诣，但这么多的大人整天在耳边唠唠叨叨，也实在让李治够受的了。

顾命大臣

褚遂良后来迁任谏议大夫，知起居事，就是记录皇帝的一言一行。太宗因为玄武门事件，虽然都说是"除暴安良"，可心里对其事一直刻骨铭心，而且非常担心的就是不能在身后，在后世留下一个美名。尽管他雄才大略功高勋重，尽管政绩非凡虚心纳谏，尽管百官高颂万民敬仰，但毕竟曾有过那个事件，那个该死的"玄武门事件"，可是没有它又怎么会有今天的我呢？要是大家都忘记就好了！现在的这帮天天围绕在我身边的人是忘不了，那后世的人总是可以忘记的吧？不要给他们以这件事的记忆，他们也就无须费力去忘记了。

太宗很想知道大臣们是如何记载这件事情的，真的很想。可是，他也知道，历史上从无这先例。君王是不可以看作为历史记载的起居注的，更不可以看国史的，这些都将作为真实的历史原原本本的保存下去。所谓"左史言事，右史记事"，他们的存在本来就是对至高无上的皇权的一种制约方式。可是，想知道史官们是如何记载那次事件的这个想

法，怎么也挥之不去，唐太宗心里痒痒，面对褚遂良等，几次欲言又止，但是终于还是假意温问询："卿记起居，人主可以阅看吗？"实则醉翁之意不在酒，褚遂良也心知肚明，但是还是从旁敲击，说："今之起居，古之左右史也。善恶必记，以戒人主不做不合理之事。从来没有君主自己看过关于自己的历史记录。"太宗还是不死心，"我所做的那些事，卿也记下来了吗？"面对太宗的闪烁不定的期望，褚遂良干脆狠下心来，如实相告："我的职责就是执笔记录君主的一言一行。不管好坏，都要记录下来的。"太宗刹那间的期盼与失望让褚遂良很是招架不住，刘洎出来声援，"纵使遂良不记，天下人也会记载的。"太宗喃喃道："我的德行有三：一，借鉴前代的成败、经验教训以律己治国；二、选拔优秀人才共同治理政事；三、疏远小人，不受谗言。朕能守而勿失，史书应该不能记载我的不好之事吧？"

太宗怆然的神情，喃喃而语自剖的一席话，几乎让褚遂良、刘洎眼泪都出来了，但是他们仍然忠于职守，太宗想看起居注的心愿在这里没有得到满足。

贞观十七年，太宗本已许婚于薛延陀，彩礼也收了，但因为后来太宗又有了讨伐薛延陀之心，所以又拒绝嫁公主过去。褚遂良认为，太宗这样做，是很不对的，君子一诺千金，岂能失信于戎狄？

褚遂良"信义"之论，没能改变太宗的决定，但却让折射出他的忠义与耿直，太宗也言"褚遂良学问稍长，性亦坚正，每写忠诚，亲附于朕，譬如飞鸟依人，人自怜之"。

贞观十七年，太子承乾因故被废。其实，承乾的被废，与李泰关系莫大，李泰是太宗的第四子，与太子承乾、第九子李治俱为长孙皇后所生。史书记载承乾"好声色，慢游无度"，且善伪装矫饰，面对父皇时是一个忠孝仁义贤明的优秀储君，回到东宫则完全是另外一副模样，"与群小褒狎"，宠幸乐人，玩突厥游戏，把东宫弄得一塌糊涂、乌烟瘴气。

相对本来就有足疾，又好声色、不听群臣劝谏、经常在东宫内与小人褒狎的太子承乾来说，李泰幼而聪慧、善解人意、时有美誉，深得太宗的喜爱，因泰爱好文学，太宗即令泰于府中设置文学馆，招揽宾客、汇聚文学之士。贞观十五年，泰与著作郎萧德言、秘书郎顾胤等成功撰写《括地志》，太宗对之极为嘉赏，赏赐布物万段，每月给泰的料物，甚至比太子承乾的还要丰厚，后又令泰入居武德殿。

太宗对李泰过分的宠爱与纵容，激化了李泰内心的野心，故渐有夺嫡之意。厚结驸马都尉柴令武、房遗爱等人，朝中大臣中的某些野心家，如黄门侍郎韦挺、工部尚书杜楚客等也自投李泰门下，为其出谋划策、献媚送宠。李泰日益膨胀的野心，积极的活动，让本来就感觉不得宠的承乾如坐针毡，惶惶不可终日。为了稳固岌岌可危的太子之位，承乾也交相结托，努力扶持自己的势力，与汉王元昌、兵部尚书侯君集、左屯卫中朗将李安俨、驸马都尉杜荷等商议谋反。

贞观十七年，因齐王佑反于齐州，被镇压，承乾等人尚在胎腹中的阴谋也被揭露出来，被废。

承乾被废了之后，魏王泰更是加紧了对太子之位的期盼与冲击，他当然知道，父王是

最大的决策者，只要父王点头同意了，太子之位就是他的囊中之物了。所以，他借承乾被废之机，频频入内，名为安慰父亲，其实心里是另有打算，太宗也觉得李泰有文有才、机灵能干，还有孝心，传位于他也算是位得其人，所以面许泰，将立其为太子。

有一天，李泰投入太宗的怀里，亲昵无比，"真诚"而坚定地对父皇说："臣今天才真正地成为陛下的儿子，今天是臣的再生之日啊！臣只有一子，臣百年之后，将为陛下您杀之，以传位于晋王。"

父子之情本是天性，为了能让自己的弟弟继承皇位，而能忍心将自己的爱子杀了，看着泰真诚的表情、听着泰坚决的表白，太宗心里感动得稀里哗啦。不知道太宗是被李泰的花言巧语给蒙蔽了，还是因为失去了承乾而变得糊涂了。也许是李泰在太宗面前太会伪装了吧，也许是太宠一个人就会被自己心里的感觉模糊，所以太宗听了李泰那席不是人话的话，竟然会被感动，而且还想让旁人来分享他那个好儿子的伟大与无私！

长孙无忌、褚遂良等人的眼睛应该是雪亮的，不然是枉费了名臣忠臣的称号！早在太宗令李泰住在武德殿的时候褚遂良就在劝谏了，认为太宗纵容泰太过，将助其骄奢。见太宗给李泰每月的料物逾比太子承乾的，褚遂良也上疏反对。

在承乾被废了之后，太子之位暂时出现了空缺，李泰明白，手握大权、深得父王信任的人无疑是自己的舅舅长孙无忌，但是舅舅明显更中意于九弟晋王李治，因为担心李治会成为对手，所以他私下里对李治说："你以前和承乾那么亲密，如今他出了事，你可能也脱不了干系。"李泰的话，让李治忐忑不安、心神不宁，在太宗面前也失去了昔日的光彩。这一次，李泰又在太宗面前说出了那样的话，长孙无忌、褚遂良等人知道有些话是再也不能留在心底了，"陛下您仔细想想，陛下您百年之后，那时的魏王已经是天下之主了，他怎么可能杀掉自己的儿子，而传位于晋王呢？陛下您以前立承乾为太子，又极宠魏王，甚至对魏王的礼遇超过太子，所以才会导致今天的结果。如果陛下您想要立魏王为太子，那请先把晋王安置起来吧，这样才能保持晋王的安全。"

太宗是幡然省悟，还是终于不得不承认真正的李泰确实不是那个在自己面前表现得出来的李泰？

太宗去探视了一下废太子承乾，可怜又萎靡的承乾面对威严的父皇，道出了心声："臣贵为太子，更何所求？但是因为泰阴谋图立，为了自身的安全，臣才与朝臣谋划。一些阴谋家正好利用了这个机会与我的糊涂，所以教唆臣为不轨之事。如今若立泰为太子，臣是真的掉进了他的圈套里了。"

事到如此，太宗不得不向自己的内心坦白了，虽然他一贯对泰的宠爱让他觉得舍弃李泰太残忍，但他更知道如果立了李泰，他的废太子、第九子也许就连命都保不住了，他也知道，只有心地仁慈的李治，虽然柔弱了点，虽然从心底来说，他并不是自己心目中继承皇位的最合适的人选，可，也只有李治，在自己百年之后，能容得下其他的兄弟，至少能让他们颐养天年，平安到老。从此之后，太宗心里就有了李治的身影。

贞观时期,褚遂良还是反战守成的代表人物。

是文臣的缘故吗?是为百姓着想吗?也许两者兼而有之吧。反正不管是在灭高昌后,太宗要派兵屯西州之际,还是太宗借高丽内乱想要兴兵伐高丽之时,褚遂良都站在不赞成的立场。

西域的一些小国家,如高昌、焉耆等,由于实力太弱小,所以不得不投靠势力强大的大国,毫无疑问,唐政权是一个强有力的靠山,但与此同时,还有一个让高昌这些小国不敢忽视的就是游离在天山之北的西突厥,唐朝的力量虽然强大,但是毕竟山高路远,远水解不了近渴,当野性的风驰电掣的西突厥"骑士"越过天山,兵临城下之际,渴望唐朝来主持公道只是一个遥远而不切实际的梦想,所以为了自己的生存,高昌不得不采取并不光明的"两面派"的做法,一方面认唐朝为自己的保护国,每年拿那些特产象征性地去朝贡一下,另一方面也不违抗近邻西突厥的旨意,在不能逃避的情况下,甚至服从西突厥的指派,为虎作伥,干些欺负其他弱小国家的事情,在宗主国西突厥的裹胁下,高昌几次出兵同为唐朝的保护国的兄弟国家焉耆,委屈而瘦弱的焉耆只好向唐朝求助,唐朝几次发诏让高昌向焉耆道歉,返还在焉耆掠夺的人和财产,高昌一方面确实是身不由己,另一方面高昌国王麴文泰也不相信远在天边的唐朝真的会发兵过来,所以对唐朝的诏令阳奉阴违,麴文泰的不恭不敬让唐朝的皇帝很是不舒服,所以贞观十四年,唐太宗决定出兵西域,攻打高昌。

以魏征、褚遂良为首的一批谏臣极力反对,认为高昌太远,且沙石千里、冬风凛冽、夏风如焚,发兵征千里之外,非明智之举,胜利的希望不大,到时失败了反而破坏大唐的军威与声势,就是战争成功,也不能为唐朝带来实际性的利益,不如就随它去吧,这样至少不会让百姓承受太大的负担,于国力也没有损害。

但是唐太宗这次没有听从他们的意见,发兵十五万,由大将侯君集率领,雄赳赳气昂昂地开赴高昌,义名上是讨伐高昌的"不义",实际上真正的矛头是冲着高昌背后的西突厥。一山不容二虎,一国不容二主,在大唐的边境,岂会允许日益壮大的西突厥继续作威作福危害一方?其实,唐太宗的眼光放得很远,看得很深,出兵高昌,只是恰当时候的一个借口,小小的高昌,小小的不听话,何须唐太宗发兵十五万?太宗当然知道要息兵安民,要休养生息,"民为水,君为舟"的道理他比哪个皇帝都懂,可高昌背后的西突厥是唐朝真正的威胁与祸害,唐朝与西域的联系广泛密切,声名远扬的丝绸之路既是一条经济要道,更是一条政治文化交流的绿色通道,高昌就在这条要道上的关口、咽喉,西突厥要是控制了高昌、控制了西域,就等于扼死了唐朝向西发展、西向交流的可能。

如果就这样任由西突厥在西域横行,那唐朝失去的就不仅仅是西域,而是整个帝国的活力与张力,唐太宗正是看到了高昌,看到了西域对整个唐帝国的重要作用,加上当时的国力已经可以承受,所以唐太宗力排众议,独立专断,出兵高昌,高昌灭后,设立州县,把广阔的西域地区囊括进了唐朝的领土版域。

褚遂良在高昌灭后,太宗派兵驻扎,经营西州之时,发表了一大通高论,认为"河西者方于心腹,高昌者他人手足","为得高昌一夫斗粟,发陇右褚州兵食以赴之"实在是得不偿失的举动,千劝万劝,还是没能动摇太宗的决心,这也是可以看作是褚遂良缺少太宗的那种高瞻远瞩的战略眼光吧,相对太宗雄心开创历史来说,褚遂良更多的是趋于谨慎"守成"。

四年后的辽东之战,褚遂良的反应如出一辙。

高丽的东部大人泉盖苏文逆弒高丽王建武,立建武哥哥的儿子为王,自为莫离支,且与百济和亲,攻击一向与唐亲善的新罗。新罗女王善德,遣人向唐乞救。太宗发使持诏让莫离支罢兵。春风得意的盖苏文被胜利吹昏了头,蛮横地拒绝了唐使。

太宗于是召集群臣,会议出师。褚遂良谏阻道:"如今中原清晏,四夷畏服,陛下威望日著,震烁古今,今若远渡辽海,讨伐小夷,如果真能胜利而返,原是幸事,万一蹉跌,伤威损望,再兴忿兵,安危更不可测了。"

太宗道:"盖苏文有弒君大罪,今又违朕诏命,侵暴邻国,奈何不讨?"辽东离长安万里,且水土相异,太宗不是没有犹豫过,也不是没有考虑过个中得失、成败胜算,但是依然是在高瞻远瞩的战略目光下,心有所重。

而且常胜将军李勣指出了一个很有说服力的例子,"前日薛延陀入寇,陛下欲发兵穷追,因用魏征言,坐失机会,否则薛延陀已无遗类了。"这也许是太宗的心头很遗憾的一个事情,所以一下就敲中了太宗的心窝,颔首赞同道:"诚如卿言,此次朕拟亲征,定当扫清东夷。"

太宗决心既定,褚遂良也只好上表请求随同出征。

绝望而终

说褚遂良是长孙无忌的影子,并不名过其实。长孙无忌是长孙皇后的亲哥哥,而且,几十年来跟随太宗南征北战,出谋献议、殚精竭虑,在"玄武门事变"中又立下了汗马功劳,所以李世民一即位,即封无忌为吏部尚书,定功为最,封齐国公。历尚书仆射、司空、复拜司徒。贞观十七年,图功臣24人于凌烟阁,无忌居冠首。

有人密奏长孙无忌功高位重,怕将不利于社稷。太宗把密奏拿给长孙过目,表示自己对他实无疑心,并在朝会上宣布:"无忌有大功于我李家,朕诸子皆弱,现在委托给无忌,朕非常放心。疏间亲,新间旧,是不顺之举,朕所不取也。"在大庭广众之下,太宗公开表露了对长孙无忌的无限信任与器重。

也许正是因为褚遂良看准了长孙无忌与李氏皇族的亲密无间,以及长孙无忌对皇族的影响力与对下层的辐射力,褚遂良便选择了坚定跟着长孙无忌走的方针路线。长孙无

忌是关陇士族在唐初政权中的代表人物，应该说，跟随长孙无忌走，这比褚遂良以孤单的南朝贵族后裔的身份在唐政权中的奋斗，底气要旺盛得多，毕竟褚遂良找的这个不是一般的靠山。

褚遂良的选择，是错？还是对？我们不好说，但是我们可以知道，自从褚遂良选择了这条路线，他就一直在坚持不懈地执行，一直到生命的最后。

坚定跟着长孙无忌走，既给身为南朝贵族之后的褚遂良带来了官位的快速升迁，贞观十八年，拜黄门侍郎，参综朝政，贞观二十二年，拜中书令，并在太宗朝届期得到掌权者最高的信任，太宗废立储君都征询他的意见，临终之际成为顾命大臣，成为太宗在离开人世时最贴心最放心最厚望的大臣之一。

承乾被废了之后，在选择新一位的皇子为储君，意见就惊人的统一，或者说，褚遂良是完全追随着长孙无忌的选择的。也许，自从嫡长子承乾把储君之位空出来了之后，长孙无忌心里就有了人选，这个人不是一直表现得自以为很出色很得人心的李泰，而是默默无闻仁义厚道的李治。李泰对李治的恐吓，李治的六神无主，长孙无忌看在眼里，记在心里。李治虽然懦弱了点，也许，还没有李泰那样聪慧，但也不那么善于伪装与矫饰；李治也许没有李泰那样的魄力，但至少是真诚而且仁爱的。虽然真正的李治其实并不柔弱，也不是无能之君，甚至可以说是兼雄才与魄力的。李治的魄力与能耐，长孙无忌最后是真正的见证人与体验者。但是此时的李治，在处于权力顶峰的长孙无忌舅舅的眼里，只是一个易于掌控、至少是很能听舅舅话的小外甥。

贞观十七年四月初的某天，在朝会未开始时，长孙无忌就让褚遂良把李治领过来，朝会结束后，太宗把长孙无忌、司空房玄龄、兵部尚书李勣和褚遂良留在了两仪殿，站在旁边的李治忐忑不安，心里的小兔子窜上窜下的。在信任的大臣面前，太宗一直强撑着的自信与果断、坚强与豪情，终于卸下了伪装，黯然神伤、心灰意冷、悲哀而沉痛地说道："吾三子（齐王佑、太子承乾和魏王泰）一弟（汉王元昌），所为如此，我心实在失望已极，百无聊赖。"说罢，竟然自投御座之上，抽出佩刀欲自刺，长孙无忌等人无不大惊失色，急忙上前抱住太宗的手臂，长孙无忌夺下佩刀，顺手递给了惊慌失措的李治。长孙无忌问太宗心里想立谁，太宗注视着没能挤进来、只能站在圈子外的李治。李治纯净的眼里，流露出来的是还没有来得及退去的惊慌、又加上了新的心疼与担忧，还有一层淡淡的薄雾，那是尚未形成泪珠的眼泪，却比滚落出来的泪珠更让人动情，那是一种来自心灵的担忧与怜惜，那是一种来自血脉相连、无须言语的安慰与扶助，也许就在李治这纯净的眼神里，太宗几乎绝望的心终于找到了出口，"吾想立晋王"，这一定是太宗此刻最真实的想法。不管以后太宗是否因为李恪"非常类我"而起了反复之心，但此时此刻，在心地善良的清澈透底的李治的眼神里，太宗的心是透明的，是无瑕的。

长孙无忌听到了这句圣旨，终于放了心，另一个心里石头落地的人是褚遂良，也许还有李勣。长孙无忌毫不犹豫地说："谨奉诏，有有异议者，臣请斩之。"太宗爱怜地对李治

说:"你舅舅应许拥立你,你快拜谢吧!"后来太宗召集百官,商议谁最适合被立为储君,众人竟异口同声地呼举:"晋王仁孝,当为嗣",看似柔弱的李治竟然众望所归,也实在让太宗龙颜大悦。

贞观二十三年五月,五十二岁的一代英主唐太宗到了弥留之际,诏长孙无忌、褚遂良入宫:"卿等忠烈,简在朕心。昔汉武寄后世于霍光,刘备托孤子于诸葛,朕之后事,一以委卿。太子仁孝,卿之所悉,必须尽诚辅佐,永保宗社。"又怜爱地抚摩悲不自胜、泣不成声的太子李治的头说:"无忌、遂良在,国家之事,汝无忧矣。"于是命令褚遂良起草诏书。五月二十六日,唐太宗在终南山的翠微宫永远地放下了那些身前身后事。不管他是不是放得下,不管他是不是愿意,是不是放心,他身前的事只能让别人去说了,他身后的事情,也不是他能管得了的了。

太宗的人虽然走了,可他的影响却没有随之而去,其最大的表现就是通过他的托孤大臣长孙无忌、褚遂良来影响的。

李治即位后,是为唐高宗。当初被推立为太子的情景方历历在目,李治对长孙无忌、褚遂良等人万分感激,封长孙无忌为太尉,兼扬州都督,仍知尚书及二省事,封褚遂良为河南县公;次年,又升为河南郡公。

可能是因为褚遂良的耿直与不懂进谏的策略,惹恼了初登帝位的李治,所以后来借故把他贬为同州刺史,由柳奭取代了他的中书令的位置。但三年后,高宗又把他召回身边,征拜为吏部尚书,同时监修国史,加光禄大夫,又兼为太子宾客。永徽四年(653年),又升为尚书右仆射,执掌朝政大权,这是他政治生涯中的又一个顶峰。

李治刚即位的几年,规规矩矩按照太宗的既定方针治国,一是因为李治还没有治国的经验,而且左有长孙无忌、右有褚遂良,他们极大地影响并左右着青年李治的决策。所谓"无忌与褚遂良同心辅政,上亦尊礼二人,恭己以听之,故永徽之政,百姓阜安,有贞观之遗风",说的就是长孙无忌与他的影子褚遂良。

其实,李治并不如史官记录的那样懦弱,那样无能,也许是有一个那么厉害的老爹,身边的妻子是中国历史上唯一的女皇帝,孙子是赫赫有名的唐明皇,三个都是响当当的人物,都是史官着色浓抹的人物,所以李治的光芒就被身边的他们的大光环给淹没了,才给世人留下了一个柔弱无主见没有帝王气概的"妻管严"的印象。

事实上,对于李治来说,在政权尚没有真正全握手中的时候,在那些值得尊重又实在令人厌恶的元老大臣的包围之下,暂时只能是守在父亲的余晖下庸碌无为。

所以说,虽然李治是由那群元老拥立的,实际上在李治即位之后,他心里少了感激之情,多了想要摆脱想要自由的希望,这实在是坐在权力制高点的正常希望,但是现在的李治羽翼未丰,哪能轻举妄动?

所以,王皇后的一激灵、一冲动,就把武媚娘引了回来,说是王皇后引狼入室也好,说是武媚娘恩将仇报也罢,不管是曾经的得宠者,还是昔日的皇后,最后都败在了她的石榴裙下,而且都败得很惨,很彻底。在男人为中心的时代里,一个女人的崛起与突出,除了自身高超拔萃的素质外,总是需要机遇、野心、阴谋以及牺牲的,这里的牺牲,不仅仅是自己的牺牲,还包括牺牲他人,王皇后,也许就是武媚娘走向政治前台,登上帝位的"牺牲"之一吧!

武媚娘回到宫里,也就重新获得了生命与活力,更使李治获得了斗志与爆发力,他们联手开始了向元老大臣求独立与自由的反攻。

其中最突出的反攻在永徽六年(655年),李治想废王立武,召集长孙无忌、李勣、于志宁、褚遂良入内殿,其实大家都心知肚明,知道皇帝今天所召使为何事,也知道今天的皇帝已经不是昔日的李治了,一向耿直的褚遂良在这个时刻老脾气仍然,继续坚定执行着跟随长孙无忌的路线,而且坚定地守着太宗临终之际要他保护长孙无忌的嘱托,他对长孙、李勣说:"今日之召,多为中宫,上意既决,逆之必死。太尉元舅,司空功臣,不可使上有杀元舅及功臣之名,遂良起于茅草,无汗马之劳,致位于此,且受顾托,不以死争之,何以下见先帝?"李勣是个明白人,在这个时候突然病了,长孙无忌、褚遂良、于志宁三人入内去赴汤蹈火。

于是出现了前面出现的那一幕。

孤身寄于爱州的褚遂良,垂垂老矣。其实这个时候的他不仅仅是不甘心吧,谁愿意在迟暮之年远离自己已经熟悉的家园?谁愿意在离世之日浮游于陌生的苍凉之地?褚遂良的渴望,与其说是想重新回到政坛、回到那属于他的辉煌时代,倒不如说是一种对叶落归根的渴望,一种对回归家园的期待,这种感情一点也不过分,为了能回去,褚遂良给高宗写了长长的一封信,信中说到了自己曾经力保为太子、受命托孤、竭心辅佐,这封信情真意切,而且带着迟暮老人的哀求,可是李治对此却毫无反应,对于一个曾对己有大功的大臣,作为皇帝的李治,这样的做法也许还能够理解,但是对于一个老人,对于一个被自己流放在遥远边地的老人,李治这样做,也实在是太狠心了点。

不久,褚遂良在茫茫的等待中,绝望地离开那个他想努力抓住但最终还是失去了的世界。终年63岁,时为唐高宗显庆四年(659年)。

大唐名相

——狄仁杰

名人档案

狄仁杰：字怀英,生肖虎,汉族。唐代并州太原(今太原南郊区)人;隋唐武周时的著名宰相,是武则天时期宰相,唐朝杰出的政治家。从政后,经历了唐高宗(李治)与武则天两个时代,而他政治生涯的巅峰是在武则天时期。

生卒时间：630~700年。

安葬之地：葬于河南省洛阳市东十二公里的白马寺附近。

性格特点：廉洁勤政,不畏权势。

历史功过：狄仁杰为官,如老子所言"圣人无常心,以百姓心为心",为了拯救无辜,敢于拂逆君主之意,始终保持体恤百姓、不畏权势的本色,始终是居庙堂之上,以民为忧,后人称之为"唐室砥柱";他在武则天统治时期曾担任国家最高司法职务,判决积案、疑案、纠正冤案、错案、假案;他任掌管刑法的大理丞,到任一年,便处理了前任遗留下来的17000多件案子,其中没有一人再上诉申冤,其处事公正可见一斑,是我国历史上以廉洁勤政著称的清官,他是武则天最器重的宰相,是推动唐朝走向繁荣的重要功臣。

名家评点：阎立本谓之"河曲之明珠,东南之遗宝"。

纵观狄仁杰的一生,可以说是宦海浮沉;作为一个封建统治阶级中杰出的政治家,狄仁杰每任一职,都心系民生,政绩卓著。在他身居宰相之位后,辅国安邦,对武则天弊政多所匡正;狄仁杰在上承贞观之治,下启开元盛世的武则天时代,做出了卓越的贡献。

并州法曹

狄仁杰,字怀英,并州阳曲(今山西太原)人。狄家渊源,本出羌人,后代居天水(今甘肃天水),因而逐渐汉化,遂同于汉人。至其高祖狄湛时,始居河东,祖孝绪,贞观(627~649年)中为尚书左丞,父知逊,官至夔州都督府长史。狄仁杰出生在长安,儿时便随着父亲宦游各地,居无定所。后来,知逊在怀州河阳(今河南孟州市南)购置别业,狄家这才安稳下来。

这期间,狄仁杰非常地用功,也很聪明。一次,门人被害,县吏来查问线索,问遍了所有人,只有狄仁杰始终在屋内读书,没有理会外面的吵闹,也就没有出去回话。县吏来责问他,他却说:"书卷之中,圣人备在。我尚不能与之问对,怎么会有空去理会你们这些俗吏?你们又怎么能责备我?"登时把县吏噎得说不出话来。到了显庆中,20多岁的狄仁杰便应了明经举,中第之后,被任命为汴州(今河南开封)判佐。

可能狄仁杰的顺利及第,也是乘了高宗设立东都的东风。不过,刚一上任,便让他尝到了仕途的凶险。他到汴州还没过多久,工部尚书阎立本就作为河南道黜陟使巡行管内诸州,考察州县官吏。正是在这个节骨眼儿上,狄仁杰却被不知名的胥吏诬告,说他有不法之事。阎立本接到报告,广泛调查了里里外外,查实狄仁杰虽是刚上任,但却政明绩优,非常地能干,举报之事毫无根据。他当面向狄仁杰道歉,并称赞他说:"仲尼曾说:'观过知仁矣。'我看足下便可称得上是海曲之明珠,东南之遗宝。"狄仁杰仕途中的第一次风波就这样被阎立本化解掉了,而且立本还上表推荐狄仁杰,朝廷遂改命他为并州都督府法曹参军。

因祸得福的狄仁杰,又回到了桑梓之地为官,他非常高兴,也更加地自励。法曹参军,顾名思义,就是掌管司法刑狱之事。狄仁杰在任上,执法严明平允,了无冤滥,这让他得到了很大的锻炼,也使他的才能得到了充分的展现。

狄氏本出于羌人,先辈们在南北朝时还尚未脱去轻文好武之风。不过,到了狄仁杰这里,他家早已是浸染汉风,精熟于儒业,父亲和他自己都是明经登科而进入仕途的。从他的名字也不难看出父母对他的期望。狄仁杰正是在这样的教育下,养成了孝友恭悌的性格。当时他从汴州到并州赴任途中,路过太行山,南望河阳,看见其上白云孤飞,有些伤感,对左右说:"我父母就在那片云彩下面。"驻足良久,直到云朵移开,他才又继续行路。到任不久,同僚郑崇质(一作郑崇资)奉命要去番邦公干,路途遥远。而郑母却老病不堪,需人照料,崇质真是左右为难。狄仁杰见此,便主动对崇质说:"太夫人重病在身,而公却要远使他方。俗话说,儿行千里母担忧,这不是更要让太夫人忧心吗?"于是便找到长史蔺仁基,要求代替崇质而行。仁基对这个新来的年轻人很是赞赏,就答应了他的

请求，又称赞他说："狄公之贤，真可以说是北斗之南，一人而已。"其时，仁基正与府司马李孝廉不和，因见狄仁杰所为，就主动找到孝廉释怨，和好如初。

狄仁杰完成这次出使的任务后，仍回到并州。他在都督府一直待了十几年，办了很多好事，受到了百姓的交口称誉。这十几年间，高宗的对外战争持续不断，长期的战争，让百姓疲于供应。劳苦不堪之下，很多人都逃离他乡，另觅活路。身为法曹的狄仁杰也注意到了这种情况，他是忧心忡忡，隐隐觉得不应该再这么下去了。不过，他一个小小的并州法曹，又能有什么办法，国家大政离着他好几层子呢！

倒是他那位并州老乡武则天，也注意到了同样的问题，全国报上来的情况，让她对这些问题有着更高层次的把握。而她也确实是能对政策施加影响的人，自显庆末年以来，高宗因为风疾苦楚难耐，往往让武则天代决大事。虽然开始还很偶然，但这让她接触到了政事。她发现政事并非只有男人才能处理，她自己就往往比男人处理得更好。这一点引发了她内心的骚动，原来那种在宫中安身立命的想法已经不能满足她的欲望。她迫不及待地要走上前台。然而这一步迈得非常不容易。这十几年，她动了多少脑筋，挖空了多少心思，只有她一个人知道，也才不过迈出了小半步。有一个障碍摆在她的面前，那就是她的丈夫——高宗皇帝。她没有办法迈过这道坎儿，只有安心地等待最后的胜利。她的身子不错，熬得住。当然，她也不能静静地等待。她要有所作为，既为显示存在，更为笼络人心。

上元元年（674年）十二月，武则天上表言事，一共十二条意见，首言劝农桑，薄徭赋，又言禁浮巧，省功费力役，而核心就是停止对外战争，以道德化成天下。这些意见除了把武则天打扮成李唐王室的忠实追随者外，更重要的是要改变高宗即位以来积极开边的基本国策，将中心任务转回内政，以收揽民心，缓和矛盾。这份意见得到了高宗的认可，并在制度上获得了实施。这引起了狄仁杰的共鸣，他更加觉得皇后武则天不是一个平凡的女人。

上元二年（675年），因为在并州法曹任上的出色表现，狄仁杰调至大理寺，担任大理丞，开始了他的京官生涯。由于仍然干老本行，对他来说是驾轻就熟，根本不在话下。大理寺是朝廷法司，掌管国家司法审判的具体事务，寺设六丞，分别负责寺内日常事务，以及审刑断罪之事。

十几年的法曹经历，让狄仁杰很快从六个寺丞中脱颖而出。大理寺积压旧案非常多，狄仁杰上任以来，不避繁重，年内便审结一万七千人，决狱允当，并无一人称冤申诉。到了年底考课的时候，大理寺根据狄仁杰的作为，定为中上考，报到吏部也没有异议。可是负责京朝官考课的尚书左仆射刘仁轨却想当然地认为狄仁杰初任此官，不应该得中上考，便将其报告否定了。大理卿张文瓘认为不公，亲自找到刘仁轨讲明情况。仁轨听说狄仁杰岁断刑狱一万七千人，又无冤诉，大为吃惊，连称失察，并且将中上考改为上下考。唐代考课，分为九等，而一般人所得，最多也不过中上考（第四等），几乎没有人能得到上

下考(第三等),至于上上考和上中考,那更是闻所未闻。而狄仁杰竟以新任官员得到了上下考,这充分说明了狄仁杰的学识和才干。

不过,让高宗和武则天注意到这个颇有风骨的大理丞,却是因为仪凤三年(676年)的一个案子。是年九月,守卫唐太宗昭陵的左威卫大将军权善才误砍了昭陵上的柏树,被人告发。高宗大为震惊,悲泣不自胜,便将善才和同时守卫的左监门卫中郎将范怀义下狱,命大理寺严加惩处。大理寺奏称依律法应将其免官除名。

按照高宗的意愿,应该将此二人判处死刑,没想到仅仅是免官而已,他很不满意,要求将善才等处死。大理寺上下,只有狄仁杰执奏不可,认为权、范二人罪不至死。高宗脸色一沉,说:"善才砍我父皇陵上柏木,陷我于不孝。我知道卿是好法官,但这次却一定要将此二人处死不可。"

张文瓘赶紧示意狄仁杰,让他退下,不要硬撑。狄仁杰不为所动,侃侃而谈:"陛下,臣听说逆龙鳞,忤人主,进行强谏,自古就以为是难事。臣却不这么认为,居桀、纣之世则难,处尧、舜之时则易。臣今有幸遇见尧舜之君,决不怕遭受比干那样的后果。过去,汉文帝时,有人盗去高庙的玉环,文帝欲族诛其人,张释之廷争之后,罪止弃市。魏文帝将流放一人,辛毗拉住文帝衣服进谏,亦被采纳。由是臣知,明主可以用情理去说服,忠臣不可能被威胁所吓倒。陛下不采纳臣下的意见,臣不能谏正明主,只怕瞑目之后,在地下遇见释之、辛毗不免羞愧。释之曾说过:'如果盗走玉环则被族诛,若有人盗去长陵(汉高帝陵)上的一抔土,陛下又要怎么更加严厉地处罚他呢?'今日陛下因为昭陵的一棵柏木杀此二人,千载之后,人们又会如何评论陛下呢?这才是臣不敢奉诏的原因。"

听了这番入情入理、义正词严的辩驳,高宗心意有所松动,但仍坚持要杀此二人。狄仁杰继续说:"陛下制定律法,颁行天下,徒流死罪,各有等差。怎么能有未触极刑之人,却被赐死的道理?如果律法不能被常守,陛下要百姓如何行事才好?陛下一定要改变律法,那也只能从今日开始颁行天下。"

高宗见此,只得免去权、范二人的死罪,依准大理寺所奏。事后,高宗冷静下来,对狄仁杰说:"卿能守法,朕有法官了。卿能为善才而正朕,难道还不能为朕正天下吗?"于是就命史官将此事记载入国史,后数日,又将狄仁杰升迁为侍御史。既得高宗赞许,狄仁杰风骨更加峻朗,多次向高宗进谏。一日,狄仁杰进谏完毕,高宗笑着对他说:"卿可真是借到了权善才的东风。"狄仁杰一笑,即跪谢高宗信用之恩。

步步升迁

高宗以洛阳宫室颓坏,命司农卿韦弘机(又避讳作韦机)兼领东都将作、少府二司,缮治宫室。弘机为了讨高宗欢心,不仅修缮了洛阳旧宫,又新建了宿羽、高山、上阳等宫,无

不壮丽豪华。高宗很是满意，不过一些大臣认为太过劳民伤财，左仆射刘仁轨和侍御史狄仁杰便是其中的代表。不久弘机便因家人盗窃官府财物受到牵连，被宪司弹劾而免官。

时左司郎中王本立恃宠弄权，朝廷上下莫不畏惧，狄仁杰愤而上表，请求高宗将其交付法司治罪。高宗特意释而不问，这更加激起狄仁杰骨子里的正气。他上疏称："国家虽然缺乏英才，难道还会缺乏王本立这样的人吗？如果陛下一定要赦免王本立，请先将我放逐到无人之境，以为将来忠贞之士的鉴戒。"高宗不得已，只能依允狄仁杰所奏，本立由是得罪。这一来，朝廷立时肃然，不敢轻犯宪纲。一番作为下来，狄仁杰的名声越来越大，没有人再敢小觑这个六品的侍御史，高宗也越来越倚重狄仁杰。

仪凤三年（676年），吐蕃与西突厥联兵进攻安西诸镇。高宗想一举击败吐蕃，消除边患，专心内政，下诏招募天下猛士从军，关中一带，兵役尤为繁重。谁料，九月，洮河道大总管李敬玄大败于吐蕃。为了防止吐蕃入侵，关中西部诸州纷纷训练、征调士卒。兵役益加繁重，局势也更加不稳定。士兵纷纷逃亡，仅岐州（今陕西凤翔）一带就有亡卒数百人聚众剽掠行人，道路为之不通。官府追捕愈急，那些人逃亡隐匿的就更加厉害。

于是，高宗派狄仁杰巡察岐州，他果断地采取安抚政策，将捕获的逃兵全部释放，发给口粮遣还回乡，又允许逃兵自首，不咎前责。岐州一带很快就恢复了平静。高宗大喜，下令诸州效仿，很快关中也安定了下来。回朝之后，高宗给狄仁杰加了朝散大夫的散阶，又擢升他为度支员外郎，不久即迁为本司郎中。度支司是户部四司之一，是负责国家每年支度计划也就是制定国家财政预算的重要部门。狄仁杰在这里也有着优异的表现，因而到了调露元年（679年）九月，因裴行俭进击西突厥，高宗驾幸汾阳宫（今山西宁武南管涔山上），以狄仁杰为知顿使，负责一路的接待安排。因为此行路上要经过妬女祠，而民间都传说如果盛装经过此祠，必被妬忌而遭受风雷之灾，所以并州长史就发遣数万百姓另外开辟新的御道以避开妬女祠。狄仁杰说："天子之行，千乘万骑，风伯也要为之清尘，雨师也要为之洒道，怎么还会有妬女为害呢？"立即下令停修新路，让百姓各自还家。高宗知道后，不禁叹道："狄仁杰真是大丈夫之人。"

按照规定，唐代在京百司官员，尤其是尚书省郎官，担任京官一段时间后，应该外放地方官以增加历练，熟知基层和民间的情况。在京师已经四五年的狄仁杰也到了该下去历练的时候了。而恰在此时，单于大都护府突厥阿史德部的温傅、奉职二部相率反叛，立阿史那泥熟匐为可汗，其下二十四羁縻州酋长并叛，众至数十万。高宗只得再次派兵征讨。消息传开，不仅汉人受到惊扰，一些早已内附的突厥降户更是不安起来，连其他民族之人也纷扰起来。为了尽快安稳后方形势，高宗命令抽调一批能干的京朝官充任关内、陇右管内诸州刺史。狄仁杰也在其中，这或许与他源出羌人的背景有关，不过更重要的是来自高宗对他的信任和对他能力的肯定。他被派往宁州（今甘肃宁县），地处长安西北，正在要冲之上。这里蕃汉杂处，部族结构复杂，在这种情况下，人们相互猜忌，人人自危。狄仁杰到任之后，仍是宽和为政，安抚戎夏，人得欢心，这一下就巩固了长安的北部防线。一州之内，百姓尽感其德，争相出钱建造德政碑，纪念狄仁杰的功德。

然而，正是在狄仁杰还在宁州刺史任上的时候，弘道元年（683年），久染沉疴的高宗皇帝再也坚持不下去了，十二月就撒手人寰。太子李显即位，是为中宗。由于一切政事都要取决于皇太后武则天，他对母亲的这种霸道心中是有怨气的。武则天哪里不知道自己儿子的心思。可是她好不容易熬到了丈夫离开的这一天，正要施展心中的抱负。儿子也不是她中意的那块料。

次年二月，她就果断地废中宗为庐陵王，改立幼子李旦为皇帝，是为睿宗。不久，远在巴州（今四川巴中）的前太子李贤也被逼自杀，而庐陵王则被迁往房州（今湖北房县）幽禁起来。才二十出头的睿宗可比他的三个哥哥聪明得多，母亲正在兴致头上，他才不去触这个霉头，反正政事都取决于母亲，他只要小心谨慎就行了。

面对这样的变故，狄仁杰很快就了解到了，宁州离长安并不远。不过，他和很多人不同。他不愿盲目地为李唐效忠，更不愿没有原则地心急火燎地去拍武则天的马屁。经过这么多年的观察，他认为武则天实在是一个比很多男人要优秀得多的女人，至少在处理政事上。她不仅有这份能力，更有这份欲望，不但要走出后宫，垂帘听政，怕是也要做皇帝。狄仁杰觉得或许他可以帮助这个乡党，以免出现昏招，在能够实现政治抱负的时候，他不愿意反对她。她毕竟是一个女人，现在身体还好，也许她也没有意识到子嗣的问题。狄仁杰隐隐感到了一个矛盾，武则天必然要遇到的问题。只要处理得巧妙，这天下终归还是姓李，李家也不会有太大的损失，而他也不会落得个不忠不孝的下场。面对眼前的激流险滩，狄仁杰反而有些气定神闲下来，他自信自己没有问题。现在要做的，只有把手头上的事情办好，静静地等待机会的来临就好了。

垂拱二年（686年）十二月，右台监察御史郭翰奉命巡察陇右道。郭翰也是一位刚正不阿的御史，一路上他无所避忌，没少弹劾那些不称职的州县官吏。不过，他却没有想到，进入宁州后，到处都是称颂狄仁杰的百姓，就是他进了馆驿，百姓也久久不愿离去，直到得到让狄仁杰久任的保证后，这才离去。郭翰非常感叹，便向朝廷推荐狄仁杰。狄仁杰又一次回到了朝中，这次担任的是冬官侍郎（即工部侍郎）。

垂拱三年（687年），天下大饥荒，百姓流离失所，山东、河南一带最为严重。次年二月，正是青黄不接、灾情最严重的时候，武则天命狄仁杰等人分赴山东、河南各地，开仓放粮，赈济灾民。六月，他又奉命充使巡抚江南。吴、楚之地，百姓多信鬼神，淫祠滥伪。他巡视期间，一下子就毁掉了一千余所祠堂，只留下了大禹、吴太伯、公子季札和伍子胥等四人的祠堂，供百姓祭祀、祈祷。返回洛阳之后，狄仁杰便迁为文昌右丞（即尚书右丞），成了国家行政中枢的要员。

垂拱四年（688年），已经垂帘听政数年的武则天越来越公开地表明要当皇帝的意愿了。四、五月间，有人在洛水边发现了一块白石，上面刻有"圣母临人，永昌帝业"的字样。

武则天非常高兴，不仅表示要亲自到洛水拜受"宝图"，还欣然接受了"圣母神皇"的尊号。李唐宗室心里愈发不是滋味，有些人便暗中联系，准备起兵，匡复自家天下。八月，博州（今山东聊城东北）刺史琅邪王李冲率先发动，号召各地诸王起兵勤王，直捣神都（洛阳）。百姓安乐已久，怎么愿意再生干戈，受害的不还是自己这样的小民百姓吗？而李冲起事也太过仓猝，其他诸王都还没有准备，只有他的父亲豫州（今河南汝南）刺史越王李贞听到消息，立即响应，派兵攻陷了上蔡（今河南上蔡）。很快，便被武则天镇压下去了，李贞、李冲也双双自杀。

武则天任命狄仁杰为豫州刺史，处理善后事宜。当地官员穷追越王起兵之事，入狱者五六百人，籍没者五千余口，司刑使不断逼促行刑。狄仁杰认为其中多有冤枉，亦有被迫参加的无辜百姓，就密表上奏说："臣欲公开奏明，似为逆人申理，若知而不理，恐不合陛下存恤之心。表成之后，数又毁之，意不能定。但看到这些人都不是出于本心，实有不忍，伏望陛下哀其为人诖误，免其一死。"武则天特敕准奏，将他们悉数配流丰州（今内蒙古五原南）。

这批豫州囚犯经过宁州时，当地百姓纷纷备了酒食去慰劳他们，并对他们说："这是我们狄使君才能保全你们啊。"豫囚相携哭于狄仁杰德政碑之下，设斋三日而后才离去。及至流所，他们也相与立碑，纪念狄君之德。

豫州之乱平定之后，将士恃功，多所求取，率领他们的宰相张光辅也不加管束。作为当地的父母官，狄仁杰考虑到新乱之后，百姓不堪功输，就一概回绝。光辅反而很生气，找到狄仁杰，问道："使君莫非轻视本元帅吗？"狄仁杰不卑不亢地说："乱汝南之人，不过是越王李贞一人而已。若元帅强求，虽平一贞而又使生万贞。"光辅不解。他继续说道："明公总兵三十万，平一乱臣。城中百姓闻官军至，踰城出降者四面成蹊。明公何以不约束兵士，纵其暴掠，杀已降之民，不是又将生出万个李贞来吗？我只是怕冤声沸腾，直达天庭。恨不得尚方斩马剑加于君颈，虽死如归。"光辅无法反驳，但心中非常愤恨，还都之后，奏称狄仁杰不逊。狄仁杰被左迁为复州（今湖北天门）刺史。不过武则天很快就把他又调回神都，任洛州司马。

在担任洛州司马的这段日子里，狄仁杰看到了一出出的闹剧，也看到了一幕幕的惨剧。武则天终于撕下了"圣母神皇"这最后一层面纱，正式成为大周朝的圣神皇帝，降睿宗为皇嗣。一切都是那么的真实，又是那么的冷冰冰。武则天杀了多少李唐功臣和宗室，没有人愿意知道，那是一个血淋淋的数字。不过武则天清楚地知道她要干什么：她要建立一个新型的国家。她的办法也很简单，一方面严厉打击那些反对她和不称职的人，一方面又大开入仕之门，广延俊杰，借以收取人心。她真的成功了。武则天的大周帝国，似乎是越来越得人心了，稳定了下来。这也是一个英雄辈出的时代，因为能经得起这份折腾而侥幸存活下来的没有一个不是人杰。狄仁杰就是其中之一，他知道自己要努力的方向，而不是像一般人那样在乱撞。

名相贤臣

还政李氏

武则天也没有忘记她的这个老乡，那个强硬的侍御史、干练的度支郎中。早在她还没有正式走上前台的时候，她就留意到了这个风骨不错的三晋汉子。

于是，在天授二年（691年）九月，62岁的狄仁杰开始了他的第一次宰相生涯，他被任命为地官侍郎、同凤阁鸾台平章事（即户部侍郎、同中书门下平章事）。

见面之后，武则天对他说："卿在汝南，甚有善政却遭贬黜。卿想知道谮毁你的人吗？"狄仁杰连忙谢罪："陛下认为臣有过，臣当改正；现在陛下明白臣实无过，实是臣之大喜。至于谮者，臣不愿知道。"武则天实在没想到，在她广开告密之门后，竟还有这样有君子之风的人，非常高兴，深加叹美。

武则天正式获得皇权也确实没多久，心中充满了得意，兼以即位之后非常之事不得不防，她对权力有一种异乎寻常的热情，什么事都想要管上一管。一次，太学生王循之上表想请假归省，武则天同意了。狄仁杰却觉得有些不妥，对她说："臣听说，为人君者只有生杀大权不交由他人，其他则都归于有司处理。现在是太学生请假，不过是国子监丞、主簿之事。如果这样的事也要由天子发敕处分，那么天下的事要有多少都得由陛下发敕才能处理，陛下可受得了？如果陛下不愿违背学生的意愿，那让有司立下制度即可，何必陛下亲自过问！"武则天也觉得很对。狄仁杰知道，如果说这几年武则天已经破坏了一个旧世界的话，那么也该是她建设一个新世界的时候了。他之所以反对，正是出于这个目的。武则天也意识到了这个问题，在其后的几年，她也明显地减少了大狱的次数，除非确有必要。

可惜，正在这个转折时期，狄仁杰落在了酷吏来俊臣之手。长寿元年（692年）一月，来俊臣罗织罪名，诬称几位宰相包括狄仁杰在内，与御史中丞魏元忠、潞州刺史李嗣真等人勾结谋反，将其一并下狱。俊臣又以自承罪名可以减免死罪诱惑几个人。狄仁杰答道："大周革命，万物维新，我等唐朝旧臣，甘受诛戮。谋反是实！"狄仁杰这番半真半假、似是而非的气话倒也有些作用，俊臣也不再过分逼迫他，全当他是承认了。判官王德寿却认为狄仁杰是个软骨头，想威胁他牵拉别人。狄仁杰不屑，傲然对他说："皇天后土让狄仁杰谋反，无关他人。"说完竟以头撞柱，满面流血。德寿心生惧意，连称谢罪，退了下去。狱司认为狄仁杰既然已经承认也就不再那么紧地看着他了，他就乘机在头巾上写了申冤状，藏在绵服夹层之中，谎称天热，让德寿转交给家人，剥去里面的丝绵。狄仁杰的儿子狄光远看到状子，连忙上奏给武则天。武则天这才知道情况，命人前去查问。俊臣却不让使者见狄仁杰之面，而是强取了他的巾带，令德寿代其作了谢死表，交给使者。多亏武则天不放心，坚持召见狄仁杰，亲自询问。上殿之后，武则天问道："你为何承认谋反

之事,是不是真有其事?"狄仁杰叩首,说:"若臣那时不那样说,早就死在狱卒鞭笞之下了。""那你为什么又作谢死表?"狄仁杰一愣,立即明白怎么回事,连忙说:"臣并未写过什么谢死表。"武则天命人拿给他看,狄仁杰指出漏洞,一一辩白。武则天这才知道那是代作之文,由是知道其中必定有假,免去几人死罪,贬狄仁杰为彭泽(今江西彭泽)县令。

万岁通天元年(696年),营州(今辽宁朝阳)契丹部众在李尽忠、孙万荣的率领下反叛,连陷数州,河北震动。除了让官军尽快征讨外,十月,武则天下旨起用狄仁杰为魏州(河北大名东北)刺史,以安抚百姓。前任刺史独孤思庄担心契丹突至城下,将百姓尽数赶入州城,缮修守备。然而百姓却深受惊扰,苦不堪言。狄仁杰尽改其弊,将百姓放归农田,公开声明:"贼人尚远,不必如此惊慌失措。万一贼来,我自率众抵挡,必不关百姓之事。"魏州百姓人心大悦。神功元年(697年)六月,契丹被平定之后,狄仁杰又出任河北安抚使,与娄师德、河内王武懿宗分赴河北各地安集百姓,招纳流亡,恢复生产。不久,又迁为幽州(今北京西南)都督,仍安抚人心,整顿军备。武则天特意赐给他一件紫色锦袍,上面绣着"敷政术,守清勤,升显位,励相臣"十二字,以示褒美。闰十月,她就把狄仁杰召回,拜为鸾台侍郎,同凤阁鸾台平章事(即门下侍郎,同中书门下平章事),加散官为银青光禄大夫。狄仁杰开始了第二次宰相生涯,这次显得就比较风平浪静,也是他协助武则天解决皇位继承问题的关键时期。他虽然已经年近七旬,确是一贯的尽心国事,能言敢谏。经过长年的观察和任用,武则天对这个老臣也是信赖有加,尊崇非常,常呼为"国老",而不直呼其名。每次觐见,她也不让狄仁杰行叩拜大礼,常说:"每次看见公叩拜,朕亦觉身体疼痛。"大臣之中,莫有其比。

圣历元年(698年),武则天也是七十六岁的老妇人了,身子骨已大不如前。很早之前,狄仁杰所担心的皇位继承人问题,终于成为摆在面前的现实了。

武则天是左右为难,一边是武承嗣、武三思他们几次三番地要求她以武姓子侄为后嗣以继承大周鸿业,一边又是自己的李姓儿子,以及朝中大臣的一片反对之声。她不想再折腾了,可是要立谁为太子,她是真的还没有拿定主意。

狄仁杰处在相位,他知道要怎么处理,不能拧着来,只能顺着武则天,使巧力。这个问题他早在心中不知筹划多少遍了,武则天的心思,他也摸得烂熟,他要一步一步地进行。每当武承嗣他们劝武则天说:"自古没有哪个天子以异姓为子嗣的",狄仁杰便从容对她说:"太宗文皇帝栉风沐雨,亲冒锋镝,以定天下,传之子孙。大帝以二子托于陛下,寝疾之时,权使陛下监国,遂使陛下奄有神器,十有余年。今陛下若移于他族,难道是顺从天意的行为吗?况且姑侄之间与母子之情孰亲?陛下难道就不思量吗?陛下立子,则千秋万岁之后,配食太庙,承继无穷;若传于侄子,臣则从未曾听说过有侄为天子而祔姑于太庙。"

武则天也不恼怒,只是说:"这是朕的家事,卿就不要干预了。"狄仁杰也不理会,接着说:"王者以四海为家。四海之内,孰非臣妾,什么事而不是陛下家事?君为元首,臣为股肱，义同一体。何况臣备位宰相，又怎能不为陛下设身考虑？"遂劝武则天召还庐陵王。武则天有所感悟，同坐的宰相王方庆、王及善等人也趁机纷纷劝说武则天。

过了十多天，武则天对狄仁杰说："朕昨晚梦见大鹦鹉两翼皆折，不知道是何征兆？""鹉同武，是陛下之姓。两翼，正是陛下二子。如果陛下起二子，则两翼复将重振。"狄仁杰乘机进言。武则天亦以为然，她也记起，不久前孙万荣反叛时，檄文也是以庐陵王为言，知道天下人心仍在李唐。她终于下定决心，将儿子李哲从房州接回来，彻底断了诸武的念头，武承嗣不久就快快而死。

睿宗也不恋位，先是从皇帝降为皇嗣，现在兄长已经回来，便固请让位与庐陵王。圣历元年九月，武则天便正式立李哲为太子，复名显，后又赐姓武氏。时突厥默啜可汗连连寇边，武则天趁机命太子为河北道元帅，以狄仁杰为副帅，以讨突厥。然而太子终不能出典重兵，武则天即命狄仁杰知元帅事。出发的时候，武则天亲自送行，以壮声势。默啜见官军大至，尽杀所掠赵、定诸州男女万余人，自五回道遁归，狄仁杰率兵十万，追之不及。十月，武则天就拜狄仁杰为河北道安抚大使，很快就稳定了河北局势。狄仁杰知道，太子初复位，东宫尚不稳，需要有人扶持，不免暗中物色可靠人选，虽不明说，他也必须是倾心李氏，以便在关键时刻发挥作用。这次去河北之前，他就向武则天推荐说夏官侍郎（即兵部侍郎）姚元崇可为宰相。后来狄仁杰又陆续推荐了张柬之、桓彦范、敬晖等十余人。也正是这一批人在几年之后基本上按照狄仁杰的想法，帮助中宗顺利复位，再造大唐。

前此，武则天已命狄仁杰兼纳言（即侍中）之职，等他这次从河北回来，又拜为内史（即中书令）。久视元年（700年），武则天驾幸三阳宫避暑，狄仁杰随行侍从。有胡僧请求武则天至山寺观看安放舍利大典。武则天欲往，狄仁杰跪在马前进谏："佛是夷狄之神，不足以屈天下之主。胡僧诡谲，不过是想借着陛下万乘之躯欺惑远近百姓而已。而且山路险狭，不容侍卫，不是万乘宜去之地。"武则天是何等佞佛之主，当初为了寻求帮助，她没少借助佛教力量，可是这次她却说"为了成全我直臣之气"不再前去。等到了三阳宫，王公大臣侍从无数，只有狄仁杰一人受赐宅第一区，当时恩宠无比。后来武则天又想修建大佛像，令天下僧尼每人日出一文钱，助成盛事，狄仁杰上疏谏止，武则天为罢其事。

久视元年（700年）九月，七十一岁的狄仁杰带着武则天对他深深的信任和眷顾，病卒于三阳宫宅第。武则天闻之震悼，不禁失声痛哭，连说"朝堂空了，朝堂空了！"并亲自为他举哀，废朝三日，赠文昌右相（即尚书右仆射），谥为"文惠"。此后，朝廷若有大事，群臣争议不能决断，武则天常常叹道："老天爷为何这么早就夺去我的国老？"足见狄仁杰在武则天心中的地位。

武则天时代是一个不平凡的时代，不平凡到后人甚至只能用无字碑来描述它。一个时代的不平凡，不是一个人的不平凡，它是一个时代整体的不平凡，所有在此期间上台和谢幕的人都显得那么独特。狄仁杰更是那个时代一颗闪亮的巨星，他起家于唐高宗中后

期,但却是在武周时期大放异彩。他是武则天的贤相,清正廉明,爱抚百姓,博得后人的景仰。他忠诚地辅佐武则天,能言直谏,莫出其右,武则天也是随事采纳,任用不疑。更为难得的是,他竟能化一心为二用,妥善协助武则天解决好皇位继承问题。又正是他推荐的那批大臣最终使得中宗顺利复位。也许逼迫武则天退位,并非狄仁杰的本意,那只是他去世之后形势发展的结果。但不管怎么说,李氏复国,实导源于狄仁杰,而终成于五王(指的是张柬之等人)之手。这一点也为唐朝人真切地意识到了。中宗复位后,追赠狄仁杰为司空,睿宗即位,又追封为梁国公,天宝六载(747年)正月,玄宗诏令将狄仁杰配享中宗庙廷。而到了德宗重定本朝功臣时,狄仁杰更是跻身唐初名相房杜、魏征之列,成为大唐皇室的上等功臣。而他的英名更是千百年来在百姓心中传颂不已。明清时期出现的《狄梁公返周望云忠孝记》《狄公案》等,就是取材于他的故事和民间传说,而这又使得狄仁杰成为人们耳熟能详的大唐名相。

官场"不倒翁"

——冯道

名人档案

冯道:字可道,自号"长乐老"。五代瀛洲景城(今中国中部河北交河东北)人。后唐(公元 923 年~公元 934 年)、后晋(公元 936 年~公元 940 年)时任宰相。契丹灭后晋,到契丹任太傅。后汉(公元 947 年~公元 948 年)时任太师。后周(公元 951 年~公元 959 年)时任太师、中书令。曾著《长乐老自叙》。

生卒时间:882~954 年。

性格特点:刻苦俭约,但无廉耻,善于观望形势、舍弱趋强、老谋深算。

历史功过:中国大规模官刻儒家经籍的创始人,无所建树的大官僚。

名家评点:冯道最受诟病的是他的政治道德,欧阳修自不必说,司马光也称他为"奸臣之尤",就是对他持肯定态度的《旧五代史》,在盛赞"道之履行,郁然有古人之风;道之宇量,深得大臣之体"之后,也不得不对他的"忠"提出了疑问:"然而事四朝,相六帝,可得为忠乎?夫一女二夫,人之不幸,况于再三者哉!"

范文澜:"他(晋高祖石敬瑭)要冯道出使辽国行礼,表示对父皇帝的尊敬。冯道毫不犹豫,说:'陛下受北朝恩,臣受陛下恩,有何不可。'好个奴才的奴才!"(《中国通史简编》

吃苦耐劳

冯道(882~954),字可道,瀛洲景城(今河北沧州西)人。其祖先有时为农,有时为儒,没有恒业。冯道小时候诚实厚道,好学,能文,"不厌粗衣淡饭"。冯道生活在五代乱

世之时，能在官场混迹五十年，并非偶然。他善于钻营，又能够吃苦，这也许就是他"成功"的主要原因。后唐庄宗李存勖未帝前，割据晋阳，从父亲李克用那里袭爵晋王，冯道在晋王府中担任掌书记。当时庄宗文书来往很频繁，都委托给冯道。

后梁末帝年间，李存勖出兵梁，两军在黄河对峙，史称"夹河之战"。这是五代史上的一场大战，打得十分激烈。晋与梁夹河而军，冯道居军中，"为一茅庵，不设床席，卧一束草而已"。冯道虽是李存勖的亲信，却能住草棚，睡干草，适应战争的艰苦环境。当时晋军粮饷匮乏，多几个将领陪李存勖吃饭，主管人员都办不了。大将郭崇韬向李存勖建议，减少陪食人员，为此，李存勖大为光火说："我要为拼命的人供应食物都不自由，河北三镇，可由三军别选一人为帅，我请归太原以避进贤之路。"幸亏冯道出来打圆场，说"粮饷的确困难，郭崇韬的建议，完全出于对晋王您一片忠心"。这场冲突因冯道调解而缓和下来。

后唐庄宗同光年间，冯道因居父丧，步行回到景城，兵荒马乱，又遭灾年。冯道把余下俸禄都赈济乡里，他"退耕于野，躬自负薪"，有荒其田而不耕者，以及力不能耕者，冯道往往夜间前往，偷偷地为人家代耕。人家后来感谢他，他却认为是应该的。

冯道从政，是从在幽州军阀刘守光处当幽州掾开始的。刘守光凶残狠毒，对下属十分凶恶，一言不合，立即诛杀。有时杀了还叫人割其肉而生啖之。一次，刘守光要发兵攻打易、定二州，冯道以利害关系规劝，叫他不要轻易出兵，刘守光大怒，把他投入狱中，过了不久，冯道逃离幽州，来到太原，投在晋大将张承业的门下。

张承业是个宦官，就委派他担任太原监军使府巡官的职务。张承业是晋王的托孤之臣，在李存勖集团中权力很大，张承业很看重他的文章和操行；由张承业推荐，冯道才成为李存勖的亲信，跟随李存勖南征北战，为后唐灭梁立下了功劳。

李存勖是员猛将，但不是个治国之才。当了皇帝后，重用前朝士族，轻视出身寒微的人；大约因为这一点，冯道在庄宗时代默默无闻。待庄宗被杀，明宗李嗣源即位，冯道才仕途亨达。明宗李嗣源是个武夫，即位时年已六十。但他从庄宗失败中吸取教训，认为单靠武功，巩固不了统治。即位后，他比较重视文人，封安重诲为侍中并中书令。安重诲是个粗通文字的人，而李嗣源是个武夫，不知书，四方奏章皆由安重诲读给他听。李嗣源对安重诲要求选文学之士与之共事。他问安重诲："先帝时的冯道郎中现在哪里？"重诲回答说："最近担任翰林学士。"明宗说："此人我向来熟悉，是个好宰相。"于是，拜冯道为端明殿学士，迁兵部侍郎。一年后，拜中书侍郎、同中书门下平章事，当了宰相。

明宗在位八年，冯道当了七年宰相。

明宗当政期间，比较注意减轻人民的负担，使中原地区的生产有所恢复和发展，在五代乱世出现了一个短时期的安定局面。这个局面的出现，自然和冯道的辅佐分不开。

他拜相后，凡是贫苦的读书人，有才学有见识的，都加以引用；唐末士大夫趾高气扬，必降级使用。这比庄宗时代只看重士族门第，无疑是一个良好的做法。作为宰相，他经

常向明宗进谏,要他居安思危,重视民间疾苦。

明宗统治时期,连年丰收,对此明宗十分得意。一天,他问冯道年景如何,本来想听到一些阿谀之辞,谁知冯道却给他讲了一个自己的故事:他当年在晋王奉命出使中山,经过井陉险要之地,井陉天险,发愁马或失蹄就格外留心。及至平地,不再小心留意,为马所颠扑,几乎跌伤。冯道接着就向明宗进谏道:"我说的虽是小事,可以喻大,陛下不要以为天下太平,五谷丰登,纵情欢乐。要兢兢业业,这是臣希望于陛下的。"又一次,明宗问冯道:"天下虽然丰收,百姓得益吗?"冯道又乘机对明宗进谏说:"谷贱伤农,谷贵饿农,这是常理。我记得聂夷中的《伤田诗》云:'二月卖新丝,五月粜秋谷。医得眼前疮,剜却心间肉。我愿帝王心,化作光明烛。不照绮罗筵,偏照逃亡屋。'"明宗听了,立即让侍臣抄录这首诗,常常自己讽吟。

冯道和另一宰相李愚于长兴二年(931),奏请明宗,要进行雕版刻印儒家经典《九经》,明宗同意。这次雕印是冯道主持,由国子监负责的。这套书从后唐始动工,经过晋、辽、后汉、后周四个朝代,历时二十二年,到后周广顺三年(953)才付梓。流传天下,后人读经得到很多方便。后唐明宗在长兴四年(933)十一月去世,儿子李从厚即位。

卑躬屈膝

李从厚当了四个月皇帝,明宗的义子李从珂就兴兵夺取皇位。在这次政变中,作为宰相的冯道,先是躲到明宗女婿石敬瑭军中,及后早上上殿,不见皇帝,他知道李从珂兵变。他也不打听李从厚的下落,而是召集百官,商议如何迎接李从珂当新皇帝。中书舍人卢导说:"哪有天子在外,大臣就劝别人当皇帝的道理。"另一宰相李愚也支持卢导说:"舍人的话有道理。"冯道却说:"现在别管那一大套了,还是面对现实吧!"当李从珂到了后唐京城洛阳附近的蒋桥时,冯道率百官列队欢迎,并上表劝进。

但李从珂即位以后,对冯道并不赏识,首先免去了他宰相的职位,不久又把他外放到同州(今陕西大荔)当节度使。以后,又召回洛阳,封了他个有虚名而无实权的司空。一年以后,李从珂又和石敬瑭大动干戈。尽管石敬瑭向李从珂献出了李从厚,但依然处处受到李从珂的嫉恨,于是爆发了李从珂和石敬瑭之间的战争。

石敬瑭为打败李从珂,派大臣桑维翰到契丹求兵,条件是称臣、称子、割地。这正中契丹主耶律德光的下怀,于是回信,答应中秋后倾国支援。就这样,石敬瑭借用了契丹的力量,消灭了李从珂,灭后唐,建立后晋,并将都城从洛阳迁到了汴梁。

石敬瑭夺取帝位时,打着明宗旗号,指责李从珂当皇帝不合法,因而,即位以后,立即恢复了冯道的宰相职务,并委以重任,让他出使契丹。石敬瑭是"儿皇帝";从"儿皇帝"到"父皇帝"那里去当使臣,可是个卑躬屈膝、窝囊透顶的苦差事。石敬瑭怕冯道不愿此行,

对冯道说:"这次出使非卿不可。"谁知冯道满口答应,并说:"陛下受北朝恩,臣受陛下恩,没有什么不可。"欣然而往契丹。冯道出使契丹,忍气吞声,在契丹被扣留两个多月。直到契丹耶律德光摸清了他确对契丹忠诚,才放他回晋。冯道怕是契丹王试探他,又三次上表乞留,以表示对契丹的留恋。

就这样,他还故意多住了一个多月。走在路上,又故意走走停停,两个月才出境。冯道一回后晋,石敬瑭即废枢密院,归并于中书省,枢密院由冯道掌管,事无巨细,都归冯道处理。不久,又加官晋爵,封为晋国公。后晋政权对外屈膝投靠,对内又残暴无比,冯道是难辞其咎的。

后晋开运三年(946),耶律德光率三十万大军南下,占领汴梁,灭了后晋。在这种情况下,冯道却主动朝见耶律德光。冯道以为自己和耶律德光原本相识,耶律德光定会欢迎他主动投靠。不料耶律德光一见冯道,便责骂他反复无常。又问:"何以来朝?"冯道答:"无城无兵,安敢不来?"耶律德光又问:"你这个老头子是何等样人?"冯道答:"是个无德无才又痴又傻的呆老头儿。"说得耶律德光开怀大笑。耶律德光问冯道:"天下百姓这样苦,如何可救?"冯道答道:"此时百姓,佛再出世也救不得,只有您皇帝才救得!"这种吹捧得到了耶律德光的欢心。

后来,有人向耶律德光检举冯道,说他参与了反契丹的活动,但耶律德光并不相信。他斥责了检举者,说:"这个老头我是了解的,不会惹是生非。"于是,冯道拜为契丹所建立的辽王朝的太傅。次年二月,后汉高祖刘知远即位,冯道自北来归,高祖拜为守太师。

后周灭汉,后周太祖郭威,再拜太师、中书令。后周显德元年(954)太祖死,世宗柴荣即位。柴荣武略出众,是个有作为的皇帝。当时,北汉主刘崇乘机大举入侵,世宗想亲自征讨,冯道以为不可。周世宗说:"唐初,天下草寇蜂拥而起,都是太宗亲自平定的,我怎么能耽于享乐。"冯道说:"陛下能比得上唐太宗吗?"世宗曰:"以吾兵力之强,破刘崇如山压卵耳!"冯道说:"不知陛下能为山否?"世宗怒,说:"冯道为何看不起我?"留奉太祖山陵。四月十七日,死于家,时年七十三岁。

冯道历任五朝,事九君、八姓,三入中书,为相达二十余年,亡国丧君,毫不在意。北宋司马光曾这样评价他:"朝为仇敌,暮为君臣,易面变辞,曾无愧作。"冯道津津乐道己之所为,曾作自传云:"孝于家,忠于国,为子、为弟、为人臣、为师长、为天、为父,有子、有孙。时开一卷,时饮一杯,食味、别声、被色,老安于当代,老而自乐,何乐知之?"自号"长乐公"。

北宋名臣

——范仲淹

名人档案

范仲淹: 字希文,原名朱说。北宋政治家,文学家,军事家,谥号"文正"。祖籍陕西彬州(今陕西省咸阳市彬县),生于苏州吴县(今江苏省苏州市)。真宗大中祥符八年(1015)进士,官至参知政事(副宰相)。

生卒时间: 989~1052 年。

安葬之地: 葬于河南省洛阳城东南15 公里处伊川县彭婆乡许营村万安山南侧。

性格特点: 勤奋正直,真诚不欺,为国为民,先忧后乐。

历史功过: 西陲守土,边帅军功,庆历新政,改革图强。

名家评点: 王安石在《祭范颍州文》中称范仲淹为"一世之师"。可是早在熙宁九年(1076 年)五月,王安石在宋神宗面前批评范仲淹"好广名誉,结游士,以为党助,甚坏风俗"。

朱熹评说:"范文正杰出之才。""本朝道学之盛……亦有其渐,自范文正以来已有好议论,如山东有孙明复,徂徕有石守道,湖州有胡安定,到后来遂有周子、程子、张子出。"

吕中说:"先儒论宋朝人物,以范仲淹为第一。"

《宋元学案·序录》云:"高平(范仲淹)一生粹然无疵,而导横渠以入圣人之室,尤为有功。"

王夫之对范仲淹有苛评:"(范公)以天下为己任,其志也。任之力,则忧之亟。故人之贞邪,法之疏密,穷檐之疾苦,寒士之升沉,风俗之醇薄,一系于其心。……若其执国柄以总庶务,则好善恶恶之性,不能以纤芥容,而亟议更张;裁幸滥,核考课,抑辞赋,兴策问,替任子,综核名实,繁立科条,一皆以其心计之有余,乐用之而不倦。唯其长也,而亟

用之，乃使百年安静之天下，人挟怀来以求试，熙、丰、绍圣之纷纭，皆自此而启，曾不如行边静镇之赖以安也。"

沉沦下潦

　　范仲淹"先天下之忧而忧，后天下之乐而乐"的名言流传千古，然而仲淹本人的一生实在是忧患多于欢乐，正如他自己所说的："人生忧多乐少，惟自适为好。"而仲淹的整个前半生，从婴儿到入仕，可以说一直都是生于忧患当中。

　　宋太宗端拱二年八月二十九日，仲淹生于真定府（河北正定）。这时候他的父亲范墉刚来这里做节度掌书记不久。宋人传有范仲淹生于徐州、死于徐州的说法。范墉卒于徐州节度掌书记任上，而他去世的时候，范仲淹才刚刚两岁，因此当时的人便想当然地以为范仲淹是生于徐州了。

　　范仲淹的四代祖范隋，唐末为躲避战乱，举家迁往苏州。其后数代便都是在钱氏吴越政权中做官。太平兴国三年（978 年），吴越献土，范墉兄弟六人随钱氏入朝。作为割据政权的归顺之臣，尽管他们不乏才华，却也难得重用，一直是作为小官仕宦四方。

　　范仲淹两岁时，父亲病逝于徐州任上。母亲谢氏孤苦无依，便改嫁长山朱文翰。仲淹也就冒姓朱，取名朱说。此后仲淹便随朱文翰从宦于澧州安乡、淄州长山等地。

　　范仲淹的童蒙教育很早就开始了，此后的教育也一直没有荒废，这显然需要有朱文翰的支持。后来朱文翰在长山做官时，仲淹便自己和一刘姓同学一起在长白山的醴泉寺里刻苦读书。这段读书的日子还是比较艰苦的。他们两人每天煮一锅粟米粥，等到粥凉凝结以后，就用刀划分为四块，早晚各吃两块，菜就是半钵盂水加点盐和几段韭菜。这样的苦读生活，一过就是三年。后来仲淹有诗说自己是"长白一寒儒"，指的就是这段在长白山断齑划粥的日子。

　　在长白山读书几年后，范仲淹离开了朱家，只身去了南京，到那里的应天府书院继续读书。之所以离开长山去南京，据说是范仲淹终于发现了自己的身世。因为朱氏兄弟花钱大手大脚，范仲淹多次加以劝告。朱氏兄弟终于忍不住了，就抢白道："我自用朱家自己的钱，关你什么事？"范仲淹一听此话大惊，难道自己不是朱家的吗？这时候就有知情人告诉他说："你是姑苏范氏之子，后来太夫人带着你改嫁朱氏。"知道了自己家世的范仲淹，感愤不已，决定自立门户，于是就毅然离开朱家，去南京读书。范仲淹这时已经 23 岁了，在这个时候才知道身世，说明朱长翰待仲淹母子应该还是不错，在此之前，朱文翰显然是将仲淹与朱家兄弟一视同仁，而朱氏兄弟也是在无意之间说出这种话。因此仲淹的这次出走游学倒不是对朱家不满，只是自伤身世，不愿再依傍他人，希望自己能够重振家风。

应天府书院是当时四大书院之一,读书条件也都相对好些,但仲淹的读书生活依然艰苦。仲淹在书院经常是衣不解带,昼夜讲诵,夜深倦怠了,就用冷水洗把脸,饭也是常常难得吃饱,有同学馈赠珍馐,但仲淹很要强,都谢绝了。仲淹一心读书,心无旁骛,很少出去游玩。有一次当时的真宗皇帝路过南京,大家都出去看热闹,一睹圣颜,只有仲淹不为所动,照常待在房间里读书。有人问仲淹为什么不出去看看,仲淹答道:"皇帝终归是要见的,以后再见不迟。"孟子曾有言:"天将降大任于斯人也,必先苦其心志,劳其筋骨,饿其体肤,所以动心忍性,增益其所不能。"怀抱着自强自立的心情,仲淹在逆境中奋进,困而学之,在书院又攻读了五年,不但身通六艺,也磨炼了坚强的意志。在书院里,仲淹写了一首《睢阳学舍书怀》:

白云无赖帝乡遥,汉苑谁人奏洞箫。多难未应歌凤鸟,薄才犹可赋鹪鹩。

瓢思颜于心还乐,琴遇懂君恨即销。但使斯文天未丧,涧松何必怨山苗。

仲淹没有对自己的不幸身世自怨自艾,对于艰苦的读书生活,仲淹以颜回为榜样,人虽不能堪,而自己乐在其中,仲淹也相信,斯文未丧,天生我材必有用。仲淹以后能够忧国忧民,宠辱不惊,不汲汲于富贵,可以说是与他早年的这种艰苦游学经历分不开的。不曾哭过长夜的人,不足以语人生,从这种艰难困苦的环境和心境中走出来的范仲淹"于富贵、贫贱、毁誉、欢戚不一动其心",这不就是孟子所说的"富贵不能淫,贫贱不能移,威武不能屈"的大丈夫吗?

然而在书院学成之后,自负王佐才的范仲淹仍然是志不得伸,他的逆境还远没有结束。

在应天府书院苦读了五年后,范仲淹参加了大中祥符八年的科举考试,进士及第,时年27岁。这一年共有197人考中进士。

及第后范仲淹被任命为广德军(今安徽广德)职司狱讼的小官。第三年又到了亳州,做了四年的幕职官。接着,范仲淹又到泰州做了一任官,监西溪盐仓。

到了亳州之后,范仲淹奉母命归宗复姓。在上表中范仲淹写道:"志在投秦,入境窃同于张禄。名非伯越,乘舟偶效于陶朱。"陶朱、张禄分别是春秋战国时期的范蠡和范雎,他们因为别有怀抱,于是改易姓氏,或投奔外国,或隐遁江湖。这一联不是仲淹的原创,而是五代时一个叫郑準的读书人写的。当时有一个军阀叫成汭,本姓郭,发迹后想复姓,郑準就代他写了这个复姓表。现在仲淹把它拿来用在自己身上,比原作要贴切多了。在淹留泰州这样东海寂寞之滨的时候,范仲淹看到了泰州前任副长官吕夷简的《西溪看牡丹》诗:"异香浓艳厌群葩,何事栽培近海涯,开向东风应有恨,凭谁移入五侯家。"仲淹对诗中所表达的失落感不以为然,和了一首诗:"阳和不择地,海角亦逢春。忆得上林色,相看如故人。"同样是在这里,范仲淹还写了一首《西溪书事》:"卑栖曾未托椅梧,敢议雄心万里途。蒙叟自当齐黑白,子牟何必怨江湖。"表现出自己的豪迈情怀。仲淹的前半生忧多乐少,但仲淹并没有以自己"一心之戚,而忘天下之忧",在沉沦下僚的时候,仲淹也并没

有因此消沉、怨尤,磨灭心中的大志向。

仲淹入仕之前在应天府书院攻读时,母亲天天在家烧香拜佛,因为仲淹久而不归,母亲常常暗自饮泣,眼睛也差点因此失明。仲淹任职广德的时候,就将母亲接了过来,侍养尽孝。然而仲淹一直宦途不顺,将母亲接到广德以后,依然过着贫俭的生活。范仲淹后来在给孩子的信中曾回忆当时的清苦生活,范仲淹的妻子自己做一切家务事,料理炊事,母亲也常常是粗茶淡饭。后来改官亳州时,因为没有盘缠,范仲淹只好卖掉家里唯一的一匹马筹资上任。天圣四年,仲淹38岁的时候,母亲去世。母亲清苦一生,而自己仕宦不显,未及荣亲,使母亲到了晚年都未能过上好一点的生活,范仲淹痛感自己未能报答母亲的养育之恩,一直到老都念念不忘。

天圣五年,晏殊来做应天府的长官,他推荐范仲淹执教应天府学,仲淹等于是回到了母校任教。仲淹在学校两年多,非常敬业。为了督导学生,仲淹经常住在学校。晚上晚自习的时候,仲淹经常会到学舍突击检查。有次看见有偷偷睡觉的,就揪起来责问,学生谎称:"刚才读书疲倦了,刚刚躺下。"仲淹问:"未睡的时候,在读什么书?"学生就胡乱说一本。于是仲淹就取书提问,回答不出就受罚。严师出高徒,四方从学者辐辏而至,好多日后的宋学名流都曾就读于此,如孙复、石介等。仲淹的初次教学,就出手不凡,显示出一个优秀教育家的潜力,这一段教学经历也为日后仲淹的积极兴办地方学校积累了丰富的经验。

在教学的同时,仲淹也积极关心政治,执教的第一年仲淹给朝廷上了万言书,提出了改革的主张,得到宰相王曾的赏识,于是晏殊便推荐仲淹到京城参加学士院考试,天圣六年(1028年)十二月,范仲淹守母丧期满,召为秘阁校理,跻身清流,开始立朝生涯。而这时候范仲淹已经40岁,从27岁中进士,如今已是沉沦下僚14年了。

宁鸣而死

天圣时期是真宗皇后刘氏垂帘听政的时期。仁宗并非刘氏所生,但没有人敢告诉他真相,天性柔弱的仁宗对这位母亲也一直存在着深深的敬畏心理。天圣七年冬至,仁宗决定率领朝廷百官在会庆殿朝拜太后并为太后上寿。这等于以皇帝之尊行臣子之礼,有违礼制。满朝文武也对此不满,但没有人敢站出来反对。这种事情在两年前就发生过,当时也只有王曾委婉地提出过反对,也没有效果。现在旧事再演,大家自然也就见怪不怪了。这个时候,入朝为官不久的范仲淹却勇敢地站了出来。他上书仁宗和太后,指出天子自有事亲之道,有家人之礼,但无为臣之礼,不应该把自己降为同百官一样的地位,以南面之尊,北面行臣子之礼。仲淹还指出这样做有亏为君之道,也有损国威。长此下去,这样的事情自然会演为惯例,乃至成为制度,容易开母后干政之渐,不可以为后世开

此先例。仲淹还提出了解决的办法,即仁宗率皇亲在内廷为太后祝寿,行家人礼。宰相率文武百官在朝堂向皇帝、太后同贺。

仲淹以一个小小的秘阁校理,入朝不足一年,竟然冒天下之大不韪,干涉皇帝家事,驳斥太后面子,这在当时因循已久的朝廷引起的震动可想而知。这也使得举荐范仲淹的晏殊大惊失色,因为举荐非人,是要受到牵连的。他把仲淹找来怒责了一番,他批评仲淹太轻率,出言无忌,有邀名之嫌,这样会给推荐者带来麻烦。仲淹刚分辩了几句,晏殊就不耐烦打断道:"不要多说了,我可不敢去犯大臣之威!"仲淹回去后思虑再三,给晏殊写了一封长信,对自己的行为做了解释,仲淹说道:"仲淹天性不以富贵屈其身,不以贫贱移其心。如果能得到进用,那么仲淹忠直敢言必有甚于今日,这样才算是对得起您的荐举。如果要找那种少言少过只知道明哲保身的人,那么天下滔滔,都是这样的人,您又何必推荐我呢!"其实晏殊比仲淹还小两岁,但成名非常早,他对范仲淹也确实非常赏识,对仲淹有知遇之恩,尽管立身之道有异,但仲淹对晏殊一直都是非常的感念,终生以门生之礼事之。

仲淹并不认可晏殊等人的批评,接下来又做了一件更为激进的事,就是上书请太后还政。仲淹认为仁宗已经20岁,太后垂帘听政也已7年,现在应该卷帘撤班,还政仁宗,自己到后宫颐养天年了。仲淹屡次触犯太后,终于被贬出朝廷,到河中府(今山西永济西)做了通判。第二年三月,改为通判陈州。两年后,明道二年(1033年)三月,刘太后在听政十年后去世,仁宗亲政,原来的一些因为触怒太后而被贬的官员都得到了提升,仲淹也被召回京城,担任了谏官。

刘太后死后,仁宗生母真相暴露,有很多官员开始上书指斥刘太后。这时候曾屡犯太后的范仲淹却为刘太后说了好话,他劝告仁宗:"太后奉先帝遗命,保护陛下十多年。陛下应该忘其小过而念其大德。"仁宗这才醒悟。仲淹在刘太后活着的时候劝太后尽母道,在仁宗亲政后又劝仁宗尽子道,调护两宫,都是人所难得的事,不像很多人是看风使舵,见机行事。可见仲淹的犯颜直谏全是出于公心直道,而不是沽名钓誉。如果仅仅是为了自己的前程,又何必屡触龙鳞呢? 这时候的范仲淹如果借着仁宗对自己的信任,谨言慎行,猎取高官厚禄自是不难。然而在所当言而循默不言又岂是仲淹的作风? 仲淹刚回朝任职半年多,就再一次以言获罪。

仁宗的皇后郭氏是前朝名将之后,为人骄纵专横,仁宗并不喜欢她,但迫于刘太后压力,立为皇后。在刘太后在世的时候,她与仁宗还能够相安无事,太后死,郭后又多年无子,仁宗开始专宠尚氏、杨氏两位美人,这引起郭后的强烈不满。有一天,尚氏凭借仁宗的宠爱,当着仁宗的面讥讽郭后,郭后气急之下,朝着尚氏就是一耳光,仁宗急忙上前阻拦,结果结结实实地打在仁宗脖子上。仁宗大怒,有意废黜郭后。第二天上朝,仁宗指着脖子上的伤痕给执政大臣们看,很委屈的样子。宰相吕夷简本来就与郭后有矛盾,于是建议仁宗废后。消息传出,舆论大哗。仲淹上书极论不可,请仁宗绝此念头,以免引起混

乱。仁宗在吕夷简的支持下绕过台谏下诏废后。被激怒的台谏官员们在长官孔道辅和范仲淹的带领下全体出动,直奔皇宫,叩门大呼要见仁宗。仁宗便把这事推给了吕夷简,传旨去找宰相理论。吕夷简引东汉光武帝刘秀废后的典故作为仁宗废后的依据,仲淹责问道:"那是光武帝失德,何足为法? 其余废后的都是昏君,做宰相的怎么能劝圣上仿效昏君所为呢!"吕夷简被问得哑口无言,只好拱手道:"这事明天请您自个对皇上说吧。"殊不知这是一个缓兵之计,孔、范等人刚刚到家,贬官的诏书就到了,天刚亮就被押出国门。

"重父必重母,正邦先正家。一心回主意,十口向天涯。"景祐元年(1034 年)正月,仲淹被贬往睦州,此时距离仲淹被召回京师仅仅八个月。在睦州,仲淹凭吊了东汉隐士严子陵钓台,重修了严光祠堂,写下了著名的《严先生祠堂记》,表彰严光"使贪夫廉,懦夫立,是有大功于名教"。廉贪立懦,又何尝不是仲淹的理想? "云山苍苍,江水泱泱,先生之风,山高水长",称颂的是严光,又何尝不是 18 年后仲淹树立于人们心中的永远的墓志铭。

在知睦州几个月后,仲淹改知苏州,回到乡邦。仲淹在苏州的时间也不长,却做了一件传之久远的大事业,就是兴办苏州府学。仲淹在睦州的时候,就热心教育,将孔庙拓展,建置学校,调到苏州以后,仲淹除了治水救灾外,就是兴办教育。

据传仲淹在苏州南园买到一块地基,准备建房做以后定居的打算,有风水先生看过之后说道:"此地当世出卿相。"仲淹听后道:"果真如此的话,我不能据为己有。我家出贵人,怎比得上天下之士都能够受教于此,使代不乏贤!"于是将这块地捐献出来建了学校,这就是苏州府学。在建成之后,有人疑惑地问,这样是不是有点大? 仲淹回答道:"我倒是担心以后又会觉得小。"学校建成之后,仲淹又特地给当时著名大儒孙明复写信,请他到苏州讲学,"讲贯经籍,教育人才"。仲淹还作了一首《南园》诗:"西施台下见名园,百草千花特地繁。欲问吴王当日事,后来桃李若为言。"表达自己对学校建成的欣喜和培育天下英才的期望。不愿自家世代踵贤,宁得天下贤才而育之,这样的博大胸怀,纵千百年间,又能几人?

仲淹在苏州待了也不到一年,景祐二年八月范仲淹又被召回京师做了侍从官。

仲淹被召回后,又积极言事,这使得宰相吕夷简很难堪,于是便提议任命仲淹做了开封府的长官,因为开封府向来公务繁忙,这样可以使仲淹忙于衙门事务而殆于言事。但仲淹将京师事务处理得井井有条,当时老百姓中有民谣流传:"朝廷无事有范君,京师无事有希文。"不久,仲淹便再次与吕夷简发生来冲突。吕夷简做宰相,官员的进退多出其手,经常会有官员找吕夷简拉关系,走后门。于是仲淹就向仁宗上《百官图》,指明官员的进退,如何才是正常的、公平的,如何就是走了关系,破格的,希望仁宗不要把破格进退官员的大权全交给宰相。仲淹还指出吕夷简不是个称职的宰相,应当另外找人取而代之。吕夷简大怒,对仲淹说道:"宰相的职责就是选拔人才,如果都是按部就班,那还要宰相做什么!"吕夷简认为仲淹迂阔,有名无实,并指控仲淹"越职言事,荐引朋党,离间君臣",结

果仁宗支持了吕夷简,仲淹被贬官饶州。

仲淹的三度被贬,震惊朝野。余靖、尹洙上书为仲淹鸣冤,结果同遭贬斥。欧阳修于是愤然致书谏官高若讷,强烈批评高若讷身为谏官而不能为仲淹说几句公道话,是不知羞耻。欧阳修还写道:"如果你还以为仲淹当贬,那我就是朋党之人,你把我的信交给朝廷来处理我好了。"高若讷真的就把信交给仁宗,于是欧阳修被贬为夷陵县令。范仲淹等四人被贬之后,大书法家蔡襄写了一首《四贤一不肖》诗,表彰范、余、尹、欧阳等四人,指高若讷为不肖。诗成之后,京师传诵,一时间洛阳纸贵,又通过契丹来的使者流传北国。

景祐三年五月,仲淹动身赴饶州。以前仲淹第一次因为言事被贬黜的时候,同僚在都门为仲淹饯行,称赞仲淹:"此行极光。"第二次贬官时,同僚又为仲淹饯行,道:"此行愈光!"这第三次贬出京城的时候,只有王质等几个好友在郊外为仲淹饯行,他们说道:"此行尤光!"仲淹也乐了,笑道:"仲淹已经前后三光了,要光到何时,才是了期啊。"这一次朝中绝大多数的官员由于害怕受到"朋党"的牵连,不敢相送,也曾有人劝说王质:"别人躲都躲不及,你有病,正好有理由不去相送,又何必自找麻烦呢?"王质回答道:"仲淹是天下贤者,我能成为他的党人,那是我的幸运。"后来这位王质成为了范仲淹的亲家。

这是仲淹短短数年间,第三次因为言事遭贬了。在很多同僚的眼里,仲淹当真是迂腐得可以了,不能珍惜自己的大好前程,总是与权要不合,结果屡屡遭贬。仲淹知道很多人都非议他,他自己也说道恐怕千载之下也难免迂阔之名,但他绝不后悔,"回头谏诤路,尚愿无雍遏",刚一到达饶州,仲淹就上《谢表》说道:"将来如果有机会再入朝,要更加直言极谏。"仲淹就是如此不恤流言,坚定不回。

在仲淹的第三次遭贬后,大诗人梅尧臣写了不少诗文表达了对仲淹等四贤的支持和赞美。在其中的一首《灵乌赋》中,诗人将范仲淹比喻为能够预卜吉凶的灵乌,它不顾自身安危将凶兆及时告诉人们,人们却把它当作凶鸟。接着尧臣又好意劝告道,以后应该结舌钳口,"勿噪啼兮勿睥睨,往来城头无尔累",少说话,少管闲事,自己逍遥就行了,这其实也是尧臣对仲淹的关切。仲淹读了后也做了一篇《灵乌赋》。仲淹借灵乌之口诉说道,灵乌预卜吉凶并告诉人们事先预防,却被当作凶鸟,恨不得折断它的双翅,置之于死地。灵乌当然可以自己远走高飞,而不必嘶哑了声音,冒着自身的危险告诉人们预防吉凶,可是为了保全自己而选择沉默,眼看着危险降临,那它还是灵乌吗?就像宝剑和美玉,"割而可卷,孰为神兵?焚而可变,孰为英琼?",既然身为灵乌,就无所退避,只能"宁鸣而死,不默而生!"

赋词言志

在贬官饶州的第三年,即景祐五年的正月,仲淹改官润州,十一月移知越州(今浙江

绍兴）。就在这一年，已经平静数十年的西北边境突起风波，西北党项的首领元昊称帝建国，这不但深刻影响了北宋政治，也改变了范仲淹的人生轨迹。

党项人在唐代中期以后徙居庆州、夏州等地，同中原地区的联系日渐密切。到了唐僖宗的时候，其首领拓跋思恭由于协助平定黄巢有功，被赐姓李氏，封为"夏国公"，从此拓跋氏开始连续数世统有夏、绥、银、宥四州之地。宋太宗时期首领李继捧入朝，献出了银、夏等地，这引起了族内希望保持割据的贵族的不满，他们开始起兵反宋，经过李继迁和李德明的努力，不断尽复银、夏等地，还从宋朝手中夺取了灵州。真宗时双方讲和，德明称臣，宋则默认了他的实际割据的地位，双方保持了近三十年的和平局面，然而当仁宗天圣九年（1031 年）德明去世，李元昊继任的时候，便不再满意于做"闭门天子"，图谋建国。1038 年 10 月，元昊称帝，建立了大夏国，定都兴庆府（今宁夏银川），史称为"西夏"。康定元年（1040 年）年正月，西夏进攻延州（今陕西西安），揭开大规模侵宋的序幕。

宋大将刘平从庆州出发入援，在延州西北的三川口陷入埋伏，全军覆没，大将刘平、石元孙被俘。西夏乘胜围攻延州，后由于天降大雪，夏军撤退。三川口的惨败，使北宋朝野猛醒，开始认真备战，并调整了陕西防务，另外寻找能够担当西事之人。

仲淹虽出身书生，但关心政事，也热衷军事，尤其是在北宋西、北两边强敌环伺的境况之下，抵御外侮，立功边陲也成为仲淹的一个心愿。仲淹在初举进士时，曾在一篇赋里写道："如令区别妍蚩，愿为金鉴。若使削平祸乱，谓就干将。"可见其当时的抱负。在仲淹入仕后的第二年，曾经去了一次河北。燕赵自古多慷慨悲歌之士，在这里，仲淹壮怀激烈，写下了《河朔吟》：

太平燕赵许闲游，三十从知壮士羞。敢话诗书为上将，犹怜仁义对诸侯。

子房帷幄方无事，李牧耕桑合有秋。民得袴襦兵得帅，御戎何必问严尤。

这一年范仲淹 30 岁。仲淹才兼文武，有安定边防的志向，不过当时刚刚踏上仕途的他怎么也不会想到以后自己真的会有到西北前线一展抱负、出将入相的机会。知延州范雍被降职他调后，韩琦大力推荐范仲淹可以担当重任，于是临危受命，从江南来到西北前线，与韩琦一起主持北部边境军事事务。这一年仲淹 52 岁。

范仲淹还在就任途中时，就上书举荐欧阳修、张方平等人才到自己的幕府来。除了欧阳修外，其他人都欣然接受了任命。欧阳修之所以不从仲淹，原因之一是他希望仲淹能够用他们共同的不得志的朋友梅尧臣。梅尧臣也是仲淹的朋友，他们很早就有过"京洛同逃酒"的经历，而且梅尧臣还注过《孙子兵法》，他自己也很想能够到前方去，但仲淹却没有用梅尧臣。仲淹曾经说道："幕府所辟须是可为己师者，否则，即使是朋友也不可。"仲淹大概是对梅尧臣的才能有所保留吧，然而两位朋友却从此交情破裂了。

到了延州以后，仲淹首先做的就是改变统兵方式。延州有守兵 18000 人，分属于三级将领，没有专人训练，也没有统一指挥，每逢敌人来犯，则官小的率领懦兵先出，位高者则率精兵逗留不进。范仲淹认为这是边兵不力的关键所在。于是将州兵分为六将，每将

3000人,选六将分统,各自训练。遇到敌人来犯,再根据敌人数量多少,更出御敌。这种方式改变了以往"兵不知将,将不知兵"的弊端,后来王安石变法中的"将兵法"即滥觞于此。

在整兵的同时,范仲淹还严格了军纪,修复了堡寨,加强防御,不久又派兵深入夏境四十里,攻破白豹城。范仲淹在延州的措置改变了前任知州范雍在任时边境局势的被动局面,夏军再也不敢小觑延州的防守,相互告诫说道:"无以延州为意,今小范老子腹中自有数万甲兵,不比大范老子可欺也。"

对于西夏问题,范仲淹是主张积极防御而不是进攻。他认为现在边防防卫之备不足,内地空虚,容易给夏军造成乘虚深入的机会,而国家承平日久,主动进兵征讨西夏的准备更是不充分,因此提出加强防守,坚壁清野,使敌人既不能大战,又不敢深入,日久自弱,这才是上策。为了加强延州的防守,仲淹派种世衡修筑了战略要地清涧城。种世衡率领蕃汉军民克服种种困难,深入地下一二百尺取地下水,终于修筑成功。清涧城的筑成加上其他几十座堡寨的修复或者重建,范仲淹所经营的边境防御体系渐有规模。

然而举荐了范仲淹的韩琦却是主张主动进讨的。韩琦给仁宗上书说道:"以二十万重兵坐守边城,不敢与敌人角逐,令人痛心!"韩琦本来打算五路进兵,以袭西夏,仲淹不同意。韩琦派遣仲淹的朋友尹师鲁与仲淹商议进兵事宜,仲淹道:"我师新败,士气不振,但当谨守,以观其变,不可轻兵深入!"师鲁叹道:"您就是在这个方面不及韩公。韩公曾经说过,大凡用兵,应当先置胜负于度外。您为何要如此谨慎?"仲淹道:"大军一动,万命所悬,怎么能够置之度外呢?"师鲁逗留了二十多天也没能说服仲淹,只好返回复命。

庆历元年二月,夏军逼近怀远,韩琦令大将任福、桑怿等率部出击,准备绕道敌后设伏。结果任福在击败小股夏军后开始轻敌冒进,在好水川陷入元昊十万精兵的包围,任福而下将佐死者五十余人,除千余人突围外,其他全部阵亡。当韩琦率人接回突围残部时,阵亡将士的家人数千人,手持故衣纸钱,号哭于韩琦马首,为逝者招魂:"本来跟从招讨出征,今招讨归,而汝死矣,汝之魂魄,也能跟从招讨回来吗!"哀恸之声震天地。韩琦为之掩泣,驻马不前。仲淹听到后叹息道:"这个时候,是难置胜负于度外的啊。"仲淹当然不是在冷眼看韩琦的笑话,实际上仲淹与韩琦还有尹师鲁都是非常好的朋友,仲淹从越州调到前线,也是韩琦用身家性命做的担保。但在这种国家大事上,仲淹认定自己是正确的,因此决不肯姑息,韩琦也没有因此而怨恨仲淹,这正是所谓君子和而不同的表现。

在好水川战役的前后,西夏派人到延州向范仲淹求和。仲淹给元昊写了回信晓以大义。不久,好水川之战失利,元昊的再次来书,态度转而强硬,信中多有傲慢不逊之语。仲淹觉得如果将这样的书信上报朝廷,有辱朝廷。于是就自作主张将信件烧毁,将一个做了删削的副本上进。仲淹认为自己这是从大局出发,顾全国体,孰不知"人臣无外交",当时就有人提出按律当斩。宰相吕夷简和枢密副使杜衍都不同意重治,最后仲淹被降官

知耀州（今陕西耀州区）。但仲淹这时候已经是名动列藩，是边防不可或缺的人物，因此仅仅两个月以后，仲淹就被重新起用，徙知庆州（今甘肃庆阳），委以方面。第二年四月，朝廷决定以文阶换武阶，任命范仲淹、韩琦等四位边帅为观察使，俸禄则从 45 贯提高到 200 贯。韩琦认为作为臣子，不当择官而就，接受了任命。仲淹认为自己不当贪此厚禄，又是文士，无力承担武帅之职，其他两人也上表力辞。

庆历二年秋，元昊再次发兵，进犯镇戎军。大将葛怀敏率军出击，元昊重施故伎，诱宋军深入，在定川砦将宋军包围，葛怀敏等 16 将力战而死，丧师近万人。范仲淹得知定川之败的消息，调兵六千，准备邀击夏军归路，不果而还。

十月，朝廷再次调整西北防务，在泾原设置陕西四路都部署司，由范仲淹与韩琦共同负责，统一指挥各路军事防务。同时又按照仲淹的请求，调文彦博知秦州，滕宗谅知庆州，张亢知渭州。除此之外，范仲淹还大力提拔、培养了一批军事人才，如"度量勇果、能识机变"的狄青，"足机略、善抚驭、得蕃汉人情"的种世衡、"忠勇敢战、身先士卒"的王信等等。他们中的许多人后来都成为边关名将，其中狄青后来还做到了枢密使。

在这个时期宋朝贯彻的对夏指导思想实际上就是仲淹提出的"以和好为权宜，以战守为实务"。一方面不绝和议之途，另一方面对于西夏的入侵则实行积极防御战略："锐则避之，困则扰之，夜则惊之，去则蹑之。"具体作战战术则是："彼寇其西，我图其东。彼寇其东，我图其西。"这不就是敌强我弱形势下的游击战略嘛。经过这样的调整布防和军事战略之后，宋军的防御确实有了很大的起色，西夏再也没有占到什么便宜。于是从三年正月起，宋夏开始和议，经过将近一年的谈判之后，庆历四年终于签订了合约。随着边疆局势的逐渐稳定，朝中的局势也发生了变化，范仲淹被调回朝中，投身于内政的改革当中。

仲淹前后在边关经理西事三年多的时间，身历边庭之劳苦，体验士卒异乡羁旅之边愁，写下了边塞词史上的开创之作《渔家傲》：

塞下秋来风景异，衡阳雁去无留意，四面边声连角起。千嶂里，长烟落日孤城闭。

浊酒一杯家万里，燕然未勒归无计，羌笛悠悠霜满地。人不寐，将军白发征夫泪。

独立寒秋，看衡阳雁去，听羌管悠悠，念功业未成，华发苍颜的将军如何能不忧愁幽思？据说欧阳修看到这首词后，很是看不上仲淹词中体现出来的这种悲苦，戏谑为"穷塞主之词"。后来他们的朋友王素也出守边关，欧阳修也作了一首《渔家傲》为之送行，其最后两句为"战胜归来飞捷奏，倾贺酒，玉阶遥献南山寿"。欧阳修满意地对王素说道："这才是真元帅之事啊！"仲淹当初"敢话诗书为上将"，何尝不是满怀豪情，立志收功边陲呢？若非身任边庭，亲历其中甘苦，又怎能体味词中苍凉的心境与悲苦？不在其位，不知其政之甘苦，仲淹刚刚身历边塞之苦，又在接下来的新政试验中饱尝为政之艰难。

失败被贬

庆历三年四月,吕夷简罢相,章得象和晏殊继任宰相,杜衍为枢密使,范仲淹和贾昌朝为参知政事,韩琦、富弼任枢密副使。当韩琦、范仲淹两人应召进京之后,京城百姓都争相庆贺欢呼,大家相信,贤者进,天下安宁有望了。除了宰执之外,谏官调整也是极一时之选,欧阳修、蔡襄、余靖、王素等四人被任命为谏官,谏官有权对朝政不当之处发表意见,而欧阳修等四人都是年轻有为,敢于犯颜直谏之人,当时都以为选任得当,号称"四谏"。枢密使杜衍、范、韩、富等人都有着大致相同的政治主张,三年初的这个格局,标志着以仲淹为首的改革派的进入全盛时期。

当时宰相章得象年龄在 60 岁开外,他虽然位高,但夹在这个圈子里,他总是很明智地保持低调,经常在议事的时候闭着眼睛一言不发。另一位宰相晏殊是仲淹的老师,又是富弼的老丈人,而且晏殊为官圆滑,总是出来打圆场。韩琦、富弼两人都是三四十岁,加上四谏等一大批的追随者,在 55 岁的时候进入了宰执集团的范仲淹于是众望所归,成为领导政治改革的领袖,有了施展自己的抱负大展宏图的可能。然而在仲淹入京前发生的一件人事纠纷却为即将展开的新政投下了阴影。

宰执班子调整时,本来被任命为枢密使的是陕西的军政长官夏竦。但夏竦的任命遭到了台谏官的强烈反对,认为他在任边帅期间无所建树,且与宦官交结,于是仁宗收回成命,改任杜衍。时任国子监直讲的石介为此作了一篇《庆历圣德颂》,对范仲淹、富弼等人极尽赞美之词,对因遭弹劾而丢了枢密使的夏竦则极尽贬斥之词,称之为"大奸""妖怪"。《庆历圣德颂》爱憎分明,褒贬任情,无所顾忌,充满政治激情,具有很强的煽动作用。连远在四川当时只有八岁的苏轼都受到感染,为之神往。《庆历圣德颂》引起了夏竦一生的怨恨自不必说,连石介的老师、已经退隐泰山的孙复也非常不赞成石介的做法,他在读了《庆历圣德颂》后说道:"你的灾祸从此开始了。"正在途中的范仲淹读到后也是深为忧虑,对韩琦说道:"真是成事不足,败事有余啊,我们的大事就要坏在这班怪人的手上了。"仲淹是一个稳健的政治家,其论事一出于公,很少针对个人,不管对朋友还是政敌。石介的做法不仅不符合仲淹的性格,而且在仲淹看来如此偏激的言论对于实际的政治没有任何好处,反而激化了对立,授人以柄,为以后的改革增大了难度。

庆历年间,改革的呼声高涨,很多人都提出了自己的改革主张,在经过了几个月的观察和深思熟虑之后,九月份,范仲淹提出了包括十项内容的改革方案。这十项内容可以概括为三个方面,一是整顿吏治,有 7 项,一是发展经济,有 2 项,一是加强军备,有 1 项。显然,整顿吏治是这次改革的核心。其中"明黜陟""抑侥幸""择官长"三项与各级官员们的切身利益最为相关。

本来宋代官制,文武百官各以三年、五年为期,由中央考核政绩,没有大的过失,都可以例行迁转,年资几乎成为唯一标准,这就造成了很多的不求有功但求无过的尸位素餐者。"明黜陟"就是严格考核的办法,延长考核的年限,以政绩优否决定升迁。

"抑侥幸"则是针对官员的恩荫制度。官员子弟可以不经考试,以恩荫得官,逢皇帝登基、生日或者国家典礼,以及官员退休、去世,都可以为子弟甚至门客求官。每年考恩荫得官的人数远远超过了靠科举得官的人数,造成了冗官和冗费的问题。仲淹的新法对官员的任职年限、品级、可荫补子弟的年龄、数量等等都做了很多的限制,比如长子以外的子孙年满15,弟侄年满20,才具有荫补资格。更重要的是,所有靠荫补得官的子弟必须通过相应的考试才能够入仕为官。

"择官长"就是要严格地方官员的选任。仲淹认为州县的地方官员作为亲民官,得人与否,直接关系到老百姓的疾苦,主张将年老多病、贪浊不才等不称职的官员罢免。仲淹还建议朝廷派出能干的官员担任转运使、按察使等职,考察各路地方官员的政绩。对于转运使等路一级的官员仲淹亲自检查,遇到有不合格的就大笔一挥,一一勾除。对于仲淹的严厉,富弼感到有些不妥,就劝阻仲淹道:"一笔勾掉一个人容易,可是被勾掉的一家可都要为之痛苦了。"仲淹回答道:"一家哭总比让一路哭好吧!"

仲淹的这些改革自然触动了大批官员的切身利益,因此改革从一开始就遇到了来自各方面的阻力,为了达到攻击范仲淹的目的,有人再次提出了"朋党"问题,说仲淹拉帮结派。要知道,六年前仲淹就是被指为"朋党"而被第三次贬官的。这一次的发难者是夏竦。夏竦与宦官蓝元震交结,攻击蔡襄曾誉范仲淹、欧阳修、尹洙、余靖等四人为"四贤",现在四人得志,又提拔蔡襄,这是以国家爵禄为私人恩惠,是朋党胶固。仁宗是一个仁慈但缺乏决断力的人,听了流言不免疑惑。就问仲淹:"自古只有小人会结成朋党,难道君子也会结党吗?"仲淹回答道:"物以类聚,人以群分。自古以来,邪正没有不各为一党的。如果君子结党为善,这对国家有什么不好呢?"范仲淹的这个观点与欧阳修相同。欧阳修针对朋党问题写了一篇《朋党论》,针对"君子不党"的传统观点提出新见解,指出小人没有朋党,只有君子才有朋党。小人们只是为了追逐名利,才暂相结合,那是伪朋,而君子则是志同道合,只有君子才会有真正的朋党。范、欧的观点诚然新鲜,不过最打动仁宗的却是:你们果然是在结党。

夏竦的后续反击越发阴狠。夏竦让自己的女奴苦练石介的书法,然后将石介写给富弼的一封信中的"行伊、周之事"篡改为"行伊、霍之事"。做"伊、周"就是做像古代的伊尹、周公那样的辅佐天子的贤臣,行"伊、霍"之事,则是像西汉霍光那样搞废立,一字之异,含义全非。流言传出,仁宗尽管不能相信,而仲淹、富弼却是不能自安于朝,于是两人请求出朝巡边,四年八月,仲淹以参知政事身份宣抚河东,富弼以枢密副使宣抚河北。

仲淹在路经郑州的时候,特地去拜会了前任老宰相吕夷简。吕夷简问道:"参政这一次为什么要出使宣抚啊?"仲淹回答说是要去经营西北边防事务。吕夷简笑道:"你错了。

经制西事不如在朝廷方便。"老练的吕夷简一下子就点出了问题的核心所在。尽管是带着参知政事的头衔出使,但人一去朝廷,则权力不免旁落,更经不住政敌的反击,只能是西事、新政两无成。

这一年的十一月,监进奏院苏舜钦吩咐把进奏院里积存的废纸卖掉,置办酒席与同僚们按照惯例迎接一年一度的赛神会。苏舜钦是宰相杜衍的女婿,也是范仲淹推荐的人才,参加宴会的王益柔、宋敏求等十几人也大都是范仲淹所引荐的。在宴会中王益柔所做的《傲歌》中有"醉卧北极遣帝扶,周公孔子驱为奴"的句子,御史中丞王拱辰得知后让手下御史弹劾苏舜钦、王益柔等挟妓饮酒,诽谤周、孔,大不敬,该处以极刑。仁宗派人连夜逮捕了与会者,令开封府审讯,结果受到仲淹推荐的苏舜钦等12人受到除名停职的处罚,贬出京师。王拱辰兴奋地说道:"这一下一网打尽了!"

王拱辰是欧阳修的同年进士,富有才华,在仲淹入朝前正是他率领谏官扳倒夏竦。可见王拱辰原本与新法派并无矛盾。但不久后被欧阳修批评他率领的御史台"多非其才",结果把王拱辰反而推向了反对者的行列。此后御史台多次弹劾改革派的官员,最后终于借苏舜钦事将仲淹之党一网打尽。

此事发生之后,在外的范仲淹越发心中不安,于是上奏朝廷请求罢去参知政事一职。仁宗本来准备顺势准奏,这时候仲淹的同僚章得象出主意道:"范仲淹素有虚名,如果刚一请辞就同意,恐怕别人会说朝廷轻黜贤臣,不如先赐诏不允。如果仲淹上谢表,那他的请辞就是挟诈要挟君上,这时候就可以罢去了。"素来忠直的范仲淹以为仁宗是真心挽留,于是就上了谢表。果然再遭暗算。同时,富弼也被指责为任用朋党,排斥异己。庆历五年正月,仲淹出知邠州,富弼出知郓州。20天后,支持范、富的杜衍罢相,二月,韩琦罢枢密副使,出知扬州。至此,庆历新政的主持者及其支持者几乎全部被驱逐出京。新政推行的措施也大多废罢。

政敌们以"朋党"来打击范仲淹等新政派,应该说下手确实很准。就像欧阳修指出的,小人要迫害良善,最好的办法就是指为朋党,要想攻击大臣,最好的办法就是诬蔑以专权,这都是历来君主所最忌讳的。

仲淹后来分析新政的困境时说道:"革姑息之风,则谋身者切齿。尚循默之体,则爱国者寒心。退辜上恩,进敛群怨。诚难处于要路,复请行于边鄙。"不管怎么做都会有人反对你,仲淹感到无可奈何,唯有去其位,不复谋其政了,只能怀着失意的心情再次踏上贬谪之路。

感叹斯人

仲淹向来把仕宦之路看作是"宠辱场",他向来不否认自己是宠辱场中之人,不过他与别人最大的不同之处在于,虽人在场中,而能做到宠辱不惊。到了邠州以后,仲淹上谢

表,其中写道:"不以毁誉累其心,不以宠辱更其守。"不久在诗中,仲淹又写道:"我亦宠辱流,所幸无愠喜。进者道之行,退者道之止。矧今领方面,岂称长城倚?来访卧云人,而请益诸已。"表明自己不以物喜、不以己悲、宠辱不惊的素质。

不过这一次邠州之行对仲淹的打击还是远远超过了以前的三次贬谪。自己一心为公,不为身谋,想不到却落得个结党营私的名声,更重要的是人去政息,一番刷新政治的努力也化为乌有。仲淹不禁自己安慰自己:"欲少祸时当止足,得无权处且安闲。"但这种情绪毕竟只是一时的托词。

比仲淹更为感伤、愤懑的则是滕宗谅。滕宗谅富有才气,勇于任事,和仲淹一样,非常重视教育,在做地方官的时候,曾多次兴建学校,在宋人王辟之的笔记《渑水燕谈录》曾称庆历年间滕宗谅"治最为天下第一"。滕宗谅是仲淹的同年,也是至交好友,仲淹对他非常推重,称其为"吾人之英"。在同西夏作战的时候,滕宗谅是仲淹大力提拔和重用的人。但在庆历新政中,滕宗谅遭到了贪污公款的弹劾,有人控告他在庆州一次就花掉公款 16 万贯。仲淹和欧阳修都极力给滕宗谅辩护,后来也查明这些钱除了馈赠给羌族首领 3000 外,其他都是用于军队正常开支,但滕宗谅还是以枉费公钱而贬官,而且是数月之内,连贬两次,庆历四年初,贬往洞庭湖边的岳州。这对一向豪迈自负的滕宗谅不啻是一个沉重的打击。滕宗谅在岳州自伤怀才不遇,忧郁愤激,见于颜色。滕宗谅到了岳州不久,就重修岳阳楼。曾有人预祝岳阳楼的落成,宗谅回答道:"落甚成?只待凭栏大恸数场。"仲淹深知宗谅脾性,不禁为之担心。恰好滕宗谅为岳阳楼索文于仲淹。

庆历六年九月十五日,仲淹应好友滕宗谅之请,写下了名传千古的《岳阳楼记》:

不以物喜,不以己悲。居庙堂之高,则忧其民。处江湖之远,则忧其君。是进亦忧,退亦忧,然则何时而乐耶?其必曰:先天下之忧而忧,后天下之乐而乐乎!

这是仲淹自抒胸臆,也是对好友的劝勉,他希望滕宗谅忧以天下,乐以天下,能够从自己的忧郁中走出来。然而仅仅半年之后,滕子京就因病去世。仲淹悲伤不已,在祭文中,仲淹写道:"我固当悲,同年之朋。忠孝相劝,悔吝相惩,闻其凋落,痛极填膺。生平意义,忽如弗曾。"仲淹还承担起了教养好友遗孤的责任:"独有令嗣,堂构可承。我其抚之,必教而称。子京勿恤,魂兮高升!"

仲淹的哀伤远没有结束。仅仅一个月之后,尹洙(师鲁)又去世了。尹洙也是仲淹曾经举荐过的人,两人情谊在师友之间。仲淹在景祐三年第三次遭贬时,尹洙曾愤然上书请求与仲淹同贬,是当时所谓"四贤"之一。在对西夏作战期间,尹洙则站在主张进攻的韩琦一边,韩琦派他劝仲淹出兵,却遭到了仲淹坚决地拒绝。但主张各异,并不影响双方的情谊。新政失败后,尹洙也遭贬。在贬所,地方官为了迎合朝廷权贵,对正在病中的尹洙极尽折磨。仲淹得知后,上书请求允许尹洙到自己所在的邓州治病。尹洙转到邓州后,仲淹亲自调护,然而尹洙最终还是病重不治。仲淹为尹洙料理了丧事,又分出自己的俸禄抚恤师鲁遗孤。去世后,仲淹还请了欧阳修为尹洙作墓志,韩琦为之作墓表,自己也做了祭文,并为尹师鲁的文集作了序言。仲淹对于师鲁,可谓完全尽到一个好友的责任。

仲淹是一个交游广阔的人,他的文集当中涉及交游唱和的诗作占了其全部诗作的一半,涉及人物87人,加上其他文章中所提到的人物,总数就超过一百了,其中既有像滕宗谅这样的同年至交,也有像欧阳修、韩琦这样的忘年好友。有吕夷简这样的化敌为友,也有像梅尧臣这样的半路朋友。仲淹交友的原则是"唯德是依,因心而友",一切出于真诚。实际上,真诚,不欺,也是仲淹的做人原则。

庆历六年元月,仲淹到达邓州。三月,本地人贾黯状元及第后来拜谒仲淹。仲淹对这位比自己年轻30多岁的后辈颇为推许,说道:"你不用担心功名之事,只有'不欺'二字,可终身行之。"贾黯后来果为名臣,他日后常常对人说道:"我得知于范文正者,平生用之不尽啊。"后人也为之感叹,"得文正公二字,足为一代名臣啊"。

仲淹在邓州的前后数年中,虽不乏贾黯这样的新知,但故交渐零落,先后有十数位好友去世。仲淹连续写着自己好友的墓志、碑铭和祭文,真是情何以堪!而仲淹自己的身体也是越来越糟糕,青年时期的清苦,中年以后的戎马生涯和宦海浮沉,都严重损害了仲淹的身体,"年高气衰,精神耗竭,事多遗忘,力不支持",仲淹感到自己的病体已到了"虽死难言"的地步。他给自己的异母兄仲温写了一封信,其中写道:"千古圣贤,不能免生死,不能管后事,一生从无中来,却归无中去。谁是亲疏? 谁是主宰? 既然无奈何,即放心逍遥,任委来往。"

皇祐四年(1052年)五月范仲淹病卒于徐州。

范仲淹"先天下之忧而陇,后天下之乐而乐"的名言在宋代就已经成为士大夫之间的座右铭。朱熹曾特别指出仲淹在振作士大夫名节上的开创之功,他说道:"范文正公自做秀才时便以天下为己任,无一事不理会过。"宋代士大夫的砥砺名节以及政治主体意识的高度自觉,无一不是始于仲淹。仲淹居庙堂之高,则忧国忧民,处江湖之远,则兴学教士,富贵、贫贱、毁誉、欢戚,不能移其素守,千载一人,岂虚言哉!

不过虽以仲淹之纯诚,在他的时代,却是不免迂阔之讥的。比如先有宰相吕夷简曾说仲淹是"迂阔,务名无实",后又有宰相章得象说仲淹是"素有虚名",连仲淹视为恩师的晏殊都曾经认为仲淹直言极谏是在邀名。仲淹自己也说过"岂独世所非,千载成迂阔",感到自己不仅在当时不能为大多数人所了解,恐怕以后也免不了迂阔的名声。因此我们知道,在那个承袭唐末五代忠义荡然的风气影响之下,仲淹的出现是显得多么的特立独行,仲淹的操守和士大夫的责任感,都要超出众人很多,孤标傲世,不免众人之毁,而要守其素志,又是多么的艰难。又有多少人能够真正了解仲淹不以一心之戚,而忘天下之忧的博大胸怀呢? 正像仲淹在烈士暮年所喊出的:微斯人,吾谁与归?

仲淹去世的时候,在相隔不远的舒州,一个年轻人作了《祭范颍州文》,他称赞范仲淹:"呜呼我公,一世之师。由初讫终,名节无疵。"他为范仲淹的去世深感痛心:"硕人今亡,邦国之忧!"他感到自己可能会有负仲淹的期望:"翊鄙不肖,辱公知尤!"这个年轻人是王安石,时年32岁。仲淹去世15年后,有王安石变法。

铁面无私的"青天"

——包拯

名人档案

包拯：字希仁，庐州合肥(今安徽合肥)人，生于北宋真宗时期，仕宦则全部在仁宗时期，卒于开封，谥号孝肃，是仁宗时代的名臣。

生卒时间：999~1062 年。

安葬之地：葬于合肥市内包河南畔林区。

性格特点：为人刚直，既不两面三刀，更不会搞阴谋，从不趋炎附势看颜色行事，更不说大话、假话。大公无私，不谋私利，他一生俭朴。

历史功过：包拯做官以断狱英明刚直而著称于世。知庐州时，执法不避亲党。在开封时，开官府正门，使讼者得以直至堂前自诉曲直，杜绝奸吏。立朝刚毅，贵戚、宦官为之敛手，京师有"关节不到，有阎罗包老"之语。

名家评点：历史上的包拯，不愧为值得肯定与歌颂的政治家、改革家与法律专家。他为民请命的一生，将永远使人怀念。

廉洁奉公

包拯是庐州合肥人，出身于一个并不富足的地主家庭。生于北宋咸平二年(999年)。在他还是青少年的时候，当时的翰林学士刘筠出任庐州知府。他工诗、善文，才华超众，尤其是满身正气，是人们所称颂的清官。他因为和当政的奸相丁谓不和，所以才要求外任的。刘筠非常重视人才,对包拯的才干特别赏识。而刘筠的言行,也为包拯起到了很好的榜样作用。包拯读书非常刻苦,他在北宋天圣五年(1027年)中了进士。按照宋朝的规定,考取进士之后,便可以为官。于是包拯就被朝廷派到建昌县(今江西水修)任职。可是包拯认为自己的父母亲年事已高,应该尽孝,奉养双亲,所以他向朝廷请求回到安徽,在和州(今安徽和县)做官。可是,父母亲仍旧希望儿子在自己身边,包拯于是辞职回家,在家孝敬父母,直到双亲相继去世。包拯守丧期满,仍然不想离开故土。他在亲朋好友的劝说下才出来为官,因为他极有孝道,所以深受家乡人称道。

到了宋景佑四年(1037年),包拯离开了家乡,来到了天长(安徽天长)县任知县,这时,包拯已是四十岁左右的中年人了。在此任职期间,颇有政绩。尤其是他能明断疑案,为当地人所称颂。有一天,这个县里发生了这样的一个奇怪的案件,有一个农民在夜里把耕牛拴在牛棚里,可在早上起来时,却发现牛躺倒在地上,嘴里还淌着血,他赶紧掰开牛嘴一看,原来牛的舌头竟然被人给割掉了。这个农民又是气又是心痛,于是就赶到县衙里面来告状,要求包拯为他追查这个割牛舌的人。这该如何去查呢? 包拯想了一下,有了主意,他就对告状的农民说:"你先不要声张,你回去先把你家的牛宰了再说。"农民本来舍不得把耕牛宰了,依照当时的法律,耕牛是不得私自屠宰的。可是这样一来,被割掉了舌头的牛也会活不了多少天;再说县官叫他宰牛,也就用不到害怕犯法了。那农民回家之后,果真马上就把耕牛给杀掉了。到了第二天,天长县的衙门里就有人来告发那农民私宰耕牛。包拯问明了情况,当时脸就沉了下来,大喝了一声,说:"你好大的胆子,竟然偷偷把人家的牛给割了舌头,反倒来告人私宰耕牛?"那个人一听就吓呆了,伏在地上一个劲儿地直磕头,并老老实实供认牛的舌头确实是他割的。原来,这个割牛舌的人和那个农民有冤仇,所以他先把牛的舌头给割了,然后又去告发牛主人宰牛。自从这件事之后,包拯审案的名声就逐渐地传开了。

在康定元年(1040年),包拯又来到端州任官。端州当时出产一种很有名的砚台,名叫端砚。这种端砚每年都要向朝廷进贡。因为当地官吏和豪绅等人的层层加码和克扣,虽然这种端砚的产量很多,可是却变成了当地百姓的一种沉重负担。在他之前的几任县令,都是肆意地加上几十倍的数目,从中获取大量民财。但包拯与他们完全不同,自从到任端州以来,明确下令豪强官吏,不得贪污,只能按照朝廷规定的数量,向朝廷进贡,绝不能给百姓加码。所以,直到他最后离开端州的时候,他的桌案上也没有一块当时全国闻名的"端砚"。当地的老百姓们知道后,便特意精制了一方来送给他,可最终还是被包公婉言谢绝了,包公的"不持一砚而归"就是由此得来的。

包拯一连做了几任地方官,他每到一个地方,都会把一些苛捐杂税给取消,而且还会清理了许多的冤案。因为包拯铁面无私、为人正直,所以他得到一些朝中大臣们的赏识。庆历三年(1043年),朝廷把包拯调到都城开封。这是他自进京考试之后,第二次来到京城。包拯当时被任命为监察御史。尽管监察御史没有多大的实权,可是对包拯来讲,却

非常重要。因为这样一来,他就可以直接参与朝政,事实上,包拯在担任监察御史期间,确实对北宋的内政外交提出过许多的批评和改进办法,并且还出使过辽国,出色地完成朝廷交给的任务。包拯在出使辽国时,辽国曾经屡次对他加以刁难,可是包拯不卑不亢,义正词严地据理力争,有力地维护了国家尊严。他回国后,马上将在辽国的所见所闻写了总结,向朝廷做了报告。他说,辽国现正在山西的北部集结兵马,聚粮屯草,其意图可说是人人皆知,对此朝廷不可不防。他向朝廷提出建议,一定要加强山西宋辽边境的代州(代县)、应州(应县)雁门关一带的战事准备,在此之前,辽国之所以会蚕食宋国边境的领土,是因为当时守护边防的人胆小怕事,不敢对外敌进行抵抗,如今朝廷应该下令这些守边的大臣,要严加防守,不能再出现丢失寸土寸地的事情。另外,原来的守将,在军事及作战方面都是外行,为此朝廷应该派懂得军事的人去进行领导和指挥队伍。朝廷采纳了包拯的这些意见,由此加强了河北、山西一带宋辽边境的防卫。更难能可贵的是,包拯对宋代当时存在的冗兵之害有比较清醒的认识,并主张裁减"老病冗弱",由此加强了部队的战斗力。与此同时,他还提出要加强边境民间义勇的训练。在宋朝立国之初,为了防止武将专权,曾经使将士们调动频繁,结果造成了兵不知将、将不知兵的弊病。包拯认为朝廷的这种政策应加以改变,使得那些将官有职有权,不要轻易将他们进行调动。包拯在建议加强国防和军事力量的同时,并不给百姓增加负担。包公在奉命出使辽国的途中,发现那些负责迎送外交使者的三番官员经常借机在沿途勒索当地的百姓和地方的官员,边境的人民难堪重负,叫苦不迭。包公发现这种情况后,立即向皇帝上书,说明情况,请求大大地缩短三番官员在边境的停留时间,不准吃请送礼。仁宗采纳了包公的这个建议,很快下诏,加以实行,由此一来,边境百姓的负担便减轻了很多。当时中原地区,特别是河北、山西的农民,多受运送军粮之苦,包拯提出,在丰收之年,政府可以购买当地农民产的粮食,然后储备起来,作为今后的军粮,由此减少了运输上的困难。

庆历六年(1046年)的夏天,包拯被调任为三司户部判官。当时的三司是中央财政机构,户部掌管全国户口、两税等事务,户部判官协助三司使的工作。当包公担任三司户部副使时,他总是不辞辛劳,深入到下层去体察民情,救百姓于水火之中。有一次,江南地区发生了旱灾,当地的百姓们饥饿得难以为生,包拯了解到这种情况后,马上下令打开官仓放粮救济百姓,以解燃眉之急。可是开仓放粮是件大事情,按惯例是必须事先向朝廷请示的,等得到批准后才能打开粮仓救济百姓。可是当时的情况十分紧急,如果按程序走的话,将文书送到京城,再等皇上批示下来,那需要等上几个月的时间,如此一来不知道要饿死多少人。因此,包公在派人急奏朝廷的同时,很果断地命令开仓放粮,这一来,就使得很多百姓都免受了灾难之苦。还有一次,江淮一带受到天灾,当地的百姓已经出现了缺粮断炊的情况,可是地方的官吏们为了个人的前程,竟然隐瞒灾情,置百姓的生命而不顾,故意向朝廷虚报政绩,讨好自己的上级,好有利于自己的升迁。不但如此,他们还反过来逼迫百姓们交粮卖米。当包公了解到这种情况之后,马上就给皇帝写了一道

《请救济江淮灾民疏》的奏章,请求纠正那些不法官员误国害民的恶劣行为,并根据事情的严重程度给予严惩。皇帝同意了他的建议。因此,包公就被江淮的百姓称为"再生父母"。后来,包拯还曾经先后担任京东、陕西、河北转运使,转运使负责一路(相当于省)的财政、监察等行政事务。在地方上,包拯特别重视体察民情,要求朝廷让老百姓休养生息,从而才能安居乐业。过了两年,包拯被召回到开封,提升为户部副使。在这期间,他曾前往河北解决军粮的问题,又曾到过陕西解决运城(今属山西)的盐业问题。在河北,他奏请朝廷把用来养马的田地都归还给地方和农民。在山西运城的时候,他改革盐税法令,以便利于商贩经营盐业。因为当时宋仁宗实行的食盐官营专卖制度,存在着很多的弊端。使得当地人只得背井离乡,因此,食盐供应成了一个难以解决的大问题,这直接影响到百姓的生计。为了解决这个难题,包拯专门到陕西的解州(今山西运城)考察当地的情况,回来之后,他马上向朝廷做了报告,请求废止这种官营专卖制度,让那些商贩们进行自由经营,如此一来,由原来的官方垄断,变成了允许商人买卖。国家不但增加了税收,而且解除了百姓为政府搬运官盐之苦,而且这样做同样有利于食盐的流通,大大地方便了百姓,真可谓是一举两得。仁宗采纳了包拯的建议。施行了新的食盐通商法之后,效果非常好,国家的收入非但没有减少,而且还相应地增加了很多,百姓们也不再为吃盐而犯愁了。稍后一些的北宋政治家、科学家沈括曾经称赞这一制度:"行之几十年,至今以为利。"除此之外,包拯还主张朝廷丈量那些地主豪强的土地,以防止他们漏税逃役。他还鼓励民间采矿炼铁等等。

铁面无私

包拯在皇祐二年(1050年)被擢升为天章阁待制、知谏院。天章阁是存放朝廷图书文献的地方,待制之衔,有名而无权。而知谏院即兼任谏官之职,却相当重要。谏官的任务是就向皇帝进谏朝政的弊端,它涉及朝政的各个方面。包拯在兼任谏官期间,不但对横行不法的权臣给予抨击,而且对时政的许多方面都提出了革新建议。为此,他说了好多皇帝不爱听的话,痛斥奸佞大臣,请求罢去皇帝赐给亲信官僚们的恩宠,一切改由主管机构以正常的秩序进行。他还把唐朝魏征给唐太宗的三道奏章写了出来,呈交给宋仁宗为座右铭,希望他时刻提高警惕,以国家大事为重。并请求仁宗能虚心纳谏,明辨是非,不要搞先入为主,偏听偏信,而要注意爱惜人才,去除那些苛刻严正的刑禁,禁止妖言邪说,不要随意的大兴土木……朝廷大多能够采纳施行。在用人等方面,更是提出了很多切合实效的看法和建议。对那些处事不当,行事不法的官僚,包拯都能给予严厉的弹劾。曾经出现过这样一件怪事,就是转运使王逵向皇帝递上了一个状子,告陈州地方官任中师对百姓进行盘剥,故意多收钱粮。可是任中师在当地百姓的心目中却是非常廉洁的。

王逵为什么会告状呢？他是不是恶人先告状？朝廷要派人到陈州去做一番调查。朝中的官员都畏惧王逵的权势，无人愿意前往。包拯为了弄清事情的真相，为民除害，就毅然地来到陈州，经过详细调查，包拯掌握了大量的证据，回到京城后，包拯立即向皇帝做了报告，他说向百姓任意进行搜刮，引起百姓大为不满和无法生活的，正是转运使王逵。同时，包拯要求朝廷将王逵撤职查办，要他把多收的钱粮都归还给当地的百姓。

为了能够有力地惩治贪官，他在庆历四年（1044年）向仁宗上疏《乞不用赃吏》，主张用人要用忠直的君子，不能用奸邪的小人，而且建议提拔一心为国的有才能、公正廉明的人来做官。他曾七次弹劾"苛政暴敛"的转运使王逵，接下来他又不畏风险，极力将皇帝的那些能力平庸的亲戚罢去官职。包拯任职30多年，在他的弹劾下，被降职、罢官、法办的重要大臣，就不下30人。这个数字可说是相当惊人的，是亘古以来少见的！他有时为了惩办一个人，或为了一个案件，往往要奏上三本、五本、七本，甚至于接连奏上好多本，就如同连珠炮一般，不达目的决不罢休。而这些被弹劾者往往都权势显赫，有后台有靠山。有些人甚至比包拯的官职还要高。可是包公敢于据理力争，不畏他们的权势所压，这种大无畏的精神，深受人们敬叹。比如他曾经六次弹劾张尧佐，曾震动一时。张尧佐是张贵妃的伯父，原来在地方上担任推官、知县、知州等小官。自从张贵妃得势以后，他就被提拔到了京城，不久就当上了三司户部判官，户部副使。时间不长，他又被提升为天章阁待制、吏部流内铨（管理官员的任用），接下来又被晋升为兵部郎中、权知开封府。他刚加封龙图阁直学士，又被晋升为给事中、端明殿学士，直至正式担任了三司使。他一年之内就接连晋升四次，可以说是扶摇直上，这使得朝中的许多官员感到吃惊不已。

三司使是户部副使的顶头上司，当时包公正好担任户部副使，他亲眼看到张尧佐品行恶劣，才学平庸，实是不堪重用之人。当包拯被调入谏院之后，他便马上着手整顿朝纲朝纪，端正朝风，他和谏官陈旭、吴奎等人对张尧佐提出弹劾，展开了抨击，包拯指出，张尧佐实在是个不堪重用的庸才，建议仁宗皇帝把他调离三司的职位，降职使用，改授其他闲散的职务。过了一个多月的时间，张尧佐非但没有被降职，反而还被提升为比三司职务还要高的宣徽南院使，并同时兼任另外三项重要职务。显然，这次弹劾失败了，张尧佐的势力也由此变得更大了。其实事情很明显，仁宗皇帝是有意要挫一挫谏官们的锋芒。皇帝的任命一宣布，朝臣们就议论纷纷，大多人都有不平之态。包公在第三天的时候，就又上了第二个奏章，他更加尖锐地指出张尧佐是在窃据高位，真是不知羞愧！他的用词异常的尖锐。可是过了几天，仍然没有什么动静，包公于是干脆来个趁热打铁，发动了第三次弹劾，深刻地指出张尧佐一日而授四使，是前所未有的事，这会使得朝臣之心不安，不仅仅是破坏了祖宗的章法，损害了当今皇上在天下人心目中的威信，而且对国家社稷也是大大的不利。可是，仁宗皇帝仍然没听进这些意见。这时不但唐介、张择行、吴奎群起参加弹劾，而且平时很和气的御史中丞王举正也由此挺身而出，批评张尧佐所得恩宠过重，如此一来会使得那些忠臣齿冷，贤士心寒，如果不采纳建议，就请罢免我御史中丞之职。这次谏奏已经发展到大臣要掼乌纱帽了,可是仁宗仍然下不了决心。王举正此时不得已,便要求皇上进行廷辩,也就是和仁宗当着面进行诤谏。

就是在这次廷辩中,包公当众作了长篇的发言,他措辞极其激烈,情绪也颇为激动,甚至都把唾沫溅到了仁宗的脸上。当时,满朝的文武大臣无不骇然失色。包公的话,把仁宗弄得非常尴尬,他最后只得灰头土脸地回宫去了。这次廷辩震动了朝野上下。后宫中的张贵妃也知道了,她聪明多智,想法从中进行疏通,接下来,张尧佐自动向朝廷请求辞退免去了一些职务。可是仁宗皇帝只是玩了一个缓兵之计,刚过去几个月,又把宣徽使的重职给了张尧佐。包公马上又和吴奎联名上了奏章,奏章中指出张尧佐这个人贪欲太大,不能让他的私欲得逞。过了四天,也不见回音,包拯又向皇上递了奏章,他提醒仁宗,皇上不可把大恩频频给人,否则就会降低了君王的威信;对于群臣的舆论,不可一意固执地进行违背,如果抵触过分了就会失去人心,造成朝政的动乱。他的这次劝谏,终于把仁宗给说动了。至此,张尧佐再也没有得到升迁。这六次弹劾张尧佐,是包拯一生许多重大经历中的一件。由此,我们可以看到他那刚正不阿、大奸必摧、敢当风险的气魄。

在包拯看来,对朝廷起不到建树作用的平庸之辈,不管他官职有多大,都必须下台。他建议改革选人、用人制度。主张官员年龄到了七十岁就必须离职。还进一步揭露了那些不愿离职的官员是只知为个人的子孙后代盘算,只为私利的人。他主张不能随便地对任何人封官许愿,即使是因父亲的功劳而袭职的子孙,也要通过考试。这些都有效解决了冗官问题。包拯并不反对范仲淹主持的庆历新政。当新政遭到失败后,许多官员因此受到处分,可是包拯却肯于出面为这些敢作敢为的官员鸣不平,主张起用他们。两年过后,包拯被改命为龙图阁直学士,这也是个虚衔(从此人们又称他为包龙图),并且又一次使他离开了京城,到河北、庐州、池州(今安徽贵池)、江宁(今江苏江宁)等地任地方官。后来,宋仁宗为了整顿一下开封的秩序,才把包拯调任到了开封府知府。

惩恶除奸

嘉祐元年(1056年)年十二月,朝廷任命包拯任开封知府,他于次年的三月开始正式上任,到嘉祐三年六月离任,前后虽然只有一年多的时间。可就在这短短的时间内,他把号称难治的开封府给治理得井井有条。自从范仲淹施行新政失败以后,北宋的朝政就日益腐败,尤其是在京城开封府,权贵大臣贪污受贿的风气极为严重;那些皇亲国戚更是肆无忌惮,根本就不把国家的法度放在眼里。而开封府一向是皇亲国戚、豪门权贵最为集中的地方。在以前,无论哪个人来当这个差使,都免不了要跟权贵通关节,接受些贿赂。可是包拯自上任以来,就决心把这种腐败的风气彻底地整顿一下。

当时,依照宋朝的规矩,如果有人要到衙门告状,必须先得托人写状子,还要通过下

属"门牌司"来进行转达,这使得许多的百姓在这个过程中受到刁难勒索,一些讼师恶棍也趁机进行敲诈勒索。包拯到了这里之后,马上把这条规矩给破了,撤去了"门牌司",老百姓要诉冤告状,可以直接到府衙门前击鼓。只要鼓声一响,府衙门就会打开正门,让百姓直接到公堂上来进行控告。如此一来,就使得衙门内的小吏想要做些手脚也都不敢了,杜绝了官府小吏们对百姓的盘剥。

开封城里有一条惠民河,在河的两岸上,既有平民,也有达官贵人的住宅。包拯任开封府尹时,有一次天下大雨,导致河水泛滥,淹没了城中的街道,使得许多人都无家可归。是什么原因造成河水泛滥成灾的呢?经过包拯一番调查,发现原来是大官僚和贵族们在河上筑起了堤坝,将坝内的水面都据为己有,在里面种花养鱼,而且还同自己的住宅连在了一起,如此一来,就成了水上花园。要想疏通惠民河,只有将这些堤坝给挖掉,包拯马上下达命令,要这些园主把河道上的建筑全部给拆除掉,可是要挖掉堤坝,冲走花园,这些贵族能答应吗?虽然已经下达了命令,可还是有的权贵不肯拆除。开封府便派人去催,那人还强词夺理,并拿出来一张地契,硬说那块地是他家的产业。经包拯进行一番详细的检查,终于发现这张地契是那个权贵自己私自伪造的。包拯很是生气,勒令那人马上把花园拆掉,同时着手写了一份奏章,向宋仁宗揭发。那人眼看事情要闹大,如果仁宗真的追究起来,肯定没有自己的好处,他只得乖乖地把花园拆了。那些权贵听说包拯执法严明,都吓得不敢再为非作歹了。

包拯不仅不畏那些朝廷权势,就是对那些社会上的无赖、偷盗者也毫不留情,这些人虽然没有权势,可是同样危害人民。有一次,开封的一条小街上发生火灾。有些无赖竟然戏弄起包拯来。他们来到包拯面前,问包拯:是用甜水巷的水救火,还是用苦水巷的水救火?包拯一看,就知道这是些地痞流氓,是来破坏救火工作的,于是当时命人捉住他们,并下令把他们正法。

有一个权贵想要通关节,打算给包拯送些礼物,有人提醒他,不要白费这份心思,因为包拯的廉洁奉公是出了名的,还告诉他,包拯曾经在端州做过官。可是直到他离开端州的时候,都从没有私自要过一块端砚。那位权贵一听,知道没有空子可以钻,也只得作罢。其实,在宋仁宗时,朝野上下就弥漫着一股送礼之风,特别是在官场中,收受礼品不但不会遭到非议,反而还是一种待人交友的礼节。因此,这种送礼之风在当时极为盛行,许多人还乐此不疲,以收礼为荣,而且还是多多益善。可是包拯却对这股送礼收礼之风坚决反对,认为它会助长人们的一些恶习。所以他曾几次上疏皇帝,请求颁诏禁止官员之间的这种送礼收礼的现象,以开清明廉洁之风。这一年正好是包拯的60大寿,正是值得庆贺。可是包拯心想:当今送礼受礼情况日盛,肯定有人会借自己60寿辰之机来送礼。可是我老包一生清白,切不可在寿辰之际蒙上了受礼的恶名。于是他做出决定,凡是来人一概不见,所送来的寿礼一律拒收。就在他60寿辰的前几天,他让王朝、马汉等人站在衙门口特意拒礼。可哪曾料到,第一个来送寿礼的人就是当朝的皇帝,派来送礼

的是六宫司礼太监。他到了门外,一定要见包拯的面,要他接皇上的圣旨接受礼物。这一下可难住了王朝等人,这是万岁送来的礼,如果不收,这不就等于是抗旨不遵吗?可大人之命不敢违,无奈之下,只得把老太监送礼的缘由写到了一张红纸上,转呈给了包大人。这老太监当即也提笔在红纸上写下了一首诗:德高望重一品卿,日夜操劳似魏征。今日皇上把礼送,拒礼门外理不通。王朝把诗拿到内衙里交了包大人。过了不大一会儿,王朝就带回原红纸并交付给了老太监。只见在原诗下边又添了这样四句:铁面无私丹心忠,做官最怕叨念功。操劳为官分内事,拒礼为开廉洁风。老太监看完之后,也没办法了,只得带着礼物和那红纸回宫向皇上交差去了。

包拯为人刚直,既不会两面三刀,也不会搞什么阴谋。他从来不趋炎附势,看人的颜色行事,更不会说大话、假话。即使在皇帝面前,他也直言不讳,不怕触犯皇帝。为了立太子的事,包拯曾冒死直谏。有一次,仁宗皇帝突然生了一场大病,很长时间不能临朝。这时候,众大臣忽然想起:皇帝还没有定下谁是皇太子呢?万一皇上有个意外,朝廷不就发生大乱了吗?包拯来探病时,就向仁宗提了出来。仁宗说:"你说得极对,朕也知道你的忠心。可是朕现在还没有儿子,再等几年吧,不必如此着急。"仁宗心里在想:你们如此着急,岂不是咒我早死吗?所以他对提议此事很不高兴。不料,一些大臣接二连三的上奏,由此使得仁宗极为反感。他想处分其中请求最有力的包拯,好用来警醒他人,就把包拯调离了开封府。包拯一走,其他的大臣果然不敢再吭声了。

后来,包拯再次被召到京城当御史中丞。他并没有吸取上次的教训,一天,他又向仁宗提出:"太子乃是国家的根本,如果太子不立,也就是根本未立,这是个大祸害啊。"仁宗当时就有点气恼了,问:"那你说应当立谁呢?"包拯答:"我之所以请求陛下立太子,是为了大宋的江山社稷;陛下问我应当立谁,是怀疑臣有二心了。反正我已经老了,而且没有儿子,如果你认为我说得不对,也不要紧,反正我也不是为了升官发财。不过我总是觉得太子不立,确实是件危险的事,所以我是不敢不尽忠奏明啊!"仁宗听后马上转怒为喜,说:"你对朝廷的忠心,我知道了。过不了多长时间我就要议立太子的,你慢慢等着吧。"后来仁宗就立了一个领养来的孩子为太子,名叫赵曙。仁宗死后,赵曙就接替了皇位,是为宋英宗。

当时,包拯还劝说皇帝,宫内的亲信宦官权力太大,待遇也过于优厚,应该精简宫中的人员和开支。如此一来,当然要得罪皇帝身边的亲信,这有可能给包拯招来不测之祸。还好,包拯遇到的是一位比较开明的宋仁宗。否则的话,恐怕也早就人头落地了。宋仁宗对包拯极为器重,嘉祐四年(1059年),包拯以枢密直学士、权三司使等官职,上升为当时朝廷重臣的地位。宋嘉祐六年(1061年),升任三司使和枢密副使,职位相当于副宰相。他虽然做了大官,可是家里的生活依旧非常俭朴,就跟普通百姓家一样。可是,年过六旬的包拯,这时已经是夕阳西下,有心而无力了。嘉祐七年(1062年)五月二十五日,包拯得重病死在开封。当时京师的那些官吏百姓知道消息后无不感伤,那些叹息之声,

在大街小巷里随处都可以听得到。仁宗皇帝到包拯家中向包拯最后一别,他亲自率领百官吊唁,还派专使护送灵柩回到合肥,安葬在合肥城东五十里的大兴集,同时追认他为礼部尚书,赐谥"孝肃",所以包拯死后又叫包孝肃。现在的包公祠有一副对联:"理冤狱,关节不通,自是阎罗气象。赈灾黎,慈善无量,依然菩萨心肠。"可算是对包公无私爱民品格的一种总结。他给家人留下了这样一份遗嘱:后代子孙做官,如果犯了贪污罪,就不得回老家;即使死了之后,也不得葬在包家的坟地里。因为包拯一生做官十分清廉,不仅生前得到人们的赞扬,即使是在他死后,人们把他当作清官的典型,对他尊称为"包公"。

近千年来,包公在历代人民的心目中一直都是刚正不阿,为民请命的清官形象,民间流传着有许多包公铁面无私、打击权贵的故事,还编成了包公办案的戏曲和小说。尽管其中的大部分都是虚构的,可是这却反映了人们对清官的那种敬慕之情。

变法宰相

——王安石

名人档案

王安石：字介甫，号半山，封荆国公。汉族。临川人（今江西省抚州市区荆公路邓家巷人），北宋杰出的政治家、思想家、文学家、改革家，唐宋八大家之一。有《王临川集》《临川集拾遗》等存世。

生卒时间：1021~1086年。

性格特点：性格偏执，行为偏激，固执己见，自命不凡。

历史功过：其政治变法对北宋后期社会经济具有很深的影响，已具备近代变革的特点。王安石不仅是一位杰出的政治家和思想家，同时也是一位卓越的文学家，与"韩愈、柳宗元、欧阳修、苏洵、苏轼、苏辙、曾巩"，并称"唐宋八大家"。

名家评点：列宁誉之为"中国十一世纪伟大的改革家"。

为民请命

宋天禧五年（1021年）十一月，在北宋临江军判官王益的官署的后院内，有一个小生命诞生了。当时，贺客盈门，人们都沉浸在添丁之喜的氛围中，没有谁会料到，就是这个男婴，在过了数十年后，会成为一位叱咤风云、左右着北宋朝政的显赫人物，这个刚刚出生的孩子，就是王安石。

临江的风景十分秀丽，气候宜人。王安石这位官宦子弟就是在这种环境中读书学习，开始接受儒家思想孔孟之道的熏陶。稍年长之后，他又博览诸子百家、医、农、艺、文

等类的书籍,可是在他小小的心灵里,早已有了先入为主的修身、齐家、治国平天下的信念,这对他的影响是极其深远的,为他树立一种以天下为己任的投身实践的精神起到了极大作用。

天圣八年(1030年),王安石的父亲王益调任韶州,王安石也随父南下,由此使他进一步了解了各地的风土人情、民生状况,对社会问题的见识起到了重大影响。可是在岭南的居留也不过三年的时间,就又因为跟父亲守孝而重新回到了老家江西临川。在他16岁那年,王益被任命为江宁通判,于是他又随父亲来到了江宁,在江宁继续进学。

当时,王安石正在为自己的锦绣前程编织着金榜梦,父亲的官职在他眼里算不了什么。可是令王安石没有料到的是,人生道路上的第一次挫折已降临到他的面前,三年之后,父亲竟然病死在任上。而当时王安石才19岁。转眼间他由锦上添花的顺境转入到世态炎凉、人情冷暖的逆境。他把父亲葬在牛首山下,并结庐守孝,从此就以江宁为第二故乡。经历了三年布衣素食的困顿生活之后,他再也不能忍受了,于是他开始踏上往京师赶考的路程。

仁宗庆历二年(1042年),王安石到了汴梁应试,本来他可以名列进士第一名的。可是枢密使晏殊之婿杨察的弟弟杨绘也来应试,为了照顾杨绘,王安石只能名列第四名进士,而杨绘取得了头名状元。王安石很不满身为朝廷重臣的晏殊的这种做法,可是他还是考虑到小不忍,则乱大谋,于是便隐忍了下来。可是这件事对于触发他改革科举重在选拔真才实学的志向产生了重大影响。

依照宋代的制度,凡中选的进士马上就被任命为官员,于是,王安石就走马上任到了扬州知州韩琦的官署去当金书判官事,也就是负责审理案件的职司。

庆历四年(1044年),也就是王安石居官的第三年,他回到家乡。1045年他又来到京师听候新的任命。此时的王安石在京城所看到的依然是弊政处处,并非如范仲淹在《岳阳楼记》中所写的政通人和,百废待兴的样子。于是王安石对时政感到很是失望,他不想按照官场惯例在京谋求翰林院等接近中枢、易受赏识的官职,从而能得到较快升迁的机会,而是立志到地方上去进行考察时弊,以寻求改革之道,由此能够充实他的治国良策。

庆历七年(1047年),他再次离开了京师,风尘仆仆地来到东海之滨的鄞县充当知县。

王安石到了鄞县之后,正好遇到这里闹灾荒,而且情况还相当严重,百姓的生计十分困难。一种身为父母官的责任心驱使着他无暇休息,马上考察农田水利生产受到破坏的情况,并且向上级官员条陈东南百姓所受饥馑的状况,同时指出其原因就是官员豪绅平日里只知道鱼肉乡民,从来就不问民生疾苦,也不对生产问题加以关心造成的。由此,他想要改变这种县官脱离民生实际的弊病。为了实现自己的这一理想,他组织县吏并率先参加了生产和水利情况的考察队,经过十多天,他查访了万灵、育王山、东海滨、芦江、洪水湾、桃源、青道等十四乡,而后根据实际情况,着手兴修水利,大力改善交通状况,在这

个过程中,他还动员百姓投入到水利工程的修治中,对川渠河港加以疏导,对堤坝坡堰加强修筑,蓄水泄洪都得以兼顾,以谋求能旱涝两利,从而大大地有利于农业生产的收益。如此一来,鄞县就被他治理得井井有条。每当遇到青黄不接的季节,穷人的口粮就接济不上,他就命令打开官仓,把粮食借给农民,到了秋收的时候,就要他们加上官定的利息进行偿还。这样一来,农民们就可以不再受大地主豪强的重利盘剥,日子明显比以前好过一些了。

在皇祐元年(1049 年),任期届满的王安石怀着依依惜别之情,离开了鄞县,再度来到了京师,准备迎接新的任务。次年夏天,他突然兴起"千里归来倦宦舟,欲求田宅预求邻。能将孝友传家业,乡邑如君有几人"的这种归耕退隐的情思,于是他解官回到了老家。到了皇祐三年(1051 年),王安石再次被任命为舒州通判。他能在 31 岁就获得与其父相媲美的职位,是因为他在鄞县政绩和朝中欧阳修、曾巩等人在皇上面前称道其贤的缘故。到了这年四月,两朝元老文彦博向朝廷举荐王安石,诏命其进京面试,以便能使之进入馆阁任职。这可是一次人生仕途跃进的有利机会。可是,王安石却以"祖母年老,先臣未葬,弟妹当嫁,家贫口重难住京师"等四个方面的理由而拒绝了应试。在皇祐六年(1054 年),他再次拒绝朝廷任命他为集贤校理,而回到老家临川。到了至和三年(1056 年)二月,朝廷再次下诏,任命王安石为开封群牧司判官。群牧司是全国马政的管理机构,可王安石对马政改革没多大兴趣,因此愿意签调外任。第二年,他被改任常州知州,到任之后,马上锐意改革。他亲自说服富绅出钱集资,为子孙万年计而开挖运河,兴修水利。当地富绅迫于太守督促,只好勉强掏出些钱,但在背后却向上级打报告,请求把王安石调走。所以,王安石在临被调走之际也不知内情,还在尽力督导水利。可是,王安石刚刚离开,水利工程马上就停了下来。

嘉祐三年(1058 年)三月,王安石自常州被调任典江东刑狱。这是个刑审、监察兼事劝农的职使,王安石主要的是关心民生经济。到了第二年,他上书皇帝"为民请命",说茶叶专卖制度是和先王之法相违背的,对百姓的生计极为不利。指出那些以搜刮为能事的官员,会由一切细小的环节上来剥削百姓的钱财,而茶叶又是生活中的必需品。可是现在公家专卖的茶不能饮用,老百姓只得由私贩手中花高价买茶叶。就是因为这份奏章,茶叶专卖果然在东南被取消了。可是,在几年以后的熙宁变法中,王安石在制订均输、市易法的同时,却加强了对茶、盐的专卖制度,由此完全转到了替国家聚敛民财的立场上去了。

到了嘉祐四年(1059 年)四月,王安石被任命为直集贤院,这时的他已经 39 岁,距离他自 22 岁时起担任地方官直到现在,已经历了十八个年头,至此他开始了京官生涯。

推行新法

1059年，他改任三司度支判官，这是个掌管财政与决算收支的要缺。王安石自进士及第以来，已经历了二十年的宦海沉浮了。在此期间，他积累了极为丰富的政治经验和社会阅历，现在他正想用在京任职来实现自己的政治抱负，可是要推行变法，就必须先要打动仁宗皇帝。到了嘉祐五年（1060年）五月，王安石便向仁宗皇帝递上了一份万言书，在书中他对北宋中期的内外形势、问题以及改革方向、任务做了一个总的论析，其主要内容是：（1）朝廷正面临着内忧外患，财力正日益穷困、社会风气日坏、法度已不合先前三代之政，说明变法是事势所需；（2）庆历年间范仲淹主持的改革之所以未能成功，是因为人才不足，而真正能让皇帝感到信赖的几乎一个没有，在这里王安石含有毛遂自荐之意；（3）当务之急就是对于人才的培养，选择好对象，而且要有一整套的教养之道对其加以考察和赏罚；（4）根据国家的需要来培养文武兼能、德才兼备的专业人才；（5）善于治理财政，主要是能应通其变，治财一定要有正确方法；（6）当前朝政极为严重的问题就是从中枢到地方都被奸吏充斥，狼狈为奸、官官相护，导致贤德之人受到法律束缚，而那些不肖者却逍遥法外，似这种情形必须加以改变，而关键就在于能否得到优秀人才并放手使用。

应该说，万言书中的论析是相当深刻的。在王安石当时看来，曾经支持过范仲淹改革的仁宗皇帝，极有可能因为赏识自己的才能见识而支持自己进行变法。可是，他估算错了。对于已到暮年的仁宗来说，他已没有能力支持一场新的变法运动了。可是，王安石并不甘心失去仁宗的支持，他深知如果仁宗不给予支持，他是很难施展改革抱负的。因此，又给仁宗上书，指出当务之急就在于"大明法度""众建贤才"，绝不能再因循苟安，对时局抱侥幸心理。王安石有这样的胆识和卓见，不愧是位忧国忧君的政治家。

王安石要求改革的呼声已引起士大夫的注目，并在社会上有所反响。他的名声也与日俱增，成为士大夫中要求改革的代表人物，大家也都把希望寄托在他身上。此时的王安石已经41岁了。

嘉祐八年（1063年）三月，仁宗病逝，他的侄子赵曙继承了皇位，是为英宗。时间不长，朝臣中以是否拥护英宗尊其父为皇父的事情，而发生了所谓的"濮议之争"，由此分成不同的派别，从而影响到了对熙宁变法的态度和王安石的处境。同年八月，王安石的母亲吴太夫人在京师病故，王安石于是辞官扶灵柩归葬于江宁。

到了治平四年（1067年）正月，英宗病逝，太子赵顼即位，这就是宋神宗。宋神宗即位的时候是个20岁的青年，他很想有一番作为。他看到国家的这种不景气情况，便决定进行一番改革，可是在他周围的人，都是仁宗时期的老臣，就连富弼这样支持过新政的人，也都变得暮气沉沉了。宋神宗心里在想，如果要改革现状，就必须找个得力的助手。

在宋神宗即位之前,在他身边就有个名叫韩维的官员,时常在神宗面前谈一些比较好的见解。神宗对他给予称赞,他说:"这些意见都是我的好朋友王安石说的。"

尽管宋神宗没有见过王安石,可是已经对王安石有了一个好印象。如今他想找助手,自然而然地就想到了王安石,于是,马上下了一道命令,把正在江宁做官的王安石给调到了京城。王安石一到京城,就被宋神宗叫到宫里,跟他单独进行了一番谈话。神宗一见面就问他:"你看要对国家加以治理,应该从哪儿着手才有利呢?"王安石非常镇静地回答说:"应该先改革旧的法度,建立新的法制。"宋神宗点了点头,表示同意他的观点,随后要他回去写一份详细的改革意见。王安石回到家里以后,就在当天晚上写出了一份意见书,第二天就送给了神宗。宋神宗仔细地看了一遍,认为王安石提出的这些意见都非常合他的心意,因此对王安石就更加信任了。实际上,这是熙宁变法的总论纲和设计蓝图,对策是王安石要求神宗以尧、舜、文王、唐太宗为榜样,表示自己愿意像周公旦、魏征一样来辅助明君开创大业和励精图治。这一道于无声处听惊雷的札子,深深地震动了居安不知危的神宗的心灵,由此坚定了这位年轻皇帝进行改革图新的信念,奠定了熙宁变法的思想基础,也奠定了王安石和宋神宗的君臣精诚合作推行变法的政治基础。

实施变法

公元 1069 年,王安石被宋神宗提升为副宰相兼新建立的制定与实施新法的制置三司条例司的副主事,这标志着熙宁变法的开始。那个时候,朝廷里名义上有四名宰相,但是病的病,老的老。尽管也有不病不老的,可是一听到改革马上就叫苦连天。王安石心里清楚,跟这批人在一起是办不成什么大事的,所以经过宋神宗的批准,他选用了一批年轻的官员,由此他把变法的权抓到手里了。接下来,他就放开手脚大胆地进行改革了。此时,王安石已经日益深刻地感受到这场改革的重大意义,所以,他不能再瞻前顾后,走走停停,他现在已如过河的卒子,只有凭借计谋与胆略拼命向前了。

王安石在熙宁二年到熙宁九年的八年间,围绕富国强兵这一目标,陆续实行新法。这些新法包括:

一、均输法。自宋初以来,为了能供应京城皇室、百官、军队的消费,在东南六路设置了发运使,负责督运各地的"上供"物质。发运司只是照章办事,各路丰年物多价贱时不得多办,歉年物少价贵时却必须办足。货物运到京城后往往因不合需要降价抛售,朝廷所需只得又另去搜刮。这些做法使得富商大贾操纵物价,控制了市场,为囤积居奇提供了方便。自熙宁二年七月,颁行淮、浙、江、湖六路均输法规定:总管东南六路赋入的发运使,掌握六路的财赋情况,斟酌六路每年应该上供和京城每年所需要物资的品种、数额以及库存的情况。这项新法本意是在省劳费、去重敛、宽农民,既要保证朝廷所需物资的供

给，又得减少政府的财政支出和百姓的负担。

二、市易法。这项法律颁行于熙宁五年（1072 年）三月。其主要内容就是在京城设市易务（后改为市易司），以 100 万贯钱作本，负责平价收购商人滞售的货物，然后赊货给商贩进行贩卖，也向商贩发放贷款。商贩在赊货物及借款时，需以财产作抵押，以 5 人以上作为互保，每年纳息二分。市易法最初是在京师实行的，到了后来便逐步推行到其他较重要的商业城市了。

三、免行法。熙宁六年（1073 年）七月正式颁布实行。开封各行商铺原来承担着供应官府所需物品的任务，经常被迫以高价收购货物供官。免行法中规定：各行商铺依据赢利的多寡应向市易务（司）交纳免行钱，不再轮流以实物或人力供应官府。在此以后，凡宫廷买卖物品，都需要通过杂卖场、杂买务，并设置市司负责估定物价。

四、青苗法。在熙宁二年九月颁行。在仁宗时，陕西转运使李参在当地百姓缺少粮钱时，让他们自己估计出当年的谷、麦产量，先向官府借些钱，等到谷熟了之后再还给官府。王安石据此经验，制定了青苗法。它规定把以往为备荒而设的常平仓、广惠仓的钱谷作为本钱。每年分为两期，即在需要播种和夏秋未熟的正月和五月，依照自愿的原则，由农民向官府借贷钱物，收成后加收利息。实行青苗法的目的，就在于使农民能在青黄不接的时候免受兼并势力的高利贷盘剥，由此使得官府获得一大笔"青苗息钱"的收入。

五、募役法。又称免役法。熙宁四年正月，此法先在开封府界试行，同年十月颁布，在全国范围内实施。此法规定：废除原来按户等轮流充当州、县差役的办法，改为由州县官府出钱雇人应役，各州县预计每年雇役所需经费，由民户按户等高下分摊。上三等户分八等交纳役钱，随着夏秋两税交纳，称为免役钱。原来不负担差役的官户、女户、寺观，要按同等户的半数交纳钱，称为助役钱。州县官府应依当地吏役事务的简繁，自行规定数额，以供当地费用；定额之外另加少量的钱缴纳，称为免役宽剩钱。由各地加以存留，以用来在荒年不征收役钱时雇役之用。此法的用意就是要使原来轮充职役的农村居民回乡务农，原来那些享有免役特权的人户只得交纳役钱，官府也由此增加了一宗收入。

六、方田均税法。熙宁五年八月司农寺制定《方田均税条约》和并颁行。此法分"方田"与"均税"两个部分。"方田"就是每年九月由县令负责对土地进行丈量，依照肥瘠分为五等，并登记在帐籍中。"均税"就是用"方田"的结果为依据均定税数。凡是有以诡名挟田，隐漏田税者，都要加以改正。这个法令主要是针对那些豪强隐漏田税、为增加政府的田赋收入而发布的。

七、农田水利法。此法于熙宁二年十一月颁布实行，该法奖励各地开垦荒田兴修水利，建立堤坝，修筑圩埠，由受益人户依照户等高下出资兴修。如果工程浩大，受利农户财力不足，可以向官府进行借贷"青苗钱"，按照借青苗钱的办法分为两次或者三次归还官府，与此同时，对那些兴修水利有成绩的官吏给予升官奖励。凡是能提出对水利建设有益意见的人，无论其社会地位高低，均按照功利的大小给予酬奖。

八、将兵法。作为强兵的一项措施,王安石一方面对军队进行精简,淘汰老弱,合并军营;另一方面自熙宁七年始,在北方陆续分设100多将,每将设置正副将各1人,选派有武艺及有战斗经验的军官进行担任,专门负责本单位军队的训练事务,凡是实行了将兵法的地方,州县都不得干预军政。将兵法的实行,使得兵知其将,将练其兵,大大提高了军队的战斗力。

九、保甲法。此法就是政府把农民按住户组织起来,每十家为一保,五十家为一大保,十大保为一都保。家里有两个以上成年男子的,就要抽出一个来当保丁,以住户中最有财力和才能的人来担任保长、大保长和都保长,同保人户之间互相监察。在农闲时进行练兵,夜间轮差巡查维持治安。到了战时就编入军队打仗。推行此法的目的主要就是为了防范和镇压农民的反抗,以及节省军费开支。

另外,还实行了改革科举制、整顿学校等措施。王安石变法以"富国强兵"为目标,自新法实施到新法为守旧派所废,其间共经历了将近十五年的光景。在这十五年当中,每项新法在推行过后,难免会产生或大或小的一些弊端,在这些弊端中,有的是由于变法派改变了自己的初衷,有的是因为执行新法过程中出现了偏差,可是基本上都收到了预期设想的效果,使得豪强兼并和高利贷者的活动受到了一定的限制,地主阶级的下层和自耕农民从事生产的条件获得了一定的保证。可是贫苦农民由新法中得到的好处还是很有限。尽管如此,王安石的变法总归是多少地缓和了当时的阶级矛盾。对宋王朝统治的巩固、增加国家的财政收入,都起了积极的作用。可是,与此同时,王安石变法也触犯了那些大地主的利益,有许多朝臣对此进行反对。

公元1074年,河北地区闹大旱灾,一连十个月没有下雨,农民由此断了粮食,便背井离乡,四处去逃荒。宋神宗正在为这事发愁,忽然有一个官员趁机把一幅"流民图"献给了宋神宗,说这旱灾完全是因为王安石变法所造成的,要求神宗把王安石撤职。宋神宗看了这幅流民图后,只是不时地长吁短叹,到了晚上也睡不着觉。神宗的祖母曹太后和母亲高太后也都在神宗面前哭哭啼啼,说这天下都是被王安石给搞乱的,逼迫神宗停止新法的施行。王安石也看出皇帝在施行新法上面不用心了,新法再也没法实行下去了,气愤之下,他便上交辞呈。宋神宗万般无奈,也只得让王安石离开东京一段时间,让他到江宁府去休养。转过年来,宋神宗又把王安石给召回了京城,官复宰相之职。

可是刚过了几个月的时间,又有一件事情发生了。有一天,空中出现了彗星。这本来是一种很正常的自然现象,可是被当时的一些人认为是不吉利的预兆。宋神宗一下子又慌了起来,问大臣们对朝政有什么意见。这时,一些保守派便又趁机对新法给予攻击。王安石竭力对新法进行辩护,可是宋神宗还是极为犹豫,显出心神不定的样子。王安石一看,自己的主张实在是没有办法再继续贯彻下去了。于是就在第三年(公元1076年)的春天,再度向皇上辞去宰相职位,仍旧回江宁府去了。

恩宠不断

　　王安石自归于江宁后,便在蒋山半坡修筑起了宅院,家居极其简陋,并自号曰"半山老人",经常骑着一头毛驴出游。归隐的岁月,真是很难消磨,他或是在松石之畔信步走动,或是到茅舍寻访耕樵之人,或是到寺院里去听禅于寺院。

　　王安石不仅精神上压抑,退休生涯中的离愁别恨还来烦扰着他。有一次,他收到二女儿的省亲诗:西风不入小窗纱,秋气应怜我忆家。极目扛南千里恨,依前和泪看黄花。按理说,女儿的恋亲之情,会使王安石的铁石心肠化作片片的思女之泪,设法让身在凄凉痛苦中的女儿回到娘家来叙一叙天伦之乐。可是,王安石劝她还是在黄卷青灯之中了却尘缘:秋灯一点映笼纱,好读楞严莫忆家。能了诸缘如梦事,世间唯有妙莲花。原来,自己女儿所嫁之人正是丞相吴充之子,而吴充也刚刚在前年罢相。两个罢相之家如此进行亲密的往来,很容易遭到神宗的怀疑。这就是为什么王安石要使青春年华的女儿服从政治避嫌而了却尘缘的真正原因所在,由此也可见王安石那恩宠岁月的实况。

　　晚年,使王安石最为快慰的一件事莫过于元丰七年(1084年)七月,苏轼因到别处任官恰好路过江宁,便来看他。二人同游蒋山,诗酒往还,在民间留下了一段佳话。在关于变法的问题上,尽管苏轼是反对青苗、免役等诸法的。可那都已经是时过境迁了,而这两位文名冠盖当世的唐、宋八大文学家中的佼佼者,终于能够尽弃前嫌,握手言欢。苏轼在江宁流连了数日,留下了不少的佳作。这期间,王安石则作有"积李兮滴夜,崇桃兮炫昼"的警句,这是借李白《春夜宴桃李园》故事来抒发自己由宰相的高位,走到跟李白一样的坎坷道路上来的心情。通过这次交往,使王安石感到苏东坡的确是"不知更几百年,方有如此人物"的奇才。而这样的奇才偏偏在最讲"人才为先"的自己手里没得到重用,此时自己已是下野之身,爱莫能助了。这种贻误人才的自省,使得他想到,在熙宁变法中的"台倾风久去,城踞虎争偏"的那种纷纭岁月,已如一股青烟般消逝了,而眼前的自己,无论有多少的遗憾,都已经到了真正彻底解脱的时候了。

　　在这一年的秋天,他两次向宗神请求,批准把自己筑于蒋山的半山居的园屋捐献给寺院,表面上是为了"永祝圣寿"。神宗皇帝答应了他的请求,御题为"报宁禅寺"。而"报宁"这个词的含意是十分微妙的,王安石是应报熙宁的知遇之恩呢?还是应报江宁百姓的哺育之恩呢?所以,到了后来,就又改为了"太平兴国寺"。王安石自己就在江宁城中租屋子居住,而当年宰相府的显赫是一点也看不到了。

　　元丰八年(1085年)三月,宋神宗逝世,王安石专门写挽词悼念他。后来,哲宗继位,由太后垂帘听政,以司马光为首的守旧派掌握了政权,此前的新法便在元祐初期全部被废除了。元祐元年(1086年)三月,当王安石听到自己为上户谋、为富国谋的免役法也被废去的消息时,不由潸然泪下地说:"此法不可罢! 这是我和先帝花了两年的心血才定下来的呀,怎么也能罢了呢?"到了四月,这位曾风云一时,不可一世的改革家、文学家就怀着无限的忧哀和悲愤溘然长逝了,终年 66 岁。

儒学典范

——司马光

名人档案

司马光：北宋陕州夏县涑水乡（今山西运城地区夏县）人，汉族。（但宋人袁说友著《成都文类》记，司马光是在他父亲司马池任光山知县时，生于县衙官舍的，该观点已为当今主流，多数专家学者认同），字君实，号迂夫，晚年号迂叟，世称涑水先生。赠太师、温国公、谥文正。司马光自幼嗜学，尤喜《春秋左氏传》。

生卒时间：1019年~1086年。

安葬之地：葬于山西夏县城北15公里鸣冈。

性格特点：温良谦恭、刚正不阿，老练稳健，少时聪明伶俐，思维活跃，知道变通，老来固执、僵硬。

历史功过：司马光与多数贤良反对王安石新法的原因是新法被转变成为压榨百姓的工具，造成严重国内危机，实行新法不仅没有富国强兵，而且在连年战争中，遭受了严重的失利。要求废除新法是社会底层百姓和上层地主阶级中开明人士的共识。司马光反对发动战争，为此建议皇帝不卷入西夏的内部争端并拒绝担任枢密副使，他的政治操守高尚，因此受到百姓的敬重，依然尊称他为"真宰相"，并且成为士大夫中的领袖。虽然司马光注重封建道德纲常，有唯心主义立场，但是依然是中国古代杰出的政治家、历史学家。司马光最大的贡献，莫过于主持编写《资治通鉴》。

名家评点：顾栋高《司马温公年谱序》："唯公忠厚质直，根于天性，学问所到，诚实金石。自少至老，沉密谨慎，因事合变，动无过差。故其文不事高奇，粥粥乎如菽粟之可以疗饥，参苓之可以已病。"

少年老成

司马光(1019~1086),字君实,号迂叟,陕州夏县(今山西夏县)涑水乡人,故世称涑水先生。卒后谥号文正,爵温国公,因此又称温公。

据说涑水司马氏家族的先世最早可以追溯到西晋的奠基人司马懿的弟弟司马孚。司马孚的孙子死葬陕州涑水乡,此后子孙便定居于此。降之晚唐五代,涑水司马氏早已经是仕宦陵夷,降在畎亩了。但司马氏家族累世聚居,靠农、畜致富,在当地属殷实之家,到了司马光的父亲司马池这一代,涑水司马氏已经是当地的名门望族了。

司马池(979~1041)景德二年进士及第,为人正派,以清直仁厚闻于天下,号称一时名臣。天禧三年(1019年)十月十八日,司马池喜获一子。此时司马池正在光州光山(今河南光山)知县任上,故他给这个儿子取名光。

司马光七岁的时候因为砸破了一口缸而名闻东西二京。在一次与一群小孩子在庭院中游戏时,一个小孩爬到一口盛满水的大瓮上,一不小心失足跌入瓮中,别的小孩见状都吓得逃走了。小司马光则镇定自若,他搬起一块大石头奋力砸向水缸,缸破水出,小孩得救了。司马光砸缸的故事被画成"小儿击瓮图",在首都东京和西都洛阳间流传。从这个故事里我们可以看到司马光小的时候聪明伶俐,思维活跃,知道变通,谁料到老来却变得那么的固执、僵硬。

司马光日后成为史学家的天赋也从小就显露出来。七岁时司马光听人讲《左传》,非常喜欢,回家后就为家人复述,并能讲明大义,而对经书却"虽诵之而不能知其义"。那时候司马光的记忆力也不比别人好,但他自知不足,因而非常勤奋,在别人熟读成诵出去游玩的时候,司马光就独自用功,或在屋内,或在马上,经常读书至深夜,一直到能够背诵才罢休,结果因用力深,很多东西都是终身不忘。司马光如此手不释书,不知饥渴寒暑地读书,到15岁时已经是读书广博,无所不通了。三十年后司马光在写给两个秀才和侄子的劝学诗中写道:"圣贤述事业,细大无不完。高出万古表,远穷四海端。于中苟得趣,自可忘寝餐。况今有道世,毂禄正可干。勖哉二三子,及时张羽翰。力学致显位,拖玉簪华冠。毋为玩博弈,趣取一笑欢。壮年不再来,急景如流丸。"正是司马光少年努力向学的写照。

在少年时期除了受到良好的教育外,司马光还受到父亲严格家教的熏陶。大约五六岁的时候,司马光有一次吃核桃,可是核桃皮剥不开。后来丫鬟用水烫了一下,就很容易地剥开了。姐姐问是怎么剥开的,司马光便谎称是自己的主意。司马池知道后严厉地批评了司马光:"小孩子怎么能撒谎!"父亲的这一教训影响了司马光的一生。诚,成为司马光非常非常看重的一项品质,后来刘安世师从司马光学习,司马光教的第一件事就是

要诚,不妄语。

司马光也承袭了父亲那里学来的俭朴的家风。司马池"客至未尝不置酒,或三行、五行,多不过七行。酒沽于市,果止于梨栗枣柿之类,殽止于脯醢菜羹,器用瓷漆"。司马光将这些都记录在晚年写给儿子司马康的家训里,他告诫儿子:"吾本寒家,世以清白相承。"并要司马康以寇准的豪奢为戒。

少年时期的司马光在性格上已经比较成熟,能自制,并有意识地培养自己刚正的个性。19岁时,司马光作了《铁界方铭》:"质重精刚,端平直方,进退无私,法度攸资,燥湿不渝,寒暑不殊,立身践道,是则是效。"赞扬其"端平直方",并将之作为自己立身践道的准则。又作《勇箴》,以为"致诚则正,蹈正则勇",培养自己诚意和正气。司马光自觉的养我浩然之气,自我锻炼成才,很早就养成端平直方、诚正、勇决的性格,这在他以后的仕宦生涯中也得到充分的体现。

这个时期司马光还作有《剑铭》并序,其中写道:"或曰:古者君子居常佩剑以备不虞,今也无之,仓卒何恃焉?应之曰:君子恃道不恃剑,道不在焉,虽剑不去体,不能救其死,故苟得其道,则剑存可也,亡可也。用得其道,利器可保。道之不明,器无足凭。怙力弃常,匹夫以亡。败德阻兵,国家以倾。逆不敌顺,暴不犯仁。上以守国,下以全身。"在《剑铭》中,司马光表达了武力不足恃的观点,认为只要守住道义,则可以全身守国。从中我们分明看到司马光在神宗和哲宗时期主张和好西夏反对动武的认识渊源。

在《逸箴》中司马光写道:"百仞之木,生本秋毫。德隳于惰,名立于劳。宴安之娱,穷乎一昼。德著名成,亿年不朽。可贪非道,可爱非时。没世无称,君子耻之。"可以看到司马光立德立言成不朽名的志向。

总之,青少年时代的司马光已经是一个读书广博、意志坚定、有理想、有抱负的大好青年,从少年司马光的身上我们已经可以看到日后那个学行高洁、立朝刚正的司马温公的影子。正因如此,少年司马光也得到了两个重要人物的厚爱。一个是庞籍,司马池志同道合的朋友。他对司马光训诲有加,爱如子弟,是日后在仕途上扶持他的人。嘉祐八年,庞籍去世的时候,司马光曾在祭文中深情地写道:"我能有今天,都是靠您提携啊。"另一个是张存,也是司马池的同僚和好友。张存以恪守家法知名,曾有名言曰:"兄弟如手足,不可分离。妻妾乃外人,为何因外人而断手足。"张存对司马光一见钟情,当即决定将自己的第三女许配给司马光,虽然那时候他还没有跟司马光交谈一语。

四友成敌

按照宋朝的规定,司马光很早就有了通过荫补得官的机会,不过他把这样的机会让给了他的两个堂兄。到了十五岁那一年以任子入仕,补为郊社斋郎。但平流进取,坐得

名相贤臣

功名,实在非司马光所愿。宋仁宗宝元元年(1038年),20岁的司马光一举成名,中进士甲科第六名,从此踏上自己近半个世纪的仕途生涯。

司马光在中进士后不久与张三小姐完婚。金榜题名时,洞房花烛夜,在人生最重要的婚、宦两件大事上,司马光都是一帆风顺。司马光还缺少什么呢?就等着奉献自己的一腔忠诚了。据说在最初的华州任上,闲居时司马光在卧室里经常忽然站起,穿好官服,手持笏板,然后正襟危坐。没有人知道司马光为何要这样做。后来跟他一块修《通鉴》的范祖禹很好奇地问及此事,司马光回答道:"我当时忽然想起国家大事了。"可见司马光是一个具有强烈的使命感的读书人,从入仕之初,司马光就已经进入角色,要以天下为己任了。

司马光中第的宝元元年(1038)正是李元昊称帝的时候,宋对夏作战失利,在北方增添弓手,加强防守。距离前线较远的两浙也准备添置弓手。司马光代作为知杭州的父亲起草了《论两浙不宜添置弓手状》,立意在于不能扰民。清朝人顾栋高称赞说:"后日太平宰相规模,肇于此矣。"后来在英宗治平年间,司马光与宰相韩琦争刺陕西义勇之事,其主张实际上早已经萌发于此。

然而就在司马光在政坛初试锋芒的时候,他的母亲与父亲先后去世。庆历三年十一月服丧毕,司马光投奔延州庞籍,不久又任职滑州韦城。庆历五年,韦城连续数月无雨,司马光率领官民去龙王庙求雨,并亲自撰写了《祈雨文》。这件事情在司马光的历史记忆里印象深刻,25年后司马光重过韦城,想起当时情景,慨然有感,写诗云:"二十五年南北走,遗爱寂然民记否?昔日婴儿今壮夫,昔日壮夫今老叟。"虽然求雨对于一个地方官算不得什么大不了的事,但对于我们的主人公来讲,这却是不多的地方官经历之一。司马光是一个有历史感的人,他希望自己能被历史记住。

庆历年间也是司马光政治思想和历史观逐渐定型的时期。

在庆历三年作的《贾生论》中,司马光批评贾谊以诸侯太强、匈奴未服为当前急务是不知大体,是"悖本末之统,谬缓急之序"。司马光认为治理天下,没有什么比礼义更重要的了,"礼义不张,虽复四夷宾服,强场不耸,当如内忧何?"这充分体现了司马光"守内虚外"的思想。所以司马光认为贾谊虽然有才,但学问不纯正,"材高而道不正者,君子恶之"。在《十哲论》和《才德论》中,司马光提出,如果一个人才、德不能两全,那么宁舍才而取德。"国者,苗也;才,莠耜也;德,膏泽也。"

庆历五年,司马光作《廉颇论》,批评了蔺相如。他认为蔺相如的做法其实有可能惹恼秦国,是非常不明智的表现,只有国治兵强,敌有可亡之势的情况下才可能灭亡敌国,这表现出他的外事主张,实际上已经显示出他同王安石的不能相容,因为两人的思想本是对立的。同年作的《郇吉论》则表现出司马光对庙堂政治、君子小人进退的关注。

以上这几篇文章比较集中地体现了司马光的治国理念、外事主张和人才标准,从中我们可以窥见司马光反对王安石的新法和对政敌的不宽容。王安石的新法主张有悖于

司马光一贯的政治理念,王安石所用的人才在司马光看来多是阴险小人,偶尔有才者也是"道不正者",君子恶之,难与并立。也正是如此,当司马光掌政的时候,也就无法做到"参用熙、丰旧臣,共变其法,以绝异时之祸",因为在他看来君子、小人的对立是不可调和的。

庆历五年六月司马光奉调赴京,实任掌司法的大理评事。幕僚生活结束,"际日浮空涨海流,虫沙龙蜃各优游,津涯浩荡虽难测,不见惊澜曾覆舟",司马光对到更广阔的天地施展自己的抱负,充满信心。

然而到任之后,司马光才发现事情并不如想象中那么美好。大理评事一职,事物繁杂。"朝讯狱中囚,暮省案前文。虽有八尺床,初无偃息痕。比归暂解带,日没轩窗昏。援枕未及就,扑面愁飞蚊。未能习律令,何暇窥皇坟"《和钱君倚藤床十二韵》。专业不熟练,事物又繁,日夜不得休息,"坐曹据案心目疲",这岂是司马光想象中的生活?"勉强逾半岁,终非性所好","不知有青春,倏忽已改燧",看到青春易逝,司马光不禁忧从中来,什么时候才能摆脱此职,像鸟脱樊笼,"适意高飞腾"呢?

不任繁剧,不乐吏事,喜欢议论朝政,谈论比较重大的事物,大约是当时很多初入仕的士人的特点,非独司马光如此。司马光的诗友梅尧臣深知司马光的想法,他写诗给司马光,劝司马光当忠于大理评事的职务,"愿言保兢慎,且勿厌此役"。

庆历八年庞籍升副宰相,推荐司马光召试馆职,通过后授予馆阁校勘一职。馆阁为"储才之地",校勘级别虽低,却属于天子侍从,"一经此职,遂为名流"。对于司马光来说,这真是"倏去蓬蒿,颉颃霄汉。荣耀过分,不寒而栗"。他对举荐自己的庞籍感激涕零,认为这是对自己"爰加振拔,俾出泥涂","大恩固已无量矣"。

司马光在任馆职期间学业精进,声誉日广,不久又出外做了两任通判,政治经历和经验也更加丰富。嘉祐二年,司马光奉调回京,六年六月,由于韩琦的推荐,司马光升迁为同知谏院。在以后的五年谏院生涯中,司马光共上奏议170多道,年均34道,知无不言言无不尽,成为著名的诤臣。期间王安石在嘉祐四年进京为官,两人成为同僚。

嘉祐四年司马光判度支勾院,此前不久王安石从江东提刑入京为度支判官,两人互相仰慕,现在又成为同僚,因而很快便成为朋友。司马光在为自己的堂兄司马沂写的《行状》里称赞王安石是"今之德行文辞为人信者","四方士大夫素所推服",自己仅"及安石一二",对王安石的道德文章推重之极。

在此期间,作为诗友,两人在诗歌上还多有唱和。如《和王介甫巫山高》《和王介甫明妃曲》等。嘉祐四年王安石写成著名的《明妃曲》二首后,在东京的朋友司马光和欧阳修、梅尧臣等都相继写了和诗。司马光还写过一首《和王介甫烘虱》,戏谑了王安石的生性疏懒、不拘细行的坏习惯,最后说"但思努力自洁清,群虱皆当远迩播",能够互相以对方的缺点开玩笑,不是很好的朋友是做不到的。

王安石对司马光也同样是非常推重。嘉祐五年九月司马光的堂兄司马沂的夫人去

世，十一月合葬于司马沂之墓。司马光请了当时已名重天下的王安石写墓表。司马沂早在景德三年就去世了，其人其家当然与王安石毫无关系。王安石写这个墓表完全是因为朋友的情分。他说道，司马沂夫妻的品行本来就是他所愿意表彰的，况且以司马光之贤而有所请求，而且两人还曾经是同僚。嘉祐六年七月始王安石任了一年多的知制诰。在此期间他曾写过四篇司马光加官的诏书。一篇是《起居舍人直秘阁同修起居注司马光知制诰制》，文中称司马光："操行修洁，博知经术，庶乎能以所学施于训辞。"一篇是《起居舍人直秘阁同修起居注司马光改天章阁待制制》，称司马光"文学行治，有称于时"。一篇是《天章阁待制司马光（加官）制》，赞扬司马光："政事艺文操行之美，有闻于世。"一篇是《待制司马光可礼部郎中制》，称司马光："行义信于朝廷，文学称于天下。"从这些诏书中我们可以看到王安石对司马光的道德、政事、文学、经术都给予了很高的评价。嘉祐八年，司马光同范镇、王安石共同考试到礼部应举的进士。王安石有一首诗《夜读试卷呈君实待制景仁内翰》，诗中写道："篝灯时见语惊人，更觉挥毫捷有神。学问比来多可喜，文章非特巧争新。蕉中得鹿初疑梦，牖下窥龙稍眩真。邂逅两贤时所服，坐令孤朽得相因。"王安石把司马光和范镇一起称为两贤。不过，王安石所推许的这两贤后来都成了反对自己最力的人。

在嘉祐年间，王、马二人可以说是意气相投，他们二人同吕公著、韩维同为近臣，"特相友善，暇日多会于僧坊，往往谈燕终日，他人罕得而预"，当时人称他们为"嘉祐四友"。一直到十几年后，司马光写信给王安石，还自称畏友，王安石在回信中也说"窃以为与君实游处相好之日久"。可见两人在嘉祐年间确实是交情匪浅。然而就是这样的一对朋友到了神宗行新法时，却成了"犹冰炭之不可共器，若寒暑之不可同时"（司马光语）的政敌。

反对新法

治平四年（1067年）正月，神宗即位。原先的嘉祐四友都得到神宗的重用。三月以龙图阁直学士知蔡州吕公著、龙图阁直学士兼侍讲司马光并为翰林学士。司马光连续上奏辞官。神宗问司马光："古之君子，或学而不文，或文而不学，惟董仲舒、扬雄兼之。卿有文学，为什么要推辞呢？"司马光回答道："我不会作四六文。"神宗反问道："卿能举进士高等而不能为四六，不会吧？"司马光给神宗问住了，赶紧退下，神宗遣内侍追上司马光，将任命诏书强塞在司马光怀中，司马光不得已接受了这个新任命。几天后神宗问身边的大臣王陶："我以吕公著及司马光为翰林学士，恰当吗？"王陶回答道："这两个人我都曾经推荐过。用人如此，天下何忧不治！"这个时候王安石则被起用为知江宁府，半年后入京为翰林学士。翰林学士同御史中丞、三司使、知开封府一起被称作"四人头"，是宋代宰执升任的最重要途径，由此我们可见志在有为的宋神宗对王、马等人的倚重。

然而司马光不久便同神宗闹了矛盾,也使神宗改变了对司马光的看法。六月份北部边防要塞青涧城的知城种谔招纳到西夏横山地区一位酋长归附。陕西转运副使薛向是对西夏的主战派,薛向支持种谔的行动并向神宗提出进一步招纳势力更大的嵬名山部的计划,得到神宗的支持。神宗绕过宰相亲自下手诏指挥薛向经理此事。结果此事不知道怎么被改任御史中丞的司马光知道了。九月份,司马光连续上三疏,反对招纳横山之众。司马光认为征伐不如怀柔,只要西夏不侵犯边境就可以了,不必以征服为快,不应当诱其叛臣以兴边事,而且此时西夏称臣奉贡,招纳其众是丧失信义。神宗矢口否认:"此外人妄传耳。"神宗对于司马光的反对十分恼怒,他觉得司马光太"忿躁"。神宗搞不懂这件事如此秘密司马光是如何得知的,他怀疑是枢密使文彦博自己不想出面反对,于是故意透露给司马光,而司马光"淳儒少智,未必不为人阴使",果然被文彦博当枪使,上疏极力反对。于是第二天神宗解除司马光御史中丞的职务,重新为翰林学士。吕公著反对此项任命。神宗对吕公著说道:"司马光方正耿直,可是也有点太迂腐了吧!"吕公著解释道:"大抵虑事深远,则近于迂。"但不管怎么说,通过此事,神宗对司马光的印象发生变化,觉得司马光人品虽正,学术亦高,可以备顾问,但却不足以助自己成大事。

对于神宗的开边,司马光、苏辙等都是一开始就不支持,所以从一开始就存在路线之争,以富国强兵为目的的变法日后遭到反对其实是不奇怪的。

而在司马光与王安石两度同朝为官后,原先亲密友好的朋友之间在政事上也开始屡屡出现分歧。主要的争端一是阿云案,二是理财之争。

熙宁元年(1068年)在登州发生年轻女子阿云谋杀未婚夫致残的命案。阿云在为母服丧期间被许配给韦阿大。阿云嫌阿大貌丑,竟然趁阿大在田中熟睡的时候,砍了阿大十多刀,造成阿大重伤。事发后阿云如实招供。知州许遵以阿云坦白,以谋杀减二等定罪。案件上报中央后,审刑院、大理寺、刑部等三法司定为编管。许遵不服,案件移交王安石和司马光两位翰林学士商议解决。结果王安石支持许遵,司马光则支持三法司的意见。争论的焦点在于此类案件是否可免去所因之罪。司马光认为如果可以免谋杀所因之罪,会导致坏人得志,好人受害。王安石则希望如此可开改恶从善之路,不致在犯罪的路上走得更远。最后神宗采纳了王安石的意见。

熙宁元年南郊祭祀后,根据惯例,配祀官员会得到若干赏赐。宰相曾公亮以今年河北水灾严重,请求裁此赐予。神宗将曾公亮的意见转达给翰林学士院,想听听学士们的意见。王安石认为赐予不多,免此赐予,不但无补于国家财政,而待大臣之礼过薄,却有损国体。司马光则认为赐予虽然不多,省掉这笔花费不足以救灾,也不足于富国,但希望能够以此为一个好的开端,减省掉以后不必要的开支,因而支持宰相辞免郊赐。几天后两人在殿上再次发生了争论。

司马光说:"现在国用不足,节省冗费应当从近臣做起,应当接受宰执们辞去赐予。"

王安石:"郊赐所费不多,如果不赐予,不足以富国,反而有伤大体。而且国用不足,

是由于未有善于理财的人。"

司马光:"所谓善于理财的人,不过是挖空心思敛取民财罢了。这样会导致百姓困苦,流离为盗,这对国家有什么好处呢!"

王安石:"你说的那种人不是真正善于理财的人。真正善理财的人,可以不增加老百姓的赋税而国用富足。"

司马光:"这是桑弘羊欺汉武帝的话。天地所生万物有定数,不在民间则在公家。使国用富足,不取之于民,又能取自何处呢? 武帝末年,民力疲惫,流为盗贼,桑弘羊的话怎能当真呢!"

王安石与司马光争论了很久,谁都不能说服对方。这时候,另一位翰林学士王珪以其惯有的圆滑出来打圆场道:"司马光认为省费当从近臣始,司马光说得对。王安石认为所费不多,省之有伤国体,王安石说得也对。请陛下裁决。"

王珪的调解其实是避重就轻了,并没有触及两人争论的焦点问题。司马光以其历史学家的敏锐,根据历史的经验认为自来理财都是对百姓的一次聚敛。而王安石根据其多年的地方官的实际经验,认为"欲富天下,则资之天地",完全可以做到"民不加赋而国用饶"。司马光的"天地所生万物有定数"的说法现在看来当然是不对的,但在当时,不是司马光太落后,而是王安石比同时人看得更远,理解不了王安石的不仅仅是司马光。司马光既然不能理解王安石,自然对于在此思想指导下的新法也就难以赞同了。

熙宁二年十一月,司马光又与新法派的主将吕惠卿展开了一场激烈的论战。那时候司马光与吕惠卿都是神宗的讲读官,司马光讲《资治通鉴》,吕惠卿讲《尚书》,很自然的,他们都要利用讲读的机会宣传自己的主张。

十七日,司马光在讲到萧规曹随的时候,神宗问:"如果汉常守萧何之法,久而不变,可以吗?"司马光回答道:"岂独是汉代,历代都是如此。祖宗之法,怎么可以废掉呢? 治理天下在于得人,不在于变法。"神宗道:"人与法互为表里,不可偏废。"司马光道:"如果任用得人,就不用担心法不够完善。如果任用非人,即使有善法,也不能很好地施行。应当急于求人,缓于立法。"

十九日,吕惠卿借着讲读的机会,进言道:"法不可不变。先王之法,有一年一变的,有五年一变的,有一世一变的。也有百世不能变的,如父慈、子孝、兄友、弟恭之类。司马光认为汉守萧何之法不变则治,变之则乱,全然不符合史实。法有了弊端就要变,怎么能坐视其弊而不变呢?"

这次争论涉及了祖宗之法的问题,双方的观点针锋相对。司马光认为条例司不当设,祖宗之法不必变,当务之急在于任人,而不是变法,鲜明地表明了自己反对新法的立场。

次年春,司马光借"三不足"之说再次向新法发难。这年的三月,翰林学士院对谋求馆职的李清臣等人进行考试。司马光拟定了一则试题:

三代嗣王，未有不遵禹汤文武之法而能为政者也……今之论者或曰："天地与人了不相关，薄食、震摇皆有常数，不足畏忌。祖宗之法未必尽善，可革则革，不足循守。庸人之情喜因循而惮改为，可与乐成，难与虑始，纷纭之议不足听采。"意者古今异宜，诗书陈迹不可尽信邪？将圣人之言深微高远，非常人所能知，先儒之解或未得其旨邪？愿闻所以辨之。

司马光这道试题先是提出了自己的祖宗之法不可变的观点，然后引用了"三不足"之说并让考生辨析，其用意至为明显，就是引导考生对"三不足"之说加以批判，有哪位考生敢逆考官之意呢。正因为这道试题的意图过于直露，神宗在审阅试题时便叫人用纸贴了起来，指示另出题目考试。司马光借考试之机攻击新法，倾动王安石的策略没有能够实现，而"三不足"之说却流行天下了。

在此之前的二月份，神宗任命司马光为枢密副使，据说士大夫都交口相庆，认为得人。但司马光却坚决不肯就任，前后九次请求辞免。在请辞的奏疏里，司马光批评王安石改变祖宗之法，借新法增设冗官，刻薄百姓，"恐怕十年之后，贫者既尽，富者亦贫，不幸国家有边警，到时候连军费都无从索取了"。并表示如果神宗能够"昭然觉悟，采用臣言"，尽罢新法，自己就是当个小老百姓也愿意。神宗派人告诉司马光，枢密院是掌管军政之地，这与变法是两回事，不必因为变法的原因辞官。但司马光固执不从。这时候三朝宰相韩琦也给司马光写信，认为既然君上如此看重，正好可以做些事，推行自己的主张，如果不行再退不迟，不须坚让。司马光仍然坚决不同意，认为这样做是坏了名节。这样过了几天之后，王安石复出执政，他对神宗说道："司马光好唱反调，但其才不足以危害新法。只是像司马光这样的人，会被别的新法反对者倚为靠山。如果擢任高位，就等于是为政见不同者树立旗帜。"反对任司马光为枢密副使。一个星期后，神宗下诏允许司马光辞去枢密副使的新命。然而这时候又有意想不到的事情发生了。按照规定，诏书应当经过通进银台司行下。当时的主管官员是司马光的好友范镇，他封还了诏书。于是神宗召见司马光亲自动员司马光接受任命。司马光道："陛下如果真的能听从我的话，任命不敢不受。如果不能，我必不敢接受。"神宗只得再次下达允许司马光辞职的诏书，结果又被范镇封还。神宗只好绕过通进银台司，将诏书直接付给司马光。于是范镇愤然辞职。司马光坚决不同意接受新职，范镇又坚决不同意神宗允许司马光辞职，但范镇又不直接开导司马光，而非要与神宗过不去。双方既都如此坚决，不留余地，则置神宗于何地？两派的冲突日渐激化，与这种决不通融的政治作风不是没有关系。

司马光看到既然无法扭转神宗意志，转而考虑从王安石身上突破。因为神宗"亲重介甫，中外群臣无能及者，动静取舍，唯介甫之为信"。如果能够说服安石，就可以借安石之力，打消神宗变法的决心。而且在司马光看来，这并非不可能的。尽管两人有冲突，但司马光对于王安石的学识人品并不曾怀疑过，他只是觉得安石太执拗，又信任非人，重用了奸邪的吕惠卿，如果晓之以理，动之以情，那么转变王安石的观念是有希望的，于是在

名相贤臣

熙宁三年的二月二十七日，司马光给王安石写了一封3000多字的长信。在这封《与王介甫书》里，司马光指出君子和而不同，小人同而不和，两人虽出处不同，但立身行道辅世养民的志向则是一样的。在指出了王安石在新法措施和政治作风上的错误之后，司马光最后表明自己之所以这样做，正是尽了益友的本分，而取舍与否则在于介甫了。

三月初，王安石写了一封简短的回信，没有一一分辩。三日，司马光又写了第二信。收到司马光的第二信后，王安石又复一短信，即著名的《答司马谏议书》。在这封信里，王安石对司马光所指出的"侵官、生事、征利、拒谏"等指责做了简短的答复。在信的最后王安石说道："如君实责我以在位久，未能助上大有为以膏泽斯民，则某知罪矣。如日今日当一切不事事，守前所为而已，则非某之所敢知。"

正像王安石所说的"议事每不合，所操之术多异故也"。在这种情况下"虽欲强聒终必不蒙见察"。一句话，道不同不相为谋。然而分裂的不仅仅是道术，还有友情。在司马光的第一封信里，司马光引孔子益者三友损者三友之说，指出尽管两人政事议论不能相合，但毕竟十多年的同僚，相知甚深，仍不失为直友、谅友、益友。王安石在复信里也说自己"与君实游处相好之日久"，互相视对方为朋友，但在司马光写下《与王介甫第三书》之后，双方彻底决裂。两人的信件往来显示双方之间的政治分歧实在是无法弥合。

七月，当司马光再次被提名为枢密副使时，王安石认为如果司马光做了枢密副使，等于使流俗有了宗主，这对新法的顺利推行显然不利，因此坚决反对。司马光无法撼动王安石，知道形势无可挽回，又不愿意与政敌并列朝廷，于是在八月份向神宗提出出外的申请，希望能到许州（今河南许昌）或者西京洛阳为官。

十月份司马光终于获准以端明殿学士知永兴军，十一月份司马光离开生活了十四年的东京，前往陕西。几个月后司马光又两度申请退为闲官。他对神宗说："臣之不才最出群臣之下，先见不如吕诲，公直不如范纯仁、程颢，敢言不如苏轼、孔文仲，勇决不如范镇。诲于安石始知政事之时已知安石为奸邪，谓其必败乱天下。纯仁与颢与安石素厚，安石超处清要，及睹安石所为，不敢顾私恩废公议，极言其短。轼上书指陈其失，瘝官获谴，无所顾忌。安石荧惑陛下，以佞为忠，以忠为佞，以是为非，以非为是，镇不胜愤懑，抗章极言，自乞致仕，甘受丑诋，杜门家居。"又批评神宗"惟安石之言是信，安石以为贤则贤，以为愚则愚，以为是则是，以为非则非"。

熙宁四年四月十八日，司马光西京留司御史台的请求获准。在行前司马光写了一首诗，其中有句云："风光经目少，惠爱及民难。可惜终南色，临行仔细看。"在这个时候，司马光颇有壮志难酬之感，自己才53岁，距离退休的年龄还早，难道自己的政治生命就要如此终结？怀着这种落寞之感，司马光前往洛阳，自此绝口不复论新法。

四患未除

司马光居洛十五年，自号"迂叟"，隐居独乐园，"我以著书为职业"，"自放于丰草长林之间"，似乎有终老之意。他还曾做过《放鹦鹉二首》，其中有"虽知主恩厚，何日肯重来"之句，好像再也无意于政治，一心做他的名山事业了。然而实际上司马光从来也无法忘怀世事。只不过是换了战场，以笔为剑，在写史、立传、做碑铭中表达自己对当政者的愤慨，抒发自己的政治态度和主张。

元丰五年（1082 年），宋神宗一度准备重新起用司马光，由于新党的反对而失败。就在同一年司马光的妻子张氏又去世了。独乐园中的迂叟越发孤独，"桃李都无日，梧桐半死身。那堪衰病意，更作独游人"。秋天到了，司马光忽感语言艰涩，怀疑自己中风，将不久于人世。于是司马光写好《遗表》，从容安排了后事。但最后司马光还是安然度过一劫，而两年多以后，元丰八年三月，正当盛年的宋神宗却因病去世了。神宗去世，不到十岁的太子赵煦即位，是为哲宗。皇帝年幼，于是哲宗的奶奶、太皇太后高氏垂帘听政。司马光自己怎么也不会想到，在取得了学术上的巨大成功之后，自己竟然还有机会再登政坛，并主导了此后宋代政治的走向。

在洛阳得知了神宗去世的消息后，司马光想入京哭灵，因为没有得到诏书又有点犹豫。后来他听说同为闲官的观文殿学士孙固、资政殿学士韩维都去了，加上他的朋友程颢也劝他去，于是司马光就收拾了一下赶赴东京。

司马光一到了汴梁，受到了首都人民意想不到的欢迎。大家都争着迎接司马光，看到司马光的都感到很荣幸："这就是司马相公啊！"老百姓簇拥着司马光，以至于司马光的坐骑都无法前行了。司马光去拜见宰相，很多老百姓就爬到了树上，骑在屋顶上看。相府的人出来阻止，有人就说道："我们不是来看你们家的宰相，只是想一睹司马相公的风采罢了。"即使呵斥也不退下，结果竟然引起了骚乱，屋顶上的瓦给踩碎了，连树枝也给折断了。大家都不愿意司马光再回洛阳，他们拉着司马光的马缰绳喊道："公无归洛，留相天子，活百姓！"司马光大概没有想到自己居洛十五年，天下人竟然还皆期之为宰相。看到这种阵势，司马光不免有些担忧了，要知道现时的宰辅集团还是变法派为主的，而自己只是一个被闲置了十五年的旧臣。于是在辞谢之后，司马光没有在汴梁住下就直接赶回洛阳去了。

但临朝听政的太皇太后并没有忘记这位被疏远已久的老臣，她先是派了使者向司马光咨询对时政的看法，不久就重新起用了司马光作陈州知州，还没有赴任就召回京城出任参知政事，主持大局了。

从元丰八年五月复出，到元祐元年九月去世，司马光共主持政局 15 个月。在这生命的最后一年多的时间里,司马光做的最重要的事情就是在内"拨乱反正",废罢新法,对外改善同西夏的关系。

高氏本来就是新法的反对者,在垂帘听政以后,就已经开始部分地废罢新法。为了维护新法,新法派提出了"三年无改于父之道,可谓孝矣"的理论,认为神宗陵土未干,即变更新法,是为不孝。在标榜"以孝治天下"的年代,这自然是一个很严重的问题。如何突破"祖宗之法"的限制,成为摆在反变法派面前的一个无法回避的理论问题。在这个时候,司马光在四月二十七日给皇上,其实也就是给太皇太后上了《乞去新法之病民伤国者》,提出了自己的解决办法。

在奏疏里,司马光抒发了自己一腔孤忠不得施展于先帝的苦闷,感谢太皇太后、皇上特降中使,访以得失,"是臣积年之志一朝获伸,感激悲涕,不知所从"。他很策略地将神宗与新法派划清界限,盛赞神宗皇帝聪明睿智,励精求治,思用贤辅,以致太平,是不世出之英主,旷千载而难逢。不幸委任非人,轻改旧章,谓之新法。然后他批评了新法的诸项措施以及熙丰时期的开边进取的方针,指出新法"舍是取非,兴害除利,名为忧民,其实病民,名为益国,其实伤国",并指出保甲、免役钱、将官三事有害无益,首先革除此三法是当今之急务。

针对"三年无改于父之道,可谓孝矣"的理论,司马光指出现在民有倒悬之急,国家危如累卵,明知新法有害,又怎能等到三年之后再改呢!而且,司马光胸有成竹地说道:"现在的军国之事,是太皇太后说了算,这样就是以母改子之政,不是以子改父之道,有什么可担忧的而不去改作呢!"如果说以子改父为不孝,那高氏以母改子就不存在这个问题了。正是在"以母改子"的旗帜下,司马光执政以后,依靠太皇太后的支持全面废罢新法。

司马光的一些同道,有记载说是苏轼等人,曾密言于司马光:"熙丰旧臣多是阴险狡诈的小人,他日如果他们中有人以父子之义离间圣上,就大祸临头了。"应该考虑到这样做的后患。这时候司马光起立,拱手仰视,厉声说道:"天若祚宋,必无此事!"

我们现在当然想不出司马光的这个解释怎么会令人释然,他的解释跟他的废罢新法一样,付诸情感而不是理智。司马光"以母改子"的确造成后患无穷,它既含有对先帝的不忠,也是对小皇帝的漠视。很奇怪,司马光难道就没有想到小皇帝总要长大,太皇太后不可能比哲宗皇帝活得更长?

在敦促太皇太后高氏下定决心,对新法痛加厘革的同时,司马光时刻考虑的另一个问题就是清除朝廷中的新法派势力。尽管最高领导人高氏是反对新法的,但此时新法派的力量仍旧很大,神宗留下辅政的宰辅集团全是新法派人物。五月司马光和吕公著被任命为执政,但在八名宰执中,新党就占有六名,在高层中双方力量对比悬殊。这使得司马光寝食难安,正如他在一封信件中所表达的:"如一黄叶在烈风中,几何其不危坠也。"在高层新党人物难以撼动的情况下,司马光充分利用了台谏。他推荐了以刘挚等为首的一大批反对新法的官员作为台谏官和侍从官。这些台谏官也果然不负所望,不久他们就接

连上疏弹劾新党领袖、掌管军政事务的章惇,并将章惇连同宰相蔡确、韩缜称为"三奸",开始了长达半年之久的驱逐"三奸"的不懈努力。在相持的状态下,司马光连上两章,请太皇太后不要顾虑,要作威作福,明白地表示自己的好恶。元祐元年春,高氏终于打消顾虑,改组了高层领导集团,章惇等三人被罢免,司马光被升为宰相,新法的反对者吕大防、文彦博等也都进入了宰执集团,从而彻底改变了双方的力量对比,为废罢新法铺平道路。

从元丰八年五月司马光复出到次年正月,半年多的时间里,司马光先后上了《乞去新法之病民伤国者》(元丰八年四月二十七日上)、《乞罢保甲状》(元丰八年四月上)、《请更张新法札子》(元丰八年五月二十八日上)、《乞罢保甲札子》(元丰八年七月三日上)、《乞罢免役钱状》(元丰八年上)、《乞罢将官状》(元丰八年上)、《请革弊札子》(元丰八年十二月四日上)、《乞罢免役钱依旧差役札子》(元祐元年正月二十二日上)等奏疏,主张彻底废新法。

但司马光的激进主张即使在反变法派内部也没能达成一致。四月提出的罢保甲,不但太皇太后未采纳,他的同道吕公著、范纯仁等也不同意。实际上,吕、范等人属于反变法派中的稳健派,他们主张对于新法不能一概而论,有弊端的应该废除,而有益于民者就应当保存。这就不免与坚决废除新法的司马光发生了矛盾。

除了保甲法外,对于免役法的废罢问题双方也发生了冲突。司马光上台之后急于推翻免役法而恢复差役旧法,但他对于这新旧二法的优劣利病却又不能明确举述出来。在他先后上的几个奏疏中甚至出现了自相矛盾的说法。比如在前一疏中司马光说免役法对上户不利,"上户以差役为便,以出免役钱为害"。而在十几天后的另一疏里,又说"免役钱虽于下户困苦,而上户优便"。前后矛盾若此,类似未得审实、率尔而言的地方还多,结果被章惇一一挑出,驳得哑口无言。其实司马光关于役法改革的思路与自己在嘉祐七年(1062年)上的《论财利疏》一致,而这已经距离现在23年了。20年间,实际情况早已发生大变,而司马光又远离政治15年,对于地方工作和财政工作又无多少实际经验,又怎么可能提出切合实际的改革主张呢?

在废罢新法的同时,司马光又着手改变神宗和变法派推行的战争政策,力主和戎。司马光是向来主张维护同辽、夏的和好局面,轻易不能考虑动武。而神宗推行征伐政策,结果两遭大败,损失惨重,同时更加重了百姓负担。司马光在元丰八年十二月上《请革弊札子》,将那些迎合神宗开边和为了支持战争而聚敛的官员们称作"边鄙武夫、白面书生、聚敛之臣",严厉批评了开边政策。不久司马光又上《论西夏札子》直接批评了神宗,认为战争期间夺取西夏米脂、浮屠等六个堡寨是不讲道义的,而且夺此六寨于宋无益,反而激化宋夏矛盾,提出返其侵疆,归还六寨,才是"道大体正,万全无失"之策。他告诫其他大臣"不和西戎,中国终不得安枕"。

当初为了提高军队的战斗力,新法派还推行了将兵法,赋予将官较大的自主权。司马光因为在对外政策上反对开边,主张守内虚外,所以在主张对西夏和解的同时,也就坚

决主张取消将兵法。他指出因为将官专制军权,导致州县无权,万一有了饥馑,盗贼群起,则"国家可忧!"

司马光归还六寨和废除将兵法的两项主张遭到了不少大臣的反对,在当时的环境下也确实难以实行,因而只是被有限度的接受。这成了司马光的一块心病。

元祐元年正月,在复出半年后,拖着羸弱之躯的司马光由于事必躬亲,终于病倒了,而青苗、免役、将官之法的废罢还在争论纷纭,同西夏和解也没有能够达成,司马光称之为"四患",他长叹道:"四患未除,我死不瞑目啊。"

他的同僚,也是好友吕公著为人比较谨慎,对于新法的态度远没有司马光那样激烈。司马光担心自己一病不起,就给吕公著写了一封信,在信中司马光说道:"我自从生病以来,以身付医,家事付(司马)康,只有国事未有所付,现在就要嘱托与晦叔(吕公著的字)您了!"然后他批评吕公著道:"晦叔品行端方忠厚,天下人都佩服。到老了才得以秉持国政,平生所学不施展于今日,又要等待何时呢?近来大家都议论您过于谨慎,如果在这个关键的时候不能挺身而出,立场坚定,则大势去矣。愿慎哉!慎哉!"而在此之前,司马光又特别请出了退休多年、已经八十多岁的老朽文彦博为平章军国重事,为的就是能够掌控权力,掌握住对朝政的领导权,保证废罢新法政策的连续性。

怀抱着四患未除的遗憾,元祐元年九月初一,司马光病卒。临终时,床上仍有《役书》一卷。

身后是非

据说在司马光做宰相的这一段时间里,不但赢得了百姓的爱戴,也赢得了敌人的尊敬。辽人、夏人遣使入朝或者宋的使者入辽、夏,他们都会很关心地问起司马光的情况。辽政府还特地警告其边境官吏:"中国已经拥司马光做宰相了,一定不要惹是生非,再开边隙。"

司马光死后举国悲恸,开封的市民都自发罢市去吊唁他。司马光的画像也被刻版印售,家置一本,每当饮食必祷告一番。画像畅销京师,京师画工有因此而致富者。太皇太后和哲宗也都亲自临奠志哀,为之辍视朝,赠太师、温国公,谥曰文正。对于一个臣子来讲,这都是罕见的礼遇了。单是"文正"这个谥号,司马光之前也只有前朝名臣王曾、范仲淹两人获得过。为了给司马光办理丧事,朝廷赠其家银三千两、绢四千匹,并赐龙脑、水银以敛。又派户部侍郎赵瞻、内侍省押班冯宗道护丧归葬夏县。据记载当时从全国各地赶来会葬的有数万人,大家都痛哭流涕,就像自己的爹娘去世了一样。此外,朝廷还特别恩赐司马光亲族十人做官,第二年哲宗又为苏轼撰写的司马光神道碑亲自篆书题写了碑额"忠清粹德之碑"。

在司马光去世以后，旧法派又制造了一起文字狱，陷害了已经罢免的宰相蔡确，新法派的势力被彻底清除。然而就是这样的一个诸贤当道的"好人政府"却并没有将政治引上正轨，在清除了新法派之后，旧法派内部却又起党争。就这样争来夺去没有几年，随着太皇太后的去世，政局突变，新旧两党风云再起，而这一次却是较以前来得更加猛烈。

元祐八年（1093年）九月，反变法派的靠山太皇太后高氏病卒，已经长大成人的哲宗开始亲政。哲宗早已经厌恶了太后的垂帘，愤恨着元祐大臣的漠视。元祐大臣们在奏事的时候经常是只冲着高太后，而不把年轻的哲宗放在眼里。哲宗后来曾对大臣们说道："我当时只看见他们的屁股！"现在哲宗终于可以一抒多年来的胸中积怨了。他重新起用了原新党领袖章惇，变法派重新上台，打着继承神宗遗志的旗帜对元祐大臣们展开了反攻倒算。

章惇在召回为宰相，道过山阳时，曾邀请了一个叫陈瓘的小官登舟，共载而行。章惇访陈瓘以当世之务："计将安出？"陈瓘回答道："就以乘舟为喻，如果有一头偏重，能够前行吗？或左或右，也都是偏，明白这个道理就知道该怎么办了。"章惇沉默不语。陈瓘反问道："不知道您将来施政的次序如何？以何事为先，何事为后？何事当缓，何事当急？谁为君子，谁为小人？想必您早就有所考虑，愿闻其略。"章惇又沉思了一会后说道："司马光奸邪，这时最应该首先辨明的，无急于此。"陈瓘大声道："相公大误！这就好像是欲平舟势而移左以置右也。果真这样做，将有负天下之所望。"章惇注视着陈瓘，声色俱厉地说道："司马光辅佐母后，独握政柄，不能继承先帝遗志，却肆意妄为，改作成宪，误国如此，不是奸邪又是什么?!"陈瓘道："如果将司马光看作奸邪，大改其已行之政，那么就越发误国了。"于是陈瓘极力开导章惇，认为唯今之计，唯有杜绝臣僚们的个人恩怨，消除朋党，秉持中正之道，这样才可以挽救时弊。当时章惇也说了要"兼取元祐"的话，两人共饭而别。

但章惇到京上台之后，还是展开了大规模的报复。正像一个叫张商英的大臣所告诫的："愿陛下无忘元祐时，章惇无忘汝州时，安焘无忘许昌时，李清臣、曾布无忘河阳时。"报复元祐大臣成了积憾已久的新法旧臣连同哲宗的共同心愿。结果元祐大臣相继被贬往南方远恶军州，后来有很多人就死在了那里。而元祐大臣的领袖司马光虽然已卒，仍难逃厄运。他所有国家给予的荣誉和增典包括哲宗亲书的碑额都被收回，碑文被磨去，碑身也被砸毁。得志便猖狂的部分新法党人甚至提出要掘墓暴尸！

到了绍圣末年，元祐学术受到压制，有人还提出要销毁《资治通鉴》的刻版。陈瓘借着考试的机会，特地引神宗所做的序文，《资治通鉴》才得以逃过一劫。

哲宗去世后，宋徽宗上台，重用了奸臣蔡京，蔡京假借恢复新法为名，党同伐异，大搞党禁，在全国各地树立起"元祐党籍碑"，元祐党人再遭禁锢，遭到了变本加厉的迫害。在树党籍碑的时候，一名叫常安民的石匠拒绝刻碑："天下人都认为司马光正直，现在怎么成了奸邪？我不忍镌刻。"后来受迫不过，安民又道："非刻不可，请不要在碑上刻'安民'二字，恐后人指责！"靖康元年（1126年）金军兵临城下，在李纲的主持下终于为司马光恢复名誉,恢复赠典,解除了元祐党禁和学术之禁。度宗咸淳三年(1267年)司马光得以从祀孔庙,获得了与72贤等同的地位。

与王安石的身后冷落、骂名千载的遭遇相比,司马光卒后备极哀荣,虽遭党禁一时,但毕竟很快就得到平反,从祀孔庙,享誉千秋。从这一方面看,司马光比王安石幸运多了。然而如果从他们各自为了自己的信念而奋斗的事业来看,却没有人成功,是非成败到头来都是一场空。从好友到政敌,从党派纷争到国家倾覆,于王于马,这都是一个悲剧。

政见有限

曾有人将熙宁时期以王安石和司马光为首的政争称作是最纯洁的党争。即使在两人最为对立的时候,也没有互相攻击过对方的道德、人品和学问。王安石去世的时候,司马光特地给吕公著写了一封信,信中写道:"介甫文章节义,过人处甚多,但性不晓事而遂非,致忠直疏远,谗佞辐辏,败坏百度,以至于此。今方矫革其弊,不幸介甫谢世,反复之徒,必诋毁百端。"因此司马光建议朝廷特宜优加厚礼,以振起浮薄之风。没有人怀疑,王与马都是道德高尚的真君子,不管是支持还是反对新法,他们都怀抱着一个高尚的目的,而不是汲汲于个人私利。就像司马光给王安石的信中所说的,他们立身行道辅世养民的志向,此所谓君子和而不同。王安石希望通过变法国富民强,鞭挞四夷,司马光力主和戎,其出发点还不都是为了国家的长治久安?然而在他们身后仅仅四十年,国家即走向末路。有人攻击王安石变法是祸乱之源,有人攻击司马光是党争恶化的罪魁。王、马二人即使在地下恐怕也只有锥心泣血恸哭相向了。

从司马光的角度看,悲剧的造成有诸多的原因,熙宁之初不能只是怨神宗之不用,也不能只是怨恨王安石的排挤。元祐之初司马光的政治主张与政治作风也是所来有自。从司马光的个性特征以及司马光从青少年起就秉承的政治主张来看,这出悲剧的上演实在是无可阻止。宿命地讲,早已是命中注定。

司马光是一个天生的保守派,或者说是稳健派,他与新法派的无法调和从他最初的个性和政治主张中可见端倪。

司马光在20岁的时候进士及第,在闻喜宴上众新进士中唯有司马光不愿意戴花。有同年劝告说,这是皇帝所赐,君命不可违。司马光这才别上了一枝花。后人谈起司马光的这件轶事,总是充满崇敬,大概认为这是司马光不喜奢华的表现吧。其实进士簪花自唐已然,又有什么不可呢? 恐怕更多的还是出于羞赧吧,是不是觉得戴花太扎眼呢? 这一点我们在司马光的家训《训俭示康》里可以得到验证,司马光亲口说起过自己从很小的时候就不喜欢华丽的衣服,"长者加以金银华美之服,辄羞赧弃去之"。司马光是作为

自己俭朴的示范说给儿子听的，但从这里我们大略可以看到司马光的性格是偏向内向，保守，对新鲜事物保持距离。

在司马光居洛的时候游过嵩山，曾题字云："登山有道：徐行而不困；措足于平稳之地则不跌。慎之哉！"同样是游山，如果将这个题字与王安石的《游褒禅山记》相比较，这完全反映的是绝对不同的理念。也是在此期间，司马光有一次问素来敬佩的邵康节："我司马光是一个怎样的人？"邵雍回答道："君实是脚踏实地的人"，接着又说道："君实是九分人。"司马光认为邵雍很了解自己，他对自己也有过一个评价："光视地然后敢行，顿足然后敢立。"

司马光的谨慎在他的书法中也有所体现，他的字总是写得很方正，绝不潦草，即使长篇如《资治通鉴》中也是如此。南宋朱熹曾注意到这一点，并比较了王、马两人的书法不同和个性差异，深有感触。

从这些朋友以及自我的评价当中，司马光小心翼翼、保守、稳重的性格如在目前。同王安石的理想中的瑰奇之境不同，司马光更加注重眼前，不会为了略显遥远的目标而冒险。

司马光又是一个极其方正、诚实的人。他曾经说道："吾无过人者，但平生所为，未尝有对人不可言者尔。"司马光有一次让老兵卖马，在行前特意叮嘱道："马有肺病，卖时一定要向买主讲明。"苏轼在写司马光的神道碑的时候，总结了司马光的品德，就是突出了一个"诚"字。

司马光自号迂叟，实际生活中也确实有时候稍显迂腐。当初年轻的宋神宗在即位不久就给司马光下了一个评语："司马光方正，奈迂阔何？"司马光通古礼，因而在洛阳的时候就按照古书的记载制作了一整套的深衣礼服，每次出去的时候，就穿着朝服，将深衣用皮匣装着带在身边，到了独乐园就换上深衣。有一次司马光对邵雍说道："先生也穿这种深衣吧。"邵雍谢绝道："康节为现代人，当穿现代人的衣服。"算是对司马光的迂阔做了间接的批评。

司马光极端的方正、诚实到近乎迂阔，因此在好多时候又不免执拗。司马光的坚持己见、执意不回在变法之前就已经如此，但由于不当政，因而这一性格上的弱点对政治的影响不大，反而赢得了诤臣的名声。而司马光执政以后，这一特点就显得非常的突出了，这尤其表现在关于免役法改革的争论中。司马光废除免役法的主张遭到了章惇尖锐的抨击，同时也遭到了范纯仁、苏轼的反对。

苏轼并不赞成司马光全面废除免役法恢复差役。他认为免役法较之于差役法有很多优点，其弊端在于雇役实费之外多取民钱。如果能够量出为入，无多取民钱，则免役法对老百姓还是非常有利的。他觉得司马光知免役之害，而不知其利，因此就到相府找到司马光争论，结果搞得司马光很不高兴。苏轼就说道："当年韩魏公（琦）要刺陕西义勇，公为谏官，争之甚力，魏公不乐，公亦不顾。这件事是您亲自告诉我的，为什么现在您做了宰相,就不许苏轼畅所欲言了呢?"司马光怒气未休,两人不欢而散。回家之后,苏轼也是余怒不消,气愤地喊道"司马牛! 司马牛!"

范纯仁认为:"法令难免有不便之处,然也有不可尽革的地方,施政之道在于去其太甚者罢了。"于是就上言于司马光,请求暂缓全面废罢,先在一州搞试点,看看利弊所在,然后渐渐推行,这样就不至于骚扰百姓,法令也可以持久。但司马光听不进去。范纯仁叹息道:"这又是一个王介甫啊。"他再次给司马光写信:"此法如果缓行并深思熟虑则不至于扰民,如果急行且考虑不周就会扰民。现在您宁肯扰民,也要将考虑不周的法令让不负责任的官吏急速推行,那就越发扰民,其危害更在您意料之外。"

南宋时大儒朱熹对司马光推崇备至,但对于司马光在役法冲突中的表现却多有批评。他曾对自己的学生说道:"温公忠直,而于事不甚通晓。如争役法,七八年间直是争此一事。他只说不合令民出钱,其实不知民自便之。此是有甚大事? 却如何舍命争!"关于章惇与司马光争役法之事,朱熹评论道:"章子厚与温公争役法,虽子厚悖慢无礼,诸公争排之,然据子厚说底却是。温公之说,前后自不相照应,被他一一捉住病痛,敲点出来。"

范纯仁、苏轼都是司马光最信得过的人,然而对于他们的批评意见司马光竟是丝毫听不进去,就像苏轼所说,"其意专欲变熙宁之法,不复校量利害,参用所长也"。其执拗、拒谏、师心自用的程度又岂在他们素所反对的王安石之下? 而奸臣蔡京当时知开封府,迎合司马光的意思,在五日限令之内尽复旧法,得到司马光的高度评价:"使人人如蔡京,何患法之不行。"当不久范纯仁对司马光废青苗法表示异议时,司马光竟然以"奸邪"目之,直把范纯仁吓得连退数步,不敢再言语。司马光此前曾屡屡强调用人以德,抨击王安石所用非人,而自己在晚年却不用忠信,信用蔡京,真是令人唏嘘不已。

苏轼称自己尊敬的司马光为"司马牛",足见司马光之执拗,不过当时之人少有明言这一点的。再则,司马光的执拗通常是与见识不足相随。朱熹即认为"温公力行处甚笃,只是见得浅"。高太后的听政,司马光获得了同熙宁时期的王安石一样的地位和权力,也有了充分施展自己政治主张的机会。然而这实在是一个错误,因为司马光除了性格上的弱点之外,也缺乏政治家的素质,实不堪为相。这一点当时人就已经看得很透。

神宗去世,高太后初垂帘,几乎人人都认定司马光当出任宰相。程颢在汝州,韩宗师问程颢:"朝廷之中的政治动向如何?"程颢回答道:"司马君实、吕晦叔将要做宰相了。"韩宗师道:"二公如果做了宰相,当如何施政?"程颢道:"当与元丰大臣同,如果先分党羽,他日可忧。"韩宗师:"有何忧?"程颢:"元丰大臣皆嗜利者,若使自变其已甚害民之法则善矣,不然衣冠之祸未艾也。君实忠直,难与议;晦叔解事,恐力不足耳。"当时也有人问韩琦:"司马光和吕公著都是身负天下众望的人,他日如果能够得到大用会怎么样?"韩琦的回答是:"才偏规模小。"苏辙对司马光的评价则是:"君实为人,忠信有余而才智不足。"

实际上司马光自己起初也不乏清醒的认识。他曾说过自己就像人参甘草,病还不很

严重的时候尚可用，一旦病重，则非所能及了。然而一旦处于高位，则身不由己了。

朱熹对以司马光为首的元祐诸贤政治见识也有过尖锐的批评，他认为"元祐诸贤，多是闭着门说道理底"。他们"矫熙丰更张之失，而不知其堕于因循。既有个天下，兵须用练，弊须用革，事须用整顿。如何一切不为得！"

从这些批评我们可以看到，司马光本非救时宰相，徒以德高，富有人望而入相。司马光去世以后，有人曾对司马光的高足刘安世说道："三代以下，宰相、学术，司马文正一人而已。"刘安世是怎么回答的呢？他说道："学术固然如此，宰相之才则不敢以为第一，因为元祐大臣大都是道德有余而才智不足。"他接着又说道："司马公能格君心之非，如果用为御史大夫或者谏议大夫，执法殿中，或者作为帝师劝讲经幄，那是真的前无古人啊。"这真是非常有见识的评论。

司马光为人方正，道德高尚，学术文章皆属一流，然而却有他政治家的局限，在有些职位上，他可以做到完美，其过强的个性甚至可以助成他的完美，而一旦越过此种局限，他甚至不如常人，其个性反成弱点。1086年，北宋选择了司马光做宰相，就是在一个错误的时间用了一个错误的人。

抗元名臣

——文天祥

名人档案

文天祥：字宋瑞，又字履善，别号文山，吉州庐陵（今江西吉安）人。

生卒时间：1236~1283年。

安葬之地：葬于江西吉安县富田乡鹜湖大坑之原。

性格特点：浩然正气和不屈的性格。

历史功过：文天祥以忠烈名传后世，受俘期间，元世祖以高官厚禄劝降，文天祥宁死不屈，从容赴义，生平事迹被后世称许，与陆秀夫、张世杰被称为"宋末三杰"。

名家评点：南宋后期杰出的民族英雄，军事家，爱国诗人和政治家。

誓学先贤

　　文天祥，父文仪是一个未登仕途的文人，喜欢读书藏书。生有三男四女，文天祥是长子，下面有两个弟弟和四个妹妹。文天祥身材高大壮实，肤色洁白，眉清目秀，顾盼间炯炯有神。少时在孔庙看到乡先贤欧阳修、杨邦义、胡铨的塑像，都谥曰"忠"，十分仰慕说："我死后不配享于他们之中，非大丈夫。"

　　宝祐元年（1253），文天祥参加庐陵邑校"帘试"，结果名列榜首。两年后入学吉州著名的白鹭书院，同年选为吉州贡士，于岁末年初赴临安（今浙江杭州）应试，考试结果，二十岁的文天祥高中了进士第一名。他对策集英殿所做的《御试策》，针砭时弊，洋洋万言，没有起草，一挥而就，提出了"法天不息"的改革主张，被理宗认为是"切至之论"，愿意亲

自听一听文天祥详细谈一下自己的见解。但就在文天祥中魁后还没有任职的时候，他的父亲病发逝于临安。文天祥随即扶柩还乡，在家治丧守制。

开庆元年（1259），文天祥守丧期满，年初陪弟弟文璧进京应试。到临安以后，文天祥被朝廷任命为承事郎，签书宁海军节度制官厅公事，自此开始了他光明正大而又艰难坎坷的仕途生涯。

从公元1259年出仕到1275年起兵勤王，整整十五年，文天祥屡遭当朝权臣的打击排挤，因而数度沉浮。

多次被斥

开庆元年（1259年）九月，忽必烈率蒙古军队突破长江天险，包围了鄂州。南宋朝野大为震惊，当时在朝中掌权的宦官董宋臣等人不是考虑如何稳定人心、认真部署抵抗，反而提出迁都四明（今浙江宁波）的逃跑主张。相当多的官员也都认为这一提议是可耻的，但迫于权势不敢提出反对意见。时为宁海节度判官的文天祥，不计个人得失安危，写了《己未上皇帝书》冒死进谏。他在上书中请求皇帝"悔悟"，并指出：如果听从董宋臣的提议，则"六师一动，变生无方"，京畿便可能"为血为肉"，因此必须"斩董宋臣以谢宗庙神灵"。奏疏中还提出了四个方面的改革建议，以求救亡图存。但文天祥的提议并没有被皇帝采纳。忧心忡忡的文天祥于景定元年（1260）坚辞了朝廷改授的签书镇南军（今江西南昌）节度制官厅公事的职务，请求担任主管道观香火的"祠禄"，这是一种闲职。他的要求得到了批准，出任建昌军（今江西南城）仙都观主管。

景定二年（1261）十月，朝廷任命文天祥为秘书省正字兼太子府教授，这一职务按惯例是由前科状元担任，文天祥两次提出辞职都没有得到批准，次年又充任殿试考官，不久又转任著作佐郎兼权型部郎官。此时朝廷决定重新启用被罢免的奸宦董宋臣，文天祥对此决定大为反感，考虑再三，又呈了《癸亥上皇帝书》，劝皇帝以史为鉴，不要宠信宦官，竭力劝阻起用董宋臣这种奸佞人物，然而他的建议仍然没有被采纳，文天祥愤而辞职，决心不和坏人共事。后来在朋友的斡旋下出知瑞州（今江西高安），以后又任江西提刑。在江西提刑任上，他因仗义平反冤狱遭人诬陷，于咸淳元年（1265）四月被弹劾罢官。郁郁不得志的文天祥返回老家，决意遁迹山林，隐居在文山，其"文山"的别号也是由此而来。

咸淳三年（1267）九月，朝廷重新起用文天祥为吏部尚书左司郎官，他又提出辞职未获批准；继任军器监兼权直学士院、国史院编修、实录院检讨官。但文天祥上任仅一个多月就遭忌被参劾，罢职再回文山。

贾似道以称病乞请归老，要挟天子，有诏不准。文天祥值班起草诏书，用语多讽喻贾似道。照当时宫内规定诏书草稿都要送给贾似道阅看，文天祥不这样做，贾似道很不高

兴，要台臣张志立弹劾，罢文天祥的官。

公元咸淳九年（1273）春，文天祥又复出任职湖南提刑。当年冬季文天祥以便于奉养祖母、母亲为名，要求调往江西，获准迁知赣州事。

一心抗元

忽必烈取得了汗位，稳定了蒙古内部，于公元1271年（宋咸淳七年，元至元八年）改国号为大元。公元1274年六月，忽必烈下诏要对南宋兴师"问罪"，再次大举进军南宋。二十万元军分东西两路，沿汉水运河南攻长江；十二月，西路元军攻克鄂州，南宋军情紧急。当月二十日，南宋主政的太皇太后发出《哀痛诏》，号召各地迅速组织勤王之师抵抗蒙古军队的进攻。

德祐元年（1275）正月，文天祥接到了《哀痛诏》以及朝廷令他"疾速起发勤王义士"的专旨，文天祥捧诏涕泣，首倡勤王，为组建勤王军呕心沥血。接诏三天后，他发布文告，在江西全省征集义士粮饷。他把家中老母送往惠州交弟弟奉养，并捐出全部家产充作义军费用。在师友百姓的支持努力下，江西一带各路英雄豪杰，少数民族纷纷来归。到了四月，一万多名义师已经集中在吉安整装待发。当时有友人劝阻说："如今元军分三路进攻，破京郊，夺取内地，你以乌合之众一万余人赶去，无异驱羊群与猛虎搏斗。"文天祥答道："我也知道这样。但国家养育臣民三百余年，一旦有难，征召天下兵勤王，竟没有一人一骑而响应，我深以此为憾。所以不自量力，而以身许国，天下忠臣义士也许会闻风而动，如能做到这一点，则社稷还有保住的希望。"

由于种种原因，文天祥的勤王军很晚才遵旨从江西开拔，抵达临安时已经是八月下旬了。这时宋元两军对峙于常州一带，临安十分危急。文天祥到京后被任命为知平江府（今江苏苏州）。在向恭宗陛辞时，上奏疏说："朝廷姑息牵制的用意多，奋发进取的主张少，乞斩吕师孟（当时的投降派人物）以振作将士之气。"还说："宋朝鉴戒五代之乱，削藩镇，连郡县，一时虽足以矫正尾大掉之弊，但国势也故而衰弱不堪。所以一旦敌人进攻，到一州破一州，到一县破一县，中原陆沉，痛悔何及！"他建议天下分为四镇，这样做就能诸镇地域大，力量强，足以抵御敌人。约期进攻，有进无退，照这样下去，打败元兵并不困难。

文天祥率领军队到达平江时，元军已由建康兵分三路向前进攻临安。正当中路元军攻陷常州、平江危在旦夕之际，朝廷突然下命令让文天祥移师西线，保卫临安西北的独松关；而当文天祥的部队还在移军途中时，独松关、平江就都已相继失守。文天祥只得退回临安，元军也随即兵临城下。这时，以太皇太后为首的南宋皇室已决定投降。他们先后向元军提出称侄纳币、奉表称臣、乞存小国等投降方式，力图保存宋室宗庙。在对方的强

硬态度下，最后只好奉送传国玉玺，派大员正式议降。

景炎元年（1276）正月二十目，文天祥受命怀着极其复杂的心情出使元营，他向元军统帅伯颜提出先撤军后议和的权宜之计。伯颜以死相威胁，逼文天祥代表南宋投降。文天祥毫不畏惧地说："我身为大宋状元宰相，至今只欠一死以报国，我誓与大宋共存亡，即便刀锯在前，鼎镬在后，也绝不皱一眉头。"元军扣留了文天祥。

当月文天祥被元军沿运河押送前往元大都，路上在镇江停留时，文天祥一行人经过周密的策划，在当地百姓帮助下乘船从水路脱身，来到江北宋军治下的真州。文天祥本来打算在那里联络各方组织抗元斗争，但由于两淮制置使李庭误认为文天祥是来说降的，文天祥不得已又逃出真州。

文天祥到达永嘉时，广王已经抵达福安府（今福建福州），并被拥立为帝，即端宗。文天祥应召前往，被任命为同都督置府南剑州，他在那里招兵买马，再举义旗，计划以闽赣为基地恢复发展。不久，福安府行在命令文天祥移驻汀州。以后南剑州、福安府相继失陷，端宗皇帝在陆秀夫等人保护下随船入海。文天祥的督府军在闽赣又出师不利，军心动摇。文天祥处决了叛徒吴浚等，重新整顿军纪，稳定局势提高了督府军战斗力。第二年二月文天祥收复了梅州（今广东梅县）；五月再次入赣，收复了赣南十县、吉州四县，军事形势为之一振，史称赣南大捷。文天祥的胜利引起了敌人的重视，元军调江西宣慰使李恒猛扑督府军。八月督府军在永丰县的空坑这个地方遭到元军的突袭，损失惨重。文天祥的家属也大都在此被俘，他本人在战友和百姓的掩护下再次脱险。

空坑兵败，宋军的元气大伤，但文天祥抗元的斗志与信心一如既往。他收拾残部，转战闽粤赣地区。景炎三年（1278），行朝封文天祥为少保信国公以示嘉奖，但对文天祥的军事计划并不十分赞同。

当年十二月，文天祥从俘虏的元军口中得知元军重兵将由闽南进攻粤东督府军；元水军将由秀州、明州南下，进攻南宋行朝。文天祥一面飞报行朝，一面率领都府军撤往南岭山脉。十二月二十日，元军在当地奸盗陈懿引导下，对正在海丰五坡岭吃饭的督府军进行了突袭。文天祥兵败被俘，他决心以身殉国，当场吞下了早已准备好的二两冰片，但因药力失效而没能成功。他随军的母亲、长子、三女、四女先后死于病乱之中。文天祥的军事失败，使元军最终摧毁了这支撑着南宋残局的东南一柱。

公元1279年正月初，元军水陆并举，扑向位于海岛的南宋行朝。文天祥随元舰被押前往。元军统帅张弘范令人给文天祥送去纸笔，要他修书劝降张世杰。文天祥心潮起伏，抄录了自己所做的《过零丁洋》诗以明其志："辛苦遭逢起一经，干戈寥落四周星。山河破碎风飘絮，身世浮沉雨打萍。惶恐滩头说惶恐，零丁洋里叹零丁。人生自古谁无死，留取丹心照汗青。"

公元1279年二月六日，元军与行朝军队进行了决战。文天祥被押在元舰观战。他亲眼目睹了南宋行朝的覆灭，心中"痛苦酷罚，无以胜堪"。当日陆秀夫背负九岁的小皇

帝赵昺跳海而死；几天后已经突围出去的杨太后、张世杰等闻讯也纷纷投海殉国；到此宋朝最终灭亡。

舍生取义

行朝灭亡以后，文天祥为表明心迹，写了《言志》诗一首："仁人志士所植立，横绝地维屹天柱；以生殉道不苟生，道在光明照千古。"

公元 1279 年四月，文天祥由广州被押送大都。途中他曾经八天不进饮食，求死未果。八月船过长江时，他深情地写下了"从今别却江南路，化作啼鹃带血归"，表达了他对家乡的留念和视死如归的英雄气概。

当年十月，文天祥抵达大都。元人最初把他安置在会同馆最好的房间，送上锦衣佳肴，以图感化文天祥。但文天祥不寐其床，不穿其衣，不食其粟。昼夜穿着宋朝的旧衣面南而坐，只吃友人送来的食物。以后元人又驱使南宋降相、废帝先后来说降，又曾示之骨肉亲人以图感化，最后又由元朝宰相亲自出马劝降，但文天祥的信念丝毫没有动摇。劝降不成，元人就给文天祥披带木枷链，迁入污秽不堪的牢房。那里的环境虽是"地狱何须问，人间见夜叉"，但文天祥反觉"朝夕淡薄神还爽，夜睡崎岖梦自安"。

文天祥忠贞不屈的精神使元统治者大为叹服。在如何处置文天祥的问题上他们犹豫不决：释放文天祥有放虎归山的危险；处死文天祥会大损自己名声；只有劝降并使其服务于元朝是上策。因此，至元十九年（1282）十二月八日，世祖忽必烈亲自出面劝降文天祥，刚一见面，文天祥就首先表明："宋朝已亡，我希望快些死去，不愿久生。"忽必烈示意要请他出任元朝宰相，文天祥正色道："天祥身受宋朝厚恩，担任宰相，怎能侍奉二姓，赐我一死于愿已足。"当忽必烈问文天祥有何心愿时，文天祥干脆地回答："但愿一死足矣。"他的言行使元朝统治者最终打消了劝降的念头，决定处死他。

公元 1282 年 12 月 9 日，四十七岁的文天祥被绑赴大都柴市处死。临刑前，他从容地对人说："我文天祥走完了该走的路。"朝南深情跪拜后英勇就义。死后，其妻欧阳氏收尸时，在其衣带中发现一篇早已写好的赞言："孔曰成仁，孟曰取义；唯其义尽，所以仁至。读圣贤书，所学何事？而今而后，庶几无愧。宋丞相文天祥绝笔。"第二年文天祥的灵柩归葬吉州庐陵。

文天祥还是一位伟大的爱国诗人。他的爱国诗篇被收入《指南录》《指南后录》《吟啸集》等集中；另有《集杜诗》传世。他所做的《过零丁洋》《正气歌》《衣带赞》等是人们世代传诵的佳作。

大明清官

——海瑞

名人档案

海瑞:字汝贤,自号刚峰,广东琼山区(今海南省琼山区)人。海瑞三十六岁中举人,后来历任县学教谕、知县、巡抚、南京都察院右都御史等职。

生卒时间:1514~1587年。

安葬之地:海南省海口市西郊滨涯村。

性格特点:刚正耿介,为人正直,为官清廉,蔑视权贵,从不谄媚逢迎。

历史功过:他抑制豪强不遗余力,对穷困百姓却关爱有加。他大失官心,被同僚们视为不识时务、不懂变通的迂腐之人,在官场上屡屡遭受排挤、打击。但他大得民心,被老百姓视为父母官,深得民众爱戴,其生平事迹在民间广泛流传。

名家评点:后人称其为"海青天,与宋代包拯齐名。"

明代著名的思想家李贽对海瑞的评价:"先生如万年青草,可以傲霜雪而不可充栋梁"。

嘉靖帝评价海瑞"海瑞,乃大明之神剑,唯德者堪能用之"。

明断疑案

明万历十五年(1587)十一月的一天,南京的天空灰蒙蒙的,显得异常压抑。阴冷的北风一阵猛似一阵地刮个不停,似乎要将还残留在树上的枯枝败叶统统刮下,来显示大自然的肃杀之气。在南京城内的一间寓所里,一位老人正躺在病榻上,不断地呻吟着。

他已经走过了七十四个春秋，人世间的种种悲欢离合都刻在了他那饱经风霜的满脸皱纹里。此刻，他再也没有力气为他的朝廷效力了，因为他已经好些天没有从这病榻上爬起过。病魔的折腾、内心的苦闷，已经使得他消瘦得不像个人样了，眼睛也逐渐失去了往日的光泽，连喘气都变得十分困难了。在病榻旁服侍他的不是他的亲人，而只是一个佣人，因为他的几个儿女都已夭折，夫人也先他而去了。他孤苦伶仃，无依无靠，是仅靠对朝廷的一片忠诚而熬到现在的。他感觉到自己将要离开这个痛苦的人世了，有些后事要向女佣交代。于是，老人吃力地向女佣示意，要她到自己跟前。女佣赶紧过去，跪倒在老人的病榻前头问道："老爷有何吩咐？"老人先喘了一口气，顿了顿，然后用微弱的声音对女佣说道："老夫，老夫就要走了，非常感谢你一直以来对我的照料。在老夫走之前，还有一件事要托付给你，你一定要帮我办好。""老爷怎么能这样说呢？能侍候老爷是小女子天大的福分啊！老爷您可别胡思乱想啊，您一定会好起来的，一定！"女佣赶紧安慰道。"老夫自己心中有数啊！在书桌左边的抽屉里，有银两七钱。这是前几天兵部发给我柴银钱时算错了多给我的。你一定要把它送回去，跟他们说明白。老夫要交代的也就只有这件事情了。"老人说完后，松了一口气，两眼望着女佣。女佣连忙回答说："请老爷放心，小女子一定会照您的吩咐去做的。"话音刚落，老人的头就往旁边一歪，嘴角挂着一丝微笑，走完了他充满悲剧性的一生，凄凉地离开了这个世界。当别人来整理老人的遗物时，发现除了十多两银子和几件破旧的衣袍之外，别无他物。

海瑞出生于海南岛的一个官僚家庭，可是童年时期的家境并不殷实，他还很小的时候父亲就去世了，母亲谢氏当时年仅28岁。母子二人相依为命，生活异常清苦。谢氏个性坚强，但又是和善的贤妻良母，能勤俭持家。在丈夫死后，谢氏就肩负起父亲的责任，教导海瑞读《孝经》《大学》《中庸》等书，为其选择老师也谨慎而严格。海瑞勤学苦读，学业出众。在海南岛，当地的汉族和黎族同时受到明朝政府的压迫，处境极为困苦。黎族曾多次起义进行反抗，都遭到政府军的血腥镇压。连年的战争，使得海南岛各族人民的生命财产受到了极大的损害。海瑞耳闻目睹这些现状，便写出了一篇很有见地的《治黎策》。在这篇策论中，他提出了一些解决海南岛黎族问题的建议，也就是因为这篇《治黎策》，使得他在嘉靖二十八年中了乡举。

海瑞在20多岁时中了举人，朝廷便任命他到福建南平县做学堂教谕，这是海瑞生平第一次出门做官。

海瑞来到了南平教谕官署的第二天，就在前任训导刘知礼的陪同下，前往县学视察学生的学业如何。刘知礼已在南平县学教书二十多个年头了，艰难的世事和腐败的官场使他显露出未老先衰的倦色，虽然年纪刚五十出头，可是头上却已经见到丝丝白发了。早年时候，刘知礼就是南平县学优秀的生员。他不但聪颖，而且刻苦攻读，所以学业超群，毕业时就考入了郡学。中举之后，刘知礼便被派到南平任县学训导。近几年来，衙门里面勾心斗角，官场上世风日下。县学教官和生员的情况一年不如一年。本来教官就为

数不多,可是他们现在却都无心教书,反而一意钻营。生员更无心治学,所以考入府学郡学的寥寥无几。如今上司任命海瑞教谕来南平主持教务,刘知礼自然非常高兴。其实海瑞在京赶考时撰写的那篇《治黎策》一文,早在京城乃天下各州府的文人学士中广为流传了,刘知礼也读过此文。他心里在想,如果新到任的海瑞和南平县学的同仁齐心施教,励精图治,那么这里疲惫涣散的风气将会得到改变。

刘知礼拿出几本册籍和案卷,向海瑞介绍教官们各自的情形。这些案卷里记载着往届教官的政绩,也记录着近几年来县学生员的学绩、操行等情况。海瑞翻阅着册籍和案卷,看了一会儿,这才明白县学问题的严重性,由此他也深知其中的原因。这些教官们平日里只顾在县衙的官场内巴结逢迎,弄得生员们考试弄虚作假,如此一来,县学的风气又怎么能好呢?

海瑞不禁暗下决心,一定要加强对教学的管理,在他的严厉督导之下,时间不长,就收到了明显的效果,学风开始有所改变,教官和学员对海瑞是又敬又畏,从此,每人都严以自律。海瑞在福建省南平县任了将近四年的县学教谕,尽管他屡次冒犯上司,可是因为他为人正直,业绩斐然,深得一些正派官员的钦佩。

嘉靖三十七年,海瑞终于得到京师吏部的垂青,被委任为浙江淳安知县,这一年,海瑞已经46岁了。过去,这里的知县在审理案件时大多受人贿赂,所以总是胡乱定案,深受当地人的厌恶。海瑞到了淳安之后,秉公持正,对案件的审理极是认真,因此深受当地人的尊敬和喜爱。

淳安县有个叫胡胜祖的人,跟邵时重因为争夺山地发生了纠纷,刚巧这个时候胡胜祖因病身亡。胡胜祖的两个儿子:胡胜荣和胡胜佑以及胡胜佑的外甥邵镛,都与邵时重有争山地或者争产业的宿怨,于是他们私下弄开胡胜祖的尸棺,用朱脂涂到了胡胜祖的尸体头部,以此假作伤痕,然后来到淳安县,状告邵时重打死了人。海瑞接到此案后,马上就叫汤县丞去主持验尸,自己则亲自进行检验,终于发现了死者的伤口是有人故意弄假,据此判定邵时重打死人是毫无根据的。海瑞确定了胡胜荣等人是诬告后,按律给予了处罚。因为判案明察秋毫,尤其是秉公执法,不徇私情,所以海瑞从没出现过冤枉错案,无论是什么样的疑难案件,只要到了海瑞手里,他都能想出办法来调查得水落石出,从没有出现冤枉好人的事件发生。所以深得民心,当地的百姓都称他是"青天"。

智惩恶少

海瑞的顶头上司是总督胡宗宪,他跟严嵩是同党,仗着严嵩为后台,到处进行敲诈勒索,鱼肉百姓,要是有谁不顺他的心,他总会寻机加以报复和陷害。有一天,胡宗宪的儿子带着一大批随从路过淳安县时,便在县里的官驿里住了下来。如果换了别的县,那官

吏见是总督大人的公子,都会来奉承。可是身为淳安县知县的海瑞却给手下人立下了这样一条规矩,不论多大的官,即使是皇亲国戚,到了这里也都一律按普通客人来招待。

胡宗宪的儿子平时骄横惯了,看到驿吏给端上来的饭菜很平常,于是他认为这是故意怠慢自己,当即就把饭桌给掀翻了,并喝令他的随从把驿吏捆绑了起来,并倒吊在梁上。驿里的差役赶紧跑去向海瑞做了报告。海瑞早就耳闻这胡公子胡作非为,对这种人感到厌烦,没想到他竟吊打起驿吏来了,海瑞当时就有些气恼,但他还是装作很镇静的样子说:"总督为官清廉。他早就有吩咐,凡各县招待过往官吏,都不得铺张浪费。如今来的这个品行恶劣的花花公子,态度骄横,蛮不讲理,肯定不会是胡大人的公子。一定是坏人在冒充公子,到本县来进行招摇撞骗的。"

说着,海瑞马上带了一大批差役赶到了驿馆,把胡宗宪的儿子跟他的那些手下都统统抓到县衙里面进行审讯。刚一开始,这个胡公子还倚仗着父亲的官势,一副不可一世的骄横的样子,在大堂之上,还暴跳如雷,大喊大叫,说自己是总督的儿子,可是海瑞却一口咬定他是冒充的,而且声色严厉地说,要把他严加法办。胡公子无可奈何,又没法证明。海瑞命人对他检查,结果从他的行装里,搜出来几千两的银票,海瑞宣布将银两收公,并对他严词教训了一番,然后把这些人轰出了县境。等胡公子带人回到杭州,准备向他的父亲一诉委屈的时候,海瑞的报告也早已送到了巡抚衙门,报告中说有人冒充公子,对驿吏进行非法吊打。胡宗宪一见,马上明白是怎么回事,他知道儿子此番是吃了大亏,可是海瑞信里并没牵连到他,如果把此事声张起来,反而会使自己脸上无光,于是他只得忍气吞声,打落门牙往肚子里咽了。

此事过了没多长时间,从京城里派来了一个名叫鄢懋卿的御史,他奉朝廷之命来到浙江视察。鄢懋卿是严嵩的干儿子,他敲诈勒索钱财的手段更是狠恶。凡是他到的那个地方,只要那个地方官不"孝敬"他一笔银子,他就绝不肯善罢甘休。所以各个地方的官吏都深知其名,一听到鄢懋卿要来视察的消息,无不犯愁。可是鄢懋卿却偏偏要装出一副奉公守法的样子,并且还派人通知各地,说他素来喜欢简朴,不喜欢人们奉迎。海瑞也接到了这样的通知,知道鄢懋卿过不了多长时间就要来到淳安了,他于是就派人给鄢懋卿送去了一封信,信里说:"我已经接到了通知,想要我从简招待。可是据我所知,您每到一个地方都是大摆筵席,花天酒地,极是奢侈。这真是叫我有些为难啊!如果要按您通知的这样去做,就怕怠慢了您;如果我要是像别的地方一样铺张,恐怕会违背了您的意思。请问我该如何是好呢?"鄢懋卿没想到这封信全然把他的底给揭开了,当时就恨得咬牙切齿。他对海瑞这个人早就有些耳闻,知道他是个铁面无私的硬汉,也知道胡宗宪的儿子曾经在淳安吃过一次大亏,所以心里还是感到有点害怕,于是他就临时改变了主意,没敢到淳安去,绕到别处去了。可是他为了此事,对海瑞一直怀恨在心,回到京城之后,马上指使他的同党在明世宗面前狠狠地告了海瑞一状。不久,海瑞就被撤去了淳安知县的职务。

以后直到严嵩倒了台,鄢懋卿也被充军到了外地之后,海瑞才被恢复官职,后来又被

调到京城。可是朝中官员根本不关心社稷的安危，而且有人还热衷于跟随世宗求仙访道，每日里装神弄鬼，幻想着能够长生不老。有的官员对这种情况虽然也由心底感到不满，可是不敢出来讲话，害怕冒犯了圣上，丢掉自己的乌纱帽。再说，如果有谁胆敢对皇帝说三道四，一旦被锦衣卫听到了，不是坐牢就是杀头。海瑞对这样腐败的朝廷极是不满，他很想找个机会来发泄的。

海瑞计划寻找能够进谏的机会。他找到了好友王洪海，对他说："洪海兄，你我已是多年旧交，海瑞今日有事也不想瞒你。到了明天上朝之时，我准备在朝堂之上向圣上呈交一份针砭时弊的奏章，到时必然会触怒皇上。皇上如果判定我为死罪，希望洪海兄能助我料理家事。"王洪海急忙说："不行啊，皇上已经有言在先，明天早朝，只准大臣上表贺成仙成道之事，不得谈论政事，否则违者就要杀头。如果兄台定要执意触君，后果必定是凶多吉少啊。"海瑞说："洪海兄不必如此多虑，我早已置生死于度外了。只是我的老母不服京城水土，我已将老母安置在琼山老家。如果我身遭不测，只求洪海兄能够给予关照，料理后事，安慰我的老母！"似如此耿直忠义之臣，王洪海也无话可说了。他只能提醒海瑞自己要小心谨慎，并答应鼎力相助，以尽朋友情谊。

当海瑞把这道奏章送上去以后，知道自己此番一定会触犯明世宗，有可能自己会因为此事保不住性命，所以他就为此做好了思想准备。在回家的路上，他还顺道买了一口棺材。回到家里，他的妻子和儿子看到这种情况，全都吓呆了。海瑞于是就把自己写奏章上书皇帝这件事告诉家人，接下来又把自己死后的事情一件件的都做了交代，然后又把家里的仆人全部遣散。安排好了这些后事，只等到第二天上朝了。

第二天，海瑞和众大臣一起上了早朝。这时，世宗在太监、宫娥、道士的簇拥下来到了大殿，坐在宝座上面。群臣朝拜完毕，第一个出来上奏的是御史王大任。他那文辞华美，言不由衷的阿谀奉承之辞，尽管世宗连什么意思都没听懂，可是却已然乐得眉开眼笑了，当即命令吏部将王大任委以重任。海瑞因为官职太小，站在宝殿的一角，如果等到全朝文武官员贺完，那么他的奏折还不知道会在什么时候才能呈给皇上呢。海瑞终于忍不住了，他走出班位，朗声说道："万岁，臣海瑞有本要奏。"这声真如惊雷滚过大殿一般，立时就把那些阿谀之臣的声音给压了下去。

世宗睁开昏花的老眼，声音微弱地说："将奏章呈上来。"因刚才那一声惊雷般的大喊差点让世宗从御座上跌下来，所以他对这位陌生的海瑞有一种莫名其妙的反感。海瑞将这份沉甸甸地奏折一字一句地朗读出来，真是辞恳意切，朝中文武无不为之动容。开头的那几句听起来还有些顺耳，可是到了后来，世宗越听越觉得不对味了。世宗终于听不下去了，他叫海瑞止住，命他退下殿去，吩咐太监把那份奏折带到后宫，然后宣布退朝。奏章总算是递到皇上那里去了，海瑞虽然当时长舒了一口气，可是也已经预感到厄运正向自己一步一步地逼来。

回到后宫，明世宗看了上面的内容，不由得又气又恨，当即把奏章给扔在地上，并命

令左右说:"你等快把写奏章的这个人给朕抓起来,千万不要让他跑了!"其中有个宦官早就听说海瑞的名声,他就跟明世宗说:"这个人早就是个出了名的书呆子,我听说他知道自己因为触犯了陛下怕活不成,所以都把后事给安排好了。我看他肯定不会逃走的。"虽然如此,明世宗还是派人把海瑞给抓了起来,关进了监狱,要追究主使之人。两个月后,世宗去世,而后明穆宗继位,海瑞才被释放出狱。

肃贪倡廉

穆宗继位后,海瑞重又上朝任职,没过多长时间就改任兵部,提升为尚宝丞,调任大理。公元 1569 年,海瑞又被升任右佥都御史、钦差总督粮道,巡抚应天十府,其中包括南京、苏州、常州等极为富庶的地方。可是海瑞到任以后却发现,当地的百姓在重赋和恶吏贪官的压迫下生活得极为困苦。如果赶上当年发生了涝灾,直到冬至的时候,还会有一半田地被淹在水里。而且粮价飞涨,百姓们都纷纷背井离乡,外出讨饭。海瑞决定将治水与救灾问题一起解决。经过深入调查,海瑞弄清了受灾的原因是因为连接太湖通海的吴淞江出现了淤塞,于是他就召集饥民,趁着冬闲季节开工,疏浚吴淞江及其支流。而后他又上书请求,将原本应该上交的粮食留下一些用来解决当地灾民的吃饭问题。如此一来,就调动了百姓们的积极性,工程在很短的时间内就完成了,当地的百姓无不感激海瑞。为了解决农民的贫苦问题,海瑞决定进一步对那些恶霸进行惩罚。于是他在当地展开了一场声势浩大的肃贪倡廉行动。在一个月的时间内,被送到南京刑部的贪官就多达100 余人。其中有一个县从知县、县丞、主簿、典史等,竟然被抓了 10 多人,几乎把这个县衙门的官吏全都抓空了。

可与此同时,一个反对海瑞的乡官缙绅集团也悄然成立了。他们一方面唆使朝中的高官对海瑞加以弹劾,同时又各自使出浑身解数,联系吏部尚书等在京的高官重臣,交相向海瑞致函,进行软硬兼施,还有就是采取走海瑞母亲的路子,企图由此逼海瑞就范。在这江南高官云集的宦海当中,海瑞几乎没有一个支持者,可是海瑞面对众多的威逼利诱,不为所动,凭着顽强的毅力,终于完成了乡官退田还民的工作。

隆庆三年夏天,海瑞以右佥都御史的身份巡抚应天十府。当时海瑞已经是七十二岁的高龄了,他东山复起,再举反贪污腐败的大旗。对罪大恶极的贪官实施剥皮的极刑,声震天下,受到贪官集团的合力反对。万历十五年,刚直不阿的海瑞终于在他七十四岁的时候闭上了眼睛。在他临死的时候,身边竟然一个亲人都没有。他死后,身边的人在清点他的遗物时,只有十几两俸银,几件破旧的衣物,还有就是几匹绫绸葛。这点家当,连当时的一个贫士都不如。就在送葬的这天,朝廷派人来宣读了皇上的赐谕,谥海瑞"忠介"之誉,赠"太子少保"之称。

明代贤相

——徐阶

名人档案

徐阶:字子升,号少湖,又号存斋,浙江松江府华亭县(今属上海市)人,是明代著名的政治家。

生卒时间:1503~1583 年。

性格特点:忍辱负重,谨慎处事。

历史功过:徐阶于嘉靖二年(1523)中得探花,授翰林院编修,步入宦途。嘉靖三十一年(1552),以礼部尚书兼东阁大学士入内阁参与机务。嘉靖四十一年(1562)取代严嵩成为内阁首辅,隆庆二年(1568)致仕。徐阶是嘉、隆之际政局的主要影响者。徐阶的整个政治生涯中的最大亮点就是他斗倒了权势熏天的严嵩。

名家评点:徐阶的忍辱负重是其政治权谋斗争中的杀手锏,而"徐阶曲意事严嵩"也成了权谋术中的经典案例。

幼年多难

明弘治十六年(1503)九月三十日的深夜,徐阶出生在浙江宣平县的治所里。他的父亲徐黼是宣平县的县丞。徐黼本是浙江松江府华亭县人,两年前因任官迁居宣平县。母亲顾氏是徐黼的第三任夫人,她温柔贤惠,勤俭谦和,知书达理,深得徐黼敬重。徐阶出生后,徐黼夫妇乐不可支,尤其是母亲顾氏更把他视为掌上明珠,将全部精力都用在了儿子身上,毕竟这是她的第一个亲生骨肉。然而上天偏偏和徐家开了个不小的玩笑。一天,徐家的小保姆抱着刚满周岁的徐阶来到了一口枯井旁,小保姆出于好奇,探着身子往

井里看。由于手里抱着徐阶，脚跟又没有站稳，身子一倾斜，整个人就失去了平衡，往井口栽倒了下去。小保姆出于本能，松开了紧抱着徐阶的双手以自救，可怜的徐阶就重重地坠入了枯井之中。徐阶被救起来之后已经不省人事了，一连三天都处于昏死状态，家人都以为这个婴儿断无回生之理。然而到第四天，小徐阶竟奇迹般地苏醒了过来。徐阶五岁时，又险些命丧黄泉。一天，他随父亲徐黼外出，路经苍括岭时，徐阶因贪玩而掉入高达数丈的悬崖之下。徐黼见状痛哭不已，认为儿子绝没有生还的可能了。然而，当徐黼绕到悬崖下面时，却发现儿子挂在一棵大树上，竟安然无恙，只是受了点皮肉伤而已。人们知道这些事情之后，都说徐阶大难不死，必有后福。后来，徐阶还真应验了这句古话。

徐氏夫妇很注重对儿子的培养，徐阶刚学会说话，母亲顾氏就教他识字。徐阶五岁时，父亲徐黼就指导他较为系统地学习"小学"和"四子"等内容。徐阶自幼聪明，又非常喜爱学习，在父亲的指导下学业进步很快。正德六年（1511），徐黼改任江西宁都县丞，九岁的徐阶随父来到了江西宁都。一日，徐黼从外地回来，徐阶出门迎接。徐黼见到儿子非常高兴，对他说道："父远回子远迎，父子之恩天性也！"没想到徐阶大声回应道："君居上臣居下，君臣之义人伦哉！"徐黼听了之后大为惊异：九岁毛孩其思维竟然如此敏捷，孺子可教也！此后，徐黼就开始正式教儿子作文属对了。

正德八年（1513），徐黼辞去了宁都县丞一职，携家人一起回到老家华亭县。徐家就位于县城西面的西湖之滨。徐阶特别喜爱西湖，尤其是西湖北侧的少湖。那里碧草佳木，景色迷人，水波不兴，幽静恬然，是读书治学的理想之所。徐阶就充分利用这个条件，常到此处读书，并自号少湖。正德十二年（1517），十五岁的徐阶以优异的成绩考取了秀才，成为一名县学生员。经过两年的艰辛学习，徐阶的学业有了不少长进，在通过层层考试之后，他取得了参加科举考试的资格。正德十四年（1519）他满怀信心前往应天（今南京市）参加乡试，结果落第失意而回。但是徐阶并没有因此丧气，他继续在县学里刻苦攻读。

屡遇贵人

正德十五年（1520），进士出身的聂豹出任华亭知县。聂豹很重视地方上的文化事业和人才培养。他上任后就建乡贤祠，修学宫，常与县学里的生员谈经论史，以此来激励青年士子。在一次讨论中，徐阶的表现给聂豹留下了非常深刻的印象。聂豹心想，徐阶思维敏捷，立论恢弘，将来必为国家栋梁之材，因而对他格外器重，并启发他学习王阳明的"良知之学"。年轻的徐阶则很崇拜这位学识渊博的知县，时常向他讨教，并以门生自居。从此，两人由相识而相知，结下了终生的友谊，这对徐阶的成长产生了重要的影响。后

来,徐阶考取进士,聂豹亲自到徐家祝贺,并作诗一首,鼓励学生趁着年轻,及时图取勋业。诗云:"空冀以夸千里捷,咻齐须谅数年迁。文宗左传今成癖,德蓄前言始成儒。少壮莫教嗟老大,格天勋业及时图。"

嘉靖元年(1522),南畿学政萧鸣凤来到县学视察,为了了解生员们的学习情况,他亲自命题,令县学里的所有生员当场作答。徐阶才思敏捷,略加构思后便奋笔疾书,不到半个时辰他就搁笔交卷了。第二天,张榜考试结果,徐阶竟位列榜首。徐阶为此感到十分振奋,自信心也增强了不少。这一年适逢乡试之年,徐阶在秋高气爽的季节再度赴应天参加乡试。考试结束后,徐阶自我感觉良好,认为这次中个举人应不成问题。然而,同考官在批阅徐阶的答卷时,对徐阶的行文风格很不感冒,于是打了个很低的分数,将其丢到了一边。徐阶险些与举人无缘。幸亏主考官董圮在无意中看到了这份已打入另册的答卷。他细看后大为惊异,认为这份答卷卓尔不凡,于是亲自改判,并建议以第一名录取。然而属下有人持不同意见,双方经过一番争论,最终徐阶以第七名中得举人。

嘉靖二年(1523)春,二十一岁的徐阶赴京参加会试,结果名列前茅。在随后举行的殿试中,徐阶写了一篇非常出色的策论。刑部尚书林俊看了之后,大为赞赏,对内阁大臣说:"徐阶当为状元。"读卷诸阁臣本来也认为徐阶当居魁首,但他们素与林俊不和,以为徐阶是林俊的关系户,就故意将徐阶抑居第三名。徐阶就这样平白无故地由状元降为了探花。当时首辅杨廷和因自己的儿子也在考生之列,为避嫌而没有主持这次殿试。当这批新科进士拜谒天子及朝中重臣时,杨廷和盯着徐阶看了良久,对身旁的朝臣说道:"这个少年将来功名当不在我辈之下!"又转过头对次辅费宏说:"你为何没有将这个少年排在第一呢?"杨廷和眼力的确不凡,后来徐阶也做了首辅,而且功绩卓著,被时人及后世目为贤相。

谪官外任

徐阶中得探花后不久,就按例被授予翰林院编修的职务,成为一名七品京官。在上任之前,他就告假回老家成亲。嘉靖三年(1524)八月,徐阶办完婚事后北上复官,行至清源,梦见父亲徐黼一连呼唤了几声自己的名字。徐阶心里有一种不祥的感觉,于是决定打道回府。行至彭城时,他得知父亲逝世的确切消息,一路号哭而归。料理好父亲的丧事之后,徐阶就呆在家里,为父亲守孝三年。

嘉靖六年(1527),守制期满,徐阶被召回京,复翰林院编修之职。十二月,奉命到内书堂教授小宦官。此前内书堂的教官晏入早出,十分懒散,小宦官们听课时也多无精打采。徐阶认为,小宦官们长大后将常侍皇帝左右,现在如不好生教习之,将来必坏天下事。于是,他早出晚归,精心采摘儒家典籍,悉心讲授,小宦官们听得津津有味。鉴于正

德朝宦官乱政,嘉靖皇帝疏远了内臣,赏赐也随之减少。一些内臣因此抱怨他们的待遇不如正德时好。徐阶就对他们说:"正德时内臣何所得? 你们年纪小,不能悉知旧事。你们以为现在皇上对你们严格,但与成化、弘治朝相比已宽仁多了。正德时内臣很富有,但他们多因富而骄,因骄而坐罪败亡。你们难道想效法吗?"此后,再也没有人听到内臣的这类抱怨了。

徐阶胸怀大志,很想有一番作为,但他初入仕途,不谙官场旧习,嘉靖九年(1530),因顶撞首辅张璁栽了跟斗。张璁,字秉用,号罗峰,浙江永嘉人,正德十六年(1521)进士。在嘉靖初年的"议礼之争"中,他因坚决支持世宗皇帝而得到宠幸,自此官运亨通,职位一升再升,至嘉靖八年(1529)升任内阁首辅,一时红得发紫,权倾朝野。张璁揣摩帝意,上疏请正孔子祀典,建议将孔子文庙像改为木主,削夺其封号。世宗令朝中大臣讨论。大臣们都迫于张璁的权势,没有一人敢于提出异议。唯独徐阶年轻气盛,疏陈孔子之封号不必者三,不可去者五,坚决反对首辅张璁的提议,请求遵循祖制,保留孔子封号,不改其文庙像。张璁得知后大怒,召徐阶于朝房斥责。谁知徐阶初生牛犊不怕虎,面对内阁首辅、皇帝的红人毫无惧色,竟然与之激烈地争辩起来。徐阶引经据典,不断地反驳张璁,张璁几度语塞,直气得面红耳赤。最后,他只得以势压人,指着徐阶骂道:"你竟敢背叛我!"徐阶从容回敬道:"背叛生于依附,徐某既然未曾依附过你,何得言背叛!"张璁听了气得直发抖。旁边的桂萼等人都为徐阶捏了一把汗,劝徐阶赶紧向首辅谢罪。徐阶却毫不理会,拂袖而出。

不久,御史黎贯等人也上疏争祀孔子,主张和徐阶基本一致。张璁的亲信都御史汪铉趁机以首倡邪议为名弹劾徐阶。徐阶下都察院论罪,首辅张璁对都察院的官员说道:"邪议为徐阶首倡,至摇国是,宜正法以示天下。"等待徐阶的将是十分严厉的处置,这就是顶撞首辅的代价。

俗话说祸不单行,福不双至。正当徐阶待罪之时,他的爱妻沈氏因病逝世,抛下了年方两岁的儿子徐璠。爱妻病亡,自己因得罪权臣生死未卜,这是徐阶有生以来遭受到的最大打击。然而徐阶毕竟是条硬汉子,他找来同乡僚友李日章、沈恺,拿出二十两银子作为棺殓费,将亡妻的后事托付给他们,同时要求他们将幼子徐璠带回老家,让他老母照看。想到老母,徐阶自言自语道:"有昆弟徐陟在,足以赡养她老人家了。现在我没什么牵挂了,君父要我死就死吧,有什么可怕的!"不久,刑部侍郎闻渊、中丞唐龙极力相救,徐阶得以免于刑罚,被贬谪到福建延平府任推官。徐阶由京城回到老家华亭,向老母顾氏告别时,长跪不起,哭诉自己为儿不肖,深表自责。顾夫人却说道:"孩儿不必自责。你因言事遭谪,足见你对朝廷之忠,这是我做母亲的荣耀啊!"母亲的一句话给了徐阶莫大的安慰。嘉靖十年(1531)四月,徐阶只身一人来到了僻远的延平府,心中难免有几丝失意之感。于是挥笔写下了一首《抵郡作》以抒发自己当时的心境:

涓埃无补圣明朝,玉署清华岁月叨。

省罪久知南窜晚，感恩遥戴北宸高。

狂心子夜浑忘寝，病骨炎陬不任劳。

画虎几时成仿佛，狎鸥从此谢风涛。

尽管当时有人认为，京官因言获罪被贬谪地方任小官，实为优游养重的好机会，但徐阶却不以为然。他说："官大官小，都是皇上的臣子。外任小官，能体验民情，基层事务盘根错节，正可以锻炼我的才干。"虽然刚到任时，他有几分失落，但很快他就摆脱了心理上的阴影，决定从基层做起，历练自己的从政能力，而非为优游养重，以图虚名，以希进用。

推官，即掌管地方刑狱、风化的官员。延平府位于福建北部山区，与江西接壤，交通闭塞，地瘠民贫，民风刁悍，刑狱繁浩，素称难治。徐阶上任后，一展雷厉风行的作风。由于刑狱繁浩，前任遗留下来的未结案牍堆积如山，大牢里关押的罪状未明的犯人达数百人。他昼夜翻阅整理这些案牍，及时断案，罪者罚之，冤者伸之，不到一个月，他就将积案清理完毕，被关押的三百多人得到了妥善的处理。他还改革输银法，使得百姓向政府交纳的税银免于落入奸胥滑吏之手，百姓得以免受其盘剥。为了改易其刁悍的民风，他在延平府各州县拆毁淫祠，设立社学，收集乡民以往所习授的书籍将其全部燔毁，而代之以宋代大儒之格言，配之以音韵，以便于乡民习诵。不久，民风翕然而变。当时，尤溪县多银矿，无籍之徒千百成群，聚众盗采，所获不足则据险四出剽掠，气焰十分嚣张，乡民深受其害。负责地方治安的分巡官员对这些矿盗毫无办法。徐阶掌刑狱，地方治安本非其职，但为了消除民患，还地方以安宁，他主动请缨对付这些矿盗。于是，他设方略，悬赏格，动员地方上有声望的长者摸清矿盗的分布情况，然后恩威并施，抚剿兼用，旬日之间就降服矿徒首领并余党一百二十人。人们对此感到十分惊奇，都视徐阶为神人。徐阶在延平为官三载，清理刑狱，移风易俗，兴利除弊，治绩斐然，百姓多受其惠，因而赢得了延平父老的尊敬与爱戴，都视他为真正的父母官。

嘉靖十三年（1534），徐阶升任湖广黄州府同知。离任之日，延平府的父老乡亲自发组织起来，自备好酒，候立于道旁，纷纷前来送行。徐阶经过之处，父老必斟满一杯送行酒与之饮，然后挥泪相送，场面十分感人。徐阶一路与延平父老酹酒相别，内心感慨万千，将出延平境时，他拿出纸笔，贻书相谢。延平府的一些生员则追送到建宁才与徐阶告别。徐阶行至严陵，又接到朝廷新的任命：升任浙江提学佥事。于是，徐阶归家探望老母顾氏，并续弦张氏，在家住了仅八日，便携母亲到浙江履任。提学佥事掌一省之学政，大抵相当于现在的省教育厅长。徐阶上任后，一仍以前雷厉风行的为政风格。为熟悉浙省教育方面的情况，他自己规定，每年都要把省内各州县的所有公办学校巡视一遍。他严格教导生员，主张"教学以正人心为本，治学以正心术为先"。心术不正者，虽名士也不予录取。他主持乡试录取举人时，力求公平、公正、公开。他要求下属在给已录取的举人排名时，必须提供充足的理由说明某人何以列于某位；即便是落榜者，如果他要问及其为何不第，工作人员也必须做出适当的解释。这一制度施行之后，浙江省的生员们无不欢呼

雀跃。

嘉靖十六年(1537),徐阶改任江西副使,仍提督学政。明代江西为文章节义之邦,文教兴盛,人才辈出,时有"朝士半江西"之誉。徐阶对江西并不陌生,早在七八岁时,他随父亲徐黼在江西宁都呆了近三年,脑海里还保存着对江西的美好回忆。到任后,他把原来施行于浙江的那套乡试制度带到了江西。此外,徐阶青年时期即师从江西籍官僚聂豹讲求"良知之学",自视为王门后学。江西为阳明学术发祥之地,正德年间王守仁曾为江西南赣巡抚多年,且因平定南昌的宁王叛乱而被封为新建伯。于是,徐阶就在江西修建王文成公祠,立像祀之,不遗余力地弘扬阳明之学,为江西的文教事业出力不少。

徐阶初到江西掌管文教时,赣籍官僚夏言刚刚入内阁,很受世宗宠幸。于是夏言的族人便来徐阶家走关系,想借夏言的影响以图幸进。徐阶很是反感,当面对来者说:"乃公居座主以尔曹属我海,不以尔曹属我进也。"夏言听说这事后,很不高兴,对徐阶心存芥蒂。不久,京职有缺,有人向夏言推荐徐阶,夏言不予理会。然而,夏言毕竟为一代名相,肚量不小,而且他因当年徐阶冲撞首辅张璁之事而对徐阶素怀敬意,加之徐阶在江西为官,政绩颇佳,声名相闻于外。所以,当后来徐阶同乡冯恩及吏部尚书许赞荐举徐阶时,夏言并没有再次为难他。

重入京师

嘉靖十八年(1539)五月,因皇太子出阁,要组建官僚,徐阶被召为司经局洗马兼翰林院侍读,以四品服色俸给供职。徐阶终于告别了十年的外任生涯,重新回到了阔别已久的京城。太子洗马和翰林院侍读都属于清闲之职,管理的具体事务并不多,所以徐阶有着充裕的闲暇时间。他于是常与王门子弟邹守益、唐顺之、罗洪先、赵时春等人交游,相与切磋阳明学术,学问日益精进。

嘉靖二十二年(1543),徐阶升任国子监祭酒,即当时朝廷最高学府的校长。国子监祭酒虽只四品之阶,但因其职掌天下之教化,苟非德高识博者不得充任。上任后,徐阶不改以往兢兢业业的工作态度,积极整饬国子监里的各项积弊。按明代制度,国子监生要依序赴政府各部门历事,即实习,称为"拨历"。历事监生表现优异者,即可留用,故拨历成了诸生考进士之外的另一条进身之途。正德、嘉靖以来,各级官员绝大多数由进士充任,而由国子监生进者甚少,故拨历成了更加稀缺的资源。拨历按监生坐监期满的先后为序,但此前,国子监对监生的管理很混乱,生员入监年月、省亲、丁忧、告病等中途离监之时日均无记录。这样,拨历时就常出现不公现象。加之,权贵请托,祭酒偏袒,诸生对此十分不满。徐阶探知这些弊病后,即着手整顿。他严格实行生员在监的登记制度,将生员入监及来去之日期登记成册,每月列榜公示。拨历之时,和司业、监丞等官员一起按

榜上的先后顺序拨之,凡请托者,悉拒不受,确保了拨历的公开、公平与公正,诸生悦服。此外,他还加强了对膳银的管理,令奸吏无法从中置喙;改善绳愆厅奖惩旧规,监生们无不受其惠,都纷纷颂扬他。任国子监祭酒期间,徐阶的才干得到了朝中大臣的关注,两年后,四十三岁的徐阶升任吏部左侍郎,成为一名三品大员。

吏部是朝廷铨衡重地,职掌考核选拔官吏之大权。旧例,吏部高官在接见庶官时,只是礼貌性地和他们说上一两句话,以示威严。徐阶却认为,知人方能善任,如果不深入地和这些官员交谈,则无法了解他们,连对要任用的人都不了解,怎能做到人尽其才?为此,他打破旧例,放下架子,每次接见庶官时,他都能折节下士,和庶官长时间交谈,一则向他们咨访边腹要害、吏治民瘼以了解下情,二则通过交谈,察其才能与见识,以知其人。由于徐阶能做到知人善任,使人尽其才,所以凡被他延访的士人,都乐意效劳。他所推荐引用的人,如宋景、张岳、王道、欧阳德、范璠璁等,都有长者之风,日后均有惠政。徐阶因之在士大夫之间有着良好的声誉。吏部尚书熊浃很器重他的这位下属,和他一起"励廉节,奖恬退,振淹滞",一时风气翕然。熊浃致仕后,唐龙、周用相继接任吏部尚书职,两人对徐阶的雅重有过之而无不及。但是,周用病逝后,继任者闻渊为人高傲,处处以前辈自居,遇事不和同僚商量,且容不得半点不同意见。尽管闻渊此前曾疏救过徐阶,徐阶对他也心存感激,但是徐阶接受不了上司的这种为政风格。徐阶觉得在其手下任事难以有所作为,无法施展自己的才华,为此感到十分压抑。于是,他向嘉靖皇帝请求调离吏部,避免和闻渊共事。嘉靖皇帝了解事情的原委后,命其保留吏部左侍郎之衔,兼任翰林院学士,负责教育培养庶吉士。这样,徐阶得以避开闻渊,到翰林院工作。期间,一位名叫张居正的庶吉士受到了他的赏识,并与他结下了深厚的师生之谊。张居正后来得以成为明代最强势的首辅,与徐阶的教导和提携是分不开的。嘉靖二十七年(1548),徐阶升任翰林院掌院学士,全面负责翰林院的事务。

嘉靖二十八年(1549)二月,徐阶升任礼部尚书。在嘉靖前期,由于"议礼之争"在很长时间内占据着朝政的中心,故礼部尚书比以往任何时候都显得更加尊贵,容易得到嘉靖皇帝的宠幸——当然,前提是要支持皇帝。徐阶上任仅一个月,就遇到了一件棘手的事情。庄敬太子行完冠礼后第三天就因病薨逝。嘉靖皇帝诏令礼部草拟葬礼仪注,礼部尚书徐阶以《通典》上的记载为依据,主张世宗及朝廷百官服衰服。一心修玄、薄于亲情的世宗却嫌礼部所定丧礼太重,于是下旨:"朕服衰服不合礼制,只辍朝十天。百官可以不穿衰服哭临;中官穿青衣角带即可。"首辅严嵩以献媚著称,他就顺着世宗意思,欲让百官着青衣角带哭临。作为礼部尚书,徐阶认为礼制事关朝廷纲纪,不可随意更易。于是他对严嵩说:"素衣冠哭临,古无其文,今又无明旨,谁敢擅为之,吾宁守礼以待罪,不敢避罪而坏礼也。"于是定百官服制为齐衰。最终世宗做出妥协,哭临之日,令中官也服衰服。世宗本以刚愎自用著称于世,忤其意者都难免遭受重责,但这次他非但没有怪罪徐阶,反而向其做出妥协,这是很少见的。究其原因,可能是世宗从这件事中英察出徐阶勤于政务,遇事谨慎,敢于持正,堪当大任,想进一步重用他。此外,世宗因修玄需要臣下撰写青词,所以写青词也就成了世宗委任重臣的一条标准。而徐阶正是写青词的行家,他所写的青词最受世宗欢迎。于是,几个月之后,世宗便召徐阶和刚入内阁的张治、李本一起入直无逸殿,赐给他们飞鱼服及上品珍馐。无逸殿是世宗与阁臣商讨军国大计的地方,入直无逸殿即进入了政治的最高决策圈。从此,徐阶得以常随世宗左右,并深受世宗宠幸。一次,廷推徐阶转任吏部尚书,世宗生气地对廷臣说道:"徐阶刚刚侍从我左右,你们就想把他支走,这怎么能行?"因为世宗知道,吏部事繁,一旦徐阶掌吏部,便不能侍从左右了,所以世宗毫不犹豫地否决了廷议的结果。由此可见世宗对徐阶的宠幸。

倾倒严嵩

　　徐阶入直无逸殿,进入最高决策层后,就与首辅严嵩一起共事。严嵩因精于青词,善于逢迎而成为世宗最宠幸的大臣。嘉靖二十一年(1542)严嵩入内阁后,就开始了与当时的首辅夏言明争暗斗。夏言和严嵩是江西籍的同乡,且对严嵩有提携之恩,严嵩得以任礼部尚书,得力于夏言的大力推荐。但严嵩为了争夺首辅,恩将仇报,于嘉靖二十七年(1548)借"议复河套"事将其陷害,从而登上了首辅的宝座。严嵩主政后,面对刚愎自用、英察雄猜、果于刑戮的世宗皇帝,为了保持自己的地位而一味顺从世宗的旨意,不敢稍有违拗,加之严嵩本人恃宠专权乱政,致使朝廷纲纪不振,国事大坏。朝中大臣群起攻之,但因他是世宗修玄的最忠诚的支持者,世宗对他最为宠幸,所以得以稳居首辅宝座达十数年之久。

　　严嵩任首辅之前,曾以诗文著称于士大夫之间。徐阶在江西任官时,对严嵩十分尊崇敬仰,曾作《少师大学士像》一文赞颂严嵩。严嵩对徐阶的才华也很赏识,只是因夏言曾经推荐过徐阶,故对他有所嫉恨。徐阶任礼部尚书后,在定庄敬太子葬礼时意见与世宗和严嵩相左,最后世宗竟然破例妥协,采用了徐阶的方案。不久,又应世宗之召,入直无逸殿,进入最高决策层,和严嵩一起共事。显然,世宗对徐阶的宠幸有与日俱增之势。尽管此时徐阶尚未进入内阁,世宗对他的宠幸也远不及严嵩,但是在宦海沉浮了数十年的严嵩对此不能不感到一种潜在的威胁。而随后发生的"庚戌之变"使得严嵩感觉到这种威胁正在迫近,从此他与徐阶开始了长达十年的明争暗斗。

　　自明中叶以来,朝纲不整,吏治败坏,边防废弛。而蒙古俺答部日渐强盛,时常侵扰北方边境。嘉靖二十九年(1550)八月十四日,俺答骑兵攻占古北口,毁墙入关,三天后逼近通州,继而围困北京城达数日才离开,史称"庚戌之变"。由于事出仓促,朝廷内外一片惶恐,严嵩和徐阶等人都向世宗条陈战守之策。但是,严嵩于军政并不见长,而徐阶则曾平尤溪矿徒之乱,在吏部时常与边将讨论边防事务,因而颇知军务。他提出的意见,如释

放系狱边将周尚文、戴纶、欧阳德等,令他们将功赎罪,得到了世宗的采纳。八月二十一日俺答兵临城下,遣返抓获的宦官,令其将俺答的求贡书带给世宗。这求贡书实为逼贡书,所用言词极为不逊,声称如不许贡,就要攻城。世宗得到这份求贡书后惊慌失措,急召严嵩、李本和徐阶到西苑便殿,商讨对策。严嵩计无所出,竟然敷衍道:"俺答只是为掠夺财物而来,饱食之后自然会撤走,不足为患。"在国家危急之际,作为首辅却说出这样的话来,徐阶感到十分气愤,于是反问道:"俺答围困京城,杀人如刈草,怎么能说只是为掠夺财物?"世宗认为徐阶说得有理,就问该如何应对。徐阶说:"虏寇已深入我境,兵临城下,如不许贡,怕激怒俺答,京城将遭不测。但如果许贡,不仅有损国威,且俺答将得寸进尺,贪求不已。不如来个缓兵之计。往例,求贡书要求同时用蒙古文和汉文书写,但俺答这份求贡书只有汉文而无蒙文。我们可以质疑求贡书真伪为由,派翻译人员持书前往俺答帐中,要求用蒙、汉文字再写一份,以拖延时间。这样我方可趁机集结兵力,加强防务,严阵以待。俺答孤军深入,自度京城难攻克,补给不足,不可久待,必将引去。"世宗听后大加赞赏,依计而行。果然,俺答自度攻城无望,几天后就带着大批掠夺而来的财物扬长而去。

在这次军事危机中,徐阶的才干得到了充分的展示,而严嵩则相形见绌,大丢颜面。自此,世宗更加倚重徐阶了。这使得严嵩很不高兴,一则自己在皇帝面前丢了面子,二则世宗倚重徐阶势必危及自己的宠幸地位。从此,严嵩开始对徐阶进行百般压制。庚戌之变后,在北边防务问题上,徐阶想有一番作为,但因严嵩的掣肘而不得行其志。后来,在孝烈皇后祔庙议及建储之议中,徐阶持异议忤旨,世宗大怒,徐阶不得不惶恐谢罪,放弃自己的主张。世宗曾派徐阶前往邯郸主持吕仙祠的落成典礼,徐阶认为这不合礼制,推脱不去,又引起了世宗的不满。严嵩知道这些事后,认为可以离间世宗和徐阶之间的关系。一天,世宗单独召见严嵩,和他评论朝臣的优劣。在谈到徐阶时,严嵩对世宗说:"徐阶缺乏的不是才干,他才能过人,只是多二心。"臣下对自己不忠,这是世宗最不能容忍的。严嵩这样一说,世宗联想到此前徐阶屡次违背自己旨意,对徐阶更为恼火。徐阶的处境十分危险。徐阶自度严嵩在世宗心中的地位远在自己之上,目前尚难以和他争锋,于是他采取了隐忍之术。一方面小心谨慎地侍奉这位首辅,并将自己的孙女许配给严嵩的孙子;另一方面对世宗尽量逢迎,花大精力撰写青词以赢得世宗的好感。这一招果然奏效,世宗对他的怒气慢慢就消解了,严嵩对他也慢慢好起来。

嘉靖三十一年(1552)三月,徐阶以礼部尚书兼东阁大学士,入内阁参与机务,成为次辅。八月,大将军成宁侯仇鸾病死,徐阶密疏揭露仇鸾通虏误国的罪状,世宗大怒,令人剖棺将仇鸾的尸首斩下,传示九边。仇鸾曾因严嵩的保举而负责北边防务,升为大将军,并受到世宗宠幸,得以入直西苑。之后,因与严嵩争宠,二人关系交恶。仇鸾密疏中伤严嵩,使得严嵩不得入直西苑,与世宗关系疏远,严嵩为此感到十分愤懑,对仇鸾恨之入骨。仇鸾死后,因徐阶的揭发而被剖棺斩首,严嵩因此得以重新入直西苑,世宗对他也宠幸如

初。起初,严嵩不知仇鸾是被徐阶所告发,正想以仇鸾和徐阶同时入直西苑为由,借仇鸾之败牵连徐阶。但是当他得知仇鸾是被徐阶告发时,大吃一惊,觉得徐阶智数不在己下,城府深不能测,从此更加嫉恨徐阶了。

仇鸾被剖棺斩首后,世宗因徐阶知兵事,更加倚重他了,经常和他商讨边防事务。当时有人建议裁减仇鸾主持边务时增加的卫卒,徐阶认为不能因人废事,边防本不充实,不能裁减。庚戌之变充分暴露出了京营的羸弱。徐阶认为,其原因不在于士兵数量不多,而在于冗员太多。于是他建议整顿京营,将京营中老弱不堪用的士兵淘汰出去,用节省的这笔经费作为奖赏之用,这样京营就能重振雄风。世宗觉得徐阶的分析很有道理,又采纳了他的建议。此后,徐阶不断地被加官晋爵:任一品官满三年,进勋为柱国,再进兼太子太傅、武英殿大学士;满六年,兼领大学士俸禄,荫一子为中书舍人,加少傅;满九年,改兼吏部尚书,世宗亲自设宴款待,并赐玺书以示褒奖。

徐阶虽然越来越受到世宗宠幸,但与严嵩相比,还相差甚远。一次,徐阶与严嵩同入直西苑,世宗把五色芝授给严嵩,要严嵩为他炼药。然后对徐阶说,你任吏部尚书,政本所关,不宜做这种事情。徐阶知道,世宗是暗责他支持世宗修玄不如严嵩那样死心塌地,自己在世宗心中的位置还远不如严嵩。于是,徐阶诚惶诚恐地向世宗请求,表明自己的心迹,世宗这才给了他一些。这件事情使徐阶认识到,尽管自己很受世宗重视,但是还很难和严嵩较量,只能继续隐忍下去。

严嵩恃着世宗的宠幸,专权乱政,引起了外廷忠良之臣的极大不满,自他入阁以来就纷纷受到有良知的言官的弹劾。但是,由于他有世宗的支持,权势熏天,每次都能化险为夷,而弹劾者反而获罪,甚至被杀。嘉靖三十二年(1553),杨继盛上疏弹劾严嵩,慷慨激昂地条陈严嵩十罪五奸,请求诛杀严嵩以快人心。严嵩以疏中"二王知奸"一语,激怒世宗,下杨继盛诏狱。杨继盛为臣忠烈,又曾是徐阶的门生,他下狱后,徐阶曾极力相救,但终未能获免,两年后被杀。徐阶却因此更加受到严嵩的嫉恨。后来,御史赵锦、王宗茂也因弹劾严嵩获罪,徐阶又出面为他们说情,减轻了处罚。嘉靖三十七年(1558)三月,刑科给事中吴时来、主事董传策、张翀同一天弹劾严嵩。严嵩以董传策为徐阶的同乡,吴时来、张翀则是徐阶的门生,怀疑他们是受到徐阶的指使,于是密奏世宗三人同日举劾,必有人主使陷害。世宗相信严嵩,于是下诏逮捕三人,拷问主使者,最后将他们谪戍远边。徐阶则有口莫辩,处境危困,只得称病谢客,同时更加用功地撰写青词,以博得世宗的好感。

然而,此时严嵩年近八十,体力智力都难以担当首辅之任,写青词,拟圣旨都大不如前了,只得请人代劳。拟旨则委任他的儿子严世蕃。世蕃善窥帝意,每次世宗要严嵩拟旨,严嵩即密令儿子代劳,而世蕃所拟没有不合世宗心意的。所以,人们暗地里称严世蕃为小丞相。但是他那写青词的枪手水平没到家,所进青词世宗很少有满意的。于是,世宗对严嵩渐有疏远之意。嘉靖四十年(1561)五月,严嵩夫人欧阳氏逝世,严世蕃理当归

乡服丧,但严嵩已经离不开他了,于是请求世宗,让世蕃留在京师服丧。然而,严世蕃居丧期间纵淫无忌,世宗知道后,十分讨厌他。有一次,世宗要严嵩迅速拟一圣旨,严嵩即刻令人找严世蕃,但这时世蕃正沉迷于女乐,不予理会。而中官催得急,严嵩没有办法,只得自己草拟。结果所拟完全不合世宗的心意。从此,世宗有所密询,都避开严嵩而独与徐阶商讨。十一月,世宗在西苑的寝宫永寿宫被焚,临时迁居狭窄的玉熙殿。世宗想重新修建,就问严嵩的意见,严嵩认为三大殿刚刚修完,民力难支,不宜再兴工役,建议世宗迁居南宫。世宗听了之后很不高兴,原来,南宫为当年土木之变后景帝软禁英宗之所。于是,世宗又问徐阶,徐阶说:"皇上所居玉熙殿,阴暗狭窄,作为臣下,于心何忍。臣以为不如以三大殿余料责工部重修,计月可成。"世宗听了十分高兴,即令徐阶的儿子尚宝丞徐璠兼工部主事,以董其事。三个月后,大功告成,世宗御赐"万寿宫",徐阶因此进少师,兼支尚书俸禄,荫一子为中书舍人。从此,世宗对徐阶的宠幸逐渐超过了严嵩。

经过近十年的隐忍,徐阶在与严嵩的争斗中终于开始占上风了。严嵩自度自己年老且有失宠之征兆,为后代计,乃屈己与徐阶结好。一天,严嵩设宴款待徐阶,席间严嵩令儿孙们跪拜于徐阶面前,对他说:"我将不久于人世了,我的这些儿孙们还望徐公多多关照啊。"徐阶连说不敢当,然心里不无得意。

嘉靖四十一年(1562)年五月,道士蓝道行以伪乱攻击严嵩父子,说他们贪纵不法,使天下不治,世宗一向信奉道教,对蓝道行的话深信不疑。御史邹应龙获知这件事后,立即上疏以贪赃枉法等罪状弹劾严世蕃,并连及严嵩。世宗下诏逮捕严世蕃,令法司论其罪,以严嵩教子不严,令其致仕。不久,世宗将此前严嵩的直庐赐给徐阶,徐阶取代严嵩成为首辅。从此,严嵩的时代终于结束了,朝廷内外欢欣鼓舞。

升任首辅

徐阶任首辅后,一反严嵩当政时的专横做法。他在直庐的墙壁上写下了三句话作为他的施政纲领:以威福还主上,以政务还诸司,以用舍刑赏还公论。正德、嘉靖以来,内阁首辅掌握了票拟的垄断权,日益专横,凌驾部院,压制言路,至严嵩时,达到极致。徐阶亲身体会到了这种体制的弊病,严嵩致仕后,他就力图改变这一状况。当时,内阁就两人,徐阶为首辅,袁炜为次辅。徐阶为了改变首辅独专的局面,多次请求世宗让袁炜和他一起共同拟旨,规谏世宗改变以往只信首辅一人之言的习惯。起初,世宗不以为然,徐阶就对他说:"天下之事,谋于众则公,公则百美基;专则私,私则百弊生。"经过徐阶的不断争取,世宗终于同意了让他与袁炜共同拟旨,从而改变了正嘉以来内阁内部运行的机制。袁炜是浙江慈溪人,嘉靖十七年进士。他为生员时,徐阶正督学浙江,故与徐阶有师生之谊。袁炜行为不羁,恃才傲物,入阁之后便不把徐阶放在眼里,甚至"以气凌之"。朝中许

多大臣对此感到愤愤不平，但是，徐阶为了实现阁臣共同票拟的目标，以宽广的胸襟对自己的学生予以宽容忍让。同时，他一直向世宗建议增加阁臣，以实现明初"三杨辅政"的局面。

张璁、严嵩主政时，为了对付外廷言官对自己的攻击，常常引导世宗钳制言路，摧折言官，弹劾者如杨爵、杨继盛、沈炼、吴时来等不是被杀就是被谪。徐阶任首辅后即行矫正，引导世宗行宽大之政。世宗对给事中、御史等言官的过激言论十分讨厌，每有言官抨击过当，他就想给予重罚。这时，徐阶总是居中委曲调剂，帮言官说情疏通，言官得以从轻处罚。有一次，世宗向徐阶谈到知人之难的问题，徐阶趁机进言道："大奸似忠，大诈似信。只有广泛听取各种不同的声音，则穷凶极恶之人，自然会有人告知我；深情隐慝之事，自然会有人为我揭发出来。所以，圣帝明王，有言必察。即便言官所言不实，问题小则可以置之不理，问题大则批评言官几句以示薄惩，仍予容忍，这样就能鼓励大家敢于言事，监督政府。"世宗听了之后，深以为然。自此，言路日益开放，朝中大臣得以侃侃而谈，能相对自由地表达自己的思想。于是，外廷官员对他都很敬重，把他视为贤相。

嘉靖四十二年（1563）十月，虏寇攻克墙子岭，直逼通州。当时，世宗正在祈福，兵部尚书杨博不敢将这一消息报告给世宗，就和徐阶一起商量对策并飞檄宣府总兵官马芳、宣大总督江东速往通州增援。马芳的部队先到，徐阶就请世宗及时奖赏他们，同时又请增加江东的行事权力，以便于统辖各路人马。虏寇经通州掠香河，徐阶急令顺义的驻军设防做好迎敌准备，而出奇兵将虏寇引至古北口。虏寇攻打顺义不克，于是从古北口撤走。最后撤走的一部分虏寇中了参将郭琥的埋伏，大败，此前掠夺而来的人畜辎重大部分被夺回。世宗对杨博没有及早奏报军情很生气，想治他的罪。徐阶考虑到杨博晓畅边事，朝臣无人能及，一旦他被治罪，对国家而言等于自毁长城。于是他对世宗说："杨博虽然未能及时奏报，但是他却及时采取了适当的应对措施。而且当今廷臣之中就才识通敏、熟知边事而言，还没有哪个能比得上杨博的。望皇上俯赐优容，责其后效。"世宗于是没有治杨博的罪。

嘉靖四十四年（1565）十月，户部主事海瑞上《治安疏》直陈世宗之过，锋芒直指世宗最为忌讳的修醮之事。世宗读罢《治安疏》，震怒，将疏本往地上一摔，对左右说："赶紧把这畜生抓起来，不要让他给跑了。"左右回答说："海瑞素有痴名，他自知上疏之后必不免一死。于是事先与妻子诀别，遣散奴仆，自己准备好了一副棺材，看来是不会跑掉的。"世宗于是令锦衣卫将海瑞逮至诏狱，准备杀了他。徐阶素闻海瑞清直之名，故极力营救。他对世宗说："主圣则臣直，海瑞固然戆甚，然而不过是仰恃皇上圣明，想沽一直谏名罢了。皇上如果杀他，反倒遂了他的心愿，让他得以成名；不如宽容了他，以显陛下圣德广阔无边。"经过徐阶的百般劝解，世宗的怒气慢慢消解，没有立即处死海瑞。一年后世宗驾崩，海瑞得以出狱。

嘉靖四十四年（1565）袁炜因病致仕，死在回乡途中，内阁只剩下徐阶一人。徐阶更

加迫切地要求增加阁臣,并以辞职相胁。世宗乃令严讷、李春芳入阁,与徐阶共同主政。世宗对徐阶更加倚重了,以徐阶任一品官十五载考满,恩礼特厚,赐给他玉带、绣蟒、珍药以示恩宠。徐阶生病了,世宗即亲笔写信问疾,谆恳如家人。徐阶对世宗则更加恭谨,凡世宗有所委任,就是通宵不寐也要如期办妥。这样,世宗就更加信任徐阶了。取得了世宗的彻底信任后,徐阶得以更好地实施他的抱负。嘉靖中叶以来,南北用兵,边镇大臣稍稍不合帝意,即被逮下狱,甚至被诛杀。徐阶当政后,裁减缇骑诏狱,给边将以便宜行事之权力,边将如戚继光、俞大猷等得以建立功名,保全其身。

阁臣严讷致仕后,世宗命郭朴、高拱入阁,与李春芳一同辅政,后陈以勤、张居正相继入阁,而徐阶仍为首辅,掌握着决策权。景王朱载圳病薨后,徐阶奏夺景王府以前侵占的陂田土地数万顷,还给百姓,百姓为之欢呼雀跃。世宗想修建雩坛和兴都宫殿,徐阶极力谏止。方士胡大顺等劝世宗服用金丹,徐阶力陈其欺妄,请求世宗惩处方士,不久,方士胡大顺、蓝田玉等人被处斩,消除了内廷的忧患。嘉靖四十五年(1566)二月,病势垂危的世宗忽然提出要南幸湖广承天,拜祭显陵,徐阶以圣躬欠安、沿途经济凋敝、治安混乱为由,百般讽诤,终于使世宗放弃了南幸的想法。

惨遭报复

嘉靖四十五年(1566)十二月,世宗驾崩,徐阶避开郭朴、高拱等阁臣而独与其门生张居正一起草拟嘉靖遗诏,内容包括:世宗反省自责;凡斋醮、土木、珠宝、织造及一切政令不便者全部罢免;凡因言事而获罪的官员全部予以平反,存者召用,死者恤录;将方士付法司论罪。继而上穆宗即位诏,免明年天下田赋的一半,嘉靖四十三年以前逋赋悉行蠲免。诏书一下,朝野号恸感激,人们将之比作杨廷和所拟的登基诏书。徐阶因此在朝中的声望更加显隆。

然而,作为次辅的高拱和郭朴对于徐阶在草拟遗诏这样重大的事情上撇开同列而独与其门生相谋的做法大为不满。虽然高拱和郭朴都是因徐阶引荐而入阁的,但是入阁之后,高拱和郭朴就与徐阶不和。高拱曾是裕王府的官僚,裕王即位后对他宠爱有加,他便恃宠与首辅徐阶相抗衡,郭朴则明里暗里地帮助高拱。嘉靖遗诏及穆宗登基诏颁布后,朝野一片欢腾。人们都知道诏书出自首辅徐阶之手,故对他的颂扬之声不绝于耳。高拱和郭朴对此嫉妒不已,于是放出谤言,说徐阶毁谤先帝,应当处斩。双方矛盾益深。隆庆元年(1567),曾弹劾过高拱的给事中胡应嘉因疏救被黜官员而被削籍,人们认为这是高拱在打击报复。徐阶从中斡旋,请求从轻处罚胡应嘉。高拱想处胡应嘉以杖刑,又因徐阶的解救而未果,自此更加恨徐阶了。高拱于是指使御史齐康弹劾徐阶,说他的二个儿子经常请托,家人横行乡里。徐阶上疏争辩,并提出告老归田。这一举动引起了外廷的不安,于是朝中言官纷纷弹劾高拱,而赞誉徐阶,高拱自知难以立足,于五月份借口有病辞职而去。不久,郭朴也因言官弹劾而去位。

严嵩当政时,内阁与言官势同水火,徐阶任首辅后,放宽言路,支持言官,双方关系融洽。穆宗即位后,给事中、御史等言官仗着首辅的支持,常常以过激的言辞批评穆宗。穆宗难以忍受,谕阁臣谴责这些言官。其他阁臣想照办,徐阶反对道:"皇上想谴责言官,我们应当极力谏止才是,这样方能保持言路畅通!"于是,徐阶请穆宗传谕,只是令言官们自己反省而已。当年中秋节,穆宗想设宴请翰林学士一同赏月赋诗,徐阶以"先帝未撤几筵,不可宴乐"为由加以反对,穆宗只得作罢。穆宗想命中官分督团营,又因徐阶的反对而不果。尽管穆宗对臣下较宽厚,但是在屡屡受到首辅徐阶的阻隔而不能遂其心愿后,对徐阶渐生反感。隆庆二年(1568)三月,穆宗下谕要游幸南海子,徐阶又极力谏阻,穆宗不听,终得成行。徐阶以自己没能谏止穆宗而感到羞愧,加之,他逐渐发现穆宗是一个难以辅佐的君主,于是坚决请求致仕。穆宗因徐阶对自己约束过严,已生反感,于是批准了徐阶的致仕申请。廷臣获悉大惊,纷纷上疏请求挽留徐阶,但穆宗不为所动。徐阶自此结束了他的首辅生涯,回到了华亭老家。

不久,高拱复出任首辅,尽反徐阶之政,并伺机报复徐阶。尽管此时徐阶已致仕在家,且已无意于政事,高拱还是不愿放过他。刚好徐家子弟恃势在乡里做了一些违法的事情,隆庆五年(1571),高拱指使其门生苏松兵备副使蔡国熙来处理这件事,蔡国熙于是从重处置:长子徐璠、次子徐琨充军戍边,三子徐瑛被削籍为民,徐府的田产全部没官。徐阶受到空前的打击,痛苦万分,不顾自己的面子,致书高拱请求宽释。然而,直到次年穆宗驾崩,徐阶的门生张居正倾倒高拱后,徐府之狱才得以解除。之后,因自己的得意门生主政,徐阶得以在家安度晚年。万历十年(1582),徐阶八十大寿,首辅张居正上疏为他请存问赏赉恩礼,神宗皇帝即诏遣行人存问,赐玺书、金币,恩礼极隆。次年闰二月,徐阶染疾病逝,享年八十一岁,朝廷追赠他为太师,给谥号文忠。

救时宰相

——于谦

名人档案

于谦：字廷益，号节庵，汉族，明代名臣，民族英雄。官至少保，世称于少保。祖籍考城（今民权县），故里在今民权县程庄乡于庄村。于谦的曾祖于九思在元朝时离家到杭州做官，遂把家迁至钱塘太平里，故史载于谦为浙江钱塘人。

生卒时间：1398~1457 年。

安葬之地：葬于杭州西湖三台山麓。

性格特点：清廉正直，不畏惧困难和风险。

历史功过：在危难之际挺身而出，力挽狂澜，保卫京城和大明的半壁江山，拯救了无数平民百姓的生命。在他几十年的官场生涯中没有贪过污、受过贿，虽然生活并不宽裕，却从未滥用手中的权力，在贫寒中始终坚持着自己的操守。

名家评点：于谦与岳飞、张煌言并称"西湖三杰"。

少年立志

于谦生于明朝洪武三十一年（1398）。他的出生地离西湖不远，就在杭州钱塘县太平里。

于谦生来聪明颖异，六岁时被送到外塾去读书，他不仅勤奋好学，而且逐渐显露出机变的才能。

永乐十年（1412），于谦已是一个十五岁的英俊少年了。由于他的才学，被录取为钱塘县儒学生员，生员也称诸生，就是平常所说的秀才。于谦并不是一个读死书的书生。

他胸怀大志,关心天下大事。受祖父的影响,他从小就爱慕苏武、诸葛亮那样的优秀人物。他的家自从他祖父时起,便收藏有一幅南宋丞相文天祥的画像。他钦敬文天祥的气节品行,决心要做一个像文天祥一样以天下为己任的人。他在文天祥的画像上写了一篇赞词,称赞文天祥"徇国忘身,舍生取义,气吞寰宇,诚感天地",以表自己的心志。于谦将这幅文天祥像悬挂在座位旁边,几十年如一日。

钱塘县所在的杭州是历史名城,对于谦的成长有很大影响。由于有不平凡的抱负,他"濡首下帷,足不出户",勤奋读书,而且处事端敏,识大体。他喜欢读先秦两汉的典籍,喜欢苏东坡的文章,对古今天下何以兴,何以亡,何以治,何以乱尤为究心。

于谦锐意功名,却并不阿附权贵,时时显示出刚直端洁的品格。一次巡按御史到钱塘县学视察,指定要于谦讲书,以便有机会折服这个特立刚正的少年。于谦镇定自若,按照规定,向各位官员作揖行礼。然后,他要求各位官员一律跪在讲案面前。这一突如其来的要求,令官员们大为惊异。御史说:"按礼仪规定,在讲案前不应行跪礼。"于谦说:"今天所讲,是高皇帝的《大诰》三篇,我不敢不跪,各位官员也应该下跪。"高皇帝就是明朝开国皇帝朱元璋,《大诰》是朱元璋拟写的诰文,是神圣不可冒犯的。于谦要求各位官员在《大诰》面前下跪,他们也不得不敬畏地跪下了。于谦的讲解详明贴切,无懈可击。最后,连挑剔的御史们也不能不佩服于谦的学识和胆量。

永乐十五年(1417),于谦二十岁。他以第一名的成绩考取为钱塘县的廪生。廪生由官府每月给每人廪米六斗,还要给予鱼肉,并且免除其家二丁的差役。成绩好的学生才能考中廪生。在这个人文荟萃之地,于谦能以第一名录取为廪生,可说是初步显露了他的才华。

永乐十六年(1418),二十一岁的于谦成了婚。他的岳父是董镛,原在翰林院任职,是位刚直不阿之士,因直言得罪了权贵,被降为济南府学教授。董公的女儿是个贤德的女子。她熟读诗书,能作文辞,又习于女红。到于家后持家勤俭,谨事舅姑,是于谦的得力内助。

婚后第二年,于谦到山东拜省岳父董公。这是他第一次离开家乡远走异地。虽然济南府也是一大都会,但与杭州的繁华相比,毕竟冷落多了。于谦第一次踏上满目疮痍的土地,这位以天下为己任的青年不禁黯然神伤,他为百姓的贫穷而悲伤,为官府的无能而悲愤。他在路过滕县的时候,曾和许姓知县讨论过人民流离社会不安的问题。此行给他留下了深刻的记忆。

初试锋芒

永乐十八年(1420),正逢乡试大比之年。这一年于谦以第六名的成绩成为举人。第

二年,于谦照例到北京去参加会试。

新年刚过,于谦乘船从京杭大运河离乡北上。与前次到山东不同,于谦更加成熟,而且已经是一位举人了。永乐十九年(1421)明朝已经正式迁都北京,正是万象维新之时。于谦置身这全国政治中心,更加意气昂扬。他感到自己即将肩负国家重任。

三场过去,于谦列榜第一名。于谦可以肯定成为进士了,但还必须经过廷试,由皇帝裁定最后的名次。这年廷试制策的题目是:"帝王之治天下,必有要道,粤自尧、舜,至于文、武,圣圣相传,曰执中,曰建中,曰建极。千万世,帝王莫不守此以为天下治。朕自莅祚以来,夙夜祗承,亦惟取法于唐虞三代,然而治效未臻其极者,何欤?"于谦认为这是受知于皇上,报效国家的极好机会,便倾其心胸,直言不讳。三月十九日,明成祖朱棣在奉天殿圈点试卷,殿内外传唱中仕者的名次,声彻内外,响遏行云。但直到第三甲九十二名才唱到于谦。于谦只得到个赐同进士出身。于谦不明白为什么会有如此的结果,很久以后,才知道是由于他的试卷"策语伤时"所致。以于谦之饱学,他不会不知道当政者之所好,以于谦之年纪也不至于不懂得打顺风旗会有利于仕途。但是他的正直,他以天下为己任的壮志,都不容他不直言政见。虽然于谦没有得到好的名次,但他为自己敢于言所欲言而宽慰,同时,他也明白了等待他的道路并不平坦。

于谦被任命为山西监察御史。监察御史隶属于都察院,虽仅为正七品官,但权力很大,专职察纠百司,凡政事得失,军民利病,都有责任直言。御史外出可以代天子巡狩,大事奏裁,小事立断。

永乐末年,广西柳州府洛容、柳城、宜山、天河诸县少数民族曾发生叛乱。叛乱虽然平息,但南方和西南地区的民族问题一直为明廷所关注。永乐二十一年(1423),于谦奉朝命到湖广地方考察官军功过,并赴川贵等地安抚瑶民、壮民。为接近百姓,于谦脱去官服,到瑶民中去查访,了解一些官军滥杀无辜的情况。对于这位办事认真的朝中大员,驻守当地的军官们很是敬畏。于谦秉公办事,当面斥责了他们的为非作歹,而且向皇帝报告了湖广、川、贵官军贪功妄杀的罪行。朝廷下令各地官军不许邀功妄杀。瑶、壮民的情况因此多少有些改善。于谦的廉干,受到朝廷内外的一致称赞。

成祖死后,由太子朱高炽继承皇位,改元洪熙,是为明仁宗。不料仁宗朱高炽即位不到一年就死了,由皇太子朱瞻基继承皇位,改元宣德,是为明宣宗。

在宣德朝,于谦处事明敏,而且因才貌英伟而引人注目。在奏对时,他声音洪亮,条理清楚,受到宣宗皇帝的眷顾。

宣德二年(1427),于谦奉命巡按江西。于谦在江西,廉明公正,一丝不苟,军民上下,有口皆碑。于谦曾审理一桩久而未决的所谓叛党案。经过仔细调查分析,于谦发现这案子原是一桩冤案。他据理推翻了旧案,辨明了冤枉。于谦还曾处理一桩涉及数百人死刑的案件。经过他的审理,数百遭冤枉的人被释放。江西南昌是宁王府之所在,王府官员属吏,仗着亲王的势力横行无忌。他们常借"和买"的义名以搜刮民财,几近于抢劫,市肆商贾无不深受其害。于谦对为非作歹的王府官员给予严厉惩治。街市为之一清，南昌远近无不称快。

于谦在江西兴利除弊不畏豪强权贵，名播遐迩，江西人奉之若神，甚至将其木主安置在南昌府的名贤祠，岁时祭祀颂扬其德，求其庇护。

宣德四年(1429)，于谦回到北京。在北京为官比地方更困难，这里各路豪门势要比江西的宁王作恶更甚。但于谦秉公执正，明断刚直，一如在江西。他偕同锦衣卫官校，到长芦一带运河上搜捕走私食盐的官船，面对权贵佞悻，毫不妥协，凡有违法，一律参治。于谦的行为深得同列的赞许。当时于谦的直接上司右都御史顾佐也称许于谦的才能，并说自己比不上于谦。于谦赢得了长官和僚属的敬重。可以说，在宣德年间的政坛上，于谦是春风得意的。

于谦顺利登上仕途，并且所向成功，更增添了他的锐气和豪情。他决心施展自己的抱负，不避艰险，一往无前。他借观赏《鲤鱼图》写下了一首诗，寄寓自己济世救民的志向：

峥嵘头角伸非难，变化飞腾顷刻间。
等闲吸尽四海水，化作商霖拯旱干。

他要像一条化龙腾飞的鲤鱼，吸尽四海之水，将其化作甘霖，拯救在干旱中挣扎的饥民。这时的于谦，是何等意气风发！

胸怀壮志

宣德五年(1430)，河南、山西两省奏报发生灾荒。宣宗皇帝亲笔写了于谦的名字交给吏部，任命于谦为兵部右侍郎，巡抚河南、山西。这一年，于谦三十三岁，从此，开始了他在山西、河南长达十九年的巡抚生涯。

于谦巡抚山西、河南，是明朝正式设立巡抚之始。巡抚受天子钦命，地方的布政使司、按察使司、都指挥使司，也就是行政、司法、军事机关都归其辖制。于谦胸怀壮志，走马上任，以一首《咏煤炭》抒发情怀：

凿开混沌得乌金，藏蓄阳和意最深。
爝火燃回春浩浩，洪铲照破夜沉沉。
鼎彝元赖生成力，铁石犹存死后心。
但愿苍生俱饱暖，不辞辛苦出山林。

他把自己比作煤炭，浑身蕴藏着充沛的光和热，不惜燃烧自己，为的是给天下带来浩浩春温，为的是照破沉沉黑夜。他要让苍生俱得饱暖，天下太平安乐，不辞辛苦，死亦甘心。

仁、宣以来，虽号称治世，但社会问题仍然很多。于谦来到河南，见到的是一片凄凉景象。他认为百姓疾苦便是官员的失职，他抨击那些隐瞒灾情的官员，开仓赈济，蠲免受灾土地应缴纳的粮草，想方设法救济灾民。

明朝制度规定，百姓的户籍不得随意改变，军户世代为军。如果军人病故，要由其家庭的壮丁补替，如在卫所的军户死绝，则要由其家乡的亲属接替。有时卫所离原籍很远，为了减轻原籍百姓补替军丁的沉重负担，于谦奏请求皇帝停止征军和长途押解，使"被灾之民，庶得少宽，而新徙之兵，亦不失所"。于谦还亲赴遭受水灾的开封等七府州县实地勘察，上疏请求以钞布代替粮税，把粮食留给百姓。于谦还设立预备仓，以备灾荒。办法是，每年三月，州县将缺粮的贫困户上报给布、按二司，从预备仓支给粮食，大口每年三斗，小口一半，在五月蚕、麦收获之后停止支放，秋收后归还。年老残疾或特别贫困、无力偿还的，可以免予偿还，但预备仓储存原额要由官府补足。府州县官任期届满，如果界内预备仓粮储不足，不得升迁或调走。因此，山西、河南各有数百万石的存粮。于谦还多次捐出自己的薪俸救济灾民。

有一首民间歌谣记述了于谦的德政：

凶年饥岁贫无粟，处处人民皆枵腹。

儿女卖与富家翁，一男止换六斗谷。

春来只有四斗粮，夹秕夹糠煮薄粥。

夫妻共食一月余，面渐尪羸皮搭骨。

引领看看作饿莩，精液耗干无泪哭。

忽闻巡抚到此邦，开仓赈济饥与荒。

示民出粟自捐俸，谆谆复谕富贤良。

幸蒙尚义诸耆俊，贷资输谷到官仓。

大家小户皆得食，顷间面色生容光。

鳏寡孤独俱有养，医药调理救灾伤。

召文杜母今复见，天遣恩官拯二方。

在饥荒之年，山西、河南粮食不足，于谦还派人到湖广、四川等地去买粮。如果其他省发生饥荒，有流民到河南、山西就食，他就要各县做出妥善安排，帮助流民。

正统十年（1445），山东、山西、陕西的饥民大批涌入河南，到其年二月已达二十余万人。这对于谦的执政是个严峻的考验。于谦上书皇帝，请求将河南、怀庆二府官仓存粮八十余万石减价卖给饥民。于谦命令各地方官向涌入河南的流民发放田地、耕牛、种子，但暂时不收税。同时，他下令将流民编成里甲，单独管理，不与原住百姓混合。当时编入户籍的达七万余户。这次大规模安置流民的工作，使数万户的流民得以安生，稳定了北方社会。

于谦给河南的地方官建立了一条规矩，府州县官任期届满，必须对境内民户情况做一详细汇报，作为政绩考核的依据，因此地方官都不敢掉以轻心。在于谦的管理下，山西、河南的流民问题比较少。

于谦十分重视农业生产，希望百姓都能达到"衣食不亏租赋给"的小康局面。黄河流经河南，治理黄河，防止洪水泛滥是保障民生的大事。为使黄河不为害，他下令百姓厚筑堤障，每五里设一亭，每亭设亭长，负责督率民众，及时修缮。由于他的治理，使黄河的每次水患都得以遏制。当时人们对洪水还没有科学认识，他们希望得到神灵的保佑。于谦带领军民治河之余，铸了一尊铁犀，作为镇河之物。铁犀背上的铭文，是于谦亲自撰写：

> 镇厥堤防，波涛永息。安若泰山，固如磐石。
>
> 雨顺风调，男耕女织。四时循序，百神效职。
>
> 亦尔有庸，传之无极。

明官府为了管理商业活动，增加财政收入，在各地设置了一系列税收机构。为了减少地方负担，防止舞弊，于谦上疏请求撤洮直省的税课司、税课局，由地方官直接管理，请求取消济宁、徐州及南京上新河的船料关钞。商民无不欣喜称便。

于谦在河南、山西还有许多善政，比如修整道路，在大道旁种植榆树柳树；路边相隔一段距离要开凿水井，供行人乘凉饮水，等等。

于谦在山西、河南巡抚任上先后十九年，终年栉风沐雨，驱驰于山川道路之上，为国为民费尽了心血。十几年间，于谦已经齿落发白。

于谦为国操劳，难有闲暇顾及家事。他把妻子和女儿在留在北京，把家务抛在一边。他的父母都在杭州老家，他以不能亲自奉养而自咎，便将儿子于冕送到老家。于谦要求于冕侍奉祖父母，还要努力研读经史，莫负青春。

于谦的妻子董氏，贤良知理，非常理解于谦的报国之心，勤俭操劳家务，为于谦分忧，二人常以忠孝互相缅怀。于谦《寄内》诗写道：

> 惟汝内助勤，何曾事温饱。
>
> 而我非不知，报主事非小。
>
> 忠孝世所珍，贤良国之宝。
>
> 尺书致殷勤，此意谅能表。
>
> 岁寒松柏心，彼此永相保。

由于操劳，董氏得了"气疾"的病，常常发作，每次发作都要十几天。正统九年（1444）秋天，其妻董氏写信告诉于谦病情加重。于谦认为此病常犯，而其妻又在盛年，便不以为意。不料第二年董氏竟遽尔逝去。于谦大为悲伤。这一年于谦年四十八岁，他从此不再娶妻，也不买妾，更加尽心于公务。

于谦笃于名节，鄙视富贵安逸。他平日不敢枉费公家的一个钱，甚至夜间办公也吝惜灯油。他的《昼夜长短》诗写道：

> 昼长宜官府，夜短省灯烛。

灯烛民膏脂,燃之非我欲。

于谦的德政恩泽遍于河南、山西,当他巡抚任满返京时,有人作诗相赠,称颂道:

遍野儿童知望重,满朝公卿让才优。

劲松晚节坚真操,鸷鸟风高少匹休。

河南开封的民众,更在河堤旁建立了祠堂,立了于谦的塑像,把他与当地的神祇一同崇祀,以纪念他治河救灾之功。

有一个流传很远的故事,说的是,正统五年(1440)于谦因公务从河南前往山西。在太行山上有一伙强盗随后窥伺。他们要动手行抢,遭到于谦厉声斥责。当群盗知道他们面对的是巡抚于谦时,大惊散走,说:"不知为我公也!"可以看出于谦的声威和受到的普遍尊敬。

一展雄才

明朝宣德以来,政治上进入了一个稳定期。仁宗、宣宗父子相继执政,爱恤民力,慎于兴作,纠正了永乐年间好大喜功的作风,使负担沉重的百姓得到了喘息。

但是,朝廷上也逐渐形成一种无所作为,因循保守的作风。仁宗在位只一年,宣宗以幼冲即位。朝中之事,多赖先朝留下的老臣辅导处置,很多大臣任职时间都很长。老臣执政,虽然稳健,但多了几分暮气与保守,失去了进取之心。

英宗即位时年纪很轻,内阁大学士杨士奇等担心小皇帝过于劳累,规定皇帝每一早朝只许奏报八件事,前一日先把副封发到阁下,内阁把各事的处理方案送上。皇帝依照拟好的方案传旨而已。这与明太祖、明成祖四鼓以兴,接待群臣,秉烛至夜,勤政不息的情况相去甚远。当时杨士奇、杨荣、杨溥等号称"三杨",都是四朝元老,太皇太后又有贤德,政务用不着皇帝过于操心。但正统七年(1442)太皇太后病逝,此前杨荣已经去世,杨士奇因他的儿子杨稷犯罪被处死也不再出政,杨溥年老有病无法理政,新进入内阁的马愉、曹鼐等分量不够,而一个经验不足的小皇帝必须有所依靠,这使得一个人走上了政治前台,他就是宦官王振。

王振是蔚州(今河北蔚县)人,本为儒士,充任教官,任职九年无功,即他的学生进学率没达到要求,按规定应当贬黜。这时皇帝下诏:无功的教官有子嗣者可以净身入宫服役。于是王振就给自己实施了宫刑,进宫在内书堂教授宦官读书。宣德年间,他被安排陪伴太子讲读,很得太子的欢心,太子对他也很尊敬。这位太子就是后来的英宗皇帝。英宗以少年做皇帝,王振被提拔掌管司礼监。司礼监是宫中最重要的宦官衙门,宦官二十四衙门以司礼监为首,它有机会影响皇帝的决策。英宗倾心于王振,甚至对王振称先生而不直呼姓名,多次赐给敕书予以褒奖。王振权力日重,公侯勋戚都要看他的脸色行事,有人甚至无耻地称他为"翁父"。

于谦对官场的腐败情况极为不满。他刚直不阿,疾恶如仇,在诗中写道:"于今多少闲虎狼,无益于民却食羊。"他要削除民间的不平,也要铲除朝中的狼虎。

于谦不为流俗风气所动,他到京办事从不带礼物,有人对他说:"你进京既然不携带金银,宁无一二土物,比如蘑菇与线香之类充交际耶?"于谦举起两袖,说"吾唯有清风而已"。为此他写过一首诗:

手帕蘑菇与线香,本资民用反为殃。

清风两袖朝天去,免得闾阎话短长。

于谦在山西河南十余年,颂声遍野。于谦担心盈满招祸,就在入朝时提出请求,希望由参政孙原贞来代替自己的职务。这一下招致了大祸。于谦从不讨好王振,王振见到于谦的上书,便示意要加以惩治。通政使李锡摸到了王振的心思,上书弹劾于谦,罪名是于谦因长时间得不到升迁而心怀不满,擅自荐举人代替自己,不懂得做大臣的规矩。结果,于谦被投入了监狱。于谦在狱中关了三个月。正赶上每年一度的热审。这时王振的气已经消了,而于谦实在没有罪过,就自己找台阶下说:"我见一个御史名字和于谦差不多,很想整治他一下。看来并不是这位于谦。"于谦被释放,但还是被降了职,改任大理寺少卿。

山西、河南的百姓知道于谦获罪贬职,便纷纷来到京城给皇帝上书,前后有上千封。他们称颂于谦的政绩,请求将于谦留任山西、河南巡抚。山西的晋王、河南的周王,也说山西、河南不可以没有于谦,请求将他留下。朝廷不得已,下令于谦以大理少卿之职,仍旧巡抚山西、河南。

由于朝政因循,无所作为,不仅朝廷上下怨声四起,一些边远少数民族地区也不断发生反叛。正统年间,云南麓川(今瑞丽市)宣慰司的首领宣慰使名叫思任发。正统二年(1437),思任发发动叛乱,四出侵扰,附近腾冲、南甸、孟养等地无不饱受其害。

这时,在朝廷内就如何处理麓川问题引发了一场争论。大学士杨士奇等无意振作,不同意征讨,英国公张辅等力主派大臣专征。皇帝支持了张辅等人的意见,王振又一心要建立功业,想在荒蛮之地示威,于是决定征讨。经过长期征战,麓川之乱得以平定。朝廷先后共发兵五十余万,转饷半天下,付出了巨大代价。

东南地区人民的反抗也风起云涌。

正统十年(1445),浙江、福建、江西三省交界处仙霞岭一带的矿徒在浙江庆元县叶宗留带领下,揭竿而起。福建邓茂七自称"铲平王"带领民众反抗官府,与叶宗留遥相呼应。同时在广东则有黄萧养为首的"山海盗"。

就在到处动荡不已,朝廷疲于应付之时,西北地区蒙古瓦剌部逐步强大起来,成了对明朝的严重威胁。

这时于谦仍在山西、河南巡抚任上。正统十二年(1447),于谦接到他父亲的丧报,回

乡料理丧事。按礼制，父亲死，儿子应守制三年，但国家多事，正在用人之际，于谦奉调为兵部右侍郎，进京效命，不得尽丧礼。第二年，于谦母亲也去世了。这时明朝与瓦剌之间的冲突随时可能爆发。于谦再次被急调回京，担任兵部左侍郎，佐理部事，再次不得终丧。

国家的危难需要有力挽狂澜的英雄。多事的时局为于谦提供了一个一展雄才的舞台。

重振大明

明朝是在推翻元朝统治的基础上建立的。明太祖朱元璋为巩固新建的明朝，控制塞北，曾发动了一次又一次的北伐，同时还在缘边地区修筑边墙，严守关隘，并用官爵赏赐吸引故元军民的归附。明成祖在继续洪武时期的羁縻怀柔政策的同时，曾经五次带兵亲征，迫使蒙古各部臣服。当时，蒙古地区已分为三大部：鞑靼、瓦剌和兀良哈。

正统初年，瓦剌部强大起来，其首领太师脱欢实际控制了鞑靼、瓦剌两大部。正统四年（1439），脱欢死，也先嗣立。他以武力和联姻方式积极向西扩展，哈密、沙州、赤斤、肃州、罕东都成为他攫取的目标。对于关内，他也采取进攻态势，声言："纵不得大城池，使其田不得耕，民不得息，多所剽掠亦足以逞。"

由于明初以来对蒙古各部的优厚政策，有大批蒙古人来到内地居住。蒙古瓦剌等部一直以朝贡贸易的方式与内地进行交流，每年又有大批各部人涌入内地。他们以马匹"入贡"，朝廷对待这些"来使"给予优礼，赐宴，提供食宿、粮秣，还要给予大量赏赐、赠赍。

按制度规定，瓦剌贡使每年每次不超过五十人，但是他们贪图得到朝廷赏赐的官职和财物，每年贡使增加到二千余人。明英宗多次下令限制贡使人数，瓦剌都不愿奉行。而且，贡使往来沿途常常进行杀掠，他们又裹挟各部一同来，向朝廷邀索贵重难得的东西。稍不满足，就制造事端。明朝对瓦剌等部贡使的支出与日俱增，已经不堪重负，但如果强行限制，也可能使事态激化。

在内忧外患面前，必须拿出对策。举朝萎靡，期待振作。

这里有必要介绍一下明英宗正统皇帝。英宗于宣德十年（1435）即位，当时只有九岁。但是，英宗年纪虽小，志气并不小。他决心继承父祖的事业，有一番作为。他曾命兵部尚书王骥、侍郎邝埜议处边事，五日还没有得到回答，发怒说："藐朕冲人耶？"把王骥、邝埜关进了监狱。明人评论这件事说英宗这时已经有了"鞭笞四夷之气"了。

正统六年（1441）十一月，年轻的明英宗做出了一个重要的决定，再次确定北京为首都。自明成祖死后，北京作为首都的地位，出现了动摇，仁宗与其父政见不合，他宣布北京再次称为"行在"。英宗恢复北京的地位，表明他重振大明雄风的决心。

正统二年(1437)，广西麓川地区发生叛乱；正统十二年(1447)，浙江矿徒叶宗留起义；正统十三年(1448)，福建农民邓茂七发动起义，都是在英宗主持下坚决出兵征讨。而其背后的支持者正是王振。

英宗的豪气，使当时朝廷因循疲软和不思进取的气氛为之一新。面对内外祸乱，所谓"辅政五臣"等元老，已经习惯了无所作为的状态。而振作进取是明朝的出路。不幸的是，带领明朝这条船向前行驶的是小皇帝和宦官王振。作为司礼监太监的王振仅靠自己的专横和巧言令色是不能赢得人心的。谁能就当时形势提出有效对策，谁就把握了政治主导权。

正统十四年(1449)七月，也先借口明朝减少进贡马匹的价值，联络各部，向明朝发动大规模进攻。大同守军失利，塞外城堡所至陷没，边报日至。明英宗派遣驸马都尉井源等四将各率兵马万人出兵抵抗。太监王振力劝英宗效法祖宗带兵亲征。明英宗毅然决定统兵亲征。朝中大臣合章上奏表示反对：天子至尊，不可躬履险要。但英宗力排众议，决心不改，下诏说："虏贼逆天背恩，已犯边境，杀掠军民，边将累请兵救援。朕不得不亲率大军以剿之。"诏书下达二日以后，五十万大军(实为二十余万)就迅速集合上道了。

随同明英宗亲征的有英国公张辅、成国公朱勇、户部尚书王佐、兵部尚书邝埜、学士曹鼐、张益等。在北京由太监金英辅助明英宗的弟弟郕王朱祁钰居守，每天于皇宫阙左门坐东朝西接受群臣谒见。

此时，西宁侯宋瑛、武进伯朱冕带领的前军已在阳和全军覆没。死亡战士的尸体随路可见。随同亲征的将士的士气大受影响。镇守大同的中官郭敬秘密向王振进言：形势危机，绝对不可继续进兵。钦天监正彭德清也以"象纬示警"，劝阻说"不可复前"。学士曹鼐说："臣子固不足惜，主上系天下安危，岂可轻进？"英宗与王振被迫决定回军。

这时，瓦剌的军队已经绕过独石口，攻破永宁，进逼居庸关。大驾如果从紫荆关回京可以避开敌人锋芒，保证安全。大军从大同向紫荆关行进。但行军四十里，大军忽然改变方向，掉头向东，直奔宣府，改由居庸关进关。这一改变，使明军的危险大增。亲征大军八月初十日到达宣府，瓦剌军队已逼近明军。

十三日，由朱勇带领阻击瓦剌军的明军三万人在鹞儿岭惨败。瓦剌军队继续南进。这一天，明英宗车驾从宣府到达土木堡，大军在土木堡驻营。

土木堡距怀来城二十里路，是居庸关通往宣府道上的一个驿站，四面环山，无险可守，又高亢无水。在这样的地方驻军从来为兵家所忌。这时，瓦剌军也先从西北的鹞儿岭(在涿鹿西北四十里)乘胜追来，阿剌知院从东北方向前来拦截明军归路。明军处于被动之中。十四日黎明，瓦剌军包围了明英宗所在的狼山。

明军人马众多，也先不敢轻举妄动，他要求与朝廷和谈。明朝派人前去谈判。明军已经断水两天了，在谈判时瓦剌军暂时后退，王振下令移营就水。因为人多，军士急于饮水，行伍大乱，队伍失去了控制。不料，瓦剌军乘机从四面八方冲杀过来，明军指挥失灵，

完全丧失了抵抗能力，士兵纷纷丢弃兵甲争相奔逃，被杀死和相互践踏而死的蔽野塞川。明英宗与亲兵乘马突围不成，下马盘膝而坐，被瓦剌军队捉去。英国公张辅、兵部尚书邝埜等大臣数百人死于此难，王振也死在乱军之中；骡马二十万余，连同衣甲、器械、辎重，尽为也先所得。

这就是土木之变。

当时的明朝正是全盛时期，皇帝竟然成了俘虏，真是惊天动地的大事。明英宗出征，本不是田猎游乐，只为效法祖宗，振作明朝，控制四夷。但是皇帝被俘直接影响了天下安危。

临危不乱

土木堡失败的消息传到北京，皇帝被俘，群龙无首，朝廷上下一片混乱。大街上到处是从前线跑回来的败兵。一些官僚富豪收拾细软纷纷准备逃跑。明朝的精锐部队大多在前方败没了。北京守军疲卒羸马不足十万，有盔甲的只占十分之一。负责居守的郕王一筹莫展，满朝文武手足无措，只是相聚痛哭。

八月十八日，皇太后孙氏召百官集于阙下，明确了郕王的监国身份。

如何应付这突来的变故？郕王与大臣商讨战守大计。侍讲徐珵说，根据星象的变化，应该迁都南京。于谦以兵部侍郎代理部事的身份上书坚决反对。他说："京师为天下根本，宗庙、陵寝、百官、万姓、帑藏、仓储咸在，若一动则大势尽去。宋南渡之事可鉴也！""倡议南迁者当斩首！"他请求马上征召各地的军队，誓死坚守京师。于谦的建议得到了皇太后和郕王的同意。在抗战派官僚的支持下，于谦担任起保卫京师的重任。

于谦得到郕王的批准，把南北两京和河南的备操军士、山东和南直隶沿海的备倭军士、河北和北京诸府的运粮军士都调来守卫京师。当时，在距北京九十里的通州有大量存粮，足够京军吃用一年。但为避免这批粮食陷于敌手，有人建议马上将其焚毁。于谦接受了应天巡抚周忱的建议，命令在京文武官员和军士，预支数月俸禄和粮饷，自行到通州领取，同时征用顺天府大车五百辆，起运通州官粮，并发放脚银，组织百姓运输。于谦还赏给新入伍的官兵、守城匠人、伙夫和皇城四门内外官军银两布匹，以鼓舞斗志。经过这一番布置，使一时慌乱无主的人心稍稍得以安定。

二十一日，郕王任命于谦为兵部尚书。为安定民心，皇太后又下令立明英宗的长子朱见深为皇太子，以示皇统并无改变。

长期以来，朝中一些人就对宦官王振心怀不满了。这时，他们把土木战败、明英宗被俘的责任都推给了王振。二十三日，郕王在午门临朝，都御史陈镒等联名上奏，要求惩处王振家族，说："王振倾危宗社，请灭族以安人心。若不奉诏，群臣死不敢退。"刚刚主持国

政的铖王迟迟不能表态,百官痛哭,声彻内外。拿不出主意的铖王打算逃避,起身推门而退,宦官将要关门,众人也随着拥入。不得已,铖王只好下旨籍没王振的家产,派遣指挥马顺前往执行。众人说,马顺是王振的死党,应该派都御史陈镒前往。马顺至此还不知收敛,呵斥众官。给事中王竑挺身而起,抓住马顺的头发痛斥:"马顺往时助王振为恶,今日至此,尚不知惧!"百官一拥而上,捶击踩踏,把马顺当场打死。接着,众人又揪出王振的党羽毛、王两个宦官,也将其打死。三人尸首被拽到东安门外,军士们还争击不已。不久,王振的侄子锦衣卫指挥王山,也被捆绑跪于朝廷。众人争相唾骂,喧哗不已,行班杂乱,完全失去了朝仪。百官擅自打死马顺等人,也很害怕,心神不安。见到这个场面,铖王几次起身打算还宫。于谦看透了铖王的心思,挺身上前,拉住铖王的衣襟,说:"殿下止步。百官心为社稷,并无私念,也不会为乱。"铖王听了这话,心也定了下来,下令说,马顺有罪,应该处死,打死马顺等可以不追究。他还夸奖百官伸张正气,做得好,下令百官回到各自的衙门办事。众人心里的一块石头落了地,纷纷拜谢而出。最后王振的侄子王山被处斩,王振家族不分老少一律被处死。

这一天事起仓促,多赖于谦临危不乱。在纷乱中,于谦排开众人,保护铖王回宫,袍袖都撕裂了。众人离宫时,吏部尚书王直,一位忠厚的老臣,握着于谦的手感叹说:"朝廷正借公耳。今日虽百王直何能为?"于谦在突发事变面前镇定自若,处事得体,毅然以天下安危为己任,得到举朝的敬重和信赖。

社稷为重

英宗在瓦剌营中,也先并不想加害他,相反,受到也先等人的优待和尊重。也先还派使者来说,要送英宗还京。但明朝方面怀疑也先的意图,担心也先以送驾为名大举入寇。于是,群臣联合向太后请求,赶快立一个新的皇帝。太后决定让铖王即皇帝位。铖王没有思想准备,吓了一跳,"惊让再三,避归铖邸"。于谦懂得铖王的心理,他劝说铖王:"臣等诚忧国家,非为私计。"这时,都指挥岳谦出使瓦剌还朝,传达英宗的口信,铖王在诸王中年长而且有贤德,命令他继承皇统,即位登极。这样,铖王才答应下来。

九月初六,铖王即皇帝位,以明年为景泰元年,遥尊英宗为太上皇。

朱祁钰在危难中登上皇帝位,将要带领明朝渡过难关,于谦则是他的有力臂膀。

瓦剌军队在土木堡得胜,缴获了数十万盔甲、器械、牛马、辎重,气焰甚盛。他们围困宣府、大同,同时到处搜山,掳掠军民男妇,还以结亲为由探听明朝虚实,并勾结关内的蒙古人为内应。

明英宗成为他们手中的奇货。他们企图以送还明英宗为名,胁迫、诱使明朝守军开门迎敌。也先带着明英宗来到宣府城下,要求守将杨洪开门。巡抚罗亨信说:"奉命守

城,不敢擅启。"罗亨信与总兵杨洪闭门坚守,使也先无计可施。

于谦请求朝廷褒奖杨洪,并积极安排战守。他起用了一批刚直善战的将领,充任各重镇的长官;任用在狱中的石雷为总兵官,率领京营兵马;推荐广东东莞县河泊所闸官罗通为兵部员外郎,把守居庸关;四川按察使曹泰、山东都指挥韩青把守紫荆关;任命大同副总兵郭登为总兵官,镇守大同;同时对失职无能的官员给予处罚。于谦还下令修筑龙门、独石、居庸关、紫荆关一带缘边大小关隘,催请工部赶造军械,号召人民献纳谷草,充实军备。贴出告示,告知军民职官百姓,杀敌报效者一律按功行赏;同时严防间谍密探潜入关内。经过一个多月的努力,京城内外及各边塞的防务形势大大改善了。

也先以明英宗为要挟手段,企图逼使明朝议和。但于谦说:"社稷为重,君为轻!"这句话出自孟子,经于谦说出铮铮有声。他传谕各边镇,无论明英宗到何处,守将都不可轻出。为了江山社稷,可以把国君阻挡在外。于谦能如此决断,可以看出他独力撑天,不惜粉身碎骨的高尚精神。九月六日,明朝立铖王为皇帝,也先以明英宗要挟手段就完全失效了。

明朝拒绝和谈,又不受诱惑,也先一时无计可施。但是,瓦剌在土木堡的轻易得胜助长了也先的野心。于是,也先决定对北京大举进攻。

夺取大都

十月初一日,也先、脱脱不花挟持明英宗掠过大同,攻破紫荆关,向北京进发,声称要夺取大都。另外,瓦剌军两万人从古北口、密云,三万人从宣府、洪州堡,攻破居庸关以西的白羊口,向北京进发。北京危急!

这时有人建议完全拆除北京城外的军民房屋,以便屯兵;有人建议在北京城外挑筑深壕;也有人提出全军退守城内,坚壁清野以避敌人锋芒。

于谦主张出城迎敌,主动打击敌人。他说:"奈何示弱,使敌益轻我!"于谦派遣各个将领,率师二十二万,列阵于北京九门之外:

陶谨列阵安定门外

刘安列阵东直门外

朱瑛列阵朝阳门外

刘聚列阵西直门外

顾兴祖列阵阜成门外

李端列阵正阳门外

刘得新列阵崇文门外

汤节列阵宣武门外

于谦身为兵部尚书,坚决要上第一线。他命令兵部侍郎吴宁代理兵部事务,亲自率军布阵于德胜门外,迎击瓦剌的主力。于谦躬擐甲胄,身先士卒,临阵督战。他下令将九门全部关闭,规定:"临阵将不顾军先退者,斩其将;军不顾将先退者,后队斩前队。"他面临三军,以忠义报国的道理晓谕将士,泪流满面,慷慨激昂。将士无不感奋,勇气百倍。守城部队军容整肃,决心与北京共存亡。

十一月十一日,瓦剌兵临北京城下。他们把明英宗放在德胜门外。于谦派副总兵高礼、毛福寿等在彰仪门(即广安门)土城之北迎击瓦剌军。高礼、毛福寿等一举打败了瓦剌军的先锋,斩首敌兵数百人。明军首战告捷,军威大振。

也先乘胜而来,又有明英宗在手中,十分骄横,本想在几天之内攻克北京。这时见到明军严阵相抗,没有取胜的把握,便提出与明朝讲和,要求派大臣迎接明英宗。明朝派右通政王复等到土城去见明英宗。也先嫌他们官小,不与接洽,要求于谦前去谈判,遭到坚决拒绝。

十三日瓦剌军队进攻德胜门。于谦命石亨等在城外民间空房内埋设伏兵,另派小队佯败诱敌。瓦剌派一万多人攻城。明军以火炮迎击。范广跃马冲入敌阵,石亨伏兵骤起,大败敌军于城下。也先的弟弟孛罗、平章卯那孩中炮而死。瓦剌军转攻西直门,又被打败。不得不退往郊外。

十四日,两军再战于彰仪门外。京师居民也配合官军阻击敌人。他们爬上屋顶,用砖石打击敌人,呐喊声震动天地。瓦剌军再次败退。

战斗持续了五天。瓦剌军受到坚决的抵抗,死伤很多,士气低落。这时瓦剌围攻居庸关的军队在与明军激战七天七夜后也遭到惨败。此时的也先,已无心战斗,又听说各地勤王的军队很快就要来到,他担心归路被截断,便于十五日夜拔营逃走了。明军奋起追击,以火炮袭击敌军,击毙敌军万余人。也先率军向良乡方向退去。十七日,也先拥明英宗出紫荆关,沿路烧杀抢掠。于谦派兵追击,再败敌军于固安、霸州,擒获敌将阿归等四十八人,夺回被掳掠人口一万多人,牲畜不计其数。瓦剌军所到之处,人民纷纷拿起武器,抗击敌人,使瓦剌军遭到沉重打击。

也先以武力攻破北京的企图被粉碎了。北京免于蹂躏,关内人民的和平生活得到了保护。

景泰元年(1450),瓦剌又连续两次发动对明朝的进攻,并且仍然企图利用明英宗打开关门。明朝边军接连打退了瓦剌的进攻,他们利用明英宗的伎俩也没能得逞。

不辱使命

在明朝另立皇帝,特别是在军事上节节胜利之后,明英宗便失去了利用的价值。开

始瓦剌送还明英宗是一个阴谋,到后来,明英宗就成了他们的一个包袱,迫不及待要将其送还。

也先被迫向明朝请求讲和。景泰元年(1450)三月,大同参将许贵上奏说:"迤北有三人至镇,欲朝廷遣使讲和。"于谦说:"我与彼不共戴天,理固不可和。万一和,而彼肆无厌之求,从之则坐困,不从则速变,势亦不得和。(许)贵居边疆重地,恇怯若此,何以敌忾!"从此,关将没有人再敢提出议和。

明朝人在评论这段历史时说,敌方不能得胜,势必求和。敌方求和,自然会送还被扣留的明英宗。相反,如果由明朝提出讲和,那么只能听任敌方的要挟。景泰帝一心任用于谦,坚决抗战,是一步胜棋。与南宋的情况相比,当时徽、钦二帝被金人俘获,宋朝一意与金人讲和,所以徽、钦二帝最终不能返回。其实,这只说了问题的一个方面,另一方面,即最根本的,是当时明朝的军事实力和整体国力并不像南宋那样衰弱,明朝与瓦剌之间的力量对比,并没有因为土木之变发生根本变化。明朝当时被称为"全盛之天下",土木之变只是一时军事指挥失误造成的。瓦剌不能在军事上战胜明朝,在政治上也必然处于弱势。

但是,景泰帝并非真心想要迎还英宗。因为英宗一旦被送还,他自己的皇帝位子是不是保得住就成了问题。宋朝一味讲和,造成徽、钦二帝不能回还,如果景泰帝学宋高宗的做法,求和退让,放松了军事,英宗便永无送还之日。好在景泰帝心计不深,没有这么多盘算,一心任用于谦,坚决抗战。以战逼和,最终迫使也先将明英宗送还。

也先一再派遣使者来到朝廷求和,并表示要送还明英宗。吏部尚书王直率领群臣上书景泰帝,说:"也先求和于我,请还乘舆,此转祸为福之机。望陛下俯从其请。遣使往报,因察其诚伪而抚纳之。奉太上皇以归,少慰祖宗之心。"景泰帝说:"设彼假送驾为名,来犯京师,岂不为苍生患?"他的担心也不无道理。后来瓦剌阿拉知院又派使者来讲和,再次请求送还明英宗,景泰帝说:"朕念也先屡请送大驾回京,以故遣人赐书授赏。乃也先诡诈反复,今阿拉又使至,朕欲从尔,但闻也先仍聚众塞上,意在胁挟,义不可从。即阿拉必欲和好,待瓦剌诸部落北归,议和未晚。不然,朕不惜战也。"当时也先仍聚众塞上,而明朝讲和,就无异于城下之盟。景泰帝断然拒绝讲和,也是明智之举。但是,当也先在军事上失败,真心要送还明英宗的时候,景泰帝一味拖延,就未免是出于私心了。

景泰帝在文华门召见廷臣,表示要拒绝阿拉讲和的请求。王直等人进言说:"必遣使,无贻后悔。"景泰帝看大臣们如此坚持,就不高兴了,一下说出了心里话:"朕非贪天位!当时见推,实出卿等。"当初推我做皇帝的是你们,现在你们又要迎还太上皇,太上皇回来后我怎么办?

于谦看出其中关键,从容地向景泰帝进言,化解他心中的疑团,说:"天位已定,宁复有他!固理当速奉迎,万一彼果怀诈,我有词矣。"景泰帝听了于谦说"天位已定",也就是说皇位已命定在景泰帝,无可改变了,心中的一块石头落了地,马上改口说:"从汝,从

汝。"他倚重于谦,信任于谦,当然要听从于谦。于是,明廷派出以礼部右侍郎李实为首的使团,出使瓦剌。李实刚走,瓦剌的使臣又到,在王直等的请求下,明朝又派右都御史杨善等出使瓦剌。礼部尚书胡濙说:"上皇在瓦剌久,御用服食,宜付善等随行。"胡濙请求给明英宗带一些衣服食品,但景泰帝却不予理睬。不久李实回朝,传达也先的话,也先说:"迎使夕来,大驾朝发。"于是,廷臣们开始讨论派遣迎还明英宗的专门使节。景泰帝却说:"杨善既去,不必更遣。但以奉迎意致也先,即令善迎归足矣。"这样,景泰帝虽然派了使者前往瓦剌,却没有一句提及迎还明英宗的话,更不同意派专使迎还。他内心还是不想迎还英宗。

七月二十七日,杨善到了瓦剌,第二天见到了也先,也先问:"敕书何以无奉迎语?"杨善很机敏,说:"此欲成太师令名,使自为之。若载之敕书,是太师迫于朝命,非太师诚心也。"杨善巧言善辩,既说得也先开心,又不辱使命。但史家评论说,杨善的辞令不过是明朝实力的外表而已。如果没有主战之君臣,努力杀敌的将领,敌方岂能被口舌所挫败?自古以来实力就是谈判基础。

杨善到瓦剌的第三天拜见了英宗,又过了两天,英宗就从瓦剌动身回还了。杨善手无迎还文书,只凭口说,就在短短四天使英宗成行,一时人们称赞杨善不辱使命,同时耻笑也先的前倨后恭。然而,无论如何,明英宗的迎还,都要归功于景泰帝和于谦的坚决抗战上。明朝政权转危为安于谦是第一功臣,所以被人称为"救时宰相"。这是对他最高的赞誉。

也先送还明英宗,是在景泰元年(1450)八月。也先同时要求恢复与明朝通贡、互市的关系。明朝抗击瓦剌的斗争取得了彻底的胜利,关内外的和平秩序得以维持,关内的正常生活得以保护。

改立太子

景泰帝并不诚心迎还明英宗,所以用什么礼仪迎接明英宗,成了争论的问题。礼部尚书胡濙安排了一套礼仪,上报给景泰帝,但景泰帝指示:用一舆二马在居庸关迎接明英宗,到安定门再换法驾。给事中刘福说,这样的礼节太薄。景泰帝说:"昨得上皇书,具言迎驾礼宜从简省。朕岂得违之?"景泰帝借明英宗的话来贬低迎接礼仪,众人就不敢再说话了。这时,一个小小的千户龚遂荣,写了一封信给大臣说:"奉迎宜厚,主上当避位恳辞,而后受命,如唐肃宗迎上皇故事。"当年唐朝发生安禄山之变,唐玄宗退位,避难于蜀中,后来叛乱平定,唐肃宗迎还太上皇唐玄宗,不仅礼仪隆重,而且避位恳辞皇位,等唐玄宗正式确认,唐肃宗才又坐到了皇位。大臣们一听龚遂荣此言,无不惊喜,说这真是"礼失而求诸野"。但景泰帝心怀疑虑,万一避位恳辞真的被明英宗接受,岂不弄假成真了!

景泰帝坚持己见："第从朕命，无事纷更！"而且把提建议的龚遂荣关进了监狱。

八月十五日，明英宗回到京师，从东安门入皇宫。景泰帝迎拜，英宗答拜，相抱哭泣，不过两人对于传授皇位，还是推让了一番。最终英宗被送到南宫，百官随之进入，举行朝见之礼。

但是后来，景泰帝不准群臣朝见明英宗，对于迎还上皇有功的杨善，也仅仅给以很少的赏赐。明英宗与外人的往来受到严格限制，明英宗居于南宫几等于囚徒。从此数年，远离了政治舞台。

景泰帝不仅自己不放弃皇帝的位子，而且想改变皇统，立自己的儿子为太子。景泰三年（1452）五月初二，景泰帝将明英宗的儿子太子改封为沂王，立自己的儿子朱见济为太子。同一天，景泰帝下诏废皇后汪氏，立杭氏为皇后，因为汪氏不同意改立太子。而新太子朱见济是杭氏所生。这两件事，既不符合礼制，也违背道德，因而引起许多人的批评。

然而，第二年十一月，新立的太子病死了。太子之位再次成为问题。于是，百官纷纷上言，要求恢复明英宗长子的太子地位，而且请求恢复汪氏的皇后地位。

景泰帝没有超人的胸襟，对上言的官员痛加刑罚，并追查主使。他怀疑这些人的后台是关在南宫的明英宗，逼迫他们交代与明英宗勾结交通的情况。这使得关在南宫中的英宗十分难堪，激化了景泰帝与英宗之间的矛盾，也使得官僚队伍发生了分裂，成为以后的事变爆发的导火线。

于谦惨死

太子的死，使得朝廷的政治前景不明，因为景泰帝没有别的儿子。而一旦英宗长子老太子沂王回到太子之位，就可能对支持废除太子的人实施报复，支持景泰帝的人将面临险境。所以，有人建议将沂王赶快安置到他的封地，断绝人们对他的期望。同时，另外选亲王之子，在宫中培养，将来立为太子。在这场太子废立的斗争中，没有明显的记载说明于谦参与了其事。于谦尊奉儒家"社稷为重君为轻"的信条。谁做皇帝在他看来都不重要，重要的是保护国家和百姓的利益。然而也正是于谦的这种超然态度，使他忽略了对自己的保护。而景泰帝也没有采纳另外选亲王之子的意见，没能对可能出现的危险有所防范。但是阴谋家和投机者正在为自己的前途日夜盘算。一场阴谋在悄悄酝酿着，阴谋家们在等待着机会。

景泰八年（1457）正月丙寅，这一天是元旦，但是例行的朝贺被取消。为什么呢？因为从去年十二月二十八日景泰帝就病了。正月十二日，为行祭天礼，景泰帝带病住在南郊（今北京天坛）的斋宫。他把武清侯石亨召到榻前，命他代行祭天之礼。石亨看到景泰

帝病得厉害，估计不会活得太久了。石亨退下后与都督张轨、左都御史杨善及太监曹吉祥商议，如果景泰帝死去，与其顺理成章地立太子或者恢复老太子让他来收拾我们，不如迎太上皇复辟，以建立"不世之功"，我们都成了功臣，可以邀功请赏。他们去找在土木之变发生后主张南迁的侍讲徐珵商议。徐珵在国家危难时主张南迁，因而遭到群臣的鄙视，于是他就改了名字，叫徐有贞。徐有贞大喜，认为机会来了。他说，这件事一定要得到关在南宫的英宗的确切答复才可以。他们在设法通知太上皇并得到确切答复后，就加紧行动了。他们决定利用边境警报为借口，以防备万一为名，调兵进入大内，发动政变。十七日，石亨等人带兵打开南宫，迎接明英宗进入皇宫实现复辟。

对于宫里发生的事，景泰帝一点也不知情。天刚亮，景泰帝听到钟鼓声，大惊，问左右说："是于谦吗？"过了一会儿，知道是太上皇复位了，已经无可奈何，连说："好，好！"

明英宗复辟第二天，下诏逮捕少保于谦、王文，学士陈循、萧镃、商辂，尚书俞士悦、江渊，都督范广，太监王诚、舒良、王勤、张玉等人。他命副都御史徐有贞以兼任翰林院学士直内阁，典机务，不久又晋升为兵部尚书，兼职如故。将前礼部郎中章纶从狱中释放，提拔为礼部侍郎，因为章纶曾经上书建议恢复英宗长子的太子地位。徐有贞嗾使言官弹劾内阁大学士王文倡议迎立外藩，并且污蔑于谦。经过勘察取证，于谦、王文迎立外藩并无实据。但是徐有贞说："虽无显迹，意有之。"司法官员萧维桢等阿附新贵石亨等人，竟以"意欲"二字给于谦、王文定案。

二十二日，明英宗下诏，杀害于谦、王文，籍没其家。罪名正是他们"意欲迎外藩，继承大统"。王文愤怒不满，目光如炬，争辩不已。于谦则显得很平静，他对王文笑一笑说："辩就能活命了吗？没有用！他们不论事实有无，就是要置我们于死地而已。"案子已经确定，明英宗于心有所不忍，说："于谦曾有功。"徐有贞一听，直奔到英宗面前，说："不杀于谦，今日之事无名。"要复辟就要找个正当的理由，只有把于谦等人定罪，复辟才师出有名。英宗这才下了决心。王文、于谦与太监王诚、舒良、王勤、张玉等被处斩，妻子到边远地方充军。

于谦对于明朝有再造之功。于谦力主"社稷为重，君为轻"，打破了也先的要挟，最终使英宗得以回还，但也就是这句"社稷为重，君为轻"，为于谦种下了灾祸。

清白留世

于谦在兵部任职时，北有瓦剌也先，福建有邓茂七，浙江叶宗留，广东黄萧养，湖广、贵州、广西瑶、壮、苗、僚等各地的叛乱也接连不断。为平定这些叛乱，各种指挥征调，都靠于谦大力运作。于谦智虑明敏，遇事剖断如流，当日的公务绝不留到第二天。当时戎马倥偬，变在俄顷，于谦"目视指屈，口具章奏，悉合机宜"。同僚部下只是接受指令而已，大家无不骇服。于谦统军，号令严明，即使是勋臣宿将，有一点点不合纪律，于谦也要向

皇帝请求下旨予以严厉批评。他的一纸命令下达，万里之外立刻执行，没有不严肃对待的。于谦的才略开敏，精神周至，一时无人可比。土木之变后，于谦担任兵部尚书，毅然以社稷安危为己任，戡平祸乱，部署有方，因而被称为"救时宰相"。

于谦至性过人，一心投入公务，忧国忘身。明英宗回归后，于谦从来不提自己的功劳。景泰帝也深知于谦，对于于谦提出的奏请没有不听从的。景泰帝曾派人到真定、河间采野菜，到直沽造干鱼，这虽然算不了什么大事，但于谦认为这会扰民，向景泰帝进言停止，景泰帝立刻改正。景泰帝要启用一人，一定私下征求于谦的意见。而于谦也必定会不避嫌怨，照实回答，毫无保留。于谦轻视那些无用的勋贵，因此一些不称职的官员都怨恨于谦，不被重用的官员也嫉妒于谦。于谦性格刚烈，遇事有不如意，就抚胸而叹，说："此一腔热血竟洒何地！"武清侯石亨因为统军失律而被削职，于谦为他请求皇帝宽宥。后来石亨得到了重用。石亨功不如于谦，而得以封侯，于心不安，就到皇帝面前为于谦的儿子于冕要官。于谦知道后，说："臣于军功，力杜侥幸，绝不敢以子滥功。"石亨为此大为羞愧愤恨。于谦因为清正，得到皇帝的重用，却树了一些敌人。

于谦对自己很节俭，他的住所毫无修饰，仅蔽风雨而已。景帝曾赐给于谦一座大住宅。于谦叩首辞谢，说："去病竖子，尚知此意。臣独何人，而敢饕此？"他说霍去病不过是一介武夫，尚且知道不居功。我于谦是什么人，敢随便贪图奖赏吗？景泰帝不同意。但于谦在新宅，始终不居住正堂，而是把景泰帝所赐的玺书、袍铠、弓箭、冠带等安放在正堂，加上封条，每到年节打开看一看。当时国家多事，于谦常常忙于公务，就睡在值房不回家。景泰帝任用于谦，也关爱于谦，于谦有痰病，疾病发作时，景泰帝就遣太监兴安、舒良轮番去探望。听说他使用的东西太俭省，就命令宫中为他准备。景泰帝甚至亲自到万岁山（今北京景山）砍竹子，榨汁赐给于谦治病。有人说皇帝宠于谦太过，太监兴安等说："彼日夜分国忧，不问家产。即彼去，令朝廷何处更得此人？"于谦死后被抄家，家"无余资，萧然仅书籍耳"。抄家人看到正堂锁得甚严，一打开，发现都是景泰帝所赐的东西。

于谦走赴刑场的时候，阴霾翳天，路人无不嗟叹。太监曹吉祥部下有一个指挥叫名朵儿，敬佩于谦的忠贞，以酒洒地，祭奠于谦而恸哭。曹吉祥知道了对他连打带骂，将他扑倒在地，第二天他又去祭奠恸哭于谦。都督同知陈逵感佩于谦的忠义，冒着被治罪的危险，收其骸骨，为之安葬。一年后，于谦归葬杭州。

于谦有大功于国家，却被无辜处死，天下无不为他称冤。皇太后起初不知于谦被杀死，知道消息后，嗟叹哀悼了多日。英宗后来也为杀于谦而后悔。于谦死后，石亨的亲信陈汝言代为兵部尚书，不到一年，贪赃上万，英宗召大臣们来看，说："于谦在景泰一朝得到信赖，但是死无余资。陈汝言的资财为什么这样多呀？"石亨俯首不能回答。遇到边境有事，大家更是怀念于谦。当时有人写诗"鹭鸶冰上走，何处寻于谦"，表达了人们的痛惜之情。

明宪宗即位之初，于谦的儿子于冕被赦免还乡。他向朝廷上书讼冤，于谦因而得以恢复官职、赐予祭祀。皇帝的诰敕说：于谦"当国家之多难，保社稷以无虞。惟公道之独持，为

权奸所并嫉。在先帝已知其枉,而朕心实怜其忠"。明孝宗弘治二年(1489)下诏,追授于谦为特进光禄大夫、柱国、太傅,谥肃愍,在墓旁赐建旌功祠,年节进行祭祀。万历年间,皇帝下诏,改谥于谦为忠肃。

在今天北京东单裱褙胡同有一座于忠肃祠,那里是于谦的旧居。于谦被平反后,这里成为纪念他的祠堂。

于谦墓在浙江杭州西湖畔的三台山麓。杭州和他曾任过职的河南、山西,都对于谦奉祀不绝。

千锤万击出深山,烈火焚烧若等闲。

粉身碎骨全不惜,要留清白在人间。

这首诗虽然并不是于谦所作,但它是于谦精神的真实写照。于谦的精神将千古传诵。

风流才子

——纪晓岚

名人档案

纪晓岚:名纪昀,字晓岚,又字春帆,号石云、观弈道人,因其京城虎坊桥寓所有一巨大太湖石,又称为孤石老人,直隶河间府献县(今河北省沧州市沧县崔尔庄)人。

生卒时间:1724~1805 年。

安葬之地:葬于河北省沧州崔尔庄镇北村村南约 300 米处。

性格特点:襟怀夷旷,聪明睿智,文才轩昂,纵性放欲。

历史功过:《四库全书》总纂官,著有《阅微草堂笔记》,其后人整理有《文达公遗集》。

名家评点:"敏而好学可为文,授之以政无不达。"(嘉庆帝御赐碑文)

孙静庵的《栖霞阁野乘》:"河间纪文达公,为一代巨儒。幼时能于夜中见物,盖其禀赋有独绝常人人者。一日不御女,则肤欲裂,筋欲抽。尝以编辑《四库全书》,值宿内庭,数日未御女,两睛暴赤,颧红如火。纯庙偶见之,大惊,询问何疾,公以实对。上大笑,遂命宫女二名伴宿。编辑既竟,返宅休沐,上即以二宫女赐之。文达欣然,辄以此夸人,谓为'奉旨纳妾'云。"

文坛轶事

纪晓岚的人生道路并不平坦,但也恰恰磨砺出他乐观自信的个性。纪晓岚早年读书颇为用功,但却总是与科举无缘,直到二十四岁才考中举人,而与他同时中式的朱珪那年才十六岁。青年纪晓岚心高气傲,常以乡试第一名自居,并不把乡试第六的朱珪放在眼里。然而,第二年的会试中,朱珪高中进士,纪晓岚却名落孙山。这对他打击很大,此后学习更加刻苦,熬了六年才中得进士。据说纪晓岚发榜前非常焦虑,忍不住到一算命先生那里占卜自己的运气。算命先生让他写一个字,纪晓岚随手写下一个"墨"字,算命先生沉思良久,忽然恭喜他将高中二甲第四名,且会考入翰林院充任庶吉士。纪晓岚听后不禁喜上眉梢,问他何以能算得如此细致。算命先生答道:墨字上边为"二甲",中间四点即第四名,同时四点还是"庶"字的偏旁,墨字下边的土字又类似"吉"字偏旁,因此一个墨字就明明白白地将二甲第四名庶吉士展现无余。算命先生在解析这个墨字上确实动了些脑筋,但无非是想通过多说些吉利话让纪晓岚听着高兴多给些钱罢了。岂料发榜之日,算命先生说得竟毫厘不爽,可谓无巧不成书。

进士及第后的纪晓岚由此开始从翰林院庶吉士到编修再到侍读学士的学者生涯。一次,工部衙门发生火灾,烧毁房屋数十间。大火扑灭后,乾隆帝命工部侍郎金简指挥重建。有人即景生联:"水部火灾,金司空大兴土木。"因为治水修渠是工部掌管的重要日常工作,所以将工部改称为水部也不算离题。这样一改,此联将金木水火土五行萃集一处,妙不可言。但上联虽妙,要对出一个同样珠联璧合的下联可就难了。文人们竞相应对,然很难令人满意。当时一个直隶老乡时任内阁中书舍人,有一次同纪晓岚闲谈之际说及此联,纪晓岚闻听后忽然捧腹大笑。老乡不知何故,纪晓岚求他别听到自己说出的下联不雅而责怪。老乡拱手允诺,纪晓岚脱口而出:"北人南相,中书君是什么东西。"因这位老乡身材不高,就像是南方人,所以前半句描写这位直隶老乡的籍贯与外表不合,后半句则把这位老乡的官职和骂人的话巧妙串联,如此一来,东西南北中俱全,和上联的金木水火土对仗,可谓天衣无缝。老乡虽颇有受辱之气,然而得此佳联也足够他在同僚面前炫耀一番,于是笑眯眯地拂袖而去。

没过多久,类似难题又发生在这位金简侍郎的头上。戊子浙江乡试有父子二人同时中举,有人出联相赞:"父戊子,子戊子,父子戊子。"此联前后连环,且在浙江方言中"父"和"戊"的发音几乎相同,非常难对。一次,纪晓岚拜访工部尚书,恰好侍郎金简也在场,偏偏金简又是尚书的学生,可谓师徒同衙理政。谈笑之间,言及浙江科考趣闻,顺带提到那个上联。纪晓岚听后目视尚书、侍郎师徒二人,笑称不必为难,下联就在两位大人身上。二人称奇,纪晓岚张口便对出下联:"师司徒,徒司徒,师徒司徒。"金简师徒二人当场拍案叫绝。

得罪和珅

纪晓岚才华出众,在朝中逐渐有些名气,上至乾隆帝,下至百官皆知纪晓岚是个不可多得的才子。赏识称赞其才华者固然占多数,可也不乏嫉贤妒能者。有一知府进京述职,可能

是想一鸣惊人，下车伊始就在饮宴应酬中对纪晓岚的文才多加指斥。这件事很快在京城传开，引起了不小的震动。纪晓岚闻讯后颇感诧异，官僚之间彼此相轻者固然不乏其人，但一个小小知府竟对名噪京城的才子痛加指摘也算得桩稀罕事，于是特意去拜访这个知府。知府来者不拒，老调重弹，三言五语后纪晓岚就识破其浅陋，内心虽然窃笑，但表面还保持着一脸正气。如何让这个狂妄的知府明白自己的浅薄呢？纪晓岚发现知府左额上长了一个不大不小的黑痣，心中有了主意。他假装很关心的样子，问知府为何不将此痣割去，将来如官居封疆大吏，露着这样一颗黑痣恐怕不雅。知府答称遍访名医，皆以痣大根深，恐伤及经络血脉，故不敢妄动。纪晓岚告诉他，有个刑部司官专除黑痣，此人精通蒙医，有家传密术，必可手到病除。但此人不肯轻易为人治病，必须重金相赠方肯出面。知府听后大喜，次日带着精心置备的礼物来到纪晓岚所说的烂面胡同拜访这位刑部司官。刑部司官听家人禀告有知府来访，惊诧之余忙出门迎接。知府一见司官之面就知道自己被纪晓岚捉弄，原来这位司官的右额上也长了一颗不大不小的黑痣。自己的痣尚且不能除，何谈给别人除痣，礼品既然已经奉上就不好再索还，只好草草应付几句后悻悻告退。知府领教了才子戏弄人的花招后，再也不敢说三道四哗众取宠了。对纪晓岚来说，这些庸俗的官僚并不难对付，但也有让他大伤脑筋的硬骨头，这就是当朝权相和珅。

论才学和珅远逊纪晓岚，但揣摩迎合皇帝的心意则比纪晓岚内行多了。和珅虽贪得无厌，聚敛千万，却不忘附庸风雅。既然大家都说纪晓岚是当朝才子，和珅也想请他给自己家门题字，这样在外人面前显得风光一些。纪晓岚虽然明知和珅为人，但当面拒绝显然有失礼节，于是眉头一皱，计上心来。他挥笔写下了"竹苞"两字赠予和珅。和珅喜不自胜，觉得这两个字用在府中园亭的匾额上最合适不过，于是花重金请人装裱摹拓，高悬府中。后来乾隆帝来和珅府中做客，见到这块匾额之后，问和珅这样过分的自谦是不是有点过头了。和珅被乾隆帝问得丈二和尚摸不着头脑，如实禀报其乃纪晓岚所题，寓意于园中清新淡薄的意境。乾隆帝听后感到更好笑，告诉和珅这哪里是什么清新意境，而是暗骂他们全家"个个草包"。和珅这才意识到被纪晓岚愚弄了，而且还在皇帝面前暴露出自己无能的丑态，羞愤交加，发誓要报复纪晓岚。

和珅虽然没有多少才学，但他把官场的人际关系网梳理得异常严密，门生故吏师友姻亲遍设，全国各地都有他的耳目。从这方面讲，才华横溢的纪晓岚只能甘拜下风。事情要从纪晓岚嫁女说起。以纪晓岚在朝中的名望，上门提亲者络绎不绝。但才子毕竟只是才子，在判断人品的能力方面比那些数语即可辨贤愚的职业官僚要弱很多。他把女儿许配给两淮盐运使卢见曾的孙子卢荫文。卢见曾的确有些才学，也注重礼贤下士，在士人中享有很高的威望。这也是纪晓岚愿与他结为儿女亲家的原因。但卢见曾却不像纪晓岚那般两袖清风，利用盐运使的肥缺大肆聚敛钱财，最终被和珅的耳目抓住把柄。和珅决定抓住这个机会狠

中华传世藏书

中华名人百传

名相贤臣

四一五

狠整治一下纪晓岚,于是请命查办此案。纪晓岚先期获知此事,不愿看到亲家就此银铛入狱,但干涉公务又是欺君之罪,只能暗中帮忙。为防走漏风声,他不敢把对策写在纸上,只是把一些盐和茶叶装在信封里,暗含"查盐"之意,派人连夜送往卢见曾处。卢见曾收信后悟出其中含义,迅速把贪污巨款转移别处。和珅来查时,卢的财产已所剩无几。但这种伎俩岂能瞒过老奸巨猾的和珅,结果不但转移钱财被追缴回来,而且连纪晓岚送给他的密信也被查获。回朝之后,和珅最急于向乾隆帝奏报的不是查小卢见曾一案,而是纪晓岚泄露机密的罪状。乾隆帝大怒,立即召纪晓岚讯问。纪晓岚早有准备,辩称自己未涉此事,且反问乾隆帝有何证据。这次他低估了被自己愚弄的和珅实际理事方面的才干,在卢见曾的供词面前,纪晓岚认识到如果继续抵赖只会罪加一等,只能磕头认罪。清代对泄密行为的处置历来严厉,何况纪晓岚外泄的是乾隆帝的旨意,自然应从重处罚。纪晓岚急中生智,在大祸临头之际竭尽平生所学编出一篇对仗工整的骈体文辞,盛赞乾隆帝明察秋毫,大公无私,自己在旷世贤君面前翻船,心服口服。一番马屁拍得乾隆帝觉得实在不忍心杀了这个才子,正欲豁免纪晓岚的罪行,在场的和珅却一再强调皇上应秉公处理,最终纪晓岚死罪免除,从轻发往到乌鲁木齐充军。纪晓岚走进了一生当中最为低沉的岁月。

遣戍新疆的经历,给已读万卷书的纪晓岚一个行万里路的机会。沿途所见大大开阔了他的视野,他第一次走进西北边民粗犷的游牧生活,目睹了黄河上游的奇特伏流、沙漠地区的漏沙田等人间奇迹,后来所著《阅微草堂笔记》中的很多奇思异想就是在苦寒寂寞的边地萌发的。对多数人来说,一生中遇到的机遇总是有限,但机遇总垂青那些有所准备的人。满腹才华对纪晓岚来说就是一种早已准备就绪的资源,一旦赶上国家用人之际,就会迎来生命中的又一春天。

经过康熙朝的奋力开拓和雍正朝的巩固改革,清王朝到了乾隆当政年代已经广有四海,宇内太平,四方朝贡,万民和乐,中国迎来了最后一个经济繁荣和政治稳定的封建盛世。为了同所向披靡的武功相辉映,乾隆帝决心要在文治方面同样超越历朝历代的成就,产生了编纂《四库全书》的庞大计划。但是朝中大臣谁堪当此重任呢? 阿桂武功盖世,出将入相;和珅巧言令色,机警乖巧;刘墉足智多谋,性格圆滑,但都显然不适合纂此盛典,乾隆帝对他们都不满意。就在此时,乾隆帝想到了远在新疆冰天雪地的纪晓岚。这时已在新疆度过两年艰苦岁月的纪晓岚,终于看到重回京师的希望。后来他曾给自己写过一首诗,其中两句:"浮沉宦海如鸥鸟,生死书丛似蠹鱼。"前一句是对自己前期为宦经历的总结,后一句则概括他后半生为国家做出不可磨灭的贡献,那就是负责编纂《四库全书》。

心系四库

经过两年多的筹备，乾隆三十八年(1773)清廷正式设立四库全书馆，纪晓岚受命担任总纂。《四库全书》是中国古代编纂的最大一部丛书，先后历时十九年。清政府几乎动员全国饱读诗书之人，以纪晓岚为总纂，通过各种途径集中到四库馆一万多种图书，对其进行了全面整理，其规模之大，涉及面之广，在古籍编纂史上可谓空前。这项巨大的文化工程不仅是清代历史上的重要事件，也是中国文化史上的一桩盛举。《四库全书》分经、史、子、集四部，共79937卷，抄写七部分藏于文渊、文溯、文源、文津、文汇、文宗、文澜七阁。纪晓岚用八年时间为该书所括的一万余部书籍精心撰写了《四库全书总目提要》，计200卷，为《四库全书》提供一个提纲挈领性的导读，成为中国目录学史上的一部总结性的著作。《四库全书》修成以后，纪晓岚又多次参加复校工作，改正了不少错漏脱误之处。嘉庆初年，纪晓岚再度出面主持《四库全书》最后一部分书籍的补遗工作，为这套大型丛书的最终完成做出了巨大贡献，也奠定自己在中国文化史及目录学史上的突出地位。

编纂四库千头万绪，经常需要向皇帝请示，因此纪晓岚出入内廷的机会越来越多。时间久了，宫里的太监宫女也与他慢慢混熟了。等待召见时，纪晓岚经常给他们讲点笑话或故事来解闷。没想到后来纪晓岚每入内廷，守门太监就故意拦住他，一定要他讲个故事方肯放行。大多时候纪晓岚都信口开河，三言五语说个笑话应付了事。一次，纪晓岚有急事求见乾隆帝，没心情理会这些太监，可偏偏一个太监不依不饶，非要让他说个故事，否则不让进门。纪晓岚无奈，硬着头皮说了半句："从前有个人……"，然后就一个字也不往下说了。太监忙问："讲故事哪有只说开头的道理，下边呢？"纪晓岚回答他道："下边没有了。"太监愣了一下，方恍然大悟，纪晓岚原来在拿他开玩笑，意在讽刺他受过宫刑。尴尬之余，这个太监忙跑去向乾隆帝通报去了。

《四库全书》的编纂使纪晓岚在事业上达到一个新的高度。他通过推出陆续整理的编纂成果，对中国古代文化典籍几乎达到了如指掌的程度。随着编纂工作的顺利进行，纪晓岚的官越做越大，升任协办大学士，后赏加太子太保，成为乾隆帝推行文治政策最为倚重的大臣。然而，编纂工作是个大工程，难免会出现各种各样的失误，如已成书的版本存在字迹讹误、违禁内容及缺漏等。乾隆帝对质量要求极严，一旦发现不足之处就会大动肝火，纪晓岚作为替罪羊首当其冲，先后十几次因工作失误遭到降职、罚俸等处分。他曾被遣戍避暑山庄更正收藏在文津阁内全套《四库全书》内的讹误之处，也曾南下江浙寻访原书真迹，顶着编纂失职的罪名东奔西跑，纪晓岚把这些磨难都看得很淡。他把工作环境创造得非常轻松。有时出了乱子，各纂修官之间常因权责不清而发生争吵，纪晓岚并不直接干预，而是在书馆

名相贤臣

墙上题了首打油诗:"张冠李戴且休论,李老先生听我言:毕竟尊冠何处去,他人戴者也衔冤。"如此一来,那些推脱责任者只能缄口,因为无论怎么推脱,最后总得有人出头认账,何如大家一道把编纂工作搞得认真细致一些,减少讹误也就减少了争吵和矛盾。

编修工作虽然浩繁,但纪晓岚通过书籍的搜集、汇编和整理结交了不少文人墨客,其中既有清寒之士,也有达官显贵。编书之余,官僚之间日常的应酬活动中纪晓岚属于最受欢迎的人,因为他总能给大家带来意外惊喜。一次,同僚母亲过七十大寿,纪晓岚应邀前去贺寿。席间众人赋诗助兴,轮到纪晓岚时他已喝得酩酊大醉。同僚见势不妙,正要搀他离席,纪晓岚忽然清醒,说了不成体统的第一句:"这个婆娘不是人。"此语一出,满座皆惊。纪晓岚在拉拉扯扯过程中又说出第二句:"九天神女下凡尘。"众人这才松口气,觉得纪晓岚或许意识到自己口误,这第二句倒是把第一句弥补得妥帖得当。就在大家准备让他坐回座位时,纪晓岚第三句冒了出来:"生个儿子去做贼。"众人又紧张起来,不知纪晓岚是不是要借酒意大闹寿宴。就在众人发愁如何将他支开之际,纪晓岚最后一句脱口吟出:"偷得蟠桃献母亲。"言罢端酒痛饮,把一席人弄得哭笑不得,无不佩服他一波三折的幽默机智。

还有一副语惊四座的妙联也发生在酒桌上,那次是朱珪在家宴请好友。朱珪品行清高,淡泊名利,所请者多为朝中清廉之士。宴会重点并不在解决饥肠辘辘问题的"宴",而在于众人相互切磋砥砺才学的"会"。京城名士云集,琴棋书画,吟诗作赋,实乃群贤毕至。中间有人吟出上联:"太极两仪生四象。"这句上联将玄妙天象用简洁的时空器具高度概括,可下联该从何处入手应对呢?众人沉思之际,纪晓岚恰好姗姗来迟,入席后也不问候在座诸位,只顾大快朵颐。众人颇感愠怒,一致要求他对上刚才那副上联才能喝酒。纪晓岚不假思索,脱口而出道:"春宵一刻值千金。"以人生四喜之一作为对天象玄妙的回应,且对仗工整。纪晓岚推说腹中饥饿难耐,信口开河顾不得文雅,要众人多多体谅。在座者无不倾倒折服。

乾隆皇帝确定编纂《四库全书》之际已年届六十,非常渴望能在自己有生之年看到此书编纂告竣,因此对各位纂修官员的工作量做出明确规定,要求每位纂修官每月阅看一百本,否则将受处罚。这导致很多纂修官不得不日夜加班,以完成阅看任务。由于编纂工作过于劳累,纪晓岚慢慢染上一些不良的生活习惯。首当其冲的就是吸烟。这与他彻夜翻书有很大关系,越到后来,烟瘾越大,劳碌之际一刻都不能离开烟锅。为了省去反复填装烟叶的麻烦,他特意给自己定做了一个特大号烟锅,一次就能装三四两烟叶,这样他从家乘轿到圆明园谒见乾隆皇帝,中途就用不着反复填装烟叶了。时间久了,同僚给他取了个绰号叫"纪大锅"。一天,他到人烟阜盛的琉璃厂一带闲逛,别在腰里的大烟锅竟然丢了,家仆遍地寻找也不见踪迹。纪晓岚却似乎心有成算一般,显得不那么慌张。他告诉仆人第二天一早去东便门外的小市场上一定能找到。家仆第二天果然以很低的价钱从小市场买回了丢失的烟锅。纪晓岚告诉大家,这样大号的烟锅别人都不爱用,拾获者也没必要把这样一个无用之物

留在家里，肯定会低价出售谋取微利。

可是没过几天，这失而复得的烟锅又让纪晓岚吃了苦头。那天他在午门外的朝房一边批阅文书，一边大过烟瘾。乾隆帝一般不会突击视察，但恰恰这天他来了。等纪晓岚看到乾隆帝从门外走来时再隐藏烟锅已来不及，顺手将燃着的烟锅塞到靴筒中。乾隆帝进门后谈锋甚健，并没有坐坐就走的意思。这下可苦了纪晓岚，不一会儿，烟锅把纪晓岚的袜子点着了，烫得他咬牙切齿，最初的笑脸很快变成一个大苦瓜。乾隆皇帝莫名其妙，惊奇地询问他何敢在皇帝面前作怪脸。纪晓岚只得以实相告才得以跳到门外脱靴灭火，但还是把小腿的皮肤灼伤一大片，狼狈至极。乾隆皇帝追出一看，恻隐之心油然而生，忙传御医敷药调治。腿虽被灼伤，纪晓岚当然不会放过这个难得机会当面赞扬乾隆帝的仁爱之心。乾隆帝本来就喜欢被人吹捧，何况这一次也确实对纪晓岚体恤有加，一时兴起，当场授予纪晓岚"钦赐翰林院吸烟"这样一个空前绝后的独特称谓。后来，纪晓岚奏折末了署名处除了写大学士、尚书这些正式头衔外，还专门加上"钦赐翰林院吸烟"的封号。尽管这次事故有些因祸得福的味道，但传到同僚们耳朵里还是引发了一片嘲笑之声。他的好友彭元瑞原先看他走路速度很快，曾以《水浒传》中人物为底给他取了"神行太保"的绰号，见他遭受此劫之后走路变得一瘸一拐，便以《八仙过海》中的人物"铁拐李"来做临时昵称，弄得素以伶牙俐齿驰名的纪晓岚也不得不低头认命。

吸烟只能暂时提神，若要胜任编纂《四库全书》这种需要彻夜翻检书籍劳动强度极大的工作，能量的摄入也必须跟上。在瓜菜米谷这类素食皆难以持久饱腹的情况下，纪晓岚染上了第二个不良的生活习惯，那就是大量吃肉。他平常在家的正餐往往是十盘猪肉，越到后来米谷杂粮吃得越少，有客人来访则干脆以整头烤猪相款待，弄得客人常常无可下筷，而他却在谈笑风生中把多半头烤猪吃下去。别人问他为何如此喜食猪肉，纪晓岚总是回答自己是野兽转世，当然只吃肉不吃素了。好在纪晓岚也喜欢喝茶，否则会因脂肪摄入量过高而患上脂肪肝乃至肝硬化，规模庞大的《四库全书总目提要》恐怕难以竣笔了。

纪晓岚还有个不良生活习惯，就是对女色过分贪恋。据说有段时间编纂任务紧迫，他连续好几天未能回家，在内廷值班住宿，后来竟变得两眼通红，语无伦次。乾隆帝看到他这副模样惊讶异常，问清缘由后不禁心中窃笑，随即派来两名宫女伴宿。玷辱帝侍乃欺君之罪，后来嘉庆帝惩处和珅时曾有一条罪名即私纳出宫女子为妾，可生性风流的纪晓岚当时似乎顾及不了太多，竟真敢和宫女同床共枕。编纂急务完成后，他却不愿将两个宫女还给乾隆帝，乾隆帝见他近日确实辛苦，居然索性就把两人赏赐予他。纪晓岚喜不自胜，回家后就将二人纳为己妾，那段时间逢人便吹嘘自己"奉旨纳妾"的风流故事，在京城官员中好是风光了一阵。

这两个从皇宫娶进门的宫女颇为聪明，纪晓岚教其吟诵唐诗宋词，后来她们连带把《三

国演义》《水浒传》等流行小说都通读了，时间久了又能即景赋诗。一次，其中一个宫女见家中丫鬟用旧葛麻布缝补门框上的窗纱，竟然出口吟道："夏布糊窗，个个孔明诸葛亮。"此联表面仅是对门窗经修补之后窗孔、窗纱皆明亮的描述，内部却巧含人物的姓氏名号，是典型的一语双关句。纪晓岚回家后，其妾以此句求对下联。平日连龙成句如流的纪晓岚这次居然想了许久也没有能对出下句，只得摇头表示无能为力。姬妾兴冲冲地讪笑这次居然难倒了大名鼎鼎的纪晓岚。

既然连皇帝的侍女都据为己有，纪晓岚渐渐感觉有些飘飘然，殊不知差点惹出更大的乱子。此事发生在三伏天节。纪晓岚在翰林院与各位编修谈论编纂体例和取舍规则，由于天气炎热，纪晓岚就把上衣脱了，袒胸露臂地侃侃而谈。此时，乾隆皇帝又不打招呼来到现场，纪晓岚来不及穿衣，赤裸上身自然有辱圣上，情急之下钻到了一个柜子里。乾隆看见了他钻入柜中，就想故意戏弄他一次。乾隆帝端坐桌前一言不发，其他人也都跪在地上，不敢说话。过了好久，藏在柜中的纪晓岚闷热异常，又听不见柜子外面有什么声响，以为乾隆帝和其他人都已离开，于是推开柜门，伸出头问道："老头子走了吗？"话音刚落，他就接触到乾隆帝严厉的目光，同时暴露的还有他那赤裸的脊背。乾隆听得真真切切，纪晓岚竟敢私下里称他"老头子"。依大清法律，目无天子乃十恶不赦之罪，纪晓岚顿时吓得面如土色。他连忙从柜子里爬出，一边假装四处找衣服，同时琢磨该如何应付局面。他眉头一皱，计上心来，竭尽附会说道：圣上万寿无疆，岂能不老；国君是一国之首，也就是头；同时又贵为天子，集萃三个尊位于一身，就是"老头子"。乾隆帝明知他在狡辩，但听他如此解释，也没有过多计较。纪晓岚侥幸又逃脱一劫。

纪晓岚巧舌如簧的功夫到老不减。乾隆帝去世之后，嘉庆帝继位。纪晓岚曾无意中得罪过的一名御史趁新皇帝登基之际状告纪晓岚借题字索贿。嘉庆帝即位之初就拿和珅开刀，大力惩治贪官，最忌臣子腐败，听说纪晓岚变相索贿，颇为反感。纪晓岚见到新皇帝，马上诅天咒地为官数十年绝无索贿一事，谤议者纯属诬陷。嘉庆帝便以题字索酬一事诘问，纪晓岚力辩为挚友已故先人题字作传，实乃成全别人孝敬祖先美意，若不索酬会有碍后代痛悼逝者之情，索酬越高则情谊越炽，实与卖文无异。一番话说得嘉庆帝无言以对，只好说穷书生卖文糊口倒也罢了，大臣何必卖文而哗众取宠呢？纪晓岚抓住机会陈说自己为官清廉，一贫如洗，与穷书生无异，不许他卖文别无可卖。后来，纪晓岚因主持纂修《四库全书》有功，其他馆臣奏请嘉庆帝嘉奖。这封奏折可能写得有些过于吹捧，嘉庆帝阅后觉得言过其实，便召纪晓岚前来核实奏折内容。纪晓岚没有直接回答皇帝的问题，反而重提上次卖文索贿的旧账，称为先人出重金求铭文乃大孝之举。嘉庆皇帝恍然大悟，原来纪晓岚暗示他受先皇之名负责纂修《四库全书》，重赏纪晓岚便是对乾隆帝识人之明的肯定，遂当即下旨褒奖。

纪晓岚主编纂《四库全书》，厥功至伟，但他还给后人留下另一部与《四库全书总目提

要》风格截然不同的传奇故事集,那就是《阅微草堂笔记》。纪晓岚写作这样一部小说集缘起于发配新疆的经历,边地苦寒孤寂的生活使他满腹才华却无从施展,逐渐从回忆昔日京城旧事的过程中慢慢理出不少思考。纪晓岚假借神仙志怪,将现实生活中上至达官显贵,下至普通群众的风貌刻画得栩栩如生。举凡稗官野史、神仙志怪、鬼狐妖魔等离奇故事都被纪晓岚的生花妙笔有机糅合,故事内容皆为子虚乌有之事,但人人读过后仿佛都能在故事中找到自己的影子。书中有鬼怪戏弄纵意高谈的狂生、花神舍命救穷乞丐等内容,或嘲弄无知鄙俗者的狂妄自大,或赞美普通群众的淳朴善良,大都蕴含着劝诫世人之意。此书文笔平易,人人读后皆爱不释手,成为和《聊斋志异》一样的笔记小说名著。

总之,纪晓岚的一生说不完,道不完,称得上多姿多彩。他不仅是清代的文坛泰斗、学界领袖,即使在中国和世界文化史上也是一位颇具特色的文人宰相。

民族英雄

——林则徐

名人档案

林则徐：汉族，福建侯官人（今福建省福州），字元抚，又字少穆、石麟，晚号俟村老人、俟村退叟、七十二峰退叟、瓶泉居士、栎社散人等。

生卒时间：1785～1850 年。

安葬之地：福州市省军区内。

性格特点：性格刚正，清廉自好，勤于职守，循法秉公。

历史功过：主要功绩是虎门销烟。官至一品，曾任江苏巡抚、两广总督、湖广总督、陕甘总督和云贵总督，两次受命为钦差大臣；因其主张严禁鸦片、抵抗西方的侵略、坚持维护中国主权和民族利益深受全世界中国人的敬仰。

名家评点：清朝后期政治家、思想家和诗人，是中华民族抵御外辱过程中伟大的民族英雄。

兴利除弊

1820 年初秋，林则徐被任命为浙江杭嘉湖道员。自此开始仕途顺利，青云直上。自道光三年以来，先后由按察使、布政使擢升为河东河道总督、江苏巡抚、署理两江总督。在此期间，他致力于为民造福，兴修水利，发展农业生产，救灾赈济，改革漕运、盐政，整顿吏治，查禁鸦片，为社会兴利除弊方面做出了积极贡献，在当时成了"贤名满天下"的清官，在群众中有"林青天"的美誉。

清朝自从 18 世纪下半时开始,其封建统治便开始走下坡路,政治日益腐败,国库空虚,财政上出现了拮据。而当时的西方强国英国的殖民地遍及全球。英国为了赚取更大的利润,便向中国境内偷运鸦片。鸦片俗名称作"大烟",是一种具有强烈的麻醉性的毒品。人吸上以后,很容易上瘾,吸的时间一长,就会变得面黄肌瘦,体质衰弱,尤其是精神萎靡不振;如果不吸了,就会浑身瘫软,无比痛苦,可见鸦片对人的身心危害是十分巨大的。到了道光年间,全国吸食鸦片的人竟达到了 400 万人,而且朝中的许多文武官员也成了大烟鬼,甚至连皇宫内的太监也都染上了毒瘾。英国人通过这种非法的毒品生意发了大财。中国每年出口的茶叶、丝绸等土特产品远远不及鸦片所收获的价值,因而每年都有大量白银外流。所以,鸦片不仅毒害了中国人,也给清政府财政上造成了难以胜数的巨大损失。林则徐看在眼里,痛在心里,他想一定要把这害人的鸦片给禁掉。

道光二年,林则徐被任命为江苏按察使,他上任之后,马上换上便装,进行微服巡访,他专门寻找那僻静的小巷进行查访,由此体察当地的民情。

因为鸦片在当时已经泛滥成灾,只是在苏州城内,吸食鸦片的人就不下数万,其中还有部分官吏;经营鸦片的人更是数以千计,尤其是官商勾结的现象。在苏州城中,销售鸦片最多的地方就是南浩街。林则徐为了了解实情,装扮成商人,深入到南浩街进行实地查访,顺藤摸瓜,最终查明了鸦片的进出渠道,主要还是那些开设"烟馆"的人。于是,他首先严拿这些贩烟者;对于官商勾结者,严惩不贷;对于官吏吸食鸦片者,一定要撤官法办。与此同时,他又派兵把守各个城门及水陆码头,各个交通要路,对可疑情况严加盘查,如此一来,就把鸦片的来源给切断了,给了那些贩卖鸦片的人以严厉打击。同时林则徐还对吸食鸦片者进行约束,这样时间一长,那些吸食鸦片的人自然也就把"烟"给戒掉了。经过他的一番治理和整顿,苏州出现了社会稳定、百姓安康的大好局面。

因为林则徐在苏州禁烟很有成效,所以,他的业绩深受道光皇帝的赞赏。林则徐也上书朝廷,一再说明鸦片所导致的严重后果性,并主张朝廷应大力禁烟。因为林则徐在两湖地区率先开展了禁烟运动,并且卓有成绩。所以道光帝终于决定实行禁烟,他召林则徐进京,和他商议禁烟的办法。

当时,朝中关于禁烟问题分为两派,林则徐是禁烟派的主要代表。可是朝廷里因为有人从鸦片贩子那儿收受了巨贿,暗地里默许他们走私鸦片,比如军机大臣穆彰阿、直隶总督琦善等人,他们想方设法反对禁烟,一再劝说皇上。林则徐听后极是气愤,他给皇帝的奏书中说:"现在国家和百姓深受鸦片毒害,如果再不进行禁烟,那过不了几年,中国的士兵就不能去打仗,而且也没有能充做军饷的银子了。"道光皇帝被林则徐的这番言语给打动了,他下定了禁烟的决心,于是任命林则徐为钦差大臣,前往毒品最为泛滥的广东查禁鸦片,并有权节制广东水师。

虎门销烟

1839 年 3 月 10 日,林则徐风尘仆仆地到达了广州。他也没有休息,就在当天晚上,身着便装进行微服私访。他来到广州的街头上,看见那些大烟鬼们一个个骨瘦如柴,脸色灰暗,毒瘾发作时,不住地打哈欠,脸上的鼻涕眼泪一齐流。这使林则徐心酸不已。林则徐马上把两广总督邓廷桢、水师提督关天培给找了来,和他们一块商量禁烟的事,林则徐问他们如何才能把广东的烟给禁住。关天培早就对鸦片深恶痛绝,盼望着能把烟给禁掉,他提出建议说先把那些参与走私的烟贩子和贪官抓起来正法,然后再逼英国人把鸦片交出来。邓廷桢说应该把他们贩大烟的底细摸清楚。林则徐点了点头,认为他们说的有道理。于是,他马上想了个好主意。

几天过后,林则徐以钦差大臣的身份来到广州书院,要对学生们进行考试。学生们很是高兴,钦差大臣给自己出题,一定要好好地做。可是等他们打开考卷一看,都不由得愣住了,原来试题竟是问卷调查,林则徐明确要求学生要把烟贩和受贿的走私的官兵的姓名、地址明明白白地写出来,不得进行隐瞒。书院里来读书的学生来自四面八方,一向就对鸦片深恶痛绝。他们见新来的钦差大臣真要惩治贪官烟贩,都非常高兴,于是就一五一十地把自己知道的情况都写了出来。

林则徐根据学生的提供的这些线索,没用多长时间,就查清了鸦片走私的来龙去脉,严惩了一批违法的官兵和烟贩子。广州的老百姓们无不拍手叫好。初战告捷之后,林则徐又向外国人发出了通告,命令他们必须在 3 天之内把鸦片全部交出来,并写出书面文字,永远都不再向中国贩运鸦片的保证书。如果发现再贩运鸦片,就要对货物加以没收,并对贩运者处以死刑。

这些烟商们可都慌了手脚,其中有几个慑于林则徐的威压,只得交出鸦片。可是大部分人还是持观望态度。他们的这种心理被林则徐给看透了,他马上下令传讯英国的大烟贩颠地。

就在这时,英国驻华的商务监督义律由澳门赶到了广州,他早已得知了信息,急匆匆地赶来处理这件事,他气急败坏地质问商人们说:"听说你们有人已经把鸦片交了出去?"烟商们面有难色地说:"如果不交出鸦片,中国人就要治罪。"义律面露杀气,他说:"有我们大英帝国的军舰做后盾,中国人能把你们怎么样!"接下来,义律又策划着让颠地逃跑,出去躲一躲风声。他们的密谋,被一名中国仆人给听到了,他马上跑去报告了林则徐。所以,当颠地想要溜出商馆时,被埋伏在两边的清军给抓住了。林则徐义正词严的对颠地说:"你马上回去转告义律先生,如果他再坚持拒不交出鸦片,那后果就由你们自负。"为了打击义律不可

一世的嚣张气焰,林则徐下令马上停止和英国的贸易往来,并派人对商馆进行监视,同时断绝了广州跟澳门之间的交通,并再次发出警告,如果再进行抗拒的话,就要停止他们的食物供应。与此同时,在商馆内做工的中国人也都积极地配合林则徐的禁烟行动,一致罢工,从商馆里退了出来。

义律等人被困在商馆里面,度日如年,急得团团转。义律看到林则徐此番禁烟态度坚定,自己也没有什么好办法了,最后只得屈服下来,交出了全部鸦片,林则徐派人进行清点,结果查获鸦片共2万余桶,其中美商1500多箱,共达237万斤。林则徐当即决定在虎门海滩当众把这些鸦片给予销毁。他叫士兵在海滩挖了两个大水池子,每个池子约有15丈见方,这池子是用来化烟用的。每个池子又挖有通向大海的涵洞,池子后面有水沟。就在1839年6月3日这一天,林则徐率领着文武官员来到了虎门海滩,一些广州的百姓早就得到了消息,他们纷纷来到海滩上,把化烟池给围得水泄不通,每个人脸上都露出扬眉吐气的神色。林则徐当众大声宣布:"销烟开始!"只见几十名士兵用铁锹劈开了鸦片箱,然后把鸦片跟生石灰搅在一起倒进了水池里,再由水沟引进清水。随着"咕嘟咕嘟"不断的沸腾声,一团团浓烈的黑烟向天空冲去。

因为鸦片在销烟池里面与水和生石灰发生了化学反应,转眼间就变成了废渣泡沫,跟随着潮水通过涵洞排入到大海里面。就这样,用了20多天的时间,才将鸦片焚完,这就是历史上震惊中外的"虎门销烟"。

抵抗外敌

自从虎门销烟过后,义律和鸦片贩子拒不执行进口贸易的船只必须出具不再夹带鸦片的"甘结"(交给官府的一种画押字据)。不久,又发生了英船水手打死尖沙咀村民林维喜并拒不交出凶手事件。林则徐为此极为愤慨,他下令停止对居住在澳门的英国人的食物供给,把义律等人逐出澳门。义律为此恼羞成怒,公然发动了武力威胁。9月4日,他派英舰及武装船炮轰了清军水师。清水师马上给予发炮还击,将英舰击退。11月3日,又有英舰在川鼻湾向清军水师战船开炮。水师提督关天培当即命令给予猛烈还击,这一仗打得英舰狼狈而逃。自此后的10天之内,英军向驻扎在官涌的清军发起了6次进攻,结果都以失败而告终。

与此同时,在北京的反对派也加紧了破坏禁烟抗英斗争的活动。首席军机大臣穆彰阿利用道光帝急于禁烟收场的心态,奏请调邓廷桢为两江总督,以去林则徐左臂。1840年1月5日,道光帝调邓廷桢为两江总督(后改调闽浙总督),林则徐转任两广总督。2月20日,英政府任命懿律为全权代表,并由懿律亲自率领侵华远征军来到中国海域,一场大战迫在眉

睫。

林则徐通过对英国海军和清军水师的对比，提出了不在远海和敌人接战，把敌人引到近海及陆地上再给予歼灭的思想。他说英国舰队虽然能够在大洋中破浪乘风，一副不可一世的样子，可是英国的兵船吃水深，一旦进入到内河，就会出现运转不灵，倘若再遇到浅水沙胶，则更加难以转动了。于是林则徐在给清廷的奏折中指出：英舰惯于在远海中行驶，而清军水师则难以做到这一点，与其冒险出海作战，不如以守为战，以逸待劳，这样就可以使自己处于"百无一失"的有利地位。同时，林则徐还做好了一切准备，他要官兵固守虎门、尖沙咀、官涌等要隘，等到敌舰驶近时，清军水陆共同出击，跟敌人展开短战。他还主张正规战跟游击战相结合，将大小火船交给雇用的渔民，让他们先练好火攻战法，然后在沿海各岛屿之间潜伏，到了风顺潮顺的夜晚便一齐出动，对敌船出其不意的实行火攻。由此他还提出了"破敌首重胆气，胆大气盛者必胜"的名言。他在对朝廷的奏折中还提出了在切实加强防御的同时，要积极寻找敌人弱点，主动打击敌人，从而进一步体现了积极防御的战略思想。

6月5日夜，清军水师会同渔民采用火攻，取得了毁焚三艘英船的战果。英船遭此重创后，再也不敢贸然驶近海口，只在远洋处东游西漂。林则徐不但重视广东的防务，而且还希望临海各省都要做好反侵略作战的准备。6月中旬，英国战舰逐渐增多，于是林则徐便飞函福建、浙江、江苏、山东等省，请求他们严查海口，共同协防。与此同时，林则徐还组织人员摘译有关重炮操作及制造火炮的资料，仿照外国战船试制，购买外轮加以改装成战船，交给水师操练，使他们掌握了先进的技术战术，从而改变了清军武器装备的落后状态，提高反侵略的作战能力。1840年6月下旬，4000多人的英国侵华远征军气势汹汹地驶抵广东海面，和先期到达的舰船会合一处。然后对珠江海口进行了封锁，6月30日那天，懿律等率领舰队主力开始第一次北犯，在7月6日攻占了定海。8月9日陈兵于大沽口外，同时派代表向清政府提出无理的赔偿要求。道光帝慑于英舰的威胁，轻信主和派的谗言，于是改变了抗英态度，派畏敌如虎的直隶总督琦善出面和懿律进行谈判，并以重治林则徐、邓廷桢和赔偿烟价为条件，换取了英军从大沽口退兵。9月17日，琦善为钦差大臣赶赴广东。

林则徐虽然知道自己处境险恶，可是仍然坚持和英侵略者进行斗争。他陆续地增调战船，增加火炮力量，并且选配兵丁壮勇，还亲自校阅水师的战备演习，打算乘英国舰队主力尚未返回广东的时候，给予主动出击。9月底，在他的领导下，大败英舰于矶石洋面。他还向朝廷上书，用事实来说明，如果不能以武力制伏贪得无厌的英国侵略者，必将会后患无穷，同时他还建议清廷加紧制造坚实精良的船炮，用来抵抗侵略者。可是昏庸的道光皇帝竟认为这些卓越见解是"一片胡言"。接下来他就以"误国殃民，办理不善"的莫须有罪名将林则徐、邓廷桢给革职了。

林则徐被撤职的消息传出以后，广东人民怀着无比惋惜的心情自发地向他赠送靴、伞、

香炉、明镜等礼物,并写有"烟销瘴海,威慑重洋""民沾其惠,夷畏其威""恩留粤海,泽遍南天"等字样的颂牌,以此来赞扬他厉行禁烟、抵御外侮的英雄业绩和爱国赤心。

琦善接任两广总督以后,他到了广州做的第一件事就是大量地裁撤防兵练勇,并拆除了江底的那些暗桩等障碍物,以这种行动向侵略者表示希望能早日握手言和。此时以戴罪之身滞留在广州的林则徐,仍然心系国家的安危,不辞辛苦地到处察看地形,并向广东巡抚怡良提出了加强内河设防的具体建议。他痛斥琦善裁兵撤防,一意主和。4月16日,林则徐接到朝廷任命,要他以四品卿衔赴浙江听候谕旨。临行之前,他向在广东主持军务的靖逆将军奕山提出了御敌建议,希望他能切实加强水陆设防,挫败英国侵略者。

1841年6月中旬,林则徐来到了浙江镇海。他顾不上自己的旅途劳累,马上检查火炮的制造情况,并观看试放洋炮,又提出了增建炮台的建议。接着,又视察修建的炮垛、土炮台等工程。他跟兵器专家龚振麟共同切磋,由此设计出了四轮炮车,使得火炮由原先的仅能直击改进成了能够"仰左右,旋转轰击"。他还把自己绘制的外国战船图样交给了龚振麟,造出了中西技术结合、行驶甚便的车轮战船。就在这短短一个月时间内,林则徐为海防建设做出了不可磨灭的贡献。6月28日,道光帝下令革去林则徐的四品卿衔,把他发往伊犁效力赎罪。

造福南疆

1842年12月,饱经风霜的林则徐抵达了伊犁惠远城戍所。尽管他有冤枉在身,身体又有病痛折磨,可是他并没因此而消极颓唐,相反,更坚定了他的爱国之心。他针对沙俄早就觊觎中国西北的野心,悉心研究新疆的历史沿革和现实情况,积极探索备边御敌的方略,同时向伊犁将军布彦泰提出了兴修水利,屯田实边的建议。1842年,清廷想筹划扩大伊犁的屯田,计划在阿齐乌苏开垦荒地。该地带原来曾经被开垦过,可是因为水源不足而废置。对于朝廷的这次筹划重垦,林则徐表示赞同,为此他力担重任,计划开渠把哈什河水给引过来。哈什河是伊犁河的一条支流,水流极其丰沛,可是这项工程非常浩大。林则徐自己认领了其中最为艰难的一段工程。清廷没有任何的经费投入,林则徐就和当地官员绅民共同捐资,他运用自己曾在内地长期治河的经验,在道光二十四年开始开凿引水,钉桩抛石,经过4个月的时间,用工达十余万,哈什河水终于被引到了阿齐乌苏,这条水渠可以灌溉田地达到十余万亩。时至今日,当地的人民仍在受此渠之益。当地人民称此渠为"林公渠"。接下来,林则徐又在修建龙口工程中表现出了卓越的才能。伊犁将军布彦泰上奏朝廷,对林则徐大加称赞,道光帝对此也给予了肯定。

伊犁垦荒的成功使得清廷对大规模地开发南疆产生了兴趣,因为林则徐在伊犁垦荒的过程中表现十分出色,清朝廷就任命他承担了勘查南疆荒地的任务,林则徐在勘查的途中受到了维吾尔族人民的热烈欢迎和大力支持。林则徐在勘查的过程中,清丈土地,勘察土质。因为勘地远离城市,他就自携帐篷、粮食、被衾,白天丈量土地,夜晚则卧宿在毡庐中。经过他半年的努力勘查,最后得出可供垦荒土地有60余万亩。

林则徐在勘荒时看见了坎儿井,坎儿井是当地维吾尔族人民创造的一处地下水利设施。在那种高温少雨、气候干燥的地区,坎儿井是很理想的节水灌溉工程。林则徐对此十分赞赏,他于是就制定了推广坎儿井的计划。可是没过多长时间,林则徐就奉诏返回内地去了,后来继任者秉承了他的意志,在当地开凿了许多坎儿井。新疆的百姓们一直在怀念林则徐在开发西部、兴修水利的德政。经过林则徐的勘地兴垦,原来荒无人烟的地方,竟然出现了许多新的绿洲和村落。林则徐对开发西部做出了杰出贡献。

1845年10月,林则徐被清朝廷重新起用。就在他进京的途中,朝廷又命他以三品顶戴署理陕甘总督。以后又被正式任命为陕西巡抚。道光二十七年,他被调任为云贵总督,第二年因为办理云南"回务"有功,被加以太子太保衔,赏戴花翎。在云贵总督任上,他整理云南矿务,主张"招集商民,听其朋资伙办",开采银矿,并对铜矿主张维护"放本收铜"的政策。

1850年春,林则徐因病辞职,回到了福州老家。这时,他和福州的士绅共同商议,驱逐了那些违背条约规定、强行迁入城内居住的英国人。为了防止英国人的骚扰破坏,他亲自察看地形。提出了调兵、演炮、募勇等用以加强海防建设的建议。1850年10月清廷任命林则徐为钦差大臣,前去镇压洪秀全、冯云山等领导的农民起义。他抱病自福州启程,可是行至广东普宁行馆时即与世长辞,终年66岁。清廷晋赠林则徐太子太傅衔,御赐祭文和御赐碑文,谥文忠。后来归葬福州金狮山。

晚清重臣

——曾国藩

名人档案

曾国藩：初名子城，字伯涵，号涤生，谥文正，汉族，湖南省长沙府湘乡市人。晚清重臣，湘军的创立者和统帅者。清朝军事家、理学家、政治家、书法家，文学家，晚清散文"湘乡派"创立人。官至两江总督、直隶总督、武英殿大学士，封一等毅勇侯。

生卒时间：1811~1872 年。

安葬之地：长沙城西南 15 公里处望城县平塘镇桐溪寺后伏龙山上。

性格特点：脾气倔、忍性重、吃得苦、不怕输、有蛮劲、好争胜。

历史功过：镇压太平天国，攻克天京。

名家评点：梁启超对曾氏倾心推崇，称"吾谓曾文正集，不可不日三复也。"梁在《曾文正公嘉言钞》序内指曾国藩"岂惟近代，盖有史以来不一二睹之大人也已；岂唯我国，抑全世界不一二睹之大人也已。然而文正固非有超群绝伦之天才，在并时诸贤杰中，称最钝拙；其所遭值事会，亦终生在指逆之中；然乃立德、立功、立言三不朽，所成就震古烁今而莫与京者，其一生得力在立志自拔于流俗，而困而知，而勉而行，历百千艰阻而不挫屈，不求近效，铢积寸累，受之以虚，将之以勤，植之以刚，贞之以恒，帅之以诚，勇猛精进，坚苦卓绝……"。

正如辛亥革命中的章炳麟对曾国藩的评价一样，近百年来仁者见仁，智者见智，对曾国藩褒扬者有之，斥骂者也不乏其人。早在曾国藩镇压太平天国时，即有人责其杀人过多，送其绰号"曾剃头"。到了 1870 年"天津教案"，不少人骂他是卖国贼，以致曾国藩也觉得"内咎神明，外咎清议"，甚至有四面楚歌之虑。辛亥革命后，一些革命党人说他"开就地正法之先河"，是遗臭万年的汉奸，建国后的史学界对他更是一骂到底，斥为封建地主阶级的卫道

士、地主买办阶级的精偶。

民国著名的清史学家萧一山在《清代通史》中将曾国藩与左宗棠对比："国藩以谨慎胜，宗棠以豪迈胜。"

中国现代史上两位著名人物毛泽东和蒋介石都高度评价过曾国藩。毛泽东青年时期，潜心研究曾氏文集，得出了"愚于近人，独服曾文正"的结论。即使是在毛泽东晚年，他还曾说：曾国藩是地主阶级最厉害的人物。蒋介石对曾氏更是顶礼膜拜，认为曾国藩为人之道，"足为吾人之师资"。他把《曾胡治兵语录》当作教导高级将领的教科书，自己又将《曾文正公全集》常置案旁，终生拜读不辍。据说，他点名的方式，静坐养生的方法，都一板一眼模仿曾国藩。曾国藩的个人魅力，由此可见一斑。

蔡锷将军对曾氏以爱兵来打造仁义之师的治兵思想推崇备至："带兵如带子弟一语，最为慈仁贴切。能以此存心，则古今带兵格言，千言万语皆付之一炬。"（《蔡松坡先生遗集》（二），第5页）。左宗棠对曾国藩的挽联：知人之明，谋国之忠，自愧不如元辅；同心若金，功错若石，相期无负平生。

巧过御试

曾国藩在28岁时就考中了进士，自此之后，他便踏上了仕途，并成为军机大臣穆彰阿的得力门生。正是有了这位老师的提携，才会有曾国藩的发迹。有一天，穆彰阿对他说："明天我要在朝上，向皇帝正式推荐你，所以你要做好充分准备，把你念过的那些书要多加背诵，我想，皇上一定要试一下你的才学。"曾国藩一听，简直是受宠若惊，忙躬身作揖说："多谢恩师对晚生的栽培，我自当珍惜这个难得的机遇，绝不会辜负恩师的众望。"第二天，穆彰阿就在朝堂之上向道光皇帝保奏曾国藩，请求皇上能给予重用。

道光皇帝听了，便开口问道："你说你的这个门生可堪当重用，朕却不知他有何超人才能。"这一下倒把穆彰阿给问住了，穆彰阿脑子转得快，他马上脱口而出："要说到曾国藩的超人才能，臣倒是知道他是善于留神，有着过目不忘之功。"道光皇帝当时也没说什么，穆彰阿便向皇上告退。穆彰阿回到家里，心里感到懊丧无比，他责怪自己只说了那么两句不痛不痒的话，完全没有把曾国藩所具有的那种真正才能给讲出来。心想，这样一个大好的机会就这样错过了。

可是道光皇帝却把穆彰阿的那句话当真了，他想，如果曾国藩真的像穆彰阿所说的那样，那此人还真可以重用。于是，道光皇帝便决定试试曾国藩是否真的有才华。过了两天，道光皇帝把穆彰阿叫了来，告诉他自己想见一下曾国藩，让曾国藩在初一卯时在中和殿候见。穆彰阿心中大喜，他忙派人把曾国藩叫到自己府中，向他说了这件事，并对他

嘱咐了数遍，要他一定要做好准备，他无论如何都要把握好这次机会。曾国藩连连点头，信誓旦旦地表示决不会负恩师所望。就在初一这天，天还没有亮，曾国藩就沐浴完毕，穿戴整齐，来到了皇宫，马上有太监迎接，带着他来到了中和殿。到了殿里面，太监命他在这里等着，然后他关上殿门去向皇上禀报。

曾国藩在大殿里环视了一周，见殿内装饰的金碧辉煌，尤其是气氛，显得极为肃穆。他初到这样的地方，不敢就座，也不敢四处移动，就挺直着身子站在那里，两只耳朵仔细地谛听门外的动静。可是，等了很长的时间，也没见那个太监回来，他心里不由得惶恐起来，不知道此行是凶还是吉。

到了后来，他站得腰都酸了，于是就在大殿上来回踱步，这时他看到大殿的四壁上挂的都是些大清历代先皇的圣训。因为他心神不定，所以也没有心思细看。等过了些时，那个太监终于回来了，对他说："皇上今天没有时间，命你明日再过来。"曾国藩这时心里有些不高兴，当他走出皇宫大门时，才发现已经快到晌午时分了。他急忙三步并做两步地来到军机大臣府，把自己上午的情况向恩师作了禀告。穆彰阿听了，觉得这事有些可疑之处，他沉思了一会儿，突然间他问了一句："刚才你说大殿四壁上挂的都是历代先皇的圣训，你可记住了上面的内容？"曾国藩不知老师问这个是什么意思，于是他就摇了摇头说："当时我心里挺紧张，看不到皇上过来，心里就更慌了，哪留意上面写的是什么字，我只注意殿外是否有什么动静了。"穆彰阿禁不住喊道："这下可糟了，这肯定是皇上故意要试你是否有善于留神、过目不忘的才能，所以才做这样的安排。说不定皇上会马上叫人来再次召你去宫里，这可怎么办呢？"听了恩师这么一说，曾国藩可就有些胆怵了。他连忙跪倒在地，口中连称："恩师一定要救我！"穆彰阿让他站起来，他在屋里来回走了几圈，极力想办法。可正当这个时候，守门的家丁进来禀报，说皇宫总管太监王公公来了，想要求见。穆彰阿此时是满脸地不高兴，他吩咐说："你就对王公公说我今日谁也不想见，让他改日再来。"家丁转身刚要走，但突然又被主人给叫住了，告诉他让王公公在正厅里等着相见。然后就回过头来对曾国藩说："真是天意啊，咱们的救星来了，你先回避一下。"穆彰阿热情地接待了王公公，请他坐了上座，这使得王公公受宠若惊。当主宾坐定之后，王公公有些不好意思地说："我此次前来，是想询问大人一下，关于我那外甥做知县差使的事，是否有些眉目。"穆彰阿说："这是一桩小事，怎么会劳王公公的大驾呢。你放心好了，这事我已办好，不出三日即可上任。"老太监神情极是感激，他说："大人如果有要小人效劳的事，请尽管吩咐。"穆彰阿装作好像想起什么事的样子，说："你这么一说，我倒是想了起来。这两天我正要撰写一份大清历代先皇功绩录，有劳你能否将中和殿上所挂的历代先皇的圣训抄好给我送来，晚上我撰写时正好要用，这个你能办得到吗？"王公公马上笑着说："要说别的事我还需考虑，至于这点小事，真是太容易不过了。"

果然,到了傍晚的时候,王公公再次登门,把大清历代先皇圣训抄录好送了过来。等王公公一走,穆彰阿就把曾国藩叫了出来,让他今天晚上务必把圣训全部背得滚瓜烂熟,并一再告诫他说:"你的前途如何,就在此一举了。"曾国藩一再拜谢不已。他接过抄录,回到住处,彻夜诵读,结果都记住了。

第二天一大早,就有太监来传圣旨,要曾国藩马上去面见圣上。这次,道光皇帝在保和殿已经等候了。曾国藩参拜完毕,道光皇帝接下来就问:"昨天你在中和殿上呆了那么长时间,想必是已经看到了壁上所挂的大清历代先皇的圣训,你是否留意壁上先皇的圣训都说了些什么?"曾国藩马上背了起来,真是倒背如流。这一下,使得道光皇帝惊喜异常,心说:"果真如穆彰阿所言,此人还真是个过目不忘的奇才啊,我倒真应当重用此人。"几天过后,曾国藩接到了圣旨,皇上任命他为吏部侍郎。自此之后,曾国藩踏上了青云直上的仕途。

1850年初,道光皇帝因病去世,咸丰皇帝登基。即位后,他就道光遗命四条中"无庸郊配,无庸庙祔"二条交大臣们详议。曾国藩上《遵议大礼疏》,颇得咸丰嘉许。咸丰元年(1851年),洪秀全在广西组织农民发动了起义,在桂平县冲破了清军的重围之后,实力日益壮大,大有一举席卷全国之势。满清的八旗、绿营军只要一和起义军交锋,马上就溃败下来。刚即位不久的咸丰帝马上下诏让朝中大臣们评议朝政得失,提出灭敌建议。这时的曾国藩就定了一份《应诏陈言疏》,他认为解决人才的问题是极其关键的。他说:自古以来,帝王治世不外是招贤能,安定百姓,正社会风气三件事。如果能够让那些有贤德的人来掌权,治理天下,那么人民也就会丰衣足食,人民丰衣足食了,社会也就随之安定了。咸丰帝当时的批语是:剀切明辨,切中事情。

创办湘军

咸丰二年(1852年),朝廷派他往江西去主考乡试,曾国藩随即悄然南下。可是行至中途就听到母亲去世的消息,曾国藩于是星夜赶奔家乡,为母亲守孝。就在咸丰二年的年底,一个改变他命运的绝大机遇降临了,这就是太平军冲出了广西,正在向江南进军,横扫湖南湘江流域各县。这使得东南各省都陷入了战乱之中。因为这时正是太平天国势力发展的高峰期,所以曾国藩的家乡湖南也已经被太平军占据部分地方,并曾一度围困长沙。为了配合正规军的作战,清廷下令各地在籍的朝廷大员训练乡勇办团练,以图扼制太平军的进一步发展。曾国藩就是其中一位。所谓的团练,就是后来的民兵,结队编团定时进行训练,平日里无事就拿锄头干农活,一旦有战事发生就拿起刀枪参与战斗。这种组织在县城以下的各乡都有。各省的团练大臣都只是沿袭旧例,仅在县、乡一带办

团练。曾国藩受命之后,立即向朝廷上奏,认为办团练已经无济于事,而当时的国家正规部队绿营兵也是不堪使用,所以他建议应当按照明朝抗倭名将戚继光的办法来组建新军。请求在省城内建一大团,把湘乡的1000人马全部调进省城,以家乡湘乡的练勇为基础,然后招募那些质朴的农民为士兵,使用当地的儒生担当军官之职,后来皇帝批准了他的要求。由此便编练成了一支军队,称其为湘勇。

湘军是曾国藩亲手创建的,它跟清政府的其他军队完全不同。清政府的八旗兵和绿营兵都是由政府进行编练。当遇到战事的时候,清朝廷便调遣将领,统兵出征,可是战事过后,就又会把军权给缴回。可是湘军则不是这样,士兵都是由各哨官亲自选募的,哨官则是由营官亲自选募的,而营官都是曾国藩的那些亲朋好友,包括同学、同乡、门生等。可见,这支湘军实际上是"兵为将有",从士兵到营官所有的人都是绝对服从于曾国藩一人的。这样一支具有浓烈的封建个人隶属关系的军队,包括清政府在内的任何别的团体或个人想要对他加以调遣,都是极为困难的,甚至可说是根本不可能的!

因为乡勇不属于国家正规军,所以,乡勇的军饷费用就要靠在当地自筹,其中的大部分要靠地方乡绅捐助而得,由此,曾国藩的湘军是靠"吃大户"而起家的。因为没有政府给予资金支持,所以曾国藩就得想法得到公众的支持。否则的话,他的湘军就无法支撑下去。他知道作为正规军的八旗军及绿营军战斗力差,纪律腐败,所以给公众的形象也极差。因此,曾国藩在组建湘军时,坚决不靠政府提供军饷,以避免受到官僚的控制,导致出跟绿营军同样的结果。他希望自己组建的这支部队拥有很强的战斗力,能获得民心的支持。基于此,曾国藩对湘军的军纪要求十分严明,以杜绝绿营军中经常出现的骚扰百姓的现象。而且从一开始就坚决要求湘军的各级将领跟正规军及地方政府划清界限。曾国藩的一位下属曾因与湖南巡抚走得太近,并接受了一万两的军饷而导致曾国藩断绝跟他的隶属关系。虽然湘军并非正规军,可是地方官吏的支持同样也必不可少。当初曾国藩忽略了这一点,导致他的团练计划屡受掣肘和排挤,湘军和地方统治阶层之间的大小摩擦也总是不断,所以湘军不得不于咸丰三年八月从长沙移师到了衡阳。到了衡阳之后,他才忽有所悟,知道自己不依靠地方官吏的支持是很难成事的,于是自此之后,他改变了态度,同意接受地方官吏给予的支持,而且还和他们主动加强联系,这样一来,他发展湘军练兵变得极为顺利起来。就在这时,他将团练扩大到了5000人,曾国藩认为,南方水多,要想战胜太平军,就必须要建立一支水师部队,经朝廷同意,他又建立了水师,和陆军一样,湘军的水师每营也是五百人,当时拥有长龙、舢板若干艘,每艘设有哨长。在湘潭集结湘军成立后,曾国藩觉得自己的军队已经练好了,可以出兵和太平军进行较量了。这时他力荐满族塔齐布为湘军大将,荐举多隆阿为湖北湘军的将领,他这样做就是想要争取满州贵族的信任。

咸丰四年(1854年2月12日),太平军西征军在湖北黄州大获全胜,烧毁清军兵营11座,湖广总督吴文镕投水而死。咸丰帝得报,急令曾国藩统带炮船兵勇,顺江而下,直达武汉。2月25日,曾国藩率湘军水陆兵17000余人,浩浩荡荡,挥师北上。

1854年2月27日,太平军占领岳州,连下湘阴、靖港、宁乡,形成长驱直入的形势,前锋距湖南省城长沙仅有六七十里,长沙城内一片慌乱。曾国藩立即派塔齐布、周凤山、杨载福分率水陆湘军沿湘江北上迎击。太平军见湘军来势汹汹,便退出岳州,撤往湖北。湘军占领岳州后,塔齐布、周凤山乘势进占湖北通城。湘军另一路由曾国藩率领,于4月28日攻打靖港。五营水兵尽遭歼灭。陆军见状也纷纷溃逃,曾国藩看到自己训练的湘军一败涂地,痛不欲生,便投水自杀,被他的左右及时救起,这也是他的第一次自杀。

接下来他重整旗鼓,此后他用兵更为谨慎。到了10月份,就攻取了武昌,被朝廷任命为湖北巡抚。湘军把武昌打下来之后,曾国藩接下来就向朝廷建议部队沿长江东下,分为南北中三路大军一并推进,除北路是湖北都督统率的绿营之外,南路和中路都是湘军,曾国藩本人是这三路人马的总指挥,朝廷对他的这个建议十分赞同,很快得到了批准。这样一来,曾国藩的湘军便成了太平军的头号对手,由此,一个省的团练便成了国家武装力量中的王牌部队。可是好景不长,清政府怕他势力过于强大无法驾驭,所以又解除了他的任命,只是长期给他以侍郎的虚衔带兵。到了咸丰五年初,他率水师进攻九江、湖口。太平军翼王石达开带领部队前来支援,用计将湘军水师的轻便快船引诱到了鄱阳湖里,然后封锁住了湖口,这样一来,就使得仍在长江中的湘军水师的笨重大船困住了,然后又施以火攻。结果湘军的水师大船有数十艘被毁,曾国藩率领他的残部只得狼狈退至九江以西的官牌夹,他的座船又遭太平军的围困。曾国藩这时又投水自杀,但马上被他的随从给捞起,接着武汉又被太平军给攻克。曾国藩只得退守南昌,身处太平军的包围之中,当时真是"呼救无人",几乎惊魂欲断。

接下来,他被朝廷冷落了一年多,以至使他得了严重的神经官能症,一天到晚都吃不好睡不好。虽然还不到50岁,可是就连一寸大小的字都看不清了,面对这一切,曾国藩坚持了下来。当时他拿湖南乡间的一句俗话来安慰并激励自己:"好汉打脱牙齿和血一块儿吞。"由此也表现了他不示人以弱,不求人怜恤,一切痛苦都由自己来担当的自强品格。

咸丰八年,朝廷让他去办理浙江军务。这时,石达开的部队已经进入了福建,于是,清廷下达命令,让他增援福建;后来,石达开向湖南进兵,围攻宝庆,清廷怕四川会出什么问题,于是又命令他赶紧援助四川。可是曾国藩却一定坚持要先解决安徽,以去金陵屏障的战略,等他攻克了景德镇之后,才进军安徽,围攻安庆。

咸丰十年的春天,太平军跟湘军之间的战事出现了一个突变,朝廷驻扎在南京城外

孝陵卫的江南大营被太平军给击溃,清军统帅逃的逃,自杀的自杀,两江总督何桂清则潜逃到了苏州,苏州巡抚紧闭城门不纳,他只得仓皇逃到了上海。江南面临着危机,朝廷此时手脚失措,士气极是低落,曾国藩此时冷静至极,他对全局的认识十分清醒,于是就给朝廷上了一道奏折,提出了两面制胜的谋略。清廷由此不得不依靠曾国藩来对付太平军了。为了能够尽快地将太平天国的起义镇压下去,在清朝正规军无能为力的情况下,清廷给他加封兵部尚书衔,授两江总督,下辖江苏、安徽、江西三省。由此,曾国藩取得了军政大权。

第二年,太平军为了解安庆之围,兵分两路向西挺进。英王陈玉成攻克黄州,向武昌进逼;忠王李秀成攻克了景德镇,自此断了曾国藩驻地祁门的粮道。曾国藩决定先进攻徽州,好解决军队的粮食问题。当部队来到休宁时,被李秀成给包围了,经过一番苦战,湘军的八个营被击溃。曾国藩这时写好了遗嘱让人送回到老家,而后又一次准备自杀,可是被左宗棠等人给救下,转危为安。就在同年的秋天,他督促他的弟弟曾国荃率军攻取安庆。11 月,他被朝廷加太子少保衔,奉命统辖江苏、安徽、江西、浙江四省的军务。是他向朝廷举荐左宗棠督办浙江军务、李鸿章出任江苏巡抚。

1861 年 8 月 22 日,咸丰帝病死于热河避暑山庄,其子载淳继位,即同治帝。同治元年(1862 年),曾国藩以安庆为大本营,命令曾国荃率部队顺江东下,同时命左宗棠率部自江西出发攻取浙江,又命李鸿章率部由上海去攻取苏南,这样一来,就实现了对天京的战略包围。同治三年十月,湘军跟李秀成等部数十万太平军在天京城外激战,持续围困天京。终于攻破了天京城池。曾国藩在经过十几年的千辛万苦后,终于取得了对太平天国作战的决定性胜利。曾国藩也因此被朝廷封为一等毅勇侯,加太子太傅。朝廷在给予厚封的同时,又对他及其手下的十余万湘军给予了高度警惕。

居功不傲

太平天国起义被镇压下去之后,对曾国藩来说已经功成名就了。可是。富有心计的曾国藩此时并未感到得意,也没有那种飘飘然的感觉。相反,他越来越惶恐,越来越谨慎了。当时和曾氏同处于一个战场的其他将帅,虽然表面上对曾国藩颂扬恭维,可是在暗中则竭力挑刺,恨不得一棒子将他打死,就在自己的九弟及其他人忙于抢掠财富,忙于争功的时候,曾国藩也在尽力地淡化自己头上的光环,缩小中箭的靶的。他在这个时候想的不是如何欣赏自己的成绩和名利,而是想起了那些在中国历史上曾身居权要的重臣因为不懂得功成身退而导致身败名裂的往事。担心自己会功高招忌,恐遭"狡兔死走狗烹"的厄运。

名相贤臣

于是，他向朝廷上奏说这次能消灭太平军并非是他个人的功劳，而是把灭太平军的功劳归之于先帝、太后和朝廷，归之于协同作战的友军，认为自己做的事并不多。接下来他写信给他的弟弟曾国荃，劝他尽快抽身引退，方可"善始善终，免蹈大戾"。曾国藩叫他的弟弟认真回忆一下当湘军攻陷天京后是怎样渡过一次次政治危机的。原来，湘军进入了天京城以后，就大肆地洗劫抢掠，城内金银财宝，就数他的弟弟曾国荃抢的最多。左宗棠等大臣就这件事向朝廷上奏弹劾曾国藩兄弟吞没财宝罪，清朝廷当时就想追查此事，曾国藩极是知趣，进城之后，怕自己功高震主，树大招风，于是急办了三件事情：（1）盖贡院，当年就举行了分试，提拔江南人士；（2）建造南京旗兵营房，把北京的那些闲散旗兵请来驻防，并发给全饷；（3）裁撤湘军达 4 万人，以此来显示自己并非是在谋取权势。这三件事一办，马上使多方面的矛盾都缓和了下来，那些原来准备想要弹劾他的人也都住手，不再上奏弹劾了，清廷为此也只得不再给予追究。

同时，他又上奏折给清廷，说湘军成立和打仗的时间已经很长了，由此难免会沾染上一些旧军队的恶习，且已然没有了昔日的那种生气，所以他向朝廷奏请将自己一手编练的湘军给遣散。曾国藩想以此来向皇帝和朝廷证明，自己无意拥军，并非是什么谋私利的野心家，而是一位忠于清廷的卫士。曾国藩想得很周到，他在奏折里面尽管请求遣散湘军，可是对于他个人的去留问题却只字不提。因为他心里明白，如果自己在奏折里面说自己要求留在朝廷效力，必将使朝廷怀疑自己贪权恋钱；如果在奏折中明确地请求自己解职回归故里的话，那也会产生多方面的猜疑，会让清廷以为他不愿再继续为朝廷效力尽忠，同时还可能被许多湘军将领奉为领袖而招致清廷的猜忌。

其实，自太平天国被镇压之后，清廷就一直在思考如何解决曾国藩的问题。因为曾国藩拥有朝廷不能调动的一支强大军队，对清朝廷是一个潜在的大危险。清廷的大臣们可是不会放过这个问题的。如果依照清廷的办法去加以解决，不但湘军难以保住，曾国藩的地位肯定也不会保住。正在朝廷想着如何解决时，曾国藩此时的主动请求，正中朝廷的下怀，于是马上下令遣散了大部分的湘军。因为这个问题是曾国藩主动提出来的，所以在对待曾国藩个人时，清政府仍然让他担任两江总督之职。

同治四年，他奉朝廷之命督办直隶、山东、河南三省的军务，对捻军起义进行镇压。他把军队驻扎在徐州，采用了重点设防的方针，在临淮、山东济宁、河南周口和徐州驻扎重兵，这样一来，一个地方有难，三个地方都能进行援救。可是因为兵力单薄，而没有达到十分有效的效果。同治五年，他又采用了聚兵防河的办法，就是在北面的黄河、东面的运河、南面的淮河、西面的贾鲁河和沙河河岸筑深沟高墙，设置重兵进行防守，其意图就是想把捻军给困死，可是又失败了。转过年来的冬季，清廷改派李鸿章来接替，命他仍回两江总督本任，后来他又被调任直隶总督。1870 年 6 月，天津发生了教案，他奉命前往查

办,在处理这个案子的过程中,他屈从于法国势力,处决了官民数十人,由此受到社会舆论的谴责。到了9月,他又还任两江总督。

在镇压农民起义的过程中,他注重使用西洋枪炮。早年枪炮大多是由国外购进的。到了后来他就提出了"师夷智以造炮制船"的思想,1861年,设立了安庆内军械所,制造"洋枪洋炮",后又试制小火轮船。1863年,造成了"黄鹄"号轮船,并派人赴美国购买机器。1865年至1866年和李鸿章在上海创办了江南制造总局等军事工业。后为之积极地筹措经费,派遣学童到美国留学,成为清末兴办洋务事业的首创者。曾国藩毕生推崇程朱理学,主张兼取各家之长,认为义理、考据、经济、辞章四者不可缺一,可他始终都是将理学放在首要地位。在古文、诗词方面都有着很高的造诣,被当时人奉为桐城派的后期领袖。

曾国藩所处时期,正是清王朝由乾嘉盛世转而为没落、衰败的时期,当时内忧外患接踵而来,由于曾国藩等人的力挽狂澜,才一度出现了"同治中兴"的局面,而曾国藩本人也正是这一过渡时期的核心人物,他在政治、军事、文化、经济等各个方面都产生了令人注目的影响。这种影响不仅仅作用于当时,而且还一直延至今日。从而使他成为中国近代史上最显赫和最有争议的历史人物。

同治十一年二月初四日(1872年3月12日)午后,曾国藩由长子曾纪泽陪同散步,忽感不适,被扶至书房,很快就去世了,终年61岁。清政府追赠太傅,谥文正,并在江宁、湖南、安徽、湖北等地建立专祠,在国史馆立传,6月25日,曾国藩灵柩运达长沙。7月19日出殡于长沙南门外金盆岭。1874年12月13日改葬于善化县(今望城区)平塘伏龙山。后世人将他的诗文、奏章、信函汇总成《曾文正公全集》出版。